생생주역

생생주역 下經

장영동 지음

이른아침

필생의 사업으로 여기고 해온 『주역』 공부를 정리하면서 너덜너덜해진 강의 노트를 새로 꾸몄다. 혹자가 "『주역』 공부는 점 공부 아니냐?"고 물어올 때마다 "『주역』이 공자님께서 가죽끈을 세 번씩이나 '결딴내가면서' 연구하신 전공과목인데, 그런 성인의 공부가 당신 생각처럼 겨우 김가 이가 점 봐 주는 과목이었겠소?"라고 대답하곤 했다.

『주역』은 진시황의 적폐청산 일환으로 벌어진 희대의 사건 분서갱유焚書坑儒 당시 다행히 한 눈 똑바로 박힌 공무원 덕분에 점서占書로 분류되어 일촉즉발의 위기에서 살아남았는데, 이 때문에 오늘날까지 야누스로 보이는 두 얼굴을 갖게 되었다. 『주역』이 불에 타 없어질 찰나 복서卜筮를 위한 책으로 전락하는 바람에 고유의 의리사상義理思想을 다소 져버리게 된 것은 아쉽지만, 그나마 어떤 형태로든 살아남을 수 있었으니 얼마나 다행인지 모르겠다.

주지하다시피 성인이 『역易』을 처음 지으실 때는 본시 천지자연의 바른 이치를 담았다. 그래서 세상 사람들은 『역』을 만물 만사의 이치, 즉 의리義理를 오롯이 담은 책이라 여겼고, 이를 배우는 사람들은 마치 부모나 스승처럼 여기고 이를 품에 끼고 다니며 수신학修身學의 교재로 삼았던 것이다. 일례로 『주역천설周易淺說』을 쓴 고려 후기의 문신 김도金濤(?~1379) 같은 학자는 "하늘에 일월이 없다면 만고 동안 오래도록 어두운 밤이 될 것이고, 사람에게 『역易』이란 책이 없다면 온 세상에 금수禽獸가 우글우글할 것이다. 그기에 천자가 이를 본받으면 천하가 다스려지고, 제후가 본받으면 그 나라가 다스려지고, 배우는 자가 본받으면 수신하고 제가할 수 있을 것이다"라고 말했다. 김도의 말은 하늘에 해와 달이 존재하듯 우리 인간 세상에도 『역경易經』이란 책이 있는 게 얼마나 다행인지 모르겠다는 소리가 아닐까. 이런 『역易』을 임금이 배우면 천하를 다스릴 수 있고,

사장이 배우면 기업을 다스릴 수 있고, 가장이 배우면 가정을 다스릴 수 있고, 나 같은 보통 사람들이 배우면 수신제가할 수 있다는 의미니 말이다. 나는 강의 시간에 도반들에게 늘 이런 말을 하곤 한다.

"당신이 갑자기 어느 날 임금이나 장관이 된다면, 이 공부가 너무나 크게 쓰일 것이다."

"당신 남편(부인)이 어느 날 갑자기 임금이 되고 장관이 된다면, 당신은 왕비 (대공)나 장관 부인(남편)이 될 터인데, 당신이 『주역』을 배워 알고 있다면 당신 남편(부인)을 보필하는 것은 물론, 다른 사람들처럼 나중에 교도소로 남편(부인) 면회 다니는 일은 분명 없을 것이다."

저자의 말을 뒷받침하는 대목이 실제로 『조선왕조실록』에도 많이 보인다. 우리의 『조선왕조실록』은 우선 『주역』을 이렇게 평가한다.

"『주역』은 세상 이치는 물론 수리數理의 근원이며, 육경六經의 대뇌大腦로서 경전 중 가장 윗자리를 차지하는 과목이다."

『선조실록』을 보면 임진년의 왜란倭亂으로 혼란한 시기를 당하여 상감이 답답한 심경을 다스리고자 경연經筵을 열어 역리易理에 밝은 자를 찾았는데, 그날의 일을 사관은 이렇게 기록하고 있다.

"『주역』은 음양陰陽(죽을 곳과 살 곳)과 신명神明(욕심이 꽉 찬 멍청한 자들의 지식이 아니라 정말로 하늘이 바라는 정답을 알아 나라 살림을 이끌어 가는 지혜)에 대하여 설명한 책으로 정미精微로운 학문이다. 그러니, 나 같이 학문이 모자라는 사람은 그 크고 넓은 경지를 헤아려볼 수가 없구나. 특히 『주역』은 오늘날처럼 바로 성인이 진퇴進退(서울을 사수하느냐, 아니면 백성을 버리고 나만 살기 위해 도망가느냐?)와 존망存 亡(이 나라가 저 왜놈들에게서 벗어날 것이냐, 아니면 무참하게 짓밟혀 나라와 일신 하나도 보장하지 못할 것이냐?)의 이치를 밝혀서, 어지러운 시기를 구제할 수 있는 방법을 알게 한 것이다. 진실로 국가를 다스리는 자로 하여금 이 역리易理를 강구하여 나라를 삼키려는 도적이 오는 때를 알게 하고, 군사를 쓰는 데 이용하고, 음양陰 陽 소장消長의 기미를 살펴 환란患亂의 조짐을 경계하게 한다면, 왕업王業이 튼튼하게 될 것인데, 애석하도다, 신하들이 역리를 밝혀내는 공부가 부족하니 한갓 임금의 귀를 어지럽히기만 하였구나. 아, 이것이 어찌 『주역』을 강론하는 본의이겠는가!"

나라의 운명이 바람 앞의 등불처럼 한 치 앞을 예측할 수 없는 위기를 맞으니, 그때서야 비로소 선조 임금 자신도 평소 공부가 부족한 것을 통탄하는 장면이다. 핵폭탄 떨어지고 나면 너와 나라는 존재 자체가 재가 되고 마는데, 무엇을 후회한다 말인가. 이렇게 선조의 한스러워하는 말 끝에, 검토관 수찬修撰 정경세鄭經世가 다음과 같이 아뢰었다(오늘날의 어투로 바꾸어서 풀어본다).

　　"대개 성인이 『주역』을 지은 뜻은 사람으로 하여금 계신공구戒愼恐懼(만사를 두려워하고 조심함)하게 하기 위함입니다. 보통 사람은 일을 당했을 때 『주역』의 이치를 살펴보아도 되지만, 임금은 반드시 몸에 완벽히 체인體仁이 되어 있어야 합니다. 어째서이겠습니까? 개개인이야 잘잘못을 만나면 자신의 행불행에 그치면 그만이지만, 임금의 판단은 백성과 온 나라 전체에 미치기 때문에 인공지능 AI처럼 『주역』이 몸에 완전히 데이터베이스화 되어 있어야 합니다. 그래야 '전쟁?' 하면 전쟁의 방책을 말하고, '인재?' 하면 그 사람의 적합도를 알아내고, '정책?' 하면 그게 백년대계인지 혹은 얼마 못 가 폐기 처분될 정책인지 검토가 된다는 것입니다. 임금과 측근 인사들의 사사로운 건의와 판단은 사리사욕과 당리당략을 위한 것으로, 정권 유지 차원에서 포퓰리즘 성향이 짙을 수밖에 없습니다. 전하! 성인이신 공자께서 한 번 독서하고 말 책이었으면 『주역』을 왜 저토록 뼈를 깎아가며 위편삼절韋編三絕 하였겠습니까. 전하께서도 가죽 책 끈을 세 번은 갈지 않으시더라도 한 번은 갈아치울 정도로 반드시 『주역』을 읽으시기를 바랍니다. 그것은 전하 자신뿐만 아니라 이 나라와 백성들을 위한 책무이기도 합니다."

　　이를 들은 선조 임금이 부끄러운 듯 고개를 떨구고 "만고의 길흉이 모두 이 『주역』에서 나온다니, 그 이치의 신묘함은 무어라 다 말할 수가 없겠구나" 하자, 우의정 김응남金應南이 "전하! 병법을 다루는 자도 이 『주역』을 배워 쓰고, 인재 등용에도 이 『주역』을 배워 씁니다. 온갖 사물의 이치가 다 이 『주역』에서 나온다고 하니, 저 경경세의 말을 통촉하여 주시옵소서" 하고 대답하였다.

　　병자호란 당시 인조가 청나라 태종 칸에게 이마를 땅바닥에 찧어가며 삼배구고두三拜九叩頭의 치욕을 당하기 몇 해 전, 『인조실록』에는 이런 글도 기록되었다. 병자호란 때 척화오신斥和五臣 중 한 사람이었던 오위도총관 신익성申翊聖의 상소 내용이다.

"공자께서 『주역』을 지은 까닭은 우환 같은 근심 걱정이 있었기 때문이라[作易者 其有憂患乎] 하였습니다. 전하께서 재변災變을 만나 참회하는 마음으로, 남이 보고 듣지 않는 곳에서도 두려워하고 삼가시어, 득실得失과 치란治亂, 굴신屈伸과 소장消長을 탐구하여 통달하고, 음양이 발동하는 기틀과 강유强柔를 현실에 적용하는 오묘한 도리를 환히 밝혀 깨달으시어, 천도天道를 체득하여 꿋꿋이 나아가고 시운時運을 살펴 올바르게 처리하시어 왕업王業을 원대하게 하신다면, 그야말로 제왕帝王의 덕이라 할 수 있을 뿐 아니라, 그렇게만 되면 하늘에 계신 조종祖宗의 영령들을 위로하실 수 있게 될 것이옵니다."

　당시 인조 임금에게 왕이 무얼 해야 앞으로 나라와 백성에게 걱정을 끼치지 않고 박수받는 임금이 될 것인지 깨우쳐 주는 얘기다. 그러나 인조는 신하의 충정을 경시했다. 정묘호란과 병자호란 두 번에 걸쳐 백성에게 차마 입에 다 담을 수 없는 치욕을 당하게 했을 뿐만 아니라, 그의 아들 소현세자마저 청나라에 인질로 붙잡혀 가게 하고 말았다. 훗날 소현세자가 효종이 되었을 때, 개성부 교수 석지형石之珩은 '당신은 아버지 같은 어리석은 임금이 되지 말아야 한다'는 상소 형식으로 『주역』 해설서인 『오위귀감五位龜鑑』을 지어 올린다. 그는 눈물을 뚝뚝 흘리며 이렇게 호소했다.

　"신이 엎드려 생각해 보건대, 임금이 치국治國의 바탕으로 삼을 만한 것으로는 육경六經과 사서四書로부터 여러 유학자들이 지은 책에 이르기까지 지극히 많아 다 읽고 쓸 수가 없을 것입니다. 그러나 단언컨대, 임금이 다스리는 바탕으로 삼을 만한 것으로는 『주역』보다 앞서는 게 없습니다. 그 가운데서도 5효가 임금의 도리로 쓸만하고 적당합니다. 384효가 어느 것인들 마땅히 행해야 할 인사가 아니겠습니까마는, 그 가운데서도 5효가 임금의 도리로 받아 쓸만하고 가장 적실합니다. 그러니 상감께서 5효를 스스로 거울삼아, 안으로는 자기의 덕을 크게 살피시고 밖으로는 후회 없는 방법을 구하시어, 내성외왕內聖外王의 성왕聖王이 되시길 엎드려 바라옵나이다."

　이상의 몇 가지 기록처럼 『주역』은 임금이 나라를 다스리는 통치의 가장 근본 되는 교과서였다. 그러니 기업이나 가정을 꾸리는 데에야 말을 해서 무엇하겠는가. 수신제가치국평천하修身齊家治國平天下가 그냥 나온 소리가 아니다. 자기 안에 먼저 성인이 자리하고 있어야 가정을 만들면 가장다운 가장이 되고, 기업을 만들면 사장다운 사장이 되고, 나라를 맡으면 임금다운 임금이 될 것이다.

　문자가 없던 시절, 64괘를 처음으로 만들고 『역』을 최초로 지은 사람은 복희 임금이었다. 이어 문자가 나온 뒤 문왕이 64괘 하나하나마다 친절하게 괘를 설명하는 글을 지었고, 그 아들 주공이 384효 하나하나에 자세한 설명을 더해 만들어진 것이 『주역』이다. 주공이 죽은 지 500년 후, 학문의 왕이라는 공자가 복희·문왕·주공의 뜻을 이어받아 주석을 덧붙이고 공자의 인본주의 철학을 입힌 것이 오늘날의 『주역』이라 해도 좋다. 다시 말하면 임금과 성인들이 백성과 나라를 아끼는 마음에, 어느 한 사람 어느 한 나라도 빠짐없이 부자로 살고 태평성대를 누리기를 바라는 마음에 『역』을 지었으니, 이것이 바로 치국평천하治國平天下의 바이블이요 수신제가修身齊家의 성경이 된 것이다. 절대 임금이 사리사욕으로 당리당략을 위해 쓰라는 경전이 아니다. 그런 임금과 그런 사람들은 다 치욕을 받으며 형장의 이슬로 사라졌다. 왜 요순堯舜 임금을 오늘날까지 칭송하고, 왜 걸주桀紂는 죽일 놈으로 치부할까. 지난 뉴스에서 보안사령관 시절 군복 입은 전두환 동상을 만들어 놓고 오가는 시민들이 한 대 씩 두들겨 패는 장면이 보였다. 이건 무슨 메시지일까. 앞으로 임금 되려고 마음먹는 자나, 지금 이 시간에도 임금질 하고 있는 자가 사리사욕을 부려대면 대대손손 이런 씻을 수 없고 지울 수 없는 치욕을 받고 살 것이라는 무서운 교훈이다. 전두환은 죽어도 죽지 못하고 영원히 저 걸주桀紂 같은 대접을 받게 될 것이다. 그리고 이런 교훈은 오늘 이 순간 용상에 앉아 있는 자들에게도 똑같이 해당하는 얘기다.

　이 책에서는 『주역』 해석의 고전이라는 정이程頤의 『이천역전伊川易傳』과 주희朱熹의 『주역본의周易本義』를 합본한 『주역전의대전周易傳義大全』을 바탕으로 삼았다. 『이천역전』은 『주역』의 의리를 천명함으로써 자연철학·정치철학·인생철학을 체계적으로 논술하여 이학理學의 기초를 마련한 것으로 평가되는 저술이다. 반면에 『주역본의』는 의리적 해석보다는 점서 쪽으로 기울게 풀었다. 필자가 이 둘을 모두 취한 것은 『주역』을 의리나 점으로 양단하여 시비에 걸리는 대신, 본래 작역자作易者의 취지에서 멀리 벗어나지 않으려는 뜻에서다.

　이런 필자의 견해와 딱 맞아떨어지는 견해를 가진 조선시대의 학자가 있었다. 심대윤沈大允(1806~1872)이란 분이다. 그는 몰락한 대유大儒 집안 출신으로, 반상盤床 만드는 공방을 차려 생계를 이으면서도 십삼경十三經 주석과 함께 유명한 『주역상의점법周易象義占法』을 썼다. 그가 이런 말을 했다.

"정이천은 오로지 도리道理를 주장하고, 주자는 오로지 점을 주장하지만, 하늘과 사람의 이치는 하나이기에 도와 점도 둘이 아니다. 그러기에 곧 도리에 정밀하지 못하면 점이 적중할 수 없고, 점이 적중하지 않으면 도리에 정밀할 수 없다."

하늘의 해와 달이 어찌 유가의 전물일 수 있겠는가. 고로 역易 역시 유가의 전유물이 될 수 없기에 본서에서는 노장철학과 불교철학적 해석방법도 멀리하지 않았다. 왕필王弼(226~249)과 소동파蘇東坡(1037~1101), 지욱智旭선사(1599~1655)가 그런 사람들이다. 이 중 왕필이 쓴『주역주』는 노장철학을 바탕으로『주역』을 해석했으며 지금도 교과서처럼 읽히고 있다.『동파역전東坡易傳』은 동파의 부친 소순蘇洵이 주석을 달다가 완성하지 못하고 노환으로 죽자, 그 뜻을 이어받아 소동파가 동생 소철蘇轍과 함께 완성한 유교적 관점의 책이다. 동파는 유교를 근간으로 하면서, 노장철학을 바탕으로 풀이한 왕필의 사상을 융합하여 회통하고자 했다. 유불선을 두루 공부한 지욱선사의『주역선해周易禪解』또한 세상이 유교의 대표 경전으로 칭하는『주역』을 불교적 관점에서 해석한 최초이자 유일한 책이다. 지욱은 불교의 모든 교리와 사상을 종합적으로 응용해 역리易理를 불교적 관점에서 논리적으로 해석하고 있다. 본서 역시 부족하지만 지욱의『주역선해』처럼 유불선에서 대립이 아닌 상호 이해와 융합점을 찾고자 했음을 밝혀둔다.

그러나 이 책을 이끌어가는 근본 바탕은 뭐니뭐니 해도『조선왕조실록』과 조선의 석학들이 역리易理를 집대성한『한국주역대전』, 그리고 다산 정약용의『주역사전周易四箋』과 명유名儒들의 시문집詩文集이다. 이들 4가지를 본서의 원형이정元亨利貞으로 삼았다. 64괘 384효 하나하나마다 해석이 난해한 곳에는 조선 최고 역학자들의 보충 설명을 실었고, 또 다산처럼 384효 모두에 대해 설증說證(설괘전으로 증명함)하고자 나름대로 애를 썼다. 의리적 해석이든 상수적 해석이든, 공자의『주역』에 가깝게 가려고 노력했다는 말이다. 끝으로 64괘 외의 다른 전설傳說은 중인부언 되는 부분이 많아 다산처럼 제외시키려고 하다가, 후학들에게 혹이나 도움이 될까 싶어 선학先學의 유지를 조금 이어 놓았다.

기존에 출간된 다른 책들의 경우「계사전」,「설괘전」,「서괘전」,「잡괘전」에 대한 해석을 소홀히 다루는 경우가 많았다. 본서의 경우 이 부분에 관하여는 특별히 오치기吳致箕의『주역경전증해周易經傳增解』와 이장찬李章贊의『역학기의易

學記疑』를 주요하게 참조했음을 밝혀둔다.

본서는 또 조선시대 대학大學들이 『주역』의 해석과 관련하여 남긴 주옥같은 명언이나 급소를 찌르는 촌철살인적 표현도 두루 소개하려고 했다. 예컨대 (저자의 13대 할아버지인) 여헌旅軒 장현광張顯光(1554~1637)의 『여헌집旅軒集』에 실린 '관해설觀海說'의 일부 내용을 소개하면 다음과 같다.

"아, 물이 어찌 크고 작고 깊고 얕은 물 뿐이랴. 내가 물을 봤던 것이라면 가두어 놓은 물로 작은 것은 우물이고 큰 것은 연못이었다. 흐르는 물로 작은 것은 시냇물이고 큰 것은 강과 하천이었다. 그래서 내가 생각하기를 '가두어 놓은 물로는 연못보다 큰 것이 없고 흐르는 물로는 강하江河보다 큰 것이 없다'고 여겼는데, 이제 동해 바다에 나와 보니 연못과 강하가 모두 절대로 내 눈에 큰 물이 될 수 없구나. 바다가 이렇게 크고 이렇게 깊은 까닭을 연구해 보면 작은 물줄기를 가리지 않고 모으고 모아 이에 이른 것이 아니겠는가. 바다의 근원은 곧 강하와 시냇물일 것이다. 『주역』 지풍승괘地風升卦 대상大象에 나오는 '적소이고대積小而高大(작은 것이 모여 큰 것이 됨)'가 바로 저 바다를 이르는 말이었구나!"

마지막으로, 본서 속에 혹 절차탁마 되지 못한 거친 구절이 있으면, 살피시어 부디 한 사람의 독자라도 내성외왕內聖外王의 자리에 오르시고, 순간순간 '죽이고 죽이는 길'이 아닌 '살리고 살리는 생생生生의 길'을 취하시어 영원한 행복을 맛보시길 간절히 바라는 마음으로, 졸작이지만 정성을 다해 엮어 올리는 바이다.

참고로, 처음 역易의 세계에 입문하려는 독자들을 위한 '역의 이해'를 제1권의 말미에 덧붙여두었음을 밝혀둔다.

2020년 3월, 전 세계적으로 코로나19와 전쟁을 치르는 와중에
문수산 기슭에서
易農生 張永東 易拜

🔯 차 례

생생주역 下經

생생주역 上經

[부록] 역易의 이해

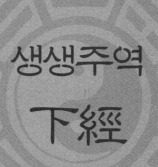

생생주역

下經

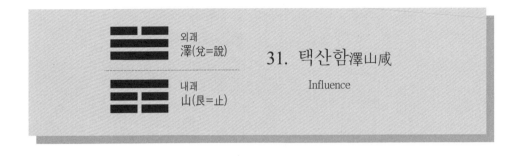

외괘
澤(兌=說)

내괘
山(艮=止)

31. 택산함澤山咸

Influence

함은 세상과 빠른 반응이 일어남을 뜻한다. 그러나 그 반응이 발에 오는 것인지, 장딴지에 오는 것인지, 허벅지에 오는 것인지, 등으로 오는 것인지, 아니면 볼과 입술에만 그치는 것인지, 정확한 판단이 요구되는 시점이다.

> **咸 亨 利貞 取女 吉**
> (함께하는) 함은 형통하니, (일을 맡아) 바르게 하면 이롭고, 여자를 취하면 길하다.

함咸은 사랑하는 사람과 함께 열락悅樂을 누리며 살아가는 아름다운 모양새를 말한다. 또 도통의 경지를 사랑이 익어가는 남녀의 도수에 비유하여 설명하고 있다. '도통을 했다'고 함은 남녀노소 누구나 사람을 사랑하는 마음이 훤히 열렸음을 뜻한다. 아름다운 사랑을 할 수 있는 자라면 그는 분명 도를 아는 자일 것이다. 도통했다고 하는 자라도 사랑하는 사람들과 함께 멋진 사랑을 나누어 갈 수 없는 자라면, 그는 도를 전혀 모르는 자에 불과하다. 고로 인간이 덜된 자가 도를 닦는 것이고, 도가 다 닦인 자라면 사랑하는 사람과 함께(咸卦) 행복하게 살아갈 줄 알아야 한다. 도를 통해 사랑을 배우는 것이 아니라, 사람과 '더불어' 사랑을 배운다. 재산과 명예와 도가 높아졌다 하더라도 사랑을 모르는 자라면 그는 아무것도 익히지 못한 자임에 틀림없다.

함께한다는 '함咸'은 엄밀히 보면 심心을 뗀 '감感'이다.[1] 만물 중 감(feeling)을

---

1 정이천, 『이천역전』: "'咸'을 '感'이라고 말하지 않은 것은 '함' 자에 '모두'라는 의미가 있기 때문이다. 군신과 상하로부터 만물에 이르기까지 모두 서로 느끼는 도가 있으니, 사물이 서로 느끼면 형통한 이치가 있다. 군신이 서로 느낄 수 있다면 군신의 도는 통하고, 상하가 서로 느낄 수 있다면 상하의 뜻이 통하며, 부자와 부부와 친척과 친구에 이르기까지 모두 감정과 의지를 서로 느끼게 되면 和順하여 형통하다. 사물이 모두 그러하기에 함괘에는 형통한 이치가 있다.

주고받는 대상은 젊은 남녀만한 것이 없기에, 함咸(Influence)은 '형亨하고 이정利 貞하여 취녀取女면 길吉'이라 하였다.[2/3] 마음 하나되는 부부의 사랑은 세상의 경 전經典 중 경전이요, 또 음양의 교감은 인류의 시원이자 만생의 원천이 된다. 고 로 함의 원리는 젊은 남녀에서부터 저 삼라만상에까지 공히 적용되기에 '무사무 위无思无爲 적연부동寂然不動 감이수통천하感而遂通天下'라 하였다.[4/5]

따라서 상경 첫머리의 '건곤乾坤'이 천도天道의 시원, 곧 천지의 도를 말하였 다면, 하경 첫머리의 '함항咸恒'은 부부지도夫婦之道, 즉 '인도人道'를 중심으로 말 했다. 건괘는 '원형이정元亨利貞'을 모두 갖추었으나, 함괘는 '형이정亨利貞'만 있 다. 함에 원元이 없는 것은 사랑은 상대성이기 때문일 것이다.[6/7] 그렇지만 부부 의 사랑은 절대絕對를 찾는 도량道場이다. 무아지경과 도통지경은 부부의 지극한

'利貞'이란 서로 느끼는 도는 이로움이 바름에 있으므로, 바름으로써 하지 않는다면 악한 데로 들어감이다." 咸은 迅速·交感·和合·周徧·減少라는 뜻으로도 새긴다.

2 심대윤, 『周易象義占法』: "만물은 반드시 교감하고 기뻐한 뒤 감응한다. 바르지 않게 감응하는 경우는, 욕심을 함께하여 잠시 합한 것일 뿐이다. 그렇게 되면 반드시 떠나게 되니, 곧아야 이롭 다. 함께 감응한다는 것은 사특함도 없고 치우침도 없다는 소리이다."

3 [說證] 咸은 교감이 없는 否卦의 상9가 3으로 와, 상하가 서로 감응하니 '亨'하고 大坎을 이루니 '利貞'하며, 또 총각(신랑)이 처녀(색시)를 얻음에 '取女吉'이 된다.

4 윤종섭, 『經易』: "역은 생각이 없고 행함이 없어 고요하게 움직이지 않다가 감응하여 마침내 천하의 뜻을 통한다[寂然不動感而後通天下之志]. 64괘 중 감응하지 않는 것이 없는데, 유독 함 괘에서 '감응한다'고 말한 이유는 감응이 마음에서 발현함을 뜻하기 때문이다. 천지의 도는 (수 컷인) 산과 (암컷인) 못이 기운을 통하는 데에서 시작하여 만물을 화육하고 생장시키며, 인류의 도 역시 남녀가 결합하는 데에서 시작하여 만물을 화육하고 완성한다."

5 어떤 생각, 행위, 움직임도 없이 그저 고요한 상태에서의 감응이라면 천하와 하나되는 일일 뿐 이다. 그런 함의로 덕수궁 '함녕전(咸寧殿)'은 고종 임금과 명성황후 민비가 하나되어 순종을 낳은 침전으로 쓰였다.

6 오치기, 『周易經傳增解』: "산은 높지만 내려와서 밑에 있고, 못은 낮지만 올라가서 위에 있으니, 산과 못이 기운을 통한다. 괘의 몸체는 2와 5의 굳세고 부드러움이 모두 중정함을 얻었고 괘의 뜻은 남녀가 서로 함께하며 감응하기 때문에 형통하다. 태☱는 부드럽고 간☶은 굳센데, 모두 올바른 자리를 얻었기 때문에 '利貞'이라 하였다. 남자가 여자보다 낮추고, 두 기운이 감응하기 에 '여자를 취하면 길하다.' 感에서 心을 빼고 咸이라 말한 것도 사사로운 '마음 없이' 모두 서 로 감응한다는 의미다."

7 이정규, 『讀易記』: "함괘의 괘에는 형통하고 길하다는 뜻이 있는데, 효에서는 형통하고 길하다는 뜻이 하나도 없는 것은 어째서인가? 감응이 진실되지 않으면 호응하는 것도 반드시 진실되지 않다. 감응을 도로써 하지 않으면 응도 반드시 도로써 하지 않기 때문에, 감의 도는 진실되고 바르게 해야 할 따름이다. 고로 효의 재질이 매번 때와 자리를 따르기에, 진실되지 않고 바르지 않은 경우도 있을 것이다."

사랑에서와 같이 하나될 때 얻을 수 있는 극락이다.

다음은 공자의 단사이다. "부드러운 것이 위에 있고 강한 것이 아래에 있어서 음양의 두 기운이 서로 친밀히 돕는다[柔上而剛下, 二氣感應以相與]. 아래에서 남자가 변함이 없는 사랑을 노래하고[止而說, 男下女], 위에서는 여자가 기쁜 마음으로 그 사랑에 응답하니, 굳은 약속으로 봉오리마다 꽃을 피워 하나에 이른다[是以亨利貞取女吉也]. 천지는 교감으로 만물을 생성하고[天地感而萬物化生], 성인은 인심으로 천하를 화평케 하니[聖人感人心而天下和平], 감응의 이치를 알게 되면 천지만물의 정을 마음껏 체휼體恤할 수 있을 것이다[觀其所感而天地萬物之情可見矣]."[8][9]

> 象曰 山上有澤 咸 君子以 虛受人
> 상왈, 산 위에 연못이 있어 아래의 대지를 축축이 적셔주니 함이다. 군자는 이것을 보고 마음을 비워 만인을 받아들이도록 한다.

연못의 물은 아래로 흘러내리고, 산의 흙은 흐르는 물을 거침없이 받아들인다. 그러기에 연못은 힘차게 뚫고 나가는 산의 기운과 하나가 되는 것이다. 이를 군자가 본받아 산택통기山澤通氣의 상을 관觀하고 마음을 비워 중생을 받아들인다[虛受人]. 마음에 사사로움 하나 없이 비운다는 것은 무아無我요 곧 도통의 자리다. 오만불손한 산에 물이 고일 수 없듯[慢如高山 法水不停],[10] 군자의 마음자리는 '텅 빈 곡신谷神'이 되어야 튼튼한 바퀴살을 문 바퀴통이 될 수 있다.[11][12] 그래서

---

8 [說證] '天地感而萬物化生'은 否卦의 天地가 함의 아이들을 생산함이요, '聖人感人心而天下和平'은 乾의 군주가 아래로 坤의 백성에게 덕을 베풀어 兌☱平을 누림이다.

9 세상 정리는 좀 다르다. 王象晉의 『日省格言錄』 '涉世'편에서는 情을 이렇게 읊었다. "무릇 情이란 다하지 않는 뜻을 남겨두어야 맛이 깊다[情留不盡意則味深]. 흥도 끝까지 가지 않아야만 흥취가 거나하다. 만약 사업이 반드시 성에 차기를 구하고, 공을 세움에 가득 채우려고만 들 경우, 내부에서 변고가 일어나지 않으면 반드시 바깥의 근심을 불러온다[不生內變 必召外憂]."

10 지욱, 『주역선해』 : "百丈淸規證義記."

11 老子의 말이다. "도는 텅 비어야 혹 넘칠 듯이 쓰면 도가 아니다[道沖不盈]. 골짜기의 신은 영원히 죽지 않는 어머니와 같다[谷神不死]. 그녀의 문은 천지의 뿌리가 되며, 텅 빔의 극치이다[玄牝致虛極]. 수레의 바퀴통이 비어야 바퀴살을 박을 수 있고, 그릇도 안을 비워야 물을 담을 수 있으니, 고로 有를 쓰기 위해서는 無를 잘 써야 한다[無之以爲用]."

12 '虛受人'은 함의 모괘인 否卦의 곤☷이 건☰의 양 하나를 받아, 태☱의 아래 놓인 간☶의 겸허한

실록에도 마음을 텅 비우고 국사를 보라는 장면이 나온다.[13]

흙의 몸은 비어 있고, 못의 성질은 적신다. 산 위의 못이 빈 채로 적심을 받아들이니, 군자가 그것을 본받아 마음을 비워 남을 받아들인다.[14] 못에는 물이 고였고, 산은 땅 중에서 높다. 산 위의 못이 비워지지 않는다면 할 수 없다. 산이 비워야 물을 모으고, 물이 밑으로 흘러야 산을 적시니, 이것이 바로 감응하는 까닭이다.[15] 간☶은 흙이 되고 태☱는 입이 되기 때문에, 함咸 자는 술戌 자와 구口 자로 짜여졌다. 또 간☶은 손이고 태☱는 입인데, 손과 입은 모두 사물을 받아들이는 것이기에 '허수인虛受人'이라 했다.[16]

백두산에 대택이 있고, 태백산에 황지가 있으며, 한라산에는 백록담이 있다. 『감여서』에 "산 위에는 반드시 못이 있다"고 했다. 산은 지극히 꽉 찬 사물이지만, 빈 공간이 있기 때문에 못을 받아들인다. 서로 받아들이는 것은 서로 감응하고 소통하는 방법이므로, 군자는 또한 채우면서도 비워 남을 받아들인다.[17] 또 비우는 것은 자신이고, 인人은 타인이다. 기물이 비어 있지 않으면 사물을 채울 수 없고, 사람이 비우지 않으면 선함을 받아들일 수 없기 때문에, 교만하고 가득 찬 자들은 남을 포용할 수 있는 도량이 없다. 사람이 자신을 비우는 것을, 간괘 흙이 가운데를 비워 못의 물을 받아들임과 같게 한다면, 서로 교감의 의리를 알

상을 말한다. 함의 시절은 만사를 민감하게 느낄 때다. 사랑도 감정의 호소로 주고받아 대인관계도 원만하니, 뭐든지 빠르게 실천에 옮기라.

13 『선조실록』 선조 35년(1602) 7월 27일 : "마음이 虛하면 받아들일 수 있고, 實하면 받아들일 수 없습니다. 또 '마음을 비운다는 것은 나를 없앤다는 것'이라 하였는데[虛中無我], 나를 없앤다는 것은 사심이 없는 것을 말합니다[無我無私]. 周濂溪의 『通書』에 '욕심이 없으면 虛靜하고, 허정하면 밝고 밝아 통한다' 하였는데, 통한다는 것은 천하의 이치를 통달한다는 것입니다. 임금의 총명과 재주에도 한계가 있는데, 지극히 번잡한 萬機와 수많은 庶務를 살피면서도 마음을 비워, 널리 다른 사람의 의견을 받아들이지 않는다면, 어떻게 일을 다 수행할 수 있겠습니까. 상께서는 더욱 유념하셔야 합니다. 성인의 경전에서 교훈을 남긴 의미가 깊으니, 임금은 두려운 마음으로 대처해야 할 것입니다."

14 曺好益, 『易象說』 : "土之體虛, 澤之性潤, 山上有澤, 以虛受潤之象. 君子法之, 虛其心而受於人."

15 李瀷, 『易經疾書』 : "澤者, 水之渟, 山者, 地之高. 山上有澤, 非虛不能也. 山虛而渟水, 水下而潤山, 所以爲感."

16 沈潮, 「易象箚論」 : "艮爲土, 兌爲口, 故咸字從戌從口. 又艮手也, 兌口也, 手與口皆受物底物事, 故曰虛受."

17 徐有臣, 『易義擬言』 : "白頭山有大澤, 太白山有黃池, 漢挐山有白鹿潭, 堪輿書謂太山之上必有池云爾. 山至實之物, 而以其有空虛處, 故能受澤. 相受所以相感通, 君子亦實而虛以受人."

수 있다.[18] 순자가 말했다. "마음은 어떻게 아는가? 비우고 한결같아 고요하기 때문이다."[19] 처녀총각과 임금이 맞선과 청문회를 천번만번 해봐야 소용없는 것도 그들의 마음속에 이미 채워진 그 사람이 있기 때문이다.[20]

初六 咸其拇
초6은 엄지발가락에 감응한다.

마음에 있는 감정을 이제 막 표현하려고 발가락을 움직이는 단계이다[咸其拇, Influence in the big toe]. 감응의 도수로 볼 때는 조족지혈鳥足之血이다. 사랑하는

---

18 李止淵, 『周易箚疑』: "虛者, 我也, 人者, 他也. 器不虛, 則不能盛物, 人不虛, 則不能受善, 故凡驕而滿者, 无容物之量. 人之虛己, 如艮土之虛中而受澤水, 則其相感可知也."

19 李炳憲, 『易經今文考通論』: "荀子曰, 心何以知, 曰虛壹而靜."

20 李萬敷, 『易大象便覽』: "사람이 마음을 비우면 받아들일 수 있고, 마음을 가득 채우면 받아들일 수가 없습니다. 마음을 비우는 것은 나를 주장함이 없는 것이며, 마음에 사사로운 주장이 없으면 감응하여 통하지 않음이 없습니다. 『서경』에 '나무는 먹줄을 따르면 곧아지고[木從繩正], 임금은 간함을 따르면 성스러워진다[后從諫聖]. 임금이 성스러워질 수 있다면 신하는 명하지 않아도 그 뜻을 받들 것이니, 누가 감히 임금의 아름다운 명을 공경하고 따르지 않겠는가'라고 하였습니다. 예로부터 간언을 받아들이고도 흥성하지 않고, 간언을 막고도 망하지 않은 자가 없었습니다. 역사를 통해 상고하여, 符信처럼 지니며 마땅히 거울처럼 경계로 삼아야 합니다. 그런데 간언을 받아들임에 있어서, 또한 먼저 자신의 개인적인 뜻을 세우고, 그 뜻에 부합되는 것만 가려서 들으며, 또 비록 부합되지 않는 것이 있지만, 뜻을 억눌러 호응하여 실제로 확연하게 살펴본 뒤에 받아들이지 않는다면, 다만 잘 꾸민 말의 허명만 있고, 효과가 있는 실질은 없게 될 것이니, 이것은 마음을 비우고 받아들이는 것을 경계로 삼은 것으로, 마치 '말이 당신의 마음을 거스르거든 반드시 도에서 찾고[言逆汝心, 必求諸道], 말이 당신의 뜻에 공손히 따르거든 반드시 도가 아닌 것에서 찾으라[言遜汝志, 必求非道]'고 한 말에 해당합니다. 강학의 도 또한 마음을 비우고 받아들임만 같은 것이 없고, 간언을 받아들이는 일에 있어서 더욱 간절하기 때문에, 이러한 뜻을 侍講 아래에 두고자 합니다. 국가에 있어서 현명한 자를 구하는 일이 시급한 이유는 어째서입니까? 장차 큰일을 하고자 합니다. 임금을 요순과 같은 임금으로 만들어야 하고, 백성들을 요순시대의 백성처럼 만들어서, 이를 통해 그 나라를 새롭게 하고 천명을 영원토록 해야만, 현명한 자와 군자가 뜻을 지녀 지원을 합니다. 그러나 위정자가 그들을 등용함에 스스로 성심을 다하지 않는다면, 현명한 자와 군자는 또한 일찍이 조금이라도 굽혀서 합치되기를 구한 적이 없고, 차라리 고목이 시들듯이 초야에 묻혀 사는 것을 편안하게 여겨서, 애초부터 구하지 않는 것이 더 나음만 못합니다. 현재 앞서 진술한 것처럼 널리 묻고, 널리 찾으며, 예를 다하고, 성심을 미루어서, 그에 걸맞은 사람을 얻어, 도덕의 크기와 학업의 깊이와 재능의 합당함을 살펴, 어떤 자는 보필하는 중책을 맡고, 어떤 이는 강학의 임무를 맡으며, 어떤 자는 눈과 귀가 되어, 그들로 하여금 배운 것을 다 펼치도록 한다면, 국가를 다스리는 일에 있어서 어찌 작은 보탬이 된다 하겠습니까? 이곳의 뜻을 임금의 뜻에 더욱 깊이 머물게 하소서."

사람들끼리 심적인 교류를 느끼면서도 서로가 아직은 행동으로 옮기지 못하고, 손끝과 발끝으로 마음을 전달하고 있을 뿐이다. 공자의 주석이 "엄지발가락으로 감응한다는 것은 뜻이 밖에 있기 때문[象曰, 咸其拇, 志在外也]"이라 하니, 저 4에 마음을 두고 있음을 알 수 있다.

그렇지만 초효로서 세상을 보는 눈도 부족하고 스스로 통제할 능력과 힘이 없는지라, 설사 4에게 마음이 끌린다 하더라도 감당할 능력이 부족하다. 지욱은 "만일 뜻을 천하에 두고 수신하면 길하나, 하찮은 명리에 목숨을 걸고 마음자리를 돌보지 않는다면 가히 부끄러움만 쌓일 것"이라고 한다. 초효가 아직 세상에 휘둘릴 때가 아니라, 세상이 진정으로 자신을 필요로 할 때를 대비하여 만만의 준비를 하고 가라는 뜻으로 받아들여진다. 이는 함이 혁괘革卦로 간 경우다.[21]

동파의 진지한 설명은 이렇다. "함咸이란 신령으로 교류함이다. 대개 신령이란 그 마음도 버려야 하는데 하물며 몸이겠는가? 몸을 잊은 뒤에라야 신령함이 존재하니, 마음을 버리지 못하면 몸을 잊지 못하고, 몸을 잊지 못하면 신령함을 잊게 된다. 그러므로 신령함과 몸은 함께 존재할 수 없다. 반드시 하나는 잊어야 한다. 발이 신발을 잊지 못하면 신발은 구속이 되며 심하면 족쇄가 된다. 허리가 허리띠를 잊지 못하면 허리띠는 재앙이 되며 심하면 밧줄과 오라가 된다. 사람이 종일토록 신을 신고 허리띠를 매고도 싫어할 줄 모르는 까닭은 이것을 잊었기 때문이다. 도에 이름을 붙여서 말할 수 있다면 지극한 것이 아니고, 함咸을 나누어 구별할 수 있다면 그것은 모두 진정한 감응이 아닐 것이다. 고로 괘사는 함의 온전한 내용이고, 효사는 조잡하다. 이런 까닭에 6획은 서로 감응하지 않은 적이 없지만 모두 병이 든 것이다. 흉하지 않으면 부끄럽고, 선하여도 고작 후회를 면할 뿐이다."[22]

지금은 감응이 말단에 있으니 뜻만 있을 뿐 본마음은 흔들리지 않는다. "감응의 이치는 기운이 같아서 서로 구하고, 소리가 같아서 서로 응하니, 함괘의 도는

---

21 [說證] 咸이 革卦가 되고, 革은 大壯卦의 2가 5로 간 경우로, 震☳의 다리에 달린 엄지발가락이 되어 '咸其拇'다. '志在外' 또한 離☲의 뜻이 5에서 옴이다. 참고로 나보다 더 훌륭한 사람의 의견을 받아들임이 좋다. 터전을 옮김은 마땅치 않으니 이사할 생각은 말라.

22 소식, 『동파역전』: "咸者以神交, 夫神者將遺其心, 而況於身乎, 身忘而後神存, 心不遺則身忘, 故神與身, 非兩存也. 必有一忘, 足不忘履, 則履之爲累也, 甚於桎梏, 要不忘帶, 則帶之爲虐也, 甚於縷絏. 人之所以終日躡屨束帶而不知厭者, 以其忘之也. 道之可名言者, 皆非其至, 而咸之可分別者, 皆其粗也."

정일精一하게 감응함을 귀하게 여긴다. 마음을 써서 억지로 해서는 안 되고, 또한 정일함이 없이 태만하게 호응해서도 안 된다. 함괘의 효위爻位에서 굳센 양의 자리에 있는 것은 마음이 있어서 느끼는 자를 찾는 것이고, 부드러운 음의 자리에 있는 것은 무심하게 서로 호응하는 것이다.”[23]

　　함괘가 혁괘로 바뀌었으니, 옛것을 제거하는 것이다. 함괘의 도는 가운데를 비운 뒤에라야 들어갈 수 있으니, 변혁의 뜻이 있다. 초6은 굳센 양의 자리에 있으면서 4효와 느끼기를 구하지만 3효에게 막히며, 재질은 부드러운 음인데 초효에 있어 느껴서 움직이는 자취를 보이지 못하니, 발의 엄지발가락이 움직이지만 그곳을 떠날 수 없음과 같기 때문에, ‘발가락에서 느낀다’고 하였다. ‘무拇’는 엄지발가락이니, 아래에 있으면서 움직이는 것에서 상을 취했다.”[24][25][26]

23　沈大允, 『周易象義占法』: “感應之理, 同氣相求, 同聲相應, 咸之道, 貴乎精一感應也. 不可用心以强求, 亦不可無精而漫應也. 咸之爻位, 居剛, 有心而求感者也, 居柔, 無心而相應者也.”

24　정자의 말이다. “초6은 가장 아래에서 4와 서로 느끼지만, 미천하여 그 느낌이 깊지 않으니, 어떻게 다른 사람을 감동시키겠는가? 사람의 발가락이 움직이는 것처럼 충분히 나아가지 못한다. 서로 느낌은 얕고 깊음과 가볍고 무거움의 차이가 있으니, 때와 형세를 알면 처신하는 바에 마땅함을 잃지 않을 것이다.”
　　주자의 말이다. “함괘는 비록 느낌을 위주로 하지만, 여섯 효가 모두 고요함을 마땅히 하고, 움직임을 마땅하게 하지 않는다.”
　　厚齋馮氏의 말이다. “길흉은 움직이는 데에서 생긴다. 함항괘 초효는 모두 미천하다. 함괘의 ‘엄지발가락’은 느낌이 깊지 않고, 艮의 성질은 그칠 줄 알기 때문에, 길과 흉을 말하지 않았다. 항괘의 초효는 구하기를 깊게 할 수 없고, 巽의 성질은 들어오기를 잘하기 때문에, 비록 곧더라도 또한 흉하니, 얕음과 깊음, 가벼움과 무거움이 다르므로, 마땅히 『주역』을 배우는 자는 진실로 때를 알지 않아서는 안 된다.”

25　金相岳, 『山天易說』: “함괘는 人道의 시작이고, 사람은 艮方 寅[人]에서 생겨나기 때문에, 모두 사람의 몸에서 상을 취했다. 초효의 발가락은 4효의 생각보다 앞서고, 2효의 장딴지는 5효의 등살보다 앞서며, 3효의 넓적다리는 상효의 볼보다 앞서니, 이 모두는 느끼는 도의 올바름을 얻지 못했기 때문에, 양은 뉘우치고 부끄러우며, 음은 흉하다. 주자가 ‘여섯 효는 마땅히 고요해야 하며, 움직여서는 안 된다’고 한 말에 해당한다. 艮☶은 산의 그침이 되고, 兌☱는 물의 그침이 되기 때문에, 비록 느끼는 것을 위주로 하지만, 먼저 움직여서는 안 된다.”

26　尹行恁, 『薪湖隨筆易』: “사물에서 멀리 취한 것은 乾☰의 용과 坤☷의 말 같은 류이다. 몸에서 가까이 취한 것은 賁卦의 발꿈치와 咸卦의 발가락 같은 류다. 이른바 괘를 설명하며 상을 취함이 난잡함을 벗어나지 못한다고 하는데, 내가 생각하기에 괘를 설명하는 난잡한 문장들은 공자의 기록이 아니며, 진나라와 한나라 사이에 견강부회한 기록이다.”

六二 咸其腓 凶 居吉
육2는 장딴지에 감응하니 흉하다. 그대로 있으면 길하다.

　　엄지발가락에서 한 단계 올라가 장딴지에 감응이 온다[咸其腓]. 장딴지는 발이 나가기 전에 본시 먼저 움직이게 되어 있다. 장딴지가 먼저 움직인다는 것은 냉정한 이성적 판단보다 감성이 앞서는 것이니, 천박하다. 그러니 서둘러 가면 흉[凶]하고 순진한 마음을 지키면 길하다[居吉]. 육체와 감정이 뜨거운 20대의 청춘인지라 순정을 지키기엔 솔직히 걱정이 앞선다. 그러나 2는 중심을 잡은 유순 중정한 자로, 강건중정한 5가 찾아올 때까지 기다릴 수 있는 내공을 지녔다. 고로 공자도 "비록 흉하지만 움직이지 않고 그대로 있으면 길하다는 것은, 움직이지 않고 순응하여 가면 해로움을 당하지 않음이다[象曰, 雖凶, 居吉, 順不害也]"라고 하였다.

　　내괘 1·2·3은 간☶으로 나가고 싶어도 행동을 멈춰야 할 때라, 장딴지는 감흥의 진원지는 아님을 알아야 한다. 만일 조동躁動으로 욕진慾進하면 흉하고, 오직 시기를 기다리는 마음으로 안거安居하고 자수自守해야 길하다. 도를 통하는 자체보다 이를 간수하고 지키는 게 어렵고, 보림保林이 돈오頓悟보다 무섭다. 도를 통했다고 도인의 행세를 하고 싶으면 벌써 흉이 앞서 기다린다. 이는 함이 대과大過로 간 경우이다.[27]

九三 咸其股 執其隨 往吝
구3은 허벅지에 감응한다. 자기를 뒤쫓아 오던 자를 오히려 잡을 것이다. 허물을 고쳐도 인색하리라.

　　아슬아슬하고 위험한 장소와도 같은 허벅지에 감응이 온다[咸其股]. 허벅지는

---

27 [說證] 대과괘는 遯卦 2가 상으로 간 경우다. 遯의 大巽☴은 넓적다리로 장딴지니 '咸其腓'다. 遯의 大巽은 순종하지만, 大過의 음 하나가 4개의 강을 타고 있으니 '흉'하고, '길'은 大壯의 음 하나가 내려가 大過의 巽☴이 됨이다. 참고로, 들어오는 재물보다 나가는 것이 많고, 합은 없고 파손만 있으니, 분수를 지킴이 낫다. 거사의 시기를 찾지 못하고 있으니 적절한 타이밍을 잡기 위해 호시탐탐 노려야 한다. 자칫 거사의 시점을 맞추지 못해 사전에 음모가 발각되어 처단되면 흉하다.

가장 민감한 곳으로, 함부로 움직이면 남에게 끌리기 쉬워[執其隨] 주체성이 아주 취약한 곳이다. 함부로 나서면 궁지에 빠지기 쉽다[往吝]. 3은 부중不中하나 강단은 있기에, 멈추라는 경고를 묵살하고 나아가면 정상적인 운행이 힘들어진다. 먼저 상하좌우를 살피는 자세로 나가야 할 것이다. 아직은 아슬아슬한 감응이 허벅지에 닿으면 몸 둘 바를 잘 모르는 피 끓는 30대처럼 걱정이 앞서기는 한다. 공자도 주석에서 "허벅지에 감응한다는 것은 아직 머물 곳이 아니라는 것이요, 뜻이 뒤쫓아 가는 사람에게 있기에, 도리어 붙잡힌 사람은 아래쪽 사람이다[象曰, 咸其股, 亦不處也, 志在隨人, 所執下也]"라고 단정하였다.[28]

이와 달리 주자에 의하면, 아래 초효와 2효는 음유하기에 감응의 시절에는 감정에 쉬 끌려가는지라 그 꼴이 이해가 되지만, 3효가 멈춤의 끝자리에서 움직이게 되면 반드시 흉이 된다 하였다. 젊은 시절에는 감응의 조절이 쉽지 않다. 동파 역시 비슷한 해석을 놓는다. "집執은 아래 2를 끌어당김이다. 3은 진정 그치고자 하나, 초효와 2가 3의 만류를 듣지 않고 그들의 짝을 따르려고 한다. 짝을 보고 움직이는 것은 3이라도 어쩔 수 없다. 즉 넓적다리에 붙어 있지만 넓적다리가 그 행동을 그치게 할 수 없는 이유가 장딴지 때문이다. 장딴지가 가고자하는 곳으로 따라가지 않을 수 없는 까닭은 동정動靜을 제어하는 힘이 장딴지에 달려 있기 때문이다. 그러니 길흉은 상존한다. 넓적다리가 그치고자 하나 장딴지에 끌리고, 3이 그치고자 하나 2에게 당겨지듯이, 자기를 믿지 못하고 남을 믿으니, 고로 나가면 부끄러움이 찾아드는 까닭이다."[29]

아래는 경허鏡虛(1849~1912) 선사의 '근원에 돌아오다'라는 시인데 여기 구3을 빗대어 부른 노래 같다. "학 다리가 길지만 자르면 근심이요[鶴脛雖長斷之卽憂],

---

28 [說證] 咸卦가 萃卦로 가는데, 취괘는 觀卦 4가 상으로 올라가 손☴의 허벅다리를 감응시키니 '咸其股'가 되었고, 함의 모괘 否卦 때는 세 사람이 동행하다가, 함이 되면 비의 맨 윗사람 상이 아래 3으로 와 간☶의 손으로 붙잡고 따라 좇으니 '執其隨'가 된 것이다. 그리고 함과 취괘에서 大坎이 변하지 않았으므로, 감의 집[子宮]에 머물러야 하지만, 否卦로 보면 건☰의 세 사람이 함에는 있었으나 취에는 없으니 '亦不處'가 된 것이다. 3효는 주효(비괘 3효에서 연유했음)라 본상만 취한다.

29 참고로 정욕이 움직이는 상이다. '咸其股'는 음외한 것을 너무 좋아하다 몸을 상하게 되고, '執其隨往吝'은 남자가 줏대도 없이 여자에게 마음을 빼앗기는 꼴이다. 3의 똑똑한 친구가 화류계와 같은 주색에 빠지고 친구에게 멸시를 당하여 불우하게 살아가는 모양 같기도 하다. 그리고 도망자를 쫓는 일이라면 쫓는 자가 도리어 잡힌다.

오리다리가 짧지만 이으면 걱정이라[鳧脛雖短續之卽愁], 발우는 자루가 필요 없고[鉢盂不得着柄], 조리는 새는 것이 마땅하니[笊籬且宜有漏], 동해는 명태요 서해는 조기라[東海明太西海石魚], 만물은 저마다 본고장이 좋다더라[萬物無非本處好]."

九四 貞吉 悔亡 憧憧往來 朋從爾思[30]

구4는 바르면 길하고 후회가 없다. 아끼고 사랑하는 마음으로[아이들처럼 들뜬 마음으로] 왕래를 자주 하면 친구도 너와 같은 생각을 따를 것이다.

'정길회망貞吉悔亡'과 '동동왕래憧憧往來'에 대한 해석은 다양하다.[31] 먼저 의리적으로 해석하면 다음과 같다. "주고받는 감응의 도가 발라 후회가 없음은 해치려는 마음이 없기 때문이요[象曰, 貞吉悔亡, 未感害也], 아끼고 사랑하는 마음을 주고받으며 자주 오고간다면 빛은 크게 나지 않을 것이다[憧憧往來 未光大也]." 그렇지만 어느 때(미시)가 되면 크게 빛이 난다[未光大也]는 사실도 알 수 있다. 여기 사랑이란 감응은 남녀가 함께 노력으로 얻어지는 인간 최고의 선물이다. 사랑의 표현이 부족한 사람에게 부모형제처럼 가슴으로 보듬고 배려하라는 당부가 있다. 그러니 주공도 효사에서 자신을 굳게 지키며 사랑하는 마음을 놓지 말라고 당부한 것이 아닐까. 저 아래 초효의 마음은 아직 엄지발가락에 와 닿을 정도라고 하니, 내가 부지런히 초효의 어린 마음을 이해하고 왕래하면 그(어린 자식, 어리석은 친구, 백성)도 나의 뜻을 좇아올 것이다. 4가 초효를 대하는 마음은 흡사 꼬마신랑을 애처롭게 보는 신부의 마음과 같다.

구4는 겉으로 양이라 강해 보이지만, 본시 음의 자리였기에 과하지 않다. 그러니 주고받는 감응의 도를 부드럽고 바르게만 실천하면[貞吉] 모든 후회가 사라

---

30 憧 동경할 동. 그리워서 왕래가 끊이지 않음.

31 "象曰, 貞吉悔亡, 未感害也, 憧憧往來, 未光大也"의 해석은 다양하다. 먼저 정자는 "貞吉悔亡은 아직 사사로운 느낌에 의하여 해로움을 당하지 않은 것이니, 사사롭게 얽매이면 감정에 해로움이 된다. 憧憧往來는 사사로운 마음으로 서로 느낌이니, 느끼는 도가 협소하기 때문에 아직 빛나고 크지 못하다"고 하였다. 曹好益은 『易象說』에서 "憧憧往來 未光大也는 간==은 빛이 되지만 4는 간 밖에 있기 때문에 빛이 되지 못한다. 양은 大이나 4의 자리에 있기에 未大이다"라고 하였다. 徐有臣은 『易義擬言』에서 "느끼는 것은 해로움이 되지 않고 자주함이 해가 된다. 느끼는 것은 빛나고 크려고 하나 자주함은 아직 빛나고 크지 않다"고 하였다.

지고[悔亡], 내 마음과[憧] 사랑하는 이의 마음이[憧] 하나 되어 사랑을 주고받는다면[憧憧往來], 어찌 그 자리가 둘이 될 수 있겠는가. 이미 나 스스로가 "마음으로 감응의 본을 삼았다면[咸其心]" 혈기 있는 젊은이[처녀≡≡·총각≡≡]일지라도 존경으로 친친하여 올 것이며, 아랫사람들조차도 기쁜 마음으로 사랑을 좇아올 것이 틀림없다[朋從爾思].[32] 아끼는 사람끼리 하나가 되면 누구든 가식을 벗고 동심童心으로 돌아간다. 진정한 사랑이라면 티 하나 없는 하얀 마음으로 왕래往來를 할 것이다. 도인이 도인입네 하지 않아도 세상이 알고 감복되어 부부처럼 하나 되는 이치리라.

다음은 저 「계사전」을 보고 지욱이 요약한 설명이다. "오직 도통한 자만이 종일토록 수작을 하여도 미동 하나 없이 본자리를 어기지 않는다[寂然不動]. 즉 주고받는 사랑의 감정을 해치지 않으면 어떤 근심이나 걱정도 필요 없다[何思何慮]."[33] 여기 '동동왕래憧憧往來'를 왕필과 동파 이하 모든 해설자들은 '뜻이 정해지지 않은 생각으로 왕래하는 것'으로 보거나 '이리저리 헷갈리다'로 설명했다.[34] 나아가 서양의 블로필드마저도 '방황(agitated in mind, and go hither and thither)'의 의미로 옮겼다. 그러나 공자는 일찍이 『주례周禮』를 읽고 주공을 주저와 방황

---

32 [說證] 함괘가 蹇卦로 변한 경우다. 蹇은 小過의 4가 5로 간 것이다. '貞吉悔亡'은 소과가 咸과 蹇이 되어도 감≡≡을 잃지 않는다. '憧憧'은 관괘 상이 3으로 오고, 大艮≡≡으로 어린아이의 마음이 감≡≡으로 불안한 상이며, '往來'는 觀의 시절에는 坤≡≡의 친구들이 모여 있었는데, 蹇이 되면서 뿔뿔이 흩어져 좇아다니는 모습이 되었다. 또 艮의 동북에서 벗을 잃고[東北喪朋] 坎으로 노심초사하니 '朋從爾思'다. '未光大'는 觀의 坤≡≡은 본시 含弘光大지만, 蹇이 되면서 곤≡≡이 이리저리 사라진 모양새를 의미하였다.

33 동심은 천심이다. 순진무구하여 때 하나 묻지 않은 본심으로 주고받는다면, 어떤 벗도 함께할 것이다. 하늘 아래 걱정은 금물이다. 친구와 가는 길이 다를 수 있어도 도착지는 같을 것이다. 천당 가는 길이 바르다면 지옥 가는 친구라도 천당으로 올 것이 아니겠는가. 그러니 백 가지 다른 생각도 하나로 잡혀올 것이다. 해와 달이 다른 빛을 발하지만, 밝음을 주려고 하는 일은 같다. 추위와 더위도 일 년 중 없어서는 아니 될 사업이며, 굴신도 이로움을 주겠다는 것에서는 마찬가지이다. 자벌레가 그렇고 용과 뱀도 다르지 않다. 진정으로 입신의 경지에 오르면 용사를 다하고, 덕을 높임이야말로 일신을 편안케 한다. 이 사실을 지나치면 혹 咸의 이치를 모를 수도 있다. 그렇지만 만약 이를 깨쳐 정신을 하나로 모아가면 천지 변화의 이치를 훤히 알 수 있을 것이다.

34 왕필, 『주역주』: 王弼(226~249)은 위나라 사람으로, 당시 수도 낙양에서 태어났다. 23세의 나이에 요절했으나 후견인이었던 何晏과 함께 魏晉 玄學을 대표하는 사상가로 명성을 떨쳤다. 파란의 시대를 살았던 짧은 생애에도 불구하고 최고의 저서로 꼽히는 『노자주』와 천여 년 동안 과거 시험의 교과서로 쓰였던 『주역주』를 남겼다. 이 외에 『노자』 사상을 간결하게 요약한 『노자지략』과 『주역』 해석의 방법론을 체계화한 『주역약례』라는 명문이 전해진다.

없이 백성과 하나 되어 백성을 아꼈던 인물로 평가하며 아래와 같이 그 마음을 '함기심咸其心'에 비유하고 있다.

"주공은 정치를 알았고 그 뜻을 알아서 신묘한 경지로 들어간 것 같다[精義入神]. 그렇지만 뒤에 정사를 돌본다는 자들은 안으로는 거칠고 탁하며[內懷粗濁] 밖으로는 큰 몸을 가지려 했으니[外持大體] 어찌 정치를 다할 수 있었겠는가?" 주공처럼 사심과 편당 없는 공평무사는 천하를 감응하기에 '함기심咸其心'으로 일컬어진다.[35/36/37]

서산대사의 『선가귀감』과 경허선사의 「심우송」도 '함기심咸其心'에 대한 이해를 돕는다. "육도 윤회를 돌고 돌아 억겁을 쓰고 단맛을 보았도다. 어찌 고향 집에서 한 걸음인들 옮겼겠소, 하하하. 그러니 장담하건대 노형께선 아직 집에 돌아가지 못했소이다." "풀밭에 놓아 먹인 지 얼마였던고[幾廻成落草], 저 소 고삐를 잡아당기기 너무 어렵구나[鼻索實難投]. 다행히 오늘과 같은 노력이 있어[賴有今日事], 강산을 모두 내가 거두었도다[江山盡我收]. 동서도 내외도 원래 없었는데[東西非內外], 이제야 내 뜻대로 집에 돌아왔구나[任運向家邱]. 구멍 없는 한 가지 피리로[無孔一枝笛], 능숙하게 불기는 아직 어렵다[聲聲亂自由]."

---

35 『선조실록』 선조 35년(1602) 8월 2일 : 이덕형이 아뢰었다. "敬 공부를 제대로 하면 움직이지 않는 고요한 물이나 얼룩이 없는 맑은 거울처럼 감응함이 무궁할 것입니다[能敬 淸明 其應無窮]. 임금이 사심과 편당 없이 공평무사하여야만 천하를 감응시킬 수 있습니다. 만약 어느 쪽으로 치우침이 있게 되면 감응되는 것이 좌우의 친근한 자들일 뿐이니, 어떻게 천하의 인재를 감화시켜 모두 통할 수 있겠습니까? 泣斬曹國을 하지 못하고 戀憐한 文帝가 되어서는 안 될 것입니다."

36 吳致箕, 『周易經傳增』: "느낌을 바로하지 않으면 害가 생기니, 바름을 지킬 수 있다면 뉘우침이 없고 사사롭게 감응하면 해가 된다. 만약 사사로운 느낌에 치우치고 빠진다면 빛나고 크게 될 수 없기 때문에 心을 말하지 않았다."
李炳憲, 『易經今文考通論』: "憧憧은 근심과 걱정을 품는다는 뜻이다[憧憧懷思慮也]. 공자가 구4의 큰 뜻을 「계사전」에 나타냈으니, 상하의 효사를 자세히 살펴보면 마땅히 '咸其心'이라는 한 구문이 있어야 하나, 공자가 算定을 하여 신묘한 변화의 마음에 대해서 「단전」과 「대전」에 별도로 밝혀두었다. 읽는 자는 마땅히 잘 이해해야만 한다."

37 참고로, 공부와 사업은 갈피를 잡지 못하는 경우가 생긴다. 길은 달라도 결과는 하나란 걸 일찍 깨달으면 좋다. 내 마음이 안정되면 자연히 상대와의 시비도 사라진다. 천지와 귀신도 감동하는 마음을 가짐이 '貞吉悔亡'이요, 사소한 것으로 시비를 초래함이 '憧憧往來'니, 나보다 강한 5와 응하지 못한 4가 초효 같은 친구들과 응하다가[朋從爾思] 아첨에 걸리는 자리로 볼 수도 있다.

九五 咸其脢 无悔[38]
구5는 등으로 감응을 느끼니 후회가 없다.

부부의 정을 끝내고 등을 붙이고 돌아누운 부부처럼 이제 가슴으로는 더 뜨겁게 할 일이 남지 않았다[咸其背]. 부부는 등을 붙이고 깊은 잠으로 빠져들어도 하나가 될 뿐이다. 사사로움이 끼어들 틈새가 없다. 등[背]은 심장[心]과는 배치되나 사적으로는 얽매임이 없고 후회도 생길 리 없다[无悔]. "임금의 자리에서야 마땅히 백성과 감응하여야 하겠지만, 늘 편사偏私하고 천협淺狹하여 군자의 도를 등진다면, 어찌 천하를 읽을 수 있겠는가. 사심을 버리고 백성과 하나가 되어야 후회가 없을 것이다."[39] 수현壽峴의 『오위귀감』에서는 이렇게 읍소한다. "볼 수 없는 데(등살)에서 느끼는 것은 광대하고 공평하여 감응의 올바름을 얻은 것이기에, 임금의 자리에 대해 등살에서 취하여 사사로움을 등지고 공평함을 따르게끔 한 이유입니다."[40] 주희는 "무왕武王이 가까이 있는 사람들을 지나치게 가까이 하지도 않았고, 멀리 있는 사람들을 잊지도 않았으니, 마음의 크기가 두루 흘러 퍼짐이 이와 같았다"고 전한다.[41] 공자도 "등으로 감응을 느낌은 확실하지

---

38 脢 등심 매. 등심은 등골뼈에 붙은 살.

39 정이천, 『이천역전』: "5가 존귀한 자리에 있으므로 마땅히 지성으로써 천하를 감동시켜야 하는데도, 2와 호응하고 상과 相比의 관계에 있다고 해서, 만약 2에 얽매이고 상에 기뻐한다면, 사사로운 데 치우치고 얕고 좁아서 임금의 도가 아니니, 어찌 천하를 감동시킬 수 있겠는가? '脢'는 등의 살이니, 심장과 서로 등져서 보이지 않는 곳이다. 그 사사로운 마음을 등지고, 기뻐하는 자가 아닌 자까지도 감동시킬 수 있다면, 임금이 천하를 감동시키는 바름을 얻어 후회가 없을 것이다."

40 石之珩, 『五位龜鑑』: "신이 삼가 살펴보았습니다. 함괘 5에서 '등살에서 느낌'을 취한 것은 어째서입니까? 발가락·장딴지·넓적다리·뺨 등은 볼 수 있는 부위지만, 등살만은 유독 볼 수 없는 곳에서 느끼게 됩니다. 볼 수 있는 데에서 느끼는 것은 사사로움에 치우쳐서 편협하니 임금의 덕이 융성한 것이 아니며, 볼 수 없는 데에서 느끼는 것은 광대하고 공평하여 감응의 올바름을 얻은 것이니, 이것이 임금의 자리에 대해 등살에서 취하여 사사로움을 등지고 공평함을 따르게끔 한 이유입니다. 대체로 咸이라는 것은 느낀다는 뜻인데, 마음이 있은 뒤에라야 느낄 수 있기 때문에 '心' 자를 더하여 '感' 자가 된 것이며, 서로 느끼는 것에 대해 무심하면 곧 모두 느낄 수 있기 때문에 '心' 자를 제거하여 '咸'이 된 것입니다. 성인이 '咸'으로 괘명을 삼았지만 '感' 자로 '단전'을 풀이한 것은, 그 뜻을 상호 호환되도록 나타냈기 때문이며, 요점은 本末과 淺深을 구별하는 것에 지나지 않습니다. 삼가 바라건대, 전하께서는 느끼는 마음에 마음을 미루어, 무심한 데에서 대상에 응하셔야 하옵니다."

41 주희, 『주역본의』: "武王不泄邇, 不忘遠, 是其心量該遍, 故周流如此. 是此義也."

않으니 지엽적이라 그 뜻이 중요하지 않다[象曰, 咸其脢, 志末也]"고 주석한다.[42] 함이 소과小過로 가는 경우이다.[43]

'매脢'는 등살로, 대상을 느낄 수 없지만, 또한 사사롭게 얽매임도 없으니 쉽게 움직이는 것과는 다르다. 그러나 한 몸이 모두 움직이게 되면 등살 또한 그에 따라 움직이니, 이것이 임금이 높은 지위에서 작게 느껴서 움직이지 않고, 미물을 보고 기뻐하지 않으며, 반드시 천하의 모든 사람들이 기뻐하고 모두 움직인 뒤에라야 그에 따라 움직이는 것과 같다. 구5는 굳센 양이 중정한 덕을 갖추고 있어, 진실로 사사로운 데 치우치거나 편협한 자가 아니다. 지극한 진실됨으로 천하의 느낌을 인도하여, 그들로 하여금 편안히 와서 움직여 조화를 이루고 북채가 북을 쳐서 울림같이 호응하도록 해야 한다.[44]

만물 만사가 내 마음에 존재하지 않으면 세상 그 어디에도 존재하지 않는다.[45] 또한 세상천지에 다 있다고 하여도 내 마음에 없다면 없는 것이니,[46] 세상과 나는 철저히 하나로 고리지어 있음을 알아야 한다.[47] "도인은 무심한데 밖이

---

42 [說證] '末'은 '末'가 訛傳된 것이다. '末'는 '昩'의 뜻이다. 다산은 함의 초가 '志在外', 2가 '順不害', 4가 '未感害'여서 모두 '外'와 '害'가 叶韻에 맞춘 것이므로, '末' 역시 협운이 되어야 한다고 주장한다. 그리고 小過는 頤卦가 착종되었기에, 頤卦는 大离☲로 뜻이 밝았으나, 小過가 되면서 大坎의 晦昧가 되었다.

43 소과 대감의 북방에 있는 등뼈로 '함기매'라 한다. '무구'는 함에서도 감☵이 변하지 않은 까닭이다. 적극적인 일에는 관심이 없고 신혼여행을 가도 등을 돌리고 마음만 나누니 더 이상의 감동은 불가하다. 마음으로 감동시키는 능력이 필요할 때이다. 재탐(財貪) 호색 형으로도 볼 수 있다[咸→小過 : 酉→申, 兄→兄].

44 李玄錫, 「易義窺斑」: "此猶君居尊位, 不爲小感而動, 不見微物而說, 必天下皆說皆動之事, 然後隨之而動也. 九五有陽剛中正之德, 固非偏私淺狹者也. 第爲咸之主, 不能以至誠倡天下之感, 使之綏來動和桴鼓響應而乃反隨天下之說而動."

45 이제 通情한 후에 비록 등을 돌리고 있다 하나, 당신이 내 마음속에 살아서 움직이니, 어찌 등을 돌렸다 하리요 사랑의 妙藥은 멀리할수록 더 그립고 더 보고 싶은 것이니, 어찌 등을 돌렸다 하여 배신이라 하겠는가. 사랑의 묘약을 맛본 자가 아니면 사랑을 논하지 말아야 한다. 이미 음양교접이 마무리되었고, 또 목적이 달성되어 훌륭히 된 마당이라면, 더욱 욕심과 후회가 없을 것이다.

46 蔡淵, 『周易經傳訓解』: "脢는 느끼는 바가 없다. 느끼는 바가 없기 때문에 후회가 없다." 金箕澧, 『易要選義綱目』: "'志末'은 '구차한 계교[末計]'를 뜻한다."

47 『인조실록』 인조 9년(1631) 3월 13일 : 신익성이 상소하였다. "乾坤패는 음양을 구별하였고, 咸恒괘는 음양이 서로 감응됨을 말하고 있습니다. 구별하지 않으면 서로의 경계가 엄하게 되지 못하고, 감응되지 못하면 서로의 마음이 통하지 않게 될 것입니다. 그러나 군신 관계에 있어서는 엄하게 되지 않을 것을 걱정할 게 아니라, 서로 통하지 못할까 염려해야 합니다. 함괘의 구5

와 이리 소란한고!"⁴⁸

> 上六 咸其輔頰舌⁴⁹
> 상6은 볼에 가벼운 키스로 감응을 한다.

볼과 입술로 비비고 턱으로도 비비며, 죽고 못 사는 시늉을 낸다[咸其輔頰舌, The influence shows itself in the jaws, cheeks, and tongue]. 통정이 끝났다고 입을 꾹 다물고 넘어갈 일이 아니라, 성의를 다함이 좋다. 진정한 도인은 묵중하고 태산과 같아야 숭상을 받지만, 설법으로 선열禪悅을 주는 자리라면 설법에 인색하지 말아야 한다. 사랑을 함께 나눈 사람에게는 립 서비스만 하여도 통할 시기다. 전심전력으로 마음을 통째로 보여야 하겠지만 가벼운 터치로 사랑을 확인시켜도 되는 자리다. 부모가 아이들에게 뽀뽀로 사랑을 전하고, 부부가 출입함에 가벼운 포옹과 키스로 주고받는 짧은 사랑의 밀어가 긴 육정肉情보다 나을 때가 이 자리이다. 사랑의 완성자 공자도 "볼에 가벼운 키스로 감응한다는 것은 작은 말이라도 아끼지 말아야 할 것이다[象日, 咸其輔頰舌, 滕口說也]"라고 댓글을 달았다. 함이 준괘屯卦로 갔다.⁵⁰/⁵¹

효사에 이르기를, '등에서도 감응되니 후회가 없다[咸其脢無悔]' 하였는데, 이는 대체로 지극히 허심탄회하게 사심 없이 대하는 것이 가장 훌륭하게 감응하는 것이라는 의미로서, 성인의 뜻이 은미하다 하겠습니다. 삼가 원하건대 성명께서는 유념하소서."

48 "도인은 무심한데 밖이 왜 이리 소란한고!" 경허의 목탁 소리가 이어진다. "바람 앞의 등불과 물거품이 사라졌는데[風燈泡沫了] 무슨 법을 다시 구하랴[何法更甚求]. 그렇지만 장안에 말을 붙이나니[寄語長安道] 소리 앞에 아직 쉬지 못하였다 하여라[聲前不得休]."

49 輔 광대뼈 보, 도울 보 頰 뺨 협.

50 [說證] 태☱는 입, 건☰은 뼈가 되니 광대뼈라 '咸其輔'다. 함은 否卦로부터 왔다. 곤☷이 살이라면 '頰'은 볼때기 살이니, 함으로 양분되어 태☱를 감싸니 '頰舌'이 된다. 否卦의 3이 함괘의 상으로 가 입과 혀를 올리니 '滕口說'이 되었다. 또한 주효가 된 이유다. 그리고 '說'을 叶韻에서 보면 '末', '外', '害'에서 '달랠 세'로 읽어야 할 것 같다.

51 참고로 먼 곳에서 일이 벌어지니 서두르지 말고 장기계획을 세우면 좋은 소식이 온다. 특별히 웅변이 좋다. 輔는 거동이고, 頰은 용모이고, 舌은 말이다. 말과 행동에 따라서 타인을 감동시킬 수 있으니 말을 쓰는 직업이 좋다. 대기업 임원이 부서 이동에 함괘 상효를 얻자 그만 외곽 공장으로 발령이 나고 말았다. 남아공 월드컵축구 16강전에서 우리나라와 우루과이전 승패를 물었는데, 택산함이 천산둔으로 물러가 그만 2:1로 졌다. 함괘 상효는 본사에서 지사로, 혹은 서울에서 지방으로의 이동 좌천하는 괘나, 월드컵축구에서처럼 예선전이 아닌 16강전 또는

만사萬事에 만법萬法이라도 통하기 힘들 때가 있고 일사一事에 일법一法만으로도 크게 통할 때가 있다. 이것이 단방單方이 백방百方보다 요긴할 때다. 더 이상 지껄일 말이 없고 더 이상 들을 말이 없다는 무설설无說說 무문문无聞聞이 이 자리가 아닌가 싶다. 중생을 감화시키려면 긴 법문法問이 필요할 때지만, 세상(상대)을 다 모르고 함부로 입을 연다면 구설수에 오르는 묘경에 처할 수도 있다. 경허가 참으로 멋들어진 일구를 전해주었다. "불기둥에는 아직 이르지 못했는데[寂光猶未至] 노리개 털 공 하나는 얻었네[添得一毛毬]. 이 도가 별난 것이 아니라[此道無多在] 산은 높고 물은 흐를 뿐이다[山高水自流]."

8강전과 같이 단판 승부를 내는 경기에서는 나쁘다.

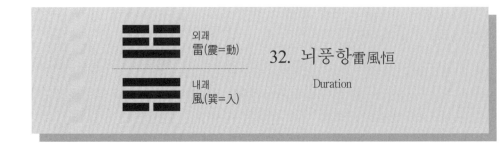

외괘
雷(震=動)

내괘
風(巽=入)

32. 뇌풍항雷風恒

Duration

검은 머리가 파뿌리 되도록, 부부처럼 영원히 살아가는 항구한 도를 배워야 한다. 사랑도 사업도 오래가야만 좋다. 항괘에서는 어떻게 하면 항구하게 갈 수 있는지, 그 방법을 알려준다.

> 恒 亨 无咎 利貞 利有攸往
>
> 항구함은 형통하여 허물이 없다. 항도를 바르게 하면 이롭고, 갈 바가 있어도 이로울 것이다.

항恒은 서로 사랑하는 부부처럼, 밝고 아름다운 마음을 어떻게 하면 오래도록 가져가느냐에 대해 말하고 있다.[1] 부부는 한번 함께[咸卦]하면 항구恒久히 가야 하는 스페셜[有別]의 관계이다. 그래서 부부는 비바람과 천둥번개가 치더라도 만고풍상을 겪으며 백년해로百年偕老, 해로동혈偕老同穴 한다는 의미로 뇌풍雷風을 썼다. 고로 「서괘전」에서는 부부지도가 오래가지 않을 수 없기에 항을 받은 이유라 한다.[2]

다음은 항구한 자세가 없으면 '천지만물의 정을 볼 수 없다'는 공자의 단사이다. "항은 영구함이다[恒久也]. 강한 남편이 밖으로 나가[돈을 벌]고 부드러운 아내가 아래[집]를 지킨다[剛上而柔下]. 천둥과 바람을 같이 맞으면서도[雷風相與], 서로 손순한 모습으로 대하니[巽而動], 강유가 서로 하나가 됨이라[剛柔皆應]. 그리고 천지의 도가 항구하게 멈추지 않으니[天地之道, 恒久而不已也] 갈 바가 있으면 이로움이 생기고[利有攸往], 마침이 있으면 시작이 있게 된다[終則有始也]. 그

---

1 [說證] 항괘는 泰卦에서 왔다. 태의 4 음이 항의 1로 와 '无咎'가 되었고, '利貞'은 大坎==의 貞固足以幹事이며, '利有攸往'은 태의 1 양이 나아가 진==의 도를 행함이다.

2 「서괘전」: "夫婦之道, 不可以不久也. 故受之以恒."

래서 일월은 하늘을 빌어서 밝음을 오래오래 비추고[日月得天能久照], 사시 변화를 거듭하며 능히 오래 이루어 나간다[四時變化而能久成]. 또 그 도가 항구함에 천하를 변화 완성시켜 나가니[久於其道而天下化成], 이런 항의 이치를 볼 수만 있다면 천지만물의 정도를 분명히 살펴 나갈 수 있을 것이다[觀其所恒而天地萬物之情可見矣].”[3]

여기 항구恒久의 구久는 사람 둘[씨]이 서로 엮이고[曆] 엮이는[歷] 모습[秝]을 그대로 그렸는데, 할아버지가 아버지를 엮고, 아버지가 나를 엮고, 내가 또 내 자식을 엮어가는 모습을 형상화한 것이다. 마치 짚[禾]으로 이엉을 엮어 천년만년 살아갈 집[家]을 만드는 개인의 라이프 스토리[歷史]처럼 말이다. 후가侯果와 우번虞翻과 촉재蜀才와 주승朱升 등도 항괘가 지천태地天泰에서 왔다고 증언했다.[4] 추이推移로 볼 때 지천태가 지뢰복地雷復에서 시작하여 임臨이 되고 태泰가 되더니, 옮겨 다시 항恒이 되어 상대에게 오직 행함이 떳떳하고 지극함이 있으니, 그 떳떳함[恒]은 “내☵를 이뤄 진☳의 배를 타고 항심으로 감과 같다.”[5]

동파는 “항이 되려면 그 시작은 깊이 통할 수 있어야 하고, 마침은 크게 올바러야 한다. 사물이 통할 때는 서로 섞여 함께 성장하고, 기뻐하고, 허물을 없애나간다. 허물이 없으면 올바르게 되며, 올바르면 항구할 수 있다. 고로 항은 하루아침에 이루어진 것이 아니다. 지극하게 바른 마음이 아니면서 오래간다면 그것은 싫증이 나고 말 것”이라고 한다. 이런 동파와 달리 지욱의 도학적 설명은 항이 ‘상常’도 아니고 ‘무상無常’도 아니라 한다.

“항恒을 어찌하여 구久라 이름하는가? 그 도가 장구長久하기 때문이다. 진☳

---

3 [說證] ‘剛上而柔下’는 泰卦가 항괘가 됨을 말하며, ‘天地’는 태괘의 건곤, ‘道’는 진☳, ‘久於其道’는 진☳의 도가 泰恒이 되더라도 살아 남아 있음이다. ‘終則有始’의 ‘終’은 태괘의 3양이 終修하나 항괘에서 4의 양이 시작됨이다. ‘日月得天’은 태괘의 天이 항괘에도 살아 남음이며, ‘能久照’는 6효가 상응하기 때문이다.

4 侯果는 주역을 정밀하게 연구한 당나라 역학자로 저서에 『周易注』가 있다. 虞翻은 오나라의 경학자로 역학에 정밀하여 『盟氏易』으로 팔괘를 천간 오행 방위로 배합시키고, 象數를 추론하였으며, 저서로 『奏上易註』가 있다. 蜀才는 진나라의 학자 范長生을 말한다. 당 李鼎祚의 『周易集解』와 청 孫星衍의 『周易集解』에서 범장생을 蜀才라고 했다. 朱升은 원말명초의 학자로, 오경에 방주를 달았으며, 『周易旁註前圖』를 남겼다.

5 정약용, 『주역사전』 : “古文에서는 ‘恒’ 자와 ‘亘(긍)’ 자는 통용이니, ‘亘’은 배가 마침내 양쪽 언덕에 도달한 형상이며, 大坎의 川과 震의 배다.”

은 본래 곤≡≡인데 강이 위로 와 주장하였고, 손≡ 또한 본래 건≡인데 유가 아래로 와 주장하였으니 이는 강유剛柔가 상제相濟한 상도常道이다. 뇌동풍고雷動風鼓는 조물주가 생성을 시키는 상도요, 내손외동內巽外動은 인사人事와 물리物理의 상도요, 강유상응剛柔相應은 안립대대安立待對의 상도이다. 그 도에 장구함은 정貞하여야 형통하고 허물이 없다. 천지의 도리 또한 이와 같다. 시始와 종終 또한 종시終始와 시종始終으로 상대하는 고로 상常이 아니요, 시종始終이 상속相續하는 고로 단斷이 아니다. 이것 또한 단斷도 아니며 상常도 아닌 고로 상常과 무상無常, 둘이 모두 갖추어지니 천지가 성주괴공成住壞空이 있을 뿐이다. 고로 일월은 곧 주야출몰晝夜出沒이 있고, 사계절은 곧 승제대사乘除代射가 있고, 성도聖道는 곧 시종체용始終體用이 있는지라, 다 상常과 무상無常 둘이 함께 상존하되 체體는 곧 상常도 아니며 무상無常도 아니니 이름하여 항恒이라 한 것이다."

象曰 雷風 恒 君子以 立不易方
상왈, 뇌성과 거센 바람이 동시에 일어나는 것이 항이다. 군자 같으면 이때에 자기 입장을 확고히 세워 뜻을 바꾸지 말고 항심으로 살아가야 한다.

세상은 비바람이 불고 천둥번개가 늘 치게 되어 있다[雷風]. 나에게만 바람과 벼락이 치는 것은 아니다. 만물만상은 그렇게 만고풍상을 겪으며 살아간다. 그러니 군자가 한번 갈 길을 정했다면 그 지조를 변치 말고 묵묵히 밀고 나가야 하지 않겠는가[立不易方, You stand firm and don't change your direction].

처마에 떨어지는 물방울이 바위를 뚫는다[水滴石穿, Constant dropping wears away a stone]는 말이 있는데, 공자는 안회라는 제자를 이런 장면에서 종종 등장시킨다. "사람들이 나를 지혜롭다고 하나 나를 덫 속에 밀어 넣으면 나는 피할 방법을 몰랐고, 또 나를 지혜롭다고 여기나 나는 중용을 택하여도 한 달을 가슴 속에 간직할 수 없었는데, 안회는 중용을 택했다면 가슴 속에 넣고 하루도 잃지 않았던 사람이다."[6] 또 『논어』에서도 거친 밥과 한 바가지 물을 가지고 누추한

---

6 『중용』 4장 : "子曰, 人皆曰予知, 驅而納諸罟擭, 陷阱之中而莫之知也, 人皆曰予知, 擇乎中庸而不能期月守也, 子曰, 回之爲人也, 擇乎中庸, 得一善則拳拳服膺而弗失之矣."

곳에서 사는 것을 모든 사람들이 견디지 못하지만, 안회는 이런 경우를 맞으면 안빈락도安貧樂道를 고치지 아니하니,[7] 한번 세운 뜻을 중도에 꺾지 않는 높은 제자로 평가하였다.[8]

한편, 동파도 천둥과 바람은 천지가 항상 사용하는 것은 아니지만, 천지의 변화가 무상한 까닭은 우레와 바람이 있기 때문인데, 이럴 때 군자라면 능동적으로 변화해야 하니 '입불역방立不易方'의 도가 있어야 한다고 요구한다.[9] 우레와 바람이 서로 함께 하면 '입불역방'하고, 바람과 우레가 자리를 바꾸면 '개과천선' 하니, 성인이 역의 도를 쓰는 방법을 알 수 있다.[10] 부부가 '입불역방'의 이치를 드러냄이 분명하니 비로소 의론할 수 있다. 남자가 밖에서 자리를 바르게 하고, 여자가 안에서 자리를 바르게 함은 곧 바꾸지 않는 방소이다. 미생이 기둥을 붙잡았고, 자막이 중간을 잡는 것처럼, 맹자가 말한 "하늘 아래 가장 넓은 집에 산다"고 한 말이 바로 장소를 바꾸지 않는다는 뜻이다.[11] 봄이 되면 우레가 발생하고, 가을이 되면 우레가 멈추며, 봄이 되면 바람이 풀리고 가을이 되면 바람이 서늘하니, 해마다 이처럼 되어 고금을 통틀어 바뀌지 않았다. 군자가 부모를 섬길 때에는 효를 다하고, 군주를 섬길 때에는 충을 다하며, 벗과 사귈 때에는 신의를 다하고, 곤궁하면 홀로 그 선함을 시행하고, 두루 통하면 천하와 함께 선을 하며, 자신의 도를 한결같이 하여 꿰뚫으니, 이것이 바로 '방소를 바꾸지 않는다' 는 '입불역방立不易方'의 뜻이다.[12] "임금이 되어서는 인에 머물고, 신하가 되어서는 공경에 머물며, 자식이 되어서는 효에 머물고, 아버지가 되어서는 자애로움에 머물며, 다른 나라 사람들과 교류할 적에는 믿음에 머문다"고 하였으니, 이것이 바로 불역지지不易之地이다.[13] 뭐니뭐니 해도 남편이 가장으로 이끌고, 아내는

---

7 『논어』, 「雍也篇」: "子曰, 賢哉, 回也! 一簞食, 一瓢飮, 在陋巷, 人不堪其憂, 回也不改其樂. 賢哉, 回也!"

8 長坐不臥, 一膝之功, 踝骨三穿, 爪甲穿掌 등의 고사와 같이 쓰인다.

9 [說證] 泰卦로부터 온 항괘라, 항의 진☶이 밟고 서 있는 자리가 손님의 자리 건☰(서북방)이라 항심으로 바꾸지 않는다[입불역방]. 본시 泰卦에서 진☶이 딛고 선 건☰은 손님의 자리였다.

10 金相岳, 『山天易說』: "雷風相與, 則曰立不易方, 風雷易位, 則曰遷善改過, 可見聖人所以用易之道也."

11 尹行恁, 『薪湖隨筆 易』: "立不易方, 見理分明, 始可議. 到男正位于外, 女正位于內, 卽不易之方也. 如尾生之抱柱, 子莫之執中, 則不可, 孟子所謂居天下之廣居, 是不易方也."

12 李止淵, 『周易箚疑』: "春則雷發, 秋則雷收, 春則風解, 秋則風凉, 年年如是, 古今不易. 君子事親則孝, 事君則忠, 與朋友交則信, 窮則獨善其身, 達則兼善天下, 而吾道一以貫之, 所謂不易方者也."

그런 남편을 따라 손순의 도를 다함이 바로 '불역지도'가 아닐까.

여헌과 무명자의 '입불역방'의 노래가 아름답게 들린다. "세찬 물결도 어지럽히지 못하고, 미친 바람도 흔들지 못하고, 장맛비도 썩히지 못하고, 뜨거운 불도 녹이지 못하는, 저 우뚝 선 바위를 보면 '입불역방'을 안다."[14] "달이 한결같이 둥글지도 않고, 한결같이 이지러지지도 않는데, 영구히 밤을 비추는 한결같음을 당신은 아는가?"[15]

---

13 『大學章句』: "머물러야 할 곳을 알아야 한다. 임금이 되어서는 인에 머물고, 신하가 되어서는 공경에 머물며, 자식이 되어서는 효에 머물고, 아버지가 되어서는 자애로움에 머물며, 다른 나라 사람들과 교류할 적에는 믿음에 머문다. 이것은 바뀌지 않는 항목[不易之地]이다."

14 장현광, '입암정사기문': "뜰 아래 흐르는 물이 밤낮으로 쉬지 않으니[階下之流 晝夜不息] 근원이 있어 다하지 않음을 알고[源之不窮], 앞산의 오솔길이 잠시만 쓰지 않으면 띠풀이 꽉 차 길을 막으니[前山之逕 茅塞須臾] 힘써 행함이 가장 귀함을 알 수 있다[力行最要]. 오직 나의 책 속에 있는 성현들이 앉거나 서거나 항상 나타나 이미 스승과 벗이 엄하지 않음을 근심하지 않는다. 하물며 저 입암은 아침저녁으로 마주 대할 때에 우뚝 솟아 있어 천만고를 지나도 항상 그대로이다. 그리하여 세찬 물결도 어지럽히지 못하고 미친 바람도 흔들지 못하며 장맛비도 썩히지 못하고 뜨거운 불도 녹이지 못하니, 이는 『주역』의 이른바 '입불역방'하라는 것이며[立不易方 獨立不懼], 또 『논어』에 이른바 '더욱 높고 더욱 견고하여 드높이 서 있다[彌高彌堅 卓爾立彌]'는 것이며, 『중용』에 이른바 '화하면서도 흐르지 아니하여 중립하고 기울지 않는다[和而不流 中立不倚]'는 것이며, 『맹자』에 이른바 '지극히 크고 지극히 강하여 빈천이 뜻을 옮기지 못하고 부귀가 마음을 방탕하게 하지 못하고 위엄과 무력이 굽히지 못한다[至大至剛 貧賤不能移 富貴不能淫 威武不能屈]'는 것을 여기에서 인식할 것이니, 각자 분발하고 진작하여 함께 자신을 세울 곳으로 삼을 것을 생각함이 마땅히 어떠하겠는가. 이는 여러 친구들이 힘써야 할 것이다."

15 尹愭, 『無名子集』, '恒窩序': "천지는 한결같이 변화하기 때문에 쉼 없이 운행할 수 있고, 해와 달은 한결같이 변화하기 때문에 언제나 빛을 낼 수 있으며, 계절은 한결같이 변화하기 때문에 언제나 사계절이 존재할 수 있고, 군자는 한결같이 변화하기 때문에 도를 확고히 지키고 변치 않을 수 있다. 權季量의 집에 가보니 편액이 '恒窩'였다. 한결같음에 뜻을 두고 지은 이름이다. 나는 권계량이 항심을 지닌 사람이 되기 위해 노력함을 기뻐하면서도, 한결같아야 한다는 말에 얽매일까봐 걱정되어 이렇게 말해 주었다. '그대는 달의 한결같음을 보지 못했는가? 달이 한결같이 둥글지도 않고, 한결같이 이지러지지도 않는데 영구히 밤을 비추는 것은, 천도에 맞게 한결같음을 유지하기 때문이네[不見月恒. 月不恒圓. 亦不恒缺. 終古照之 得天而恒]. 이는 무당과 의원이 미칠 수 있는 한결같음이 아니라, 군자가 행하는 일이네. 그대가 이에 짝할 수 있으면 좋겠네.'"

> 初六 浚恒 貞凶 无攸利
>
> 초6은 꾸준하게 깊이 판다. 바르게 하여도 (중도에 그만둔다면) 흉하고 이로운 바
> 가 없다.

처음부터 너무 깊이 판다. 서로를 점차로 알기 시작하여 깊이 이해하는 부부
처럼 되어야 하는데, 부중하고 부정한 초효로서 상응하는 4에게 너무 급하게 군
다. 항도를 모르는 철없는 자다. '준浚'은 우물을 깊이 판다는 뜻인데, 우물을 파
도 샘물에 미치지 못한다면 앞에 들인 공을 버리게 된다. 그러니 우물을 점차로
깊게 파는 것을 귀하게 여기는데 초효는 처음부터 지나치게 깊게 파고 있다.

동파는 4와 상통하지 못하는 음양의 이치로 '준항浚恒(duration too hastily)'을
설명하고 있다. "항의 시작에서 음양이 상통하여야 한다면 4가 마땅히 내려와야
하는데, 4가 앞으로만 나아가니 흉하지 않은가. 고로 초6은 4가 내려오는 것을
보지 못하고 자신의 모습을 깊게 숨기고 멀어져 간다. 음양이 막혀서 형통하지
못하면 항을 시작하는 까닭이 아니다. 시작이 형통하지 못한데도 곧음을 주장한
다면 둘 다 흉하고 이로울 바가 없다." 동파는 4의 남편과 초의 부인 사이에서
생기는 잘못된 소통 시스템을 말하고 있는 것이다.

원나라 오징吳澄이 『역찬언易纂言』에서 지적한 것처럼 "내괘 손은 아내이고,
외괘 진은 남편으로 갓 결혼한 젊은 부부이다." 그런데 젊은 아내가 늙은 부부
처럼 지나치게 깊기를 고수하니 흉하고[浚恒貞凶], 그 또한 사냥을 다니는 남편
에게는 무리한 요구인지라 이롭지 않다[无攸利]. 그러기에 공자도 "처음부터 성
급하게 너무 깊이 파고든다[浚恒之凶, 始求深也]"며 새댁의 지나친 욕심을 경계한
다. 이것은 항이 대장괘大壯卦로 변한 자리다.[16]

고려시대 윤관의 아들 윤언이 당대의 실세 김부식과 맞짱을 뜨다 밀려 인생
을 마감하는 쓸쓸한 장면도 여기 초효의 상황과 같다. 지욱도 함咸에서는 항시
적정適正의 지조가 없음을 근심하고, 항恒에서는 항시 변통變通의 학문이 없음을

---

16 [說證] 태의 음 4가 항의 1로 손☴의 나무가 되어 깊이 파고 들어가 大坎을 분출시키려면 '준항'
이 되어야 하는데, 항이 대장이 되면서 우물이 다시 막혀버리니 '정흉'이 되었다. 그 이유가 '始
求深也'다. 참고로 공개 입찰에 앞서 입찰가를 50억에서 40억으로 낮추었던 자리이다. 동방의
귀인이 도우니 재운은 있다. 그러니 욕심과 방심을 말라. 매매도 욕심만 없다면 쌍방이 화합하
고 순하다. 과욕 말라[恒→大壯(丑→子, 財→父) 子丑合土].

걱정한다.[17] 만 권의 경전을 독파한 불손不遜보다는 조화로 가는 방편 하나가 지혜의 생모임을 안다면, 젊은 부부가 처음부터 너무 깊게 경작할까 걱정이다.

송나라 호원胡瑗이 『주역구의周易口義』에서 '준항浚恒'을 역설하는 대목이 깊다. "학문을 오래 연마하면 성현의 경지에 오를 수 있고, 통치를 오래하면 요순의 경지에 오를 수 있다. 또 벗을 오래 사귀면 의기투합이 깊어지고, 군신의 유대가 오래가면 간언의 은택이 백성에게 미친다. 이런 일은 모두 오래도록 쌓이고 쌓여서 그렇게 된 것이지 하루아침에 갑자기 이뤄진 것은 아니다. 초6은 하괘의 첫 자리, 일의 시작 단계에서부터 장구하고 영원한 효과를 요구하고 있다. 이는 학문의 시작 단계에서 주공과 공자의 경지에 이르고자 함이며, 통치의 시작에서 요순이 되고자 함이며, 처음 사귀는 벗과 바로 의기투합을 바라는 것이다. 군신도 이와 같다면 나라가 오래 태평할 것이다."[18]

九二 悔亡
구2는 후회가 사라진다.

부부생활의 주장은 주부이다. 고로 2는 항괘의 주효가 된다. 2는 부정하지만 중심을 잡은 주부가 5와 상응하는 관계이다. 항괘는 집안에서부터 바람이 일어난다. 부부가 항도를 지켜나가는데 외적인 문제가 아니라 집안의 문제, 부부관계에서 분란이 생겨나지 않도록 해야 한다. 이럴 때 5의 남편들은 대체로 유약하여 강한 부인의 주장에 밀려 밖으로 나가게 되니 후회를 낳는다. 이럴 때 가정의 중심은 주부이다. 주부가 흔들림 없는 인내로 중심을 꽉 잡고 집안과 부부관계를 바로잡아 세울 수 있으면 후회가 사라지는 회망悔亡을 얻게 될 것이다.[19]

젊은 시절에는 봄바람처럼 흔들리기도 하고 설레기도 하지만 '부부는 죽을 때까지 같이 가야 하는 영원한 동지'이니, 오래 묵은 장을 만들듯이 서로 곰삭듯

---

17 지욱, 『주역선해』 : "夫居咸者, 每患無主靜之操持, 而居恒者, 每患無變通之學問, 今初六, 而陰居下, 知死守而無知變通, 求之愈深, 愈失亨貞攸往之利, 故凶."

18 孫映逵·楊亦鳴(박삼수 역), 『周易』, 467쪽.

19 '悔亡'은 후회로 변한 것이 원래의 상으로 돌아옴이고, '无悔'는 처음부터 후회할 일을 만들지 않아 후회라는 것이 아예 없음이다.

하여야 작은 회한도 녹여나가는 지혜가 생겨난다. 특히 그 소임이 주부에게 맡겨졌다면 가혹하지만 부부의 도리가 그러니 어찌할 것인가. 그렇지만 그 보상은 후회가 사라진 후에 곧바로 찾아오니 다행이리라. 자식의 바람직한 성장, 남편의 성취, 가족 간의 화목과 사랑이 그 회한을 충분히 보상하고 남을 것이다. 그렇지만 아내가 혹 항구한 덕을 져버리고 일찍 파경의 쓴 맛을 보러 나가려 하면, 공자는 "구2가 후회를 없앴던 가장 큰 이유는 주부로써 능히 항구한 중심을 지켰기 때문이다[象曰, 九二悔亡, 能久中也]"라며 치맛자락을 붙잡는다. 항이 소과小過로 간 경우다.[20]

만사에 항구하면 정正을 잃지 않는 법이다. 중中을 잡는 것은 정正보다 중重하다. 중심을 잃지 않으면 능히 정正할 수 있으니 「계사전」에서도 "항은 덕이 고정되어 움직이지 않는 자리요, 오래 변함없는 덕을 싫어하지 않음이요, 그 항구한 덕을 오로지 함이다"라고 하였다.[21] 즉 "항恒은 부부의 덕德처럼 항시 고정을 시켜야 찾아오고, 항심恒心은 부부가 서로 싫어하지 않고 늘 사랑하는 마음이라야 찾아들고, 또 부부는 단 하나 그것을 서로 믿고 나가는 오로지 사랑하는 마음에서 해로한다"고 공자가 설득하고 있다.

이때 노자도 "천하에 도가 있으면 달리는 말도 밭을 갈게 되고, 천하에 도가 없으면 새끼를 밴 암컷까지도 군마軍馬로 징발되어 전장에서 새끼를 낳게 마련이다. 지족知足을 모르는 것보다 더 큰 재화가 없다. 얻겠다는 탐욕보다 더 큰 허물도 없다. 그런고로 지족知足의 경지로 만족하는 것이 참되고 영원한 것이다"라며 부부의 만족한 생활은 집 밖에 있는 것이 아니라 바로 부부의 항심 속에 있음을 알린다.[22]

부부 생활의 흔한 묘수는 "알아도 모르는 척하는 것이 가장 좋다. 부부가 서

---

20 [說證] '悔亡'은 항이 소과괘로 가도 대감☵이 변하지 않았다. '能久中' 또한 항의 2·3·4 중에서 소과괘가 되어도 그 3·4의 중은 잡고 있다. 참고로 만사를 천직으로 여기며 항구한 마음으로 가야 영화를 본다. 일회일비에 마음 쓰지 말라. 공부도 하루아침에 승부를 보려 해서는 안 된다. 투기도 금물이니 차근차근 저축하며 살도록 하라. 기다리는 자손은 午일에 오고 부모는 亥일에 오고 형제는 바로 온다[恒卦→小過卦(亥→午, 父→孫), 伏寅兄 묘은 욕심이고 버럭하는 불뚝 성질이다].

21 「계사(하)」 7장 : "德之固也, 德而不厭, 恒以一德."

22 노자, 『도덕경』 46장 : "天下有道 却走馬以糞. 天下無道 戎馬生於郊. 罪莫大於可欲 禍莫大於不知足. 咎莫大於欲得. 故知足之足 常足矣."

로를 잘 모르면서 너무나 상대를 잘 아는 척하는 데서 가장 큰 문제가 생긴다. 그래서 성인은 흠이 없다. 자기의 흠을 흠으로 여기기에 흠이 없는 것이다."[23] 이처럼 부부의 항심은 서로의 흠과 꼬투리를 잡으려고 하는 것이 아니다. 부부는 절대로 둘이 아니기에 더 없는 이해와 관용이 필요한 자리이다.

九三 不恒其德 或承之羞 貞吝
구3은 그 덕을 오래하지 못하면 혹 수치를 이을지 모르니 바르게 하여도 인색하리라.

3은 부중하며 상효와는 정응이다. 상효와 정응의 관계를 오래토록 가지고 가야만 항도를 지키는 자가 되는데, 항구하지 못하는 이유는[不恒其德] 그 상효와의 관계를 바로 갖지를 못하기 때문이다. 3은 손☴의 끝자리 양으로서 강한 바람이지만, 항괘 전체로 봤을 때는 상괘의 바로 아래 있기에 위도 아니고 아래도 아닌 어중간한 자리에 놓였기 때문이다. 고로 정응할 상효를 두고 권력이 있고 재력이 있는 5(또는 초효)와 관계를 맺어 가니 혹 수치를 당할 것으로 여기는 것이다[或承之羞, Meet with disgrace]. 그렇다면 3이 아무리 바르게 간다고 하여도 의리와 정조를 잃을 것은 자명하다. 진득하게 정응을 믿고 영원히 가야 할 중심자리가 변덕을 부린 탓이다. 만약 그렇다면 어디서 용납을 받을 곳이 있겠는가[象曰, 不恒其德, 无所容也]? 어느 곳도 받아줄 자리가 없으니 정응인 상효를 쫓아가야만 바람직하다는 공자의 걱정이다. 이곳은 항이 해괘解卦로 간 경우다.[24]

왕필은 이런 항상함이 없는 자리에서 스스로를 어기니 부끄러움을 면하지 못할 것이며, 덕을 베푼다고 하여도 받아들여지지 않으니 비천함이 심하여 '정인貞

---

23 노자, 『도덕경』 71장 : "知不知上 不知知病. 夫唯病病 是以不病. 聖人不病 以其病病 是以不病."

24 [說證] 恒卦가 항이 되는 것은 乾☰을 지킴에 있는데, 解卦가 되면 건을 회복하지 못하니 '不恒其德'이다. 또 내가 지은 坎☵의 죄로 군자 震☳을 바라보니 '羞'다. 해괘는 소과괘로부터 온다. 소과의 간☶이 '承'이며, 해의 모괘는 소과와 임이라 일정하지 않기에 의심을 하게 되면 '혹'이 되어 '或承之羞'가 되었다. '吝'은 임괘 때는 3의 유가 강을 타고 있었는데, 해가 되어서도 3이 강을 타고 허물을 고치지 않고 있다. '无所容'은 소과 땐 군자와 소인이 坎☵의 한 집에서 포용하고 있었지만, 해괘에서는 坎의 집을 둘로 쪼개는 상이다.

홈'이라고 하였다. 여기서 동파와 다산도 『논어』의 예를 들어 소리를 높이고 있다. "사람으로서 무항無恒하다면 무당과 의사도 될 수 없을 것이다. 그런데 어찌 그런 자와 유위有爲가 가능한가? 무항한 자가 선할 때는 마치 함께 유위할 듯하지만, 그가 변한 뒤에 얼음이 풀리고 큰 비가 그치면 바로 부끄럼을 받게 될 것이다. 고로 그 덕이 항상되지 않는 자는 용납할 바가 없다."[25]

또 이런 불항不恒한 자를 『시경』에서는 "이랬다저랬다 마음이 두 번이고 세 번이고 변덕을 부리는 형편없는 사람, 즉 이삼기덕二三其德으로 낮추어 본다.[26] 지욱도 이 불항不恒을 "원융변통圓融變通을 적구籍口하여 잃은 소치"라고 했다.[27] 고로 세상이 아무리 변한다 하여도 불변不變과 불역不易의 자리가 바로 천지이고, 부모이며, 스승이다. 거꾸로 스승과 부모 그리고 자식 간의 정을 쉽게 여기는 자는 불항不恒할 때의 넉넉한 창피를 맛볼 자격을 갖춘 자임에 틀림없다.

九四 田无禽
구4는 사냥을 갔는데 날짐승이 없다.

부정한 자리에서 강으로 부중하기까지 하니 더더욱 항구치 못하다. 상응인 초효와 관계도 설정하지 못하였으니 사냥을 나가도 사냥감을 보지 못하는 꼴이다[田无禽, No game in the field]. 온당하지 못한 자리에서 바르지 않은 것에 집착하고 사니 목적하는 바가 찾아들지 않는다. 위의 진==은 남편을 말한다. 남편이 진득하지 못하여 사냥감을 얻지 못하니, 생활력이 없는 놈팡이(Lumpen)와 같다.

지욱은 "4는 진震의 주가 되어 동動에 항구한 자이다. 그러나 동은 항구하고 진득한 자리가 아니니 어찌 날아가는 새를 잡을 수 있으리요. 적정寂靜을 유지하

---

25 『논어』, '자로편' : "子曰, 南人有言曰, '人而无恒, 不可以作巫醫' 善夫!" "不恒其德, 或承之羞." 子曰, "不占而已矣."

26 『시경』, '衛風', '氓' : "士也罔極, 二三其德"

27 참고로 돈방석에 눌려 사는 40대 주부에게 그들의 '행복'이 무엇인지를 자문자답하여 항괘 3효를 얻었다. 이 부부는 돈이 많아야 만사 오케이로 생각하는지라 恒道가 무엇인지 공부가 필요했다. 재산과 권력과 명예는 부부라는 것을 밀어내고 제쳐가면서 얻어야 할 과목이 아니다. 하물며 君子三德에 임금 노릇이 낄 수 없는데 그까짓 돈이 끼겠는가? 임금이 되면 한방에 돈을 쓸어 담는데.

32 뇌풍항(䷟) 41

여도 얻을까 싶지 않다"며, 움직이는 목표물을 잡기 어려움을 말하고 있다. 공자
도 "그 자리에서 오래도록 기다리지도 않으면서 어찌 나는 새를 잡을 수 있겠는
가[象曰, 久非其位, 安得禽也]?"라고 반문한다. 과녁이 흔들리지 않아도 적중을 하
기가 어려운데 하물며 사냥꾼이 달리면서[震動] 어찌 나는 새를 쉬 잡겠는가. 고
로 나는 새를 한 마리도 잡지 못하니 '전무금田无禽'이요, 진덕盡德하게 한 곳에
항구恒久하지 못하니 '구비기위久非其位'이며, 새가 잡히지 않았으니 '안득금야安
得禽也'이다.[28] 항이 승괘升卦로 간 경우다.[29]

六五 恒其德 貞 婦人 吉 夫子 凶
육5는 그 덕을 항구히 하는데 바르면 부인은 길하지만 사내와 아들은 흉하다.

부드럽고 유순한 덕을 지닌 5가 강한 2와 상응하고 있는 자리이다. 그러니
일부종사하는 부인은 열녀비라도 세울 만하나, 사내는 아내가 하자는 대로 항구
하자면 흉한 자리다. 작금의 일이면 마누라한테 경을 칠 사건이나, 사내는 천지
의 대의를 따라야 할 순간이니 항명할 수 없다. 하늘의 씨를 담고 있는 사내는
씨를 뿌리는 일이 대사大事지만, 그 아내는 한 남자만 물고 가야 하니 아이러니
하다. 만약 당신의 자식이 대를 잇지 못하여 궁궁하고 있다면 천지공사를 어떻
게 할 것인가. 순종으로 항을 삼는 것은 부인의 도이지만, 만일 장부에게 순종으
로 항을 삼으라면 지조를 잃게 되어 흉하지 않겠는가. 고로 "개벽 변통의 도를
알아야 대군의 항도恒道로 나갈 수 있다."[30]

'부인정길婦人貞吉'은 오직 한 사람만을 따르고 마쳐야 하는 부녀자들의 도[從
一而終也]이지만, 부자는 의리를 제단[父子制義]해보니 생산을 하지 못하는 부인

---

28 이익, 『易經疾書』: "사냥을 지나치게 좋아함은 항상될 수 없는 자인데, 또한 그것을 그치지 않으
   므로 흉함과 허물은 언급할 필요도 없다."

29 [說證] 항괘는 泰卦에서 왔기에, 임금이 내괘에서 나와 위로 진☳의 수레를 타고 곤☷의 '들판
   [田]'으로 가는데, 항이 승괘가 되면서 곤☷의 들판이 텅 비어버리니 '田无禽'이다. '久非其位'는
   항의 4와 소과의 4가 부정인데, 승이 되어도 소과의 4가 2로 와 부정함을 이름이다. 참고로 한
   가지의 일에 매진해야 성사가 있다. 직장은 퇴직의 기운이 보이고, 빌려 준 돈은 떼인다. 사냥
   꾼은 자신이요, 잡지 않은 새는 손☴을 숨어버린 초효다.

30 지욱, 『주역선해』: "大君 宰化導之權 乃絕無變通闔闢之用."

만 좇으면[從婦] 흉이 뻔히 기다리고 있다[凶也]는 것이다. 고로 항구한 덕으로 살아가는 부인에게는 길한 일이지만, 남편에게는 흉하다 한다. 수현壽峴도 『오위귀감五位龜鑑』에서 "변화할 수 있음을 법도로 삼고, 변화하지 않음을 올바름으로 삼지 않으니, 변화하지 않는 가운데 변함을 보여야 하는 세상 이치를 임금은 아셔야 한다"고 읍소하고 있다.[31]

한편 공자는 『예기』에서 "사람이 항구하지 못하면 거북점과 시초점도 바로 알려주지 않는다"고 하였다. 또 『서경』「열명說命」에서도 "작위를 줄 때는 나쁜 사람에게는 주지 말라. 그는 제사를 지낼 때도 귀신에게 공경을 하지 않는다. 예가 번거롭고 어지러워서 신을 섬기는데 모든 어려움도 다 항구하지 못하기 때문이다"라고 하면서, "『주역』에서 항구한 덕이 없으면 부끄러움을 계승하고, 또 항구한 덕이 있으면 부인은 길하지만 사내와 자식은 흉하다는 것도 다 이를 뜻함"이라 이른다.[32] 대과大過는 대장大壯으로부터 왔다.[33]

---

31 石之珩, 『五位龜鑑』 : "신이 삼가 살펴보았습니다. 항괘 육5는 그 덕을 항상되게 함을 부인의 길함처럼 여겼는데, 남자가 흉한 것은 무엇 때문입니까? 음의 도는 고요함을 위주로 하기 때문에, 부인에게는 하나를 따르는 도가 있고, 양의 덕은 반드시 움직이기 때문에, 남자에게는 義理에 따라 제재하는 권도가 있습니다. 항괘에 있어서 유순하기만 하며 변역함이 없는 경우, 필부에게 있어서도 오히려 흉함을 면하지 못하는데 하물며 임금에게 있어서는 어떠하겠습니까? 그렇기 때문에 항괘의 뜻은 변화할 수 있음을 법도로 삼고, 변화하지 않음을 올바름으로 삼지 않습니다. 항상됨을 변화와 항상이 없음은, 그 의미가 저절로 구별되니, 항상됨이 없는 경우는 마음에 고정된 지향이 없음을 뜻합니다. 항상됨을 변화하는 것은, 변화하는 가운데에서 바꿀 수 없음이 존재하는 것으로, 마치 우레와 바람이 온갖 변화를 일으키지만, 그 이치는 변화하지 않는 경우와 같습니다. 그렇기 때문에 오래되고 성대한 과업을 이룰 수 있으니, 이것이 「대상전」의 '立不易方'하는 가르침으로, 변화하지 않는 가운데 변함을 보인 것입니다. 원컨대 전하께서는 이 뜻을 깊이 음미하소서."

32 『예기』, 「치의(緇衣)」 참조

33 [說證] 대과괘는 대장괘로부터 왔다. 항대과 대장으로 가도 건☰을 잃지 않으니 '恒其德'이다. 진☳은 강을 귀하게 여기는 군자의 덕이요, 손☴은 부인의 덕인데, 항이 대과로 변화하면서 진은 사라지고 상하로 손☴만 있으니 '婦人吉 夫子凶'이라 하였다. '從一而終' 또한 그런 이유다. 참고로 남자만 가면 실패하니 부인과 같이 가라. 남편이 타지로 가는 격이고, 재운은 강행하면 불리하다.

> 上六　振恒　凶
>
> 상6은 [오래 가져가야 하는] 항구한 마음이 흔들리고 있으니 흉하다.

평상시의 마음을 유지하지 못하고 흔들린다. 더구나 윗자리에 있으면서도 체면을 지키지 못하는 어른이다. 흔들어서 바람을 일으켜야 할지, 아니면 조용히 여생을 보내면서 살아야 할지 모르는 바보 등신 같은 자리다. 『노자』26장을 인용한 왕필의 주가 좋다. "고요함은 조급함의 임금이요[重爲輕根], 편안함은 움직임의 주인이다[靜爲躁君]. 고로 편안함은 위에서 처신할 바요, 고요함은 오래가야 할 도이다. 그러나 윗자리에서 움직이면 베풀어도 얻음이 없다." 진득하지 못하고 들썩거리는 상전은 어른이 취하여야 할 자세가 아니라는 얘기다.

『시경』에는 "군자의 덕이 털과 같이 가벼운데도 백성이 들어 올리는 이가 드물다"고 하고, 『맹자』에서도 "힘으로 백균을 들기는 쉬워도 깃털 하나는 들기 어렵고, 시력은 털끝까지도 살필 수 있지만 수레에 실은 섶은 보지 못한다면, 정말 왕은 내 말을 믿으시겠느냐?"며 덕을 삼발의 솥에 비유해 말하고 있다.[34] 이처럼 덕을 받드는 것은 무거워 해야 하고, 오래가듯 해야 하는데, 상효는 경망스럽게 노니[振恒, Restlessness as an enduring condition], 군자의 덕이 있다고는 할 수 없다. 또 '진振'은 진동震動처럼 '진辰(여자의 성기)'을 잡고 떠는 소인의 상이다. 공자도 "윗자리에서 항구한 덕을 잃고 떠는 것은 크게 공덕이 쌓이지 않았기 때문[象曰, 振恒在上, 大无功也]"이라고 증언하고 있다. 상6은 윗자리에서도 군자의 덕을 쌓지 못한 자요, 또 항구한 덕을 갖추지 못한 자이다.[35]

다음은 선조 임금이 항괘 공부를 하는 장면이다.[36] 묘시 정각에 상이 별전에 나아가 항괘恒卦를 강하였다. 유간柳澗이 아뢰었다. "항恒이란 상常인데, 여기에

---

34 『시경』, 「대아편」, '蒸民' : "人亦有言, 德猶如毛, 民鮮克擧之."
　　『맹자』, 「양혜왕」 : "吾力以擧百均, 而不足以擧一羽, 明足以察秋毫之末, 而不見擧薪, 則王許之乎."

35 [說證] 泰卦에서 온 항괘는 건☰의 덕을 들어 올리는 괘다. 鼎卦는 大壯에서 온다. 정괘 역시 덕을 들어 올리는 괘인데, 鼎의 上이 리☲가 됨에 건☰은 아래로 추락하니 '大无功'이 되어 '振恒凶'이라 하였다. 항은 양이 모여 건☰을 이룸에 있다. 흩어지면 '不恒'이다. '振恒' 역시 '不恒'이다. 참고로 진득하게 항구한 마음을 잃지 않고 가면 외처에서 귀인이 도와서 재운이 성공한다. 공부는 힘이 드니 원방보다 근처가 유리하다. 절대로 직업과 자리를 변동하지 말라. 신규 사업은 절대로 금물이다.

36 『선조실록』 선조 35년(1602) 9월 6일.

는 두 가지의 뜻이 있으니, 바꾸지 않는다는 뜻과 중단하지 않는다는 뜻이 있습니다. 지키기만 하고 변경할 줄 모르면 상常에 빠져들어 변화를 알지 못하고, 중단하지 않는 것만을 고수한다면 동動에 지나쳐서 그 정正을 잃어버리게 되니 항에 처하기가 어렵습니다. 5효는 군왕의 자리인데 음유陰柔한 자질로 양강陽剛의 덕을 잃고서 굳게 지키기만 하고 변화할 줄 모르면 필부도 오히려 흉할 것인데 하물며 임금이겠습니까. 4효는 양으로서 음의 자리에 있어 제자리가 아니니 '사냥 가도 새를 잡지 못하다'는 것은 정도를 잃은 것을 비유한 것입니다. 이제 상6은 항괘恒卦의 끝이자 진震의 마지막으로서 동動을 주로 하고 절제가 없기 때문에 흉하다고 한 것입니다."

『고려사』에 보이는 『주역』 이야기 한 토막이다. 고려 때 여진정벌 장수 윤관尹瓘이 재상으로 있을 때 예종의 명을 받아 세상을 떠난 대각국사 의천의 비문을 짓게 됐다. 그가 어려워하자 예종은 김부식金富軾에게 비문 짓는 일을 맡겼다. 문제는 김부식이 예의상 재상이 맡았던 일을 자신이 할 수는 없다고 사양하는 시늉이라도 했어야 했는데 그러지 않았다는 것이다. 글에 관하여 누구에게도 뒤지지 않는다고 자부했던 젊은 김부식은 한 번도 사양하지 않고 곧바로 비문을 지었고, 이에서 갈등이 시작된다. 윤관에게는 여러 아들이 있었는데 그 중 윤언이 학식이 출중했다. 문과에 급제하여 탁월한 식견으로 인종의 총애를 받게 되는 윤언은 자기 아버지에 대한 김부식의 무례를 마음속에 새기고 있었다. 어느 날 인종이 국자감에 거둥하여 김부식에게 주역을 강의토록 하고 윤언에게는 질문을 맡겼다. 아버지의 굴욕을 잊지 않고 있던 윤언은 『주역』에 능통한 터였다. 『고려사』는 이 장면을 생생하게 묘사한다.

"윤언이 이모저모로 따지니 김부식이 대답하기 곤란하여 이마에 진땀을 흘렸다." 그러나 윤언의 이 같은 처사는 잠자는 사자의 코털을 건드린 격이 됐다. 2년 후 묘청의 난이 일어났을 때 윤언은 토벌의 책임을 맡은 김부식의 막료로 참여하여 공을 세웠다. 난이 진압되자 김부식은 묘청의 난을 일으킨 주동자였던 정지상鄭知常과 윤언이 깊은 연계를 맺고 있다며 몰아세웠다. 윤언은 한직으로 밀려나야 했다. 윤언과 정지상이 신참인 관리시절부터 가까웠던 것은 사실이다. 그러나 반란을 함께 할 정도는 아니었다. 그것은 국자감에서 윤언에게 수모를 당한 김부식의 앙갚음이었다. 양주방어사를 거쳐서 광주목사로 좌천되자 윤언은 스스로 관직에서 물러났다. 윤언은 『주역』에 관하여 저서를 남길 만큼 뛰어났지만, 정작 그 책으로 망신을 준 김부식에게 철저한 견제의 대상이 되어야 했다. 『주역』으로도 자기의 삶을 꿰뚫어 볼 수 없었던 것일까?

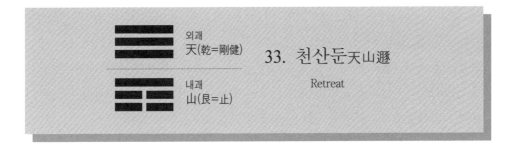

때는 바야흐로 물러나야 할 시점이다. 기운이 쇠퇴하니 명퇴나 은퇴가 거론되고 있다. 세월에 밀려 어쩔 수 없는 은퇴라면 감사하게 받겠지만, 정당하지 못한 강퇴라면 분통이 터질 것이다.

> **遯 亨 小利貞**
> 물러나는 둔[돈]은 형통하니 작은 일에 이로움이 있다.

둔遯이란 시절인연이 나쁘고 운이 막혀서 일시적으로 피하여 물러나는 뒷걸음질로 후퇴(Retreat)를 말한다. 지금은 우물을 파도 물을 얻기 힘든 때라, 미련이 있지만 용단을 내려 손을 떼고 과감히 돌아서야 옳다. 여기 둔遯에 돼지[豚]를 취상한 것은, 돼지는 겁을 먹고 물러나기를 잘하는 짐승이기 때문이다. 한편 돼지는 세상에서 물러나 죽을지라도 제사상 중앙에 올라 큰 대접을 받는 영광을 얻기도 한다. 물러나게 되더라도 그 타이밍이 좋고 도리에 어긋나지 않는다면 매양 불리하지 않고 이로운 경우도 있을 것이다[遯亨小利貞].

둔遯의 그림은 음기가 차고 올라오기에 군자가 힘에 밀려 물러설 수밖에 없다.[1] 비록 군자가 시절인연에 의해 밀려날지라도 의지는 꺾이지 말아야 할 것이다. 지금은 소인배들이 득세하여 군자를 밀어내는 수가 먹혀들지만 군자가 소장消長의 기미를 잘 파악하여 잠시 물러날 줄 아는[知幾退藏] 지혜도 필요하다.

예로 송나라 주자가 당시 군권을 쥔 한차주韓侘胄의 횡포를 규탄하는 상소문을 제출하려 하자, 제자들이 스승의 위험을 걱정하며 말렸으나 주자는 이를 듣

---

1 [說證] 遯卦는 乾卦 姤卦로부터 왔고(乾→姤→遯), 大손≡≡이라 入遯이고 또 遯은 乾에서 왔기에 乾의 초효가 遯世无悶이고, 遯은 退라, 退는 遯의 간≡≡에서 온다.

지 않았다. 제자들은 하는 수 없이 이 일을 하늘에 물어보고 결정하자 했는데, 바로 둔괘를 얻고 나서 주자는 "일고의 가치도 없이 상소문을 태워버리고 세상 정치에서 손을 떼고 돼지처럼 도망하여 은둔"하고 말았단다.[2] 이를 논한 정한강 과 정조대왕의 경연장 문답이 놀랍다.[3] 이처럼 자신과 맞지 않는 시절과 사람이 라면 그 시절과 그 사람을 잠시 피하여 때를 기다려야 옳다.

다음은 '물러남에도 타이밍이 최고'라는 공자의 단사이다. "둔은 피해 숨어 살아야만 길이 열린다[遯而亨也]. 강한 5가 유순중정한 2와 정응을 하고 있는 것 은 항시 시절인연에 따라 여차하면 행동으로 옮길 것을 예시한다[剛當位而應, 與 時行也]. 지금은 소인의 세력이 나날이 커져오는 세상인지라 일을 도모함에도 순 조롭지 아니하다[小利貞, 浸而長也]. 물러남에도 타이밍이 절대적으로 크고 소중 하니, 지금은 물러남에 적절한 때이다[遯之時義大矣哉]!"[4]

미물인 자벌레도 몸을 먼저 구부리는 것은 때를 보고 펼치기 위함이요, 용과 뱀도 먼저 칩거한 후에 때가 되면 움직인다. 만약 "군자의 학문이 자리이타自利 利他 하고자 하면 어찌 은둔하여 축성畜成하지 아니하고서 급히 형통을 얻을 수 가 있으랴. 오늘의 은둔과 둔세는 내일의 자리自利요 이타利他를 위함임을 알아 야 할 것이다."[5]

---

2 黃幹, 『勉齋集』, '朱子行狀 : "조승상 또한 파면되었는데 不軌하다는 무고로 인하여 영주로 유배 되었다. 선생은 스스로 생각하기에 자신이 비록 한가롭게 물러나 있으나 여전히 侍從의 직함을 가지고 있으므로 이대로 침묵할 수 없다고 생각하였다. 마침내 萬言의 상소를 초서하여, 간사함 으로 임금을 덮는 화를 극언하고, 그 원통함을 통절히 상소하여 밝히려 하였다. 제자들은 여러 가지의 의견이 많았으므로 立筮하고 결정하여 遯이 家人괘로 가는 점사를 얻었다. 선생은 묵묵 히 나가서 상소문을 불사르고 이때부터 호를 遯翁이라 하였더라."

3 申欽, 『象村稿』, '鄭寒岡神道碑' : "갑오년에 조정으로 들어가 동부승지가 되어 경연을 모셨는데, 선묘께서 때마침 『易傳』을 강하시다가, '朱晦菴이 遯卦를 만나 상소 초고를 불태워버린 일에 대해 묻기를, '佗胄가 권력을 농단하고 趙汝愚가 유배되자 주자가 스스로 침묵을 지키지 못하 고, 마침내 封事를 준비하였으니, 그 訴狀이 만약 들어갔더라면 송나라의 판도가 혹시 달라질 수도 있었을 것이나, 도리어 遯卦를 만난 것으로 보면 卜筮의 도리는 천하에서 극히 신묘하다 말할 수 없는데, 주자는 반드시 복서에다 그 판단을 맡긴 것은 무슨 이유인가?' 하니, 선생은 대답하기를, '만약 宋寧宗이 封事를 한번 보고 기꺼이 탁주를 내쫓을 판국이었다면, 그 복서는 필시 둔괘를 만나지 않았을 것이니, 이것이 바로 복서가 극히 신묘하다는 증거입니다 하였다. 선묘가 다시 묻기를, '程傳과 本義 가운데 어느 쪽을 우선으로 해야 하는가?' 하니, 선생은 대답 하기를 '易의 도는 消息盈虛의 이치와 進退語黙의 낌새에 밝아, 時中을 잃지 않는 것이고, 복서 는 역의 말단이니, 정전을 우선으로 해야 합니다 하였다."

4 '與時行은 둔이 6월이란 시절을 나타냄이고, '浸而長'은 음이 커감이다.

> 象曰 天下有山 遯 君子以 遠小人 不惡而嚴
>
> 상왈, 하늘 밑의 높은 산이 똥침을 놓듯이 하늘을 찌른다. 군자는 이 사실을 보고 미워하지 말고 무섭도록 자신을 달래가며 엄중하게 소인을 멀리 피하여야 한다.

산이 아래에서 겁도 없이 뾰족하게 솟아 치는데 하늘이라고 점잖게 버티고만 있을 수는 없다. 군자는 이러한 모습을 보고 소인을 피하려 한다. 소인을 멀리 피하는[遠小人] 이유는 그들이 거칠게 덤비면 군자는 싸움에 길들여지지 않은지라, 충분히 그 원분怨憤이 올 것을 알고 군자가 냉정과 위엄을 사전에 보임으로써 소인 스스로가 멀어지게 하려 함이다. 이치로 보면 하늘은 무궁하고 산은 유한하다. 산이 아무리 쫓아오고 싶어도 하늘을 찌를 수는 없다. 군자가 자신의 본래 모습만 잘 지키면 소인에게 해를 입지 않는다는 이유가 그것이다. 소인배한테 물리고 치였다는 것은 군자가 냉철하지 못하고 자신에게 엄하지 못하여 단속이 느슨한 탓이었다. 또한 소인이 스스로 아첨하고 아양을 떨지 못하도록 하고, 또 소인이 함부로 몽둥이를 들지[權柄] 못하도록 위엄을 보여야 옳다. 그러기에 군자가 소인을 멀리하고[遠小人] 함부로 악하지 못하도록 위엄 있는 자세를 견지해야 하는 것이다[不惡而嚴, No angrily but with reserve].

여기서 소인은 간☶이고, 불악은 건☰의 불변한 상이요, 엄은 서북을 나타내는 건☰의 준엄峻嚴한 기운이다. 위의 뜻은 "용맹을 좋아하고 가난을 싫어하는 자는 난을 일으키기가 쉽고, 또 사람답지 않은 자를 너무 심하게 미워하면 난을 일으키기가 쉽다"[6]는 소리이다. 공자는 소인에게 먼저 인간적인 모멸감을 주지 않도록 조심하되, 소인이 인격적인 열등감을 갖도록 하여 스스로 멀리하게 하는 군자의 냉정한 지혜가 필요함을 강조하고 있다.

공묵당恭黙堂이 『주역천설』에서 '원소인遠小人'의 까닭을 말해준다. "군자는 의義로써 마음을 제재하여 기미를 살피는 자요, 소인은 이로움을 쫓는 욕구에 따라서 남을 해치는 자이다. 둔괘는 하늘이 위에 있어 위로 나아가고, 산이 아래에 있어 높게 일어나는데, 두 음이 아래에서 생겨나 양을 점차 깎아내리려고 하니, 군자는 마땅히 도피하여 소인이 끼치는 해로움에서 벗어남이 옳을 것이다.

---

5 지욱, 『주역선해』: "君子之學 欲自利利他者."
6 『논어』, 「태백」: "子曰, 好勇疾貧, 亂也. 人而不仁, 疾之已甚, 亂也."

그러나 소인을 멀리하는 도는 나쁜 소리로 꾸짖고 표정을 무섭게 짓는 데 있지 않으며, 오직 조심하고 장엄한 몸가짐을 갖는 데 있으니, 소인 스스로 가까이 대하지 못하게 된다. 대체로 군자가 나아가면 천하가 다스려지고, 소인이 나아가면 천하가 혼란스럽게 된다. 이처럼 천하가 다스려지고 혼란스럽게 됨은 모두 군자의 나아감이나 물러남에 연계되어 있으니, 임금이 된 자가 어떻게 군자들로 하여금 멀리 떠나 돌아오지 않게 하고, 저 자신만 선하게 할 수 있겠는가?"

초정 또한 '불악이엄不惡而嚴'의 처세를 알려준다. "'엄嚴'은 조화롭지만 휩쓸리지 않음이다[中和而不流]. 방탕한 데로 흐르는 것을 스스로 지켜야 한다. 조화로움은 남을 대하는 것으로 삼을 필요는 없다. 관대하지만 두려워하게 함[寬而栗]과 다르지 않다. 소인들 속에 있어도 어지럽혀지지 않는다면, 돌과 같은 절개가 있으니[介于石] 둔괘의 처세다. 산은 비록 높지만 하늘에는 미치지 못하니 이것이 멀리 대함이다. 하늘이 피하는 것도, 소인이 비록 군자를 핍박하지 않지만, 군자는 기미를 보고 물러나 소인에게 원망을 사지 않는다. 마땅히 스스로 조심함과 장엄함을 갖춘다면 소인은 스스로 떨어질 것이다." 소인을 멀리함은 간☶의 그침이고, 나쁜 소리 하지 않고 엄하게 하는 것은 건☰의 굳셈이다. 군자는 소인을 멀리하는 데 무심하지만, 소인 스스로는 감히 범접하지 못한다.[7] 화서華西의 해설도 참고한다.[8]

한편 다산은 둔遯이 구姤에서 시작하여 소인이 자라난 큰 간☶의 형세가 하늘을 찌를 듯 하며, 산은 고을 밖으로 달아나니 대손☴의 은복隱伏이라 했다. 또 다산은 시절의 수상함을 알아차리고 어느 날 나이 수만큼 흔들었다가 멈추고, 맨 위에 놓인 것부터 하나씩 뽑아서 하늘에 물었는데, 결국 천산둔天山遯이 만들어지는 것을 보자, "하아, 신통하다. 필시 유배를 가겠구나!" 하며 하늘을 쳐다보

---

7 金相岳, 『山天易說』: "遠小人, 艮之止也. 不惡而嚴, 乾之剛也. 君子无心遠小人, 而小人自不敢近也."

8 李恒老, 「周易傳義同異釋義」: "하늘은 산을 피하지 않고, 산 역시 하늘과 관계를 끊지 않는다. 군자가 위엄있고 공경되게 스스로를 지키는 것은 군자의 항상된 도이지, 소인으로 하여금 두려워하도록 만들기 위해서 하는 행동이 아니다. 나쁜 말과 나쁜 표정을 짓지 않는 것 또한 군자의 마땅한 덕이지, 소인이 원망하거나 노여워할 것을 염려했기 때문에 이처럼 하는 것은 아니다. 만약 마음속에 소인이 기뻐하거나 노여워할 것에 대한 생각을 하고 이처럼 행동한다면 스스로에게 있어서도 이미 위엄을 갖출 수 없다. 소인 또한 어떻게 그것을 알지 못하고 원망하거나 노여워하지 않을 수 있겠는가?"

고 크게 웃었다는 이야기도 전해진다.[9]

> 初六 遯尾 厲 勿用有攸往
> 초6은 꼴찌로 도망가니 걱정이라, 갈 바가 있으면 쓰지 말라.

도망가는 무리들 중에 꼴찌[遯尾, At the tail retreat]라는 것은 도망가는 꼬리가 보이고, 그 꼬리가 밟힌다는 의미로, 위험하다[厲]. 그러니 지금은 도망갈 생각을 내지 말고[勿用有攸往] 훗날을 기약해야 한다. 피하려는 마음이 들키고 만다. "가만히 자리를 보전하면 어찌 화를 입을 수 있겠는가[象曰, 遯尾之厲, 不往何災也]."

그러니 도망가려는 마음이 없는 듯 태연하면 재앙이 없을 것이다. 그런데 초효는 난세에 처했을지라도 머리가 아니고 꼬리이기에 은둔하지 아니하여도 재앙은 없다. 명퇴도 타이밍이 있다. 개라는 짐승도 자신보다 더 센 놈이 나타나면 꼬리를 낮추고, 뿔이 빠개지고 박이 터질듯 맹렬히 싸우던 소도 순간 밀린다 싶으면 슬쩍 몸을 피하여 도망가고 만다.

한나라 한신韓信(?~BC 196)이 젊은 시절 주먹을 숨기고 깡패들의 가랑이 밑으로 기어들어가며 모욕을 참고[胯下之辱] 훗날을 기약할 줄 알았던 것도 둔세의 철학이다. 기제와 미제도 꼬리를 달고 있지만, 둔遯의 초효는 동인同人을 하자는 이들 때문에 꼬리를 내린다.[10] 다른 괘는 초효를 시초로 삼으나 은둔에서는 꼬리가 된다. 미약한 자는 숨고 감추기가 쉽다.

참고로 도망가야 할 때가 늦었다. 달리 말하면 시세에 뒤떨어진 모양새다. 개혁과 진보가 아닌 골통 보수다. 고집만으로 나아가면 손해를 입는다. 계속 밀고 나가는 데 쓰지 말라[勿用有攸往]. 손해를 보고 있으면서도 빠져나가지 못해 걱정이 크다.

앞서 말한 대로 경원庚元 원년(1195) 외척 한탁주韓侂胄가 영종寧宗을 옹립하

---

9 한승원, 『다산』, 31쪽. 참고로 둔의 시절에는 이제껏 모은 재산으로 은둔생활을 즐겨야 한다. 그런데 사업은 즐기는 사람들을 부추겨야 하기에[☰ → ☱] 영화관, 공연장, 캬바레, 요정과 같은 유흥업이나 펜션, 호텔, 숙박업도 좋다. 학교도 그런 쪽으로 가면 좋다. 병은 정력이 물러나며 체력이 소모될 때이니 주의가 필요하다.

10 '尾'는 초효이고, '厲'는 리☲의 무기로 꼬리 자름을 경계하였으니 '不往何災'도 같은 맥락이다.

여 공을 세우고 정계에 등장했을 때, 주자朱子와 충돌하는 사건이 터졌다. 한탁주는 우승상 조여우趙汝愚와 대립하자 참언讒言으로 그를 영주로 유배보내고, 조여우가 추천했던 주자와 그 학파를 위학僞學으로 몰아서 모조리 추방함으로써, 소위 '경원庚元의 당금黨禁'을 일으켰다. 이때 주자는 66세로 사망하기 5년 전인데, 그는 1만여 자의 상소문을 지어 조여우의 원통함을 밝히고 한탁주의 부정을 극언하려 하였다. 그러나 제자들의 간청에 의해 입서立筮하여 둔의 4와 초효를 얻고 상소문을 불태운 사건이 있었다.[11]

이런 일을 겪은 주자 자신의 해석은 이렇다. "둔은 물러가 피함이다. 괘가 됨이 두 음이 점점 자라나니, 양이 마땅히 물러가 피해야 한다. 둔은 6월의 괘로 양이 비록 물러가야 하지만, 구5가 존위에 있고, 아래 육2와 응하고 있는 것이 마치 물러남이 이로운 것 같다. 다만 두 음이 아래에서 점점 자라나니 그 형세가 물러가지 않을 수 없다. 고로 점치는 자는 갈 바를 두어서는 안 되고 다만 숨어서 고요히 기다려 재앙을 면할 뿐이다."

六二 執之用黃牛之革 莫之勝說[12]
육2는 은둔하려는 놈을 황소 가죽으로 단단히 발을 묶으면, 아무도 이것을 풀지 못할 것이다.

둔괘의 주효다. 2는 음이라 나라와 가정을 버리고 돌아설 정도로 강심장이 되지 못하는 사람이다. 거기다 나와 임금은 아직 서로 중정지도로 정응을 하며 또 긴밀하게 심정적인 교류가 원활하니 물러날 상황은 더욱 아니다. '황黃'은 중앙[中]과 중심을 나타내는 색깔이며, 소[牛]는 부드럽고 순종하는 자의 상이니 상대와 내가 신뢰관계에서 벗어나지 않고 있다. 그리고 소가죽은 질기고 단단한 것이기에, 황소 가죽으로 단단하게 도망가지 못하도록 서로의 마음이 묶여 있다

---

11 한탁주(韓侂冑)는 송나라 寧宗 때 명재상 한기(韓琦)의 증손, 모친은 高宗 황후의 여동생이며, 그는 황후의 질녀에게 장가든 명문 후예다. 出兵하여 北伐하다 실패하자 金나라와의 화친을 청하였는데, 끝내는 목이 잘려 금나라에 보내지는 신세가 되었다.

12 說 벗을 탈.

는 것이다[執之用黃牛之革, Holding fast with yellow oxide].

다른 짐승은 털갈이를 하는 것이 빠르지만 황우는 털갈이가 쉽지 않으니 고집스럽고 융통성이 없는 모습처럼 비쳐지기도 한다. 그렇지만 2는 유순중정하기에 충신이요 현모양처다. 이런 자는 그 어떤 명리와 영록榮祿으로도 유혹이 어렵다. 아직도 2는 강건중정한 임금과 남편에게 정성을 다하고 있으며, 또 나라와 남편이 무도無道할지라도, 지조를 변치 않고 도망가려는 마음을 황소 가죽으로 단단히 동여매고 헌신적으로 봉사할 줄 안다. 이것은 나라를 생각하는 마음이나 가정을 생각하는 마음이 "황소 가죽으로 잡아매듯 그 뜻이 너무 굳기 때문[象曰, 執用黃牛, 固志也]"이라는 공자의 주석이 아니어도 알고도 남을 만하다. 좋게 말하면 이것은 의리를 지키는 고집이 강하지만, 시세에 변할 줄 모르니 융통성이 없고 고집이 센 자의 처신과도 같을 수 있다. 둔이 구괘姤卦로 변한 경우다.[13]

상商나라가 망해가는 순간에도 숨거나 피해가지 않고 충직한 간언으로 맞짱을 뜨며 구금을 불사한 기자箕子의 경우를 『상서尚書』「기자편」에서는 이렇게 평한다. "바로 그 어느 누구도 그의 확고부동한 뜻을 막지 못하고, 풀지도 못하고, 설득할 수가 없었던[莫之勝說] 바로 그것이 황우고지黃牛固志의 좋은 예이다." 그러나 역사에서 그 기자箕子를 고집불통이라 말하는 사람은 아무도 없다. 대승大乘이냐 소승小乘이냐의 관점에 따라서 그 평가가 다를 뿐이다.

九三 係遯 有疾 厲 畜臣妾 吉
구3은 물러나야 할 때 마음에 걸리는 것이 있으니 아파서 걱정이라, 차라리 신첩을 기르는 것이 낫다.

도망가려는 돼지가 잡힌다. 가족들 생각에 얽매여 피해갈 수가 없으니 그 아픔을 떼어놓을 자가 없다. 이러지도 저러지도 못하여 갈등이 심해 병통이 된 상황이다. 3의 역량은 신첩에 매여서 살아가야 할 그릇이니, 작은 일은 괜찮지만

---

13 [說證] 손☴의 진퇴를 간☶의 손에 붙잡히는 '莫之勝說'이다. '說'은 태[☱는 ☴의 도전], 진☳과 감☵이 건의 '말'에 해당되며, 손☴과 리☲ 역시 '소'에 해당된다. 상중하에서 中이 살과 뼈라면 上下는 가죽이다. '牛'는 遯이 줌로 가려 했기에 나타난 '소'다.

나라를 건지는 큰 일은 불가하다[象日, 係遯之屬, 有疾憊也, 畜臣妾吉, 不可大事也].

다산은 한발짝 더 나가 '신臣'은 '문지기'나 '내시'와 같은 낮은 신하요, '첩妾'은 '궁녀'와 같은 천한 여성이기에 이런 소인들의 충忠만 믿고 따르면 위태롭다 한다. 구3은 큰 은혜와 큰 의리를 알지 못하고 친친親親 애애愛愛만을 생각하는 자리이다. 그래도 길흉은 개개인의 상황에 따라서 다르다. 3은 '계둔係遯'이라 하니 큰 것을 바라지 말고 작은 범위를 경영함이 좋다. 둔遯이 비否로 가 부끄러움을 몽땅 덮어쓰는 자리다[否三包羞].[14] 무명자無名子는 이 구3을 들어 '공직생활'에서의 은퇴가 무엇인지 알려준다.[15]

절해고도絶海孤島 제주로 유배를 간 추사秋史가 오죽했으면 "세상에 제일 맛있는 음식은 뽀글뽀글 끓인 된장찌개 맛이요, 천하에 제일 좋은 모임은 처자식과 오순도순 정담을 나누는 자리[大烹豆腐瓜薑菜, 高會夫妻兒女孫]"라고 하였을까. 그러니 도망갈 생각만 하면 병이 일어나니 차라리 자신의 일[畜臣妾]을 더욱 열심히 하는 편이 낫다. 소위 나랏일을 맡아 나가지 못할 바에는 수신제가하고 풍

---

14 [說證] '係遯'은 손☰의 밧줄로 묶어 곤☷의 말뚝에 매니, 건☰의 말이 기세가 꺾여 그 색이 乾坤으로 검고 누렇게 되니 병색이 짙어 '有疾屬'이다. 또한 '畜臣妾'에서 신하는 직급이 낮은 환관이니 간☶이요, 첩은 태[☱는 ☴의 도전]이다.

15 尹愭, 『無名子集』, '論致仕' : "성인(공자)께서 굳이 마흔살을 벼슬 시작하는 나이로 정하고, 일흔살을 벼슬 반납하는 나이로 정하신 것[四十始仕 七十致事]은 무엇 때문인가. 마흔살에는 학문이 해박해지고, 재주 또한 숙성되어 경솔하고 첨예했던 마흔살 이전 시절과는 달리 계책을 내고 의견을 펼칠 만한 때이므로 벼슬할 수 있는 것이다. 일흔살 이후에는 체력이 이미 바닥나고, 여생도 얼마 남지 않아, 슬프다는 뜻의 '도(悼)'나, 늙었다는 뜻의 '모(耄)'라고 이름하여, 서울의 거리와 조정에서 지팡이를 짚어도 되는 시기이므로 벼슬에서 은퇴해야 한다. 본디 벼슬을 탐하고 이익을 밝혀 득실을 근심하고 명리를 좇아가는 비루한 사람이 아니라면, 아무리 정신이 명철하고 기력이 강건하다 하더라도 어찌 다시 벼슬에 나아갈 계획을 하겠는가. 이 때문에 벼슬하는 나이를 한정하여, 경서에 분명히 실어, 신하가 된 사람이 예절을 지키고 염치를 숭상하는 큰 한계로 삼은 것이다. 어찌 애당초 마흔살 이전에도 벼슬하고, 일흔살 이후에도 벼슬한다는 말씀이 있었던가. 공자가 '마흔살, 쉰살이 되어도 들리는 명성이 없으면, 이러한 사람은 두려워할 것이 못된다[四十五十而無聞 斯亦不足畏也己] 하셨다. 이 말씀대로라면, 마흔살이 되었어도 들리는 명성이 없다면 벼슬하기에 아직 부족한 것이다. 창려자(昌黎子) 한유(韓愈)가 '일흔살에 영원히 은퇴하는 것이 신하 된 사람의 떳떳한 예절이다[七十永退 人臣之常禮]'라고 하였다. 이 말대로 보자면 일흔살에 은퇴하지 않는 것은 신하 된 사람의 떳떳한 예절이 아닌 것이다. 『주역』에 '일을 마치면 바로 간다[已事遄往]' 하였고, 또 '은퇴가 걸려 칭병한다[係遯有疾]' 하였다. 그런데도 만일 나아가기를 쥐처럼 하고[晉如鼫鼠], 금거와 적불에 곤란을 당하며[困于金車赤紱], 술을 마시는 것이 너무 심하고[如酌孔取], 해가 기우는 것도 아랑곳 않고 노래한다면[不念日昃歌嗟], 이것이 어찌 성인의 경전에서 가르침을 제시한 뜻이겠는가. 이러고도 예에 따라 출사하고 은퇴한다고 할 수 있겠는가."

화풍火로 집안을 따뜻이 하는 편이 더 좋다는 소리다. 나라보다도 가정, 회사보다도 가정, 공부보다도 가정이 우선시 되는 자리이다.[16]

九四 好遯 君子 吉 小人 否
구4는 물러남이 좋으니 군자는 길하고, 소인은 나쁘다.

물러나기에 좋다. 즐거운 마음으로 은둔을 수용하니, 군자라면 능하지만 소인은 감당하기가 어렵다[象曰, 君子好遯, 小人否也]. 원망과 미련을 가지지 않고 물러난다는 것은 참으로 어려운 일이다. 고로 둔피遯避(Voluntary retreat)는 군자의 길이지만, 미련과 이익에 사로잡혀서 결행을 미루고 오히려 이를 즐기는 소인배는 도저히 흉내낼 수 없는 일이다. 둔이 점漸으로 가매,[17] 주자도 좋아하는 바를 끊고 은둔하는 상이라 하였다. 지금은 초효와 정응이라 물러나지 않아도 될 것 같지만, 의리義理가 진실로 둔피遯避를 당하게 하니, 의심치 말고 자발적으로 물러나야 옳다. 소위 극기복례克己復禮가 된 자의 은둔생활이다.

『시경詩經』에서처럼 "막대 하나를 걸어서 문을 삼은 오두막이라도 편히 쉴 수가 있고, 샘물이 넘쳐나니 굶주림은 면할 수 있다. 어찌 아내를 얻음에 꼭 제나라 강姜씨 성을 가진 규수라야 되겠는가?" 말이다.[18] 그리고 "세상에 도가 있으면 나도 관복을 입고, 그대도 패물로 치장을 하겠지만, 천하가 무도하면 나는 등에 지고 그대는 머리에 이고 떠나리라"는 「해은가偕隱歌」처럼,[19] 숙성한 부부가 함께 은둔하며 살아가는 모습을 연상한다.[20] 정구鄭逑를 기린 정경세鄭經世의 가둔嘉遯이나,[21] 왕양명 같은 은둔이 딱 좋은 시절이다.[22] 참고로 왕양명과 같이

---

16 재운은 대소를 막론하고 흉신이 동한다. 妻患이 불길하니 가솔을 돌보라.

17 [說證] 漸卦 같은 부부괘는 상합이 되도록 본다. 고로 진☳과 손☴ 두 부부가 함께 은둔을 리☲로 즐거워하니 '好遯'이요 '君子吉'이다. 그런데 '小人否'는 숙성치 못한 어린 간☶과 태☱의 은둔을 두려워함이다.

18 제나라 강씨는 강대국 제나라의 왕족을 말함.

19 『古詩賞析』, 「周時, 祝牧, 琴淸英」: "與妻偕隱, 作琴歌云, 天下無道 我負子戴."

20 참고로 명예퇴직, 희망퇴직이 찾아온다. 여하튼 지금부터 소인이 득세하고 군자가 퇴각할 때다. A교수가 은퇴하지 않자 그의 선배가 세상과 후배를 모르는 慾私라 했다.

21 鄭逑, 『寒岡集』, '둔괘[祭鄭經世文]': "궁궐 임금 측근에서 가끔 곁에 모셨는데, 경연 열린 어느

감옥에 있던 임부는 함께 『주역』을 논하며 마음을 밝히고 있다.[23]

> 九五 嘉遯 貞吉
> 구5는 물러남이 아름다우니 바르게 해야 길하다.

은퇴를 아름답게 받아들여 훌륭하게 물러난다. 물러남을 정말로 아름답게 여길 줄 아는 마음은 가둔嘉遯(Friendly retreat)이다. 물러나는 일에도 군자로서 정도를 지켜가니 정길貞吉하다. 강건하고 중정한 임금의 자리에서 시지時止하고 시행時行이 된다면 아름답기 그지없는 모습이 아닌가. 고로 공자도 "은둔함은 오직 그 뜻을 바르게 함에 있는 것[象曰, 嘉遯貞吉, 以正志也]"이라고 한다. 아직도 임금은 나라를 다스릴 능력이 있고 기운도 남아돈다. 또 민심도 떠나지 않고 있다. 그 증거가 바로 마음을 굳게 먹고 물러나지 않는 2와는 정응이기 때문이다. 이러하니 약간의 연민이 생길 수도 있지만 대승적大乘的 차원에서 사사로움을 버

날 자리 함께 참여했네. 낭랑하신 임금 말씀 둔괘 점을 의심하자[疑及筮遯], 이에 답한 공의 말씀, 논리 분명 말씀 고와, 임금 의문 풀리었고 동료 내심 탄복했지. 이제 와서 궁리해도, 맞는 답이 분명하니, 공의 풍채 회상하면, 어찌 다시 만나보랴."

22 왕양명, '讀易' : "감옥에 갇혔는데 뭘 할 수 있겠느냐? 지난 일을 반성하면서도, 감옥에서 평안할까 배고플까 걱정하네. 가만히 앉아 선천의 복희 『역』을 펼쳐보는데, 마음이 씻어지더니 깊고 깊은 속마음이 보이네. 이렇게 선천의 주인공을 알고 나니 괘의 획획마다 깊은 뜻이 있었구나. 어리석음이 깨우쳐지길 받아들이고, 기다리되 자극하지 말고, 어린 송아지 뿔에 가로지기 나무를 올리는 일은 얼른 시작해야지. 멀리 놔두는 것도 절도에 맞지 않고, 무섭더라도 도리를 어기지 말아야지. 遯卦 九四爻에 숨기는 것이 좋다는데, 자신을 숨기는 것이 나에게 맞고, 蠱卦 上九爻에 정치를 떠나 혼자 조심하라는데, 조심하는 것이 필요하구나. 하늘과 땅 사이의 만물을 바라보면, 눈에 닿는 대로 모두 도리가 넘쳐흐르네. 가난하여 배곯더라도 즐겁다던데, 이런 생각을 정말로 고치거나 버리지 말아야지. 고향 양명산 산속이 깊고 깊었는데, 여기에서 모든 것을 잊고 살고 싶구나."

23 林富, '獄中與王陽明講易' : "하늘에 뜬 구름은 어찌 암담한가? 쓸쓸하고 찬 바람이 아침저녁 부는구나. 낮은 신하가 못난 자질을 닦으려는데, 어찌 꺾이고 부려지는 것이 아깝겠는가? 법을 잘 지켜서 밝은 임금님을 받들려는데, 때가 맞지 않으니 정말로 혼자서는 어렵구나. 임금님 조서가 갑자기 내려오더니, 잡아다가 임금님의 감옥에 묶어놓았네. 감옥에서 왕양명과 아침저녁을 같이 보내고, 밤에는 서로 깊은 이야기도 터놓고 나누었지. 같은 죄수로서 짝이 있으니, 더구나 마음이 맞으니 다행이었네. 왕양명이 개념과 이론(형이상학적 命理)을 잘 알고 있기에, 춥고 맑은 밤에는 『주역』을 토론하였네. 한밤중에 갑자기 깨달았는데, 내 마음속의 본심이 밝아지는구나. 거품 같은 목숨을 지키고 있으니, 얼마 지나서 감옥의 문을 두드리네. 아마도 검은 구름이 사라졌는지, 황홀하게 갑자기 풀려나와 하늘을 바라보네."

리고 홀연히 대인처럼 떠나야 가히 아름답기 그지없다.

『오위귀감五位龜鑑』에서 석지형은 "몸이 물러나는 아름다움이 마음이 물러나는 아름다움만 못하므로, 임금은 마음을 더 바르게 써야 한다"고 읍소하고 있다.[24] 그렇지만 다른 견해도 있으니, "둔의 소인 1, 2가 아직 미미하고, 지금은 군자들이 실질적 권력을 쥐고 있기에, 아직 물러날 수 없고, 잠시 피하는 것"으로 보는 경우도 있다.[25]

둔이 여괘旅卦로 간 경우다.[26] 남명南冥 조식은 가둔산嘉遯山에서 『학기유편學記類編』을 남긴다.[27]

---

24 石之珩, 『五位龜鑑』: "신이 삼가 살펴보았습니다. 구5에 대해서 『정전』에서는 '둔은 임금의 일이 아니기 때문에, 임금의 자리를 위주로 하여 말하지 않았지만, 임금이 도피하여 멀리하는 바 둔이다' 했습니다. 도피함은 단지 몸만 피함이 아니니, 마음 또한 그것을 가지고 있고, 소인이 안으로 들어오는 경우에 임금은 마땅히 마음으로 도피해야 하며, 소인이 나라에 재앙을 끼친 경우 임금은 마땅히 마음으로 멀리해야 하며, 값진 보물과 좋은 것이 뜻을 잃게 하기에 충분한 경우에도 임금은 마땅히 마음으로 피해야 하니, 이처럼 하는 경우는 모두 임금의 아름다운 도피가 됩니다. 몸이 도피하는 아름다움은[身遯之嘉] 마음이 도피하는 아름다움만 못하므로[未若心遯之美], 엎드려 바라건대 전하께서는 그 가운데 처하여 마음을 바르게 하소서."

25 李玄錫, 『易義窺斑』: "역은 군자를 위해 도모한 글이지, 소인을 위해 도모한 글이 아니니, 만약 소인이 일어나 나아감을 보고, 급작스럽게 군자로 하여금 물러나 숨도록 한다면, 어찌 양을 돕고 음을 억누르는 뜻이 되겠는가? 그렇기 때문에 둔괘의 뜻은, 오로지 소인을 피하고 멀리 대하는 데 있지, 군자 본인이 물러남을 뜻하는 것이 아니라고 했다. 소인이 위에 있어 왕성해져서, 군자의 힘으로 제어할 수 없다면, 자신을 도피시켜서 소인을 피하는 경우, 진실로 군자의 도피함이 되지만, 이러한 경우에는 그렇지 않다. 소인은 단지 이제 막 자라나려는 형체를 가지고 있으며, 아직은 권력을 쥐어 제멋대로 휘두를 수 없다. 군자는 구3 이상의 경우 융성한 자리를 밟고, 한 시기를 제어하지 못하는 자가 없으니, 조종하고 빼앗는 권력이 여전히 군자의 수중에 있으니, 물러나 멀리 대하여 나를 범하지 못하도록 하면, 이것은 괜찮지만, 무엇 때문에 먼저 도피하여 반대로 남에게 권력을 줄 수 있겠는가?"

26 '嘉遯'은 리☲의 예우를 받는 이다. 참고로 배속에 아이를 물었다면 아들이다. 아버지가 아들에게 모든 것을 물려주고 갈 수 있는 아들(장자)임에 틀림없다.

27 鄭蘊, 『桐溪集』, 「南冥曹先生學記類編後跋」: "아, 선생으로 하여금 당시에 道를 행하게 하였더라면, 그 굉장한 강령과 대단한 활용이 어찌 쇠퇴한 세상의 풍속을 만회하고 堯舜의 德化를 펴는 데에 부족함이 있었겠는가. 그러나 선생의 도는 은둔함으로써 형통한 것이라 하겠다. 世道로 보면 한 사람의 미약한 힘으로 무너지려는 세도를 부지한 공이 있고, 자신을 지킨 것으로 보면 顔子가 가난한 삶을 살면서도 바꾸지 않았던 그런 즐거움이 있었다. 백세 후에 필시 이러한 기풍을 듣고 흥기하는 자가 있을 것이니, 선생이 때를 만남과 만나지 못함이 지금이나 후세에 무슨 손익이 되겠는가. 아, 성대한 일이다."

上九 肥遯 无不利
상9는 여유만만한 은둔생활이라 불리할 것이 없다.

아무런 마음의 맺힘도 없이 유유히 피하여 산다면 만사가 여유롭고 순조롭다. 비돈肥遯(Cheerful retreat)은 살이 쪄서 비만이 생긴 돼지요, 무불리无不利는 세상에 신경을 쓰지 않아도 넉넉하고 이롭지 않음이 없는 모습이다. 비肥는 크고 너그럽다는 의미이고 둔遯은 오직 멀리 피하여 머물러 그 어느 것에도 매임이 없으니 자연과 하나가 됨을 알 수 있다. 공자도 "여유만만한 은둔생활이라 불리할 것도 없고 의심할 바도 없는 자리[象曰, 肥遯, 无不利, 无所疑也]"라 하니,[28/29] 둔이 함괘咸卦로 간다.[30]

『금강경金剛經』에서처럼 '응무소주이생기심應无所住而生起心'한 자리로 봐도 좋다. 위에서 강단剛斷하고 아래 3과도 친함이 없으니 곧 어디에도 매일 곳이 없기에 멀리 피하여도 어느 누구에게든 누累될 일이 없다. 그러기에 "강성이지만 넘치지 아니하고 사보지위師保之位로 천하에 명망이 융성하여 넉넉하게 물러나도 불리할 점이 전혀 없는 자리."[31] 이 자리는 성인이 아니면 도저히 흉내를 내기가 어려운 모습으로 먼저 강태공을 표현한 모습과 같고, 또 월나라의 구천句踐을 도와서 성공한 범려范蠡의 화려한 은퇴와 같고, 유방을 도와 한나라를 세

---

28 權好文, 『松巖集』, '비둔[李秀才善鳴携酒拜訪]' : "그대가 냄새 따라 바닷가 사람과 함께하니, 시냇가의 초라한 집을 다시 찾았네. 향기 이는 대숲에서 한가로이 소일하고, 추위 일어 매화는 꽃 피우지 못했네. 무능을 감춘 방옹은 지체가 없는데, 그대는 재능 많아 천진을 드러내네. 그대여 거칠고 게으르다 비웃지 마소, 은둔 달게 여기니 도의 맛이 진하네[肥遯猶甘道味醇]."

29 趙任道, 『澗松集』, '비둔[祭朴亨龍文]' : "아, 영령께서는, 눈과 달같은 밝은 정신에, 금과 옥같은 고운 자태 지니셨습니다. 효성이 천성에서 나와, 사람과 신령을 감동시켰습니다. 돌아가신 분을 살아계신 듯 섬겨 종신토록 애모하셨습니다. 여헌 선생의 문하에서 배울 때 공보다 학문 앞선 이가 없었습니다. 자연 속에 자취를 감추고[肥遯林泉], 실지에서 실천을 하셨습니다. 소박한 음식 즐거이 여기며, 꿈속에서도 영리를 끊으셨습니다. 독실한 학문과 전일한 마음은, 신명에게도 질정할 수 있었습니다. 맑은 행실과 굳센 절개는, 전후로도 보기 드뭅니다. 후세에 드리운 말씀 있으니, 아름다운 지결 아님이 없습니다. 어찌하여 운수가 좋지 않아, 하늘의 부름이 갑작스레 이르렀습니까. 고금의 달관한 사람도 죽고 사는 것은 한 가지 이치입니다. 정명을 얻어 온전하게 돌아가니 황천에서도 유감이 없을 것입니다. 도를 품고 세상을 떠나시니 하늘의 뜻을 따져 묻기 어렵습니다. 이승의 어느 곳에서 다시 스승으로 모실 수 있습니까. 한 잔 술을 올리고 통곡하니, 오장이 찢어지는 듯합니다. 영령께선 살아계시리니, 강림하여 흠향하소서."

30 [說證] '肥遯'은 태☱의 입으로 손☴의 풀을 먹었으니 손☴의 近利市三培로 '无不利'함이다.

31 지욱, 『주역선해』 : "剛而不過 尊居師保之位 望隆于天下 而不自伐其德 故爲肥遯而无不利 此 如太公."

운 장량의 도인다운 처세와도 같다.[32] 그리고 평생 벼슬을 한 번도 하지 않고 산림처사山林處士로 학문에만 정력을 쏟고 간 남명南冥(1501~1572) 조식과도 같은 자라 할 수 있다. '비둔肥'를 또 '비비肥飛'로도 새긴다.[33] 장형의 '사현부'는 비둔의 노래다.[34] 현직이라면 은퇴요, 은퇴자라면 반대로 화려한 컴백도 예상된다.[35]

마지막으로 정조의 시문집 『홍재전서弘齋全書』에 보이는 '둔괘' 관련 내용을 소개한다. 먼저 임금이 물었다. "위에는 '호둔·가둔·비둔'이라고 하여 용퇴勇退를 부러워하는 뜻이 있고, 아래에는 '물러나는데 꼬리가 위태롭다'거나 '누런 소가 죽으로 잡으라'거나 '용퇴에 미적거린다'라는 것을 보면 미련을 둔 채로 결단을 못하는 뜻이 있으니, 어째서인가? 이것은 둔괘의 상괘와 하괘 중에서 위의 건乾은 강건剛健한 것이고 아래의 간艮은 중지하는 것으로, 강건함은 결단하기가 쉽고 중지함은 움직이기가 어려워서 그러한 것이 아니겠는가? 그리고 두 음효는 차츰 자라나고 네 양효는 바야흐로 물러가니 점점 자라는 것이 주主가 되고 바야흐로 물러가는 것은 빈賓이 되기 때문에 그런 것인가? 아니면 군자는 양에 속하여 벼슬길에 나아갈 때는 신중을 기하고 물러남은 쉽게 하므로 백구白駒를 타고 빈 골짝에 간 것처럼 미련도 없이 훌쩍 떠나는 것이고, 소인은 음에 속하

---

32 장량은 무위(無爲)와 황로(黃老)사상으로 자신을 지킨 '서한삼걸(한신, 소하, 장량)' 중 한 사람으로, 한신처럼 유방에게 '兎死狗烹'을 당하지 않았으며 평생 욕심을 부리지 않고 절제하며 양생술로 지혜롭게 살다 간, '비둔(肥遯)'한 자였다.

33 『후한서』에서는 '遯而能飛 吉孰大焉', 즉 '은둔으로 비상할 수 있으니 길함이 이보다 크겠는가?'라 하였다. 또 조조의 아들 曹植의 「七啓」에서도 '飛遯離俗'이라 하였다.

34 '思玄賦'는 張衡(78~139, 후한의 경학자)이 시초로 遯卦 上九를 얻고 부른 노래다.
"문왕은 나를 위해 시초를 바로 잡았으니, 멀리 은둔하여 이름을 보존할지라[利飛遯以保名]. 뭇 산악☶을 편력하면서 사방을 두루 유람하노니, 거친 바람☴을 도와서 명성을 떨치도다. 두 여인 (☲, ☱)이 높은 산에 감응하는데, 혹 얼음☵이 갈라져☳ 어찌할 수 없을지라도, 하늘☰ 지붕이 높아도 연못☱이 되었으니, 그 누가 그 길이 평탄치 않다고 할 것인가. 스스로 굳세게 노력하여 쉬지 않을지니, 옥☰으로 만든 계단을 밟고 드높은 봉우리에 오르리라."

35 참고로 운둔이 끝나는 시점이므로 화려하게 부활을 예고한다. 즉 이제껏 잘 나가던 현직이면 물러날 것이요, 은둔하던 사람이면 씩씩한 大壯으로 화려하게 컴백할 것이다. 노처녀 노총각도 이제는 짝을 만나는 좋은 시점이고, 노부가 은퇴하고 소남이 집안 살림을 이어갈 때이며, 부자가 몸조심하며 물러나 부를 지키는 상이다. 그리고 아름다운 돼지[嘉遯]가 은둔생활을 넘어 더 깊숙이 스며들어 가니 여유로운 돼지가 살이 통통하게 올라 이롭지 아니함이 없다. 시끄러운 도시를 피하여 전원이나 산속으로 들어감이 더 좋다. 반면 全變한 臨卦라면 세상일에 적극적으로 관여해야 할 것이다. 소위 일벌이 꽃을 따는데 실력을 발휘하도록 여왕벌이 같이 날아가서 놀아줘야 좋다. "父子篤, 兄弟睦, 夫婦和, 家之肥也"라는 좋은 교훈이 『禮記』에 보인다.

기 때문에 세력을 좋아하고 이익을 탐하므로 노둔老鈍한 말이 콩깍지를 못 잊는 것처럼 명리에 연연하여 결정하지 못하는 것인가? 이것이 위의 세 효에는 아름답고 좋은 칭찬이 있고 아래의 세 효에는 얽매이고 집착하는 일이 있게 된 까닭인가?"

그러자 김희조가 다음과 같이 대답하였다. "육2의 한 효에 대해서는 시대의 사정과 형편에 맞게 보아야 할 것입니다. 저 구5의 임금과는 중정中正한 도로써 친합親合하여 그 견고함이 지극한 사이인데, 그러한 육2가 물러나고자 하는 것은 군석君奭이 성왕成王에게 은퇴隱退를 청한 것과 무엇이 다르겠습니까? 오기吳綺가 물러남이 합당치 않다고 한 말은 이 효에 해당하는 시기에 그러한 것입니다."

그러자 다시 상이 일렀다. "대상大象에 이르기를, 군자가 본받아서 소인을 멀리하되 나쁘게 대하지 않고 엄숙하게 하라고 하였는데, '멀리한다'고 한 '원遠' 자를 극히 잘 보아야 하겠다. 오직 멀리하기 때문에 엄숙함이 생기는 것이고 엄숙하기 때문에 나쁘게 대하지 않아도 절로 멀어지는 것이다. 거룩하신 하늘이 언제 사람을 두렵게 하려는 뜻이 있었겠는가. 그러나 사람이 스스로 두려워하는 것은 하늘이 지극히 험난하여 오를 수가 없고 해와 달은 타고 넘을 수가 없기 때문이다. 그래서 말소리와 얼굴색을 크게 하지 말아야지 만약에 표정으로 나타내게 되면 소인을 멀리하는 방도에 있어서는 근본적인 것이 아니라고 하였는데, 그 말은 경문經文의 뜻과 어긋나는 것이 아닌가?"

이번에는 이곤수가 대답하였다. "산이 사람을 거절하는 것은 아니나 산이 높아서 사람이 올라갈 수 없는 것처럼 군자가 소인을 끊는 것은 아니나 엄숙하여 범할 수 없는 것이니, 이것이 대상大象의 뜻이 아니겠습니까. 저 하늘이 소리와 냄새로 찾아볼 수 있는 것이 아닌데도 백성들이 쳐다보며 공경하는 것은 위엄을 내세우지 않아도 절로 위엄이 서기 때문이며, 군자가 기뻐함과 성냄을 나타내지 않는데도 소인이 멀어지는 것은 공경을 하면서 멀리하기 때문입니다. 엄숙하게 함과 멀리하는 것을 서로 본말本末로 삼으면 경문經文에서 나쁘게 대하지 않는 다고 한 뜻이 확 들어올 것입니다."[36]

---

36 한국고전번역원, 『홍재전서(弘齋全書)』 제102권.

외괘
雷(震=動)

내괘
天(乾=剛健)

34. 뇌천대장雷天大壯
The Power of the Great

대장의 시절은 사업을 맘껏 확장하고 돌진해 나가도 좋다. 그러나 힘으로 너무 밀어붙이기
보다는 전후좌우 두루 조화롭게 융화하는 기술이 필요하다.

> 大壯 利貞
> 대장은 일을 맡아 씩씩하고 바르게 처리하니 이롭다[잘난 사람이 잘 나갈 때는
> 그 대장의 도리를 바르게 해야 이롭다].

대장은 천산둔天山遯의 도전괘다. 사물이 끝끝내 물러날 수만은 없기에 있는
힘을 다해 씩씩하게 나간다.[1] 그래서 대장大壯(Power of the great)은 넘치는 양기
로 위를 향해 왕성하게 올라가는 때이다. 씩씩한 대장의 모양새는 마치 수컷 양
이 멋지고 당당하게 뿔을 달고 논스톱으로 달려가 울타리를 들이받는 형국과
같다.[2]

이러한 대장의 시절은 사업을 맘껏 확장하고 돌진하여 볼 시기이긴 하나, 힘
으로 너무 밀어붙이기보다는 전후좌우로 두루 조화롭게 융화하는 기술도 필요
하다. 노자의 목숨 보전하는 방법처럼 말이다.[3] 자칫 달리는 바퀴가 충돌이나 전

---

1 「서괘전」 : "物不可以終遯, 故受之以大壯."

2 [說證] 음은 小라 하고, 양은 大라 하니, 양의 장성함이 大壯이다. 『주역』을 주로 신비주의나
상수로 해설한 저자 미상의 『易緯』에서 괘의 아래 1·2는 靑少, 가운데 3·4는 大壯, 끝 5·6은 究弱
[음을 쳐 KO시키는 양九가 구멍 속에서 힘을 쓰지 못함이 究]이라 하였다. 그리고 진==과 손==
은 연장자로 大巽의 姤는 女壯이고, 大震은 大壯이라 할 수 있다. 또한 大兌는 羊이고, 羊의
대장 역시 羘이다.

3 『도덕경』 6장 : "꽉 채운 채로 가면 머지않아 죽고, 예리하고 잘난 체 하며 나대기만 하면 목숨
을 오래 보존하기 불가하다[谷神不死, 道沖, 用之不盈, 持而盈之, 不如其已, 聚而銳之,不可長保]."

복을 예상하듯이 대장의 도는 잘 지켜져야 이롭다[大壯則止]. 부자가 돈으로, 재사가 재주로, 젊은이가 객기로만 밀어부쳐 가면 충분히 실패를 부르고도 남을 여지가 있는 것이 대장이다. 마치 부부 간에도 힘의 균형을 잃으면 건강과 살림을 함께 잃는 경우처럼, 이렇게 힘차게 잘 나가는 대장의 시절이 오기까지는 오랜 시간이 걸렸다. 그런데 "이제는 자신의 공덕만을 믿고 경거망동할까봐 근심하고 걱정하는 마음 씀씀이가 더 훌륭할 때"[4]란 것을 명심해야 한다.

그런 고로 대장은 공부는 할만큼 하였고, 시절인연도 도래할만큼 하였으니, 더 이상 자기 자신을 거만하지 않도록 경계해야만 이정利貞하다. 그렇지만 그 운기 왕성한 대장大壯도 부정不貞하면 불리不利하다는 것쯤은 반드시 명심해야 할 것이다. 아산은 "대유大有는 원형元亨하고, 대장大壯을 이정利貞이라" 단정한 까닭을 "대유는 선천이고 대장은 후천으로 보기 때문"이라 했다. 또 원형은 오전이고 이정은 오후다. 고로 대장은 이미 후천으로 건너간 상태라 볼 수 있다. 공부하는 사람에 비유하면 궁리窮理 공부는 끝이 나고, 진성盡性 공부도 어느 수준에 도달한 사람이니 공부를 계속 밀어부쳐 나간다면 도통의 성공을 확신할 수 있는 자리가 분명하다.

이어지는 공자의 단왈이다. "대장은 양기가 매우 왕성하고 강건하여 크게 활동하는 상이므로[大者壯也], 강으로 움직여도[剛以動故壯] 크고 바르다[大者正也]. 그러니 바르고 큰 자야말로 반드시 천지의 참된 뜻을 통찰할 수 있어야 할 것이다[正大而天地之情 可見矣]."[5]

대의를 따르는 자는 대인이 되며, 소의를 따르는 자는 소인이 된다.[6] 고로 대장大壯은 "대인이 정욕에 흔들리지 아니하고, 또한 악습에 구애를 받지 않아야 장할 것이다."[7] 또한 이정利貞이라 말하는 것도 역시 대인 자신 스스로가 바르기

---

4 지욱, 『주역선해』, 47쪽. "夫退養之功,愈密則精神道德, 益壯.然大者旣壯, 不患不能致用, 特患恃才德而妄動耳, 利貞之誡, 深爲持盈處滿者設也."

5 [說證] '大者壯也'는 건☰의 덕은 바르다(乾·坤·坎·離는 正方괘)는 말이다. 진☳이 仁이니 '天地之情' 또한 '仁'이다. 따라서 복괘에서 '復其見天地之心乎'라 하고, 대장괘에서 '正大而天地之情可見矣'라 한 것은, '心'은 안에 있고 '情'은 밖으로 드러나기 때문이다. 또한 대장괘는 지천태괘로부터 나왔기에 '天地'라 썼다.

6 일본이 明治 다음으로 大正을 쓴 것도 국운이 영원하라는 뜻이었다. (아산의 해석)

7 지욱, 『주역선해』: "從其大體爲大人, 從其小體爲小人, 大壯者,剛卽非情欲所能撓, 動卽非舊習所能

때문이니, 만약 바르지 않다면 어찌하여 대인이란 칭호를 붙일 수가 있었으랴. 대인이 바르고 곧으매 가히 천지의 정情을 볼 수 있다.[8]

> 象曰 雷在天上 大壯 君子以 非禮弗履
> 상왈, 천둥소리가 하늘 위에서 진동함이 대장이다. 군자는 이를 보고 예에 벗어난 일은 밟지 말아야 한다.

"그 용기가 온전한 까닭에 대인의 장壯"[9]이라는 동파의 짤막한 일성이 명쾌하다. 정자는 군자가 대장大壯을 행함에 극기복례克己復禮 됨이 으뜸이라 하였고, 주자 또한 자신을 이기는 자[自勝自强]를 대장이라 일렀다. 『중용』에서도 "너그럽고 부드러움으로 가르치고, 무도한 자에게는 보복을 하지 아니하고, 나라가 위험하면 전장 속에서도 죽음을 마다하지 않고, 또 친하되 사사로이 흐르지 않고[和而不流], 중심을 잡고 바로 서되 모로 기울어지지 않고[中立而不倚], 나라에 도가 살아 있을 때에는 어려운 때를 생각하여 그 뜻을 변치 말고, 나라의 도가 사라지면 죽음에 이르더라도 그 뜻을 변치 않아야"[10] 진정한 대장大壯이라 하였다. 안연에게 이르는 공자의 무서운 비례불리非禮弗履는 다음과 같이 비장하다.[11] "무엇보다 먼저 자기 자신을 완전하게 항복을 시켜서 승리하면 그 본성을 회복

圐. 約佛法者, 天地卽表理智, 亦表定慧."

8 『선조실록』 선조 32년(1599) 12월 1일 : 선조대왕이 중국에 보낸 서간 속의 대장괘. "조선의 국왕臣 姓諱는 삼가 아룁니다. 궁실이 완성되어 경하하는 정성을 폈사온데, 조서를 내리시어 외람되게 은총을 크게 받은 데다 하사품까지 받고 돌아오니 분수에 넘칩니다. 삼가 생각건대 신은 거의 망하려던 국운을 다행히 잇게 되어 조상이 내려준 터전을 겨우 지키고 있습니다. 저번 未央宮을 重修함에 있어서는 周宣王의 성대한 규모를 따라, 『주역』 대장괘의 강장한 상을 취하자 工人들이 부지런히 달려와 일을 진행시켰고, 조상이 내려준 궁궐을 중수함에 있어서는 백성들이 자식처럼 와서 일을 도왔습니다. 各省에서 모두 축하를 드리는데 우리나라라고 유독 빠질 수야 있겠습니까. 8년의 전란 끝에 이 땅의 특산물이 거의 탕진되었음이 부끄러우나 바다를 건너서 먼 길에 바치는 조공이 때에 늦을까 두려웠습니다."

9 소식, 『동파역전』 : "所以全其勇, 壯也."

10 『중용』 13장 : "君子, 和而不流, 强哉矯, 中立而不倚, 强哉矯, 國有道, 不變塞焉, 强哉矯, 國無道, 至死不變, 强哉矯."

11 진☰의 다리로 대도를 걸어 나가며 离位의 1·2·3에서 예를 밟고 온 터라 예가 아니면 발걸음을 옮기지 않아야 한다.

할 수 있는데 그 자리가 바로 예이며, 인이다[克己復禮爲仁]."

윤기尹愭는 "비례물시 비례물청 비례물언 비례물동"의 '사물四勿'은 심법을 전수한 긴요한 말이라 이른다.[12] 예와 인은 자신을 세상에 제물로 쓸 정도로 다듬어진 상태이다.[13/14] 그러한 예를 단 하루라도 행[☰]할 수 있다면 천하가 모두

---

12 尹愭, 『無名子集』, '四勿' : "안연이 사욕을 이겨 克己復禮하는 조목을 여쭙자 공자가 非禮勿視 非禮勿聽 非禮勿言 非禮勿動이라 하였으니, 四勿은 진실로 성인이 心法을 전수한 긴요한 말입니다. 저는 『주역』 '대장괘'의 상에서 四勿의 의리를 알았습니다. 그 괘의 「상전」에 '雷在天上 大壯 君子以 非禮弗履'라고 하였으니, 성인의 뜻은 아마도 '非禮'에 대해 '처음에는 열심히 잘하다가 중도에 그만두는 것[半上落下]'을 심상하게 말해서는 안 된다고 생각했기 때문이 아니겠습니까. 우레가 하늘 위에 있는 것은 얼마나 큰 기상이며 위엄입니까. 그런데 군자가 이것을 본받는다고 하였습니다. 그렇다면 끓는 물과 불길에 뛰어들고, 시퍼런 칼날을 밟는 것은 武夫의 용맹으로 가능하고, 다섯 손가락을 휘둘러 산천을 뒤바꾸어 놓는 것은 巨靈의 힘으로 가능하지만, 하루도 빠짐없이 극기복례를 하는 것으로 말하자면 군자의 大壯이 아니면 어떻게 할 수가 있겠습니까? 보고, 듣고, 말하고, 움직이는 모두 군자가 행하는 것입니다. 만일 예로써 행한다면, 이 네 가지에 대해 행하지 않으려고 다짐하지 않아도 예가 아닌 일이 절로 없을 것이니, '勿' 자 하나만을 가지고도 다 할 수 있습니다. 예가 아닌데도 행하면 일상의 언행과 생활이 모두 예가 아닌 데로 귀결될 것이니, 이때엔 천만 개의 '勿' 자를 말해 주더라도 극기복례를 하기에 부족할 것입니다. 공자께서는 이런 줄을 알았기 때문에, 특별히 이를 '대장괘'의 상에 연결시켜 놓았는데, 오직 안연만이 그 조목을 질문할 수 있었던 것입니다. 때문에 공자께서 다시 '四勿'로 나누어 말하자, 안연이 종사하기를 청함에, 마치 천지가 회전하고 우레와 바람이 사납게 몰아치는 듯함이 있었으니, 곧 '대장괘'를 본받은 것입니다. 그러나 만약 터럭만큼이라도 의심하고 주저하는 의사가 있어, 깨어진 가마솥 조각에 놀라 소리를 지르고, 벌과 전갈을 보고 깜짝 놀란다면, 도리어 무부의 용맹이나 거령의 힘만 못한 것이니, 이것이 어찌 안자가 되는 까닭이겠습니까. 아! '勿'이란 금지하는 말이고, '弗'이란 스스로 하지 않는 것이니, '대장괘'에서 군자는 예가 아니면 행하지 않는다고 한 것에 어찌 금지의 힘을 기다렸겠습니까. 그럼에도 성인이 굳이 네 개의 '勿' 자로 분석하여 상세히 말한 것은, 극기복례의 기미를 천하 후세에 心法의 전수로 보여주려 해서입니다."

13 尹愭, 『無名子集』, '殿策·禮' : "신은 삼가 선유들이 禮에 대해 논한 학설이 상밀하고 극진하지 않은 것은 아니지만, 주자가 '時'에 비유한 해설이 명백하고 합당하여 사리에 꼭 들어맞는 것만 못하다고 생각합니다. 술을 빚는 것에 비유하여서는 '제일 뜨거운 열이 발생할 때에 이르면 이것이 禮' 하였고, 하루의 시간에 비유하여서는 '정오에 가장 뜨거울 때가 예다' 하였습니다. 예란 본디 天理의 당연한 것으로 터럭만큼도 덜 수 없고 터럭만큼 더할 수도 없습니다. 그런데 주자가 굳이 '極熱時'라는 세 글자를 가지고 술에 비유하고 하루에 비유하여 형상을 그려낸 것은 무엇 때문이겠습니까? 술로 말하자면 미미하게 발효할 때 약간의 온기를 띠고 있는 것을 두고 仁이라 한다면 옳지만 예라고 하면 안 됩니다. 숙성했을 때를 두고 義라고 한다면 옳지만 예라고 하면 안 됩니다. 술이 된 뒤에 물과 같이 된 것을 두고 智라고 한다면 옳지만 예라고 하면 안 됩니다. 그렇다면 예란 술이 익어 가장 열이 날 때가 아니겠습니까? 하루를 가지고 말하자면 아침에 하늘이 청명할 때를 두고 인이라고 한다면 옳지만 예라고 하면 안 됩니다. 오후에 점차 서늘해질 때를 두고 의라고 한다면 옳지만 예라고 하면 안 됩니다. 밤중에 완전히 수렴되어 사소한 형적도 없는 때를 두고 지라고 한다면 옳지만 예라고 하면 안 됩니다. 그렇다면 예란 정오의 가장 뜨거울 때가 아니겠습니까? 이것이 주자께서 '이렇게 보면 매우 분명하다'

인으로 돌아갈 것이 아닌가. 그런 인은 나에게로부터 시작되지, 절대로 남으로부터 오지 않는다.

내 눈이 아직 바르게 뜨이지 않았다면 세상을 보지도 말고[☷], 내 말이 아직 편견에 치우친다면 남의 말을 듣지도 말고[☵], 내가 아직도 남을 자랑할만한 인격이 되지 못하였다면 남의 말을 하지도 말고[☶], 내가 최소한의 예의염치를 알고 시작과 마침을 컨트롤할 수 있을 때라면, 비로소 세상에 나와서 보고 듣고 말해야 할 것이다. 안연의 '극기복례克己復禮',[15] 우임금의 '성률신도聲律身度',[16] 이 모두는 오로지 '신독愼獨'에 달려 있을 뿐이다.[17]

라고 말씀하신 까닭이니, '예'라는 글자에 더 이상 미진함이 없이 완전히 해석되었습니다. 신은 이 말을 바탕으로 다음과 같이 유추해 보았습니다. 천지를 가지고 말하자면 예는 만물이 생장하며 형통하고 아름다운 때이고, 사람의 몸을 가지고 말하자면 예는 혈기가 왕성하고 정신이 발동하는 때이며, 국가를 가지고 말하자면 예는 태평한 운세가 시작되어 평화롭고 화락한 때입니다. 그러므로 예라는 것은 인의예지의 四德 가운데 가장 문채가 나고, 지극히 화평한 때라고 할 수 있습니다."

14 尹愭, 『無名子集』, '殿策·禮' : 또 우레가 하늘 위에 있는 大壯은 어떤 기상입니까? 이것은 오직 예만이 감당할 수 있습니다. 이런 까닭에 군자는 이 상을 본받아 사사로운 마음을 제거하여 예가 아니면 행하지 않습니다. 예에서 공경과 사양의 단서만을 보거나, 儀典의 문장과 절차의 禮數 등 말단만을 구하고자 한다면, 이는 물을 술로 인식하고 밤을 낮으로 착각하는 것이니, 펼쳐내고 발휘하는 의사나 시기를 제대로 얻을 수가 없습니다. 어찌 말이 되겠습니까? 반드시 지극히 독실한 학문으로 지극히 열렬한 때를 만나고, 會通하는 도리에 통달하여 時中의 의리를 얻은 뒤에야, 예의 본체가 절로 확립되고 예의 작용이 절로 밝아져, 천리가 행하고 인욕이 물러나는 것을 볼 수 있을 것입니다. 술일 경우 숙성하는 공효가 있고, 하늘일 경우 하루의 일주를 완성할 수 있어서, 어긋나거나 이지러진 곳이 전혀 없습니다. 그렇다면 주자가 '때'라는 한 글자로 비근하게 취한 비유가 어찌 후세에 크게 유익하지 않겠습니까?"

15 『논어·안연』 : 顔淵問仁. 子曰, "克己復禮爲仁. 一日 克己復禮, 天下歸仁焉. 爲仁由己, 而由人乎哉?" 顔淵曰, "請問其目." 子曰, "非禮勿視, 非禮勿聽, 非禮勿言, 非禮勿動." 顔淵曰, "回雖不敏, 請事斯語矣."

16 金濤, 『周易淺說』 : "大壯이 예가 아니면 실천하지 않는 것은, 지극히 크고 굳센 기운을 가지고 있기 때문이다. 군자의 움직임은 천도로써 하며, 인도로써 하지 않기 때문에, 허물과 삿됨을 없애고 더러움을 씻어내어서, 스스로 예가 아닌 것을 실천하지 않을 수 있다. 안자가 자신을 이겨 예를 회복하고[顔子之克己復禮], 우임금이 소리를 통해 자신을 바로잡았던 것은[大禹之聲律身度], 모두 대장의 행위가 아님이 없으니, 배우는 자들은 살펴보지 않을 수 없다."

17 李瀷, 『易經疾書』 : "우레가 땅속에 있다면 복괘가 되고, 우레가 땅에서 나와 떨쳐 일어나면 예괘가 되며, 우레가 하늘에서 양이 음에게 가려지지 않게 되면 대장괘가 된다. 땅속에 있는 은미한 양을 통해 뭇 음들에게 사라지게 되지 않음을 보는 것은 매우 어렵다. 그러나 하늘의 도는 그치지 않고 점진적으로 나아가, 이루지 못하는 이치가 없는 것이다. 이러한 상황에 이르면 뭇 양들이 무리지어 나아가고, 뭇 음들이 함께 물러나므로, 천지의 바르고 큰 정이 드러난다. '非禮弗履'는 시작이 은미한 것에 기준을 두어 한 말이다. 언행이 광명정대한 경지에 도달하지 못하

> 初九 壯于趾 征凶 有孚
>
> 초9는 발꿈치가 씩씩하다. 나서면 흉함이 틀림없다.

대장의 자격을 얻은 초심자인지라 씩씩함만을 능사로 쓰려니 중심을 잡지 못하고 있다. 강하고 씩씩하기만 하면 윗자리에 있어도 가히 행하기가 힘들거늘 하물며 아래에 처한 자이니 흉할 수밖에 없다. 발길이 이끄는 대로[壯于趾, power in the toes] 경솔하게 나가면 반드시 흉하여[征凶], 모처럼 얻은 성의도 효과를 거두지 못할 것이다[有孚]. 4효의 호응이 없어 "발꿈치만 씩씩해 그 곤궁이 틀림없다[象曰, 壯于趾, 其孚窮也]."

이는 대장이 항괘恒卦로 가는 경우다.[18] 동파도 공자와 같은 견해를 펼치고 있다. "아래의 건☰은 위의 진☳에게 왕성한 기운을 베푸는 자이다. 왕성한 자는 양羊이고, 시혜를 받는 자는 울타리가 된다. 그러므로 5는 2를 양으로 삼고, 3은 상을 울타리로 삼았는데, 주고받는 자들이 서로가 음과 양으로 접촉하면 신뢰가 쌓이지만, 4와는 서로가 같은 양이라 신뢰가 부족하니 흉을 면하기가 어렵다."

초효가 과강하고 부중하면 어디로 가더라도 반드시 흉을 본다. 『홍범洪範』에서도 '고명高明'의 교훈이 아래와 같다. "고명高明은 높기만 하고 똑똑하고 잘난 체를 하니, 늘 중심에서 넘치는 자라 대개 습성이 편중되어 있고, 기품이 과격하기 때문에 유柔로써 강剛을 이기는 것이다. 대장이라면 처음부터 나서지 말고 점잖게 있어도 좋을 시기다. 발뒤꿈치가 꿈틀거려도 망동하지 말아야 한다. 지금은 앞서서 나가야 할 시절이 아니다. 항시 출입과 진퇴는 절대적인 타이밍이 필요하다."

건괘 「문언전」에서도 '잠룡물용'에 대해 말하고 있다. "비록 양기가 발기되더

는 것은, 모두 예가 아닌 것들의 꾐에 넘어가서이니, 만약 조기에 실천함이 없는 것을 변별하면, 그 덕은 끝내 우레가 하늘에 가서, 두루 통하지 않음이 없음과 같게 되니, 그 요점은 또한 홀로 있음을 신중히 하는 愼獨에 달려 있을 뿐이다."

18 [說證] 1과 진☳의 발이 함께하니 발가락이요, 건☰이 '장'함에 '壯于趾'라 하였다. 대장일 때는 건☰ 金이 진☳木을 치지만, 항이 되면 손☴으로 먼저 굴복하니 '征凶'이다. '有孚'는 항의 1·4뿐 아니라 모든 자리가 상응하기 때문이고, '窮'은 1 앞에 셋 양이 막고 있음이다. 참고로 동쪽 벽이 어두우니 서쪽 문도 역시 밝지 못하다. 결혼이 성사될 수 있을까를 물어 얻은 괘라면 지금은 너무 지나치게 밀어부쳐 오히려 양가의 미움을 사는 것보다 차차로 분위기를 만들어 4개월이 지난 이후가 되면 좋은 소식을 얻을 것 같다. 부모들의 반대가 있다 하더라도 예를 벗어나지 않는 행동이 중요하다.

라도 감추어둬야 한다[潛龍勿用陽氣潛藏]. 그러니 세상을 따라가되 자신의 뜻을 바꾸지 말고[不易乎世], 그 하찮은 이름 석 자도 내세우지 말고[不成乎名], 또 세상을 등지고 살면서도 고민하지 말고[遯世而无悶], 볼 것을 보지 못한다고 해도 민망해하지 말아야 한다[不見是而无悶]. 오로지 당장에 즐거운 일이라면 바로 행하고[樂則行之], 지금 이 순간 근심스러운 일이면 손발도 까딱하지 말아야 하니[憂則違之], 이러한 마음이 확고부동하여 밖으로 빼앗기지 아니해야[確乎其不可拔] 바로 그 자신의 뜻을 숨겨 놓을 수 있는 '잠룡潛龍'이다."

> **九二　貞吉**
> 구2는 [대장이라도] 바르게 해야 길하다.

대장의 주효로서 부정하지만 중을 잡고, 5와 상응하는 관계를 유지하고 있다. '초지일관 정도로 가야지!' 하는 뜻을 관철해야만 한다. 지금은 중을 잡은 자리에 있기에 강해도 과히 강하지 않다. 자칫 대장으로서 중을 잃고 강성으로 넘어설까봐 두려우니 정으로 경계를 삼아야 길하다[貞吉]. 고로 "구2가 정을 얻음에 가히 길하다고 보는 것은, 대장을 얻고도 확실하게 중용지도를 잡고 있기 때문[象曰, 九二貞吉, 以中也]"이라는 공자의 주석에 힘이 실린다.

정자와 위암韋庵, 화동華東의 해설도 다르지 않다.[19] 동파도 "초9는 양과 양끼리 서로 접촉하기 때문에 흉하고, 구3 양은 음과 접촉하니 위태하다. 그러니 초9와 구3은 모두가 중을 잃은 자들이다. 그렇지만 2는 나아가도 4가 있기 때문에 5와 접촉을 할 수 없고, 물러나도 돕는 자가 없기에 자기 분수만 잘 지키면 편안하다" 하니, 대장 속에서도 중심이 흔들리지 않는 대장의 도를 견지하기 때문이다.

때는 바야흐로 강성의 시절이라, 일을 씩씩하게 밀어부치고 나갈지라도 육5 임금에게 지켜야 할 예를 정중하게 갖추며 충성을 다하고, 또 정도로써 중을 바

---

19 정이천, 『이천역전』 : "貞吉은 강건정중한 대장이 중도를 얻었으면 바르지 않음이 없어야 한다는 경계사이다. 사람이 때의 경중을 알면 역을 배울 수 있다."
　　김상악, 『山天易說』 : "九2에 대장에서 재차 강양의 자리에 있으면 지나치다."
　　서유신, 『易義擬言』 : "구2가 육5와 호응이나 강성을 사용하지 않았기에 貞吉하다."

로 세워 나가기에(나 같은 사람이라도 있기 때문에) 세상이 밝아지는 것이다. 이것이 대장大壯이 대낮처럼 밝은 풍豐으로 가는 연유이다.[20]

> 九三 小人用壯 君子用罔 貞厲 羝羊觸藩 羸其角[21]
> 구3은 소인은 씩씩하게 나오고(힘이 드세고) 군자는 점잖은 척한다 (소인이 친) 그물에 걸린다. 바르게 해도 위험이 따른다. 숫양이 울타리에 걸려 그 뿔이 상할 것이다.

"소인은 왕성한 세력을 따라 돌진하지만 군자는 그런 터무니없는 일에 걸려들지 말아야 한다[象曰, 小人用壯, 君子罔也]"는 공자의 주석처럼, 구3은 정도를 지키고 있으면 위태로운 자리이다. 힘 센 사내놈이라고 무작정 돌진만하면 숫양이 울타리에 뿔이 걸려[羝羊觸藩] 뿔을 잃을 사태를 맞이할 것이 뻔하다[羸其角]. 대장에 높은 자라고 폼을 잡으며 그 뱃장과 오기를 부리는 폼이 가관이다.

막무가내로 씩씩하게 구는 것은 소인의 몫이지 군자의 몫은 아니다. 소인은 힘을 숭상하는 것을 용기로 삼지만, 군자는 뜻을 높이 사는 것을 용기로 삼는다. 수컷이란 짐승은 오로지 떠받들어지기를 좋아하는 놈이니 군자는 이러한 소인의 위험천만한 도를 경계해야 할 필요가 있다[貞厲]. 그러니 구3 같은 이를 부중不中하고 과강過剛을 일삼는 천하에 씩씩한 놈이라 하는 것이다. 구3도 본래 '건건석척乾乾夕惕'하는 군자여야 하는데 그 수행을 완수하지 못하였으니 "전쟁 속에서도 갑옷을 벗을 줄 모르고, 날카로운 칼을 밟고, 맨손으로 호랑이를 때려잡고도 무서움이 없고, 물살이 센 강을 건너도 두려움이 없으니",[22] 이 같은 소인은 어려움을 당하고도 여분餘分이 넉넉할 것이다. 여기서 왕필과 다산은 '군자용망

---

20 [說證] 대장에서 풍괘로 간 2는 중정하고, 풍의 호괘 감☵이 견실하니 '貞吉'하다. 참고로 求財라면 외방에서 길성이 도우고, 서북방이 유익하고 추동절에 공이 있다. 求官과 求名은 귀인이 돕고 명예도 있고, 공로도 있으며, 영전도 되고 승진도 된다. 3년 후가 더 좋다. 大壯→豐(寅→丑, 官→兄) 甲→寅; 福星貴人, 甲→丑; 天乙貴人, 申子辰日→ 2爻動→ 驛馬, 寅午戌月 昇進.

21 羝 숫양 저. 藩 울타리 번. 羸 파리할 리.

22 『중용』 10장 : "衽金革 死而不厭 北方之强也 而强者 居之."
　『중용』 9장 "天下國家可均也, 爵祿可辭也, 白刃可蹈也, 中庸不可能也."
　『논어』, 「술이」편 : "暴虎憑河."

君子用罔'에서 '망罔'을 그물로 해석하여, "군자는 소인이 친 그물에 걸림이 없어야 한다"며 수신과 '사환예방[事患而豫防之]'할 것을 주문한다. 그렇지 못하면 남는 힘을 주체하지 못한 구3이 상효의 울타리를 가볍게 여기고는 뿔로 들이받고 뭉개려는 일이 벌어지고 말 것이다. 그러기에 대장은 통 큰 태☱의 양羊이다.[23] 김정일과 김정은이 오바마와 트럼프에 보인 행태가 구3이었다.[24]

> 九四 貞 吉 悔亡 藩決不羸 壯于大輿之輹
> 구4는 바르게 하면 길하여 뉘우침이 없다. 울타리가 열려 있고 뿔이 상하지 아니하니 큰 수레바퀴가 씩씩하도다.

씩씩한 '대장의 멋'을 맘껏 보여주어도 후회될 일이 없는 자리이다. 진로를 막는 적의 울타리를 무너뜨려도 나의 뿔은 상하지 않고, 진격의 나팔소리는 높아가고 수레의 고삐가 더 당겨진다. 승리는 지극히 당연한 일이다. 진동振動의 강이 중을 지나니 과하고 심하다. 그러나 4효는 부정이지만 군자도장君子道長하는 시절에는 가히 부정이 있을 수 없다.

고로, 초9와 상응이 되지 않아서 후회는 될지언정, 대장의 도로써 정을 굳게 지켜야 하니 '정길회망貞吉悔亡'이라는 경계사를 썼다. 그리고 '장우대여지복壯于大輿之輹'도 양이 음의 자리에 있으므로 아무리 대장의 시절이라도 폭력과 같은 과도한 강은 쓰지 않는다고 본다. 아래의 모든 양☰을 이끌고 힘써 유약한 임금을 모시는 어려운 일에서도, 수레의 바퀴가 빠져 벗어나는 일은 만들지 않을 것이다. 그러기에 지욱은 "강건하되 근본적인 유순함을 잃지 않으니 환란을 평정하

---

23 [說證] 대장이 歸妹로 간다[귀매는 泰卦의 3이 4로 간 것]. 태의 상괘 곤☷이 양 하나를 받으니 귀매의 간☶[도전된 진☳]의 '소인'이 강을 얻어 감☵이 건실하니 '用壯'이 되고, 태의 하괘 건은 3에 음 하나를 받으니 태의 훼절 상으로 리☲의 그물에 걸리니 '君子用罔'이라 하였다. '貞屬'는 3의 음이 두 양을 타고 있음이요, '羝羊觸藩'은 태☱의 배필 간☶이고, 진☳의 대나무가 있는 리☲의 담장에 숫양이 들이받으니 '羸其角'이다. 또한 '羝羊觸藩'은 '小人用壯'의 상이다.

24 참고로 2009년 4월 북한의 일방적인 로켓 발사는 바로 김정일이 오바마에게 낸 이력서였고, 2018년 6월 18일 트럼프와 김정은의 싱가포르에서 보이콧 당하고, 판문점에서 썩소를 보인 것은 유치한 숫양의 稚氣였다. 용기는 태산을 뽑을지라도 강은 건너지 못하고, 숫양이 울타리를 들이받지만 뿔이 걸려서 앞으로 못 갈 상이다.

였고, 대장의 품위를 손상하지 아니하니 임금을 도와 천하를 운전하고도 남음이 있다"고 해석하였다. 정자와 주자는 '결決'을 '오프닝(Opening)'으로 보았고, 다산도 진震(☳)에서 '울타리가 터짐'이라 하였으며, '복輹'을 차축車軸 또는 복토伏兎라 보았다.

결론적으로 공자의 주석은 "울타리가 열려 뿔이 상하지 아니하는 것은 계속 돌진함을 숭상한 것[象曰, 藩決不羸, 尙往也]"이라고 한다. 이로써 볼 때 계속하여 진격의 나팔을 불어도 내 몸과 아군에게는 피해가 전혀 없다는 것이다. 대장大壯이 지천태地天泰로 간다.[25] 장관으로 가고, 전쟁도 이기고, 부동산 주식도 대박난다.[26]

> **六五 喪羊于易 无悔**
> 육5는 양의 씩씩함을 유화책으로 잃게 하면, 뉘우침이 없게 된다. [교역을 하다 양을 잃게 될 것이다].

해석이 쉽지 않는 자리다. "5의 군왕으로서는 오직 유순한 화이책和易策으로 양들을 회유懷柔하고, 화도和道를 써야 강의 양들이 덕화를 받는다."[27] 5가 효변하면 대장괘가 쾌괘로 바뀌어 명쾌하게 결단함이 있다. 5는 부드러운 음으로 군센 양의 자리에 있지만, 가운데 자리를 얻었으니 유순함으로 나아가길 구하여 합당함을 얻는다. 군왕의 존귀한 지위에 있지만 4를 따르기 때문에 "상양우역喪羊于易"이라 했으니, 군셈을 잃었다는 소리다. 역易은 자연의 질서다. 태泰는 1월,

---

25 [說證] '藩決'은 진☳ 대나무 울이 사라진 모양이고, 곤☷과 건☰의 균형이 무너지지 않음이 '藩決不羸'다. 곤☷은 '대여지복大輿之輹' 건☰은 큰 수레의 바퀴통 '壯于大輿之輹'의 상이다. '尙往'은 4가 떠나간 것이다.

26 참고로 꿈속에 한 줄기 빛과 더불어 제비와 까치가 집 안으로 들어오자 은은한 소리가 났다. 괴이하여 일어나 설시해 4효를 얻었는데, 영의정으로 부름을 받아 갔던 경우도 있었다. 또 1894년 9월 일본 천황의 친정 아래 청나라를 치러고 할 때 얻은 효로 대승을 판단했던 점이기도 하다.

27 정이천, 『이천역전』 : "羊은 무리를 지어 다니면서 들이받기를 좋아하니, 여러 陽이 함께 나아감을 상징한다. 네 개의 陽이 자라나서 함께 나아가는데, 5가 부드러움으로 위에 있어 만약 힘으로 제어를 한다면, 이기기 어려워서 뉘우침이 있게 된다. 오직 온화함과 상냥함으로 대하면, 여러 陽들이 군셈을 쓸 곳이 없어 온화함과 상냥함에 壯盛을 잃으니, 이처럼 하게 되면 뉘우침이 없을 수 있다. 5는 지위로는 바르고, 덕으로는 알맞기에 온화함과 상냥함의 도를 사용하여 여러 陽들의 장성을 쓸 곳이 없도록 한다."

대장大壯은 2월, 5가 동하면 쾌夬의 3월이 되니, 이것은 어찌할 수 없는 대자연의 흐름이다. 울타리 들이받기를 좋아하는 양들이 떠나가게 된다. 5가 비록 군셈을 잃었지만, 네 양의 위에 자리 잡아 힘을 얻었으니, 이기지 않음으로 이김을 삼는다. 그러므로 "후회가 없다"고 했다. 군자는 올바르고 알맞음을 얻으면, 자연히 강대하게 되니, 이미 오로지 군세게만 해서 꺾이는 것이 아니라, 또한 스스로 낮춰 수모를 받은 것에 불과하다. 그러므로 대장괘에서 나아감을 구하는 것들에 대해서는 모두 길함을 언급하지 않았고, 구하지 않는 것들에 대해서는 모두 길함을 언급했다.[28]

석지형의 『오위귀감』은 '예禮로 신하를 대할 것'을 아뢴다. "신이 삼가 살펴보았습니다. 대장괘 육5는 부드러운 음으로 네 양을 타고 있으니, 유약한 군주가 강한 신하 위에 있는 상입니다. 힘으로 제어를 하고자 한다면, 반대로 피해를 받게 되니, 온화함과 상냥함으로 때를 기다려서, 군게 둘러싼 기운을 점차 사라지게 하는 것만 못하기 때문에, 온화함과 상냥함으로 양의 장성을 잃게 하는 것을 취해 뜻으로 삼았습니다. 양의 성질은 군세고 조급하여 머리로 장성함을 사용하니, 사람이 울타리를 쳐서 막을지라도, 뿔로 떠받음을 여전히 면하지 못합니다. 나 홀로 대비해서 막지 못하니, 스스로 군셈과 난폭함을 잃어버리게 하면 이것이 강함을 막는 최선책이 아니겠습니까? 비록 그렇다고 하지만 순전히 온화함과 상냥함으로만 대하고, 예를 알지 못한다면, 그 기세는 꺾을 수 있더라도 마음을 복종시키기에는 부족하므로, 「대상전」에서 또한 '예가 아니면 실천하지 않는다[非禮不履]'고 했습니다. 예의 쓰임은 단지 강하고 난폭한 자에게만 시행할 수 있을 뿐만이 아닙니다. 전하께 엎드려 바라옵건대 예로 신하를 부리고 온화함으로 쓰임을 삼으소서."[29]

'역易'자는 지역을 뜻하기도 한다. 태☱는 잃음이 되고, 진☳은 장소가 되니 구4를 가리킨다. 우암은 여괘旅卦의 '상우우역喪牛于易'과 뜻이 다르지 않다고 설한다. '상喪'은 잃다로, '역易'은 평탄한 곳으로 진괘의 큰길을 의미하니, 여기서는

---

28 沈大允, 『周易象義占法』: "六五雖喪其剛, 而位於四陽之上, 以得其力, 蓋以不勝爲勝也, 故曰無悔. … 故大壯之求進者, 皆不言吉, 而不求者, 皆言吉也."

29 石之珩, 『五位龜鑑』: "羊性剛躁以首用壯, … 雖然, 純於和易而不知禮, 則可以殺其勢, 不足以伏其心, 故大象亦曰非禮弗履. 禮之用, 非但可施於强暴而已. 伏願殿下, 以禮使臣, 以和爲用焉."

태☰의 양을 진☳의 큰길에서 잃었다고 보는 것이다. 괘는 보통 위에서 다하게 되면 아래로 되돌아오니, 상9로부터 거꾸로 보면, 간☶이 움직였음을 알 수 있으니, 여괘旅卦의 주석을 함께 참고하라. 5는 부드러움으로 군주의 지위에 있으면서 장성하게 나아가는 도를 사용하지 않았기 때문에, 태☰의 양이 앞을 받는 도가 없으니, 그 지위가 나아갈 수 없다. 「소상전」에서 "자리가 마땅하지 않다[位不當]"고 한 이유도 이 때문이다. 여괘旅卦 상9 '상우우역喪牛于易'과 같은 의미이다.[30]

대장이 쾌夬로 가면 태☰의 양羊이 밖에 있으니, 밖의 상대방에게 뺏기게 되어 '상양우역喪羊于易'이다.[31] '무회无悔'는 대장괘에서도 큰 태☰, 쾌괘에서도 태兌가 변함이 없는 결과이다. '위부당位不當'은 대장의 5가 양을 잃는 결과를 초래한 것으로, 부정한 자리에 있었기 때문이다. 5는 부정이지만 2와 상응하기 때문에 쉽게 문이 열려 교역交易이 되는 상황이다. 내 손에 있던 양羊이 상대에게 넘어감은 자연스런 교역의 순리다. 그러니 무리하게 잡으려 하지 말라[喪羊于易, Loses the goat with ease]. 즉 역易에 의해 양羊이 상喪을 당하게 되어 있다.

위의 제설諸說처럼 공자가 "양의 씩씩함을 부드러움으로 잃게 하면, 자리가 부당했기 때문이라[象曰, 喪羊于易, 位不當也]"는 주석은, 임금이 유화책으로 천하를 대하는 것으로, 시끄러운 정치는 아래 강한 신하 4에게 맡기고, 일체 간여하지 않는 치장治壯의 도를 짐작할 수 있다. 왕필도 4에게 정치를 맡겨야지, 임금이 일일이 간여하듯 만기친람萬機親覽 하면 도적이 오게 됨이라 하였다.

고사에 은나라 왕해王亥가 '이易나라'에 가서 목축할 때, 양을 잃은 적이 있었지만, 나쁜 일은 생기지 않았다는 해석도 있다.[32] "상양우역喪羊于易"은 여괘旅卦(喪牛于易)에도 등장한다. 아산은 여기서 "역易을 동방, 양羊을 서방으로 보고, 서양문물이 대장大壯의 질주를 하다, 동양의 역易이 있는 땅에서 그 양기羊氣를 다한 것"으로 해석하고 있다. 대장이 쾌괘로 가는 경우이다. 남이장군과 김정일의 죽음도 여기서 보였다.[33]

---

30 宋時烈, 『易說』 : "喪者, 失也. 羊見上. 易者, 坦易之地, 謂震之大塗也, 言在此爻則失兌羊於震之大塗之象也."

31 다산은 바꿀 '역(易)'으로 푼다. 이것은 『한서(漢書)』「식화지(食貨志)」에 나타난 '역(易)'을 疆場이란 필그(field)'로 보았던 주자의 견해를 따른 것이다.

32 孫映逵·楊亦鳴(박삼수 역), 『周易』, 502쪽. ; 황태연, 『실증주역』, 543쪽.

> 上六 羝羊觸藩 不能退 不能遂 无攸利 艱則吉
>
> 상6은 숫양의 뿔이 울타리에 걸려 진퇴양난이다. 무엇을 해도 잘 되지 않더니만, 유순한 태도와 밝은 자세로 열심히 노력하니 어려움도 오래가지 않고 잘 풀릴 것이다.

음으로 천둥의 끝자리에 있으니 허물을 가히 알만하다. 숫놈이라고 꼴에 박치기를 하지 않을 수 없고[羝羊觸藩, A goat butts against a hedge], 박치기를 하니 내 몸이 상하고 물러나자니 체면이 망가지니 말씀이 아니다[不能退不能遂, No go backward, no go forward].

"재덕才德이 박한지라 능히 자신을 이길 수 없고 의리를 취할 수도 없다. 음으로서 대장의 자리를 정고正固하게 지키지 못하는 사이에 곤란을 만나면 반드시 그 씩씩함을 잃는다. 용장用壯하면 불리하여 어려움을 알고, 부드럽게 처신하면 길하니 대장의 마지막에 변화의 의미를 예고한다."[34] 자리는 유순한데 이름만 대장이요, 남을 따라서 씩씩하게 행동하니 등신이 되고 말 것이다. 오히려 부드러움을 잘 쓰면 반드시 대장을 빗대지 않고도 강剛을 이길 수 있다. 모름지기

---

33 1. 조선시대 남이장군의 인생이 대장괘 5였다. 참으로 놀라 입을 다물지 못했다.

2. 1894년 11월 20일, 청일전쟁의 형세를 물어 5를 얻은 고도의 점단이다[참고로 11월 21일에는 요동반도 꼬리지점으로 군사요충지인 旅順이 함락되었다. 대장은 아래 네 개의 양이, 위 두 개의 음을 소멸시키는 상으로, 일본군이 강한 기세로 적을 위축시켜 가기 때문에 여순의 적은 곧 달아나기에 정신없을 것으로 보았다. 왜냐하면 도망가는 羊이, 경계인 담을 벗어나는[喪羊于易] 상으로, 여순의 청나라 병사는 일본군의 위세에 눌려 도망가게 됨을 알 수 있다. 내일은 상효에 해당하므로 적군은 궤멸되고 항복하는 상이 된다.

3. 2011년 김정일의 운세에서 5를 얻었기에, 권력 중심의 변화와 喪을 짐작했다. 과연 권력의 중심에는 많은 변화와 상당한 숙청의 회오리가 불었다. 易은 交易일 수 있고, 羊은 달러와 같은 외국 화폐로 볼 수도 있지만, 羊이란 글자 안에는 임금 王이 존재한다. 고로 喪羊이 임금의 귀와, 임금의 꼬리가 잘릴 것으로 예상할 수 있다면, 김정일의 변수가 흥미롭다. 이 점괘가 적중하다면 북한은 머지않아 문상객을 받는 일도 벌어질 것이다[六五, 喪羊于易, 无悔]. 김정일이라도 그를 잡으러 오는 세월[易] 앞에서는 핵탄두를 쏘며 대항해도 버틸 수가 없다[2011년 12월 17일 오전 8시 30분 김정일이 열차에서 과로로 인한 급성심근경색과 심장쇼크로 사망하였다고 알려왔다].

4. 2010년 남아공 월드컵축구 나이지리아전의 승패를 물었는데 5효였다. 2:2로 비긴 게임이었는데[无悔], 아르헨티나가 그리스를 2:0으로 이겨주는 바람에 우리나라가 16강에 진출할 수 있었다. 양의 기세가 5효를 친 것으로 본다.

34 정이, 『이천역전』 : "才本陰柔, 故不能勝己以就義, 用壯則不利, 知艱而處柔則吉也, 居壯之終, 有變之義也."

퇴각退却을 권하는 상이다. 상효가 3효와 서로 상응하니 나아감을 붙잡는다. 물러감이 자연스러운 대자연의 현상이다. "진퇴양난이 상스럽지 못하다. 어려움을 알고서 돌아오면 길하고 허물이 오래가지 않을 것이다[象曰, 不能退, 不能遂, 不祥也, 艱則吉, 咎不長也]"라는 공자의 주석이 명쾌하다. 이는 대장이 화천대유火天大有로 간 모양새다.[35]

여기 '간즉길艱則吉'을 아산은 간艱을 간방艮方으로 보고, '동방이 변하면 길하다'고 하였다. 일본, 중국, 한국 그 중에서도 한국이 간방의 중심이다. 그러니 대장의 자리에 처했다고 하여서 모두 다 강해질 수도 없고 계속하여 강할 수도 없다. 지욱은 대장의 마지막 자리에서 "그 자리와 본질이 다 유순하다면 이름만 씩씩하지, 씩씩한 기질은 없다. 그러나 부드러움을 잘 쓰는 자는 대장大壯의 허명을 사모하지 않고, 유순의 도를 잘 간수艱守해 나가 능히 강剛을 이기고 또 길할 것이다. 고로 능히 나아가지 못하면 모름지기 퇴각을 권하는 바"라 하였다.

---

35 [說證] '羝羊觸藩'은 진☳의 도전된 간☶을 리☲가 막으니 '不能退不能遂'다. '无攸利'는 태☱가 없음이다. '艱則吉'은 대장 때는 음이 상에 앉아 다스리더니, 대유에서 위에 양이 앉아 리☲로 밝게 통치함이데, '咎不長'도 그러함이다. 참고로 재산은 억지로 구하지 말고, 명예도 해로움이 되는 것은 없지만 욕심을 내지 말라. 공부는 왕운으로 가문에 영화가 있으리라. 단 취업은 쉽지 않을 것 같다. 또 도둑점이면 도둑(대장)이 물건을 이러지도 못하고[不能退], 저러지도 못해[不能遂], 담장에 걸어 놓을 가능성[觸藩]이 많다. 또 음이 양으로 변했기에 반드시 발견이 될 가능성이 높다. 날고뛰는 짐승일지라도 날고자 한다면 능하지 못하여 길이 막힐 것이다.

외괘
火(离=文明)

내괘
地(坤=柔順)

35. 화지진火地晉

Progress

진晉은 무턱대고 나아가는 것이 아니라, 정말로 앞으로 나갈 절호의 찬스를 얻고 나가야 주위로부터 인정을 받고 큰 상도 받는다. 그렇지만 어디에 쥐새끼 같은 훼방꾼이 숨어서 나를 물고 늘어질지 모르니, 이럴 때일수록 세상과 자신을 둘로 두는 소홀함이 없도록 하라.

> 晉 康侯 用錫馬 蕃庶 晝日三接[1]
> 진은 막강한 권력을 지닌 제후들에게 (관리하는 차원에서) 여러 차례 말을 내리고, 하루에 세 번씩 격려를 한다.

먼저 공자의 단사를 보자. "진晉(Progress)은 진출, 진격을 나타내는 괘로 밝은 태양이 지상에 떠오르기 시작하여 머리의 위를 밝히는[明出地上] 때이다. 이러한 대명천지한 시절에는 만사가 순조로우니[順而麗乎大明], 유순하고 중정한 태도로 밝은 군주를 따라가도록 해야 한다[柔進而上行]. 천자 또한 부드러운 덕으로 천하를 다스리며, 가능한 제후들과의 접촉을 자주하여 사기를 진작시켜야 할 것이다[是以康侯用錫馬蕃庶晝日三接也]."[2]

이런 공자의 설명으로 볼 때 '강후康侯'와 '용석마번서用錫馬蕃庶', 그리고 '주일삼접晝日三接'은 각박한 전선戰線에서도 기운이 아군에게 유리하게 돌아가고

---

1 晉 나아갈 진. 진나라 진. 蕃 우거질 번.

2 [說證] 진괘는 小過괘의 3이 상으로 가서, 제후 진☳이 곤☷의 백성에게 리☲로 편안하게 다스리니 '康侯'이고, 소과 大坎의 말[美脊]과 진괘 곤☷의 무리로 '馬蕃庶'며, 관괘 손☴의 명령이 '用錫'이다. '接'은 간☶의 모심이니 관에서 1접, 소과에서 2접, 진에서 3접이니 '晝日三接'이 된다. 또 진은 관괘 4가 5로 갔기에 '柔進而上行'이며, '順而麗'는 괘덕이고, '晝日'과 '大明'은 리☲이다. 晉은 銍+日로 冬至와 夏至를 뜻한다.

있음을 짐작할 수 있다. 그래서 「서괘전」에서 진晉을 용감무쌍한 대장大壯에 이어 진공進攻이라 하였고,[3] 또 '강후康侯'를 '치안治安하는 제후'와 '안국安國하는 제후'로 정자와 주자는 설명하고 있지만, 무왕의 동생 위나라 제후 '강숙康叔'으로 보기도 한다. 정자와 주자처럼 '강후康侯'가 목적격이 되고 임금이 주어가 되면 직접 말을 하사하며 자주 격려하는 소극적인 진괘가 되지만, '강후康侯'가 주어가 되면 전쟁에 이긴 '강후康侯'가 노획한 많은 말을 임금에게 바치게 되고, 또 하루 낮 동안에 세 번씩이나 이겼던 전과戰果를 보고하는 괘卦로도 볼 수 있다.

여기서 '석錫'은 '하사하다' 또는 '바치다'라는 양면적인 의미가 있고, '마馬'는 아래의 '곤坤'을 의미하며, '번서蕃庶'는 '큰 수(large numbers)'를 뜻한다. 그리고 '접接'은 '접견·접촉'이란 면담으로 '오디선'을 뜻하고, 또는 '이기다[勝]'라는 첩捷의 의미로 새길 수도 있다.[4] 그런데 다산은 『주역사전』에서 접견으로 보고, 동지와 하짓날에는 천자가 나라를 살피지 않았기 때문에 제후를 불러서 이날에 접견한 것으로 새겼다. 또 "모든 공公들은 세 번을 대접하고 세 번을 물으며 세 번에 걸쳐 위로를 하였다. 그리고 제후諸侯들은 세 번을 대접하고 두 번을 물으며 두 번을 위로하였으며, 자녀들은 세 번 대접하고 한 번 물으며 한 번 위로를 하였다"고 한다.

세상사에서도 친친親親끼리 자주 안부를 여쭙는 자와 그렇지 못한 자는 서로 느끼는 정이 달라 '친친쇄쇄親親殺殺'라 하지 않던가. "대장大壯하고 정정貞正하며 자리이타自利利他하는 어진 제후들은 항시 성군에게 총애를 얻으려고 애를 쓴다. 이런 충직한 제후들의 상황을 여러 번 돌아보고 격려를 아끼지 않는 '석마번서錫馬蕃庶'야말로 임금의 후덕이요, '주일삼접晝日三接'은 민심을 살피는 임금의 부지런한 적극성으로 볼 수 있다. 공부도 마찬가지, 평생을 자신과 친해야 묘관妙觀이 나타나는 법. 또 그 공부의 친숙親熟이 오래 가야만 공덕이 화신化身으로 나타나고 비로소 법신法身의 이체理體가 증견證見되어 바른 공부로 떨어진다."[5]

---

3 「서괘전」: "物不可以終壯, 故受之以晋, 晋者進也, 進必有所傷."

4 『이천역전』, 『주역본의』, 『실증주역』 참조

5 지욱, 『주역선해』: "大壯而能貞則可進于自利利他之域矣 當此平康之世 賢侯得寵于聖君 錫馬蕃庶 錫之厚也 晝日三接 接之勤也 觀心釋者 妙觀察智 爲康侯 增長稱性功德 爲錫馬蕃庶 證見法身理體 爲晝日三接."

공부는 남을 위하여 하는 것이 아니며, 남을 가르치려고 하는 것은 더더욱 아니다. 자신을 다지고 또 다져서 용맹정진의 수행으로 지혜를 상승시켜 나감이 바로 대장大壯이 진晉으로 나가는 바일 것이다.

다음은 김상헌金尙憲이 선조임금 시절에 이항복이 사퇴를 반복하자 그를 붙잡는 '주일삼접'의 내용이다. "앓던 병이 이제 나았으니 약의 효험을 본 것인데, 사직서를 계속 올리니 물러나려는 뜻이 정말 고집스럽구나. 어지러운 환란 속에서 감당하지 못할 나를 두고 경은 어찌 그리도 용감하게 급류에서 벗어나려 하는가. 오늘날 위급한 정세를 생각한다면 대신이 물러나 쉴 때가 못 된다. 한창 치성해지는 북쪽 변방의 근심을 어떻게 대처할 것이며, 급하기만 한 남쪽의 경보驚報는 누가 미리 대책을 세울 것인가? 바라건대 경은 이 어려움을 널리 구하라. 또 이르기를, 꿈속에서도 나라를 근심하던 북송 때의 사마광司馬光은 병석에서 억지로 일어나기를 잊지 않았고, 조정에 나간 문언박文彦博은 노쇠했어도 사퇴하지 않았다. 이는 진실로 성의에 전일했기 때문이며 상하의 신뢰가 두터웠던 것이다. 하루에 세 번 접견할 정도로 가까이 만나보고 싶은 심정 간절하기만 하다[晝日三接]."[6] 광해군 당시도 국상國喪을 당한 후 정사를 돌보지 않는 임금을 꾸짖는 '주일삼접'의 상소가 있었고,[7] 강호江湖의 만장도 아름답다.[8/9]

---

6 『조선왕조실록』 선조 34년(1601) 7월 3일.

7 『조선왕조실록』 광해군 즉위년(1608) 11월 6일 : "좋은 玉은 반드시 다듬어야만 이루어지고[良玉必成於追琢] 精金은 반드시 연마를 거쳐야 하며[精金必資於砥礪], 聖王의 아름다운 자질은[聖王美質] 반드시 전후좌우에서 갈고 물들여[必賴左右前後磨礱濡染] 바른 도로 밑받침해주고[資益正道] 도와주어야만 이루어집니다[然後得以成就]. 그러므로 '군주가 덕이 있게 되는 것도 신하에 달려 있고[后德惟臣] 부덕하게 되는 것도 신하에게 달려 있다[不德惟臣]'고 하였습니다. 그러기에 옛날에 군주를 잘 輔養하는 자는 반드시 반 걸음을 뗄 때는 그 순간에도 바른 사람이 곁에서 떠나지 않도록 하고자 했습니다. 이는 군주의 덕성을 함양시키고 道心을 개발시켜서 종묘사직과 생민들을 위하여 영원한 계책을 삼고자 해서인 것입니다. 전하께서 피폐된 정사를 更張하여 혁신시키고 治道를 널리 펴서 어지신 옛 왕의 뜻을 뒤따라 구현하여 보고자 하신다면, 역시 학문을 강론하여 마음을 기르는 데에 달려 있을 따름입니다. 이른바 학문을 강론한다는 것은 훌륭한 선비들을 맞이하여 아침저녁으로 함께 거처하면서 옛날의 바른 학문을 찾고 일심으로 체험하여서 사사로운 뜻에 의혹되지 않는 것입니다. 그런데 전하께서는 상중에 卒哭이 이미 지나갔는데도 학문을 강론하는 자리를 한 번도 열지 않아 궁중은 아득히 멀기만 하여 전하를 오랫동안 뵐 수가 없으니, 어쩌면 전하께서 학문의 강론을 居喪하는 일보다 소홀히 여기셔서 그런 것이 아닙니까? 지금 왕위를 물려받은 초기에 여러 달 동안 학문을 폐지하여 하루에 세 번씩 신하를 접견하는 날[晝日三接]이 언제 있을지 까마득하여 추위만 늘어나고 있습니다."

8 李植 『澤堂集』, '晝日三接' : "그동안 사귄 벗들 한두 사람 아닐 텐데, 나에게 文衡[대제학]이라

> 象曰 明出地上 晉 君子以 自昭明德
>
> 상왈, 밝은 태양이 지상에 나타나는 진의 시절에는, 군자도 이를 본받아 자신의
> 밝은 덕이 빛나도록 애써야 한다.

군자의 자소명덕自昭明德(Oneself brightens, bright virtue)을 먼저 지욱이 자세하게 밝혀주고 있다. "본자리를 깨침[本覺]을 명덕明德이라 하고, 깨달음의 시작[始覺]을 소昭라 하고, 또 마음 밖에 법法이 없음을 자自라고 한다. 그리고 스스로 명덕明德을 밝히면 중생도 밝히고[新民], 자신自神마저도 지선至善에 이르고 중도中道에 이르게 된다."[10] 이런 진晉의 자리에서 자소自昭되고 명덕明德한 '강후康侯'는 의리를 이어주는 물질적인 표현으로 '석마번서錫馬蕃庶'와 친친親親하고자 하는 인정을 나누는 '주일삼접晝日三接'의 배려를 직접 행동으로 표현할 줄 알아야 한다.

마찬가지로 효자를 성인의 경지에 오른 자라고 말하는 것 또한 자식이 부모를 생각하는 마음이 아무리 크다 하여도 실제의 행동으로 나타나지 않으면 그것은 진정한 효가 아니요 자식도 아님이다.[11] 요순 임금이 마음으로만 효도를 했던 것은 아니다. 고로 진晉의 세상에 누구나 자소自昭할 수 있지만, 누구나 명덕明德할 수는 없다.

이만부는 「역대상편람」에서 "'자소명덕'은 『서경·요전』에 '능히 큰 덕을 밝힌다[克明俊德]' 한 말과 『대학』에서 '밝은 덕을 밝힌다[明明德]'한 말이 그것입니다. '해'는 임금의 상이니, 임금이 처음 즉위할 때는 마치 해가 처음 땅에서 나올 때

니 정말 부끄럽소 똑같은 장삼이사 누가 잘나고 못났으리, 국록만 축낸 허명 부끄럽기 짝이 없소 그동안 배운 문자 내버릴 수야 있으리까, 천 년에 한 번 있을 주일삼접 그 은총[載遭逢晝接三] 그대야말로 俯仰 간에 부끄러울 게 없었소이다."

9 李廷龜, 『月沙集』, '주일삼접[輓狀金堉]' : "紫氣가 멀리 동쪽으로 오더니, 靑丘에 謫仙이 내려왔어라. 문장은 大雅를 뒤좇을 만하고, 도덕은 전현들보다 더 높았네. 일찍이 풍운의 제회를 만났는데, 당시에 총애 유독 받았다 했었지. 하루에 세 번 연석에서 접하였고[日三筵上接], 한 해에 다섯 번 승진해 태중에 올랐네."

10 지욱, 『주역선해』 : "本覺之性 名爲明德 始覺之功 名之爲昭 心外無法 名之爲自 自昭明德則新民 止於至善 在其中矣."

11 여자의 자존심인 유방을 도려내고 뽕브라로 평생 살아온 어머니의 마음을 헤아리지 못했던 장성한 아들, 애꾸눈 어머니를 처자식에게 숨기고 버젓이 살아가는 아들, 궁궐 같은 집에 살면서 며느리가 모시기 싫다고 부모를 지하 골방에 두는 경우는 孝일 수 없다.

와 같으며, 임금이 통치함이 이미 오래 되어, 다른 사람에게 미치는 덕과 혜택이 넓게 점점 스며들어, 사람들이 모두 우러러 보니, 마치 해가 떠오를수록 더욱 밝아지는 것과 같습니다. 요순 임금의 시절이 그랬습니다"라고 임금 자신이 덕을 밝혀 갈 것을 주문하고 있다.

'자소명덕'은 앎을 지극히 하는 학문이고, '자강불식'은 힘써 실천하는 학문이다. 건괘乾卦와 진괘晉卦 「대상전」에서만 '스스로'라는 말을 하였다. 해가 땅을 뚫고 나와 스스로 밝아지는 상을 보고 군자도 '자소명덕'해야 한다.[12]

'명덕明德'이란 자신이 본래부터 가지고 있는 것이다. 나아가 그치지 않는다면 그 덕은 스스로 밝혀지게 되니, 자신이 스스로 그렇게 하는 것이지 다른 사람의 힘이 베풀어질 바는 없다. 「문언전」에서 "이를 데를 알고 마칠 데를 안다[知至至 之 知終終之]" 한 말과 "배워서 지식을 모으고 인으로 행한다[學以聚之 仁以行之]" 한 말은 모두 지행知行을 겸한 것이다.[13]

알면서도 행하지 않는 자는 아직 없었으며, 또한 행하면서 알지 못하는 자도 아직 없었다. 물건에 비하자면 수레의 두 바퀴와 같고, 새의 두 날개와 같으므로, 그 하나를 없애고서 움직여 갈 수 있거나 날 수 있는 것은 없다. '격물치지格 物致知'와 '성의정심誠意正心'은 『대학』에서 시작과 끝이 되는 일이지만, 반드시 '치지致知'를 우선으로 삼는 것은, 가리움을 제거하여 그 본연의 밝음을 회복하고자 해서이다. 진괘는 리☲의 밝음이 처음 땅 위로 나와, 점점 나아가 위로 올라가니 마치 사람 중에 어두운 자가 처음에 오래된 좋지 않은 풍속(습관)에서 벗어나, 그 밝은 상을 회복하는 것과 같다. 이 때문에 군자는 진괘의 해가 나오는 상을 본받아, 스스로 그 밝은 덕을 밝히니, 격물과 치지의 공이 지극하다고 말할 수 있다. 그러나 격물과 치지와 성의와 정심은 모두 한 쪽을 없애서는 안 되는 것이다. 격물과 치지는 앎의 일이고, 성의와 정심은 실천의 일이다. 『중용』에서 이른바 "덕성을 높이고 학문으로 말미암는다[尊德性而道問學]" 한 것이 이것이니, 실제로 앎과 실행을 함께 지극히 한다는 뜻이 아님이 없다. 그렇다면 배우

---

12 朴齊家, 『周易』: "自昭明德, 致知之學也, 自彊不息, 力行之學也. 大象惟乾晉以自言也. 明出地上, 晉, 君子以, 自昭明德."

13 柳正源, 『易解參攷』: "明德者, 己所自有也. 進而不已, 其德自昭, 自己爲之, 人力无所施也. 知至至 之 知終終之, 學以聚之 仁以行之."

는 사람이 『중용』과 『대학』에서 전하는 가르침을 가지고 일생의 사업으로 삼지 않을 수 있겠는가?[14] 그러니 '격물치지'와 '성의정심'은 모두 한 쪽을 없애서는 안 된다. 격물과 치지는 앎의 일이고[格致知事], 성의와 정심은 실천의 일이니까 [誠正行事].

진괘는 곤☷의 뱃속에 가려진 리☲의 불을 꺼내 쓰는 상이니, 리☲의 치명治明과 감☵의 견덕堅德이 필요한 시기이다.[15] 운세가 진晉으로 들어왔다면 활동을 시작하기 좋은 때다. 대장大壯처럼 무턱대고 앞으로 나아가는 것이 아니라, 절호의 시기를 얻었으니 진짜로 자신의 능력을 발휘할 찬스이다. 아침 햇살이 비록 약하지만, 해가 떠오를수록 빛도 강하고 열도 강해지기에 머지않아서 큰 성과를 이룬다. 지금은 얼마든지 일을 맡아서 처리할 수 있으며, 일을 하면 할수록 주위로부터 인정을 받고 큰 상도 받는다.[16]

初六 晉如 摧如 貞吉 罔孚 裕 无咎[17]
초6은 나가다 좌절할 것 같다. 바르게 하면 길하다. 신뢰받지 못해도 침착하면 허물 없다.

진晉의 6위는 모두가 스스로 명덕明德(bright virtue)으로 중생을 밝히는 자리이다. 그렇지만 각각의 경우와 시절인연이 같지 않아서 길흉회린吉凶悔吝이 나뉜다. 초효가 부정한데 쥐새끼[鼫鼠]와 같은 친구 4와 응하다 보니 그가 진정한 벗

---

14 金濤, 『周易淺說』: "未有知而不行者, 亦未有行而不知者, 比之於物, 則如車之兩輪, 如鳥之兩翼, 未有廢其一而可行可飛者也. … 然則學者可不以庸學所傳之訓, 爲終身事業也哉."

15 宋時烈, 『易說』: "곤☷은 배, 리☲는 심장에 속하니, 뱃속에 밝은 빛이 있는 상으로 '自昭明德'이다. 晉卦는 마치 어두운 자가 처음에 오래된 좋지 않은 풍속에서 벗어나, 그 밝은 상을 회복하는 것이다."
李顯益, 『周易說』: "晉卦는 단지 리☲가 밝음이라는 뜻만을 취하고 곤☷은 내버려 두어 언급하지 않았으나 그렇지 않다. 땅 위로 나오지 않으면 리의 밝음을 이룰 수 없었다."
李漢, 『易經疾書』: "晉卦는 밝은 태양이 나오니, 卯時의 자리를 지나 酉時의 자리에 이르는 그 시간이다."

16 참고로 침착하게 자신을 가지고 계획대로 나가라. 진급, 승진, 출장, 전근, 특파원이 좋고, 혼사도 좋고, 시험도 합격이 보장된다.

17 摧 꺾을 최, 꺾일 최. 裕 느긋할 유, 넉넉할 유.

이 아니란 것을 알고는 서두를 필요를 느끼지 않는다. 처음부터 전진만 하면 큰 실패를 자초하기에 서서히 움직인다. 나아가다 어려우면 물러나고[晉如摧如, Progressing but turned back], 물러서 있다가 기회가 생기면 다시 나가면 된다[貞吉]. 조급하게 인정받으려 하지 말라. 공자도 "나가면 꺾일 것이란 말은 혼자서 바르게 행하기 때문이요, 침착하면 허물이 없다는 것은 아직 천명을 받지 못한 탓[象曰, 晉如, 摧如, 獨行正也. 裕无咎, 未受命也]"이라고 주석한다.

초효는 아직 세상이 인정하지 않는 잠룡이다.[18] 오직 느긋한 마음으로 자신을 믿고 내 힘이 차오를 때까지 자소自昭하여 명덕明德을 시켜야 한다. 임금의 측근에 석서鼫鼠와 같은 간신이 있는 한 나아가 봐야 그 결과는 뻔하고 소득도 없다. 동파는 초효가 좌절을 겪는 이유가 위의 4가 볼 때 아래의 세 음효들 중에서 제일 못난 자로 여기기 때문이라고 한다. 진晉이 서합噬嗑으로 가는 자리다.[19/20]

六二 晉如愁如 貞吉 受玆介福 于其王母[21]
육2는 나가려 하니 마음이 괴롭다. 바르게 하면 길하다. 왕모로부터 큰 복을 받으리라.

유순하고 중정한 진괘의 주효이다. 다른 다섯 효들은 다 부정하나 이 육2만이 오로지 자소명덕自昭明德한 채로 유순하게 중정을 취하고 있다. 그런데 자신이 응하여야 할 5가 부정하니 바로 그것이 슬픔이다[晉如愁如, Progressing but in sorrow]. 그렇지만 5 또한 밝음의 중을 잃지 않은 자인지라, 4와 상의 방해로부터 벗어나면 나에게 크나큰 상을 내릴 것이 분명하다[受玆介福].

---

18 晉卦는 乾卦 本宮 6世 遊魂괘로도 본다.

19 [說證] '晉如'는 리☲에, '摧如'는 否卦 건☰의 5가 떨어져 서합 1로 가니, 비괘의 높고 험한 간☶의 산봉우리가 무너짐이다. '貞吉'은 호괘 감☵의 幹事요, '罔孚'는 兩火가 있지만 1과 4가 응하지 못함이요, '裕无咎'는 리☲의 밝고 너그러운 상이며, '獨行正'은 否卦 5가 1로 가서 서합의 正을 얻음이요, '未受命'은 否卦 손☴ 命이 서합에서 사라짐이다.

20 참고로 강물이 흘러가는 뜻은 도착해야 할 곳이 바로 바다이다. 침착하고 여유로운 마음으로 가면 길하다. 딸아이의 진학과 취업이라면 합격하지 못하지만 좀더 실력을 쌓으면 머지 않아 희망이 찾아든다.

21 玆 불을 자.

왕필은 어머니의 보이지 않는 정성이 있어야 큰 복을 받는다고 하였다. "2는 유순하고 중정하다. 그러기에 5의 응이 없다고 하여도 그 뜻을 꺾지 않고, 남이 보지 않는 곳에서도 그 성실한 자세를 견지한다. 이러한 덕이 먼 곳에까지 명성이 들리니 정길貞吉한 것이 아닌가. 어머니[☷]는 안에서 덕을 이루어내신 분이다. 우는 학이 그늘에 있으면 그 자식이 화답을 한다고 하였다.²² 어둠 속에서도 정성을 드리면 응답이 오므로, 처음엔 근심스러웠지만 바르게 하고 곧게만 처신하면 왕모로부터 큰 복을 받게 될 것이다. 그래서 공자가 "큰 복을 받는 것은 중정한 자세를 취하였기 때문[象曰, 受茲介福, 以中正也]"이라고 단정짓고 있는 것이다.

옛날에는 복이 손순하며 중中과 정正을 잡는 데 있었는데, 오늘날에는 복이 재財와 색色에 있다고 하니, 세월이 수상하다. "지금은 유순柔順하고 중정中正하여 스스로 명덕明德을 밝혀 가나, 아직 도를 얻지 못하여[望道未見] 그 시름이 간절하여 정정貞正하여 갈 뿐이다. 다행히 왕모王母 5가 지혜가 있어 나의 유순중정柔順中正한 덕을 인정하여 큰복[介福]을 주시니 길하다."²³ 왕모는 조모(Ancestress)나 지존이요, 조직에서라면 여자 CEO다. 그래서 왕모가 왕을 도운 내조가 바로 정치였으니, 주자가 "어머니나 할머니에게 올리는 제사가 좋다"고 하였다.²⁴ 고로 진픕은 나무의 일만 가지마다 꽃봉오리가 필 징조니, 먼저 기반을 닦으면 후일에 토대가 탄탄하게 설 것이다. 진픕이 미제未濟로 가는 상이다.²⁵/²⁶

---

22 中孚卦 '九二': "鳴鶴在陰, 其子和之, 我有好爵, 吾與爾靡之."

23 지욱, 『주역선해』: "柔順中正, 自昭明德, 常切望道未見之愁, 正而且吉者也. 上與六五王母, 合德, 錫以本分應德之福, 故名介福, 從令貴極人臣, 非分外也."

24 李漢, 『易經疾書』: 王母를 주자는 "돌아가신 어머니[先妣]에게 제사를 지냄"이라 풀었다. 소과괘에서 "할아버지를 지나 할머니를 만난다[過其祖 遇其妣]"고 한 적도 있다. 2는 중정하여 마땅히 복을 받는데도 근심스러운 마음[愁]을 볼 수 있음은 그 어짊을 알만 하니, 왕모가 어찌 왕을 도와 정치를 아니 하였겠는가?
沈大允, 『周易象義占法』: 2가 음지로 나가 소외된 가림을 다 제거할 수 없지만 유순중정으로 빛이 미치는 곳까지는 비출 수 있기에 "晉如愁如"라고 하였다. 감☵은 궁궐로부터 오는 근심이라 그로 인한 그림자로 가려진다. 2가 처음에는 낮은 지위를 얻었지만 알아줌을 구하는 데 급급하지 않고, 단지 그 직책에서 할 수 있는 것을 스스로 다하면 윗사람이 알아줄 것이다. 사람들이 나를 알아주지 않는 것을 걱정하지 말고 설 것을 걱정하라[不患人之不己知] 했다.

25 [說證] 미제는 否卦의 2가 5로 간다. 리☲의 정성과 감☵의 공경으로 삼기면, 간☶ 사당에서 곤☷의 소가 화살을 맞아도 '愁如'하며 '貞吉'의 상이 되며, '受茲介福'은 否卦 5 양 즉 大가 2로 떨어짐이며, '왕모'는 곤☷으로 문왕의 어머니 太任으로 보기도 한다. 秋心, 즉 '愁'는 건☰의 냉기가 따뜻한 곤☷으로 들어오니 움츠리고 두려워하는 상이다.

六三 衆允 悔亡
육3은 모두가 믿는다. 후회가 없다.

앞으로 나아가려는 성실한 뜻이 마침내 여러 사람들에게 알려져서 신뢰를 받게 될 것이다[衆允, All are in accord]. 3은 부중不中하고 부정不正한 자이나 전진하여야 할 시점에 자신의 희생을 지혜롭게 한다면 후회는 없다. 그러나 후천에 올라서지도 못하고, 선천을 마감하는 자리에 걸려 있음이 아쉽다. 지금은 비록 하위그룹에서 위치가 좀 위에 있다는 그것만으로 윗분(상)을 독식하며 혼자서 나가려는 자신의 욕심을 버려야 한다. 대중 모두가 함께 간다는 의리를 취하여야 좋다. 공자의 주석처럼, "무리들이 믿도록 하는 행동은, 그 뜻을 위로 나가기 위함이 아닌가[象曰, 衆允之, 志上行也]."

목련존자의 어머니는 혼자 지옥에서 벗어나려고 타고 오르던 거미줄을 자르는 욕심을 보였기에 '중윤衆允'에서 떨어져서, 오히려 지옥으로 가는 급행열차를 타고 말았다. "중衆은 많은 무리를 뜻하는 번서蕃庶와 같고, 윤允은 순결무구한 진실함이 대중의 마음을 잡는 윤집궐중允執闕中과도 같다."[27]

후회는 부정한 자리에 임했기 때문에 온 것이지만, 음의 무리들은 모두가 믿게끔 처신을 하였기에 회망悔亡이 된 것이다. 이를 왕필과 동파는 4에게 잠시 움직인 마음을 바로잡아서 상9로 갔기에 후회가 사라진 것으로 보았다. 진晉이 화산여火山旅로 간다.[28]

---

26 참고로 나라와 직장에 등용(채용)이 힘든 상태에 놓여 시름하다가 끝내 좋은 소식을 받는다. 어머니와 할머니의 제사를 정성껏 올려야 더 좋은 일이 온다. 나의 어머니와 할머니가 나를 특별히 아끼며 도와주고 계시다는 것을 알라. 탯줄은 끊어질 수 없다.

27 요임금이 순임금에게 왕위를 물려줄 때 한 말로 '서경'과 '논어'에 나옴. "하늘이 내린 차례가 그대에게 있으니 진실로 그 중심을 잡도록 하라[天之曆數 在爾躬 允執其中]." 훗날 순임금이 우임금에게 왕위를 물려줄 때도, "사람의 마음은 욕정에서 나오기에 위태롭기만 하고, 도를 지키려는 마음은 극히 미미하니, 정신을 바짝 차리고 오직 하나로 모아 진실로 중정을 잡아야 한다[人心惟危 道心惟微 惟精惟一 允執闕中]" 하였다.

28 [說證] 否卦 3이 5로 가니 旅卦다. 비괘 때는 건☰의 군주가 곤☷의 백성에게 손☴의 명령을 베풀었는데, 여괘가 되면 간☶의 말씀이 완성되어 리☲의 믿음을 주니 '中允'이다. '悔亡'은 小過와 晉과 觀에서 간☶이 여전하니 '회망'이다.

九四 晉如鼫鼠 貞厲

구4는 (소인이 입신영달을 위해) 다람쥐처럼 들락날락 하니 바르게 하여도 위험이
따른다.

부중하고 부정한 쥐새끼와 같은 놈이 시도 때도 없이 진퇴를 시도한다[晉如鼫
鼠, Progress like a hamster]. 쥐는 승부에 관계없이 집요하게 쉬지를 않고 들락날
락하는 동물이다. 4의 응은 초6인데도 불구하고, 2와 3 그리고 5까지도 독식하려
니 욕심에 무리가 따른다. 부중하고 부정하며 무지한 놈으로 막무가내 식으로
공격을 일삼으니 아무리 잘해도 위험이 따를 수밖에 없다[貞厲].[29]

다람쥐는 쥐와 달리 낮에 활동하는 성질이 있는지라, 진괘에서 취상하였다.
또 진정을 모르고 소인처럼 자주 변하는 탐관오리가 권력을 쥐고도 조변석개하
는 불안을 예고하는 놈이라,[30] 임금에게 충직한 보필을 하여야 할 '강후康侯'를
빗대어 취상한 것 같다. 고로 "다람쥐가 바르게 하여도 위험이 따른다는 것은
부중하고 부정한 그 자리가 마땅하지 않음을 말한 것이다[象曰, 鼫鼠貞厲, 位不當
也]."[31] 진이 박괘剝卦로 간 경우이다.[32]

군자 스스로 명덕明德을 밝히려면 밖으로 마땅히 모르는 척[晦]하고, 안으로
는 마땅히 명명明明해야 그것이 날로 빛나건만[莅衆用晦而明], 겉으로는 강한 척
하지만 안으로 겁을 먹고, 또 겉으론 모르는 것이 없지만 정확하게 아는 것이
없으니, 속이 캄캄한 자가 아니겠는가. 4는 쥐새끼[鼫鼠]처럼 날아도 하늘을 날지
못하고, 놀아도 쥐 집을 벗어나지 못하고, 숨어도 구멍만 보고 몸을 가리는 얕은

29 徐有臣, 『易義擬言』: "쥐는 다섯 가지 재주를 지녔지만 늘 궁핍함을 느끼는 짐승이다. 쥐는 두려
워하고 꺼리는 성질이 많으므로 아래 초6이 응일지라도 두렵고 무섭다."

30 宋時烈, 『易說』: "쥐는 음은 많고 양이 적어 탐욕스럽게 곡식을 먹는 동물로 시인들이 세금을
많이 거두는 나쁜 신하에 비유한다. 4는 임금에 가까이 있으면서 위아래의 네 음을 총괄하는
신하로 포악하게 침범하고 탐욕이 많다."

31 李恒老, 「周易傳義同異釋義」: "쥐는 땅 속에 숨어있으면서 陽을 좋아하나, 또 밝은 해를 두려워
한다. 陽을 좋아하므로 굴을 파서 위를 살피고, 해를 두려워하므로 햇볕을 쪼이면 반드시 죽는
다. 4가 해 가까이 있어 이러한 상을 취했다."

32 [說證] 진이 소과괘로부터 오는데, 소과의 간☶ 소인이 하괘에 있었는데, 진☳이 되면서는 4까지
갔고, 다시 박괘로 가서는 꼭대기까지 가서 '晉如鼫鼠'하니 마땅히 '貞厲'가 된다. 소인의 입신영
달을 두려워함이다. 참고로 겉과 속이 부합되지 아니하니 의롭지 못한 일에 욕심을 내지 말라.
노력에도 성공이 따르지 않는다.

꾀를 가진 놈임에 틀림이 없다. 다람쥐는 욕심이 많고 겁이 많은 짐승인 고로, 능력 밖의 자리를 탐내고 남의 밥을 빼앗는 탐관오리와 같으니 바르게 보면 위험한 인물이다 아래처럼 '석서鼫鼠'에 관한 설명들이 다양하다.

"옛날 백토白兎를 파는 자를 보았는데, 사람들이 백금百金으로 매입을 다투었다. 그 후 얼마 가지 않아서 그 생육이 많아지자, 그 값이 점차로 일전一錢에 이르게 되자 호사자가 삶아서 먹었는데, 냄새가 역하자 먹지를 못하게 되었고, 이제는 그 놈을 사는 사람이 없어지자 박물자博物者가 이르되 이는 백토白兎가 아니라 석서鼫鼠라 하였다. 놀랍다, 본래 천서賤鼠로 그릇된 백토白兎의 명성에 당하니, 무덕無德으로 고위高位에 오른 자는 대개 이와 같구나."[33]

삼산과 다산은 여러 해설을 동원한다. "석서鼫鼠의 재주로는 한 가지의 재주도 완성된 것이 없다. 날아도 집을 넘지 못하며, 올라도 나무의 끝을 못 오르고, 헤엄을 쳐도 골짜기는 넘지를 못하고, 구멍에 몸을 숨기지도 못하고, 달려도 사람을 이기지 못한다는 오서오능鼫鼠五能이 있다."[34]

> 六五 悔亡 失得 勿恤 往 吉 无不利
> 육5는 후회가 없으니 성공의 여부에 걱정을 말고 앞으로 나아가도 불리한 점이 없고 만사가 순조롭다.

화려하고 밝은 자리[☲]에 앉은 임금으로 중도中道를 얻었기에 자신신민自新新民하고, 상구보리上求菩提하며, 하화중생下化衆生하는 진인眞人의 모습과 같다. 사리사욕만 알고 공생공영을 모르는 아래의 4 다람쥐 새끼[鼫鼠]와 같은 소인배, 또 꼭대기[晉角]에서 강성을 피우는 상9까지를 내 편으로 만드는 너그러운 포용의 덕으로 정치를 펼친다면 상하의 화합에 길하고 나라가 이로울 것이다. "성공의 여부를 걱정하지 않고 백성을 밝은 곳으로 이끌어 간다는 것은 임금과 국가의 경영이 모두에게 경사가 있음이다[象曰, 失得勿恤, 往有慶也]." 여기서 효사에

---

33 지욱, 『주역선해』, 69쪽.
34 柳正源의 『易解參攷』과 정약용의 『주역사전』에는 '蔡邕勸學篇'이 실렸다. "能緣 不能窮木 能飛 不能過屋 能游 不能渡谷 能穴 不能掩身 能走 不能先人."

'회망悔亡'을 먼저 쓴 것은, 5가 부정하기에 자칫 간신배 4와 강경을 주장하는 상9에 휘말리어 나라가 흔들리게 되면 후회를 낳게 됨을 본 것 같다. 그렇지만 그 어려움 속에서도 임금이란 직분을 잃지 않고 밝은 정치를 펼쳐간다면 후회가 사라지게 될 것이다.

수현壽峴의 『오위귀감』에서는 "믿되, 자주 살펴 득실을 저울질 잘하라"고 읍소하며,[35] 유재游齋의 「역의규반」에서는 "2가 나에게로 오지 않음도, 4가 이간질할 것을 걱정하지 말고, 오로지 밝은 덕만을 가지고 왕도를 펼쳐나갈 것"을 전하고 있다.[36] 동파는 임금이 "4와 쟁투를 피하여야 '회망悔亡'이지만, 4와 싸운다면 그 또한 천한 일"이라고 보았다. 주자도 대명大明으로 윗자리에 앉으니 일체가 순종하고, 또 한 틈의 계공모리計功謀利한 소인배의 마음을 버린다면 길하면 길하였지 불리할 것이 없다고 하기에 이른다.

다음은 춘추전국시대에 '완벽귀조完璧歸趙'의 스토리를 만들어낸 '화씨지벽和氏之璧'의 주인공 인상여의 이야기다. 라이벌 염파廉頗가 공을 시기하여 그를 "죽이겠다!"며 떠들고 다니자, 인상여는 가신들을 모아놓고 이런 말로 놀라게 했다. "그대들이 생각하기에 염장군과 진秦나라 왕을 비교하면 누가 더 강한가?" "그야 진나라 왕만 못하지요" "그렇게 위엄이 있는 진나라 왕을 이 상여가 조정에서 꾸짖어 그 신하들을 부끄럽게 만들었다. 그러니 인상여가 비록 아둔하기는 하나 어찌 염장군을 두려워하겠는가? 내가 가만히 생각하여보니, 강력한 진

---

35 石之珩, 『五位龜鑑』 : "신이 삼가 살펴보았습니다. 진괘 육5는 『정전』에서 '윗사람이 이미 크게 밝은 덕이 있고, 아래가 모두 덕을 함께 하며 순종하여 따르니, 마땅히 정성을 미루어서 위임을 하고, 무리들의 재주를 다하고, 재차 밝음을 자임하여, 잃고 얻음을 근심하지 말아야 한다'고 하였습니다. 주자는 어떤 이의 질문에 대답하여, '비록 요순과 같은 성인으로서 고요皐陶기夔·익직益稷과 같은 현인을 임명할지라도, 오히려 자주 살펴보아야만 이룰 수 있다고 했으니, 어떻게 덕을 함께 하는 사람에게 맡기면 위에 있는 자가 일체 관여를 하지 않고, 그가 하는 대로 맡겨 둔다고 말할 수 있겠습니까?' 하였습니다. 두 현인인 정자와 주자가 논의한 것에, 반드시 얻음과 잃음이 있으니, 밝은 임금께서는 스스로 그것을 아셔야 할 것입니다. 엎드려 바라건대 전하께서는 이 두 가지를 잘 가려보소서."

36 李玄錫, 「易義窺斑」 : "5가 리☲의 덕을 밝히니, 4가 쥐와 같은 두려움이 있어 함부로 하지 못한다. 또 2가 5와 같은 덕으로 서로 믿기에, 후회는 없다. 시작함에 4의 이간질을 당함이 잃음이고, 끝날에 5와 서로 합함이 있으니 얻음이다. 5가 2를 얻고 잃음을 반드시 걱정하지 말고, 위로 나아가면 자연히 길하여 이롭지 않음이 없을 것이다. '往'은 불이 올라가는 성질이다. 고로 2에게는 뜻이 위로 올라감에 있으니, 4가 끝내 저지하지 못할 것이니 근심하지 않고 가도 길하다. 5는 부드러운 음으로 떨쳐 일어나는데 부족하므로, 가는 데 힘써야 한다."

나라가 감히 우리 조나라에 싸움을 걸어오지 못하는 것은 오직 우리 두 사람이 있기 때문이다. 그런데 지금 이 두 호랑이가 서로 싸우면 둘 다 살아남기 힘든 형국이 아닌가? 내가 이렇게 염장군을 피하여 다니는 것은 나라의 급한 일이 먼저이고, 사사로운 감정은 그 다음이기 때문이다."[37]

이처럼 언제나 정치판과 통치자에게는 통이 큰 포용력을 보여주기를 민중들은 기대하게 된다. 그런 고로 성공의 여부에 관계없이 통 크게 놀면 앞으로 나아가도 불리한 점이 없고 만사가 순조롭다.[38] 진괘晉卦가 비괘否卦로 간다.[39/40]

> 上九 晉其角 維用伐邑 厲吉 无咎 貞吝
> 상9는 (적군이) 그 뿔(마지막)로 진격해옴에, (적을 물리치되 국경을 넘지 말고, 자국의) 작은 고을을 쳐서 다스리면 위태로움이 길하여 지고 무구리라. 그러나 정도를 지켜도 유감은 남는다.

외괘의 끝이라, 적군의 진격이 있다[晉其角]. 그러기에 자신의 영역 안에 있는 안티세력들을 다스림이[維用伐邑] 위험하지만 길하고 탈이 없다[厲吉无咎]. 소외세력들에게 덕을 베푸는 일이 충분하지 못하여 작은 집단에서는 반란이 일어났다. 이 보잘 것 없는 고을을 진압한다는 것은 나라의 치안을 고려하여 볼 때는 충분한 이유로 타당하지만, 과격하면 비난받고 궁지에 빠질 것이다[貞吝]. 권력을 가진 자로 외강내유外剛內柔하고 외명내회外明內晦 하니 강공으로 드라이브를 건다.

마지막 자리까지 나아가니 시절을 모르는 자의 진군進軍처럼 보이기도 한다.

---

37 사마천, 『사기열전』 참조

38 참고로 求官은 안팎으로 귀인과 은인이 돕고, 공부가 좋다. 求財는 탐낼 자리가 아니다. 단 모든 것을 아랫사람에게 맡기더라도 마지막으로 확인하는 카드(최후의 결정권, 인감도장)는 쥐고 있어야 한다. 4는 충분히 믿을만한 신하가 못 된다.

39 [說證] 晉이 觀으로부터 왔는데, 그 觀은 否로부터 나왔기에 '悔亡'이다. '得'은 진괘의 5에 강을 상실하고 否괘에서 다시 강을 얻음이요, '勿恤'은 감☵의 근심이 오더라도 다시 강이 옴이요, '往吉'도 巽☴으로 순종하기에 그것을 뜻한다. '往有慶'은 否의 건☰이 되면서 주군의 자리를 얻음이다.

40 2000년 6월 13일 남북분단 55년 만에 이뤄진 남북정상회담에서 김정일은 김대중 대통령에게 통 큰 정치를 기대하였다. 그 후 북한은 남한에게 받은 돈으로 미사일을 발사함으로써 북한에게 우롱을 당한 결과를 낳게 되었다.

진퇴의 분간을 모르는 뿔 달린 짐승이 뿔만 믿고 나가는 무지한 상이다. 뿔은 오직 자신을 다스림에 쓰라고 하였는데, 그것으로 약자를 들이받고 온 마을을 뒤집어 흉하게 만들 뿐 아니라, 또한 자신을 다스림이 늦으면 아무리 바르게 하려 하여도 인색하지 않겠는가[貞吝]. "오로지 작은 집단을 친다는 것은 도가 빛날 수 없는 일이다[象曰, 維用伐邑, 道未光也]." 상9는 항상 발전하여 더 이상 나아갈 데가 없기에, 아랫사람들을 격려하고 키워나가는 일에 헌신해야 한다. 그런데 자신이 극도로 흥분한 상태라 위험에 처하리라.

이러한 모습을 왕필과 같은 이는 노자가 말한 무위无爲의 도를 잃은 탓이라고 보고 이럴 때에는 자제력을 발휘하여 반란을 일으키는 속읍屬邑, 즉 내부 문제를 해결하는 데 힘써야 한다고 주장한다. 동파는 상9와 호응하는 3을 4가 막고 있으니 4를 잘 제압함이 '정읍征邑'이라 하였다. 그리고 아산은 '각角'은 모퉁이의 극점, 하루의 마지막 시각과 오전의 끝인 정오正午로 보았고 '벌읍伐邑'의 '읍邑'을 남의 탓으로 보지 않고 '자신을 돌아보다'로 해석하고 있다. 진이 예괘豫卦로 가는 경우다.[41/42]

---

41 [說證] 晉의 하괘 곤☷이 소라면, 상괘 리☲의 상9는 뿔이니 '晉其角'이다. 豫卦는 剝卦의 상이 4로 내려와 감☵의 죄를 진☳이 성토하니[善鳴], 그 상이 '維用伐邑'이다. 또 '邑'은 剛이 내괘(국경)를 넘지 않고, 간☶에 멈췄기 때문이다. 또 '貞吝'은 진☳이 소과괘에서 올 때 부정한 4가, 예괘로 가서도 부정함이다. '道未光'은 예괘에서 진☳의 도를 얻었지만 리☲가 없으니 '未光'하다. 또한 적이 진격해 왔는데도 '自邑'을 쳐야 함도 '未光'이다.

42 참고로 晉卦가 豫卦로 가니 일도 많고 勞心도 많고 官財口舌이 일어난다. 예로 회사의 상사와 편하지 않은 관계를 물었다면, 두 사람은 부딪치면 싸우는 형상이라[晉其角], 자신을 먼저 단속하고[維用伐邑], 내가 그 상사를 이길 힘이 있다면 더 높은 선에 상신을 하여 그를 치는 일을 모색해야 할 것이다.

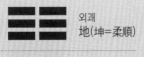

외괘
地(坤=柔順)

내괘
火(离=文明)

36. 지화명이地火明夷

Darkening of the Light

밝은 태양이 캄캄한 밤이 오자 빛이 사라졌다. 어둠 속에서 지혜를 발휘하기는 쉽지 않다. 함부로 설치지 말고 기회와 실력을 쌓으라. 다시 태양이 떠오를 때까지 기다려야 한다. 무모하게 설치면 해가 뜨기도 전에 목이 달아난다.

> **明夷 利艱貞**
> 밝음이 사라진 명이는 험난한 일에 이로울 것이다.

「서괘전」에서 '명이明夷'의 '이夷'는 '다치다[夷者傷也]'라 하고 「잡괘전」에서는 '베다, 치다[明夷誅也]'라고 했다. '이夷'는 큰 활로 사람을 상하게 하니 상해傷害로 뜻을 삼았고, 또한 풀을 베다, 잡초를 베다의 의미로 썼다. 은나라 말 비간比干은 주왕紂王에게 심장을 도려냄을 당하고, 문왕은 감옥에 갇힘을 당하고, 기자箕子는 머리를 깎이고 족쇄를 찼다. 한때 어질고 현명한 선비들이 풀이 칼에 베여 넘어지거나, 혹은 짐승들이 사냥으로 죽는 것처럼 상해를 당하지 않음이 없었다. 이것은 밝은 태양이 땅 아래로 들어가 빛을 잃은 모양과 같이 리离의 형법이 밝지 못해 군자가 상해를 입었으니 명이의 재앙으로 볼 수 있다. 어둠이 찾아들어 암흑이 지배하고, 현명한 일이 사라진 때에는 무리하게 재주를 발휘하면 주위로부터 공격을 당할 수 있으니 명지明智를 숨기고 점차 새날이 밝아오기를 기다려야 한다. 그렇다고 항상 어두운 밤만 계속되지는 않는다. 모든 것이 때가 되면 정상으로 돌아올 것이니, 그 때를 대비하여 정도를 잃지 말아야 한다.

한편 황제가 있는 중심을 기점으로 볼 때 동이東夷, 서융西戎, 남만南蠻, 북적北狄이 모두 곤坤의 나라 변두리[幅員]에 편입된 오랑캐이다. 이것은 문명의 혜택을 받기 힘든 사방의 황지荒地를 포괄하고 밝히라는 의미도 있다. 다시 말해 문명한 리离가 있는 황제가 사방의 오랑캐 지역까지도 밝혀 문덕을 펼쳐야 하니, 이것이 '명이明夷' 즉 '오랑캐를 교화한다'로 보는 것이다. 다음은 공자의 단사이다.

"태양이 땅속으로 꺼져버리니 명이다[明入地中, 明夷]. 이럴 때는 안으로는 밝은 지혜의 덕을 감추고 겉으로는 유순한 태도로 바보스럽게 어려운 난국을 대처해 나가야 좋다[內文明而外柔順, 以蒙大難]. 문왕은 이렇게 옥중의 어려운 난국을 건디면서도[文王以之] 군자의 지조를 잃지 않았다[利艱貞]. 그는 자신의 장점과 재능을 숨기며[晦其明也] 폭군의 학정 밑에서도 지조와 원대한 꿈을 지녀갈 수 있었다[內難而能正其志]. 기자도 그렇게 지혜를 숨기며 살았다[箕子以之]."[1]

이런 공자의 단왈을 보면, 문왕과 기자가 '회명晦明'으로 '이간정利艱貞'을 할 수 있었던 것은 명이괘가 임괘臨卦로부터 온 사실로 풀었다. 명이明夷괘는 정오에 작렬하는 태양을 나타내는 진괘晉卦의 도전괘이기도 하다. 즉 태양이 대지 속으로 들어가 빛이 사라진 어두운 밤이다. 임괘 때에는 진震과 태兌가 있었지만, 명이괘에서는 리离와 감坎으로 태양이 어둠에 묻혀 있다. 임괘臨卦 때는 태兌가 비탈져 평탄하지 않고, 여자의 덕이 교만하여 위태했었다. 명이괘는 안에서 밝고 바깥 곤坤에서 어두우니, 어려움에 대처할 때처럼 용회이명用晦而明할 수 있으니 어찌 불리하겠는가? 명이괘에서는 임괘에 있던 태兌의 위태로움이 이미 사라지고, 감坎의 덕이 곧고 굳으니, 이것을 일러 '이간정利艱貞'이라 한 것이 아닌가.

또한 명이明夷는 그 밝음이 상하여 지혜가 사라진 모양이요, 시세가 어려워진 난국이요, 어둠이 세상을 덮으니 무명無明이 나를 인도함이요, 지혜가 사라져서 시세를 반전하기가 힘든 때이다.[2] 그러니 명이는 사방의 황지荒地에 처한 오랑캐를 포황包荒하고 교화해야 하니, 지혜롭지 못하면 반드시 상하고 만다. 고난이 사람을 옥玉으로 만든다[艱難玉汝]는 말처럼, 어둡고 어려운 때일수록 내공을 잃지 않는 회명晦明으로 바르게 처신해야 살아남을 수 있다.

---

1 [說證] 明夷가 小過에서 오는지라, '大難'은 小過의 大坎으로 겪는 안팎의 어려움이요, '蒙大難'은 明夷의 내란이다. '文王以之'는 문왕은 그 어려움 속에서도 자신을 밝히는 공부를 하며 밖으로 순종했으며, '能正其志' 또한 內治를 리☲로 밝게 하였으며, '晦其明' 역시 땅 속에서 明을 지킴이다. 어려울 간(艱)은 진흙 벌 근(堇)에 기근이 들어 괴롭고 고생스런 땅 간(艮)을 합친 글자이다.

2 「序卦傳」: "晉者進也, 進必有所傷, 故, 受之以明夷, 夷者傷也."

명이明夷의 시대적 배경은 폭군이 지배하고 의인이 핍박을 받는 때라, 올바른 도를 저버리지 않고 살아남는 방법이 무엇인가를 가르친다. 은나라의 마지막 주왕은 가혹한 법률과 형벌로써 노예와 평민들을 마구 억압하고 착취하였다. 그는 호화롭기 짝이 없는 궁실을 짓고, 정원을 만들고, 귀족들과 함께 방종한 생활을 했다. 그를 추종하는 대신은 등용하는 반면 그렇지 않은 자들은 분열시키니, 미자微子는 변방으로 은둔하였고, 기자箕子는 미친 척하며 동이로 갔으며, 문왕은 서쪽으로 가서 살았었다. 한때는 그의 숙부인 비간比干의 간언이 심해지자, 성인의 심장은 일곱 개라는데 정말인지 확인하자며 그의 심장이 도려냄을 당하고, 문왕은 감옥에 갇혔고, 기자는 머리를 깎이고 목에 칼을 쓰고 족쇄까지 차게 되었던 사실도 있었다.

『논어』에서도 이를 증명하고 있다. "미자는 주왕의 무도함을 보고 그를 떠나서 종묘사직을 보존하였다. 기자와 비간도 간언을 서슴지 않자 주왕은 비간을 죽이고 기자를 가두어 종으로 삼으니, 기자는 거짓으로 미친 체하며 모진 욕을 받았다. 공자가 말했다. 은나라에는 세 사람의 어진 이가 있었다. 세 사람의 행실이 같지는 않으나 모두가 지극한 정성스러움에서 나오는 슬픈 뜻이 있다. 그러므로 아끼고 사랑하는 도리에서 어긋나지 않아서, 마음의 덕을 온전히 할 수 있었던 것이다."[3]

다음은 작역자作易者의 고충을 짐작할만한 다산의 지적이다. "주공이 효사를 엮다가 이 부분에 이르러서 애통하게 여겼으니, 그때의 희생자들을 애도하는 마음이 있었기 때문이다. 이것은 비단 기자의 경우만 그런 것이 아니라, 공자가 주공의 뜻을 간파하고 단전에 특별히 문왕을 덧붙여 언급하기도 했다. 그리고 '이夷'를 '상傷'또는 '주誅'라 하였지만 '오랑캐를 밝게 교화[明夷]'했다는 사실도 알아야 한다. 지천태泰가 명이明夷로 간 자리에서는 '포황包荒'이라 하였고, 뇌화풍豐이 명이明夷로 간 자리에서는 '우기이주遇其夷主'라 하였고, 수화기제旣濟가 명이明夷로 간 자리에서는 '동인살우불여서린지약제東鄰殺牛不如西鄰之禴祭'라 하

---

3 『논어』, 「미자」 : "微子去之, 箕子爲之奴, 比干諫而死. 微箕二國名. 子爵也. 微子紂庶兄. 箕子比干, 紂諸父. 微子見紂無道, 去之以存宗祀. 箕子比干 皆諫, 紂殺比干, 囚箕子以爲奴, 箕子因佯狂而受辱. 孔子曰 '殷有三仁焉.' 三人之行 不同, 而同出於至誠惻怛之意, 故 不咈乎愛之理, 而有以全其心之德也. 楊氏曰 '此三人者, 各得其本心, 故同謂之仁.'"

였다. 이렇듯 '이夷'가 오랑캐가 되는 것이 분명한데도, 후학 선비들은 언뜻 「서괘」의 글만 보고, 그 괘의 이름을 지은 깊은 뜻은 구하지도 않은 채, '기자지명이箕子之明夷'를 '기자지명상箕子之明傷'이라 하였으니, 글이 이치상으로 맞지도 않고 문맥을 잇지도 못하거늘 오히려 마땅히 그 뜻을 알 수가 없다."[4]

象曰 明入地中 明夷 君子以 莅衆 用晦而明[5]
상왈, 밝은 태양이 땅 속에 숨어 있는 것이 명이다. 군자는 이 상을 보고 세상 무리 속에서는 자신을 드러내지 말고, 명덕을 감추고 스스로 심중에 빛을 간직하며 나아가라.

밝음이란 것은 사물을 비추는 데 쓰인다. 군자는 이 시절에는 무리를 보고 명찰明察을 쓰지 말고 그믐과 같은 회晦를 써야 편안하다. 빛이 땅속으로 숨는[明入地中] 시절에 군자는 이를 본받아 무리 속에 임해서는[莅衆] 미친 척하며 살아가는 용회이명用晦而明(Veiling your light, yet still shines)이 분명 필요하다.

예로, 진나라 무제는 너무 밝게 살펴 가혹하고 각박에 가까웠다. 당나라 덕종은 살피고 살핌을 힘써 도리어 매우 어리석었다. 한나라 고조와 송나라 태조는 너그럽고 후덕하며 포용하고 관대하여, 작은 일은 살피지 않았지만 전체적으로는 밝았다. 이로 보면 어둠을 쓰면서 밝은 것이 참으로 임금이 힘써야 할 도이다.[6] 진괘晉卦의 '자소명덕自昭明德'은 자신을 닦는 도이며, 명이괘의 '용회이명用晦而明'은 사람을 다스리는 도이다. 문왕과 기자가 어둠을 사용하지 않고 밝았다면, 화와 근심이 오는 것을 면하기 어려웠을 것이고, 어둠을 사용하기만 하고 밝지 못하였다면 법을 드러내지 못했을 것이니, 『주역』의 공덕은 어둠을 사용하여 밝게 하는 것에 있지 않을까.[7] 군자가 밝음으로 세밀함을 살피고 간악함을

---

4 정약용, 『주역사전』 : '姤'가 여성 '后妃'인데 '만남[遘]'이라 하였고, '蠱'가 '좀먹어 무너짐'인데 '일[事]'이라 하였으니 이것이 육서(六書, 한자의 성립을 6가지로 나누어 설명한 분류법)에서 가차(假借)법에 해당하니 후학들은 마땅히 살펴야 할 것이다.

5 莅 다다를 리.

6 李萬敷, 「易大象便覽」 : "晉武帝, 頗能明察, 而近於苛刻. 唐德宗, 務爲察察, 而反甚昏惑. 漢高祖宋太祖, 寬厚含弘, 不察小事, 而大體則明. 由是觀之, 則用晦而明, 誠人君之所當勉也."

비출 수 있지만, 숨겨서 포용하니, 앞에 깃술을 달고, 나무로 문을 가리는 뜻이 있다. 군자가 어둡게 하지만 밝음이란 큰 것을 쓰기 때문에, 공자는 '그런 어리석음은 따라가기 어렵다'고 했다.[8] 면류관을 쓰고 정사를 보는 것처럼, 용회이명은 쉽지 않은 군자의 도이다.[9]

고사로, 문왕은 유리옥에 갇혀서도 『주역』을 만들며 재앙을 이겨냈고, 기자는 주의 폭정에 양광佯狂으로 갖은 욕을 당하면서도 『홍범구주』를 얻어냈으니, 이는 폭군의 학정 밑에서도 지조와 원대한 꿈을 지녀갈 수 있었던[內難而能正其志] 이유가, 자신의 장점과 재능을 숨기면서 처신했기 때문일 것이다[晦其明也].[10]

무리를 나타내는 '이중莅衆'은 곤坤이고, '회명晦明'은 땅속으로 꺼진 리離이다. 왕필은 명이의 시절에는 "대중을 대할 때 드러내놓고 밝히는 것은 오히려 백성을 가리고 거짓되게 만든다" 하였다. 그러므로 몽매한 가운데서 정正을 기르고 명이로써 민중에게 임해야 할 것이다. 고로 안에서 밝음을 감추면 밝음을 얻고, 밖으로 밝음을 드러내면 백성들이 교묘하게 이를 피하게 될 것이다. 이러한 명이의 시절에는 성학聖學을 공부함이 훗날을 위하여 옳은 자세이다.

다음은 후학들이 이름에 '회晦' 자를 쓴 경우다. 『주역』을 이 땅에 처음 가져온 우탁禹倬(1263~1342)은 역동易東이라 불렸는데, 그가 살던 마을 이름도 역동易洞으로 짓고 회명은둔晦名隱遯하였다. 그곳이 지금의 안동 예안면禮安面 기사리棄仕里다. 그는 옛 고려 왕조가 회복될 것을 생각하며, 스스로 호를 사복재思復齋라 하였다. 『삼국유사』를 쓴 일연一然의 이름은 견명見明이고 자는 회연晦然이다. 송나라 주자朱子 회암晦庵을 흠모하여 스스로 호를 회헌晦軒으로 쓴 안향은 우리

---

7 金相岳, 『山天易說』: "晉之自昭明德, 修己之道也, 夷之用晦而明, 治人之道也. 文王箕子, 不用晦而明, 則難免於禍患之來, 用晦而不明, 則无以顯範, 易之功, 所以用晦而明也."

8 沈大允, 『周易象義占法』: "君子, 明足以察其細, 照其奸, 而隱掩以含容, 前旒樹屏, 亦其意也. 莅衆離坤象, 晦而明坎離象. 君子之晦而明, 明之大者也, 子曰, 其愚不可及."

9 尹行恁, 『薪湖隨筆易』: "어둠을 사용하여 밝게 함은 무리를 이끄는 도이다. 면류관을 쓰고 보고 듣는 것을 막는 것은 여기에서 취하였다.
　　朴文健, 『周易衍義』: "'군중을 대할 때 어둠을 사용하여 밝게 한다'는 '莅衆用晦而明'은, 군자가 군중을 대할 때 비록 어둠을 사용하지만 실제로는 밝습니다. 밖은 어둡고 안은 밝은 것이 쉬지 않는 밝은 도입니다."

10 張志淵, 『조선유교연원』: "『洪範九疇』는 원래 중국의 夏·禹에서 비롯되어 箕子가 推衍했다고 전하는 治國의 大法이다."

나라 최초의 성리학자이며, 풍기군수였던 주세붕이 회헌晦軒을 흠모하기 위해 백운서원을 세웠으며, 퇴계가 풍기군수로 부임하자 최초의 사액으로 소수서원으로 바꿨다. 또 주자를 높이며 사모한다는 뜻으로 '회와삼도晦窩三圖'를 지은 회와 晦窩 곽종석(1846~1919)은 영남 거유巨儒로 존숭을 받았는데, 그는 효성이 지극하여 어버이 병환이 위독하자 손가락을 끊어 회생시킨 장본인이기도 하다. 퇴계가 동방사현東方四賢으로 일컬었던 옥산서원의 회재晦齋 이언적李彦迪 역시 용회이명用晦而明을 받든 도학자이다.

이곡이 소리 높여 '당고지화黨錮之禍'에서 '용회이명用晦而明'을 노래한다. "하늘과 땅이 자리를 바꾸고[天地易位兮], 비운이 태통을 밀어내는 운세에[否泰相推], 어둠을 써서 밝게 하는 것이[用晦而明兮], 몸을 보전하는 요령이니[保身之機], 몸을 온전히 하며 해를 멀리하여야[全身遠害兮], 어지러운 세상의 스승이니라[亂世之師]."[11] 당호로 용회用晦, 회정晦靜, 중회重晦, 회곡晦谷, 회은晦隱, 회이晦而, 회산晦山, 회가晦可, 회명晦茗 등이 보인다.

---

11 이곡, 『가정집』, '悲歎黨錮之禍': "문을 닫고 글을 읽으며 옛사람들을 尙論하는 것은 때를 만나지 못한 사람들이 곧잘 하는 일이다. 나도 黨錮列傳를 읽다가 감회가 들기에 글을 지어서 애도하게 되었다. 임금을 성군으로 만들어 백성이 혜택을 받게 하는 것은 그것이 물론 군자가 지향하는 목표이지만 앞으로 크게 쓸 물건을 몸에 간직하고서 반드시 때를 기다려 움직여야 하는 법. 아, 당인으로 몰린 그 사람들이 나를 탄식하며 한숨짓게 만드누나. 참언이 성행하여 선인을 해칠 때에는 성인이라도 잠시 머리를 숙여야 하는 법. 아, 현인들이 자기네 역량도 헤아리지 않고 입으로 시비를 다투려고 했단 말인가. 천하에 홍수가 마구 흘러넘치는데, 한 손으로 막으려고 생각하다니, 큰 집이 장차 무너지려 하는 때에, 약한 가지 하나로 붙들어 세우겠나. 탄주가 개미에게 농락당하고[吞舟制於螻蟻兮], 도마뱀이 교룡을 기롱하였도다[蝘蜓欺彼蛟螭]. 가시나무가 바뀌어 향초가 되고, 모모가 서시를 투기하는 세상, 하늘과 땅이 자리를 바꾸고, 비가 태를 밀어내는 시대의 운세에[否泰相推], 어둠을 써서 밝게 하는 것이[用晦而明兮] 몸을 보전하는 요령이니, 몸을 온전히 하며 해를 멀리하여야, 어지러운 세상의 스승이니라. 난은 향을 발산하여 자기 몸을 불태우고[蘭以香而自焚兮], 못 속에 숨은 진주는 사람이 알지 못하나니[珠潛淵而莫知], 아 당인들이 불행하게 된 것도, 천명에 따른 당연한 일이었다." 여기 나오는 탄주는 배를 삼킬 만큼 큰 물고기라는 탄주지어(吞舟之魚)이니 군자를 가리키고, 개미는 소인을 가리킨다.

> 初九 明夷于飛 垂其翼 君子于行 三日不食 有攸往 主人有言
>
> 초9는 밝음이 사라지자, 날아가는 새가, (화살을 맞고) 날개를 늘어뜨린다. 군자가 서둘러 먼 길을 감에, 3일 동안은 식사를 하지 못할 것이다. 떠나가서 묵는 곳마다, 주인으로부터 좋지 않은 말이 있으리라.

머지않아 밝음이 사라지고 암흑이 세상을 지배할 것이다. 조금이라도 징조가 보이면 재빨리 무리를 떠나서 날개를 접어라. 암흑의 세상에서 그 녹을 먹는다는 것은 의리에 어긋나는 일이다[象曰, 君子于行, 義不食也]. 그러므로 굶주리는 고통을 받을 수 있고, 이르는 곳곳에서 비난을 받을 수 있다. "명이明夷의 초심자 명이鵬鶒라는 새가, 그 밝음을 상하게 될 징조를 느낀다."[12] 새들은 빛과 함께 일어나고, 빛이 사그라지는 때에 잠든다. 저녁 해가 기울면 석양빛이 미처 스러지기 전에, 새들은 벌써 둥지로 돌아간다. 초9는 아직 밝음이 미처 손상되기 전에 시작하는 단계이므로, 광명이 손상되려면 아직 멀었다. 군자는 이러한 앞날을 예측하여 서둘러 떠난다.[13] 어둠 속에서의 비행[明夷于飛]은 날개를 접을 수밖에[垂其翼] 없는 일이다. 또 '군자우행의불식야君子于行義不食也'는 군자가 당당하게 시절을 읽고 나가며, 굶어죽을지언정 마땅히 그 뜻을 굽히지 말고 세상을 등지고 살라는 의미를 함축한다. 다른 해석으로는, 그 새가 굶는 것은 비상飛上을 노출시키지 않기 위함이요, 비속飛速을 위하여 3일 쯤을 굶어서 속을 비워놓는다는 뜻이기도 하다. 그렇지만 그가 어느 곳에 가더라도[有攸往], 주인으로부터 만만찮은 뒷담화(gossip)가 무성할 것이다[主人有言]. 살아생전이나 사후에라도 말이 많음을 짐작한다. 이는 명이가 겸괘謙卦로 가는 경우다.[14][15][16] '군자우행君子于

---

12 정약용, 『주역사전』 : "明夷에서 명(鴨)은 흡사 봉황 같은 남방의 神鳥요, 이(鶒)는 산꿩의 일종으로, 모두 화려한 새다."

13 孫映達·楊亦鳴(박삼수 역), 『周易』, 529쪽.

14 참고로 군자는 허망한 일은 행하지 않으니 분수를 지켜라. 나는 잘하고 싶지만 주군이 나를 잘 봐주지 않는다. 밥 굶을 일도 당한다.

15 [說證] 明夷가 小過로부터 왔으니 飛鳥가 되어 '明夷于飛'가 되었다. '垂其翼'은 소과의 양쪽 날개로 비행하던 새가 감==의 화살을 맞자 4가 1로 떨어진다. '君子于行'은 명이가 겸괘가 되면서 진==行함이요, '三日不食'과 '義不食'은 명이의 모괘 임괘일 때 있던 태==의 음식이 명이와 겸에서 없어짐이다. 3일은 태==→건==→감==→간==의 시간을 나타낸다. 간==은 또 終始를 말하니 굶어 죽는 수다. '主人有言'은 겸의 진== 군주가 감==의 험으로 소인 간==의 말을 한다."

行'은 집을 떠나 전전하는 것이고, '유유왕주인유언有攸往主人有言'은 귀가(귀국)하라는 주인의 소리를 들을 것을 암시하고 있다.[17] 밝음을 가진 양의 새가 힘찬 비상을 위하여 날개를 펼치려다가, 험한 때를 알고 그 날개를 접고 만사에 참여하지 않고 은둔하는 자리이다. 군자의 갈 길에 마땅한 바는 굶어 죽는 한이 있더라도 지킬 것은 지킨다. 그것이 바로 군자의 몸가짐이다.

고사로 고죽국高竹國의 공자들이었던 백이와 숙제를 예로 드는데,[18] 그들은 폭군(주왕)의 악정을 미워하면서도 무왕武王의 혁명에는 찬성하지 않았던 사람들로 후세에 많은 이야기를 남기고 있다.[19]

六二 明夷 夷于左股 用拯馬壯 吉[20]
육2는 동이족의 오랑캐를 개명시킨다. 왼쪽 다리를 다칠 것이다. 물에 빠진 사람을 건져 올리니 말이 건장하면 길하다.

명이가 태괘泰卦로 가는 주효의 경우다. 동이족 오랑캐 나라를 개명시키려다[明夷], 왼쪽 다리를 다치게 된다[夷于左股]. 건장한 말이 구원하니 길하다[用拯馬壯吉].[21]

---

16 초9는 동이 트고 아침햇살이 퍼지는 새아침을 가리킨다. 따라서 초9는 대낮과 같은 크나큰 번영을 코앞에 둔 새아침이기 때문에, 일단은 인내하고 노력하면 머지않아 융성한 시기를 맞지만, 그렇지 못하고 낙담하고 포기하면 운세가 기울어 흉을 만나 둥지로 돌아가게 될 것이다.

17 황태연, 『실증주역』, 564쪽.

18 맹자는 "자기가 좋아하는 임금이 아니면 섬기지 않았고, 자기가 정당하게 맡게 된 백성이 아니면 부리지 않았고, 다스려지면 나가고, 혼란해지면 물러나는 것이 백이였다"고 한다. 또 "백이는 자기가 사귈만한 친구가 아니면 사귀지 않았고, 악인이 정사에 참여한 조정에는 나아가지 않았다. 악한 사람과 더불어 있음은 훌륭한 의관을 차리고 진흙탕이나 숯검정 같이 더러운 곳에 앉는 것 같이 끔찍하게 생각하였다"라고 했다. 그리고 공자는 "백이와 숙제는 자기 뜻을 버리지 않고 몸을 더럽히지 않은 사람이고, 원한을 품지 않음으로써 원망을 사지 않은 사람이었다"고 한다.

19 사마천, 『史記』, 「伯夷叔齊傳」: "무왕이 주왕을 치는 것을 불충이라며 叩馬而諫하였으며, 不事二君의 충절로 首陽山에 들어가 고사리[採薇而食]로 연명하다 굶어 죽는다." 고려의 冶隱 또한 조선을 섬기지 않고 금오산에서 採薇亭을 짓고 살았고, 성삼문 역시 중국 백이숙제의 '百世淸風'碑를 보고 충절의 시를 읊으니, 그 비에서 땀이 흐르더라는 고사도 전한다. 세종이 수양대군에게 준 의미도 首陽山의 충절을 본받으라는 이름이었다.

20 股 넓적다리 고 拯 건질 증.

21 [說證] '이우좌고(夷于左股)'는 리☲의 무기로, 소과에 있던 다리 손(巽)을 다치게 한다. 소과의

밝음이 사라지는 때에 왼쪽 다리를 다친다. 물러나 순응을 하고 있으면 반드시 귀인과 건장한 말에게 구원되니 길하다. 유순하고 중정한 육2가 육5와 소통이 되지 않아 어려운 상황[明夷于左股]에 놓인다. 다친 곳이 그나마 오른쪽 다리가 아니고 왼쪽인지라 재기의 가능성이 있다. 왼쪽은 방어용, 오른쪽은 공격용이라 하니, 아직은 오른쪽이 성하다. 왕필도 여기서는 "중정한 2가 밝음을 잃고 다쳤지만, 나아가고 물러남에 의심받을 행동을 하지 않는다. 유순으로 준칙을 삼으니 건장한 말이 구원하여 좋다"고 해석한다. 강건한 말이 찾아와 구하니 좋다[用拯馬壯吉] 하였으니, 2가 크게 다칠 상황은 면했음을 알 수 있다. 2는 유순하고 법을 어기지 않고 사는 바른 사람이라는 것을 세상이 다 알고 있다. 그러니 공자가 "2가 구원을 받아 좋아지는 것은 유순하면서도 분명한 원칙을 세우고 사는 사람이기 때문[象曰, 六二之吉, 順以則也]"이라 한 것이다.[22]

이에 관한 고사로는 천하의 3분의 2를 가진 문왕이 어려운 탄압 속에서도 주왕을 끝까지 섬긴 것은, 비길 데 없는 인신人臣의 법칙으로 들 수 있고, 유리옥에 갇힌 문왕이 구출되었음을 이야기한 것이다. 문왕의 사우四友(태진, 산의생, 횡요, 남궁 괄) 중 한 사람인 산의생散宜生이 패물과 미녀를 뇌물로 바쳐 문왕을 탈출시켰다고 하는데, 산의생이 바로 '마장馬壯'의 위인이다.

九三 明夷于南狩 得其大首 不可疾貞[23]
구3은 오랑캐를 개명시키게 될 것이다. 남쪽으로 사냥을 가서, 그 우두머리를 잡게 될 것이다. 급하게 일을 처리하면 안 된다.

어둠이 짙다. 단호하게 일어나 남쪽으로 사냥을 나서면, 원흉을 붙잡아 뜻을

아래는 오른쪽이고, 위는 왼쪽이다. 소과의 위에 있던 4가 아래 1로 떨어져 상함인데, 이는 紂임금 시절에 정강이를 잘린 사람의 경우를 말한다. '용증마장(用拯馬壯)'은 소과의 시절에 진☳의 장수가 정벌에 나섰다가, 명이가 되면서 감☵물에 빠져 갑자기 1로 떨어진다. 효변하여 태괘(泰卦)가 되면서 물은 없어지고, 진☳의 장수가 건☰의 말로, 곤☷의 육지로 올려 구원한 모양이다. '순이칙(順以則)'은 곤☷의 順과 감☵의 法이다.

22 참고로 사소한 근심은 머지않아 자연스레 해소될 것이니 너무 근심하지 말고 안정을 취하라. 3에서 적장의 머리를 따올 수 있다 하니, 이것은 호사다마의 징조이다[明夷→泰 : 官→印, 丑→寅].

23 狩 사냥할 수.

이룰 수 있다. 성급하게 굴지 말라. 명이괘가 복괘復卦로 변하는 경우다.[24] 궁즉 통窮則通이다. 명이明夷의 시절인데도 남수南狩라니, 간난신고를 겪는 어려운 때 인데도 상효와 정응이 되니 괴수를 잡아오는 찬스를 잡았다. 전혀 반전할 기미 가 보이지 않을 정도의 어려운 상황이었지만, 남으로 군대를 몰아가는[明夷于南 狩] 작전을 세우고 전장에 나서면, 적장의 머리를 벨 수 있다[得其大首]. 너무 성 급하게 굴지 말고 만반의 준비를 다하라[不可疾貞]. 공자도 "남쪽으로 사냥을 간다 는 뜻은 큰 노획물이 있을 것[象曰, 南狩之志, 乃大得也]"이라는 확신을 준다.

고사로 당시 은나라는 주나라의 동쪽에 있었는데, 주가 은을 칠 준비가 되지 않아 동진東進하지 못하고, 대신하여 남쪽 지역의 촉나라를 정벌하기에 이른다. 남南은 낯[面]쪽이고 마[馬]파람이 불고 해가 중천(명이와는 반대)에 떠 있는 곳이 라, 무언가 해결점을 찾아주는 희망이 있는 기회의 땅이다. 곧 주나라 무왕이 폭주暴紂를 정벌하게 되더라도, 이신벌군以臣伐君으로 역성易姓혁명을 한 역적이 라는 소리는 듣지 않도록 해야 할 것이다. 곧 군자면 찬시簒弒의 원성을 듣는 어리석음은 저지르지 말았어야 한다. 여기서 맹자의 일갈一喝은 주紂 임금의 죽 임을 당연시 했다. "인자仁者를 해치는 자는 흉폭凶暴하다. 정의正義를 해치는 자 는 잔학殘虐하다. 흉폭하고 잔학한 자는 한 일부一夫에 지나지 않는다. 한 놈의 깡패 주紂를 죽였다는 소리는 들었지만 임금을 죽였다는 소리는 듣지 못했다."[25]

그렇지만 무왕은 은나라를 멸하고, 반란 세력을 3년 동안 정벌하다, 정복 전 쟁으로 인한 피로의 누적에 쓰러지고 만다. '불가질정不可疾貞'의 경고를 무시한 대가치고는 너무 컸다. 명이가 복괘復卦로 간 경우다.

이 효사의 내용은 문왕이 은의 지지세력인 숭崇(지금의 하남성 숭현)을 치고, 풍읍豊邑에 도읍을 세우고, 밀密(지금의 영주)을 정벌하였을 때, 군장君長을 포획 하고, 그 괴수魁首를 섬멸함으로써 명이明夷의 도를 오랑캐 땅에 밝힌 역사적 내 용을 담고 있다. 남쪽으로 가면 분명히 대승하니 절대로 조급하게 굴지 말라.

---

24 명이괘는 臨卦에서 왔으니, 2의 강이 3으로 가서 리(離)가 되어, 오랑캐 땅을 교화한다. 괘주로 본상만 말한다. '수(狩)'는 북방 겨울 사냥이다. 리☲의 남방에서, 감☵의 겨울날에 리☲의 병사 로 하여금, 감☵의 활을 들고, 곤☷의 밭 앞으로 나가, '得其大首' 즉 진☳의 대장을 잡는다. '不 可疾貞' 또한 감☵을 두고 한 표현이다. 임괘의 2가 3으로 가면 빠르고, 명이의 3이 아래로 내려 오면 늦어짐이다.

25 『孟子』, 「양혜왕」 8장 "賊仁者謂之賊, 賊義者謂之殘, 殘賊之人謂之一夫. 聞誅一夫紂矣, 未聞弒君也."

"남쪽 나라는 위축되고, 그 우두머리 왕을 쏘아 죽였다."[26/27]

> 六四 入于左腹 獲明夷之心 于出門庭
> 육4는 왼쪽 배로 칼을 찔러 들어갈 것이다. 오랑캐를 개명시키고자 하는 마음을 얻어서, 문 앞의 뜰을 나섬이로다.

명이괘가 풍괘豐卦로 변한 경우이다.[28] 4는 정위에 있고 임금 측근에서 유순한 자세를 취하고 있는 신하이다. 명이의 암담한 시절에 그 적의 마음속까지 들어가 은밀함을 알아내려면 거칠고 공격적으로 보이는 '우행右行'이 아니라 유순하고 부드러운 '좌행左行'을 취한다. 또 '좌左'는 은밀하게 밀착된 관계를 나타낸다. 고로 '좌복左腹'은 주자의 말처럼 은유隱幽한 곳으로, '좌고左股'보다 더 가까이에서 위험이 닥친 것을 쉽게 느낄 수 있는 곳이다. 정자 역시 '입우좌복入于左腹'을 은근하게 사귀어 임금의 뜻을 얻어냄이라 하였다.

공자도 "왼쪽 배로 들어간다는 것은 깊은 마음의 뜻을 간파하는 것[象曰, 入于左腹, 獲心意也]"이라고 정곡을 찔렀다. 곧 다급한 고급 정보가 숨어 있는 곳으로 잠입하여[入于左腹], 어떠한 수단을 강구하더라도 암흑의 내막을 빼내 쥐고는[獲明夷之心], 급히 집을 탈출하여 떠나는[于出門庭] 시도로 볼 수 있다. 4의 형세는 이미 어쩔 수 없는, 곤란한 명이의 지경[左腹]에 다다랐음을 짐작할 수 있으며, 4와 5와 상효도 이미 밝음이 사라졌다. 그렇지만 4는 밝음(1·2·3)과 가장 인접한 자리이고, 명이의 당사자인 임금의 측근인지라, 그 명이지심明夷之心을 쉬 간파할 수 있다. 그래서 담장의 문으로 빠져 나와 탈출을 시도한다.

---

26 정약용, 『周易四箋』, 『春秋官占補註』, '晉侯鄢陵之筮' 참조

27 高島 嘉右衛問, 『高島易斷』 : 1894년 8월 18일, 청일전쟁 당시 일군이 평양으로의 진군을 점쳐 3을 얻었다. "명이는 야밤의 상태로 일본이 문명을 가지고 가려 해도 조선이 야만하면서도 업신여기고 있다. 이 싸움은 대승할 것을 판단하여 9월 15일 원산의 지원부대가 북에서부터 남을 향하여 파괴하고 적장 좌보귀(左寶貴)도 전사시켰다."

28 [說證] 명이에는 곤(坤)과 리(离)가 있어 복부를 말한다. 옛 사람들은 왼쪽을 숭상하였다. 명이괘는 하괘에 리(离)가 오른쪽이고, 상괘 곤(坤)이 왼쪽이다. 豐卦는 泰卦에서 왔다. '入于左腹'은 풍괘의 리☲와 태☱의 예리한 칼날이, 상괘 곤☷을 찔러 들어간다. '于出門庭'은 소과괘 간☶의 문과 명이괘 곤☷의 뜰을 이른다.

고사로, 미자微子가 주왕의 마음을 얻어 놓고는 제기를 안고 주나라로 도망간 일이 있었다. 『서경書經』에 따르면 기자가 미자에게 "상나라에 이제 재앙이 온다. 왕자님은 도망가시라"고 하였다. 미자는 주紂와는 형제이다. 주紂에게 여러 번 충고를 하였다. 숙부 비간比干이 살해되고, 숙부 기자箕子가 양광佯狂하다 옥에 갇히는 것을 보고 마침내 자신도 국외로 튀고 만 것이다. 다산은 "오랑캐를 개명시키고자 하는 마음을 얻었기에 문 앞의 뜰을 나섰다"고 주석한다. 동파도 중국 사람들이 외국으로 나가는 것을 명이明夷라고 하였으며, 또 "태괘泰卦의 2가 밖으로 나가면 그것이 명이가 아니고 무엇이겠는가"라고 반문하고 있다.[29]

六五 箕子之明夷 利貞
육5는 기자가 동이족을 개명시키기 위해, 조선으로 갔으니, 일을 처리함에 이로울 것이다.

유순하고 밝음이 사라진 척 하는 육5는 기자에 비유된다. 겉으로는 미친[箕狂] 척 하며, 살아남는 처세를 해야 함을 알린다. 공자의 주석처럼 "기자 정도가 되니까 살아날 수 있는 일[象曰, 箕子之貞, 明不可息也]"이라고 한 말이 이해된다.

위에서 살펴본 대로 명이의 시절에는 살아남는 방책이 다 다르다. 기자가 주왕에게 간언을 해도 듣지 않자, 가까운 사람들이 그에게 망명을 권했다. 그러나 기자는 왕의 신하로서 망명을 하면 왕의 악행을 폭로하는 일이 되니 차마 망명은 할 수 없다고 거절했다. 그는 자신의 지혜를 감추고는, 미친 척 하며 노비로 살면서도, 마음만은 항상 세상을 건질 용기를 잃지 않았으니, 그런 기자가 5를 얻은 까닭과, 그 내공이 과연 명이의 대왕과도 같은 수준이다.

정자도 증명했다. "만약에 자신의 경륜을 발휘하면 죽을 것이 확실한데도, 마땅히 회장晦藏으로 어려움을 면해야 했다. 회명晦明하지 않으면 그 화가 마땅히 죽음이었으니, 미친 척 해서[佯狂爲勞] 죽음이라도 우선 면하고 후일을 도모한 기자지정箕子之貞은 밝음을 잃지 않은, 명이의 바른 처세라 할 수 있다[明不可息.

---

29 참고로 외국 출장, 특파원 파견, 부서 이동이 보인다.

也]." 수현壽峴도 『오위귀감』에서 비록 몸이 욕될지라도 마음만은 곧게 대처하라고 주문한다.[30] 백운白雲은 "더 이상 욕을 보지 않고 대처하는 법이 기자의 명이"라고 하였다.[31] 명이괘가 수화기제旣濟로 변한 경우이다.[32]

명이의 처세법도 시절과 나름대로의 내공에 차이가 보인다. 기자의 행적이 나타난 사마천의 『사기』를 보면, 주나라 무왕武王이 은나라를 무너뜨리고 패권을 잡은 후에 감옥에 있는 기자를 풀어주자, 기자는 은나라의 종친으로 나라가 망하고 없으니 적군에게 구원된 것이 부끄러워 따르는 무리 5천여 명과 함께 조선으로 갔다. 기자가 조선으로 간 사실을 전해들은 무왕은 기자를 조선에 봉하였고, 그 기자는 무왕에게 '홍범구주洪範九疇'를 설명해 주었다. 그가 조선으로 돌아오는 길에 잡초 무성한 은나라 옛 궁궐터를 보며 '맥수가麥秀歌'를 부른다.[33]

율곡은 『기자실기箕子實記』에서 기자의 내용을 자세하게 밝히고 있다.[34] "아!

---

30 石之珩, 『五位龜鑑』: "신이 삼가 살펴보았습니다. 明夷의 5가 임금의 자리만을 취하지 않고, 箕子의 명이를 취한 것은, 위에 어두운 음이 밝음을 손상시키는 주인이기 때문입니다. 상6은 본래 임금의 자리가 아닌데도, 명이의 때에 힘으로 5를 타고 해치려 합니다. 5가 그 변화에 잘 대처하고 그 지킴을 잃지 않으며, 몸은 욕될 수 있지만 안의 밝음마저 없앨 수 없으니, 이것이 곧아야 하는 이유입니다. 성인이 기자를 빌어서 그 뜻을 밝혔으니, 천하에 이 형세를 만난 자는 대체로 그에 해당합니다. 엎드려 바라건대 전하께서는 가까이에서 취하여 깊이 본받으소서."

31 沈大允, 『周易象義占法』: "명이괘가 기제괘로 바뀌니, 해가 땅을 떠나왔다. 감☵에 붙어 다니면 그 빛은 어둡다. 5가 得中柔順일지라도 응이 없다. 기자가 거짓으로 미친 척 하여 노예가 되어 신하가 될 수밖에 없었던 이유가 이것이다. 비록 빛을 감추지만, 더는 손상되는 환란이 없으니, 모두 정응되는 기제괘의 뜻이다. 명이는 임금의 도가 아니므로 임금의 자리를 취하지 않았다."

32 [說證] 旣濟괘는 지천태괘로부터 왔다. 진☳의 바깥쪽으로 곤☷의 나라가 있으니, 震은 東國이다. 기자가 東夷族 조선을 밝히러 간다. 기자가 東夷로 明夷하러 가니 '箕子之明夷'이다. 또 감☵의 덕이 바르고 곧으니 '利貞'이고 '明不可息'은 기제의 리☲가 이어짐이다.

33 사마천, 『史記』: "보리 이삭은 점점 자라고, 벼와 기장 기름지기도 해라. 저 교활한 아이는 나와는 사이가 좋지를 않네." 은나라의 백성이 이 노래를 듣고서 모두 눈물을 흘렸다는 '맥수지탄(麥秀之歎)'이 바로 고국의 멸망을 한탄하는 의미로 쓰이게 되었다.

34 李珥, 『율곡전서』, 『雜著』 참조 율곡은 29세 때 과거시험에서 이미 '變轉하는 易의 數'에 대한 策問과 對策이란 '易數策'으로 장원급제한 사실이 있다. 그는 '10만 양병설'이 받아들여지지 않자 관직에서 물러날 정도로 예지가 밝았다. 먼저 이순신을 찾아 두보의 시를 전했다. "독을 품고 있는 용이 숨어있는 곳에, 물이 곧 맑네." 그는 이 시를 일천 번 읽으라 하고는 뜻은 알려주지 않았다. 후일 이순신이 전함을 정비하기 위해 섬에 머물러 있으면서 나무를 채집하는데, 나무를 자르는 소리가 들렸다. 순간 두보의 시가 떠올랐다. 물을 바라보니 매우 맑았다. 장군은 부하들로 하여금 배의 밑을 창끝으로 찌르게 했는데 곧 붉은 피가 바다를 물들였다. 왜놈들이 배의 밑에 숨어들어서 바닥에 구멍을 내고 있었던 것이었다. 또 율곡은 백사 이항복을 찾아가서 "서럽지 않은 눈물에는 고춧가루를 싼 주머니가 약이니라"고 알려주었다. 언제 어떻게 쓰일 거라

태사여. 명이괘의 비운을 만났도다[運遭明夷]. 안은 정명貞明하나 겉은 암회闇晦하고, 때를 따라 의義를 제정하였네. 머리를 풀어 종이 되고, 거문고를 타서 곡조를 만드니, 하늘만이 그 마음을 알아주겠지. 조국이 이미 망하였으니, 슬프다, 어디로 돌아갈 것인가? 구주九疇를 문왕에게 전수하고, 몸은 동녘에 와 다스리네. 크게 국토를 개척하여 낙랑樂浪에 도읍하였다. 팔조八條의 금법을 만들고, 예악禮樂으로 문화를 선포하였네. 대동강은 맑디 맑고, 태백산太白山은 높았네. 자손은 연이어 번성하니 천년의 봉사奉祀 정해졌네." 한편 기자의 유물로는 '보물 2호'로 그의 위패를 모시고 봄·가을로 제사지내는 숭인전崇仁殿이 평양 서문동에 있고, '애민여자愛民如子'라는 유필과 함께 변계량이 지은 묘비명도 전한다.[35] 참고로 기자처럼 명이의 처신을 잘하면, 죽을 고비를 넘기고(감옥에서 석방), 외국으로 나가 성공하는 케이스를 얻게 된다.

上六 不明晦 初登于天 後入于地
상6은 밝지 못해 어두우니, 처음에는 하늘을 오르는 것 같으나, 나중에 땅 속으로 들어감이다.

는 이야기는 전혀 하지 않았다. 훗날 명나라 이여송 장군이 군대를 이끌고 원군으로 왔을 때 그들은 매우 거만했다. 원군을 청하러 가게 된 사람이 백사 이항복이었다. 그는 도움을 청하기 위해 슬픈 표정을 지어야 하는데 잘 되지 않았다. 그때 문득 율곡이 전해준 이야기가 생각나서 고춧가루를 싼 주머니로 눈을 비벼서 슬픈 듯이 눈물을 흘리면서 이여송에게 원군을 청했다고 전해진다. 그리고 화석정의 이야기도 유명하다. 花石亭은 율곡의 5대조 이명신이 세운 정자로, 율곡은 관직에 있을 때도 틈틈이 이곳을 찾았으며, 벼슬에서 물러난 뒤에는 이곳에서 여생을 보내며 제자들과 함께 학문을 논했다. 율곡이 하인들에게 틈틈이 화석정의 기둥에다 기름칠을 하도록 하면서, "훗날 소용이 닿는 일이 있을 것"이라고 예언했다. 과연 임진왜란을 피해 의주로 피난하던 선조가 임진강에 닿으니 캄캄한 한밤중이라 강을 건널 수가 없었다. 이때 신하들이 화석정에 불을 놓아 그 빛으로 천신만고 끝에 건널 수 있었다고 한다.

35 세종 10년(1428) 여름, 4月 갑자일에 국왕 전하가 전지를 내려 이렇게 말하였다. "옛날 주나라 무왕이 은나라를 정벌해 이기고, 은나라의 태사를 우리나라에 봉하여 그가 주나라의 신하가 되지 않으려는 뜻을 이루게 하였다. 우리나라의 문물과 예악을 중국과 같이 비길 수 있음이 지금에 이르기까지 2,000여 년이 된다. 이것은 오직 기자의 가르침에 힘입은 것이다. 돌아보건대 그의 사당은 좁고 누추하여 쳐다보며 구부리기에 알맞지 않다. 우리 부왕께서 일찍이 중수하기를 명하였고 내가 그 뜻을 받들어 독려하였다. 이제 낙성을 고하였으니 마땅히 돌에 새겨서 오래도록 후세에 보여야겠다. 史臣은 그 글을 지으라."

지혜롭지 못한 어두운 군주가 처음에는 천자로 군림하다가, 차차 실성과 실정으로 길을 잃고 마침내 바닥으로 전락하고 만다. 임금이 음으로 음의 자리에서, 그것도 암울한 명이의 꼭짓점에서 처음에는 무엇인가를 하는 것처럼 보이다가, 후에는 독부毒夫가 되어 우스운 꼴로 나락하고 마는 그림이다. 아래 다섯 사람은 모두 회명晦明으로 능히 어려운 명이明夷를 대처하건만, 오직 상효만이 밝고 지혜롭지 못하여 법도를 잃고 마침내 땅속으로 들어가 캄캄한 세상을 맞이하는 모양이다.

주紂왕을 가리키는 고사인데, 이는 하늘을 가벼이 여긴 경천자輕天者의 비참한 말로다. 그 모습은 평생을 불명회不明晦(No light but darkness)로, 그믐밤에 길을 잃어버린 미아의 꼴이 확연하다. 이런 자가 임금의 일을 한다고 백성을 속이며 등극하면, 처음에는 백성과 자신도 모르게 넘어가니 초등우천初登于天이요. 끝날에는 하늘을 속이지 못하니 천심天心에 고려장을 당하는 꼴이라 후입우지後入于地라 한 것이다. 명이가 비괘賁卦로 간 경우이다.[36]

사마천은 『사기』에서 이렇게 기록하고 있다. "제을帝乙의 장자 '미자계'는 그 어미가 천한 출신이라 아비의 뒤를 잇지 못하고 차남 '신辛'이 정비의 소생이어서 아비의 뒤를 이었다. '제을'이 죽고 '신辛'이 뒤를 이었으니 그가 '제신帝辛'이다. 사람들은 그를 포악하다는 의미로 '주紂'라 불렀다."[37] 주왕은 하夏나라의 걸왕桀王과 더불어 중국의 역사상 유명한 폭군의 대명사다. 본시 주왕은 힘이 장사고 민첩했으며 문무 또한 겸비하여 수차례 동이족을 정벌하여 많은 노예와 재물을 획득하는 등 기록을 보면 공자의 주석처럼 "처음엔 천자가 되어서 세상을 한 손아귀에 넣은 것[象曰, 初登于天, 照四國也]"처럼 보였다.

그런데 동이東夷를 정벌하여 승리로 이끌었던 그 전쟁의 부담이 커 국민의 혼란이 계속되는 가운데서도 애첩인 달기를 총애하여 정사를 돌보지 않는 상황까지 갔다. 달기와 주지육림酒池肉林과 포락지형炮烙之刑(구리 기둥에 기름을 바르고 아래에 숯불을 피운 후 사람을 그 기둥에 오르게 해놓고 숯불 속으로 떨어뜨리는

---

36 [說證] 명이괘가 賁卦로 변하는 경우이다. 賁卦는 泰卦로부터 온다. '不明'은 땅 속으로 들어간 태양이요, '初登于天'은 명이괘가 도전한 晉卦의 상이요, '後入于地'는 실각하는 군주가 비괘 간☶에서 죽음을 맞이함이다.

37 사마천, 『사기본기』, 「은나라본기」 참조

형벌) 같은 이야기는 유명하다. 나아가 주왕은 포악스럽고 간언을 듣지 않았을 뿐 아니라 괴팍한 행동을 일삼자 미자微子가 떠나가고, 기자箕子가 노예가 되고, 비간比干은 간언하다 죽었다. 마침내(BC 1150) 그 유명한 목야牧野의 전투에서 대패하고 마니, 공자의 주석대로 "땅속으로 꺼져들어가는 패망을 본 것은 법도를 잃었기 때문[後入于地, 失則也]"이었다.

목야의 전투 당시 무왕이 이끄는 군사력은 병거 300대와 용사 3천 명, 무장병 4만 5천 명으로 턱없이 부족하여 주왕의 17만 군사에 비하면 중과부적이었지만, 오랫동안 철저히 전쟁을 준비하여 온 무왕의 대승으로 끝나고 말았다. 전쟁이 터지자 은나라 군사들이 창을 거꾸로 세우고 주나라 군대의 진로를 열어 줄 정도로 은나라의 민심은 이반되어 있었다. 주왕은 천명을 타고난 자신을 하늘이 멸망시키지 않을 것으로 스스로 믿고 있었다. 그러나 신하들이 그를 따르지 않고, 백성들의 원망이 하늘을 찌르니, 시절마저 그를 버리고 말았다. 주왕의 말로는 적에 쫓기어 정신없이 도망치다 녹대鹿臺(재물을 쌓아 둔 곳간)에서 스스로 불을 질러 타죽었다고 전한다. 상효는 하늘로 오르는 듯하다가 땅으로 들어가고 마는 태양을 두고 하는 말이다.

태양은 군주의 상이다. 『서경』에서 폭군을 빗대어 "이 해는 언제 망할까[時日 曷喪]?"라고 한 대목도 바로 그것이다. '실칙失則'은 군자의 도리를 잃어버린 것을 말한다. 주자는 상효를 '암군暗君의 자리'라 하였고, 호병문胡炳文도 "법도를 잃은 것은 주왕이고 법도를 따랐던 것은 문왕이었다"고 했다.[38]

다음은 선조 임금이 명이괘를 공부하는 경연經筵장의 긴 모습이다. "구3은 잔악殘惡을 제거하는 데에 그 책무를 맡지 않을 수 없습니다. 강剛으로서 강 자리에 있고 또 리☲의 윗자리에 있으면서 상6의 어두운 임금과 서로 응하므로, '탕무湯武가 걸주桀紂를 치는 상'이라고 하였습니다. 또 '구3은 앞으로 나아가 악의 괴수를 잡는다'고 하였는데, 정자는 탕무湯武의 일로 비유하였으니 이것이 알기 어려운 것입니다. 또 2효부터 상효까지는 사괘師卦이니 군사의 뜻이 있고, 아래 호괘가 감☵이니 곧 겨울 사냥[冬狩] 때에 맞습니다. 리☲는 남쪽이므로 남쪽 사

---

38 尙秉和, 「周易古筮考」: "孝武帝가 자신의 즉위를 점치자 명이가 賁卦로 갔다. '初登于天'은 천자 가 되는 것이요, '後入于地'는 오래 갈 수가 없음이었다. 훗날의 사실이 그와 같았다."

냥[南狩]이라 한 것이고, 이는 또 갑주甲冑·과병戈兵의 상이라 수획狩獲을 상징합니다. 3효는 강명剛明한 자질로 하체下體 맨 위에 있고 상효는 혼암昏暗한 자질로 궁극窮極한 곳에 있어서 서로 적응敵應이 됩니다. 이는 무왕武王이 주紂를 친 일을 들어서 비유하는 것이 서로 맞을 듯하니 제가諸家들이 끌어다 대어 밝힌 것입니다. 처음 괘卦를 그릴 때에는 어찌 무왕이 주를 치는 뜻이 있었겠습니까. 또 혁괘革卦는 천지가 변혁하는 상이므로 단사에 탕무湯武를 말한 것은 마땅하나, 명이의 구3은 이미 군신君臣의 분수가 정해져 보상輔相의 자리에 있습니다. 그러니 다만 밝은 것으로 어두운 것을 없애는 것을 말하는 것은 의리에 부족한 것이 없으나, 신하가 임금을 치는 상이라 한다면 어떨지 모르겠습니다. 다른 괘에서는 모두 5효를 임금의 자리로 삼고 상효는 지위가 없는 곳으로 삼는데, 이 괘에서만은 5효를 기자箕子로 비유하고 상효를 가리켜 명이明夷의 임금이라 하였습니다. 성인聖人의 깊은 뜻이 있는 듯하나 3효의 재才와 덕德이 어찌 탕무에 견줄 정도까지 되겠습니까. 신의 얕은 소견에는 그 사이를 의심하지 않을 수 없습니다. 또 『주자본의』에 탕문湯文의 일을 끌어낸 것은 '악의 괴수를 잡는다'는 뜻을 가리킨 것이 아니라 '성급히 개혁해서는 안 된다'는 것을 위주로 말한 것이니 '성급히 개혁해서는 안 된다'는 뜻은 정자와 주자의 풀이가 같지 않습니다. 원악元惡을 이미 죽였으나 예전부터 물들어 온 더러운 풍속은 갑자기 고칠 수 없다는 것이 『역전』의 뜻이고, 수악首惡을 제거하는 데에는 급히 서둘러서는 안 된다는 것이 『본의』의 뜻입니다. 대체로 탕湯이 이윤伊尹을 시켜서 다섯 번을 걸桀에게로 나아가게 한 것과 무왕武王이 5년 동안이나 시일을 끈 것은 다 허물을 고치기를 기다린 것이니, 이 또한 성급히 개혁해서는 안 된다는 뜻입니다. 4효는 『정전』과 『본의』의 설이 서로 같지가 않습니다. 『본의』를 보면 토吐와 해석이 이러해야 마땅할 듯한데, 『정전』을 보면 '명이의 마음을 입는 것'을 상6의 상명傷明의 마음을 얻는 것으로 하였고, 『본의』에는 멀리 떨어진 데에서 스스로 그 뜻을 얻는 것이라 하였습니다. 대개 2효와 3효는 상6과 체體를 달리하므로 그 정분이 소원하고, 4효와 5효는 상6과 체를 같이하므로 친밀하니, 이 일에도 같지 않은 것이 있습니다. 4효와 상효는 한 집안의 사람이므로 떠날 의리가 없으나 상의 어두움이 이미 극도에 이르고 또 구제할 형세도 없는데, 어두운 곳에 거처하면서 자신은 지위가 미천하므로 오히려 멀리 떠날 수 있습니다. 그러므로 집주輯註에 '미자微子는 주紂에게 아주 가까운 친족이지만 간할 수 없다는 것을 알고서 주를 버리고 무왕에게 갔다'고 하였으니, 바로 이 효의 뜻을 얻은 것입니다. 『주역』은 지난 것을 증험하여 앞일을 살피며[徵往而察來], 은미한 것을 나타내고 그윽한 것을 밝혀내는 것[顯微而闡幽]이니, 성인이 후세를 염려한 뜻이 지극합니다. '왼다리에 상처받는다' 함은 고굉股肱을 다치는 것이고 '왼 배에 들어간다' 함은 심복心腹을 다치는 것이니, 어찌 고굉·심복을 다치고도 보존될 자가 있겠습니까. 경계를 보인 뜻이 깊습니다."

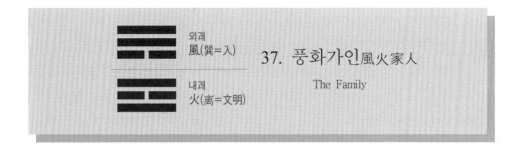

외괘
風(巽=入)

내괘
火(离=文明)

37. 풍화가인風火家人

The Family

안살림을 사는 방법이다. 주부처럼 내실 경영을 우선으로 해야 한다. 맛있는 음식을 장만하고 따뜻한 아랫목을 마련하는 정성이 필요하다. 돈과 명예가 아무리 좋다 해도 가인의 시절은 내핍 경영과 실속 위주의 사업이 필요할 때다.

> 家人 利女貞
> 가인은 집사람을 뜻하기에 주부처럼 정도를 지키면 이롭다.

가인家人은 가정을 지키는 주부의 도를 말한다[利女貞]. 주부의 도는 우선 여정女貞에 있어야 가도家道가 반듯하다. 여정女貞은 가정家正이니 여정女貞이 된다면 남정男正을 가히 알만할 것이다. 중부中孚괘 때는 손巽의 장녀나 태兌의 소녀에게 감坎의 정貞이 없었으나, 가인괘가 되면서는 리离의 담장을 넘지 않고서도 일 처리가 건실하니 이것을 '이여정利女貞'이라 한 것이다.[1]

세상의 상처는 따뜻한 가정으로 돌아와야 치료의 효험이 빠르다. 무릇 짐승도 자기가 난 산천에서 약을 구하듯 외상外傷을 입은 자는 반드시 집으로 돌아오게 되어 있다. 암탉이 우는[牝鷄晨鳴] 집은 온화함과 포근함이 없다. 가인家人은 가도家道를 가리키고 있다. 부자父子 간의 친친親親과 부부夫婦 간의 의리義理와 존비장유尊卑長幼 간의 반듯한 도리는 훈훈한 가풍에서 나온다. 불법佛法도 마구니의 소란이 보이면 마땅히 유심唯心인 줄 여기니, 유심唯心이 바로 불법佛

---

1 정약용, 『주역사전』 : "가인괘는 '誠'을 뜻하는 중부괘와, 가지런히 다스리는 '大巽☴'의 遯卦로부터 온다. 巽은 가지런히 다스림이다. 이미 성심으로 수신하니, 비로소 집안을 다스릴 수가 있다. 집안을 다스리려고 하는 사람은 반드시 먼저 자기 자신을 닦아야 한다. 그 이유는 가인괘가 먼저 离☲가 있고 나중에 巽☴이 있다. 중부괘 때에는 震☳과 巽☴이 있고, 艮☶과 兌☱가 함께 하고, 가인괘 때에는 坎과 离가 있으니 온 가족이 화합한다."

法의 안방이다. 고로 모름지기 마음으로만 복을 닦고 자성自性을 밝혀가니 가인家人은 이여정利女貞이다.[2]

불☲을 잘 다루어야 가족들을 위해 밥도 짓고, 집안을 따뜻하게 하듯, 불은 바람을 생기게 하고, 또 바람은 불로부터 연유하니, 모든 세상만사는 따뜻한 가정에서부터 시작됨을 알 수 있다. 이미 성심으로 수신하여, 따뜻하고 온화한 가정에서 세상으로 나아가게 되니, 천하를 다스리는 도는 바로 치가治家의 도에서 나온다. 고로 집안을 다스리려고 하는 사람은 반드시 자기 자신을 닦아야 할 것이다. 아래는 『대학』「수신제가」편 내용이다.

"집안을 다스림은 수신修身에 달렸다. 사람들은 자기 자식의 악을 알지 못하고 자기 싹의 큼을 알지 못한다. 수신이 되지 않으면 가히 치가治家는 어렵다. 이른바 나라를 다스리려면 반드시 그 집안을 먼저 바로잡으라."[3]

자신의 집도 바르게 못하면서 남을 바르게 할 수 있는 사람은 아무도 없다. 효도란 임금을 섬기는 방법이요, 공손함이란 윗사람을 섬기는 방법이요, 인자함이란 백성을 부리는 방법이다. 고로 나라를 다스림은 그 집을 바로 다스림에서 시작된다. 『시경』에도 다음의 글이 있다.

"집안의 형제가 화목한 뒤에라야 가히 나라의 사람들을 가르칠 수 있고, 부자와 형제가 본받을 만해야 나라의 사람들을 본받게 할 수 있다. 즐거워라 군자여[樂之君子], 백성의 부모로다[民之父母]. 백성들이 좋아하는 바를 좋아하며[民之所好好之], 백성들이 싫어하는 바를 싫어하니[民之所惡惡之], 이를 일러 백성의 부모라 부른다[此之謂民之父母]."

다음은 "아버지는 아버지답고[父父], 아들은 아들답고[子子], 형은 형답고[兄兄], 아우는 아우답고[弟弟], 지아비는 지아비답고[夫夫], 지어미는 지어미다워야[婦婦] 가도가 반듯해지고, 집안이 반듯해져야 천하가 똑바로 설 것"이라는 유명한 공자의 단사이다.

"가인이란, 여자가 안에서 바른 지위를 지키고, 남자가 밖에서 바른 지위를 지킴을 뜻하니, 이처럼 남녀가 정도를 지키는 것은 천지의 대의이다. 부모는 가

---

2 지욱, 『주역선해』: "唯心 爲佛法之家 以定資慧 以福助智 以修顯性 名利女貞."
3 『대학』「수신제가」: "齊其家, 諺, 有之, 曰, 人, 莫知其子之惡, 莫知其苗之碩, 此謂, 身不脩, 不可以齊其家, 治國, 必先齊其家."

정의 엄한 군주다. 부모와 자식, 형제, 그리고 부부가 각자 자기의 바른 자리를 지켜나가면 가정이 반듯해질 것이다. 이렇듯 가정이 먼저 반듯하게 다스려져야 천하도 반듯하게 다스려질 것이 아니겠는가[象曰, 家人, 女 正位乎內, 男 正位乎外, 男女正, 天地之大義也, 家人, 有嚴君焉, 父母之謂也, 父父子子, 兄兄弟弟, 夫夫婦婦, 而家道 正, 正家而天下定矣]."[4]

여기서도 지욱은 자성自性과 수도修道가 혼탁混濁하지 않음을 부부자자父父子子라 하고, 진리眞理와 속세俗世가 아울러 비춤을 형형제제兄兄弟弟라 하고, 복덕福德과 지혜知慧가 서로서로 생겨남을 부부부부夫夫婦婦라 하고, 다시 한 모퉁이가 청정淸淨하면 시방세계十方世界가 모두 청정함을 정가이천하정의正家而天下定矣라 일렀다. 정자는 집안을 밝게 하고 밖을 깨끗이 함을 가인괘의 뜻으로 삼았는데, 이것이 바로 제호손[以明內齊外, 齊乎巽]이다. 고로 시어머니 장구소리에 며느리의 춤이면 자자손손子子孫孫 가화만사성家和萬事成을 볼 것이다.

> 象曰 風自火出 家人 君子以 言有物而行有恒
> 상왈, 바람이 따뜻한 불에서 나왔으니 이를 가인이라 한다. 군자는 이를 보고 말은 물증에 근거를 두고 할 것이며 행동은 상도를 벗어나지 않도록 한다.

눈에 보이지 않는 바람은 불에서부터 일어난다[風自火出]. 그러니 군자가 하는 말은 물증을 근거로 하는 사실만을 말하고[言有物], 물증이 없는 심증만으로 함부로 발설해서는 아니된다. 또 행동은 별난 것이 아니라, 남을 의식하지 말고, 항상 원칙을 세워 단정하고 반듯하게 하여야 하며, 한결같은 마음으로 부드럽고 공손한 항심으로 해야 할 것이다[行有恒].[5]

정자는 정正의 근본은 정신正身에 있고 정신正身의 도는 일언일동一言一動에

---

4 [說證] '女正位乎內'와 '男正位乎外'는 2·4의 여자와 1·3·5의 남자가 정위를 얻음이다. '天地之大義'는 8괘에서 아들 셋과 딸 셋이 부모 건곤에서 태어났음이다. '嚴君'은 遯의 건☰이 家人의 손☴으로 命을 세워 家法을 잡는다. '父父子子'는 遯의 아비와 아들이고 '兄兄弟弟'는 中孚 때 진☳ 형과 태☱ 동생이다. '夫夫婦婦'는 家人의 감☵ 남편과 리☲ 아내고, '家道正'은 감☵의 집이 가운데 자리함이며, '天下定'은 遯에 건☰의 4가 1로 내려가 다스림이다.

5 家人이 中孚로부터 오기에, 中孚의 태☱가 '言'이며, 家人의 리☲는 分別[類族辨物]이기에 '言有物'이고 손☴은 다리를 따라 움직이는 '行有恒'이 된다.

있다 하였다. 군자가 불로 바람을 일으키는 상을 보고, 세상의 만사는 보이지 아니하는 내면으로부터 일어난다는 연유를 깨달았다. 주자는 말은 진실한 마음에서 나오고, 행동은 그 진실한 마음을 닦은 연후에 옮겨 나오는[言愼行修] 것으로, 몸이 반듯하여야 집안과 나라를 다스릴 수 있는 이치라 하였다. 화火는 바람의 파동波動이다. 바람이 불로부터 나오니 마치 집안의 덕화德化가 밖으로 미치는 이치와 다르지 않다. "불법佛法 또한 율의律儀가 청정淸淨하면 선업善業도 중생衆生도 모두 감당하고도 남음이 있다."[6] 이러하듯 군자는 불이 타면서 굴뚝에 연기가 피어오르는 그 현상에서 따뜻한 가정을 보았고, 그 연기가 바람에 의해 날아가는 것을 보고 사회 풍속風俗의 교화가 가정으로부터 출발한다는 것도 깨닫게 되는 것이다.

선유先儒들의 주옥같은 주석을 참고한다. "사람으로부터 밖으로 나오는 것은 말과 행동 외에 무엇이 있는가?"[7] 나라는 가정의 근본, 나라가 다스려지면 가정은 더욱 바르게 된다. 나아가 말과 행동은 가정을 바르게 하는 근본이다.[8] 위엄을 갖춘 가장과 임금이 아니면 언행이 하나 될 수 없으니,[9] 어설픈 포퓰리즘보다 확고한 국가관國家觀이 갖추어지면 나라와 집안 다스리기는 식은 죽 먹기보다 쉽다.[10/11]

---

6 지욱, 『주역선해』, 90쪽.

7 宋時烈, 『易說』: "自出二字, 言其出於人者, 言行也."

8 徐有臣, 『易義擬言』: "바람이 불에서 나오지만 바람이 불면 불은 더욱 타오르고, 나라는 가정에 근본 하지만 나라가 다스려지면 가정은 더욱 바르게 된다. 말과 행동은 가정을 바르게 하는 근본이고, 사실과 일정함은 언행의 근본이다. 말은 밝게 하는 离☲의 상이고, 행동은 공손하게 하는 巽☴의 상이다. '사실이 있다는 근거'는 불이 반드시 사물에 붙어있는 것과 같고, '일정함이 있음'은 바람이 절기마다 일정함이 있는 것과 같다."

9 康儼, 『周易』: "집안을 다스리는 도는 하나로 충분치 않으니, 나누어 말하면 괘사 및 여섯 효에서 다하였고, 합쳐서 말하면 「대상전」에서 '말에 사실이 있고 행동에 일정함이 있다' 하였다. 이는 바로 자신을 닦는 도이고 집을 다스리는 근본이니, 이와 같은 뒤에야 한 집안의 사람들에게 모두 바르게 할 수 있어서 집안의 도가 이루어질 것이다. 그러나 이는 굳센 양으로 알맞고 바른 군자가 아니라면 어떻게 이러한 우직함에 미치겠는가? 그러므로 '言有物而行有恒'이라고 하였으니, 구5만이 이에 해당될 수 있다."

10 曹好益, 『易象說』: "愚謂, 言行者身之樞機, 有物有恒, 則身之修, 而家得治矣."

11 李止淵, 『周易箚疑』: "바람은 불로부터 나온다. 사실은 말로부터 나오고, 일정함은 행동으로부터 나오며, 말과 행동은 덕으로부터 나온다."

> 初九　閑有家　悔亡
> 초9는 집 단속을 철저히 한다면 후회가 없을 것이다.

굳게 문단속을 하라. 초9는 가도家道의 시발점이니, 시집 온 왕초보는 지켜야 할 법도를 반드시 지켜야 한다[閑有家, Firm seclusion within the family]. 가정을 처음으로 이룬 초보 가장으로 걸핏하면 친정을 빗댄다거나 마마보이처럼 굴어도 어리석다.

정자는 여기서의 '한閑'을 '대문 빗장 지르고 가정을 지키는 방한법도防閑法度'라 하였다. 왕필은 '방비하다'로, 다산은 '지킴'으로, 아산은 '사특한 것을 막다'로 보았지만, 동파처럼 '법도'로 보는 사람도 있다. '한閑'은 본래 울타리라는 뜻으로 소나 말과 같은 '가축을 기르는 우리'를 이르나, 여기에서는 '방지하다, 방비하다' 또는 '편안하다, 한가하다'로 새겼다.

갓 시집 온 새댁으로 새로운 세계의 법도를 지키지 않으면 주변의 인정이 비켜나가 반드시 후회를 낳는다. 고로 초9는 정위로 정응하는 육4의 협조를 얻으면 시댁의 법도를 잘 따라갈 수 있을 것이다. 처음부터 새댁으로 잘해야지 하는 의지가 변하기 전에 투지를 바짝 세워야 후회가 사라진다[悔亡]. 그래서 정자는 그 기운이 유산변동流散變動치 않아야 가도家道를 굳게 세울 수 있고, 은혜를 저버리는 의리도 잃지 않는다 하였다.

지욱 또한 "윗사람에게 대들지 않고 업신여기는 것을 경계하는 상관傷官의 도를 한유가閑有家에서 배우라" 한다. 또 『상서尙書』 「중훼지고仲虺之誥」에서는 "끝이 좋으려면 시작부터 잘하라[愼厥終唯其始]" 하였다. 고로 공자는 "시댁의 법도를 지키는 한유가는 아직 새댁의 마음이 변하지 않고 있기 때문[象曰, 閑有家, 志未變也]"이라고 주석한다. 가인이 점漸으로 갔다.[12]

---

12 [說證] 家人에서 감☵의 집에 遯卦 간☶의 門과 리☲의 방비가 '閑有家'가 된다. 遯에는 坎의 집이 없어 가정을 이룰 수 없었다. '悔亡'은 中孚에서 家人으로 가더라도 리☲의 방비가 변함없으니 '志未變'이다. 초9가 主爻라 변효는 보지 않는다.

> 六二 无攸遂 在中饋 貞吉[13]
>
> 육2는 (앞에 나설 일이 있더라도) 기필코 뜻을 이루려 말라. 집안에서 음식을 준비
> 하며 지내야 바르고 길하다.

자신의 생각을 앞세우며 고집하지 말라. 자신의 일은 오로지 음식을 만드는 일과 집안을 돌보는 데 있다. 육2는 유순柔順 중정中正하여 지성과 재덕才德에다 미모까지 겸비한 건강하고 섹시한 주부이다. 가장에게 사랑받는 아내로 구5와 정응正應을 하고 있으므로, 어떤 경우라도 가장을 대신하여 가사를 잘 처리해 나가는 능력 있는 주부라 할 수 있다. 다만 자신의 직무를 넘어 분수를 지키지 못한다면 이로운 바가 없을 것이다[无攸遂]. 이를 공자는 육2가 순종하는 자세로 손순하게 처신하였기 때문이라고 보았다[象曰, 六二之吉, 順以巽也, 在中饋. 无攸遂]. 가인이 소축小畜으로 간다.[14]

주부는 방정方正(Square)한 도로써 가정의 주체가 된지라, 매사에 허술虛述(Careless)하지 말아야 하고, 방자放恣(Rampancy)하지도 말아야 한다. 즉 마음대로 변덕變德(Whimsy)을 부렸다가는 큰코를 다치고 말 것이다.[15] 오직 정성을 다해 음식을 장만하는 심정[中饋]으로 가정을 돌 볼 따름이니, 주부는 부엌을 맡은 신, 즉 조왕竈王의 공덕이 최고라는 것을 명심할 일이다. '무유수无攸遂'는 바깥으로 나가면 성공할 수 없으니 함부로 조급하고 망령되게 움직이지 말라는 뜻이요[여기서 무无를 쓴 것으로 보면 주부를 working woman으로 보지 않았던 시대의 표현이다], '재중궤在中饋'는 바깥으로 나돌지 말고 집 안에 있으면서 음식을 맛나게[中] 만들고 집안의 건강을 책임진다는 큰 책무가 포함된 것 같다. 고로 때가 때인 만큼 기필코 바깥에서 원하는 바를 이루려는 뜻을 버리고 집 안에 있으면서 전업주부로서 최선을 다할 것을 요구하고 있는 것 같다.[16/17]

---

13 饋 (음식을) 보낼 궤.

14 앞으로 나서는 '遂'는 손☴의 가인이 취할 바가 아니다. 小畜도 遜順을 취하니 '无攸遂'가 된다. '在中饋'는 小畜에서 태☱ 안에서 음식을 주관함이며, '巽以順'은 유순중정한 2효 주부의 덕이다. 음식을 잘하는 주부는 본시 머리가 뛰어나다. 食神운을 타고난 주부는 말이 곱고 음식솜씨가 출중하다.

15 지욱, 『주역선해』: "卽時增上定學" 참고
『三學經』: "三學의 세 가지란 무엇인가? 이른바 보다 높은 계율을 배움[增上戒學], 보다 높은 선정을 배움[增上定學], 보다 높은 지혜를 배움[增上慧學]이다."

九三 家人 嗃嗃 悔厲 吉 婦子嘻嘻 終吝[18]

구3은 가족들에게 엄격하게 대하면 걱정이 있어도 길하지만, 부녀자들의 소리가 높아지면 끝내 부끄러우리라.

가족들에게 지나치게 엄격하게 대하는 것보다는 너그러운 관용으로 대하면 길하다. 단 여식들이 절도 없이 웃고 희희낙락하는 소리가 나면, 가도가 무너져 비난을 받고 곤란한 지경에 처할 수 있다. 구3은 가장家長이란 깊은 의미는 잘 모르면서, 어버이라는 직무에만 강한 자 같다. 그러기에 과강過剛하고 부중不中한 윗자리를 얻어, 엄하고 조급하여 가장의 훈계가 손상될 우려가 많다. 가정家政이 어렵지만 무서움과 엄함 속에도 너그러움이 있어야 가도가 먹혀든다. 살가운 친친親親과 자비慈悲의 관용도 없이 고래고래 소리만 높여 고함을 치니[嗃嗃, Temper flare up], 오히려 가족들 간에 화목이 깨어질까 두려움이 앞선다[悔厲]. 이는 수양과 공부가 확고하지 못하여 천하에서 가장 소중한 가족들을 수준 이하로 대하게 되고, 세상의 어른들에게도 인정을 받지 못하게 되니[상9와 불응], 이에 가정을 경영하는 점수가 낮아 회한과 염려를 낳는다.

옛사람들은 중용中庸을 최상의 가치로 여겼지만, 그 중용의 도를 실행하지 못할 바에는 "게으르고 거만한 것보다는 차라리 지나치게라도 공손하게 대하는 쪽이 낫고, 가족들이 버릇없기보다는 차라리 엄격하게 가르치는 것이 낫다"고 여겼다.[19] 만일 아녀자들이 가정에서 히히거리면[婦子嘻嘻] 결국에는 밖에 나가 부끄러움을 당할 것이 뻔하다[終吝, The end to humiliation]. 그러니 희희嘻嘻로 소락무절笑樂無節하고, 방자무절放恣無節하면 마침내 패가망신을 볼 것이다.[20] 지욱은

---

16 『列女傳』,「鄒孟軻母傳」: "맹자 어머니 왈, 대저 부인의 예는 하루 다섯 번의 먹거리를 만들고, 술이나 장 만드는 일을 하고, 시부모를 봉양하고, 또 의복을 짓는 일을 할 따름이다. 그러므로 집 안에서의 일을 열심히 할 뿐, 집 밖의 일에 마음 쓰지 않는다. 주역에 '재중궤면 무유수'라 하였다."

17 참고로 하늘이 기름진 이슬을 내리고 땅이 감로를 내니 사람의 덕이 곱고 아름다워 밝고 어질다. 자신의 주장을 없애고 불평불만 없이 부지런한 자세를 취하라. 밝은 태양이 있기에 달빛은 더 밝지 않아도 좋다. 재물보다는 먼저 가정을 우선해야 한다. 군비 경쟁의 기운도 보인다. 타협을 우선하고 변호사도 믿지 말라.

18 嗃 엄할 학, 큰소리로 외칠 효. 嘻 웃을 희.

19 王弼, 『周易注』: "行與其慢, 寧過乎恭, 家與其瀆, 寧過乎嚴."

이를 자만심自慢心의 혜학慧學이라 한다. 고로 공자는 "가장의 학학嗃嗃이 적어도 집안의 법도를 잃지 않으니 다행이요, 부녀자들의 희희嘻嘻는 집안에서 예절이 사라지는 단초가 되니 걱정으로 여겼다[象曰 家人嗃嗃, 未失也, 婦子嘻嘻, 失家節也]." 가인이 익괘益卦로 간다.[21]

> 六四 富家 大吉
> 구4는 부잣집이 되니 대길하다.

부드럽고 손순한 부덕婦德만이 가정을 지혜롭게 다스려 집안을 부유하게 한다. 육4는 부드러운 바람이 있어야 할 올바른 자리를 얻었다. 그러기에 손순한 자세와 부도婦道를 벗어나지 않는 정위로 재덕才德과 학덕學德, 그리고 미덕美德까지 두루 겸비한 삼덕三德의 주부이다. 특히 사십대의 주부로서 아랫사람들과 윗사람들까지를 조화롭게 유대시키는 남다른 지혜가 있고, 온유한 대덕大德마저도 갖추었으니, 식신食神과 생재生財를 얻는 부잣집 맏며느리와 같다. 공자의 말대로, "부가대길은 주부의 자리를 지키며 순응하고 성공한 결과물[象曰, 富家大吉, 順在位也]"이다. 즉 손순하게 구5 가장(임금)도 잘 섬기고, 초9 아래 자식(백성)들과도 소통이 잘 되기에 대길하다. 이는 바로 임금과 가장을 돕는 최측근의 주부 자리(2, 4)요, 재무장관의 자리요, 비서실장의 자리와 같다. 또 주부로서는 가정의 경영을 최우선으로 하기에, 늘 웃음과 여유가 따르게 되어 있는 것이다.

여기서 노자도 "교부敎父와 식모食母로 생육生育의 대도大道"라 말한다. "만물은 음을 등에 업고, 양을 가슴에 안고, 서로 기운를 하나로 조화를 이뤄 천지를 충만케 한다. 세상 사람들은 다 똑똑한데, 나만 홀로 맹맹하여, 바다처럼 잠잠하

---

20 참고로 공든 탑이 무너지지 않도록 끈기 있게 노력하라. 세상사가 뜬구름 같으니, 욕심으로 구하지 말고, 인심을 탓하지 말며, 천리에 순응하라. 자신의 직무에 원칙과 충실로 다할 것을 명심하라.

21 [說證], '嗃嗃'은 中孚 태☱의 입과 진☳의 울음소리요, '婦子嘻嘻'는 益에서 손☴의 巽婦와 진☳의 장남, 大리☲의 상이며, 가인에서 감☵의 법이 사라지니 익이 되면서 '嘻嘻'하고 '失家節하고 終吝'한다. '悔厲吉'은 중부의 부정한 3이 가인으로 바른 자리를 얻음이다. '嗃嗃'과 '嘻嘻'의 소리가 남은 坎과 益에서 각각 두 개의 음을 가짐이다.

고 쉬지 않는 바람과 같다. 모든 사람들은 다 뚜렷한 목적이 있지만, 나 홀로 고집스럽고 촌스럽다. 내가 뭇사람과 다른 점은, 엄마의 귀한 사랑을 먹고 큰 탓으로, 부드럽고 손순함으로, 남과 다른 지혜로써, 만물을 살려내는 힘이 있는 데, 이 힘의 원천은 바로 교부教父요 식모食母이기 때문이다."[22]

지욱도 이를 선심善心의 인연이 만발하고 부유와 복덕마저 얻었기에 해탈解脫이라 하였다.[23/24] 『조선왕조실록』에도 성종이 숙의淑儀 윤씨를 중전으로 책봉하는 교지에서 가인괘 육4를 들어 이렇게 이른다. "성품이 부드럽고 아름다우며, 마음가짐도 깊고 곱다. 효성은 삼궁三宮을 움직이고, 공검恭儉은 일신에 현저하여 좌우에 있으면서 보필하게 되면, 진실로 그 으뜸으로 마땅하다 여겼다. 이에 옥책玉册과 금보金寶를 내려 중궁의 자리로 정하고 이어서 대례大禮를 행하게 되었으니, 어찌 너그러운 은전恩典을 베풀지 않겠는가?"[25]

---

22 『도덕경』: "萬物負陰而抱陽, 沖氣以爲和, 强梁者, 不得其死. 吾將以爲敎父." "俗人昭昭, 我獨若昏, 澹兮若海, 飂兮若無止, 衆人皆有以, 我獨頑似鄙, 我獨異於人, 貴食於母."

23 지욱, 『주역선해』: "因緣善心發 富有萬德 名爲解脫"

24 [說證] 동인괘는 쾌괘로부터 왔는데, 夬의 兌☱로 말미암아 훼손되고 터지니, 재물이 나가고 다시 들어오지 않는다. 損卦의 성질과 반대다. 夬에서 同人으로 가면, 리☲의 재물이 안으로 축적되어 건☰의 부가 가득하게 되니, 그 집안을 부유하게 한다. 참고로 가는 곳마다 반듯하고 위엄이 있고, 하는 일마다 복이 된다. 바람과 비가 순조롭고, 모든 곡식이 풍성하고, 집안이 부유함에, 화한 기운이 무르익도다.

25 『조선왕조실록』 성종 7년(1476) 8월 9일 : "『주역』에서 家人의 바름을 찬술하였으니, 이는 천하의 근본이 되기 때문이다. 내가 대통을 이어 처음에 한씨를 비로 책봉하였으나, 불행하게도 일찍이 세상을 떠났으니, 슬픈 마음을 무어라 할 수 없었다. 생각건대 중궁은 덕이 없으면 감당할 수 없으므로 적당한 사람을 얻기가 어려워서 자리를 비워 둔 지가 오래 되었다. 이번에 대왕대비의 의旨를 받드니 왕후의 자리는 오랫동안 비워둘 수 없고 내정을 주장하는 사람이 없을 수 없다고 하셨다. 내 생각으로는, 乾坤二氣의 교감으로 만물이 화생하며, 君后의 덕이 같아야 모든 업적이 이루어지는 것이다. 하물며 나는 덕이 없는데 어찌 홀로 그것을 이룰 수 있겠는가? 이에 大禮를 행하게 되었으니 어찌 너그러운 은전을 베풀지 않겠는가? 이달 초9일 새벽 이전에, 모반 대역, 자손으로서 조부모나 부모를 때리거나 욕한 것, 처첩으로서 지아비를 모살한 것, 노비로서 주인을 모살한 것, 고의로 사람을 죽인 것, 蠱毒·염매(魘魅), 강간·절도 및 徒罪를 범한 것을 제외하고는, 이미 發覺되었거나 발각되지 않았거나, 이미 결정되었거나 결정되지 않았거나, 모두를 용서한다. 아아! 雷雨와 같은 은혜를 베풀어 마땅히 백성에게 복이 고루 돌아가도록 해야 한다."

> 九五 王假有家 勿恤 吉
> 구5는 임금이 집에까지 납신다. 걱정하지 않아도 좋다.

임금이 백성의 사가로 올 수 있고, 신하의 집에 갈 수도 있다. 사가에 오는 것은 그 집안 사람들과 기쁨을 같이 나누기도 하고, 신하의 집에 납시는 것은 그 신하를 인정하기 때문이니, 걱정하지 않아도 좋다. 그래서 공자도 "임금이 집에 납신 것은 서로 사랑을 나누기 위함[象曰, 王假有家, 交相愛也]"이라고 이른다. '가假'는 '격格'과 같이 읽고 '정성을 드리다' 또는 '감동을 주다'[26]로 해석이 가능하지만, 여기에서는 '이르다[至]'를 취한다.

수현壽峴은 『오위귀감』에서 상감에게 이렇게 읍소한다. "신이 삼가 살펴보았습니다. 가인괘의 구5는 집을 이루는 도를 지극히 하는 것으로, 천하를 다스리는 근본을 삼았으니, 『대학』을 미루어 나가는 공부입니다. 그리고 「소상전」에서 다시 '사귀어 서로 사랑한다'고 하였는데, 이른바 '서로 사랑함'은 허물없이 사랑함이 아니라, 덕으로 서로 사랑하는 것입니다. 괘의 몸체를 논한다면, 손☴은 큰딸이 되고 리☲는 둘째 딸이 되니, 가인의 도는 이로움이 여자가 바르게 함에 있습니다. 손☴의 바람이 밖에 있고, 리☲의 불이 안에 있으니, 바람은 불로부터 나오고 다스림은 안으로부터 시작됩니다. 그러므로 '왕이 집안을 이룸에 지극히 하고, 근심하지 않아 길한 상'이 됩니다. 엎드려 바라건대 전하께서는 그 상을 살피시어 그 도를 다하소서."[27]

임금이 가족을 사랑하고 감동시키는 일이 바로 나라를 감동시킨다는 사실을 알라는 소리다. 당연히 자신의 미덕과 모범적인 행동이 가정에 감동을 주고, 백성들에게도 파급된다. 그러기에 '왕격유가王假有家'는 '임금이 자기 집안에 지극한 정성[假]을 드린다'는 것이다. 그 이유는 일국의 왕이기 이전에 한 가정의 가장으로서 더 잘해야 되는 것을 기본으로 두기 때문이다.[28] 그 예가 『대학』에 다

---

26 『尙書』, 「說命(下)」에 "우리 열성조를 도와 하늘을 '감동'시켰다[佑我烈祖 格于皇天]"는 대목이 있다.

27 石之珩, 『五位龜鑑』: "臣謹按, 家人之九五, 以極乎有家之道, 爲治天下之本, 卽大學順推工夫. 而小象又曰, 交相愛也, 所謂相愛者, 非昵愛之謂也, 以德相愛也. …."

28 참고로 위의 여러 주석처럼 임금의 사랑이 확인되기도 하지만, 임금의 일을 그만두고 사가로 돌아간다는 해석도 가능하다. 반기문 총장, 고건 총리가 대통령 불출마를 선언하고 지방으로 내려가 별장에 칩거하여 버린 괘였다. 가인괘는 들개 같은 야성과 파이팅이 부족하다.

음처럼 보인다.

"한 집안이 어질게 다스려지면 한 나라가 어진 기풍이 일어나고, 한 집안이 겸양의 미덕을 가지고 잘 다스려지면 한 나라가 서로 사양과 겸양지심의 기풍이 일어나고, 한 사람이 탐욕하고 도에 어긋나면 한 나라가 혼란이 일어날 것이니 그 기틀이 이와 같다. 이것을 일러 한 마디 말이 일을 그르치게 하고, 한 사람이 잘함으로 나라를 안정시킨다는 것이다."[29] 대체로 왕도王道는 먼저 수신修身을 하고, 나중에 제가齊家를 한다 하였으니, 가정家正함이 천하를 정치政治하고도 남음이 있다[家道正, 正家而天下, 定矣].

지욱도 다음과 같이 설법을 잊지 않았다. "자고로 성왕聖王이 공기恭己하고, 정가正家로서 본을 삼지 않음이 없었다. 그러기에 가장으로서 밖으로 공기恭己하고 안으로 정가正家하여 지극해야 한다. 도인은 이를 성수교통性修交通하며, 법신덕현法身德顯하는 것이다." 구5는 손순하고 부드러우면서도 강건하고 중정하다. 또한 정응正應 육2와도 소통이 원활하니, 남자가 밖에서 중단 없는 일로 활발하며 세상에 존경받는 사람으로 훌륭할 수밖에 없다. 그러니 아내도 이에 대단히 만족을 느낀다. 치가治家에 지정至正하고 지선至善한 자이다. 가인괘가 산화비괘山火賁卦로 가는 경우다.[30]

上九 有孚 威如 終吉
상9는 어른으로 믿음을 가지고 위엄 있게 대처하면 끝내 길하리라.

마지막으로 지성至誠이 없는 치가治家는 불가능하다. 정자가 일렀다. "처자식을 사랑함에 지나치면 위엄이 무너지고[過慈無嚴], 의무적으로 은혜만 갚는다고 여기면 의리를 저버릴 수 있다[勝恩掩義]." 그러기에 가정의 우환은 예禮가 무너진 데서부터 비롯된다. 가장이 존엄을 상실하고, 자녀들이 공손의 도를 잃으면

---

29 『大學』, 傳9장 : "一家仁, 一國興仁, 一家讓, 一國興讓, 一人貪戾, 一國作亂, 其幾如此, 此謂, 一言債事, 一人定國."

30 [說證] 산화비괘는 泰卦의 2가 상으로 간 것이다. 泰卦가 賁卦로 가면, 건☰의 임금이 리☲의 성실로 대하니, 곤☷의 왕후가 감화를 받아 '王假有家'다. 그런데 간☶의 종말로 걱정이 있으나, '勿恤'이라 함은 상하로 리☲가 '交相愛'함이다.

집안이 어지러워지니 반드시 위엄이 있어야 한다. 공자의 주석처럼 "가장의 위엄과 신뢰는 권세를 부리며 억지로 식솔을 복종토록 하는 것이 아니라, 어른으로서 존경과 공경의 표상이 되어야, 식솔로부터 모심을 받기에 늘 자기 자신에 대하여 반신수덕 하도록 요구당하는 것이다[象日, 威如之吉, 反身之謂也]." 가인이 기제旣濟로 간 경우이다.[31]

집안의 최고 어른으로서, 말과 행동에 모범을 보임으로써 자식들이 저절로 어려워하고 조심할 것을 일깨워 준다. 상응해야 할 구3이 깡패처럼 어깨를 세우고 덤벼들더라도, 부드럽고 점잖게 위엄을 보여야 큰 어른이다. 어른의 체면과 위엄을 잃고, 아래의 젊은 구3처럼 강성으로 대하면 오히려 사이만 멀어진다. 부드러운 자식들을 따뜻하게 안아줄 포용력이 있어야[有孚] 어른의 대접을 받지, 일찍부터 수덕修德하지 못한 자라면 곤란을 당할 것이다. 성내지 않아도 위엄이 있다[不怒而威]는 말이 바로 상효의 처신이다. 고로 상9는 강하되 과하지 않아야 하고, 또 어른으로서 최고의 윗자리인지라 그 덕이 믿음이 가니, 사납지 않고 위엄이 있어야 두루 집안과 세상을 아우를 수 있을 것이다.

상9를 정리하면 이렇다. 아래에 있으면서 윗사람을 존경하는 것은 귀한 사람을 귀하게 여기는 것이며, 윗사람이 아랫사람을 존경하는 것은 그 현명을 존경하는 것이다. 귀한 사람을 귀하게 여기고, 현인을 존경하라는 것이 바로 그 뜻이다. 가정을 보호하는 끝자리는 오로지 정가구원正家久遠의 도로써, 가족을 사랑하는 지극한 정성과 자식을 교훈하는 위엄에 있을 따름이다. 가인괘가 기제旣濟로 갔다. 달을 창문 안에서 보도록 하라.[32][33][34]

---

31 [說證] 家人이 旣濟로 간 경우다. '有孚'는 기제의 리☲에서 2와 5가 정응함이며, '威如'는 기제의 감☵으로 엄정하며 '終吉'함이다.

32 가정 안의 분쟁, 친척 간의 다툼, 가까운 사람과의 재산문제, 애정 문제로 괴로움을 당할 수 있다. 항상 가족과 같은 사람끼리는 안으로 화목하게 지낼 필요가 있다. 바깥일보다는 내실에 충실할 때다. "달을 창문 안에서 보도록 하라"는 말처럼 내부의 살림에 실속을 다져야 한다. 결혼은 물질적인 도움을 줄 아내를 얻는 괘이고, 날씨는 살랑살랑 미풍이 일 때다.

33 총선에서 家人 상효로 52.56%를 얻어 당당하게 승리를 쟁취하였다. 상괘 풍☴은 5, 하괘 회☲는 3이니 곧 53%라는 계산이 나온다. 또 상효 손☴이 변해 감☵이 되었으므로 6도 보인다. 귀신은 易 속에 있다[神依於蓍].

34 참고로 家人은 수출보다는 내수에 신경을 쓸 때다. 경제가 안정되지 않고는 가정이나 회사와 국가도 어려우니, 금융문제를 잘 처리해야 할 시기이다.

외괘
火(离=文明)

38. 화택규火澤睽

Opposition

내괘
澤(兌=說)

규는 가정도 사업도 모두 등을 지고, 동상이몽으로 괴리되는 시절이다. 이때는 먼저 세상과
남을 탓할 것이 아니라, 내 자신을 돌아보며 괴리와 반목이 어디서 왔을까를 찾도록 한다.
그러기에 규에서는 분열과 이산, 반목과 괴리, 모순과 갈등을 해소하며 화합으로 가는 방법
을 제시하고 있다.

> 睽 小事吉
>
> 빠끔히 들여다보는 규는 작은 일에는 길하다.

빠끔히 들여다보는 규睽는 작은 일에는 괜찮지만 대사를 처리함에는 어렵다.
마음의 눈이 활짝 열리지 못해, 사방을 두루 살피고 볼 수 없다는 의미에서, 규
는 어그러지고 외면함을 뜻한다. 규는 「서괘전」에서 "가도家道가 궁색해지면 반
드시 괴리乖離되어 규睽가 되고, 또 가도가 궁색해지면 반목이산反目離散이 필연
의 이치"[1]라 하였다. 대체로 수신하여 제가齊家를 잘하는 자는 육합六合이 모두
일가一家가 되지만, 진실로 제도濟度함에 중심을 얻지 못하면 괴리乖離의 규격睽
隔이 생기고 만다. 물과 불이 천지에서 공존은 하나 그 정은 서로 같지 않다.
한 부모에서 나온 딸들도, 그 뜻이 서로 달라 다른 사람을 만나 각자의 인생을
살아간다. 여당은 여당대로, 야당은 야당대로, 불은 불꽃을, 물은 물길을, 큰 딸
은 김가, 작은 딸은 이가를 따라감이 규睽라 할 수 있다. 고로 규는 소사에는
길[睽小事吉]하다.[2]

---

1 「序卦傳(下)」: "家道窮必乖, 故, 受之以睽. 睽者, 乖也, 乖必有難."
  「雜卦傳」: "睽外也, 家人內也."

2 [說證] 睽卦는 中孚卦로부터 온다. 중부는 큰 离☲의 형태로, 두 여인이 서로 눈을 쳐다보며,

거듭 말하면 규는 이리 흘기고 저리 흘기며, 배반背反과 반목反目을 밥 먹듯하니, 정상적인 가인家人괘가 엎어져[倒顚] 비정상적인 괘로 변한다. 그러니 규속에는 가정의 불화로 생각과 의견이 어긋나고, 모순矛盾과 상극相剋이 상존한다. 규의 괘상처럼 불은 위로 오르고, 물은 아래로 향하다 보면 서로 상봉됨이 없고, 여자들 간의 음성적인 적대감과 시기나 질투 같은 것이 밑에 늘 깔려 있다. 규睽의 癶는 '등질 발癶'로 두 개의 다리가 서로 등지고, 사이가 벌어진 형태를 근거한 모양이다. '계癸'는 '화살을 쏘다', 또는 화살이 발사되어 활과 화살이 '분리되다'의 뜻도 지닌다.[3]

『설문說文』에서는 눈이 서로 보이지 않는 것도 규라 하였기에, 며느리와 시어머니 간의 갈등도 엿보인다. 이러한 시기에는 큰 문제는 해결 하려 말고, 아주 사소한 작은 일부터 해결을 봐야 할 것이다. 고부姑婦가 한 집에 동거를 하지 않을 수 없는 것처럼, 만물도 모순이 되는 가운데서 통일의 일보를 내딛게 된다. 고로 규의 시절에는 모순, 반목, 대립, 불화 그리고 분열과 괴리 속에서 공통점을 찾는다는 구동존이求同存異의 전략이 필요하다.[4] 다음은 공자가 '상반되고 괴리가 있지만 애정은 통하고 있다'는 단왈이다.

"불은 타서 위로 오르고[火動而上], 연못의 물은 흘러서 아래로 가듯이[澤動而下], 두 여인이 함께 동거를 하나 그 생각은 서로 다르다[二女同居, 其志不同行]. 그렇지만 이때는 즐거운 마음으로 서로의 장점을 보고 따라감이 필요하다[說而麗乎明]. 부드러운 음과 강건한 양이 겉으로는 문제가 있어 보이지만 내면적으로는 하나가 되어 돌아가니 작은 일에는 길한 괘다[得中而應乎剛, 柔進而上行, 是以小

마음을 서로 믿고 있다. 그런데 규괘가 되면 눈은 있더라도 가운데 하나가 가로막는 것이 있어, 서로 마주보지 못하니 이것을 질시 혹은 반목이라 한 것이다. 규괘의 활을 쏜다는 의미는 「계사전」에서 "弧矢之利 取諸睽"라 하였다. 한편 규의 離는 위로, 兌☱는 아래로 적셔 스미니 운동방향이 반대이고, 양이 굳이 음의 자리에 음이 양의 자리에 앉음도 어긋난다. 중부괘 음 4가양 5의 자리로 올라가, 음이 중을 차지한 규괘가 되었으니, '小事吉'이다. 대장괘 3이 상으로 간것 또한 같은 이치다.

3 [說證] 이렇게 보면 규괘가 대장괘로부터 왔음을 알 수 있다. 대장괘 때는 4개의 화살이 있어, 진☳으로 화살 쏘는 상이었다[古禮에 따르면, 활을 쏠 때는 항상 네 개의 화살을 한 단위로 쏘았다]. 규괘에선 감☵의 활을 잡아당겨 화살 하나를 발사하면, 활과 화살이 서로 분리된다. 이것이 睽다. 대장괘에서는 감☵의 화살이 보이지 않으므로 화살을 쏠 도리가 없다.

4 규는 초9를 제외한 모든 자리가 부정한 자리에서나마 상응하고 있다.

事㨰]. 천지가 상반되었어도 그 움직임은 일치하고[天地 睽而其事 同也], 남녀가 드러내는 행동은 피차가 이질적이지만 뜻은 동질성을 추구해 나가며 소통을 이룬다[男女睽而其志 通也]. 고로 만물은 제각기 상반되는 속에서도 통일이 되어가니[萬物睽而其事類也], 규의 작용은 실로 그 타이밍이 중대하다[睽之時用大矣哉]."[5]

공자의 요약은 이렇다. 음양이 겉으로는 문제가 있어 보이지만 안으로는 하나가 되어 돌아가고, 천지가 상반된 것처럼 보이지만 그 움직임은 하나고, 남녀의 행동이 이질적일지 모르지만 뜻은 하나로 소통을 이루어 간다는 소리이니, 그 하나 만드는 노력과 타이밍이 중요하다.

象曰 上火下澤 睽 君子以 同而異
상왈, 위에는 태양과 같은 불이 있고, 아래에는 연못이 있는 것이 규이다. 군자는
이를 보고 같으면서도 다른 것을 생각해 나간다.

불은 활활 거리며 마른 곳을 찾아서 태우는 일을 하며 위로 올라가고, 연못은 흘러오는 물을 담아서 적시는 일을 하기 위해 아래로 내려간다. 불과 연못의 성질은, 같으면서도 서로 다른 뜻을 추구하는 동이이同而異나 화이부동和而不同, 화이불류和而不流를 알려준다.[6] 비록 천지가 타고난 성질은 어긋나 보이지만 부모처럼 만물을 생육生育하는 일은 같고, 남녀가 강유剛柔와 요철凹凸로 그 성질이 어긋나 보이지만, 서로 좋아하며 귀한 생명을 얻으려는 정은 다르지 않다. 고로 만물의 성질과 성향이 서로 어긋나고 상반되어 보이지만, 화합하고 조화롭게 나가고자 하는 바는 같음을 알 수 있다.

---

5 [說證] '火動而上'은 중부의 大离가 규의 상괘이고, '澤動而下'는 대장의 大澤이 하괘이다. '二女同居'는 규에서 호괘 坎의 집(토굴)에 있는 이의 중녀와 兌의 소녀이고, '柔進而上行'도 중부의 4가 5로 감이다. '天地'는 음양인데, 대장괘 때는 양 따로 음 따로였지만, 규가 되면 坎의 사업을 같이 하니 '天地睽而其事同'이 된다. 또 중부 때는 장남과 장녀, 소남과 소녀가 서로 짝을 하다, 규가 되면서 坎의 사업을 통해 하나 되니 '男女睽而其志通'이 된 것이다. '萬物睽而其事類'는 대장과 중부 때는 음은 음대로 양은 양대로 群分하였는데, 규가 되면서 坎의 일을 통해 각각 聚合함을 말한다.

6 『논어』 자로편 : "화합하나 부화뇌동하지 않는다[和而不同]."
『중용』 : "화합하나 시류에 쓸리지 않는다[和而不流]."

『안자춘추』의 국 끓이는 '화갱和羹' 이야기도, 재료나 사람의 입맛이 각기 다르지만 국을 끓이는 요리사는 누가 먹어도 국맛이 다르지 않은 최고의 맛을 만들어 내어야 함을 말하고 있다.[7]

불은 곤☵의 중을 얻었고 연못은 곤의 상을 얻었으니 그 태생의 본질은 같지만, 화☲는 염상炎上하고, 택☱은 윤하潤下하니 그 성질은 서로 다르다. 사물의 대상이 원래 망상妄想으로 보면 그 상과 성질이 모두 망상으로 보이고, 또한 그 성질이 원래 진실로 보면 성상性狀 또한 모두 진실되게 보인다.[8]

고로 건방[上慢] 떨지 말고 진원眞元에 계합契合하면, 동이同異를 알고 만행萬行이 운흥雲興함을 알 것이다. 곧 생사生死와 열반涅槃은 아름다운 화합과 행복해지려는 거기에 있다. 이를 보면 공자의 서로 뜻을 같이 하면서도 다른 개성과 특징을 지니고 있다는 '동이이同而異'를 이해할 것이다.

아래 공묵당恭黙堂 김도金濤의 설이 훌륭하다. "천하의 일은 같아야 하는 것도 있고, 같지 말아야 하는 것도 있으니, 같아야 하는 것은 이치이고, 같지 말아야 하는 것은 일이다. 같아야 하는 것을 같게 하지 않으면 상도를 어지럽히는 것이고, 같지 말아야 하는 것을 같게 한다면 구차하게 같게 하는 것이다. 규괘는 둘째 딸과 막내 딸이 합쳐서 한 괘가 되었으니 이것은 같은 것이고, 리괘☲ 불이 위로 타오르고 연못의 물☱이 아래를 적시니 이것은 다른 것이다. 이 때문에 군자가 두 몸체의 다르면서 같은 상을 보고, 같아야 할 것은 같게 하고 달라야 할 것은 다르게 하니, 군자가 같음과 다름을 분별함이 분명하다 할 것이다. 우선 비근한 것에서 알기 쉬운 것으로 비유하면, 군신과 부자는 인도의 큰 강령이기에, 사람들이 모두 '충과 효를 다해야 한다' 하고, 어린아이가 우물에 빠지는 것을 보면 사람들이 모두 놀라고 측은한 마음을 지니게 되니, 이 두 가지는 같은 것이다. 음식과 잔치는 성인과 범인이 함께 하는 것이지만, 군자는 제도로 절제하여 덕을 잃는 데에는 이르지 않고, 공명과 부귀는 뭇 사람이 좋아하는 것이지만, 군자는 나감과 물러남을 오직 때에 맞추어 의롭지 못한 데에 빠지지 않으니, 이 두 가지는 다른 것이다. 이것으로 미뤄보면 천하에 같거나 다른 일을 힘들이

---

7 『晏子春秋』, 「外篇重而異者」: "景公曰, 和與同異乎, 晏子曰, 異, 和如羹焉, 宰夫和之, 齊之以味, 濟其不及, 以洩其過, 君子食之, 以平其心, 故詩曰, 亦有和羹, 旣戒且平."

8 지욱, 『周易禪解』: "觀相元妄相則相異 而性亦似異矣 觀相元眞性同 而相亦本同矣."

지 않고 분별할 수 있다. 하물며 '화합하면서도 흐르지 않는다[和而不流]'는 자사子思의 말과, '무리 짓더라도 편당을 만들지 않는다[群而不黨]'는 공자의 가르침도 바로 여기 「상전」의 뜻과 부합하니, 학자가 이것으로 모범을 삼지 않을 수 있겠는가? 대체로 규괘는 본래 어긋나 떨어진 것이 아니다. 천지가 어긋나지만 그 일이 같으며, 남녀가 어긋나지만 그 뜻이 통하며, 만물이 어긋나지만 그 일이 유사하다. 그 본래부터 같은 까닭을 여기에서 알 수 있으니, 학자가 살피지 않을 수 없다."[9]

우암尤庵은 "불은 성질이 타오르고, 못은 샘솟아 나오는 것이 시작은 비록 함께 올라가는 상이지만, 불은 위로 나아가고, 못은 아래로 나아가서, 끝내는 서로 배척하는 도가 되니, 같으면서도 다르지 않은가?"라고 한다.[10]

당나라 시인 노동盧仝도 친구 마이馬異와 '동이同異'를 두고 이런 개그를 남겼다. "어제는 나 동仝이 그대와 같지 않았고, 그대 이異도 나와 달랐던 것은 대동大同하고 소이小異했다 하리라. 오늘은 나 동仝이 그대와 같고, 그대 이異도 나와 다르지 않음은 같음이 떠나지 않고 다름이 오지 않았기 때문이리라."[11]

初九 悔亡 喪馬 勿逐 自復 見惡人 无咎
초9는 회한이 사라진다. 말을 잃어도 좇지 말라. 자연히 돌아올 것이다. 악인을 만나더라도 허물이 없으리라.

잃어버린 말은 상처가 난 말[傷馬]이 아니라 죽은 말[喪馬]이다. 그러니 자연히 갈 때가 되어서 가고, 올 때가 되면 온다. 악연은 차라리 맺지 않는 것이 낫다. 괴리가 되는 규의 시절에는 인연마다 그 업장이 늘어난다. 이미 틈이 벌어져 균열과 질시가 발생하는 시점이니, 밖으로 나가서 무엇을 얻으려 하지 말고, 차라

9 金濤, 『周易淺說』: "夫天下之事, 有可同者, 有不可同者, 可同者理也, 不可同者事也. 可同而不同, 則亂常者也, 不可同而同, 則苟同者也. …"

10 宋時烈, 『易說』: "火性之炎上, 澤泉之湧出. 始雖有同升之象, 而火則上進, 澤則下就, 終爲相背之道. 故曰同而異."

11 盧仝, '與馬異結交詩': "昨日仝不同 異自異 是謂大同而小異 今日仝自同 異不異 是謂同不往而異不至."

리 나 자신을 돌아보며 괴리와 반목이 어디서 왔는지 찾아야 할 것이다. 초9에 서는 몇 가지 병폐가 있음을 알 수 있다. 첫째, 모순이 생기기 시작하자 상대가 해결점을 잃고, 흥분과 분노에 사로잡혀 화해의 손길을 받지 못한다. 둘째, 이렇 게 된 데는 상대방의 잘못도 있으니 그에게 자기 자신을 돌아볼 시간을 주어야 한다. 셋째, 괴리가 시작되어도 공존할 수는 있으니, 상대를 계속적으로 자극하 여 갈등을 부추기지 말아야 한다. 넷째, 아랫자리에 있는 초9는 적극적인 자세를 취할 필요는 없다. 지나치게 화해의 손길을 내밀면 상대는 동기의 순수성을 의 심할 수 있다. 다섯째, 상대는 악인이니 가능하면 피하는 것이 우선이다. 때가 되면 상대가 먼저 화해의 사인을 보내올 것이다. 그 때 가서 고려해 보아도 늦 지 않다.

서로 어긋나 비틀어진 규의 시절에, 초효 나와 4가 서로 성질이 강강이라 화 합이 멀어지고 있는 실정이다. 공자가 "악인을 만나거든 우선 허물을 피하고 보 라[象曰, 見惡人, 以辟咎也]"고 한 말 또한, 초효의 방향을 제시해 준다. 그렇게 하 여야만 두 사람의 자존심을 세운 강강의 회한이 사라질 것이 아닌가[悔亡]. 그렇 다고 보면 한때 나를 보기 싫어 도망간 말[喪馬, Lost horse], 그 4를 좇아갈 필요 까지는 없다[勿逐, Dont run after]. 그는 아직도 기운이 펄펄 뛰고, 기세 좋게 3과 5와 꽃놀이패로 즐기고 있는 위인이다. 그렇지만 그녀들 역시 모두 짝이 있는 사람들이라 시간이 흐르면 제자리로 돌아가니, 4 역시 자발적으로 돌아올 것이 다[自復]. 그렇다면 나의 미움 또한 그 말이 돌아옴에 사라질 것이다[悔亡]. 문제 는 나를 버리고 간 그 사람이 나를 찾아와 만나자 하면 그 때는 어쩔 것인가? 공자에 따르면, "부딪치고 적극적으로 만나더라도 악인을 보면[見惡人], 허물이 사라지고[无咎] 잘못도 바로잡을 수 있을 것이다[以辟咎也]" 하였다.

끌어안기가 어렵다고 해서 버린다면, 나를 따르는 자 모두가 나를 미워할 것 이라는 동파의 해석도 있다. "사람들이 같은 것은 좋아하고 다른 것은 싫어하므 로 등지는 일이 왕왕 일어난다. 아름다운 것이라고 반드시 예쁜 것도 아니며, 싫어하는 것이라고 반드시 악독한 것도 아니다. 나를 따라오는 자 또한 반드시 진실한 자는 아닐 것이며, 나를 거부하고 달아나는 자라고 또한 반드시 배반할 것은 아니다."[12] 끌어안기가 어렵다고 해서 버린다면 나를 따르는 자들은 모두 나를 미워할 것이다. 이것은 어쩌면, 서로를 허물로 끌고 들어가는 나쁜 방법이다. 고로 싫어하는 사람이라도 만나야 허물을 피할 수 있다는 소리다.

주자도 양화陽貨를 피하지 않고 만난 공자의 이야기를 예로 든다. 노나라 권력자 계손씨의 가신으로 있던 양화가 국정을 휘두르며 공자를 만나기 원했지만, 공자가 찾지를 않자 공자가 없는 틈을 타, 뇌물로 공자의 집에 돼지고기를 보냈다. 이에 공자는 어떤 위험을 느껴가며, 양화가 없는 틈을 타서 그의 집을 방문하고 돌아오다 골목에서 우연히 그와 마주치자, 덤덤하게 피하지 않고 담소를 나누고 돌아온 후 공자는 무사했다고 한다.[13]

지욱도 이 장면을 보고 "공자가 계강자를 만나고, 위령공의 애첩 남자南子를 만나고, 양화를 만나는 것이 모두 허물을 피한 일이지, 어찌 이롭게만 여길 일이었던가?" 하였으니, 모두 동상이몽을 꾸는 '동이이同而異'의 현상이다. 실록에서도 선조가 "나라를 다스리는 사람은 더욱 그런 사람을 조정에 있게 해서는 안 된다"[14]고 초9를 경계하고 있다. 도와준다는 자가 호랑이의 가죽을 쓴 양과 같다.[15] 규睽가 미제未濟로 가는 경우이다.[16]

---

12 소식, 『동파주역』 : "美者未必婉, 惡者未必狼從我而來者, 未必忠, 拒我而逸者, 未必貳."

13 『논어』, 「양화편」 : "陽貨欲見孔子, 孔子不見, 歸孔子豚. 孔子時其亡也. 而往拜之. 遇諸塗. 謂孔子曰, 來! 子與爾言."

14 『조선왕조실록』 선조 38년(1605) 8월 1일 : "선조가 규괘를 강하다 '惡人을 보면 허물이 없을 것이라 하였는데, 그럼 악인이라도 만나봐야 된다는 말인가?'라고 하니, 영사 沈喜壽가 '악인을 본다는 것은 반드시 악인을 만나야 한다는 것이 아니라, 반드시 악인을 만나 본 뒤라야, 경계하기에 허물이 없게 된다는 것입니다라고 대답하였다. 상이 '악인은 만나서는 안 된다. 허물을 피하기 위해서 만난다면, 반드시 난처한 일이 있게 될 것이다. 자신이 더럽혀질 듯이 피하여 끊어버려야 옳은데, 어찌하여 악인을 만나면 허물이 없을 것이라고 하였는가?'라고 하자, 희수가 '간흉을 감화시켜 선량하게 만들고, 원수를 변화시켜 親厚한 사이가 되게 만든다는 뜻입니다. 널리 포용하는 도량은 이러한 것입니다라고 대답하였다. 상이 다시 '악인에 대해 엄하게 하지 않으면, 나라가 반드시 위태롭게 될 것이다. 나라를 다스리는 사람은, 더욱 그런 사람을 조정에 있게 해서는 안 된다. 그러므로 옛날 요임금이 四凶씨를 내쳤던 것이라고 했다."

15 참고로, 실제로 도와준다는 자가 호랑이의 가죽을 쓴 양과 같으니, 악인을 보거든 먼저 피하고 보라. 군자는 매사가 어긋나는 때를 당하고 비색한 운에 처하여서는 품행을 바르게 처신하고, 처신을 고결하게 해야 한다. 악을 혐오함이 지나치면 화를 초래하는 법이다. 마음을 굽히고 뜻을 눌러 악인을 만난다면, 또한 무슨 허물이 있겠는가? 관재구설수가 동시에 일어날 수다.

16 [說證] 규괘는 대장괘의 상이 3으로 오면서, 건☰이 상실하였지만, 지금은 규가 미제로 되면서, 감☵이 되어도 중에 강을 잃지 않기에 '悔亡'이다. 또 미제는 否卦 5가 2로 온 것인데, 否卦는 泰卦의 착종한 괘로, 泰卦의 말이 震의 다리가 있어 밖으로 나갔으니, '喪馬'가 되고, 否卦에서는 艮의 멈춤이 있어 '물축'이 된 것이다. '勿逐'은 否卦 간☶의 상이요, '自復'은 미제 감☵으로 돌아온 말이다(☵爲歸). 否卦 때 세 양은 군자가 되고, 세 음은 '惡人'이고, 또 미제가 되면서

솔직하고 공개된 장소는 나쁘고, 구석진 장소[于巷, Narrow street]를 이용하여 사사로이 속내를 털어놓는 일은 탈이 없다[无咎]. 누추하고 좁은 골목에서 주군 5를 만난다[遇主, Meet your lord]. 그러기에 밀실거래는 가능하나 공개석상에서 만나는 일은 불가하다. 예로, 주군으로부터 미움을 사고 있는 신하가 강직한 지조를 지키며 세월을 기다렸더니, 몰래 주군으로부터 연락이 와서 궁궐이 아닌 사가에서 비공식으로 만나고, 또는 별거 내지 이혼한 부인이 은근한 곳에서 남편과 만나는 것으로 보이는 자리다. 어떤 연유에서든지, 헤어진 사람들끼리 "사사로이 만나는 시간을 가진다는 것은 아직도 두 사람의 도가 완연히 사라진 것은 아니다[象曰, 遇主于巷, 未失道也]"라고 공자가 증명하고 있으니, 규가 서합괘噬嗑 卦로 가는 경우다.[17]

여기서 2는 과강過剛함이 탈이요, 5는 유약柔弱해서 탈이다. 그런데 2가 강한 입장을 견지하며 중심을 잡고 있는데도, 나긋나긋한 여자 3이 접근하니 소문을 듣는 주인 입장에서는 마음이 상한다. 또 5에게는 4가 최측근에서 모든 정보를 주고 있기에 2가 오해를 살만하다. 그렇지만 나와 임금은 어긋나는 규의 시절인데도 속내는 통하고 있으니 그나마 다행이라면 다행이다. 그러나 부부의 음양지도는 이미 멀어져 쇠하였고, 강유의 어긋남은 간격이 커가니 이때 변통의 이치를 빨리 깨쳐야 한다. 동이同異를 깔고 방편을 찾는 위곡상구委曲相求해야 한다는 정자의 설이 이해를 돕는다.

"위곡委曲이란 나의 주장만 내세우지 않고, 나를 죽여서라도 장차 합일점을 찾으려 하는 것이지, 비겁하게 처신하는 왕기굴도枉己屈道는 아니다. 규의 시절인지라 군심君心이 미흡하지만, 현신賢臣은 아래에서 감동진력感動盡力으로 임금을 갈력진충竭力盡忠하며, 의리를 밝혀 나가니 허물이 되지 않을 것이다."

곤☷의 나라로 돌아온 군자가, 간☶의 小人을, 리☲로 相見하니 '見惡人'이 되었다.

17 [說證] 巷은 궁궐의 다른 자리로 복도나 모퉁이, 또는 대로가 아닌 골목, 본가가 아닌 여관을 뜻한다. 참고로 대선에 출마한 자가 이 2를 얻었다면 선거 운동 중에 강력한 후보자와 밀약으로 훗날을 보장받는 수도 있다. 항의 도시[포항]에서 기관장이 된 경우도 있었다. 관공서 일은 적극성을 피하고 은근히 줄을 대어야 좋다[睽→噬嗑 : 卯→寅, 官→官].

> 六三 見輿曳 其牛掣 其人 天且劓 无初 有終[18]
> 육3은 뒤에서는 수레를 끌어당기고, 앞에서는 그의 소를 낚아채 가는 것처럼 보인다. 그 사람은 머리도 깎이고 코도 베이는 큰일을 당했었다. 처음에는 영문도 모르고 당하였으나 나중에는 (나쁘지 않은) 모종의 계략이 있음을 깨달았다.

타고 가는 수레를 누가 뒤에서 가지 말라고 당기는 것 같고[見輿曳, Seeing the wagon dragged back], 또 그 소는 누가 앞에서 가로채는 것 같았다[其牛掣, The oxen halted]. 그 사람은 머리가 깎이고 코도 베여[天且劓, Hair and nose cut off] 처음에는 좋은 일이 발생하지 않았던 것 같았는데[无初, Not a good beginning] 끝내는 좋게 일이 끝나더라[有終, But a good end]. 주공의 효사치고는 상당히 긴 문장이다. 이에 대한 공자의 댓글은 "타고 가던 수레를 뒤에서 당기는 것처럼 보이는 것은 3의 자리가 마땅하지 못하여 그렇고, 처음엔 성과가 없다가 나중에 성과가 있었다는 것은 3이 (사사로움을 이기고) 끝내 호응하는 강을 만났기 때문[象曰, 見輿曳, 位不當也, 无初有終, 遇剛也]"이라고 했다.

지욱은 3의 음유한 처신이 모든 문제를 일으켰다고 지적한다. 주자는 이렇게 풀었다. "3은 본래 음유陰柔하며 부중부정不中不正한 자로 중심이 없었기 때문에, 바로 아래위의 남정네들 사이에서 꽃놀이패에 빠져 그 행적이 의심을 산다. 2는 스스로 주인(5)을 궁궐이 아닌 곳[巷]에서라도 만나고, 4 또한 스스로 원부(초9)를 만나기에 일찍이 어찌 다른 뜻이 있어 나를 오염할 수 있었겠는가. 내가 중정中正한 덕이 없으니 의심받고 허술하게 보여, 타고 가던 수레가 스톱도 당하고, 또 그 소까지 강탈을 당하였으니 감히 상9 대인을 좇지 못하고 우왕좌왕, 갈팡질팡하는 형국을 벌이고 있었던 연유가 아니었을까."

'무초无初 유종有終'도 3의 위인 됨이 마땅히 대인(상9)에게 정결貞潔을 인정받지 못하게 되자, 처음에는 만남을 전혀 예기치 못하다가 마지막 자리에 가서 비로소 어렵게 대화의 자리를 만난 것으로 해석된다.[19] 마음의 자취가 스스로 밝아

---

18 掣 끌 체, 당길 철. 天 형벌 이름 천, 하늘 천. 劓 코 벨 의.

19 참고로 재정은 쓰임이 많은 손재운이지만, 슬하에는 경사가 있다. 길신이 도우는 곳은 공부하는 곳이다. 귀신이 제일 겁내는 자리가 수행하며 공부하는 곳이라 하지 않던가. 반대로 귀신이 호시탐탐 노리는 곳과 사람들도 얄팍한 수로 속이는 곳은 공부를 멀리하는 그 자리다. 또 소를 여자로 볼 수도 있다. 소 때문에 체면과 직장까지 잃을 수가 생긴다. [暌→大有 : 丑→辰, 兄→兄].

지면 나를 쏘아 죽이려던 대인의 활 시울도 스스로 풀어지니 그 기다림을 얻을 자리다.[20] 여기서 "천天은 묵형墨刑으로 이마와 머리를 깎고 먹물 입히는 자형刺刑이요, 의劓는 코를 베이는 의형劓刑"이라고 정자와 주자가 해석을 더하고 있다.[21] 규괘가 대유괘大有卦로 가는 자리다.[22]

> 九四 睽孤 遇元夫 交孚 厲 无咎
> 구4는 반목하니 고독하다. 본 남편을 만나 믿음으로 정을 나누니 위태로우나 허물은 없으리라.

양친을 잃고 주변 사람들과도 반목하니 고아 같은 상이다[睽孤]. 첫 정을 준 본 남편과[遇元夫] 성의를 가지고 사귀어나가면[交孚], 비록 위태로움은 있지만[厲], 마음이 통하게 되어 무탈하리라[无咎]. 5와 3 사이에서 규의 시절에 규리睽離된 외로운 자다. 더구나 부정한 자로 양의 탈을 쓰고 있어, 고립되고 더불어 같이 놀아줄 자도 없다. 규睽는 반드시 응한 자가 있어야 건너가거늘, 지금 4는 응이 없어 외롭다. 그러나 나의 짝 초9가 강직한 모습으로 정위正位에 있어 나를 제도濟度하려 한다. 서로 미운 정과 고운 정을 추억하며, "아픈 상처를 고운 숫돌[砥]에도 갈고, 거친 숫돌[礪]에도 갈아가며 허물이 사라질 날"을 기다린다.[23]

4 본인도 편하지는 않다. 나의 짝 초9가 응해주지 않자, 두 음 3과 5의 사이에서 거래 아닌 거래를 하고 보니, 왕따를 당하고 있다. 3·5는 부정한 자리에 처해 있지만, 본시 짝을 지은 자들이다. 그러기에 나 4는 원부元夫를 만나야 외로움을

---

20 지욱, 『周易禪解』: "本與上九爲應, 當睽之時, 不中不正, 陷于二四兩陽間, 其迹可疑者, 不得通其貞潔之情, 如此則无初矣, 心迹終必自明, 賴于上九之剛, 後脫孤而待之 故有終也."

21 주희, 『주자어류』: "天合作而, 削髮也."

22 [說證] '見輿曳'는 규의 호괘 감☵의 수레를 놓고, 두 개의 리☲, 즉 두 마리 소☲가 서로 끌어당기는 어긋난 상을 본다. '天且劓'는 대장 때는 진☳의 머리털이 蕃蘇하였는데 巽에서는 寡髮이 됨이다[대유괘는 구괘 손에서 옴]. 중부 때는 간☶의 코가 오뚝하였으나, 규괘가 감☵의 형벌로 리☲의 감옥에서 리☲의 칼로 머리와 코를 잘린다. 중부는 본래 감옥이다[議獄緩死]. '无初有終'은 之卦 대유괘가 구괘로부터 온 까닭이며[姤의 초효에 양이 없다가 대유 끝에 양이 있음], 또한 쾌괘에서 온 까닭이다[쾌의 상에 无終하다가 대유가 되면서 有終한 것].

23 지욱, 『周易禪解』: "睽必有應, 四獨無應, 同德相信, 相互砥礪, 可以濟睽."

덜어낼 수 있다. 원元은 선善이요, 부夫는 양陽이니, 반드시 나는 초9 본남편을 만나야 허물이 사라질 것이다. 그래서 공자도 "성의를 가지고 믿음을 주고받으니, 마음이 통하고 무탈해지면 뜻이 행해지리라[象曰, 交孚无咎, 志行也]"고 주석했다. 규가 손괘損卦로 가는 자리다.[24]

六五 悔亡 厥宗 噬膚 往 何咎[25]
육5는 회한이 사라진다. 종족이 살을 씹으니 나아감에 어찌 허물이 있으랴.

나는 2의 주인이다. 괴리와 반목으로 대립하는 규의 시절에 음유 부정하지만, 내 짝 2가 3으로 갈까 의심을 내다가도, 중심을 잡고 유순한 나 5와 응을 할 것이라 여긴다. 이것이 바로 2 종족[厥宗, Companion]과 더불어 상합相合하니 후회가 사라지는 것이다[悔亡]. 2와는 비록 등을 돌리고 지낸 사이였지만 살코기를 씹듯[噬膚, Bite soft meat] 상대의 마음 속 깊이 파고들어 적극적으로 소통해 나간다면[往] 즐거움이 있을 뿐 어찌 탈이 있겠는가[何咎]. 여기서 '궐종厥宗'은 2의 종부宗婦를 얻겠다는 마음이요, '서부噬膚'는 살을 깊이 물고 들어온다는 의미이니, 음양의 이합易合을 뜻한다.

5의 경우는 주공周公이 성왕을 도와 간 자리요, 공명公明이 유선劉禪을 보필한 자리라 할 수 있다. 그렇지만 강단剛斷이 없는 유약한 5라면 오로지 주저하며 결정을 내리지 못할까 두려운 것이 사실이다. 그러니 눈을 크게 뜨고 간담을 활짝 열고, 사랑하는 2를 마음속에 깊이 사모하여 간다면 경사가 있으면 있었지 탈은 없다.

여기서 '궐종厥宗'을 친족, 종친, 종당, 붕당, 정당, 국가라는 집단으로 보아도

---

24 [說證] 損卦는 양친이 다 살아 있는 지천태괘에서 왔다. 損卦에서는 건☰의 아버지는 간☶에서 죽고 곤☷의 어머니만 살았다. 또 중부 때는 태☱의 젊은 여자와, 간☶의 젊은 남자가, 리☲의 담장 안에서, 날마다 서로 마주보며 살았는데, 규가 되면서 간☶의 사내는 보이지도 않고, 태☱의 젊은 여인만 남았는데, 감☵의 도적 같은 사내가 가운데를 막고 섰으니 배필은 아니다. 이에 손괘로 변해 간☶의 사내가 나타나니 이별, 졸혼으로 헤어진 '遇元夫'다. '交孚'는 손괘에서 상응한 모양.

25 噬 씹을 서.

무방하다. 또 '서부噬膚'는 격렬한 싸움에서 승리한 후, 또는 싸움을 앞두고 잔치를 벌이고 음식을 먹으며 단결을 다지는 모양으로도 볼 수 있다. 그래서 공자도 "그 종족들이 연한 살코기를 씹어 먹으며 가니 경사가 있다[象曰, 厥宗噬膚, 往有慶也]"고 했던 것이다.[26]

또 5와 2는 동지요 동족이요 같은 피붙이다. 그러니 2도 우여곡절을 겪으면서 5와 만나려 하고 있다. 고로 2와 만나 화합함이 어찌 연한 고기를 씹는 것처럼 쉽겠는가? 만약 부드럽고 연한 고기처럼 한번 씹어도 곧바로 아래윗니가 맞닿아 합쳐지면 어떤 회한도 없을 것이다. 더욱이 존귀한 5가 몸을 낮추니 틀림없이 경사가 있을 것이다.

다음은 수현壽峴이 상감에게 올리는 읍소이다. "신이 삼가 살펴보았습니다. 규괘의 5를 살펴보면, 2가 변하면 서합괘가 되기 때문에, '살을 깨문다'는 뜻을 펼쳤습니다. 5는 부드러운 음이고, 2는 굳센 양이며, '종宗'은 친한 무리가 되고, '부膚'는 신체라, 친한 무리 양이 신체의 부드러움을 깨물었으니, 들어옴이 반드시 깊고 합쳐짐이 반드시 쉽습니다. 대체로 종족끼리 서로 친애함에는 형제자매를 귀하게 여기고, 도리로 서로 깨물음은 육신을 괴롭힘이 아닙니다. 이 때문에 깊이 들어와 틈이 없고, 어긋나도 반드시 합쳐지니, 임금께서 이 도리를 체득하여, 현명한 신하의 깨물음을 받아들인다면, 비록 어긋나 괴리되는 때라도 어찌하여 구제할 수 없겠습니까? 엎드려 바라건대 전하께서는 현인을 높이시어 그 깊음을 싫어하지 마소서."[27]

---

26 [說證] 睽之履의 상이다. 大壯의 건☰父가 睽에서는 사라졌다가, 履卦에서 '厥宗'이 되어 돌아오니 '悔亡'하고, 종당들이 태☱로 입을 벌려 양고기를 먹으니 '厥宗噬膚'가 된다. 점사로는 별거를 하고 있는 부부가 재결합이 될 것인가를 물어 얻은 괘다. 또 정이 멀어진 친구가 프러포즈를 해온다면 반드시 만나야 옳다. 그리고 재운이 없으니 원행은 조심하라. 세상사 뜬 구름과 같으니 허망한 욕심은 버려라. 아들의 취업시험이라면 합격이다.

27 石之珩, 『五位龜鑑』: "… 蓋以類相親, 貴同氣也, 以道相噬, 非苦肉也. 是以深而无間, 睽而必合. 人君能體此道, 受賢臣之噬, 則雖在睽乖之世, 奚爲而不可濟哉. 伏願殿下宗賢, 而勿厭其深焉."

上九 睽孤 見豕負塗 載鬼一車 先張之弧 後說之弧 匪寇 婚媾 往遇雨 則吉[28]

상9는 규의 꼭대기에서 고독할 대로 고독하다. 진흙을 덮어쓴 돼지와 수레를 가득 채운 귀신을 보고, 처음에는 활을 당겨 쏴 죽이려다가 나중에 오해가 풀려 화살을 풀었다. 도둑이 아니라 혼인할 짝이었다. 가면 비를 맞아 곧 좋아지리라.

나이가 든 어른으로 윗자리에서 주위의 사람들과 반목하니 고독하다[睽孤]. 내가 상대하는 자는 모두 진흙을 덮어쓴 돼지 새끼처럼 보이고[見豕負塗, Seeing covered with dirty a pig] 또 수레에 탄 귀신처럼 보인다[載鬼一車]. 처음에는 그 흉악한 놈들을 쏴 죽이려고 활시위를 당기다가[先張之弧] 마침내 오해가 풀려 화살을 풀었다[後說之弧]. 상대가 자신을 해치려는 도둑이 아니라[匪寇], 적극적으로 프러포즈하러 오는 결혼할 파트너였다[婚媾, woo at the parter]. 내 눈이 바보 같은 돼지의 눈이었고, 내 눈이 귀신에 덮인 눈이었다. 그런 오해를 비에 흘려보내고 의심을 씻는다면[往遇雨] 좋은 날이 올 것이다[則吉].

규의 끝자리에서 오랫동안 괴리乖離되고 단절되어서 고독할 대로 고독하니, 성격이 비뚤어져 어른답지 못하고, 트집만 잡고 대접만 받으려고 하는 사람의 행동을 보인다. 규의 시절에는 극성을 부리면 더 어긋나고 더 사이만 멀어진다. 또 성질이 아랫사람들과 화합하지 못하니 조폭燥暴처럼 꼴 같지 아니하고, 나이만 들먹이니 수자상壽者相만 높아지고, 눈이 뒤집혀 의심의 덩어리만 깊이 쌓여 갈 뿐이다. 상9는 육3이 있어서 실로 외롭지 않은데, 자신의 성질이 이와 같으니 스스로 규고睽孤의 업을 받고 있다. 세상의 사람들은 친당親黨을 지으면 지을수록 의심으로 괴리乖離를 내고 골육骨肉 간에도 늘 고독하다.[29]

그런데도 나의 짝 3이 똥 묻은 돼지로 보이다니 어찌 된 영문일꼬? 귀신은 본시 무형인데 수레에 가득 실은 돼지로 보이다니 망극妄極이다. 3은 본시 강한 2와 4에게는 오염되지 않았다. 그러나 그 처한 자리가 부정不正하고 부중不中하며 음유陰柔한 듯 하니 더럽혀진 듯 보여 마치 진흙을 울러 맨 돼지[見豕負塗]로 보였을 따름이다. 그 결과로 도둑에게 강탈과 폭행을 당하였으니 어찌 혼인을

---

28 塗 칠할 도
29 사주팔자에 충파원진(衝破元嗔)과 진진(辰辰)·오오(午午)·유유(酉酉)·해해(亥亥)의 자형(自刑)과 비견(比肩)·겁재(劫財)형은 고집과 고독으로 말년을 쓸쓸히 보내는 수가 많다.

생각할 수 있겠는가. 그런데 이제 무서운 오해가 자연히 풀리듯 검은 구름이 비가 되어 내리니 길하다.[30] 나의 짝 될 3을 의심하지 아니하면 4와 2에게도 의심이 풀리어 "비를 만나 깨끗이 씻기듯 의심 덩어리가 사라질 것[象日, 遇雨之吉, 群疑亡也]"이라는 공자의 주석이 말끔하게 정리를 해준다.[31]

규괘睽卦는 초9가 강정剛正하기에 규제睽濟를 잘하고, 그 여타는 모두 정正을 얻지 못하고 부정不正하니 반드시 서로가 합을 얻어야 규제睽濟가 된다. 한 마디로 규괘는 『삼국지』첫머리에서처럼 분열과 이산과 반목과 괴리 그리고 모순과 갈등을 해소하여 화합으로 가는 방법을 제시하고 있는데, "천하의 대세가 갈라선 지 오래면 반드시 합쳐지고, 그 천하가 합쳐진 지 오래면 반드시 또 갈라질 것이다[天下大勢, 分久必合, 合久必分]" 하였으니, 천하가 분합分合되는 해결점은 규에서 찾아봐야 할 것이다.

다음은 선조임금이 『주역』을 직접 강하면서 '주역과 병서兵書를 함께 깊이 공부할 것을 당부'하고 있는 장면이다.

"돼지는 본디 불결한 동물인데 또 진흙까지 뒤집어썼으니 귀신이 수레에 가득 타고 있는 형상처럼 볼 수 있지 않겠는가? '서부噬膚'라는 말은 그 뜻을 잘 모르겠다. 이 괘는 대체로 서로 어긋난 때를 만났다는 뜻이로구나." 유근이 "이 괘는 처음에는 서로 괴리되는 것을 말하였으나 나중에는 서로 합치되는 것을 말하였습니다"라고 대답하였다.

또 상이 "중국에 촉인蜀人으로 래씨來氏[『周易集註』의 저자 來知德(1525~1604)은 아님]라는 자가 주역에 정통하다고 하는데, 경은 들어보았는가?"라고 하자, 유근

---

30 참고로 아군(정답)인지 적군(오답)인지 몰라 착각하니 만사가 불리하다[睽之歸妹]. 단 비가 오는 날이면 희망이 있을까? 점단은 납으로 만든 칼이 어찌 크게 쓰이리오 강약이 다르니 빛이 없으리라. 재산은 지킴이 최고요, 求官은 혹을 떼려다 도리어 붙이는 격. 올라가지 못할 나무는 쳐다보지도 말라. 어느 불교학자가 간화선이 뭔지를 물어 이 괘를 얻었다. 아들의 취업과 진학이라면 수월한 곳을 택하라.

31 [說證] 睽가 歸妹로 가는 경우다. 歸妹는 양친이 다 살아 있는 泰에서 왔으니 '睽孤'다. '見豕負塗'는 귀매의 감☵이 돼지와 물이, 태의 곤☷과 더한 상을 리☲로 본다. 또 감☵은 북쪽이 등이 되니 짊어지는 꼴이고, '載鬼一車'는 건☰의 수레 위에, 간☶의 시체가 거꾸로(도전) 누워 있다. '先張之弧'는 규의 母卦 대장에서 네 개의 화살이 있었다. 규가 되면서 감☵의 화살을 당김에 배가 불룩하게 됨이요[☵爲大腹], '後說之弧'는 귀매의 진☳으로 화살이 날아가 없어지는 상이다. '匪寇婚媾'는 규의 감☵이 도적, 귀매의 간☶과 태☱가 리☲의 혼례를 올림이요, '遇雨則吉'의 비 역시 감☵의 상이다.

이 "송宋나라 때 양만리라는 자가 『주역전』을 지었는데 『정전程傳』과는 다릅니다"라고 하였다.

다시 상이 "'서부噬膚'란 물어뜯어 상하게 한다는 말이 아니라 본래의 뜻은 서로 친해지려고 한다는 말이냐?"라고 하자, 이덕형이 "유선劉禪과 공명孔明이 서로 미덥게 된 것이 바로 그런 경우입니다. 그리고 귀신이 수레에 타고 있다는 말은 곧 처음에는 소원하다가 나중에는 친밀해진다는 뜻입니다"라고 하였다. 상감도 다시 "우리나라 장수가 조치하는 일이나 서장 등을 보면 전혀 병서를 모르니 놀랍다. 문신도 병사를 아는 자가 없으니 병서도 고문古文인데 어찌하여 읽지 않는가. 옛사람이 '『손자』와 『주역』은 같다'고 하였으니, 옛사람은 참으로 글을 안다고 할 만하다"고 하자, 가신이 "중국 장관將官은 아무리 용렬한 자라도 모두 병서를 압니다"라고 알렸다.[32]

마지막으로 '동이이同而異'의 제설諸說을 덧붙인다. 식산息山은 아첨하는 자와 괴이한 자를 살피라 하고,[33] 정좌와靜坐窩는 '규睽'를 감리坎离로, 삼산三山은 리태离兌로 동이同異를 설명하고,[34]/[35] 위암韋庵은 이치가 같음은 양이 하나고 일[事]이 다름은 음이 둘이라 하고,[36] 석재碩齋는 성인이 아니라면 『주역』은 조수鳥獸의 무리에게 돌아갔을 것이라며 궁궐의 예와 세속이 같으면서도 다르다고 보았다.[37] 백운白雲은 백공이 나라를 위함이 같지만 찬반이 있고, 만물이 천하를 위하

---

32 『선조실록』 선조 38년(1605) 8월 4일.

33 李萬敷, 「易大象便覽」 : "사람이 일마다 모두 아첨한다면, 이는 시류와 함께 더러움에 부합하는 자이고, 만약 일마다 모두 다르게 한다면, 은밀한 것을 찾고 괴이하게 행동하는 자입니다. 크게 같은 가운데 그 홀로 다른 점을 본다면, 품은 뜻을 알 수 있을 것입니다."

34 沈潮, 「易象箚論」 : "'睽' 자가 '目' 자를 따른 것이면 리☲이고[상괘도 ☲, 호괘도 ☲], '癸' 자를 따른 것이면 감☵과 태☱이다."

35 柳正源, 易解參攷 : "리☲와 태☱는 곤☷에서 나온다. 불과 연못은 모두 땅에서 나왔는데도 하나는 움직여 내려가고 하나는 움직여서 올라가니, 그 말단의 다름이 이와 같다."

36 金相岳, 「山天易說」 : "같음은 이치이고, 다름은 일이다. 이치가 같음은 양이 하나이고, 일이 다름은 음이 둘이다. 하나이므로 같지 않은 이치가 없고, 둘이므로 같지 않은 일이 있다. 그 일이 다르면서 그 이치가 같으니, 그래서 같으면서도 다른 것이다. '같음'은 태☱연못의 기쁨이고, '다름'은 리☲불의 밝음이다."

37 尹行恁, 「薪湖隨筆 易」 : "물은 습한 곳으로, 불은 마른 곳으로, 구름은 용을, 바람은 호랑이를 따르니, 어긋나면서 통하고, 같으면서 다름을 알 수 있다. 성인이 아니라면 『주역』은 鳥獸의 무리에게 돌아갔을 것이다[非聖人則易歸於鳥獸之群.]."

지만 각각 재능이 다르니, 사람의 감정도 다르면 미워하고 같으면 좋아하나, 다르면서도 통하면 과실을 없앨 수 있다고 한다.[38] 당신과 나 또한 귀한 사람이라는 것은 같지만, 생각과 행동, 심지어 식성이 다를 수 있다는 것을 알아두자.

---

38 沈大允,『周易象義占法』: "'同而異'는 노력을 같게 하지만 일을 달리한다. 군자가 화합하되 아첨하면서 함께하지 않음이다. 그러므로 백공이 나라를 위함은 같지만, 각각 찬성과 반대를 밝히고, 만물이 천하를 위함은 같지만, 각각 재능을 드러내 구차하게 같게만 하지 않는다. 같으므로 다름이 있고, 다르니 같음을 이룰 수 있다. 보통 사람의 감정은 다름을 미워하고 같음을 좋아하는데, 어긋남을 통하게 함을 즐기는 사람이라야, 이러한 과실이 없을 수 있을 것이다."

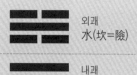

외괘
水(坎=險)

내괘
山(艮=止)

39. 수산건水山蹇

Obstruction

갈 길이 막혀 답답할 때라면 가던 길을 다시 돌아와 대인의 충고를 반추하라. 만사가 늦어지고 힘든 장애가 오는 것도 모두 나의 덕이 부족하고 공부가 부족한 탓이다. 건蹇의 시절은 전반적으로 고난과 위험으로부터 탈출하는 구체적인 방법을 제시하고 있다.

> 蹇 利西南 不利東北 利見大人 貞吉[1]
> 발을 저는 건은 서남쪽은 이롭고 동북쪽은 불리하다. 대인을 뵙는 것이 이로우니 바르게 해야 길하리라.

건蹇(Obstruction)은 추위를 이기지 못하여, 다리가 쓰기 힘들어, 앞으로 나아가지 못하는 절음발이의 괴로운 상태다. 앞으로 나가자니 첩첩산중이요, 뒤로 물러서자니 큰 물이라, 오도가도 못하는 위험에 직면하여 진퇴를 결정하지 못하는 난관에 봉착한 어려움을 말한다. 여타의 어려움[屯, 坎, 困, 蹇] 중에서도, 특히 공자는 만사에 괴리가 와서 어려워지는 것을 '건蹇'이라 하였다.[2] 이런 건의 시절에는 무리하게 갈 길을 재촉하지 말고 식견이 있는 사람의 충고와 시절인연을 기다리는 편이 더 낫다. 예로 암초가 많이 깔려 있는 바다==로 항해하는 배==가 이와 같으니, 이러한 위험에 직면하면 일단 가던 길을 멈추고== 돌아오는 지혜가 반드시 필요하다. 그러나 꼭 갈 길이라면 서남쪽으로는 가능하나[利西南], 동북쪽은 불리하다[不利東北]. 그러니 반드시 대인의 지도를 얻어야 할 것이다[利見大人貞吉].

---

1 蹇 절뚝발이 건.

2 「序卦傳」: "乖必有難, 故受之以蹇, 蹇者難也."

건의 시절엔 '대인의 충고를 반드시 따르라'는 공자의 단사는 이렇다. "건은 나아가는 곳마다 위험이 도사리고 있다[蹇難也險在前也]. 이러한 위험이 있다는 것을 알고 가는 것을 멈출 줄 아는 사람의 처신이야말로 지혜롭다[見險而能止知矣哉]. 이때는 서남으로 가면 이롭지만[蹇利西南往得中也], 동북으로 간다면 불리하고 궁색하기 짝이 없을 것이다[不利東北其道窮也]. 그러니 반드시 대인의 충고를 따르라[利見大人往有功也]. 그렇다면 마땅히 자신의 위치뿐만 아니라 정사도 올바로 다스려 갈 수 있을 것이다[當位貞吉, 以正邦也]. 이러한 어려운 건의 시절을 맞으면 대처할 방법을 신중히 강구함이 큰 일이다[蹇之時用大矣哉]."[3]

건괘蹇卦는 소과小過괘에서 왔다. 소과小過 때는 온전한 두 개의 다리 진震이 있었으나, 소과가 건괘로 가면 감坎의 질병이 다리에 생겨, 한 쪽 다리를 쓰지 못하게 된다. 또 건괘는 관괘觀卦로부터 오니, 이전의 손巽의 허벅다리가 질병을 얻어 건蹇이 되는 것이다. 건괘蹇卦를 도전한 해괘解卦 역시 소과에서 오기에 아래 다리가 질병에 걸리게 되는데, 따라서 귀매歸妹괘가 해解괘로 변함에 '파능이跛能履'라 한 경우와 같다. 앉은뱅이나 절름발이처럼 갈 길이 태산이니 대인의 협조를 얻어서 행동하라.[4]

역사적인 배경으로 볼 때 주周나라는 황하의 중상류 쪽에 자리했고, 주周의 동쪽인 중원지역에는 은殷나라가 있었다. 그런데 서남부 쪽에는 낙후한 약소민족 융戎이 있었는데, 은나라를 칠 준비가 안 되어 있는 주나라의 입장에서는 서융西戎을 상대하는 것이 유리했던 것 같다. 명이明夷괘에서도 '남쪽으로 가면 괴수를 잡는다[明夷于南狩, 得其大首, 不可疾貞]'고 한 대목과 같은 맥락이다.

---

3 '險'과 '知'와 '往有功'은 감☵, '멈춤'과 '其道窮'은 간☶, '當位'는 3과 5의 정위고, '正邦'은 리☲의 治國을 말한다.

4 참고로 추위로[寒] 인하여 발[足]이 오므라드는 때라, 앉은뱅이나 절름발이처럼 갈 길이 태산이다. 고로 마음 먹은 대로는 진행이 힘든 때이니 대인의 협조를 얻어서 행동하라. 운세가 막히고 보행이 곤란한 상태이니 이성과 지혜가 요구된다. 거래와 상담은 일시적으로 중단함이 옳고, 女難이 예상되고, 비는 올 것 같으면서 좀처럼 내리지 않는다.

象曰 山上有水 蹇 君子以 反身修德

상왈, 높은 산 위에 물이 고여 있는 것이 건이니, 군자는 이를 보고 덕을 닦으며 자신을 항상 돌아보아야 한다.

흘러가야 할 물이 앞을 가로막고 있는 산을 보고는 위험을 느낀다. 군자 역시 자신이 그런 상황에 놓일 때는 항상 자신을 돌아보고 덕을 닦아야 했다. 산 위에 있는 물은 자연스레 아래로 흘러가는 것에는 어려움을 느끼지 않지만, 상황이 수많은 구렁과 둔덕 그리고 바위와 골짜기에 둘러싸이면 흘러가기가 그리 쉽지 않다. 만약 군자가 이런 상황에 놓이면, 어려움 속에서 왜 전진하지 못하고 멈추어 서야 하는가를 반성하고 수양하게 된다[反身修德]. '덕'은 감☵의 상이요, '수신'은 리☲의 상이다.[5]

이럴 경우 맹자는, 어떠한 행위로도 바라는 소기의 성과를 거두지 못한다면, 반드시 먼저 스스로 돌아보며 자기 자신에서 그 원인을 찾았다.[6] 공자 역시 군자가 활을 쏘다 적중을 벗어나면 반드시 자신에게서 문제를 찾아야 한다고 했다."[7] 지욱의 설명 또한 공자의 주석을 보태고 있다. "산은 본래부터 샘을 육성한다. 물은 함축이 마땅하고 범람은 마땅하지 않다. 건蹇은 물이 위에 고여 사람들이 물에 발을 담그지 못하게 하니, 이것은 산에 결함이 있는 것이지, 물의 허물은 아니다. 군자는 일체 험險의 경계가 오면, 오직 내 마음의 현상임을 알고 가야지, 감히 하늘을 원망한다든가 타인을 시비하는 일이 있어서는 안 된다. 다만 자기 자신을 돌아보고, 그 덕을 닦아야 하나니, 치산하는 자가 옹벽을 잘 치게 되면, 계곡물이 산골을 타고 내려갈 것이지 횡류하고 역류하지 않는 법이다."[8]

아래와 같이 요임금이 허유에게 천하를 놓고 토닥거리는 이야기도 있다. "일월이 밝은데 횃불을 계속 태우면, 그 빛이 헛되지 않겠습니까? 때에 맞추어 비

---

5 [說證] 蹇괘는 觀괘의 上이 3으로 가 ☶의 멈을 곤☷의 나라에 교화를 베풀지만, 덕이 공허하여 자신에게 구하니 '反身修德'이다. 晉괘는 外卦가 主고 蹇은 下卦가 主가 된다. 퇴임하고 돌아아 무릎꽂을 치며 자신을 돌아보는 임금의 자리이기도 하다.

6 『맹자』, 「이루상」 : "行有不得者, 皆反求諸己"

7 『논어』, 「팔일편」 : "子曰, 君子無所爭. 必也射乎! 揖讓而升, 下而飮. 其爭也君子."

8 지욱, 『周易禪解』 : "一切境界, 惟吾心, 自造自現. 故, 不怨天尤人, 反身修德. 如治山者, 培其缺陷, 水歸澗壑, 不復橫流矣."

가 내리는데, 여전히 물을 대면 그 물은 소용없지 않겠습니까? 저는 부족하오니 부디 천하를 맡아 주십시오." 이런 요임금의 권유에 허유는, "그대는 돌아가시오. 나에게 천하란 아무런 소용이 없소. 요리사가 음식을 잘못 만든다고 할지라도, 시동尸童이나 신주神主가 술단지와 고기그릇을 들고서 그를 대신할 수는 없는 일이오"[9]라며 밀어 내고 만다.

만사에 군자는 잘잘못이 있으면 자기 자신에게서 찾고, 소인은 남에게서 찾는 것처럼,[10] 건의 시절에는 어려운 난세가 왜 나에게 닥쳐왔을까를 생각하여 보고, 그 활로를 모색해 나아가야 할 것이다. 정자와 주자는 '자신의 과실과 곤괘困卦'에 비해 설하고,[11] 양촌陽村은 "언행이 자신에게서 나옴은 물이 산에서 나옴과 같고, 언행을 삼가 덕을 닦음은 물이 반대로 흘러들어가 산에 유익함을 더함과 같다"고 한다.[12]

初六 往蹇 來譽
초6은 가면 길이 막히고, 돌아오면 칭찬을 받는다.

행동으로 옮기면 어려움이 닥치고 움직이지 않아야 칭찬을 받는다[往蹇來譽].

---

9 『莊子』, 「逍遙遊」: "人雖不治, 尸祝不越樽俎而代之矣"

10 『논어』, 「위령공」: "子曰, 君子求諸己, 小人求諸人."

11 정자왈. "뜻이 이뤄지지 않으면 자신에게, '過失이 있어서인가?' 하고 돌이켜 보라. 잘하지 못한 것이 있으면 고치고, 마음에 흡족함이 없으면 더욱 힘쓰는 것이 바로 스스로 덕을 닦음이니, 군자는 덕을 닦고 때를 기다릴 뿐이다."
주자왈. "산 위에 물이 없는 困卦는 지극한 곤궁에 처하여 할 수 있는 일이 없으므로, 다만 목숨을 바쳐 뜻을 이룰 수 있을 뿐이다. 산 위에 물이 있는 蹇卦라면 여전히 나아갈 수 있으니, 산 위의 샘이 굽이굽이 어려움이 많지만, 여전히 갈 수 있다. 그러므로 자신에게 돌이켜 덕을 닦는 것으로 가르쳤으니, 어찌 困卦와 비교할 수 있겠는가."

12 權近, 『周易淺見錄』: "물은 산과 흙 아래에서 솟아나지만, 산 위에 있다가 다시 반대로 흘러, 아래로 물을 대주어 점차 산과 흙을 윤택하게 하니, 초목이 무성하게 자라고 갈수록 더욱 성대해진다. 그러나 물의 성질은 아래를 적시고는 솟아나와 올라가니 그 진행이 쉽지 않고, 또한 아래를 적심에 산에서는 막힘이 많아, 통행하기 어려우니 어려움이 있다. 군자가 이것을 보고는 어려울 때를 당해서는 자신에게 돌이켜 구하여 자기가 행하는 언행을 삼가지 않음이 없다. 대체로 언행이 자신에게서 나옴은 물이 산에서 나옴과 같고, 자신에게 돌이켜 언행을 삼가서 그 덕을 닦음은 또한 물이 반대로 흘러서 산에 유익함을 더함과 같다. 군자의 언행은 항상 삼가지 않을 수 없지만, 어려운 때에 닥쳐서는 더욱 그 삼감을 다해야 한다."

그러니 마땅히 때를 기다려라[象曰, 往蹇來譽, 宜待也]. 초6의 응은 육4인데 같은 음과 음이 상응하지 못한 데다, 음으로 부정하다. 초6은 어려움이 시작되는 첫 자리요, 또 세상의 어려움을 헤치고 나갈 힘이 아직 축적되지 않은 미숙한 상태다. 고로 무모하게 앞으로 나가면 구렁텅이에 빠져들 것이 뻔한 자리이다.

동파는 "초효는 어려움이 아직 깊지 않아서 곤경에 처하지 않았고, 이에 앞뒤 없이 서두르지 않고 슬기롭게 대처하면 칭찬을 받을 여지가 남아 있다"고 한다. 그러나 훌륭한 부모와 선생 아래서 수업을 착실히 받은 자라면, 앞날이 어렵고 무서운 파란이 예고되기에, 그 파장을 짐작하고는 바로 돌아설 것이다. 이것은 간지艮止의 첫 자리로, 능히 시지즉지時止則止할 줄 아는 반신수덕反身修德이 된 자라 할 수 있다. 건괘蹇卦가 기제既濟괘로 가는 경우다.[13]

다음은 지욱의 설명이다. "모든 효가 앞으로 나아감을 경계하고, 그 돌아옴을 허락하니 돌아옴은 반신수덕反身修德이다. 초효는 험을 보고 곧 멈추니 아직 난을 범치 않았다. 반신수덕의 공부가 가장 빨라서, 영예를 얻었으니 어찌 망동으로 난을 당하겠는가." 마땅히 초효는 타이밍을 잘 맞추는 자이다. 그래서 공자의 단사에서도 "위험을 보고 멈출 줄 알아야 진정 지혜로운 자가 되니[險在前也, 見險而能止, 知矣哉] 시절이 익어오는 때를 반드시 기다려라"고 재삼 부탁하고 있다.[14]

두보의 '전졸轉拙',[15] 백거이의 '양졸養拙',[16] 도연명의 '수졸守拙',[17] 주렴계의 '교

---

13 [說證] 기제는 泰卦로부터 왔다. 태괘의 양은 본시 震의 다리다. '來'는 內卦로 옴이요, '譽'는 태괘 5의 음이 2로 들어오니, 리☲의 밝은 사랑이 蹇卦 아래 艮의 말이 되어 '來譽'가 되니, '宜待時'다.

14 참고로 어려움이 산적해 있으니 멈출 때에 멈추고 기회를 엿보라.

15 杜甫, '自京赴奉先縣詠懷五百字': "杜陵有布衣, 老大意轉拙."

16 白居易, '養拙': "쇠가 부드러우면 칼이 못되고[鐵柔不爲劍], 나무가 굽으면 기둥이 안 돼[木曲不爲柱], 이제 나도 이와 같으니, 어리석고 몽매하여 입문도 못하는구나. 마음에 달갑게 명예와 이익 버리고, 자취를 숨겨 전원으로 돌아가리. 초가집에 앉았다가 누웠다가 하면서, 오로지 거문고와 술을 마주보며 살리라. 몸은 고삐의 얽힘에서 벗어나고, 귀는 조정과 거리의 소란함을 사양하고, 자유롭게 거닐며 하는 일 없이, 때때로 노자의 오천 마디 글을 살피며, 근심 없이 본성의 바탕을 즐기는 장[無憂樂性場], 욕심을 줄여서 마음의 근원을 맑게 하리라[寡慾淸心源]. 이제야 알았노라 재주 없는 사람이라야[始知不才者], 진리의 근원을 찾을 수 있다는 것을[可以探道根]."

17 陶淵明, '歸田園居': "잘못돼서 풍진세상으로 떨어져, 일거에 삼십 년의 세월이 가버렸다. 새장에 갇힌 새는 숲을 그리워하고, 얕은 연못에 갇힌 고기는 원래 놀던 깊은 못을 생각한다. 남쪽의 황무지를 일구면서, 소박함을 지키기 위하여 전원으로 돌아왔다[守拙歸園田]. 집안에는 번잡한 일 없고[戶庭無塵雜], 빈 방에는 한가함만 있도다[虛室有餘閒]. 오랜 세월 새장속에 있다가

자적졸자덕巧者賊拙者德'[18], 최립의 '용졸用拙',[19] 허목의 '백졸장百拙藏',[20] 추사의 '고졸古拙'과 '불계공졸不計工拙', 노자의 '대교약졸'[21] 등이 다 '왕건래예往蹇來譽' 의 좋은 예가 된다.

신하가 잠시 어려움에 직면한 것은 그 시절의 흐름 탓이지, 자신의 부족함이 아니기에 끝내는 탈이 없다[王臣蹇蹇]. 5도 강건중정하고, 2도 유순중정하기에 왕과 신하가 환란을 맞아서도 공히 중정을 지키며, 나라를 잡아 가고 있는 실정이다. 그러니 효사에도 "왕의 신하가 충직하게 동분서주하며 환란을 구제코자 뛰는 것은 결코 자신을 위함이 아니라 나라를 위함이니 허물이 없다[象曰, 王臣蹇蹇, 終无尤也]"고 밝힌다.

2는 유순중정柔順中正으로 자신을 수양하였으니 부끄러움이 없고, 또 위로는 구5의 강건중정剛健中正한 임금과 정응을 하기에 어려운 처지를 맞아 서로 건건蹇蹇으로 돌보지 않을 수 없다. 그러므로 "나 홀로 왕을 섬김에 몸을 아끼지 않고 멸사봉공하여도 걱정은 없다."[22] 건괘蹇卦가 수풍정水風井괘로 가는 경우다.[23]

[久在樊籠裏], 다시 자연으로 돌아왔구나[復得返自然]."

18　周濂溪 : "교묘한 사람은 말을 잘하지만, 우둔한 사람은 말이 없다. 교묘한 사람은 수고롭지만, 우둔한 사람은 편안하다. 교묘한 사람은 다른 사람을 해치지만[巧者賊], 우둔한 사람은 다른 사람에게 덕을 베푼다[拙者德]. 교묘한 사람은 흉하지만, 우둔한 사람은 길하다. 오호라! 세상 사람들이 모두 우둔하다면, 형벌과 정치가 두루 통해 밝아져서, 윗사람은 편안하고 아랫사람은 순박하여, 풍속이 맑아지고 폐단은 없어지게 된다."

19　崔岦, '用拙齋記' : "巧는 그럴싸하게 꾸며 장난치는 데서 나오니, 마침내 거짓이다. 拙은 비록 부족한 데서 나온 듯해도[拙雖若起於不足], 스스로 천기를 벗어나지 않는다[却自不離天機耳]."

20　許穆, '百拙藏說' : "노인은 재주가 졸렬하고 학문이 졸렬하다. 마음이 졸렬하고 뜻이 졸렬하다. 말이 졸렬하고 행동이 졸렬하다. 하는 모든 일이 다 졸렬하다[百試而百拙]. 그래서 내 거처를 백졸장이라고 부른다. 이름은 밖에서 구해서는 안 되니, 성품에서 나오는 것이라 그렇다. 이 때문에 졸렬함을 아는 것은[所以識拙] 망녕되이 행동하지 말라는 경계이다[毋妄動之戒]."

21　『도덕경』 45장 : "크게 이루어진 것은 모자라는 듯하나[大成若缺], 써도써도 해지지 않으며[其用不弊], 크게 찬 것은 빈 듯하나[大盈若沖], 써도써도 다함이 없다[其用不窮]. 매우 곧은 것은 굽은 듯 하고[大直若屈], 매우 정교함은 졸렬한 듯 하고[大巧若拙], 잘하는 말은 더듬는 듯하다[大辯若訥]."

여기서 '왕신王臣'은 '왕과 신하'로 함께 보고, 또 '건건蹇蹇'은 '임금과 신하가 모두 어렵다'라고 푸는 해석들이 많다. 『조선왕조실록』에는 서거정徐居正이 '왕신건건'을 비유한 '비궁당기匪躬堂記'를 성종에게 올리는 장면이 기록되어 있다.[24] 세상물정을 잘 판단하지 못하고 움직이면 더 큰 코를 다치는 시절이다.[25]

九三 往蹇 來反

구3은 가면 반드시 어려움을 당하니 당장 걸음을 돌리도록 하라.

기쁨은 밖에 있지 않고 안에 있음을 아는 자다. 3과 상은 정응이다. 상6은 험

---

22 지욱, 『周易禪解』, 127쪽.

23 [說證] 泰卦로 온 井卦의 다리가 大坎의 질병으로 저니, 그는 5의 아래 건☰의 신하이고, '匪躬之故'는 그의 노고며, '終无尤'는 태의 5가 1로 감이다.

24 『조선왕조실록』 성종 14년(1483) 12월 7일 : 達城君 徐居正이 전교를 받아 '匪躬堂記'를 지어서 올렸다. "『주역』 蹇卦 육2에 '王臣이 고생하며 애씀은 匪躬之故'라는 한 구절이 있는데, 여기에서 말한 '匪躬'이란 임금만 알고 자기 자신은 위할 줄 모르다는 뜻이다. 무릇 우리 조정에 있는 신하들이 비궁의 뜻을 아는 자인가? 三公은 위로는 台階를 본받고 아래로는 鼎象을 취하여 백관의 위에 자리하고 모두 바라보는 지위에 있으면서, 높은 冠冕을 쓰고 맑은 廊廟에 앉아 우뚝하게 나라의 주춧돌이 되었으니, 밝음이 인물의 蓍龜와 같아야 하는데, 임금을 돕는 직책과 천지의 섭리를 논하는 도를 알지 못해서야 되겠는가? 임금의 직책에 잘못이 있으면 어떻게 도우며, 임금의 계책이 밝지 못하면 어떻게 밝힐 것인가? 어떻게 임금의 정치를 드날릴 것이며, 훌륭한 술책과 계획을 어떻게 고할 것인가를 생각하여, 化育을 도와서 만물을 양육하고 天譴을 두려워하여 경계하고 삼가야 한다. 한 마디 말로써 임금을 깨우치기를 생각하고 백 가지 꾀로써 임금에게 요구하지 말며, 藥石의 말로 진술하기를 생각하고 鴆毒으로써 미혹하지 말며, 일을 도모하고 계책을 세우되 誠心으로 公道를 펴고, 얼굴빛을 바르게 하여 밑의 사람을 거느리되 대체에 근본을 두고 細務를 간략하게 하면, '匪躬'의 뜻에 거의 가까울 것이다. 아아! 虞書에서 九官을 임명한 것과 商書 伊訓에서 벼슬에 있는 이에게 경계한 것과 周官에서 벼슬을 나눈 것은 모두 안팎의 여러 벼슬을 총합하여 말한 것이다. 先正의 말에, '임금의 노릇을 하기가 어렵고 신하의 노릇하기가 쉽지 않다'고 하였다. 임금의 노릇을 하기가 어려운 것은 성상께서 밤낮으로 근심하고 부지런하여 이미 체득하여 행하시지만, 신하의 노릇을 하기가 쉽지 아니함은 여러 신하들 가운데에 아는 자가 드물다. 진실로 능히 신하 노릇을 하기가 쉽지 않음을 알면 '匪躬'의 뜻을 알 것이며, 비궁의 뜻을 알면 신하의 직분을 저버리지 아니할 것이다. 이를 써서 벼슬에 있는 자를 경계하고 인하여 스스로를 경계하기를 바란다"고 하였는데, 명하여 板에 새겨서 벽에 걸게 하였다.

25 참고로 왕과 신하, 아버지와 아들, 사장과 부장이 다 어려운 처지를 당하고 있다. 일례로 사업이 어려워진 중소기업체 사장이 해결방법으로 건괘 2를 얻었는데, 蹇之井이라, 우물 안에서 재난을 당하면 피신할 곳이 없다고 판단하였다. 세상물정을 잘 모르고 움직이면 큰 코를 다친다.

의 극極이요, 3은 멈춤의 극인지라, 험險을 만나서 난관에 봉착하느니, 밖으로 나가지 않고 발걸음을 뒤로 돌려 법희선열法喜禪悅을 얻는다. 어렵고 힘든 상황에서 초효와 2효는 음으로서 자립하지 못하고 반드시 3효에 의지한다. 그러므로 안으로 돌아오는 3효를 초효와 2효가 반긴다.

정자는 "래來는 위에서 아래로 오는 것이요, 반反은 귀환하는 것"이라 하였고, 주자는 "아래 1효와 2효의 두 음이 귀환歸還하니 편안함을 얻었다" 하였으며, 우번은 "관觀의 상이 3으로 되돌아와 리☲를 얻어 건蹇이 되니 기뻐함이라" 하였다.[26] 공자도 "가면 어렵고 돌아오면 안에서 이를 기뻐함이다[象曰, 往蹇來反, 內喜之也]"라고 주석하였다.

지욱은 "3효는 간艮의 주인으로, 정위正位를 얻었기에, 앞의 험險을 보고 멈출 줄 아는 자요, 왕往하면 반드시 건蹇을 아는지라 돌아와서 반신수덕反身修德 하니, 초효와 2효가 기뻐하지 않음이 없다" 하였다. 건괘蹇卦가 비괘比卦로 간다.[27]

> **六四 往蹇 來連**
> 육4는 가면 어려워지고, 돌아오면 연합을 얻는다.

앞으로 가면 아주 곤란에 빠지고 돌아와서 연합전선을 펼치면 실익이 생긴다[往蹇來連]. 4가 이미 물구덩이에 빠졌기에(坎陷, ☵) 스스로 위험에서 벗어날 힘은 없다. 그러기에 맹목적으로 가면 더 큰 곤란과 위험에 빠진다. 4가 돌아오면 아래 3의 지원을 받을 뿐만 아니라, 초·2·3의 모두에게 원조를 받아, 성실誠實로 임금을 보필하는 대신의 자리가 된다. 그러니 4는 마땅하고 실속이 있는 연합전선을 구축한다. 공자 역시 "갈 바를 계속하면 아주 곤란에 빠질 것이고, 돌아와서 연합전선을 구축하면 마땅히 실속이 있다[象曰, 往蹇來連, 當位實也]"고 하였다. 여기 4를 정위正位라 하지 않고 당위실當位實이라고 함은 상하를 성실誠實하게 연합하고 모셔야 하기 때문이다. 건이 함괘咸卦로 가는 경우다.[28]

---

26 이정조, 『주역집해』, 129쪽. "虞翻曰, 觀上反三也."

27 주효라 之卦를 판단하지 않는다.

28 [說證] '往蹇'은 건의 양이 단절되지만, '來連'은 함의 건☰ 三連이 됨이요, '當位實' 또한 건☰을

1990년에 노태우, 김영삼, 김종필의 삼당합당으로 민자당이 출범하고, 연이어 대통령이 나온 바 있다. 『제갈공명』에 나타난 제갈량의 칠금칠종七擒七縱도 연합전선의 좋은 예이고,[29] 춘추전국시대에 진秦나라에 대항한 각국의 독립성에 주안점을 둔 소진의 '합종合縱'과 초강국 진秦에 의한 장의의 '연횡連橫'도 '왕건래연往蹇來連'의 좋은 예가 틀림없다.[30] 참고로 집안사람 모두가 합심(합종연횡)하면 발전이 있다.

九五 大蹇 朋來
구5는 대군이 다리를 절며 크게 어려운데, 벗이 도와주러 올 것이다.

어려운 상황에 처한 임금에게 구원투수인 신하가 찾아온다[大蹇朋來]. 대단히 어려운 일을 당하고 있는데, 반가운 우군을 맞는 케이스다. 위험에 처할 때는 만사를 조심함이 최고다. 경망하면 대패하니 묵중한 처신이 절대적으로 필요한 때이다. 유순중정柔順中正하고 충직한 신하 육2가, 왕을 구출하기 위하여 동분서주하고 있는[王臣蹇蹇] 가운데, 임금 구5는 물구덩이에 빠져[☵] 대단히 위험하다 [大蹇]. 그렇지만 5는 강건중정剛健中正한 덕을 갖추고 있기 때문에 충분히 이 어려움을 해결할 것이다. 바로 아래 있는 대신 4는 주위와 연합전선을 구축하고 있으니, 나는 민심을 한 곳으로 집결시키는 리더십만 발휘하면 된다. 그것이 바로 나를 도와 줄 붕래朋來를 모으는 일이다.

그러기에 정자도 "군주가 험중險中에서도 또 건蹇하면, 천하의 대건大蹇"이라

봄이다. 이유인즉 咸은 否에서 왔기 때문이다.

29 촉의 유비가 죽고 위나라가 공격하여 오자 존망의 갈림길에 선 제갈량이 東吳와 연맹을 맺는다. 위나라 曹眞이 오나라 徐盛에게 대패하자, 그 기세로 제갈량은 남방정벌에 올라 孟獲을 일곱 번 잡았다가 일곱 번 놓아주는 전략으로 南蠻을 완전 복종시키고, 다시 북쪽으로 중원정벌에 나서서 승리를 거둔다.

30 사마천, 『사기』, 「장의열전」: 蘇秦은 "제후들의 땅을 합치면 진나라의 다섯 배가 되고, 군대를 합하면 열 배가 됩니다. 여섯 나라가 하나가 되어 진을 치면 반드시 깰 수 있습니다. 남을 깨는 것과 남에게 깨지는 것이 같을 수가 있습니까? 닭 대가리가 될지언정 소 꼬리는 되지 맙시다 [寧爲鷄口無爲牛後]! 일이 터지기 전에 대책을 세우라 하였지요?"라며 연횡을 독려하였고, 張儀는 "합종이란 것은 양떼를 몰아 맹호를 공격하자는 것과 다를 바가 없는 논리입니다. 호랑이와 양이 적수가 된다고 생각하십니까?"라며 진의 일강 체제를 외쳐댔다.

하였고, 주자 또한 "대건大蹇은 예사롭지 않은 비상시의 어려움[非常之蹇]"이라 하였다. 고로 공자도 "대단히 어려운 상황에도 우군이 찾아온다는 것은 틀림없이 임금이 중용의 절개를 지켰기 때문[象曰, 大蹇朋來, 以中節也]"이라 주석한다. 이것은 임금이 겸의 자세를 취해, 건이 감괘謙卦로 갔기 때문이다.[31] "이러한 군자의 덕이 외롭지 않은 것은, 반드시 나를 사랑하고 도와주는 이웃이 있기 때문"이다.[32]

수현壽峴은 『오위귀감五位龜鑑』에서 또 이렇게 읍소하고 있다. "신이 삼가 살펴보았습니다. 건괘 5에서 신하의 도움을 얻는 것을 '벗이 온다'고 하였습니다. 벗에는 '붕우朋友'의 뜻과 또한 '붕류朋類'라는 뜻도 있는데, 붕우라고 한다면 그 신하를 낮추지 않는 것이고, 붕류라고 한다면 그 많음을 싫어하지 않는 것입니다. 후세에 임금을 높이고 신하를 낮추어서 사람을 널리 취하지 못한 자가, 어찌 벗을 얻어 어려움을 구제하는 도를 알겠습니까? 지금의 세상도 또한 어렵다고 할 수 있으니, 엎드려 바라건대 전하께서는 어진 이를 높이시고 그 도움을 넓게 하소서."[33]

마치 석가가 오탁세五濁世에[34] 출현하여 무상보리無上菩提를 얻으시어, 일체중생을 위해 믿지 못할 설법說法을 하신 것과 같다. 이규보의 '대건절족조롱'[35]이

---

31 [說證] 5의 왕이 감☵의 질병을 만남이 '大蹇'이고, '朋來'는 겸손한 자세로 처신함에 곤☷의 붕우들이 서남쪽에서 옴이다. 노무현 대통령이 강행한 남북정상회담 특검 당시, 김대중 대통령의 비서실장을 지낸 박지원 의원이 150억 원의 뇌물수수죄로 구속되었을 때 얻은 효였다.

32 『논어』, 「이인편」 : "子曰, 德不孤, 必有隣."

33 石之珩, 『五位龜鑑』: "… 後世之尊君抑臣, 取人不廣者, 豈知得朋濟蹇之道哉. 今之世, 亦可謂蹇矣, 伏願殿下尙賢而廣其助焉."

34 지욱, 『주역선해』: "劫濁, 見濁, 煩惱濁, 衆生濁, 命濁."

35 李奎報, 『東國李相國集』, '嘲弄大蹇折足' : "우리집에 솥 하나 있는데, 오랫동안 불에 그을렸네. 지난해에 다리 하나 부러지더니, 금년에 또 한 다리 부러졌네. 그래도 다리 하나 남았으니, 삶을 물건 있으면 괴어야지. 옥을 바치려다가 두 번 발꿈치 잘린 일은, 내가 옛적에 화씨에게서 들었고, 발 보호하는 것이 해바라기만 못하다는 것은, 또 포장자에게 들었네. 아 너는 무슨 까닭으로, 이 같이 큰 절름발이가 되었는가[致此大蹇踦]. 받치고 괴고 하여 음식 익히는 데 쓰고 있지만, 가끔 된장국을 엎어버리는구나. 대장장이가 나를 속였기 때문이지, 이것이 어찌 너의 잘못이겠느냐."
『春秋左傳』 : A의 미투 사실을 鮑莊子가 고하자, A의 부인이 讒言을 올려 포장자가 折足刑을 받았다. 공자왈. "포장자의 지혜는 해바라기만 못하다. 해바라기는 충성을 해도 오히려 그 뿌리를 보호하는데…"

재미나고, 기대승의 '복몽伏蒙'[36]이 아름답다. 정도전은 현신賢臣이 난세에 나라에 준 도움을 '대건붕래'로 보았다.[37]

> 上六 往蹇來碩 吉 利見大人
> 상6은 더 이상 가지 않고 돌아서면 좋은 소식이 있고, 대인을 얻어서 이로우리라.

험의 극치에서 더 이상 갈 곳이 없다. 움직이지 않으려는 간☶의 끝자리에서, 3을 만날 일에 조동하지 말고, 임금 5를 도와 마지막으로 봉사함이 귀한 처신이다. 더 이상 가지 말고 돌아서면 좋은 소식이 있고, 대인을 얻어 이로움을 얻을 것이다. 공자도 "가면 더욱 어렵고 돌아오면 큰 5를 얻는다는 것은 뜻이 안에 있기 때문이고, 대인을 만나 이롭다는 것은 대인을 만나 좇아가기 때문[象曰, 往蹇來碩, 志在內也, 利見大人, 以從貴也]"이라고 주석한다.

빌헬름이 "상효는 이미 세상을 편력한 위대한 인물이라, 건蹇을 만나면 은둔하는 것이 당연하지만, 혼자서 복을 얻기 위하여 세상을 궁지에 방치해서는 아니되고, 그가 세상으로 다시 돌아와서 그의 경륜과 넉넉한 내적 자유로 세상을 구원할 수 있는 대인을 만나는 것이 좋다"고 한 것 또한 건이 점괘漸卦로 가기 때문이다.[38]

---

36 奇大升, 『高峯集』: "물욕이 서로 침범하고 능멸하니, 심신은 매양 싸우고 사나워라. 엎질러진 물은 주워 담기 쉽지 않고[覆水不易拾], 흐르는 세월은 다시 오기 어려운 법[流年難再返]. 선생은 마치 커다란 명경처럼, 빠짐없이 사물을 비춰준다오. 의사가 계합하니 빙그레 기뻐하고[意契莞而懽], 도가 합하니 원부를 만났고[道合遇元夫], 벗이 오니 대건을 건넜네[朋來濟大蹇]. 학문의 지도리 항상 굴리고자 하고[學樞欲恒轉] 도의 바퀴 멀리 가기를 생각하네[道轄思遠發]."

37 鄭道傳, 『三峰集』, '濟天下之蹇未有不由聖賢之臣爲之佐' : "蹇卦 九五에 '大蹇朋來'라 하였다. 剛陽中正한 인군이지만 바야흐로 큰 곤란 속에 있게 되어, 강양하고 중정한 신하의 도움을 얻지 않으면 천하의 곤란을 구제할 수 없는 것이다. 예부터 성왕들이 천하의 곤란을 구제할 적에, 성현의 신하가 협조하여 줌으로써 되지 않은 분이 있지 않았으니, 탕왕이나 무왕이 伊尹과 呂尚을 얻은 것이 이것이다. 중간쯤 범상한 임금으로 강명한 신하를 얻어 큰 곤란을 구제한 분도 있으니, 劉禪이 諸葛孔明을, 唐肅宗이 郭子儀를, 德宗이 李晟을 얻은 것이 이것이다. 비록 현명한 인군이라도 만약 그런 신하가 없으면 곤란에서 구제될 수 없는 것이다. 대체로 신하가 인군보다도 어질면, 인군을 보필하되 그 인군이 능하지 못한 바로써 하는 것이나, 신하가 임금에게 미치지 못하면 협조할 뿐이다. 그러므로 큰 공을 세우지 못하는 것이다."

38 [說證] '來碩'은 상위에 양이 옴이다[剝床, 碩果不食]. '利見大人'은 漸을 오게 한 중의 건☰ 군주가 漸에서 손☴으로 명을 받아 리☲를 봄이다. '志在內'는 漸괘 2·3·4의 감☵을 봄이고, '以終貴'는

지욱도 "험의 극에서는 더 갈 바가 없다. 오직 돌아와 반신수덕反身修德하면 크게 길吉하다. 군자는 만사를 자기 자신에게서 구하지, 남의 탓으로 돌리지 않는 고로, 그 뜻이 안에 있으면 길한 것이요, 보세장민輔世長民함에는 덕德만한 것이 없으니, 다시 종귀從貴를 봐야 이롭다"고 한다. 다만 "이것은 천작天爵의 귀貴이지, 한갓 인작人爵만은 아닌 것 같다"[39] 하고, 또 "수발다라須跋陀羅가 최후에 부처를 보고 도탈度脫을 얻은 것이 바로 석길碩吉"[40]이라고 한다.

참고로 진흙 속에 빠져 진퇴가 자유롭지 못한 운인데, 이제까지 침체되었던 운이 점차 열리어 곤란이 해소되려는 때이다. 그러나 아직은 나보다 나은 대인을 위하여 힘을 다하고, 그와 더불어 가면 나의 어려움에서도 벗어나고, 또 그의 도움을 얻어서 나도 행복할 것이다.

이처럼 건괘蹇卦는 전반적으로 고난과 위험으로부터의 탈출이라는 주제를 들고, 구체적인 조건을 열거하고 정밀하게 분석하여 독특한 결론을 도출하고 있다. 첫째, 기회를 포착하여 적절하게 나아가고 물러나야 하며, 역량을 헤아린 뒤 진퇴를 기다려서 움직인다는 것이다. 둘째, 광범위한 통일전선을 구축하여 각 방면의 역량을 결집하고, 상하가 협심 단결하여 곤경을 극복하여야 한다는 것이다. 바로 아래의 효들과 연합을 하라는 것이다. 셋째, 역사의 흐름 속에서 순응하고 백성의 이익을 대변할 줄 아는 영명한 지도자를 잘 선택하라는 것이다. 이런 세 가지의 조건이 갖추어 진다면 어떠한 위험과 역경도 충분히 극복하여 나갈 수가 있다.

아래 백운白雲의 '애인불친반기인愛人不親反其仁'에 대한 해설이 좋다. "물이 흐르지 않을 때 그 원천을 불린다면 나갈 수 있다. 군자가 행하고도 얻지 못함이 있으면, 자신에게 돌이켜 덕을 닦아야 하니, 덕이 진작되면 행할 수 있을 것이다. 사람을 사랑해도 친해지지 않거든 자신의 인을 돌이켜 보며, 사람을 다스려도 다스려지지 않거든 자신의 지혜를 돌이켜 보며, 남에게 예로 대해도 답례

곤☷의 신하가 건☰의 군주를 얻음이다.

39 『맹자』, 「고자(상)」: "孟子曰 仁義忠信, 樂善不倦, 此天爵也. 公卿大夫, 此人爵也. 古之人修其天爵, 而人爵從之. 今之人修其天爵, 以要人爵. 旣得人爵, 而棄其天爵, 則惑之甚者也, 終亦必亡而已矣"

40 지욱, 『周易禪解』: "蘇跋陀羅라고도 하는 阿羅漢이다. 唐言에 善賢이니 이는 佛이 在世時에 最後得度한 聖弟子다. 壽가 120, 聰明多智하여 五神通을 얻고 四圍陀經을 通하였다."

하지 않거든 자신의 공경을 돌이켜 보아야 하니, 사람을 책망하지 말고 자기에게 구하며, 말단에 힘쓰지 말고 근본에 힘쓰는 것이 지혜의 큰 것이다. 간☲은 '돌이킴[反]'이 되고, 감☵과 간☲은 '몸[身]'이 되고 '덕을 닦음[修德]'이 된다."[41]

마지막으로 공묵당恭黙堂, 희곡希谷, 묵천默泉 등과 "역경을 만난 자가 순순히 자신을 다스릴 수 있을까?"를 같이 고민해 보자.[42/43/44]

---

41 沈大允,『周易象義占法』: "水之不流, 增其源泉則行矣. 君子行有所不得, 反身修德, 德進則行矣. 愛人不親, 反其仁, 治人不治,反其知,禮人不答,反其敬,不責於人,而求諸己,不勉於末,而務其本,知之大者也.艮爲反,坎艮爲身爲修德."

42 金濤,「周易淺說」: "蹇卦는 산 위의 물이 굽이굽이 어려움이 많다. 역경을 만난 자가 어찌 순조롭게 스스로를 다스릴 수 있겠는가? 반드시 스스로 돌이켜서 자기에게 찾아야 덕이 더욱 빛날 것이다."

43 李止淵,『周易箚疑』: "물은 흐르고 멈추지 않는 사물이다. 물이 산에 있으면 먼저 그 산의 흙을 적신 뒤에 점차 흘러가니, 마치 덕이 마음에 가득 찬 뒤에, 아름다운 모습이 밖으로 피어나 점차 퍼져 가는 것과 같다."

44 金箕澧,「易要選義綱目」: "물은 험에 막히면 멈추고 흐르지 않는다. 군자는 험에 막히면 돌이켜서 스스로 닦아야 한다."

외괘
雷(震=動)

내괘
水(坎=險)

40. 뇌수해雷水解

Deliverance

얽히고설킨 만 가지 문제가 봄에 눈 녹듯 풀리는 시절이 해괘解卦다. 혹 풀려야 할 일이
풀리지 않는다면 그 원인은 어디에 있을지 찾아야 한다.

> 解 利西南 无所往 其來復吉 有攸往 夙 吉[1]
> 해괘는 서남쪽이 이롭다. 더 갈 곳이 없으면, 바로 본래의 자리로 돌아와도 길하
> 다. 갈 곳이 있다면, 한시바삐 빨리 가는 것이 좋다.

해괘의 경우 빨리 가서 풀면 만사가 잘 풀린다. 세상의 어떤 난제라도 그 매
듭은 풀어질 수밖에 없다.[2] 지금까지 괴롭고 어려웠던 모든 문제는 해괘에서 전
부 풀어지고 새로운 출발이 시작된다. 우레가 치고 비가 내리는 것은 음양의 기
운이 조화롭게 펼쳐지는 것이고, 천하의 환란이 흩어짐을 예고하는 것이다.[3] 해
解의 절기는 해동解凍하는 춘분에 해당한다. 이제는 자신을 고독과 고난에 방치
하지 말고, 만사를 해결하기 위하여 적극적인 행동으로 나서면, 오랫동안 끌던
문제가 풀릴 것이다.[4]

해괘는 임괘臨卦로부터 왔다. 임괘 때의 두 양은 본래 섣달 12월이라, 두 음이
응결凝結된 것이므로 흐르는 하천을 막아 못이 된[川壅爲澤] 형상이다.[5] 임괘는

---

1 夙 이를 숙, 빠를 숙.

2 「雜卦傳」: "解緩也."
　「序卦傳」: "蹇難也, 物不可以終難, 故受之以解, 解, 緩也."

3 程伊, 『伊川易傳』: "解者散也, 雷雨之作, 和暢而緩散故, 天下患亂, 解散也."

4 解는 모든 것을 받아들일 해(海)·다 될 해(亥)·함께 해(偕)·홀랑 벗을 해(骸)·만날 해(邂)·어린아이
　해(孩)·이슬 내릴 해(瀣)·은혜 혜(惠)·지혜 혜(慧)·만물을 살려낼 해[日]로도 볼 수 있다.

5 '川壅爲澤'은 『춘추좌씨전』 「춘추관점보주」의 '지장자지어'에 나오는 말이다.

물이 응결되고 막혀서 흐르지 못하는 것을 상징하나, 해괘가 되면 감坎의 하천이 상하로 흘러 엉키고 막힌 것이 없어지니 이것을 두고 해解라 말한 것이다. 또 해괘는 소과괘小過卦로부터도 온다. 소과괘 때는 감坎의 죄가 가운데 쌓여 있고, 두 개 손巽의 오랏줄로 좌우의 손이 꽁꽁 묶여 있었는데, 해괘가 되면 손巽의 밧줄이 모두 제거되고, 감坎의 허물도 분산되어 해소되니 해解라 했다.[6] 임괘의 초9가 4로 가니 백성을 얻는 군주 진☳이 되어 '이서남利西南'이 되고, '유유왕有攸往'과 '숙夙'이 된 것이다. 하괘는 리离의 자리로 1은 일출, 2는 한낮, 3은 일몰을 의미한다. '무소왕无所往'은 소과괘에서 진☳이 본래 위에 있었기 때문이고, '기래복길其來復吉'은 소과괘의 3이 2로 돌아옴을 의미한 것이다.

다음은 공자의 단사이다. "해解는 험한 상황 속에서도 만난을 겪으며 각고의 노력을 기울여야만[險以動] 험에서 벗어날 수 있다[動而免乎險]. 그리고 동북이 아닌 서남쪽으로 가야만 많은 백성을 얻고[利西南往得衆也], 또 그 백성을 잘 다스릴 수 있기에[其來復吉乃得中也] 가면 공이 있다는 것이다[往有功也]. 고로 천지가 풀리면[天地解而] 천둥이 치고 비가 내려 백과초목[雷雨作而百果草木]에 싹을 틔우듯[皆甲坼], 이제는 만사 만물이 해결되고 해방이 되는 해의 시절을 맞이하였으니, 이 시절이 이 얼마나 소중하고 대단한 것인가[解之時大矣哉]."[7]

고사로 해괘解卦는 은나라의 폭군 주紂가 망하고, 무왕이 천자가 되어 세상을 평정하였으므로 '불리동북不利東北'은 언급할 필요가 없었고 '이서남利西南'만 말하고 있다. 서남西南은 곤방坤方이다. 곤坤(☷)은 광대평이廣大平易하여 천하의 어려움이 마땅히 풀리는 자리고, 해가 서산으로 넘어 가는[利西南] 모습은 천지의 순조로운 운행이다. 감坎의 험이 앞에 있으면 건괘蹇卦가 되고, 감의 험이 이미 지나갔으면 해괘解卦가 되니, 이것은 엄한 경계를 해제함이 된다. 우레가 아래에

---

6 정약용, 『주역사전』: "臨者, 凝滯不流之卦也. 移之爲解, 則坎川流統, 無所凝滯此之謂, 解也. 小過之時, 坎罪中聚, 兩巽之繩, 上下牢結, 移之爲解則, 巽肯都解, 坎眚分釋, 此之謂解也."

7 [說證] '險以動'은 괘덕이요, '動而免乎險'은 2효를 동하여 뇌지예괘 2[介于石, 不終日, 子曰, 君子見機而作, 不俟終日]를 얻음이다. '得中'은 소과괘의 3이 해괘 2를 얻음이고, '往有功'은 임괘에서 1이 4로 가, 두 개의 坎이 견고해지기 때문이다. '天地'는 임괘와 소과괘에 모여 있던 음양이 풀려나며 우레와 비가 되고, 간☶의 열매와 진☳의 초목이 리☲의 껍질을 진☳으로 터트리고 나옴이, 위대하다. 여기 해괘를 대한제국(1897년 10월 12일부터 1910년 8월 29일까지)이 망하고 일제치하의 학정에 시달렸던 우리나라와 은나라에 대항한 주나라를 예로 들기도 한다.

있음이 준괘屯卦가 되고, 비가 이미 내렸으면 해괘解卦가 되니, 이것은 초목의 새싹이 그 껍질을 터트리고 싹터 나오는 갑탁[草木甲坼]이 되어, 해解라 명명한 까닭이다.

象曰 雷雨作 解 君子以 赦過宥罪[8]
상왈, 천둥번개가 진동하며 비가 쏟아짐이 해니, 군자는 이를 본받아 백성의 과실을 용서하고 죄를 너그럽게 해야 할 것이다.

천지가 풀리더니 천둥과 비가 함께 세상 만물을 적시고 있다. 천둥이 칠 때는 사나운 분노와 그 무서움으로 만물을 떨게 하더니만, 단비는 만물을 소리도 없이 적시고 빛나게 한다. 지금은 군자가 천둥과 번개가 치는 상을 보며 죄를 풀어주고, 과실을 너그럽게 대하여 줄 때이지[赦過宥罪, Pardon mistakes and forgive misdeeds], 잘못을 다그치고 벌을 줄 때는 아니다. 앞의 '건蹇'에서 '해解'가 온 것은, 세상을 절뚝거리고 불편한 장애로 두지 말고, 모두를 끌어안고 따스한 가슴으로 품고 가라는 훈시이기도 하다. 이제 해괘를 맞아서 억겁 년을 익혀온 은혜와 사랑으로 보시하고 만물을 베풀어 가야 할 때이다. '사赦'는 해괘 속에 두 개의 허물(☵)을 진☳의 인덕으로 풀어주는 석방釋放(Release)이요, '유宥'는 리☲의 너그러운 관대寬大함(Generosity)이다. 이는 과실과 죄악을 풀어주는 것이 아니라 너그러움으로 대하는 것이다. 옛말에 "삼 세 번 용서하라" 했다. 이는 세상의 모든 사람들이 내 부모요 내 형제라는 살가운 생각이 들면 누구나 그럴 수 있지만, 그것이 부족하면 실랑이가 생겨나고 싸움으로 번져 용서하기 어려운 싸움으로 발발하고 만다. 사랑하는 사람끼리 보이지 아니하는 작은 허물은 서로 녹여주고 덮어주는 아량이 있기에 가능하다. 그렇게 되려면 최소한 어떠한 과실도 바로 풀어야 하고, 어떠한 죄도 너그럽게 대하여, 내 마음에 죄가 없었다면 그 죄 또한 본래 없음을 가르쳐야 한다.[9]

---

8 宥 너그러울 유.
9 『慧苑音義』: 毘舍浮佛曰, "사대를 빌려서 몸이라 하고[假借四大以爲身], 마음은 본래 없어 경계 따라 생긴다[心本無生因境有]. 경계가 없으면 마음도 없어지나니[前境若無心亦無], 죄와 복이

일찍이 순조는 혜경궁의 팔순을 맞아 "복희『역경』의 해괘를 본받아 추은시혜推恩施惠하고 월령발육月令發育의 공을 따르고자 하노니, 이 달 초하루 새벽 이전에, 사형 이하의 잡범을 모두 용서하여 죄를 없애노라"[10] 하였다. 연산군도 무오사화 이후 "부도不道의 죄가 이미 굴복하였으니, 뇌우雷雨가 작해作解 하듯이 마땅히 유신惟新의 은혜에 젖도록 하겠다"는 교시를 내린다.[11] 공묵당恭黙堂과 우암尤菴의 '사과유죄赦過宥罪'와[12/13] '용서가 편중되어 중도를 잃지 말 것'을 당부

<hr />

요술 같아 일어나자 멸한다[罪福如幻起亦滅]." 迦葉佛日, "온갖 중생의 성품은 청정해서[一切衆生性淸淨], 본래부터 나거나 멸함이 없다[從本無生無可滅]. 그러한 몸과 마음이 요술에서 났으니[卽此身心是幻生], 요술 속엔 죄와 복이 본래부터 없도다[幻生之中無罪福]. 법이라고 하나 본래 법은 없는 법이요[法本法無法], 없는 법이라고 하나 그 법도 역시 법이라[無法法亦法]. 지금 그 무법을 부촉하노니[今付無法時], 법이라고 하는 그 법은 언제의 법이던가[法法何曾法]. 이는 생멸의 법이다[是生滅法], 생멸이 멸하고 나면[生滅滅已], 적멸이 곧 즐거움이 된다[寂滅爲樂]."

10 『순조실록』 순조 14년 1월 계해일.

11 『조선왕조실록』 연산군 4년(1498) 7월 27일 : "뜻밖에 간신 김종직이 禍心을 내포하고, 음으로 黨類를 결탁하여 흉악한 죄를 행하려고 한 지가 날이 오래되었노라. 그래서 그는 項籍이 義帝를 시해한 일에 가탁하여, 문자에 나타내서 선왕을 헐뜯었으니, 그 하늘에 넘실대는 악은 不赦의 죄에 해당하므로 대역으로써 논단하여 剖棺斬屍하였고, 그 도당 김일손·권오복·권경유가 姦惡한 붕당을 지어서 同聲相濟하여 그 글을 칭찬하되, 忠憤이 경동한 바라 하여 史草에 써서 不朽의 문자로 남기려고 하였으니, 그 죄가 종직과 더불어 科가 같으므로 아울러 凌遲處死하게 하였노라. 그리고 일손이 이목·허반·강겸 등과 더불어 없었던 선왕의 일을 거짓으로 꾸며대서 서로 고하고 말하여 史에까지 썼으므로, 이목·허반도 아울러 斬刑에 처하고, 강겸은 곤장 1백 대를 때리고 가산을 籍沒하여 極邊으로 내쳐서 종으로 삼았노라. 그리고 表沿沫·洪澣·鄭汝昌·茂豊正摠 등은 죄가 亂言에 범했고, 姜景敍·李守恭·鄭希良·鄭承祖 등은 難言임을 알면서도 고하지 않았으므로 아울러 곤장 1백 대를 때려 3천 리 밖으로 내치고, 李宗準·崔溥·李黿·李胄·金宏弼·朴漢柱·任熙載·康伯珍·李繼孟·姜渾 등은 모두 종직의 문도로서 붕당을 맺어 서로 칭찬하였으며, 혹은 국정을 譏議하고 時事를 비방하였으므로, 희재는 곤장 1백 대를 때려 3천 리 밖으로 내치고, 이주는 곤장 1백 대를 때려 極邊으로 付處하고 이종준·최보·이원·김굉필·박한주·강백진·이계맹·강혼 등은 곤장 80대를 때려 먼 지방으로 부처함과 동시에 내친 사람들은 모두 烽燧軍이나 庭爐干의 역에 배정하였고, 修史官 등이 사초를 보고도 즉시 아뢰지 않았으므로 魚世謙·李克墩·柳洵·尹孝孫 등은 파직하고, 洪貴達·趙益貞·許琛·安琛 등은 좌천시켰다. 그 죄의 경중에 따라 모두 이미 처결되었으므로 삼가 사유를 들어 종묘사직에 고하였노라. 돌아보건대 나는 덕이 적고 일에 어두운 사람으로 이 奸黨을 베어 없앴으니, 공구한 생각이 깊은 반면에 기쁘고 경사스러운 마음도 또한 간절하다. 그러므로 7월 27일 새벽을 기하여 강도·절도와 綱常에 관계된 범인을 제외하고는 이미 판결이 되었든 판결이 안 되었든 모두 사면하니, 감히 宥旨를 내리기 이전의 일로써 서로 고발하는 자가 있으면 그 죄를 다스릴 것이다. 아! 人臣이란 난리를 만들 뜻이 없어야 하는 것이다. 不道의 죄가 이미 굴복하였으니, 雷雨가 作解하듯 마땅히 惟新의 은혜에 젖도록 하겠다. 그러므로 이에 敎示하는 것이니, 이 뜻을 납득할 줄 안다."

12 金濤, 『周易淺說』 : "순임금이 남풍을 노래하여 만백성의 원망을 풀었으니, 성인이 백성들을 어질게 함이 진실로 이와 같다. 그렇다면 후대의 임금이 이것으로 법을 삼지 않고 천하 만민의 원망

하는 여헌의 세심함도 보인다.[14] 복음성가에서도 "사랑은 언제나 오래 참고, 사랑은 언제나 온유하며, 사랑은 시기하지 않으며, 자랑도 교만도 아니하며, 사랑은 성내지 아니하며, 사랑은 모든 것 감싸주고, 바라고 믿고 참아내는 것"이라 합창한다.

> **初六 无咎**
>
> 초6은 (이제 막 고난의 시점에서 벗어나, 강하고 부드러운 강유의 화합이 잘 되고 마땅히 풀려) 탈이 없을 것이다.

『주역』384효 중에서, 효사가 단지 '무구无咎'라고 된 곳은 여기 한 곳 뿐이다. 현명한 4의 지도를 걸림 없이 받으니 어려움이 모두 풀린다. 앞서 '규睽'와 '건蹇'과 같은 어려운 시절을 지나왔으니, 오로지 부드럽고 넉넉함으로만[赦過宥罪] 가야 할 것이다. 공자 역시 "고난이 풀리어 음양이 서로 화해하는, 강유의 교제야말로 마땅히 허물이 없음이다[象曰, 剛柔之際, 義无咎也]"라고 주석한다.

정자와 주자도 묵었던 환란이 이미 풀어졌으니[患亂旣解], 강을 내세워야 할 자리에서도 부드럽게 대하니[柔而能剛], 매사가 안녕무사로 마땅히 허물없다 하였으며,[15] 다산 역시 강剛과 유柔의 접접이란, 건乾과 곤坤의 교交이기에 의리에

을 풀겠는가."

13 宋時烈, 『易說』: "감☵은 질곡으로 사람을 가두고, 진☳의 우레가 그것을 풀었기 때문에 과실을 용서하고 죄를 사면하는 것이다."

14 張顯光, 『旅軒集』, '사과유죄[十六卦排陳]': "大象에 이르기를 '우레와 비가 일어남이 解이니, 군자가 이를 보고서 과오가 있는 자를 사면해 주고, 죄가 있는 자에게 관용을 베푼다 하였습니다. 신은 생각하옵건대 噬嗑卦의 象傳에 이르기를, '형벌을 분명히 하고 법을 삼간다[明罰敕法]' 하였고, 豐卦의 상전에 이르기를, '옥사를 결단하고 형벌을 이룬다[折獄致刑]' 하였으니, 모두 형벌과 법을 운용함에 엄중히 함을 지극히 하는 것입니다. 解卦의 상전에 이르러서는, '과오가 있는 자를 사면하고, 죄가 있는 자에게 관용을 베푼다[赦過宥罪]' 하였으니, 마땅히 엄중히 하여야 할 경우에는 반드시 엄중히 하고, 마땅히 용서하여야 할 경우에는 반드시 용서하여, 분명히 하고 위엄을 보이며, 엄중히 하고 용서하는 도가 함께 행해지고 모순되지 않는 것입니다. 만약 혹시라도 엄중히 함에 편중되어, 마땅히 용서하여야 할 것을 용서하지 않고, 용서함에 편중되어 마땅히 엄중히 하여야 할 것을 엄중히 하지 않는다면, 모두 中道를 쓰는 것이 아니오니, 이 어찌 인군이 반드시 신중히 하여야 할 것이 아니겠습니까."

15 程頤, 『伊川易傳』: "六居解初, 患亂旣解之時, 以柔居剛, 以陰應陽, 柔而能剛之義, 患亂旣解, 安寧

전혀 허물이 없는 것으로 본다. 그리고 만사가 풀린다는 해解의 시점에는, 어떠한 논리와 변명도 늘어놓지 말고, 오로지 부드럽고 넉넉해야 할 것이다[赦過宥罪]. 해괘가 귀매괘歸妹卦로 간 경우다.[16] 블로필드의 해석이 재미있다. 해의 시절에는 부부 중 누가 먼저라 할 것 없이, 상대의 과過와 죄罪를 너그럽게 받아주어야 '허물이 없다[无咎, Without blame]' 한다.

九二 田獲三狐 得黃矢 貞 吉
구2는 사냥을 가서 세 마리의 여우를 잡고, 황금 화살촉을 얻을 것이니, 일을 맡아 처리하면 길하다.

유약한 임금을 대리하여, 세 사람의 소인을 잡아내는데, 절대로 좌우에 편향되지 않은 국론을 가지고 소신 있게 나서야 한다. 먼저 2는 강건하나 부정한 자리에서 유순한 임금을 대리하여 전면에 나선 충직한 신하다. 임금이 비록 강하지 못해도 부패한 소인배들이 범접하지 못한다. 그런데 5의 임금이 유약하게 보이기에, 위엄과 강단이 가려 있어 우범虞犯하기 쉽고, 과단성이 적어 소인들이 날뛰기 쉬울 때라, 강중剛中한 신하 2가 부득이 황금 화살촉을 들고 소인들을 제거하며 충성을 다한다. 여기서 '전田'은 사냥한다는 뜻이고, '호狐'는 꼬리 열 개 달린 소인배니, '삼호三狐'는 이해와 손익을 저울질하는 자들이다.

상의 매[隼]와 3의 도둑[寇], 2의 나[狐] 자신도 그 부류에 속할 수 있다. 그렇지만 구2는 아직도 중을 잡고, 강직한 자세로 5의 임금을 충심으로 보필하기에, 여우처럼 의심을 받지 않는다. 바로 위의 3은 음유하고 부정부중하여, 언제나 임금을 팔아먹는 첩자며, 저 높은 상은 호시탐탐 임금의 심기를 건드리며, 한 방에 낚아채어 갈 태세를 갖추고 있는 날카로운 매와 같은 존재다. 그래서 주자는 "5의 군위를 뺀 나머지 음 3효를 모두 위험천만한 인물"로 보았다.[17]

無事, 唯自處得宜, 則爲無咎矣. 方解之初, 宜安靜以休息之, 爻之辭寡, 所以示意."

16 [說證] 1과 4는 正應은 아니지만, 相比는 되고, 解의 음이 歸妹의 양이 되어 '無咎'하며, '義'는 태☱를 말함이다. 참고로 만약 억울한 오해와 누명을 받는 사람이 이 초효를 얻었다면 쉽게 풀린다.

17 2016 총선 여당 공천관리위원장 이한구가 청와대를 업고 유승민 의원 공천 문제를 처리함에, 김무

‘황黃’은 청靑·적赤·백白·흑黑에 조금도 치우치지 않는 황중黃中으로 중심을 잡고 흔들리지 않는 충심이요, ‘시矢’는 곧은 화살이니, ‘황시黃矢’를 충직忠直한 신하라 했다.[18/19] 만약 2의 황시가 변질되면 임금의 목을 따내는 이신벌군以臣伐君의 경우도 생길 수 있다. 왕필은 ‘전획삼호田獲三狐’에서 셋은 ‘이중理中의 도를 얻음’이 하나요, ‘곡직曲直의 실實을 잃지 않음’이 둘이요, ‘의리를 온전히 할 수 있는 자’를 셋으로 들었다.[20]

동파 또한 2가 얻어야 할 마땅한 바는 5이지만, 3호三狐를 이웃한 초와 3, 그리고 5까지로 보았다. 세 마리의 여우를 다 취할 수 있지만, 존귀한 5를 얻어야 곧고 길하기에 ‘황시黃矢’가 된 이유라 밝힌다. 고로 공자도 “구2가 정길한 것은 중도를 얻었기 때문[象曰, 九二貞吉, 得中道也]”이라고 단정을 지었다. 여기서 삼호三狐를 잡기 위한 화살이 임금으로부터 하사받은 것이라면, 해의 시절에 막중한 모든 책무는 2에게 위임된 것이며, ‘시矢’는 백성을 살리는 도구이기도 하다. 이는 해괘가 예괘豫卦로 간 까닭이다.[21] 김정은의 괘였다.[22]

성 대표의 玉璽파동까지 낳는 稚拙의 극치를 보이다, 박근혜정부는 마침내 촛불집회로 彈劾을 받고 囹圄의 몸이 되었다. 탄핵도 하야도 감옥도 무서운 果報였다. 정치는 그놈이 그놈이다.

18 李魯,『松巖集』, ‘황시[輓吳德溪健]’ : “아, 선생이시여, 독실하게 믿고 잡은 것이 치우치지 않았네. 부지런히 힘쓴 학문 그 몸에 쌓여서, 몸은 창성하지 못했지만 그 뜻은 창성했네. 義로써 행동을 和하게 하고 謙으로 禮를 따랐으니, 진실로 그 덕은 부지런히 나아갔네. 황시를 잡고 조정에 빈이 되었으나[秉黃矢賓于朝兮] 기둥으로 이빨에 낀 것 파낼 수 없었네[柱也不可以摘齒]. 불초한 자들을 꾸짖고, 구원하는 말 건장하니 벼슬하는 것 수치로 여겼네. 산이 높고 물이 깊으니, 원객이 고치에서 명주실 뽑음이 구원을 꾸미듯 하였네. 오래되어 무너졌는가 삐걱거려 가려졌는가. 넓고 큰 하늘의 뜻이여, 화락하구나 공의 덕행이여. 백세의 군자로 대접 받았네.”

19 지욱,『周易禪解』 : “剛中上應 本無狐疑 黃爲中色 矢喩中直 得中直道 除疑應貞.”

20 왕필,『주역주』 : “田而獲三狐, 得乎理中之道, 不失枉直之實, 能全其正者也. 故曰 田獲三狐, 得黃矢, 貞 也.”

21 [說證] 解卦가 豫卦로 간 경우다. 감☵ 弓輪, 리☲ 戈兵, 진☳ 말은 갖춘 수레로, 곤☷ 들판으로 사냥을 나간다. 解卦가 小過卦에서 왔기에, 小過卦 大坎의 큰 여우 한 마리와, 解卦 두 개의 坎은 두 마리 작은 여우이니, ‘田獲三狐’다. 감☵ 속에 하나의 강은 화살이 중을 얻었으니 ‘黃矢’이고, 여우를 잡았으니 화살을 찾을 수 있어 ‘得’이 된다. ‘得中道’ 또한 같은 이치다. 간☶은 좁은 길을 헤매었는데, 해괘의 중 감☵이 되면서 ‘득중도’함이다. 噬嗑卦 구4 ‘得金矢’도 참고할 것.
  사냥할 전(田=畋). 봄 사냥 수(蒐), 여름 사냥 묘(苗), 가을 사냥 선(獮), 겨울 사냥 수(狩).

22 북한의 김정일이 유고가 생기자 아들 김정은이 권력 승계를 무난하게 할 수 있을까를 물어 얻은 자리였다. ‘田獲三狐’는 입법 사법 행정이란 삼권을 움켜잡는, 북한의 국방위원장을 의미하고, ‘得黃矢’는 대권을 뜻한다. 감당할 만한 자가 맡은 것 같다. 小頭無足[미사일]을 들고 WAR-GAME을 하는 김정은은 간 큰 놈이다.

六三 負且乘 致寇至 貞 吝
> 육3은 무거운 짐을 지고 가야 할 소인 놈이, 건방지게 수레를 타고 있다. 도둑놈
> 이 노리고 있으니, 아무리 잘하려 해도 위험하다.

음탕하고 유들유들한 천한 놈이, 하괘의 맨 윗자리에 앉아 정사를 보고 있다. 본시 기질이 비하하니, 윗자리에 있을 재목이 아니다. 만일 3이 대정大正하다면 어떻게 될까? 대정大正은 음유陰柔한 자의 것이 아니기에, 3이 대정大正하다면 이것은 소인이 변하여 군자가 된 것이지, 소인으로서는 얻을 자리가 아니다. 육3은 음유한 자로 부중부정不中不正한 데다, 상응相應하는 자도 없다. 모시고 가야 할 상은 불응不應하니 멀리하고, 놈팡이 같은 4를 짊어진 채 아래 군자(2)를 타고 무엇이 '죄과罪過'인지마저 모르고 있다.

곧 무거운 보따리를 이고 수레를 탔으니, 보따리에 귀한 보화라도 있는 양 구니, 도둑을 초대하는 꼴이다. 항상 오고 가는 길이 아니면, 도가 아니라는 비상비도非常非道를 알지 못하는 처사인지라, 스스로 도둑을 불러들이는 부끄럽고 험한 꼴을 연출하고 만다[致寇至貞吝]. 효상도 "무거운 짐을 지고 수레를 타고 있으니, 역시 추하고, 또 스스로 도둑을 불러들이는 셈이니, 누구를 원망할 일이겠소[象曰, 負且乘, 亦可醜也, 自我致戎, 又誰咎也]"라 푸념하고 있다. 해괘가 항괘恒卦로 간다.[23]

공자가 이 장면을 「계사전」에서 한 번 더 자세하게 푼다. "역易을 지은 사람은 이미 도둑이 올 줄 알았다. 『주역』의 해괘 3에 이르면, 매고 가야 할 놈이 턱 버티고 앉아서, 건방지게 타고 가려 하고 있지 않던가[負且乘]. 울러 매는 일은 소인의 일이요, 타고 가는 것은 군자의 도구다. 소인이 군자의 자리에 타고 있다는 말은, 반드시 빼앗아야지 하는, 못된 도둑놈의 심보가 먼저 들어가 있다는 증거다. 윗사람에게 거만하고, 아랫사람을 업신여기는 것은, 도둑이 다가와서

---

23 [說證] 소과괘의 간☶은 소인, 해괘의 리☲ 속에 끼인 소인 3이, 위로 진☳의 보따리를 짊어지고 [곤☷에서 밑바닥이 있는 것은 낭(囊), 밑바닥이 없는 것은 전대 탁(槖)], 감☵의 수레를 타니 '負且乘'이 아니고 무엇이랴. 또 감☵의 북쪽 등으로 짊어지며, 진☳의 다리로 수레를 타는 모양이다. 항괘가 되면[항괘는 泰卦에서 군자가 밖으로 가고, 소인이 안으로 온 도적의 상], 큰 리☲의 도적이 되어 '致寇至'가 된다. 또한 해괘 역시 1←→4가 부정하니 '貞吝'한 꼴이다. '醜' 또한 소인 음의 욕심이요, '致寇至'하고 '自我致戎'의 발현이다.

자리를 잡고 있음이다. 거만함은 도둑을 가르침이요, 얼굴에 분칠을 야하게 하는 것은 음탕을 가르침이다. '역왈易曰 부차승負且乘 치구지致寇至'라 함은, 곧 도둑을 초대함이 무엇인지를 가르쳐 주는 큰 대목이 틀림없다."[24]/[25]

실록에는 성종 조에 잘못된 인사를 '부차승치구지'에 비유한 차자가 실려 있고,[26] 연산군 때 구미속초拘尾續貂[27]를 인용한 상소도 보인다.[28] 3이 동하면 사방으로 장애와 모략중상이 심할 때고, 도둑을 맞을 수가 있다.

---

24 「繫辭(上)」: "子曰 作易者-其知盜乎? 易曰 負且乘 致寇至, 負也者 小人之事也, 乘也者 君子之器也, 小人而乘君子之器, 盜-思奪之矣, 上慢下暴, 盜-思伐之矣, 慢藏誨盜, 冶容誨淫, 易曰 負且乘致寇至, 盜之招也."

25 [說證] 해괘가 소과괘에서 오니, 간==은 소인, 진==은 군자다. 군자의 기물 감==의 수레를 타니, 泰卦 초에 항괘의 음이 들어오니 大坎 도적이다. 위로는 진==이 거만하고, 아래 감==은 난폭하니 도적이 왔다. 곳간 곤==의 문단속을 게을리하는 것[慢藏]은 誨盜이며, 용모를 요란하게 꾸미는 화장[冶容]은 誨淫이다. 감==의 도적을 간==의 손으로 불러들임이 盜之招이다.

26 『성종실록』 성종 25년(1494) 4월 28일 : "대저 三公이란 원기를 조화시키고 교화를 도우므로, 온갖 책임이 돌아오니, 큰 덕이 있고 명망이 두터워서 사람들의 마음을 복종시킬 수가 있는 자가 아니면 의당 하루라도 자리할 수가 없습니다. 尹壕는 마음에 굳게 지키는 바가 없고 바깥으로 망령된 점이 많으니, 본래 한낱 용렬하고 浮浪한 사람입니다. 갑자기 높은 반열에 올라(성종 셋째 貞顯王后의 父) 그 몸이 부귀하게 되었으니, 족한 것입니다. 윤호에게 議政의 자리를 어찌 더하겠습니까? 敦寧府에 자리하게 하더라도 윤호에게 무슨 손상이 있겠습니까? 의정에 자리하게 한다면, 재주가 낮고 지식이 없는 데다 나이 또한 너무 많아서 '折足覆餗'하여 비방하는 의논이 온통 몰려올 것이며, 끝내 반드시 '負乘之寇'에 이르게 될 것이니, 그것은 그를 영광스럽게 하려던 것이 바로 그에게 화를 입히기에 족한 것입니다. 자기 자신만 화를 입는 것이 아니라, 장차 나라의 일까지도 그르치게 될 것이니, 신 등은 그것이 옳은 줄을 알지 못하겠습니다."

27 담비의 꼬리가 모자라 개 꼬리로 잇는다[貂不足 狗尾續]. 훌륭한 것 뒤에 보잘것 없는 것이 잇따름을 말함. 晉나라의 趙王倫과 관련된 고사.

28 『조선왕조실록』 연산군 8년(1502) 10월 2일 : "옛날의 제왕들은 어진 사람을 등용할 즈음에는 반드시 측근의 신하들이나 여러 대부들과 상의하고 온 나라 사람들에 이르기까지 널리 의논하고 두루 물어서 이를 선택하기를 정밀히 하고 이를 관찰하기를 세밀히 한 뒤에라야 등용했던 것입니다. 신 등은 拘尾續貂의 欺弄이 오늘날의 태평한 시대에 다시 나올 것을 두려워합니다. 대체로 사람의 성정은 부귀권세가 극히 성하게 되면 교만한 마음을 누르고 겸양해지는 사람이 적습니다. 부귀권세가 극히 성하게 되면 반드시 교만하고 안일에 이르게 되니, 교만하고 안일하여져서 세력이 큰 것만 믿고 道義를 없애버리면 반드시 패망하는 데 이르게 되는 것은 이치가 그러합니다. 하물며 덕은 적은데 벼슬은 높아서 있을 자리가 아닌 데를 차지한 사람이겠습니까? '짐을 질 사람이 수레를 탄지라 도둑을 이르게 한다[負乘致寇]'는 것은 성인의 깊은 경계입니다."

> 九四 解而拇 朋至 斯孚
> 구4는 너의 엄지발가락 병이 나으면, 벗들이 이르러 반드시 믿으리라.

구4는 유약한 임금을 받드는 최측근의 강한 대신이, 하잘 것 없는 미천한 자들과 어울리면, 현인들이 주위에서 물러나기 마련이다. 고로 당신의 엄지발가락에 붙은 티눈 같은 소인을 풀면[解而拇, Deliver yourself from your great toe], 군자의 무리들이 반드시 모여들 것이다.

그런데 여기서 지적하는 소인은 과연 누구일까? 정자는 1을 지목하였고, 주자는 소인들을 물리치지 못하고 야합하게 되면 자신의 정치력이 무력해진다며 1과 3을 엄지발가락에 붙은 티눈과 같은 공범으로 짚었다. 왕필은 엄지발가락 3때문에 1과 응을 잃게 되었으므로, 그 3이 풀어져 나가야만 벗들이 와서 함께할 것으로 보았다. 또한 동파는 엄지발가락은 3이고 친구는 2라며, 3이 나에게 와 붙는 것을 잘라버려야 2가 믿는다며, 자리가 마땅치 않으니 다툴 수가 없어 3을 잘라낸다 하였다. 해괘가 사괘師卦로 변해 간 경우다.[29] 공자도 "엄지발가락을 잘라내야 하는 것은 4가 마땅한 자리에 있지 않기 때문이다[象曰, 解而拇, 未當位也]" 하였으니, 4의 부정이 고발감이고, 그 범인은 1과 3에게로 지워지는 것 같다.[30] '해이무解而拇'에서 '이而'를 '너 자신의(yourself) 것'으로 보는데, 퇴계는 "해석하기도 하고 해석하지 않기도 한다"며 "어느 것이 옳은지 자세하지 않다"고 한 반면,[31] 다산은 '이而'를 '너의 것'으로 새기고 있으니, '해이무解而拇'는 블로필드처럼 'Deliver yourself from your great toe'로 영역이 가능한 것 같다.

4에는 오래된 가락국 좌지왕坐知王(421년) 때의 점사가 하나 있다. "좌지왕 김

---

29 [說證] 해괘는 임괘 大震에서 오니 진☳의 다리가 있다. 해괘 감☵의 질병으로 진☳의 다리에 병이 났다. 師卦가 되면 감☵의 병이 사라지니 '解而拇'다. '朋至斯孚'는 사괘 곤☷의 벗이 이름이요, '未當位'는 해괘 4효를 말한다. '解而拇'는 '너의 엄지발가락이 떨어지고', 또는 '각질이 벗겨지고'라고 해석된다.

30 참고로 관리자의 입장에서는 사소한 일에 관심을 쓰는 것도 좋지만, 많은 사람들이 좋아할 모나지 않은 성격을 가질 필요가 있다. 딸아이가 임용고시 시험에 합격할 것인가를 물어 4효였다면 아쉽게도 떨어진다. 엄지발가락이 떨어지고, 발에 붙은 티눈(또는 각질)이 떨어져 나간다니, 시험은 落榜이다.

31 李滉의 『經書釋義』는 경서에 관한 해설서[8권 2책, 목판본]. 내용은, '시석의·서석의·周易釋義上下·대학석의·중용석의·논어석의·맹자석의'로 이루어져 있다.

질은 용녀의 무리를 관리로 받아들였는데, 점이 바로 해괘의 4였다. 복사卜師가 '임금께서는 『주역』괘를 참고하시겠습니까?'라고 묻자, 왕이 고마워하며 바로 용녀를 하산도로 귀양보내고, 정치를 개혁하였더니, 초야에 묻혀있던 왕의 지지 자들이 나타나서 태평성대를 이루었다"고 전한다.[32]

> 六五 君子 維有解 吉 有孚于小人
> 육5는 군자가 묶였다가 풀려나니 길하다. 소인으로부터 신뢰를 받을 것이다.

'사과유죄赦過宥罪'의 주체다. 존귀한 임금 자리에서 통이 큰 자가 되어야 나라를 태평스럽게 할 수 있을 것이다. 고로 친비親比할 자는 군자君子이고, 풀어주고 어루만져 주어야 할 자는 소인의 무리들이다. 5는 2의 짝으로, 4와 같은 강골의 신하에게 모심을 받고 있다. 그런데 3은 2와 4에게 양다리를 걸치고 거래를 하면서, 임금 5를 미워한다. 그렇지만 존귀한 자리에 있는 점잖은 5가, 어찌 소인배 3과 시비를 하겠는가. 4에게는 충정衷情만을 받아들이고, 2에게는 '황시黃矢'를 들고 있음을 믿을 뿐이다. 이러한 믿음으로, 오직 어려움을 해소하여 나가니, 소인은 자신의 과오를 개과천선하며, 물러나 5를 믿기에 이르는 것이다.

여기서 주자는 '유부有孚'를 5가 음(초·3·상)들을 잘 해결해야 길한 것으로 보고, 평화와 협상을 깨는 소인들을 마땅히 퇴장시키는 징험徵驗으로 해석하였다. 그야말로 군자가 정치의 일선에 나타나면, 소인은 반드시 물러난다. 군주인 나 5는, 도둑놈 같은 3과 2를 타고 있기에, 의심이 없지는 아니하고, 또 정응正應인 2와 정중正中을 지키어, 곧 도둑을 물리치고, 나를 따라서 올 것을 은근히 믿고 있는 터다. 그래서 임금이 소인의 붕당(1, 3)을 징계하니, 곧 천하를 다스림에 걱정이 사라질 것이다[君子維有解吉]. 권력을 가진 자는 강력한 권위로써, 반드시 소인들을 징계하고[有孚于小人], 성인처럼 진리란 무기로 엄하게 후려쳐야 하니[33] 이것이 바로 유일한 군자의 해결이요, 비로소 소인이 물러나기에 이르는 것이다

---

32 『三國遺事』, 「駕洛國記」: "又卜士巫得解卦, 辭曰 解而拇, 朋至斯孚, 君鑿易卦乎? 王謝曰 可."
33 「계사(상)」: "聖人 退藏於密 吉凶 與民同患 神以知來 知以藏往 其孰能與於此哉 古之聰明叡 智神武而不殺者夫."

[象曰, 君子有解, 小人退也].

　　석지형은 『오위귀감五位龜鑑』에서 이렇게 읍소한다. "신이 삼가 살펴보았습니다. 해괘 5는 소인이 물러나 흩어지는 것으로, 군자가 어려움을 풀어버린 것에 대한 증험입니다. 양이 육분六分이라면 음이 사분四分이고, 음이 육분이라면 양이 사분이니, 어짊과 간사함, 성대함과 쇠약함이 그것과 함께 사라지고 자랍니다. 나아감과 물러남, 북돋움과 억누름은 임금에게 달렸습니다. 그 조정을 보았는데 소인이 모두 흩어졌으면, 임금이 군자를 나아오게 한 것을 증험한 것입니다. 그 조정을 보았는데 소인이 아직 물러나지 않으면, 군자가 주인을 만나지 못한 것을 증험하였습니다. 세상의 운수가 막히고 편안함은 임금의 도가 잘하고 못함입니다. 오로지 소인으로 조짐을 삼으면, '군자가 오직 풀어줌이 있으면, 소인에게 증험이 있을 것'이라는 것은 그 이치를 또한 심하게 밝히는 것이 아니겠습니까? 그렇다고 할지라도 일의 귀함은 조금씩 생각해서, 반드시 멀리까지 헤아리는 데 있습니다. '풀림'이라는 말에는 여유 있게 서둘지 않는다는 의미가 있고, 뒤흔들어 부딪힌다는 상은 없기 때문에, 험난함을 풀어버려서 뒤의 재앙을 없앨 수 있습니다. 이것은 군자가 소인을 막음에, 이미 심하게 물리치지 않고자 하는 까닭입니다. 또 증험이라는 말에는 체험으로 풀이할 수 있을 뿐만이 아니라, 바로 성심으로 소인을 물리치는 것으로 말할 수 있으니, 그런 의미도 통합니다. 전하께서는 거동하실 때에 성심을 다하시고, 나아가고 물러나는 것에서 증험하시길 엎드려 바라옵니다."

　　해괘가 곤괘困卦로 간 경우다[申→酉, 官→官].[34] 구속된 사람은 방면된다.

---

34 [說證] 困卦는 否卦 상이 2로 온 것으로, 否卦 때는 군자가 밖에서 巽의 밧줄에 묶여 안으로 들어오지 못했는데, 否卦의 상이 곤괘 2로 오면서 '維有解', 즉 '묶였다 풀러나는 것'이 된다. 否卦 2가 困卦 상으로 축출됨이 '小人退'라 하고, '有孚于小人'은 困卦 리의 믿음이 있음이다. 승진도 좋고 영전도 좋으나, 건강이 늘 스트레스를 준다.

上六 公用射隼 于高墉之上 獲之 无不利[35]

상6은 왕공이 높은 담 위에서 매를 쏘아 잡으면, 무슨 일이라도 순조롭지 불리한 점은 없다.

왕공은 원로요 고문이며 자문하는 어른으로, 높고 귀한 자다. '준隼'은 아주 높이 떠 있으면서 사납고 예리하고 잔인한 성질을 가진 새다. 수릿과나 맷과의 새요, 성질이 사납고 육식을 하는 지鷙와 같은 맹금류猛禽類다. 그러니 공자도 "왕공이 화살로 그 매를 쏘는 것은 [소인의] 행패를 막기 위함[象曰, 公用射隼, 以解悖也]"이라며 매를 소인으로 주석했다. 높은 자리에 오른 왕공은, 천하를 어지럽히는 소인이 있다면 마땅히 그를 잡아 환란을 없애야 할 것이다. 동파는 상효의 왕공만이 당파에 관계하지 않는 자이기에, 이런 매를 반드시 쏴 죽여야 한다며, 그 까닭을 다음과 같이 살폈다. "매는 3이고, 높은 담은 2와 4이고, 패悖는 다툼이고, 두 양이 다투는 까닭은 3 때문이다. 누가 이 3을 제거할 수 있겠는가? 2와 4는 3 때문에 이해관계가 있고, 1과 5는 2와 4의 짝이어서 3에게 의심을 받는다. 그러니 당파에 얽히지 않은 상6만이 할 수 있다. 고로 매를 쏘아 죽이면, 2와 4가 이롭지 않음이 없을 것이다."

공자는 이 부분을 「계사전」에서 다시 자세하게 푼다. "매는 맹금猛禽이요, 화살은 무기며, 쏘는 자는 사람이다. 군자가 몸에 무기를 지니고, 때를 기다렸다가 필요시에 움직이니, 어찌 불리할 수 있겠는가? 움직여도 막힐 것이 없으니, 이로써 무기를 쓰기만 하면 반드시 잡아오는지라, 무기를 완벽하게 갖추고 움직이는 무인은 상효 왕공뿐이다."[36/37]

지욱도 공公의 화살을 맞을 자는 패리悖理를 저지른 3으로 본다. 해의 시절을

---

35 隼 송골매 준. 墉 담장 용.

36 「繫辭(下)」: "易曰 公用射隼于高墉之上 獲之 无不利, 子曰 隼者禽也, 弓矢者器也, 射之者人也, 君子 藏器於身 待時而動 何不利之有. 動而不括 是以出而有獲 語成器而動者也."

37 [說證] 매는 리☲, 활과 화살은 감☵과 리☲, 藏器는 곤☷, 待時는 상효를 제외한 모든 자리는 부적절한 非時이다. 붙잡는 거리낌의 括은 간☶의 손이 없다. 참고로 상효는 식신 생재의 운으로, 도처에 광명이요 귀인이 돕는다. 잔꾀를 부리지 말고, 중간에 이간질하는 간신배를 조심하라. 특히 이득을 크게 보았다면, 다시 좋은 기운이 도래할 때까지 좀 쉬어 갈 줄 알라. 損이 기다린다[睽→蹇→解→損]. 공부는 이태백도 匡山에 들어가 학업을 성취했다는 자리다. 특히 해괘 상효는 해탈 도인의 상이다.

맞아 사람마다 군자를 원하는데, 3만이 홀로 패리悖理를 보이고 있다. 다른 자는 부정한 가운데서도 상응을 하지만, 3과 상효는 응도 못하고 있다. 그러기에 정위의 상효가 부정한 3에게 화살의 맛을 보이니 불리할 게 없는 것이다. 또한 3은 세간의 소혜小慧를 가진, 꾀가 얕은 자다. 그 미증未證으로 난亂을 일으키니 반드시 퇴치시켜야 할 자다. 또한 세선世禪·세지世智로 사만邪慢·사견邪見을 대치對治하니, 그를 없애면 이利치 않음이 없는 자라 할 수 있다.

해괘解卦가 미제괘未濟卦로 간 경우다. 해괘는 새의 형상 소과괘小過卦 3의 2로부터 왔다. 상6이 변한 미제괘는 비괘否卦 5가 2로 간 것이라, 건☰의 군주가 감☵의 활로 두 마리 날짐승 리☲를 쏘았다. 높이 나는 놈은 꿩이고, 떨어지는 놈은 매인고로, '공용석준'이 된다. '고용지상'은 리☲이고, '패悖'는 소과의 매 3이 해괘 2의 꿩을 덮친 것인데, 지금 그 매를 쏘니, 꿩이 곤란을 면하게 되어 '해패解悖'가 된 것이다. 마지막으로 삼산三山과 위암韋庵, 순오舜五의 '수과유죄赦過宥罪'의 설을 참고한다.[38/39/40]

---

38 柳正源, 『易解參攷』: "과실이 가벼운 것은 사면하고, 죄가 무거운 것은 용서하니, 모두 풀어서 느슨하게 한다. 우레와 비가 일어나면 은택이 만물에 미치고, 과실을 사면하고 죄를 용서하면 은택이 백성들에게 미친다."

39 金相岳, 『山天易說』: "우레는 하늘의 위엄이고, 비는 하늘의 은택이니, 위엄 속에 은택이 있는 것이 형옥을 사면하고 용서하는 것이다. 서합괘에서 '明伐勅法'이라 하였고, 풍괘에서 '折獄致刑' 하였다."

40 徐有臣, 『易義擬言』: "겨울로 가득한 혹독함으로 돌아와, 봄날의 화합을 펴는 것이 우레와 비의 풀림이다. 과실을 사면하는 것은 허물을 범한 것을 씻어버리게 하는 것이고, 죄를 용서하는 것은 유배를 풀어 집으로 돌아가게 하는 것과 같다."

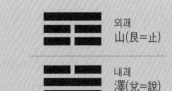

외괘
山(艮=止)

내괘
澤(兌=說)

41. 산택손山澤損

Decrease

지금은 어쩔 수 없이 덜어내야 할 시점이다. 그런데 과연 여기서 덜지 않으면 안 될 당연한 덜어냄인지, 아니면 훗날에 이득을 얻기 위해 일시적으로 내놓아야 하는 덜어냄인지 판단이 요구된다.

損 有孚 元吉 无咎 可貞 利有攸往 曷之用 二簋可用享[1]

덜어낸다는 손은 믿음이 있으면 허물이 없고 바르게 해야 이롭다. 그러기에 덜어내는 일로 가야만 이로울 것이다. 어떻게 덜어낼 것인가? 두 개의 제기로 간략한 제수를 올리고 정성을 드리라.

부모가 자식에게 주는 '무조건적인 사랑'처럼 아래에서 내 것을 덜어 남에게 보태주고, 아래 임금의 것을 덜어 위의 백성에게 보태줌이 손이다.[2] 「계사전」에서는 "덜어내는 손의 덕은 수행이요[損德之修也], 덜어낼 때는 어렵지만 덜고 나면 마음이 편안해지니[損先難而後易], 손으로서 다가올 해害를 멀리하는 예방책이 된다[損以遠害]" 하였다. 내 것을 덜어 남에게 주고, 재산을 털어 자식과 백성을 위해 아까운 생각 없이 내놓을 수 있다면, 이는 성인의 도가 분명하다[損, 有孚, 元吉, 无咎, 可貞, 利有攸往]. 주고자 하는 마음이 결정되었다면 형식에 구애되지 말고 바로 덜어내야 좋다. 덜어냄에도 타이밍이 있는 것이다[損剛益柔 有時, 損益盈虛, 與時偕行].[3][4]

---

1 曷 어찌 갈. 簋 제기 이름 궤.

2 [說證] 損卦는 泰卦에서 온다. 泰의 하괘 건☰은 꽉 차 있고, 상괘 곤☷은 텅 비어 있으니, 아래를 덜어 위를 돕는다. 益卦 진☳은 봄의 만물을 풍성하게 함의 시작이며, 손괘 태☱는 만물을 쇠퇴시키는 가을의 시작이라, 「잡괘전」에서 '損益盛衰之始也'라 했다.

손損이란 '손상, 손실'을 뜻하지만 단순한 손해만은 아니다. 먼 길에서 보면 덜어내는 일은 저축이요 투자다. 인생에서는 큰 목적을 가지고 영원히 살아가야 할 세상도 있고, 내가 사랑해야 할 사람들을 위해 눈앞의 작은 이익을 버리고 대의를 지키며 살아가야 할 때도 있다. 그러기에 「설괘전」은 "산택의 기운이 상통한 연후에만 변화가 가능하고[山澤通氣然後能變化], 그래야만 아름답게 만물이 함께 어우러져 가는 것[旣成萬物也]"이라 했다.

정성만 있으면 제사를 지내듯, 손의 시절에는 작은 성의만을 보여도 가능한 때라 '이궤가용향二簋可用享'을 쓴다. '이궤二簋'는 가장 간소한 것으로, 절약을 때에 알맞게 하려는 그릇이다. 덜어냄을 어떻게 쓸 것인가[曷之用]?[5] 알맞게 쓰고 씀씀이를 줄이더라도 넉넉해야 할 것이다.[6] 특히 손익관계는 항상 때에 따라 행해져야 하는 고로 시절의 인연을 중시할 필요가 있다[曷之用二簋可用享, 二簋 應有時, 損剛益柔 有時, 損益盈虛, 與時偕行].[7]

예법禮法에 태뢰太牢에는 여덟 그릇의 궤簋나 여섯 그릇의 궤簋를 사용하고, 소뢰小牢에는 네 그릇의 궤簋를 사용하고, 특생特牲에는 두 그릇의 궤簋를 사용한다고 하였다. 특돈特豚에도 역시 두 그릇의 궤簋를 사용한다.

주周나라에서는 여덟 그릇의 호瑚를 사용하였고, 하夏나라에서는 네 그릇의 련

---

3 [說證] 손괘의 주체는 임금이기에 임금, 국가, 기관, 회사가 덜어내는 일을 하면 백성이 믿음을 가져 길할 것이고 허물이 없을 것이다. '有孚'는 여섯 획이 호괘 리☲로 상응함이요, '元吉'은 泰卦 진☳에 의한 것이며 '无咎'는 泰卦의 음이 양을 타고 있던 상을 損卦로 가면서 강이 위로 가 음을 제어함을 말한다. '可貞'은 진☳에서 시작하고, 곤☷에서 힘써 일하며, 간☶에서 종결을 이루는 상이다. '利有攸往'은 강이 위로 가서 백성을 도우니 백성도 와서 따름을 이른다.

4 沈潮「易象箚論」: "艮은 손이고 兌는 입이므로 '損'에는 手와 口가 있다. 가운데가 비어 있는 것이 离와 같으므로 '目'이 있다. 호괘에 坤이 있으므로 八이 있다[艮爲手, 兌爲口, 故損字, 從手從口. 中虛似離, 故從目. 互有坤, 故從八]."

5 "禮 莫重於祭祀, 而尚可節損則, 餘者可知, 此所謂先難而後易也."

6 『禮記』, 「明堂位」: "太牢[소·양·돼지 세 종류를 다 갖춘 제사는 8궤 또는 6궤, 小牢[양과 돼지만 쓰는 제사는 4궤다."
  『禮記』, 「特牲편」: "작지 않은 수컷, 特牲으로 2궤를 쓴다."

7 [說證] 損卦 간☶의 사당 아래[艮廟之下], 태☱의 음식이 있고[兌食陳簋], 리☲의 정성[离誠中虛]과 곤☷의 양육[坤養乃備]이 함께 있으니 제사 괘다[祭享之卦也]. 진☳은 곡물 기장이며, 대나무 그릇은 '簋'가 된다. 泰卦 건☰은 세 개의 진☳이 이루어졌으니 '3궤'이나, 損卦 태☱는 '2궤'가 된다. '曷之用'은 아끼는 간☶의 상이다. '타이밍'은 정월의 泰卦로 온 미숙한 시절이기에 '應有時'가 주요하게 다루어졌다.

璉을 사용하였으며, 유우씨有虞氏는 두 그릇의 대敦⁸를 사용하였다.⁹ 이상의 설명에서 드러나듯 '궤簋'는 기장을 담는 제기에 불과하니, 제사에 쓰는 물건으로서는 가장 간소한 것이요[簋物最薄], 절약을 때에 맞게 하려는 취지이다[損之時義也]. 여기 '절약의 때'를 의미하는 '손시損時'에는 '응유시應有時', 즉 "마땅히 적절한 때가 있다"고 하였으니, 두 궤簋의 제기는 사계절 중 오직 봄철 제사에만 어울린다.

봄이 되어 만물이 아직 성숙하지 못하고[春物未盛], 보리는 아직 여물지 않고[麥未登], 지난해 곡식은 곧 다 떨어진다[舊穀將盡]. 그렇지만 선왕의 법도에 따른다면[先王之法], 어린 새끼는 죽이지 않고[胎卵不殀], 새싹은 꺾지 않는 법이다[萌芽不折]. 사계절의 제사 중에서[四時之中] 봄철 제사가 가장 간소하니[唯春祭最薄], 이처럼 봄 제사를 간소하게 지내는 것은 예부터 내려온 선왕의 의리이다[古之義也]. 태괘泰卦는 일월 '건인建寅'의 달에 해당되고, 계절적으로 봄에 해당하므로, '응유시應有時'라 한 것이다.

『예기』에 따르면 봄철 제사를 '약祠'제사라 하는데, '약祠'은 '약淪'의 뜻이다. 따라서 이 제사의 의의意義는 "작손酌損, 즉 퍼내어 검소하게 줄임"에 있음을 알 수 있다. 두 그릇의 궤簋라는 제기를 사용하는 것은 봄철이 아니면 옳지 않으니, 임금이 덜어내거나 보태는 정사政事를 베풂에도 모두 시의적절時宜適切함이 있어야 한다. 이것은 문화의 질박함이 보완함이 되고[文質互求], 관대함과 엄격함이 적절히 조절됨[寬猛相濟]에 있어서도 역시 모두 알맞은 때가 있다는 것이다.

괘상으로 본다면, 가득하여도 세 개의 양에 이를 정도로 가득히 차지 않는다면 덜어내는 것은 마땅치 않으며, 비어 있더라도 세 개의 음에 이를 정도로 비지 않는다면 보태는 것이 마땅치 않으니, 이것이 이른바 '여시해행與時偕行', 즉 '적절한 때에 맞추어 행함'이다. 고로 양이 음이 되면 손해이고, 음이 양이 되면 이익이기에 손익이 따로 있는 것은 아니다.

다음은 『공자가어』에 나오는 손괘 관련 내용이다. "어느 날 공자가 『주역』을 읽다가 손익損益괘에 이르러 탄식하자, 자하子夏가 자리를 피하며 '선생님께서는 어찌 탄식하십니까?'라고 물었다. 공자가 '스스로 덜어내려고 하는 자에게는 반

---

8 여기서는 도타울 '敦' 자가 아니라, 祭器 '대' 자로 읽어야 한다. '敦'는 黍稷을 담는 옛날 제기의 명칭이다.

9 『禮記』, 「明堂位」 : "夏后氏四璉, 殷六瑚."

드시 이익이 오는 것이고, 스스로 더 가지려고 하는 자에게는 반드시 손해가 있게 되는 법이라 하니, 나는 이것을 보고 탄식하는 것이다' 하였다."[10]

예를 간소화할 필요가 있다는 실록의 내용도 있다.[11] 국가의 구상권[12] 행사 또한 손의 이치다. 손괘는 태괘泰卦에서 왔다.

> 象曰 山下有澤 損 君子以 懲忿窒欲[13]
> 상왈, 산기슭 연못의 상을 보고 군자는 높은 이상을 실현하기 위해, 끓어오르는 분노를 막고 내 것을 지키려는 욕심을 억제토록 해야 한다.

산은 하늘 높은 줄 모르고 오만불손을 서슴지 않고, 연못 또한 절제 없는 욕

---

10 자하가 또 물었다. "그렇다면 배우는 자로서 더하려고 하는 것이 못쓴다는 말씀입니까?" 공자가 말했다. "도로써 더하는 것을 말하는 것이 아니다. 도는 더할수록 자기 몸의 일은 덜게 되는 것이다. 대게 배우는 자는 자기가 스스로 많다고 생각되는 것을 덜어서, 빈 마음으로 남의 말을 받아들여야 하기 때문에, 능히 가득 찰 수 있고 넓은 지식을 얻게 되는 것이다. 그러나 하늘도 도가 이루어지면 반드시 변하는 것이다. 대체로 자만심을 가지고 있어서는 능히 오래가는 자가 없다. 그런 때문에 자기가 스스로 어질다고 여기는 자는, 천하의 착한 말을 귀에 얻어들을 수가 없는 법이다. 옛날 요는 천자의 자리에 앉아 있으면서도 오히려 공손한 마음을 가지고, 또 겸양한 태도로 남을 상대했었다. 그러므로 천 년이 지난 오늘날까지도 그 이름이 더욱 성하게 되고, 지금도 더욱 덕이 빛나는 것이다. 이와 반대로 夏桀과 昆吾는 자만심을 가지고, 절조가 없이 뜻을 거슬러 행하고, 백성 죽이기를 풀잎을 베듯이 하였으므로, 온 천하가 일어나 임금으로 여기지 않고, 필부와 같이 죽여 버렸으니, 그런 까닭에 천 년을 지났어도 오늘날까지 악하다는 이름을 면치 못하는 것이다. 이것을 비유해 말하면, 마치 수레를 타고 가다가 세 사람을 만나면 내리게 되고, 두 사람을 만나면 머리만 숙이게 되는 것은, 그 차괴[盈] 빈[虛] 것을 조절하여 한 편만 가득차게 하지 않기 때문이다."

11 『광해군일기』 광해군 1년(1609) : "일은 때에 따르는 것이 소중한데, 損益 또한 마땅히 덜어야 할 것을 덜지 않음은 때에 따르는 의리가 아닙니다. 두 번이나 중국 사신을 치르고 나서 국가의 저축은 텅 비고 남은 것이 전혀 없는 데다, 더욱이 농사가 크게 흉년이 들어 앞날의 일을 장차 지탱할 수 없으니, 지금은 바로 줄이고 또 줄일 때입니다. 비록 제사지내는 일에 있어서도 역시 '두 개의 그릇으로도 가히 제사할 수 있다[二簋可用享]'고 하였습니다. 그러니 마땅히 줄여야 할 것을 줄이지 않아서 지나친 데에 이르면, 높이는 일이 도리어 높이는 것이 아니라고 생각합니다. 禮에 '집안 재물의 有無에 어울리게 하라'는 말이 있으니, 이는 비록 국가의 일을 지적하여 말한 것은 아니지만, 역시 미루어 알 수 있는 일입니다."

12 채무를 변제해 준 사람이, 債務 당사자에게 반환을 청구할 수 있는 권리. 세월호 침몰 사건의 당사자를 대신하여, 유가족에게 국가가 먼저 보상을 해준 후, 국가가 청해진해운에 채무 반환을 청구하는 경우가 손에 해당할 수 있다. 코로나19 때도 신천지교회에게 구상권 요구가 있었다.

13 窒 억제할 질, 막힐 질.

심으로 입을 크게 벌려 계곡으로 흘러드는 모든 물을 받아 마신다. 그렇지만 연못은 자신을 낮추고, 상대를 추켜세우며, 만물을 살려내는 넉넉한 포용의 도리를 배워야 하고, 산은 첩첩산중 앞날이 험한 줄 알고 멈출 때 멈출 줄 아는 지혜를 지녀야 할 것이다.[14]

산 아래 연못이 있으면 산은 날로 깎이고 연못은 날로 막힌다. 산의 깎임은 연못 탓이고, 연못의 막힘은 산 탓이다. 군자라면 여기서 소인의 분노忿怒를 억제하는 징분懲忿으로 산의 기세를 꺾어야 하고, 질욕窒欲으로 욕망의 골짜기를 메워야 한다.[15] 그러기에 손의 상을 보고 군자가 자기에게서 마땅히 덜어내야 할 것은 오직 분노와 욕심이니,[16] 수신함에 마땅히 덜어야 할 것으로 이보다 간절한 것이 없다.[17]

『명심보감』에도 "분노를 징계함을 불 끄듯 하고[懲忿如消火], 욕심 막는 것을 넘어오는 물 막듯 하라[窒慾如防水]" 하였다. 산처럼 성내는 일을 연못의 물로 가라앉히고, 연못처럼 부리는 욕심은 산으로 막듯 해야 한다. 이처럼 군자가 마땅히 징계하여야 할 것이 있다면 남을 용서하지 못하고 끓어오르는 분노요, 막을 것이 있다면 내가 남보다 더 가지려는 탐욕이다.[18] '퇴계십훈'에서도 "일에 임함에 깊이 의리를 분별하여 밝히고, 징분질욕懲忿窒慾" 할 것을 주문하고 있다.[19]

---

14 손괘는 또한 중산간괘 3세로부터 왔기에 소인의 씨가 잠재해 있다.

15 지욱, 『주역선해』: "懲忿則如摧山, 窒欲則如塡壑."

16 정이천, 『이천역전』: "以損於己, 在修己之道, 所當損者, 唯忿與欲, 故以懲戒其忿怒, 窒欲其意欲也."

17 주희, 『주역본의』: "君子修身, 所當損者, 莫切於此."

18 '懲'은 연못의 물이 맑게 정화됨의 澄이니 택☱이요, '忿'은 泰의 건☰이 강해 화를 냄이요, '窒'은 산☶의 흙으로 구멍을 틀어막음이요, '欲'은 지☷처럼 허한 곳으로 무엇이든 받으려는 욕심이다.

19 "處事, 深明義理之辨, 懲忿窒慾." 퇴계십훈은 1. 성현을 목표로 하고 털끝만큼도 자신이 못났다는 생각을 해서는 안 된다. 2. 九容을 지키고 잠깐 동안이라도 방종한 태도를 가져서는 안 된다. 3. 마음을 깨끗하고 고요하도록 힘쓸 것이고 흐릿하고 어지럽게 해서는 안 된다. 4. 글을 읽으면서 그 뜻을 밝히는 데 힘쓸 것이고 말과 문자에만 매달려서는 안 된다. 5. 말은 정확하고 간결하게 하되, 이치에 맞아서 자신과 사람에게 도움이 되어야 한다. 6. 행동을 반드시 바르고 곧게 해야 하고 도리를 지켜서 세속에 물들지 말아야 한다. 7. 가정에서는 효도와 우애를 다하며, 윤리를 바로잡고 은혜와 사랑을 굳게 해야 한다. 8. 사람들을 성실과 신의로 대하고 모든 사람을 사랑하되 어진 사람을 가까이 해야 한다. 10. 시험에 응시해서는 그 득실에 얽매이지 말고 최선을 다하면서 천명을 기다려야 한다.
젊은 날 淸凉精舍에서 공부하던 시절 퇴계는 징분질욕(懲忿窒慾)·무불경(毋不敬)·사무사(思無邪)·무자기(毋自欺)·신기독(愼其獨) 같은 글로 자신을 컨트롤했다.

한훤당寒暄堂의 '한빙계寒氷戒'[20]도 마찬가지다. 권근은 '징분질욕'을 경계의 상으로 보았으며,[21] 김도는 분노와 욕심을 다스리지 않으면 자신에게 해로울 뿐만 아니라 심지어 천하와 국가까지 그 재앙을 입지 않음이 없으니 그 재난이 상상할 수 없을 만큼 크다 하였다.[22] 인과응보는 하늘도 피해갈 수 없다.[23/24] 진화론의 관점에서도 성질이 거칠고 급한 것은 비교적 열등한 본성이고, 사람이 화를 내는 것은 진화의 단계를 후퇴하는 모습이라 하였다. 공자의 애제자 안회는 성질 한번 낸 적이 없을 만큼[不遷怒] 수양을 갖춘 인격자였다.

고사로 문왕은 백성들에게 절약하는 방법을 가르치기 위해 큰 제사를 올리면서 전통적인 8궤 대신 2궤를 쓰며, 진심을 실어 간단한 희생을 올렸다. 회재晦齋는 "희로애락 네 가지 가운데 분노가 가장 덕에 위배되는 것이다"라고 지적한다.[25]

---

20 金宏弼, '寒氷戒' : "1. 동정에도 항상한 법칙이 있다. 2. 옛 버릇을 철저히 끊으라. 3. 욕심을 막고 분한 마음을 참으라[窒欲懲忿]. 4. 하늘의 뜻을 알고 인에 힘쓰라. 5. 가난 속에서도 편안한 마음으로 분수를 지키라. 6. 사치를 버리고 검소하라. 7. 날마다 새로워지는 공부를 하라. 8. 마음을 두 갈래로 갖지 말라. 9. 마지막을 시작 때처럼 조심하라. 10. 공경하는 마음으로 성실하라."

21 權近, 『周易淺見錄』 : "분노는 남에게 노하는 것이고, 욕심은 자신에게 탐욕스럽게 구하는 것이다. 자신에게 이롭게 하고자 하면 반드시 남을 해롭게 하지만, 구하는 것을 얻지 못하고 자신을 해롭게 함이 뒤따른다. 분노가 자신에게 있을 경우에도 반드시 남을 해롭게 한다. 그러나 하루 아침의 분노로 자신을 잊어 그 부모에게 미치면, 남과 내가 사귐에 서로 덜어내어 해롭게 되기 때문에, 분노가 폭발하려고 하면 자제하고 경계하여 폭발하지 못하게 하고, 욕심이 나오려고 하면 막아서 싹트지 못하게 한 다음이라야 자신의 덕을 덜어냄이 없게 된다."

22 金濤, 『周易淺說』 : "분노는 치밀어오는 것이고, 욕심은 찌꺼기가 사람을 더럽히는 것이다. 분노가 치미는데 자제하지 않으면 반드시 해치기를 잔인하게 하고, 욕심이 나는데 막지 않으면 음란하여 더러운 것에 빠지니, 걸려 있는 것이 어찌 크지 않겠는가?"

23 손괘에서 학과는 사회복지학이나 종교학이 좋다.

24 宋時烈, 『易說』 : "간괘는 막내아들이기 때문에 분노가 많고, 태괘는 막내딸이기 때문에 욕심이 많다."
曹好益, 『易象說』 : "분노를 자제함은 산의 높음을 덜어내는 상을 본받는 것이고, 욕심을 막음은 못의 깊음을 덜어내는 상을 본받는 것이다."

25 李彦迪, 『晦齋集』, '징분질욕' : "희로애락 네 가지 가운데서, 분노가 가장 덕에 위배되는 것으로, 쉽게 발하고 제어하기 어렵다. 그러므로 성인이 경계시키기를 '분노를 징계한다' 하고, '노여움을 다른 사람에게 옮기지 않는다' 하였으니, 모두 여기에 대해 지극히 조심해서 만세에 가르침을 남긴 것이다. 군주의 노함이 한 번이라도 의리에 맞지 않고 때에 합당하지 않음이 있다면, 형벌이 법도에 맞지 않고 전쟁을 함부로 일으키게 되니, 천지의 화기를 손상시키고 홍수와 가뭄의 재앙을 부르는 것이 여기에서 말미암지 않는다고 할 수 없다. 성인의 노여움은 상대의 행위에서 나오는 것이고 원인이 자신에게 있지 않아, 발함이 의리에 맞고 동함이 때에 맞으니, 순임금이 四凶을 주벌하고 문왕·무왕이 한 번 노하여 천하를 안정시킨 일이 이것이다. 후세의 군주는 이미 중화의 덕을 잃어서, 그 노여움이 혈기의 사사로움을 경솔하게 따르고, 의리의 공

> 初九 已事 遄往 无咎 酌損之[26]
>
> 초9는 이미 일을 끝마쳤으니 빨리 떠나가야 허물이 없다. 술 한 잔 덜어내듯 [가볍게 떠나야] 할 것이다.

있는 자가 없는 자에게 조금 덜어주되, 아래 것을 덜어 위로 보태주고[損下益上], 강한 자가 덜어 유약한 자에게 보태 듯 한다[損剛益柔]. 초9는 손괘가 몽괘蒙卦로 가는 경우다. '이사已事'는 이미 사업을 끝내고 일을 마친 준공竣工의 상이다. 임괘 초9의 강이 호연지기를 품고 장도에 올라, 곤坤의 나라 밖 간艮에 머물고 있으니 '이사천왕已事遄往'으로 "이미 사업을 마치고 빨리 떠나갔다."[27] 공자도 "이사천왕은 일을 마치고 위로 빨리 뜻을 합치는 것[象曰, 已事遄往, 尚合志也]"이라 하였다. 여기서 '이已'는 '멈춘다'는 뜻으로 일을 완료함이고, '상尚'은 '상上'을 말한다. 짐작斟酌의 '작酌'에는 덜어내더라도 자기의 분수를 지키라는 중용의 의미가 숨어 있다.

군자의 의리는 나라를 위해 노역을 바치고[勞乎坎], 곤의 백성을 바르게 통치하는 데 있으나[坎以正], 일단 공이 이루어지면 자신은 물러나[退字本從艮], 잠시라도 그 자리나 명예에 머물지 않으니, 이것이 바로 '빨리 떠남[遄往]'이라 한 것이다. 임괘 때는 음이 강을 타고 있었는데, 몽괘가 되어 강이 상승하니 '무구无咎'가 된다. 몽괘의 감☵은 술이고, 임괘의 대진大震은 술통이니, 위에 있는 간☶의 손으로 술통의 술을 퍼내니 '작손지酌損之'가 된다. 태괘泰卦 때는 석 잔 술이 있었는데, 태泰의 3이 상으로 가서 한 잔 덜어내고, 임괘에서 한 잔 덜어 몽괘를 만들어 한 잔을 남기는 것은 시절인연에 맞추기 위함이다.

초9는 민초의 자리요 힘없고 넉넉지 못한 자리이며, 덜어야 할 때 덜지 않으

정함에서 나오지 않으며, 간혹 직간을 듣기 싫어하여 충성스럽고 어진 신하를 죽여 국맥을 끊어 버리기도 하고, 분노와 수치를 참지 못하고 군대를 총동원하여 사방 오랑캐를 공격하여 재정을 고갈시키기도 한다. 노여움은 한 가지이지만 득실과 성패의 귀결은 이렇듯이 크게 다르니, 경계하지 않을 수 있겠는가."

26 遄 빠를 천.

27 [說證] 臨卦에 있던 두 개의 강은 본래 백성을 다스리는 군자였다. 임괘가 몽괘로 가면 군자가 감☵의 사업을 하느라 노동을 하고, 功이 생기면 간☶으로 물러나 마치게 되니, 이미 사업을 끝내고 마친 竣工의 상이다. 임괘 초9의 강이 호연지기를 품고 장도에 올라, 坤의 나라 밖 艮에 머물고 있으니 "이미 사업을 마치고 빨리 떠나간" 상이 아닌가.

면 안 되는 자리다. 동파의 설명을 덧붙여 둔다. "만약 덜어내야 할 타이밍을 놓치고 주저하다가 나중에 덜면 그 양이 반드시 많게 될 것이다. 그러므로 덜어 내지 않을 수 없는 상황에서는 한시라도 빨리 덜어내는 쪽이 낫다."

채무변제와 세금을 아까워 말고 술잔 돌리듯 빨리 처리함이 좋다.[28]

九二 利貞 征凶 弗損益之
구2는 일을 맡아 처리하면 이롭고, 정벌에 나서면 흉하다. 덜어내지 말고 오히려 보태야 할 것이다.

구2는 비록 부정하나 중을 잡고 있다. 아래에서 중심을 잡고 흔들림 없이 자 신의 업무를 수행해나가야 할 책임 있는 자다. 구2가 부정하니 매사에 정도로 바르게 가야 하므로 '이정利貞'이란 옵션을 달았다. 공자도 역시 "일을 맡아 처리 함이 발라야 이롭다는 것은 중심을 흩트리지 않아야 뜻을 행함이다[象曰, 九二利 貞, 中以爲志也]"라 하였다.

여기서 '정貞'은 덜지 않고 오히려 보태야 할 판이다. 남이 준다고 나마저 함 부로 줄 것이 아니라, 시절의 인연과 환경 그리고 주변의 상황을 살펴라. 마찬가 지로 남을 칠 일이 있어도 오히려 내가 흉을 당할 염려가 있다. 지금은 중심을 꽉 잡고 가야지, 어떤 경우에도 자신을 덜어내지 말고 차라리 남의 도움을 받아 야 한다.

동파는 구2를 함부로 날뛰면 흉하고, 무리하게 남을 도우려 하면 오히려 해를 입으며, 또 몸을 덜어주지 않아도 서로가 이익이 되는 자리라 하였다. 초9는 이 미 덜어내었고[酌損之], 구4는 이미 보태졌기에, 구태여 구2까지 5에게 덜어주러 나갈 필요가 없다. 그러니 2는 바르게 지키기만 하면 이롭고 덜어주면 흉하다[利 貞征凶]고 한 것이다. 그러나 몸은 갈 수 없지만 마음은 줄 수 있으니, 물질로 덜어내지 않고도 도움을 주도록 하라[弗損益之].

고로 초9는 몸과 마음을 함께 주고, 2는 몸은 주지 않고 '속마음'만 준다. 다른

---

28 참고로 초9는 산중에서 고기를 구하는 격이니 求財는 어렵다.

설도 있다. 2가 받드는 5가 나약하다. 결재해야 할 5가 상9에게 눌리어 결재하지 못한 채 쩔쩔맨다. 구2는 전체를 주도하는 핵심적인 위치에 놓인 자이기에, 비록 아래를 덜어 위를 도와야 하는 시절이지만, 근본을 빼서 유약한 5에게 덜어내어 봐야 도움이 되지 않는다. 자칫 학을 그리려다 참새를 그릴 수 있다.[29]

손괘가 이괘頤卦로 변하는 형국이다.[30] 이괘頤卦는 소과괘小過卦로부터 교역된 괘이다. 소과괘 때는 대감大坎의 성질이 있어, 일을 맡기는 하겠지만, 일을 종결 하였다가 다시 시작하게 되므로 추진하는 일은 불리할 것 같다. 소과괘가 교역 하여 이괘가 되면, 진震에서 일을 시작하여 곤坤에서 수고롭게 되고, 간艮에서 일을 종결하니 일을 추진함에 이로울 것이다. '중이위지中以爲志'는 소과괘 상을 보고 한 소리이다. '정흉'은 북쪽으로 정벌에 나서면 흉하다. 이괘頤卦는 임괘로 부터 왔는데, 임의 구2가 위를 치러 가 간☶에서 죽게 되어, 곤☷의 수레에 싣고 오니, 장수를 잃은 괘로 여긴다. 이괘頤卦는 또 관괘觀卦에서 오기에 5가 1로 보 태어주는 것이지 덜어냄이 아니다.

> 六三 三人行 則損一人 一人行 則得其友
> 육3은 셋이 가다 한 사람을 잃고, 혼자 가면 오히려 벗을 얻는다.

손괘는 태괘泰卦에서 건☰의 양 셋이 '삼인행三人行' 하고, '즉손일인則損一人' 은 손괘損卦에서 양 하나를 덜어낸 태☱의 상이다. 또 손괘의 호괘는 복괘復卦가 되어 '일인행一人行'이 되고, 복괘가 다시 효변하면 명이괘明夷卦의 리☲를 얻어 상견례 하니 친구가 하나 얻어진 셈이라 '득우得友'가 된다. 또 의심은 믿음의 반대라, 태괘泰卦 아래에서 셋[☰]이 가면 삼각관계를 이루니 친구를 얻지 못해 '삼즉의三則疑'라 하였다. 세 사람[☰]이 동행을 하다 한 사람을 잃은 것은 태괘

---

29 損괘가 頤卦로 가니 금이 목으로 변한 금체목용이라, 태☱금이 진☳목을 친다. 고로 卯→寅이 역행하고, 官→官으로 가니 타처로 옮기는 관살이다. 형님이 돈을 빌려달라고 해도 주지 말고, 이길 것 같은 소송일지라도 시작하지 말라. 점단은 학을 그리다 참새를 그릴 운이니, 좌천을 조심하라. 남편이 집을 떠나면 오래 걸린다는 풍문도 있다.

30 '中以爲志'는 이괘가 또 소과에서 온 괘로, 소과의 大坎으로 임을 맡아, ☷의 수고로움이 진☳의 추진과 간☶의 종결을 얻음이다.

가 손괘로 간 것이고, 홀로 간다는 말은 손괘 택☱에서 양 둘은 남고 음이 홀로 떨어진 모양이다. 음이 홀로 된 이유는 양을 상효(☶)에게 덜어주었기 때문이며, 혼자 남은 3이 다시 상으로부터 도움을 얻었으니 벗을 얻는 격이다. 육3은 부정부중한 자이지만 손괘의 주효로 대축괘大畜卦로 간다.

여기 3을 부부가 서로 만나 자식을 잉태하고 해산하는 효로 풀기도 한다. "부부가 자식을 잉태하면 바로 셋이고, 해산을 하면 하나를 뺀 모양이다. 처녀와 총각으로 각기 혼자서 지내다가 짝을 만나면 하나가 둘이 되는 것도 혼자 가다 벗을 얻는 경우이기에, 이것 또한 바로 신비한 음양 조화의 모양새다."[31]

음양의 법칙으로 볼 때 둘이 하나가 되면 문제가 없지만, 셋이 하나가 되면 의심할 수 있고 의심을 받을 수도 있다. 여하튼 육3의 일은 의심스러운 점이 많으니 신중을 기해야 할 것이다.[32] 이처럼 천지가 실타래처럼 뒤엉키기에 만물이 번성하고, 남녀가 교접하므로 만사가 생겨난다.[33/34]

「계사전」을 인용한 왕필의 3에 대한 설명은 이렇다. "손의 도는 아래를 덜어서 위로 보태는 것이다. 천지가 서로 응하여야만 만물이 화순을 얻고, 남녀가 짝하여야만 비로소 만물이 화생한다. 음양이 서로 상대하지 않으면 생명이 어떻게 가능할까? 고로 3이 홀로 가면 그 벗을 얻고, 두 음과 더불어 같이 가면 반드시 의심이 생겨난다."

3은 공자의 태극관이기도 하다. 즉 '언치일야言致一也'는 태극이며 '부부귀일夫婦歸一'은 도통 경지다.[35] 또 『천부경』의 '일시무시일一始無始一, 석삼극무진본析三

---

31 김진규, 『아산주역강의』: "澤山咸卦 구4에서 음양 교합이 이루어진 후 꼭 10개월 만에 손이 되었다. 건곤에서 11·12괘는 否泰요, 咸恒으로부터 11·12는 損益이다. 泰卦 구3과 상6이 변한 괘가 山澤損이다."

32 徐有臣, 『易義擬言』: 두 남자에 한 여자가 동행하면 여자를 덜어내야 하고, 두 여자에 한 남자가 동행하면 남자를 덜어내야 하니, 혐의를 멀리하려는 것이다. 그렇다면 육3의 의미는 덜어내야 될 것에 해당한다. '한 사람이 가는 것'은 덜어내야 될 남녀이다. '그 벗을 얻는 것'은 얻어야 될 짝이다. 이것이 혐의를 없애 보태는 것이다.

33 「계사전(하)」: "天地 絪縕, 萬物化醇, 男女 構精 萬物化生, 易日 三人行, 則損一人, 一人行, 則得其友, 言致一也."

34 참고로 육3은 손이 대축으로 가므로 동업은 불가하고 자영업이 좋다[三人行則損一人, 一人行則得其友]. 매매는 의심스럽다.

35 金相岳, 『山天易說』: 세 사람이 가면서 한 사람을 덜어내면 둘이고, 한 사람이 가면서 그 벗을 얻으면 또한 둘이다. 천지와 만물은 둘일 뿐이다. 「계사전」에서 말한 하나를 이룸이 이것이다.

極無盡本, 천일일지일이인일삼天一一地一二人一三'과도 무관치 않다. 손괘 육3의 노래에 젓가락의 이치와 무관치 않다.[36]

> 六四 損其疾 使遄有喜 无咎
> 육4는 그 아픈 부위를 덜어내되 빨리 시키면 기쁨이 있고 탈은 없다.

4는 유순하고 정위이나 강하지 못하고 부중이라 중심이 흔들리는 점이 안타까운 자리다. 그러나 정응인 초9가 빨리 와서 그 아픈 환부를 도려내주면 쾌유가 된다. 초9는 4와 잘 통한다. 예로 4가 혼자서 처리하지 못하는 일을 초9가 와서 간단하게 처리해 주는 경우다. 고로 나의 아프고 부족한 점을 초9로 하여금 덜어내게 하되 빠르면 빠를수록 좋다. 그러니 공자도 손이 규괘睽卦로 가는 것을 보고 "그 환부를 빨리 덜어낸다는 것은 역시 기쁜 일[象曰, 損其疾, 亦可喜也]"이라 주석했다.[37]

4의 입장에서는 환부를 덜어냄이 이익이고 기쁨이며, 질병이 사라지기에 탈이 없다. 정자는 '질疾'이란 자기의 '불선不善'을 속히 들어내지 못하는 병으로, 속히 그 병을 들어내야만 환부도 깊어지지 않고 기쁨이 온다고 한다. 왕필 또한 4가 강하지 못하고 유순한 것을 '병病'으로 보았고, 동파는 받아만 먹으려는 폐단을 병으로 보았다. "초9에게도 덜어주는 한계가 있다. 음유한 4 역시 받아먹음에 끝이 있어야 하는데 그것이 없으니 병이다. 4가 이 병을 빨리 제거하면 초9가 기뻐하고, 허물이 사라질 것이다." 병이면 빨리 나을 때다.[38]

"하나는 한 번 음이 되고 한 번 양이 되는 것을 말한다[一則一陰一陽之謂道也]." 음양이 각기 그 하나를 이룬 것이 바로 둘이다. 정자의 "도는 짝하지 않는 것이 없다[道无不對]"는 말과, 張子[橫渠]의 "둘이 있지 않으면 하나가 없다[不有兩則无一]"는 멀이 여기에 해당한다.

36 奇遵, '六十銘[젓가락(損一箸)]' : "셋이면 기우뚱 하나를 덜자. 그 벗을 얻어 짝이 되었네. 사물이 홀로 되면 사는 이치가 끊어지지. 하늘과 땅 교합하여 만물의 변화가 나오네. 남녀가 합하여 만사가 이루어지네. 도를 알지 못하면 뉘라 능히 이를 알까[三則疑 損其一 得其友 成配匹 物若孤 生理絕 天地交 萬化出 男女合 萬事作 非知道 誰能識]."

37 [說證] 睽는 大壯괘로부터 왔다. 대장 때는 건의 말이 건장하여 휴식을 취하지 못해 진☳의 玄黃으로 변하는 병에 걸렸다. 그런데 규괘가 되자 진☳이 사라져 병이 낫게 되었다. 또 睽는 中孚에서 오기에, 중부에는 큰 불의 기쁨이 있었고, 규에서는 불이 두 개가 있게 되니 '使遄有喜'가 되고 '易可喜'라 했다.

> 六五 或益之 十朋之龜 弗克違 元吉
> 육5는 혹 누군가 도와줄 것이다[덜지 않고 보태준다]. 십붕의 거북이도 어기지 않으니 크게 길하리라.

과거의 노력과 공덕으로 그 보답을 받는다. 영험을 지닌 거북이의 점을 쳐도 틀림없다. 이유인즉 5가 비록 음유하고 부정하지만, 2라는 민심과 상응하고, 나라와 백성을 걱정하는 마음이 흔들리지 않기 때문이다. 또 임금의 자리에 있는 5는 진정한 마음으로 민심 2에 응하고, 2 또한 임금에게 아낌없는 지지를 보내준다. 그러니 임금은 마음을 비우고 나라에 임하게 되고, 어진 이는 등용이 되어 나라를 위해 일을 하니, 이것이 바로 손의 도이다. 혹 이익이 있다 하면 백성이 잘 살고 나라가 부강해질 것이다.

그러기에 공자도 "하늘이 당신을 도와 반드시 크게 길하다[象曰 六五元吉, 自上祐也]" 했다. 여기서 '상上'은 상9요 천심이며 민심이다. 그러기에 5는 보탬을 받을 뿐이지, 보탬을 구하지 않는 자리라는 동파의 주장이 설득력 있다. "불특정한 누군지 모르는 만백성의 도움이 있을 것이다[或益之]. 조개껍데기 100장만큼의 가치가 있는 신령스런 거북점[十朋之龜, Ten pairs of tortoises]도 확신한다. 거북이가 주는 것은 이익이 아니라 지혜이고, 나는 그 지혜를 본받을 뿐이다. 5가 2에게 구하는 것이 아니라, 2가 스스로 찾아 와서 지혜를 바친다." 백성은 나라의 영원한 주인이요, 임금은 관리자에 불과하다. 주인으로서 곤란을 당하는 관리자를 당연히 도울 뿐이다. 고로 동파가 본 '상上'은 백성 2이다. 고로 5가 백성으로부터 도움을 얻어내려면 강과 바다처럼 낮은 곳으로 처하는 처신이 필요하다.[39] 손損이 중부中孚로 간 자리이다.[40] 옛날 점의 방법이 다양하였지만 주로 '복서卜

---

38 참고로 損이 火澤睽로 가는 자리라, 재산은 욕심을 부리면 계속 손해가 난다. 아파 온 병이라면 빨리 낫게 되나, 손이 늦으면 작은 종기가 크게 된다. 오랜 불임 같은 병이라면 가임이다. 3효에서 임신과 출산을 예고했다.

39 『노자』32장, "譬道之在天下, 猶川谷之於江海." 66장, "江海所以能爲百谷王者, 以其善下之, 故能爲百谷王."

40 『說證』. 中孚는 大离☲ 거북이다. 리☲는 본시 곤☷에서 비롯되었으니, 坤은 朋이 되고, 地數는 10으로 '十朋之龜'다. '不克違'는 거북점이 틀리지 않는다는 것이고, (중부의 거북점으로 손☴의 명령이 아래로 시행함에, 백성의 마음이 태☱로 기뻐하고 리☲로 호응하니, 거북점을 쳐도 틀리는 일이 없으며, 중부는 符節과 같다) '自上祐'는 손☴의 명령이 위에 있다.

筮’를 썼다. ‘복ㅏ’은 거북이 등에 일어나는 문양을 보는 것이요, ‘서筮’는 시초로 알아내는 것이다.

다음은 『서경』「홍범구주」에서 정사政事를 결정함에 공식적으로 거북점과 시초점으로 하자는 ‘기자箕子’의 간곡한 부탁이다. “임금께서 해결하기 어려운 문제에 봉착하거든, 당신 스스로 깊이 생각하여 본 뒤 측근이나 대신들과 상의하고, 다시 일반 백성들과 상의한 연후에 거북점과 시초점을 치는 사람에게 물으시오. 당신의 생각하는 바가 따르고, 복서ㅏ筮가 따르고, 대신이 따르고, 서민이 따르면, 이것이 바로 대동大同입니다. 복서가 옳다는데 백성과 대신들이 반대한다 하여도 그것은 옳습니다. 복서 모두가 어긋난다면 가만히 있으면 길하고 움직이면 흉합니다.”[41]

다음은 반고班固의 『한서』「식화지」에서 ‘십붕’을 환산한 내용이다. “원귀元龜는 길이가 한 자 두 치로 값이 2,160이라, 큰 조개 십붕十朋이요, 공구公龜는 9촌으로 값이 500이니 장성한 조개 십붕十朋이다. 후구侯龜는 7촌이니 값이 300이라 작은 조개 십붕十朋이요, 자구子龜는 5촌으로 값이 100이라 어린 조개 십붕十朋이다. 자子는 남男이고, 1붕朋의 값이 216이다.”[42]

정자는 ‘십붕十朋’을 중론衆論과 공론公論으로 보기도 하고, 왕필은 힘 있는 자는 자기 힘을 다하고, 지혜 있는 자들은 그 꾀를 다하니 많은 재능을 다 쓸 수 있는 것으로 설명했다. 고로 ‘십붕十朋’의 거북을 얻으면 천인의 도움을 다 받을 수 있다고 여긴 것이다. 아래 석지형石之珩의 읍소 『오위귀감』을 참고하자.

“신이 삼가 살펴 보았습니다. 손괘 5에 대해 『정전』은 보탬을 구하는 것으로 봤고, 『본의』는 보탬을 받는 것으로 봤습니다. 이는 다르다고 볼 수 없습니다. 다만 효에 거북의 상이 없는데 거북의 뜻을 취한 것은 무엇 때문이겠습니까? 괘의 몸체가 3효부터 5효까지 모두 짝으로 된 음획이어서 거북 등의 상이 있습니다. 『주역』에는 닮은꼴의 상을 취하는 경우가 많으니, 이를테면 리离를 거북으로 여기는 것도 닮은꼴을 취한 것입니다. 또 다섯은 열의 반이니, 여러 도움을 얻었으면, 한 배의 보탬이 있기 때문에 ‘열쌍[十朋]’이라고 했습니다. 보탬을 구하

---

41 『書經』, 「周書·洪範九疇政事」: “汝則有大疑, 謀及乃心, 謀及卿士, 謀給庶人, 謀及卜筮, 汝則從, 龜從筮從, 卿士從, 庶民從, 是之謂大同, 身其康剛, 子孫其逢吉.”

42 丁若鏞, 『周易四箋』.

거나 보탬을 받거나, 임금의 아름다운 덕이 아닌 것이 없습니다. 사람에게 도모하는 것이 귀신에게 도모하는 것과 같은 바이니, 또한 천리의 반드시 그러함을 따르는 것입니다. 엎드려 바라옵건대, 전하께서는 양쪽으로 그 뜻을 보존하시어 스스로 힘써 보태시기를 바라옵나이다."

> 上九 弗損 益之 无咎 貞吉 利有攸往 得臣 无家
> 상9는 덜지 않고 보태줘도 허물없다. 바르게 지켜도 길하고 갈 바가 있어도 이롭다. 단 신하는 얻지만 집은 없다.

무리하지 않고도 사람을 도울 수 있다[弗損益之]. 가만히 있어도 좋고 도우러 가도 좋다. 말년에 크게 신망을 얻었으니 가족을 잊고 사회를 위하여 봉사를 해도 좋다. 나아가 신하를 얻었기에 따르는 자도 있다. '무가无家'는 궁궐과 대궐이 없으니, 어떠한 직책도 없이 자신의 모든 욕심을 버리고 오직 세상을 위하여 봉사하라는 의미다. 상9는 3의 도움이 지극한데도 그 보답이 없다면 원망하지 말아야 한다. 남을 도와야 할 때, 나를 덜지 않고도 상대를 도울 것이라는 마음만 주어도, 상대에게는 큰 응원이 되니, 사회와 국가의 원로요 어른의 자리다.

주자는 이 '불손익지弗損益之'를 아래를 덜어 위로 보태주는 시절인지라, 자신을 덜어 타인을 도와야 하는 자리에 있지만, 상9에게는 소위 '은혜를 베풀되 낭비하지 말라[惠而不費]'는 말로 대신하고 있다. 예로 자장과 공자의 문답에 이런 내용이 있다.

"어떻게 해야 정치에 종사할 수 있겠습니까?"

"은혜를 베풀되 낭비하지 말고[惠而不費], 힘이 드는 일을 시키되 원망을 사지 말고, 원하되 탐내지 말고, 태연하되 교만하지 말고, 위엄이 있어도 사납게 굴지 말라."

"무엇이 은혜로우며 낭비하지 않는 것입니까[惠而不費]?"

"국민의 이익에 따라 이롭게 해주면, 이 또한 은혜를 주면서도 낭비하지 않는 것[惠而不費]이 아니겠느냐?"

손괘에서 공자는 "덜지 않고 보태어주니 크게 얻는 자리[象曰 弗損益之, 大得志

也]"라 하였다. '득신무가得臣无家'의 해석 또한 수월치 않다. 왕필은 상9가 아래 유柔를 타고 있기에, 우뚝 선 상9 강剛을 숭상하며 사람들이 쫓아와 의지하니 '득신得臣'이요, 또 신하와 천하까지 하나가 되니 '무가无家'라 하였다.

동파는 3 같은 자가 집을 잊고 나를 따라오니 나는 막대한 이익을 얻는다는 논리를 펴고, 아산은 '무가无家'를 '사가私家'와 같이 '온 천하가 내 집'이라 하였다. 비슷한 해석으로 후앙은 자기 집안에서 신하를 구하면[得臣有家] 신하를 적게 얻고, 가문을 가리지 않고 집 밖에서 구하면[得臣无家] 신하를 많이 얻을 수 있다며 '무无'를 '따지지 않을 무'로 보는 견해를 폈다.[43] 손괘가 임괘臨卦로 변한 경우다.[44] 참고로 귀한 '징분질욕'의 도를 더 살펴본다.[45]

---

43 2020년, '코로나19' 환자가 빠르게 늘어나면서 많은 의료진이 대구·경북에서 그야말로 私鬪가 아닌 死鬪를 벌였다.

44 [說證] 損은 泰의 3이 상위로 덜어 보태주었으니 이제는 보태주어야 할 자리로 主爻 '弗損益之'다. '利有攸往'은 泰에서 損으로 강이 상승하여 상에 있고, 아래 兌의 화합이 이루어졌다. '得臣无家'는 손이 臨으로 가면서 간☶의 오두막집이 무너진 상이다[임괘는 췌괘에서 왔다. 萃卦 때는 坤의 신하가 남쪽에 있고, 大坎의 집에 있었다. 임괘가 되면서 반대로 북쪽에서 신하를 얻었으나, 坎의 집은 철거되었으니 '득신무가'가 되었다. '大得志'는 損卦의 리☲의 상이다. 참고로 이제부터 손해를 보는 일은 없다. 용기를 내어 열심히 해나가면 반드시 큰 이익을 본다.

45 柳正源, 『易解參攷』: "자제하는 것은 이미 지나간 것에 대해 삭이는 것이고, 막는 것은 올 것에 대해 막는 것이다."
金相岳, 『山天易說』: "분노를 자제하지 않으면 반드시 분노를 옮기게 되고, 욕심을 막지 않으면 반드시 잘못을 반복하게 된다."
徐有臣, 『易義擬言』: "분노와 욕심을 덜어내 사적으로 얽힌 것이 없어지니, 하늘의 덕이 온전해진다. 이것은 모두 덜어내야 할 것을 덜어내어 보탠 것이다."
尹行恁, 『薪湖隨筆·易』: "질병이면 의약으로 치료하고, 악은 지켜서 보호한다. 악을 떠나보내는 의사는 성현이고 약은 성현의 말씀이다."

외괘
風(巽=入)

내괘
雷(震=動)

42. 풍뢰익風雷益
Increase

이익을 내는 시점이다. 적극적인 행동으로 좋은 일을 많이 펼치라. 반드시 조상과 윗사람이 도울 것이다. 손괘와 익괘는 모두 군주의 것을 덜어 백성에게 보태주는 것은 동일하나, 다만 손괘는 자신의 것을 덜어내는 자가 안에 있는 반면, 익괘는 밖에 있을 따름이다.

> 益 利有攸往 利涉大川
> 익은 갈 바가 있으면 이롭고 대천을 건너는 데도 이로울 것이다.

익益은 손損처럼 나의 것을 덜어 남을 돕는 것이 아니라, 내가 남의 도움을 받아서 이익이 된다. 곧 위의 임금이 군주 자신의 백성을 후하게 하고 복지국가를 만들어 나가는 민본주의를 기술하고 있다. 그러므로 익괘는 정부가 공공복지를 위하여 백성에게 절약하는 방법과 부를 축적하는 방법을 가르친다.[1] 백성을 잘살게 하는 익益(Increase)은 어떠한 일에도 이롭고[利有攸往], 어떤 어려움이 있더라도 해결이 잘되어 나갈 것이다[利涉大川].[2] 익은 사리私利보다는 공익公益이 우선이기 때문에 "손損이 민초들의 권리를 제한하는 비상시의 권력집중이라면, 익益은 민주주의나 평화시대의 태평성세를 말한다."[3] 또 익은 넉넉하며[益德之裕也] 꾸밈이 없으니[益長裕而不設], 이익을 크게 일으켜 낼 수 있다[益以興利].

지욱은 익괘만이 이익이 아니라 64괘 모두가 익괘라 한다. "익은 전체의 건곤乾坤이며, 전체의 태극이며, 전체의 역도易道이니 그 나머지 63괘야 그렇지 않음

---

1 「계사전(하)」: "益德之裕也, 益長裕而不設, 益以興利."

2 익괘는 否卦 1이 4로 갔기에 '利有攸往'이며, 또 익의 착종이 恒卦라, 항은 큰 물 위에 진☳의 배가 순풍을 받고 남쪽을 향해 건너와, 곤☷의 육지에 안착하니 '利涉大川'이다.

3 노태준, 『주역』, 150쪽.

이 없다. 불계佛界의 위를 덜어 구계九界의 아래로 이익이 되게 하고, 또 자기를 덜어서 타인을 이익되게 할 새, 고로 백성의 기쁨은 한없는 것이다." 익의 시절엔 공익을 위한 일에 종사함이 좋다.[4]

다음은 익괘가 비괘否卦에서 온 것을 보고 주석한 공자의 단사이다. "익益은 위에 있는 것을 덜어서 아래로 보태주는 것이다[損上益下]. 익의 때가 오면 백성은 군주의 은덕을 한없이 기뻐할 뿐 아니라[民說无疆], 그의 도를 칭송하기에 이른다[自上下下, 其道大光]. 갈 바가 있어 이롭다는 말은, 상하(2와 5)의 중정함이 바른 위치에서 서로 정응하고 있기에 경사가 있다[利有攸往, 中正有慶]. 또 큰 강을 건너는 위험을 당해도 이롭다는 것은, 강 위에 배를 띄우면 어떠한 위험도 해결할 수 있는 것처럼[利涉大川, 木道乃行],[5] 익은 왕성한 활동력[☲]과 유연함[☴]으로 백성에게 한없는 이익을 준다[益動而巽, 日進无疆]. 고로 익은 하늘이 한없는 양기를 베풀 듯[天施地生], 천지자연의 이치에 따라 널리 행하고[其益无方],[6] 또 시절인연에 따라 행하여 나가야 한다[凡益之道 與時偕行]."[7]

---

4 참고로 질풍과 우레가 치는 때라도 놓치지 말고 돌진해 나가라. 적극적으로 곤란을 극복하고 널리 사회적인 공익을 도모하는 자에게는 대길하지만, 우유부단하게 갈 바를 몰라 우왕좌왕하는 자에게는 불리하다. 날씨는 번개가 치고 바람이 세나, 천도나 이사는 유리하다. 특히 윗사람이 나를 도와주는 때이니 적극적으로 행동하라.

5 김진규, 『아산주역강의』 : 나무로 배를 만들어 타고 건너간다[木道→益道→風雷→鷄龍]. 즉 우리나라가 계룡으로 천도되면 좋을 것으로 믿었다. 계룡산에 '方·夫·馬·角·口·或·生·禾'라는 刻字가 있는데, '方夫馬角'은 庚午(丑)를 말하고 '口或生禾'는 國移를 뜻하니 庚子年과 辛丑年 사이에 천도를 암시한다고 믿었다.

6 [說證] '方'은 否卦의 乾坤이 方相하게 견줌의 뜻이었으나, 益에서는 그것이 사라지니 '其益无方'이다. '與時偕行'은 만물이 진☳ 東에서 나와 손☴ 東南으로 가지런히 하고, 남쪽 리☲에서 서남쪽 곤☷으로 가니, 봄과 여름에 이르는 시절의 행이다. 또한 동파에 의하면 '天施'는 건☰이 손☴이 됨이며, '地生'은 곤☷이 진☳이 됨을 가리킨다.

7 [說證] '民說无疆'은 리☲의 기쁨과 곤☷의 무강과 백성이요, '自上下下'는 비괘 건☰의 4가 곤☷의 1로 내려감이며, '其道大光'은 진☳의 대도를 리☲가 비춤이요, '中正有慶'은 2와 5가 중정으로 리☲의 기쁨을 얻음이다. 또한 '木道乃行'은 항괘에 있는 진☳의 배가 큰 강을 건넘이요, '日進无疆'은 익에 리☲의 태양과 진☳의 진행이 곤☷에 무강함이다.

> 象曰 風雷益 君子以 見善則遷 有過則改
>
> 상왈, 강풍과 우뢰가 불어오는 것이 익이다. 군자는 이것을 보고, 선을 보면 즉시
> 배우고, 과실이 있으면 즉시 고쳐야 한다.

천둥번개의 열기가 바람을 유통시키고, 또 천지 가운데에 바람과 천둥이 만물을 생육하기에 이익이라 한다. 바람이 강하면 천둥이 빠르고, 천둥이 격하면 바람이 노하니, 이 때에 세상은 무서워진다. 그렇지만 군자는 이런 다급한 사정 속에서도, 바로 견선즉천見善則遷(If you see good, imitate it)하고 유과즉개有過則改 (If you have faults, rid yourself of them)하는 자세를 갖춘다.[8] 곧 선을 보고 바로 옮겨갈 수 있다면 천하의 모든 선을 혼자 다 행하는 것이요, 과실이 있지만 곧 바로 고칠 수 있다면 허물이 될 일이 하나도 없게 되니, 사람들의 이익이 이보다 더하겠는가. 바람으로 일어나 고동鼓動을 치며 선으로 옮김에 이보다 더 빠를 수 없고, 천둥번개로 놀라게 함에 지난날의 과실을 즉시로 고침에 이보다 더 용감함이 없다.

동파도 "분한 생각을 경계하고 욕심을 막으면[懲忿窒欲] 위에서 덜어내는 것이 적고, 잘못을 고쳐서 선으로 옮기면 아래에서 이익을 받음이 많다" 했으며, 왕필도 "이렇게 빨리 선으로 옮기고, 이렇게 빨리 잘못을 고치니, 이익이 이보다 더 클 수 없는 일"이라 한다. 익의 시절에는 빠르고 적극적인 행동이 좋다.[9] 박제가는 침술의 보사補瀉로 개과천선에 비유하기도 했다.[10] 아래는 '개과천선'이야말로 백성을 보호할 수 있는 큰 그림이라는 공묵당恭黙堂의 설명이다.

"착함은 본래 그런 이치이고, 허물은 사람의 욕심이 드러난 것이다. 선한데도 옮겨가지 않으면 이치가 회복되지 않고, 허물이 있는데도 고치지 않으면 제재할

---

8 [說證] '見善'은 리☰의 相見과 진☳의 仁이요, '則遷'은 손☴으로 옮김이요, '有過'는 益의 母卦인 否의 건☰이 지나침이요, '則改'는 진☳으로 恐懼修省하여 손순함을 얻음이다.

9 참고로 익괘는 어려움을 타개하기 위해 적극적으로 행동하라. 그러면 즐거움이 얻어지고 물질과 정신적인 면에서 활력소가 넘쳐날 것이다. 지금은 바람과 천둥처럼 신속하게 돌진하는 것이 좋다. 취업은 바람과 천둥처럼 움직임이 많은 직장이 좋다.

10 朴齊家,『周易』, "의술의 침놓는 방법으로 비유한다면, 補와 瀉가 있다. 분노를 자제하고 욕심을 막는 것은 쏟아내는 瀉로 말한 것이고, 착함으로 옮겨가고 허물을 고치는 것은 補로 말한 것이다. 착함으로 옮겨가고 허물을 고치는 것은 덕의 나아감이기 때문에 익괘가 되고, 분노를 자제하고 욕심을 막는 것은 인욕을 막는 것이기 때문에 손괘가 된다."

수 없으니, 연결된 것이 어찌 크지 않겠는가! 익괘는 우레 진괘가 아래에 있고, 바람 손괘가 위에 있어, 바람이 맹렬하면 우레가 빠르고, 우레가 요동하면 바람이 사나우니, 두 가지가 서로 보태줌이다. 군자가 착함으로 옮겨가고 허물을 고치는 것도 이와 같다. 이 때문에 군자는 바람과 우레가 서로 보태주는 상을 보고, 착함을 보면 옮겨가고 허물이 있으면 고치니, 착함을 극진하게 하고 허물 없는 것이 지극하다고 할 수 있다. 대개 착함을 극진하게 하면 성인이고, 허물이 없는 것도 성인이다. 허물 없는 성인이 하늘의 지위를 얻어, 하늘의 백성을 다스리면, 위에서 덜어내어 아래에 보태주는 정사가 자연스럽게 모든 백성에게 미치게 되어, 천하가 그 혜택을 입을 것이다. 대체로 괘가 위에서 덜어내어 아래에 보태주는 것을 위주로 하니, 어찌 한갓 학자들이 착함으로 옮겨가고 허물 고치는 것으로 그치겠는가? 윗자리에 있는 사람은 모두 이것을 본받아, 끝내 백성을 보호하는 큰 계획을 만들어야 하니, 힘쓰고 힘써야 한다."[11]

다음은 이만부李萬敷가 힘주어 주장하는 긴 설명이다. "바람이 세차면 우레가 빠르고, 우레가 몰아치면 바람이 성을 내니, 두 가지는 서로 보태주는 것이다. 군자가 바람과 우레가 서로 보태주는 상을 관찰하여, 자기를 유익하게 함을 구하니, 유익하게 하는 도는 '착함을 보면 옮겨가고, 허물이 있으면 고침'만한 것이 없다. 착함을 보고 옮겨갈 수 있으면 천하의 착함을 다할 수 있을 것이고, 허물이 있어 고칠 수 있다면 허물이 없을 것이니, 사람에게 유익한 것이 이보다 큰 것이 없다. 주자는 '착함으로 옮겨가기는 바람처럼 신속하게 해야 하고, 허물을 고치기는 우레처럼 맹렬하게 해야 한다' 하였고, 또 '바람은 빠르게 움직이는 것이니, 남의 착함을 보면 자신이 미치지 못할까 하여 옮겨가기를 마치 바람이 빠른 것처럼 해야 한다. 우레는 결단하는 사물이니, 내가 허물이 있으면 곧 과감하게 고치기를 우레처럼 결단한다' 하였다. 사람이 허물이 있음을 알지만 고치지 않으면 허물이 있는 자와 같고, 착함을 보고 기뻐하지만 옮겨가지 않으면 기뻐하지 않는 자와 같다. 익괘에서 착함으로 옮겨가고 허물을 고치는 것에 대해 상을 취한 것은 바로 착함으로 옮겨가고 허물을 빨리 고치려는 것일 뿐이다. 허물

11 金濤, 「周易淺說」: "愚按, 蓋善者, 本然之理也, 過者, 人欲之發也. 善而不遷, 則理不能復, 過而不改, 則欲不能制, 所係豈不大哉. …"

이 있음을 알지 못한 적이 없고 알면 다시 행하지 않은 것은 안연이 어짊을 행한 것이고, 착함을 남들과 함께 하고 남들과 선을 행하는 것은 순임금이 성인이 된 것이니, 안연이 허물을 고침에 어찌 능장을 부리며 미덥지 않게 하고, 순임금이 착함으로 옮겨감에 어찌 기다리는 바가 있었겠는가? 안연이 허물을 고치는 것을 배우고, 순이 착함으로 옮겨가는 것을 본받는다면, 「대상전」의 교훈에 가깝게 될 것이다. 주자는 '선이 저기에 있어 자신이 가서 그것을 행한다. 그렇게 하는 것이 오래되면 자신과 하나가 되니, 하나가 되는 것은 자신에게 달렸다. 행하지 않으면 선은 선대로 있고, 자신은 자신대로 있다' 하였다. 신이 다음과 같이 삼가 살펴보았습니다. 학문하는 방법을 한마디로 말한다면, 착함으로 옮겨가고 허물을 고치는 것입니다. 그러나 착함으로 옮겨가는 방법은 일에 따라 반드시 옮겨간 다음에 일에 착하지 않음이 없고, 허물을 고치는 방법은 먼저 그 치우친 것을 극복한 다음에 기질이 변화될 수 있는 것입니다. 주자는 또 '착함으로 옮겨감은 가볍고 허물을 고침은 무겁다. 착함으로 옮겨감은 엷게 물든 것을 희게 하려는 것과 같고, 허물을 고침은 검은 물건을 희게 만들려는 것과 같다'고 하였습니다. 그렇다면 허물을 고칠 수 없는데 착함으로 옮겨갈 수 있는 자는 없습니다. 그러나 허물을 고칠 수 있는데도 다시 착함을 택해 옮겨가지 않는다면, 고칠 수 없는 자와 함께, 바로 노나라와 위나라의 사이일 것입니다. 옛 사람들이 혹 허물을 고칠 수 있는 것을 피해, 그것으로 인해 착함을 지극히 하는 경지에 이른다는 것을 모르는 경우가 아주 많았으니, 거울이 되지 않겠습니까?"

한편 『자하역전子夏易傳』에서는 "이월 경칩 이후에 바람이 사물을 자라게 하는 것과, 팔월에 우레 소리가 없어진 다음에 바람이 사물을 해치는 것"으로 선악을 비유했다.[12] 그렇기 때문에 선과 악은 모두 나의 스승이다.[13] 선을 듣고도

---

12 柳正源, 『易解參攷』: "『子夏易傳』에서 왈. … 팔월에 우레 소리가 없어진 다음에 바람이 사물을 해치니, 바람이 유익한 것은 그것이 우레 뒤에 있을 때이기 때문에, '바람과 우레가 익이다' 하였다. 여섯 자식[건곤을 뺀 6卦]에게는 모두 유익하다는 의미가 있는데, 유독 바람과 우레를 취한 것에 대해, 하안(何晏·老壯學 始祖)은 '아주 영원할 수 있다는 의미를 취한 것이다'라고 하였다. 바람과 우레가 진동하여 만물이 변하면서 새롭게 되니, 사람에게는 착함으로 옮겨가고 허물을 고치는 의미가 있다."

13 沈大允, 『周易象義占法』: "남의 착함을 보면 옮겨가 따르고, 남의 허물을 보면 마음으로 스스로 반성하여 허물이 있으면 고치니, 선과 악이 모두 나의 스승이다."

바로 옮기지 못함이 바로 공자의 근심이었지만,[14] 미친놈도 성인 되는 것이 바로 극기복례의 훌륭한 모델이라는 사실을 알아야 할 것이다.[15]

> 初九 利用爲大作 元吉 无咎
> 초9는 (바야흐로 봄 농사철을 맞아) 크게 경작하는 것이 이로우니, 군주에게 길하고 허물이 없으리라.

익괘가 위를 덜어서 아래를 돕는 괘라고 할 때, 익괘는 비괘否卦에서 임금 측근에 있던 충정한 4가, 복의 밭을 경작하다가[疇離祉] 초효를 도우러 온 것이다. 그러니 초9는 익괘 중에서 가장 이득이 큰 효이며, 진동[☳]의 주체로 강한 에너지를 가졌고, 임금의 최측근 실세 4와는 정응의 관계에 있는 귀한 자이다. 그렇지만 낮은 자리에서 큰 일을 감당하지 못하므로, 대길하여야 무구라고 하니, 바로 그것은 새로운 개혁적인 일이 아니라 이제껏 잘하여 오던 농사와 같은 자신의 일에 성실히 매진하라는 소리다. 그래서 평소에 하던 일에 힘쓰는 것이 좋다는 것은, 아래 서민들에겐 중대한 일을 맡기지 않는다[象曰, 元吉无咎, 下不厚事也]는 의미다.

아래 초9가 익의 시절에 나라에 이익을 주려면, 정응하는 4를 잘 보필하며 천하를 위하여 크게 돕는 생산업에 착실히 종사해야 한다. 이런 근거로 왕필이 "아랫자리에 있는 비천한 자는 중대한 일을 맡을 수가 없고, 더구나 큰 일은 미천한 공으로는 해결할 수 없으니, 크게 길해야 탈을 면한다" 한 것이다. 동파는

---

14 朴宗永, 「經旨蒙解·周易」: "순임금은 위대한 성인임에도 남에게서 취하여 착함을 행하였고, 탕임금은 위대한 덕을 가진 분임에도 허물을 고침에 인색하지 않았다. 안연은 착함을 얻으면 마음에 항상 간직하여 잊지 않았고, 또 잘못을 두 번 저지르지 않았다. 착함을 들어도 옮겨가지 못하고 착하지 못함을 고치지도 못하는 것은, 공자의 깊은 근심이었다. 성현들께서 이와 같이 했는데, 하물며 그 이하의 평범한 사람들은 수많은 공을 쏟은 다음에야 사람의 모양새를 이룰 수 있을 것이니, 힘쓰지 않을 수 있겠는가?"

15 李震相, 『易學管窺』: "극기를 지극하게 하면 예를 회복하고, 미치광이도 생각할 수 있으면 성인이 된다. 한 사람으로 말할지라도 본래 착함으로 옮겨가는 때가 있고, 본래 허물을 고치는 때가 있어, 착함으로 옮겨가면 허물은 더욱 적어지고, 허물을 고치면 착함은 더욱 순수해진다. 그런데 세상에는 혹 착함을 행하는 데는 용감하지만, 허물을 고치는 데는 꺼리는 자가 있고, 또한 허물을 듣는 데는 기꺼워하지만, 착함을 따르지 않는 자가 있다."

이런 초9를 "공이 있으면 이익은 위로 돌아가고, 죄가 있으면 그 책임을 백성이 받기에, 크게 길해야 허물이 없는 것은 섬김이 두텁지 않기 때문"이라 하였다. 주자는 위에서 도와주는 익의 시절에 인정을 받지 못하면 그것 또한 곤란하다는 해석을 내린다. "초효는 위로부터 더해줌을 받는 자이다. 공연히 받고, 바치는 것이 없어서는 안 된다. 그러므로 반드시 크게 선하고 인정받는 일을 하여야 허물이 없다. 또 아래에 있는 자는 본래 후한 일을 맡아서는 곤란하다. 이와 같지 않으면 허물을 막을 수 없다."[16]

익괘가 관괘觀卦로 변한 경우다. 익괘는 비괘否卦로부터 왔다. 비괘否卦에서 손巽의 쟁기로 갈면, 좋은 종자가 떨어져, 진震의 곡식이 자라나니, 봄농사[東作]의 상이다. 손巽은 이利가 되고, 진震으로 농사를 지으니, '이용위대작利用爲大作', 즉 "크게 농사짓기에 이롭다."[17] '원길元吉'은 군주의 길이다. 비괘에 있던 군주가 존귀한 신분인데도 비천한 데로 내려와서, 마침내는 진震의 인仁을 이루니, 선善의 으뜸이 된다. '무구'는 1과 4가 정위正位에 앉음이다. 비괘 아래 백성들은 곤坤에서 노역勞役을 바쳤는데, 비괘가 되면 곤의 형체가 엷어지기 시작하니, '하불후사下不厚事', 즉 '아랫사람들이 수고롭게 받들지 않음'이 된다. 익괘의 진은 봄농사를 짓는 때라, 백성들이 임금을 위해 노역을 할 수가 없게 된다. 소박한 꿈이 이루어지는 때다.[18]

六二　或益之　十朋之龜　弗克違　永貞　吉　王用享于帝　吉
육2는 만일 위를 덜어 아래를 보탤 수 있다면, 십붕의 거북점을 보아도 어긋남이 없을 것이다. 장구한 사업에는 길할 것이다. 임금이 하늘 제사를 지냄이 길하다.

2는 유순중정한 자세로 5의 임금을 겸허히 모시고 순종하기에, 하는 일과 가

---

16 주희, 『주역본의』 : "下本不當任厚事, 故不如是, 不足以塞咎也."
17 [說證] '大作'은 곤☷의 들판에, 손☴의 쟁기로 갈고 종자를 뿌려, 진☳의 作足[발을 자주 움직거림]으로 농사를 지어, 손☴으로 이익을 냄이다. '下不厚事'는 곤☷의 백성들의 노고가, 나라를 위해 厚하지만, 초효에서는 '不厚'함이다.
18 참고로 들판이 황금물결로 풍년을 노래하니, 아랫사람들을 후하게 대접하라. 만약 혼자서 고운 꿈을 꾸고 사는 소박한 사람이 이 초효를 얻었다면 하늘에서 반드시 짝을 내려줄 것이다.

는 곳마다 이익이 있을 수밖에 없다. 왕필은 "2가 부드러운 자세로 자신을 비우고 가니, 이익은 부르지 않아도 밖에서 스스로 온다"며 노자의 삼보三寶를 예로 들고 있다.[19] '십붕지구十朋之龜'는 손괘 5처럼 많은 무리, 그 중에서도 가장 영험이 있다는 거북이의 점도 길흉과 시비를 판단하는 데 한 치도 어긋남이 없다는 의미다. '십붕'이 많은 액수라는 것으로 보면, 값비싼 거북점을 쳤다는 것도 알수 있다. 또 중정中正하고 유순柔順한 자가 반드시 지켜야 할 수칙 또한 '영정永貞'이라는 옵션도 깨우쳐 준다. 하늘로부터 오는 이익을 얻으려면, 오랫동안 바르게 지키지 아니하면 어찌 다른 대안이 있을 수 있겠는가. 임금이 하늘 제사를 모시듯[王用享于帝], 신하도 왕을 받드는 자세가 오래고 바르면 확실히 복을 받는다.

왕필의 설명대로 황제는 만물을 낳는 주체요[帝者生物之主], 이익을 흥왕하게 하는 종조이니[益興之宗], 임금과 신하는 이익을 받고 보답함을 잊지 말아야 한다. 지욱도 "2가 유순중정하기에 5의 강건중정한 도움을 얻는다. 그것은 심적인 은혜이지 물질적인 은혜는 아니다. 신하라면 천우天佑와 인조人助를 달리하지 말고, 영정永貞을 잊지 말아야 하며, 왕이라면 자신自新하고 신민新民할 것을 천제에게 맹세할 것"을 강조한다. 그래야만 공자의 주석처럼 "도움이 밖에서부터 올 것이다[象曰, 或益之, 自外來也]."

익괘가 중부괘中孚卦로 간 경우다. 중부괘에는 큰 리离의 거북과, 익괘에 10을 나타내는 곤坤이 있으니 '십붕지구十朋之龜'이다. '불극위弗克違'는 비괘否卦 건乾에서 손巽의 명命을 어길 수 없음이고,[20] '영정길永貞吉'은 진震의 군주가 '익지무강益之无疆'으로 곤坤의 백성을 다스리는데, 중부中孚 리离의 기쁨을 줌이다.[21] '왕용향제'는 중부괘에서 상하의 손巽으로 재계齋戒하고, 리离로 정성을 가득히 하여, 신에게 제사를 올림이고,[22] '자외래自外來'는 익괘益卦의 호괘인 박괘剝卦가 변해 몽괘蒙卦가 되고, 몽괘蒙卦가 관괘觀卦로 가서, 5가 2로 온 것을 가리킨다.

---

19 『노자』 : "내게 慈·儉·不敢爲天下先이라는 세 가지 보물이 있어 이를 늘 지니고 보존한다[夫我有三寶, 持而寶之, 一曰慈, 二曰儉, 三曰不敢爲天下先]."

20 否卦, 위의 임금 자리에서, 巽의 명령으로 2에게 도움을 주는 것이다.

21 중부괘로 백성이 왕의 덕화에 의해, 크게 변화를 받아 교화가 되니, 영정길, 장구한 사업에 좋다.

22 否卦에서 온 震의 군주가, 땅을 掃除하고, 곤의 소를 봉헌하며, 건의 하늘에 제사를 올리는 것이다. 중부괘가 되면 상하 齋潔하여, 가득한 정성으로 神을 감동시킨다. 임금의 제사는 백성을 위해 풍년을 기원하는 것이다.

다산은 호괘를 취하지 않으면 이 구절을 해독할 수 없다고 했다. 동량으로 크게 쓰이는 자리다.[23]

六三 益之用凶事 无咎 有孚 中行 告公用圭
육3은 흉사가 생겨났을 때 어려운 사람들을 도와주면 허물이 없다. 성의를 다하여 중도로 나간다면, 공에게 고함에 신표(신임)를 쓸 것이다.

3은 부중하고 부정하니 서민들 위에 있는 수령계급 정도이다. 죽음이나 흉년, 전쟁과 같은 환란을 만났을 때, 위정자는 백성의 아픔을 신속하게 처리해 주어야 하는 자리다. 그기에 3은 한치 소홀함이 없는 정성[有孚中行]으로 백성을 보살펴 나가야 한다. 흉사를 당한 백성을 구휼救恤하는 양식은, 본래 백성에게서 거둔 것이기에, 어려운 재난을 당한 지금 나라가 창고를 열고 이재민을 구하는 것은 마땅하다. 이는 백성에게 얻은 것을 백성에게 다시 내주는 일에 불과할 뿐이다. 그러니 "흉사를 다스리는 일에 보태 쓰는 것은, 어려운 때를 대비하여 본래 거기에 비축해 두고 있었던 것을 내 쓰는 것이다[象曰, 益之用凶事, 固有之也]."[24]

신하가 임금의 명을 받들거나 보고하기 위하여 왕 앞에 설 때는 징표인 圭(Seal)를 썼던 것 같다. 『주례』에서는 "圭를 지닌 이가 흉년과 황년荒年을 구휼하였다" 하고, 또 『예기禮記』에서도 "대부가 圭를 가지고 가는 것은 믿음을 나타내려 함이라" 하였다. 고로 '고공용규告公用圭'는 "임금의 명령을 알리기 위해 공이 규를 쓴 것"으로 해석할 수 있다. "신표信標를 사용하는 것은, 공무를 마치면 그것을 돌려주는 까닭에 신표는 뇌물이 되지 않고 믿음을 주는 것에 지나지 않았다. 이처럼 상6이 3에게 주는 것은 신뢰뿐이니, 3 역시 규를 바치면서, 그 신뢰로써 상6을 즐겁게 할 뿐이다."[25]

---

23 참고로 동량으로 크게 쓰이는 자리다. 그러니 어찌 귀인이 찾아오지 않겠는가? 아무리 어려워도 자신이 부드럽고 바르게만 행한다면 많은 친구들이 와서 도우리라. 재산은 군비 쟁재니 항상 구미호 같은 여자를 조심하라. 官舌에는 흡혈귀 같은 변호사를 조심하라. 호사가 생기면 마귀에게도 찬스가 가는 법이다.

24 여기 '固'는 '창고庫'란 개념으로 쓰였다.

25 소식, 『동파역전』: "卒事則反之, 圭非爲賂, 致信也, 六三享信無取, 上九樂益之矣"

고로 '홀笏'은 임금을 만날 때 손에 쥐던 패에 불과한 것이다.[26] 마지막으로 3이 부정부중不正不中한 입장에 놓여 있기에, 작은 이익이라도 얻으면 부당한 이익을 받으니, 흉사를 돕는 일에만 헌신하고 봉사해야 마땅하며, 또 그것이 훗날에 큰 이익으로 돌아올 것을 믿어야 한다.

익괘益卦가 가인괘家人卦로 갔다. 가인괘는 둔괘遯卦의 4가 1로 가거나, 중부괘中孚卦의 3이 2로 가서 '익지益之'하였다. '흉사凶事'란 둔괘遯卦에서 건乾이 간艮에서 죽었으니, 가인괘는 감坎의 슬픔을 맞았고, 리离의 재물로 부의금을 보내니 '용흉사用凶事'이다. '무구'는 익益의 모괘 비否의 4가 1로 오고, 둔遯의 4가 1로 옴을 말한다.[27] 다산은 위의 '중행中行'을 '중행씨'라고도 본다.

> **六四 中行 告公從 利用爲依 遷國**
> 육4는 사심 없는 행동으로 공에게 고하면 그가 따를 것이다. 그의 도움으로 나라를 옮기는 일에 쓰면 이롭다.

중도를 지키며 나라를 유익하게 하려는 뜻(천도)을 고하니 왕공(제후)들이 나의 제안을 따를 것이다. 임금을 모시고 천도를 의뢰하니 백성들에게 이롭다. 아래 3은 백성들이 흉사凶事로 고통을 받고 있으므로, 4가 도읍을 옮겨서 피난하는 것이 더 낫다는 정책적인 판단에 이른 것이다. 그렇지만 천도는 4의 일이 아니고, 군왕의 지시를 받아야만 할 수 있는 일이다. 그런고로 '공에게 보고[告公]'한다 하였으며, 또한 4 자신은 중행中行의 덕을 지니고 백성을 도울 뜻을 지녔기에 왕공이 허락할 것이라[象曰, 告公從, 以益志也] 믿는다. 여기 4는 익의 시절에 임금의 측근으로 충심으로 보필하고, 아래 백성들(초9)과도 소통이 잘 되기에(정응), 나라에 이익이 되는 자리다. 천도遷都를 하자는 4의 정책 건의에, 위로는 강한

---

26 옛날 商末 周初에는 圭玉을 썼는데, 임금은 천제를 올릴 적에 2寸의 元圭를 들었고, 제후가 임금을 朝見할 때는 7촌의 信圭를 들었고, 대부가 제후를 뵐 때도 옥으로 만든 창규瓚圭를 썼다.

27 [說證] '有孚'는 가인과 중부의 大离고, '中行'은 遯卦의 4가 巽의 명령을 받들어 艮의 邑으로 내려가 离로써 관대하게 백성을 구휼하는 사신으로 볼 수 있다. '公'은 震의 諸侯이며, 위의 巽은 굽어보는 천자의 입이다. 乾은 玉, 离는 信標가 되니 '告公用圭'이며, '固有之'는 遯의 상괘에 있는 준비된 임금의 재산이다.

임금의 도움을 받을 수 있고, 아래로는 여론도 잘 따라주니, 무난하게 처리될 것 같다. 자고로 나라가 불안하면 천도를 이행하였으니, 천도는 백성을 따라 옮기는 것이며, 4와 1이 정응이라는 것은 바꾸어 말하면 백성들이 4의 훌륭한 정책에 찬성함이다. 익괘益卦가 무망괘无妄卦으로 간 경우이다.[28]

또 3과 4가 중을 얻지 못한 고로 각각 '중행中行'으로 강한 경계를 세우고 있다. 백성과 나라를 위한답시고 사적인 욕심을 채우며 중도를 벗어나는 일이 왕왕 일어남을 걱정한 것이다. 4와 5 그리고 상은 덜어서 아래를 보태주는 자리인데, 5와 상은 양강으로 덜어줄 것이라도 있지만, 4는 음이어서 아래로 덜어줄 것이 없으니, 훌륭한 아이디어를 내고 정책과 행동으로 봉사할 따름이다.[29] 여기 '중행中行'을 다산은 '중행씨中行氏'란 사신使臣으로 풀기도 한다.

참고로, 이래저래 바람을 따라서 움직임이 일어나니, 길지를 택하여 이주한다. 공사가 믿음이 있으니, 교만하지 말라.[30]

> 九五 有孚惠心 勿問 元吉 有孚 惠我德
> 구5는 베풀려는 임금의 마음에 믿음을 두며, 자애심이 넘치는 대덕은 점을 치지 않아도 임금에게는 대길하다. 백성에게 은혜를 베푸는 임금의 덕에 믿음을 둘 것이다.

5는 베풀기를 좋아하는 임금의 자리요, 아버지의 자리요, 스승의 자리이다. 권위와 도덕과 자비를 갖춘 임금으로서, 중정한 2의 백성들과 정응을 하니 무엇이 불리하겠는가. 대덕을 갖추고 백성의 마음까지 읽어내는 임금의 지혜가 있다

---

28 무망괘는 중부괘의 4가 2로 간 使臣 '中行'이 巽의 命을 震의 公侯에게 알리자, 公侯가 天子를 따르기에 '告公從'이 됨이고, '利用爲依'는 遯의 임금이 의지할 만한 곳이며, '遷國'은 遯의 艮이 옮겨 无妄의 艮이 되어, 더욱 임금에게 가까워진 자리이다. '益之'는 遯의 3이 1로 와 보태어 무망의 利가 됨이다(다산은 中行을 사신으로 보았다).

29 『춘추좌씨전』 은공 6년의 "周之東遷 晉鄭焉依"는 흔히 "周가 東으로 옮김에 晉과 鄭의 도움(依)을 받았다"로 해석하고 있다.

30 욕심 내지 말고 순리 대로 따라 가라. 음과 양이 조화로우니 나라가 다시 살아나고 백성이 번성할 것이다. 2009년 7월에 세계적인 경제파국(금융위기)을 맞아, 한국 정부의 발 빠른 대처[益之 用凶事]가 세계에서 가장 빠른 회복세와 성장을 보였던 좋은 예가 있었다.

면, 백성들은 대복大福의 은혜를 입을 것이 확실하다. "진실한 마음으로 베풀면, 한없이 베풀어도 소모되지 않음"[31]도 그 임금의 덕과 복이다. 믿음과 자혜로운 마음이 있으니 더 이상 물을 것도 없고[象曰, 有孚惠心, 勿問之矣], 사랑과 은혜가 나의 덕이라는 것 또한 뜻을 크게 이루었음이다[惠我德, 大得志也].

속담에 '물방울과 같은 적은 은혜라 할지라도 샘물과 같이 크게 보답하라[滴水之恩, 當以涌泉相報]' 하였는데, 백성을 향한 임금의 사랑이 저렇도록 은혜로 가득하다면, 백성의 보답이야 어떻게 가만히 있겠는가. 그렇지만 임금이 애써 잘 하려고 마음을 내면, 그만 나라와 백성은 어려워진다. 임금이 원대한 꿈을 꾸지만, 백성의 목구멍이 마른다면 어찌 원성이 없겠는가? 나라의 일이 풀리지 않고 꼬이기 시작하면, 그 대가는 임금에게 돌아가는 것이 아니고 고스란히 백성의 몫으로 남는다. 그러기에 백성들은 결국 임금에게 그 욕을 돌려줄 수밖에 없다. 진실로 은혜로운 마음으로 백성을 사랑한다면, 백성에게 묻지 않아도, 즉 점을 치지 않아도[勿問] 대길함에 틀림이 없다. 그러니 백성도 마음을 다하고 또 그 은혜에 감사하니 뜻이 크게 얻어지는 것이 아니겠는가[有孚惠我德].

다음은 『오위귀감』의 읍소다. "신이 삼가 살펴보았습니다. 익괘 5에서 '은혜로운 마음에 믿음이 있다[有孚惠心]'고 한 것은 나에게 사물을 은혜롭게 하는 진실이 있음이고, '믿음이 있어 나의 덕을 은혜롭게 여긴다[有孚惠我德]'고 한 것은 저들이 나의 은혜에 감사하는 것입니다. 『서경·홍범』에서 말한 '여러 백성에게 펴서 주고, 그대로 하여금 그 법칙을 보호하게 해줄 것이다'라는 훈계를 참고해서 보면, 서로 밝혀주는 덕이 있기 때문에, 앞선 유학자들도 이것을 인용하여 분명히 하였습니다. 전하께서는 상고하여 징험하고 체득해서 행하시길 엎드려 바라옵니다."[32]

익괘가 이괘頤卦로 가는 경우다. 이괘頤卦는 관괘觀卦 5가 1로 왔다. 손巽은 본래 베풀기를 좋아하고[巽本好施], 5는 중심이니 '혜심惠心'이다. '유부有孚'는 2와 5의 정응, '물문勿問'은 관괘의 5가 과감하게 이괘頤卦로 감을 묻고 따지지 않음이요, '원길元吉'은 진震의 길흉이며, '유부有孚' 또한 이괘頤卦의 대리大离이다. '혜

---

31 소식, 『동파역전』: "惠之以心 則惠而不費."

32 石之珩, 『五位龜鑑』: "臣謹按, 益之九五, 其曰有孚惠心者, 我有惠物之誠也. 其曰有孚惠我德者, 彼感自我之惠也. …"

아덕惠我德'에서 '아我'는 곤坤의 백성, '덕德'은 5의 강직한 심지, '대득지大得志'는 이괘頤卦의 큰 리离이니, 어질다는 소리가 천하에 가득할 것이다.[33]

上九 莫益之 或擊之 立心勿恒 凶
상9는 (사리사욕에 사로잡혀 백성에게) 베풀지 아니하니, 혹 외부로부터 공격을 받을 수 있다. 마음에 바른 도리를 생각하는 원칙이 없으니, 흉할 것이다.

상9는 음의 자리인데 양이 앉아 있고, 아랫사람들에게 이익을 주고 싶어하는 자도 아니다. 가진 자가 더 가지려고 하니, 노욕老慾이 꽉 찬 자이다. 베풀어야 할 마지막 자리에서도 자신만을 돌본다. 이익은 중생들이면 누구나 똑같이 욕심을 내는 바인데, 윗사람이 되어서 남을 생각하지 못하고 자신만을 챙기니 그 해로움이 크다. 그러니 누군가에 의해 스트라이크를 당할 수밖에 없다[或擊之]. 욕심이 지나치면 의리를 잊고, 극에 달하여 친친親親의 은혜를 침략과 강탈로 갚아가기에, 오히려 새로운 원수를 생산해낼 따름이다. 고로 공자도 "이익을 주지 않음은 편견에 사로잡혀서 하는 말이 습관이 된 탓이요, 혹이나 예상치 못한 공격은 외부로부터 그것이 오게 만들어 놓았기 때문[象曰, 莫益之, 偏辭也, 或擊之, 自外來也]"이라고 주석을 하게 되었던 것이다.

익괘가 준괘屯卦로 간 경우이다. 준屯은 임臨의 2가 5로 감이니, 도리어 아래를 덜어 위를 보탬이라 '막익지莫益之'라 하였다. 준괘屯卦 또한 관괘觀卦에서 왔기에, 백성을 살피지 않는 자를 관괘에서 보고는, 준괘에서 감坎의 죄악을 진震으로 성토하니 '혹격지或擊之'가 된다. '입심立心' 역시 준의 감坎에 심지를 세움이고, '물항勿恒'은 익益의 시혜가 사라짐이다. '편사偏辭'란 전체를 포괄하지 못한 말을 뜻한다.

상6은 마땅히 자신을 덜어 아래 어려운 처지에 놓인 3을 도와야 할 자리이다. 그런데 3이 부중부정不中不正하다고, 그 이익을 나누어주지 아니하고 공격(비방)

---

33 참고로 은혜를 널리 베푸니 어질다는 소리가 천하에 가득하고, 재물신이 문 안에 들어오니 부자인들 무엇이 부러우랴. 윗자리에서 지극한 사랑으로 아래로 퍼주어야 좋은 소리를 듣는다. 益卦가 頤卦로 가면 대천을 건너기 어렵다는 '不可涉大川'을 눈여겨 살펴라.

만을 일삼으니, 도리어 부지불식간에 공격을 당하게 되는 꼴을 볼 것이다. 고로 어른이 되어서도 평상심을 잃은 자가 되니, 입심물항立心勿恒으로 흉이 도래할 것은 자명하다.

맹자도 남을 생각하지 못하고 욕심을 부리는 자를, "남의 것을 강제로 빼앗지 않고는 포식할 수가 없다[不奪不饜]"고 했으며, "떳떳한 생업이 없으면서도 항심을 가질 수 있는 자는 오직 선비뿐[無恒産而有恒心者,惟士爲能]"이라 하고, 임금(양혜왕)에게도 "항심이 사라지면 방자하고 편벽하며 부정과 사치에 빠질 것[苟無恒心,放辟邪侈]"[34]이라는 충고를 아끼지 않았다.

여기 '편偏'은 상9 자신이 부중부정한 데다, 타협심이 없고 보수 성향에 치우친 편향된 자를 이른다. 그러니 매사에 견문이 좁고 한쪽으로만 치우쳐, 편사고루偏私孤陋 하기에 정견正見하지 못하고, 악습의 고리를 끊지 못하여, 항시 남에게 비난과 스트라이크를 당할 수밖에 없는 처지에 놓이게 된다.

"익괘 상9는 손괘 초9처럼 남에게 보태어 주는 것을 즐기지 않는 자다. 그러므로 그 병이나 흉사를 보고도 도움을 줘야지 하는 뜻을 알지 못한다. 덜어서 아래를 보태어 주는 것은 군자가 즐기는 바이지만, 소인은 근심하는 바이다. '막莫'과 '물勿'은 내가 편견에 사로잡혀 있기 때문에 항상 하지 않는다. 백성에게 주는 것이 없으면 백성과 친친할 수 없다. 그렇게 되면 알 수 없는 곳에서 알지 못하는 백성들로부터 공격이 시작된다. 공자의 긴 해설이 이어진다.

"군자는 몸을 편안히 한 후에 움직이고, 마음을 편안히 한 후에 말을 하며, 또 사귈만한 사람을 정한 후에 서로 구할 것을 구한다. 군자는 이 셋을 갈고 닦았기에 온전하다 할 수 있다. 내가 위험하게 움직이면 백성들은 같이 하지 않고, 내가 걱정스러운 말을 하면 백성들은 어떤 형태로든 응하지 않는다. 또 백성

---

34 『맹자』, 「양혜왕(상)」 : "전차가 만 대인 나라에서 임금을 죽이는 자는 반드시 전차가 천 대인 경대부이며, 전차가 천 대인 나라에서 그 임금을 죽이는 자는 반드시 전차가 백 대인 경대부입니다. 전차가 만 대인 나라에서 전차 천 대를 가지고 있고, 전차가 천 대인 나라에서 전차 백 대를 가지고 있는 것은 적은 것이 아닙니다. 참으로 義를 뒷전으로 하고 利를 앞세우면, (모든 것을) 빼앗아야 만족합니다. 仁이 있으면서 그 어버이를 버리는 사람은 아직 없었고, 義가 있으면서 그 임금을 뒷전으로 미루는 사람은 아직 없었습니다. 왕 또한 仁과 義를 말씀하시고 말 것이지, 어찌하여 꼭 利까지 말씀하십니까[萬乘之國, 弑其君子, 必千乘之家, 千乘之國, 弑其君子, 必百乘之家. 萬取千焉, 千取百焉, 不爲不多矣, 苟爲後義而先利, 不奪不饜. 未有仁而遺其親者也, 未有義而後其君者也. 王亦曰仁義而已矣, 何必曰利]."

들과 친하지 않고 무리한 요구만 해대면 백성들이 어떻게 참여하겠는가? 백성들이 참여하지 않는다면 상처만 줄 일들이 찾아 들 것이다. 그러니 『주역』에서 말하기를 '보태어 주지 않았으니 섭섭한 백성들로부터의 공격은 당연한 결과가 아닌가. 항심이 있어야 지도자의 자세인데 이러니 흉하기 짝이 없구나!' 한 것이다."[35]

해 될 사람만 있고 득 될 사람은 전혀 없는 자리이다.[36]

---

35 「계사전(하)」: "子曰 君子 安其身而後動, 易其心而後語, 定其交而後求, 君子 修此三者故全也, 危而動, 則民不與也, 懼以語, 則民不應也 无交而求, 則民不與也, 莫之與, 則傷之者至矣, 易曰 莫益之 或擊之 立心勿恒 凶."

36 상대로부터 주먹이나 몽둥이로 린치를 당할 위험이 많다.

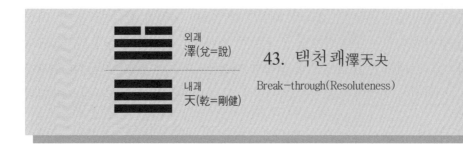

외괘
澤(兌=說)

내괘
天(乾=剛健)

43. 택천쾌澤天夬

Break-through(Resoluteness)

단 한 번의 결단이 평생을 좌우한다는 말처럼, 이제는 망설임 없이 과감하게 뿌리까지 뽑을 수밖에 없는 결단의 시기가 도래했다. 단지 내 손에 피를 묻히느냐, 아니면 남의 손을 빌리느냐 하는 문제만 남았다.

夬 揚于王庭 孚號 有厲 告自邑 不利卽戎 利有攸往[1]

쾌는 소인(첩)의 못난 행동이, 임금의 정원 안까지 알려졌으니[이제 척결의 결단을 내려야 할 시점이다], 소인은 아직도 임금의 총애를 믿고 부르짖지만 위험이 따른다. 이 사실을 자신의 마을에 고하나, 무력을 써서는 불리하다. 순리를 좋아가야 이로울 것이다.

쾌夬는 능구렁이 같은 소인[첩] 상효가, 나라 안을 떠들썩하게 할 뿐 아니라, 그 사악함이 내 목을 노리고 있는 형국이다. 세상에 어찌 양만 있고 음이 없겠으며, 군자만 있고 소인이 없겠는가. 세상에는 나를 돕는 사람과 해치려는 사람이 공존하고 있다. 지금 쾌의 상황은, 사태의 심각성이 궁궐 마당까지 날아들었다[揚于王庭]. 이 심각한 사태의 원인 제공자는 상6이다. 그가 임금의 권위만 믿고, 자신의 진정을 세상에 부르짖지만[孚號, Truthfully announced], 여전히 위태롭다[有厲]. 이런 불미스러운 일을 마을 사람들에게 알려 주위를 환기시킬 필요는 있되[告自邑], 무력은 도움이 되지 않는다[不利卽戎, No further to arms]. 순리를 찾는 방법을 모색해야 할 것이다[利有攸往].[2]

---

1 戎 병장기 융, 오랑캐 융.

2 [說證] 건☰은 임금, 태☱는 剛鹵(굳은 소금밭)의 정원이다. 또 태☱는 소인과 첩으로, 임금과 뭇 신하들의 위, 상9에서 의기양양 거린다. '孚號'는 상6이 구3과 상응하며 입을 놀려대니 '有厲'하다.

쾌의 시절에 순리를 쓸 줄 아는 자라면 당연히 반신수덕反身修德이 된 자이다. 만약 상효가 진실을 외면하고 무기나 패악으로 나온다면, 오히려 더 큰 어려움을 만날 것이다. 쾌夬의 대의는 군자도장君子道長하고 소인도소小人道消에 있기에, 군자의 도는 장구長久하게 살려내야 하고, 소인의 도는 찰나에 척결시켜야 한다. 「서괘전」에서는 "쾌夬는 척결하는 결단[決也]"이라 하였고, 「잡괘전」은 "쾌夬가 강이 유를 척결하기 때문에[剛決柔], 군자의 도는 자라나고[君子道長], 소인의 도는 근심이 있다[小人道憂]"하였다.

쾌夬 자는 태☱의 입 모양처럼 터졌기에, '항아리가 터져서 이지러질 缺, 물이 터져서 물꼬가 터질 決, 패옥이 터져서 이지러질 玦, 옷이 터진 소매 袂, 마음이 터져 쾌할 쾌快³로도 새겨진다. 다음은 '소인을 단호하게 척결하라'는 공자의 단전이다.

"쾌는 척결로[夬決也], 강이 1유를 척결함이다[剛決柔也]. 그러기에 과감하게 소인을 척결하면 기쁘나[健而說], 척결하면서도 조화는 잊지 말아야 할 것이다[決而和]. 양우왕정[揚于王庭]은 못된 1유가 다섯 개의 강을 타고 있는 것을 가리킨다[柔乘剛也]. 부호유려[孚號有厲]는 위태로움이 밝게 드러난 것이고[其危乃光也], 고자읍불리즉융[告自邑不利卽戎]은 양의 세력이 위로 올라가면 음이 곧 궁지에 처할 것이며[所尙乃窮也], 이유유왕[利有攸往]은 강의 세력이 자라나 종국에는 목이 달아날 수밖에 없기 때문이다[剛長乃終也]."⁴

'부호孚號'는 성심과 신의로써 호소하며 외치는 것이고, '척호惕號'는 조심조심하며 호소하는 것(2)이며, '무호无號'는 호소할 곳이 없음(상)을 나타낸다. 쾌夬는

곤에서 시작한 장수 一復이 마지막 夬의 자리까지 오자, 싸움은 결판이 나고, 柔는 오갈 곳이 없어 '所尙乃窮'이 되고 말았다. 사라진 坤의 무리들을 다시 쓸 수 없으니 '不利卽戎'이다. 泰卦 상6, '勿用師, 自邑告命'도 같은 뜻이다. 반면 태☱는 義和를 써야 반드시 '利有攸往'할 것이다.

3 정약용, 『주역사전』: "夬字缺也, 缶夬爲缺, 水夬爲決, 玉夬爲玦, 衣夬爲袂, 心夬爲快, 其義一也." 쾌의 형상은 兌의 입이 약간 이지러졌기에[兌口微缺] 쾌라는 이름을 얻었다. 坤卦에서는 음기가 충만하여 안팎이 없었는데, 復卦 이래로 음이 밖으로 물러나며, 마치 돌덩이들이 웅덩이를 메우듯 채워가니, 연못의 물이 저절로 넘쳐흘러 메말라 乾卦가 되어 가는 꼴이다.

4 [設證] 택천쾌괘는 천택이괘로부터 교역(착종)된 괘이다. 履卦 때는 태의 첩이 안에 있어 위험이 은복해 있었는데, 쾌괘 때는 영달의 끝자리를 누리니, 위태로움이 분명하다[危乃光]. 즉 危는 柔가 剛를 타고 있기에 위태롭다. 나라가 위태롭고 불안함은, 첩이 군주를 누르고 위에 올라타고 있음보다 더 심한 것이 없으니, 상하가 모두 어찌 경고를 그칠 수 있겠는가?

청명·곡우로 음이 물러나고 양기가 방창하여, 백화가 만발하고 기분이 명쾌한 춘3월이다. 괘상으로는 악의 위선僞善이 나라 위에 군림하니, 정의의 심판이 가해져야 마땅할 때다. 정치적으로 보면 악을 제거하고 나라를 바로잡고자 하는 참된 마음이 국민의 여론을 향하여 부르짖는 상이기도 하다. 『역』이 쾌괘에서 종결된다면, 이 세상에는 소인이 깡그리 퇴출되고 군자만 존재했으리라. 그런데 『역』이 쾌夬로 끝나지 않고 다시 구姤로 이어지니 역易은 과연 돌고 도는 역歷이다.

象曰 澤上於天 夬 君子以 施祿及下 居德則忌
상왈, 연못이 하늘 위에 있음이 쾌의 상이다. 군자는 이를 보고, 아랫사람에게 은덕을 베풀어 아래에까지 미치게 하며, 그 존귀한 덕에 머물더라도 마음을 조심스럽게 해야 할 것이다.

녹봉은 마땅히 나누며 살아야 한다. 녹을 베풀지 아니하면 은혜는 마르고, 근본을 상실하고 만다. 녹을 아랫사람들에게 베푼다는 것은 중생을 교화하는 일이요, 덕으로 살되 스스로 자만하면 사람들이 꺼리고 금기할 것이다.[5] 군자의 봉록은 나보다 못한 사람을 위해 써야 할 것이다.[6] 연못이 하늘 위에 오래 머물 수 없는 것처럼, 군자는 봉록을 베풀되, 그곳(덕)에 머물려 하지 않아야 할 것이다. 그러기에 아랫사람들에게 베풀고도 이상을 드러내면 그 베풂을 받는 자들조차도 그를 꺼린다. 오른손이 하는 일을 왼손도 모르게 해야, 비로소 진정한 베풂이다.

쾌는 구姤의 도전倒顚이다. 구의 시절엔 음이 초효에서 가장 천한 대접을 받았지만, 이제 쾌가 되어 가장 높은 상9의 자리에서, 태≡의 귀한 음식을 대접받고는 아랫사람들에게 베풀어주기까지 한다[施祿及下]. 거기다 음이 높은 자리를 얻었지만, 유순한 자세를 취하니[居德], 역시 그 존귀한 덕을 자랑하지 않음이다[則忌]. 우암尤庵은 이렇게 설한다.

"녹이라는 것은 임금이 하사한 것이다. 건괘乾卦는 덕이 되고 베풂이 되며, 태괘兌卦는 먹는다. 거居는 『사기』에 '재화로 쌓아 둘만한 것'이라 했다. 이는 베

---

5 지욱, 『주역선해』 : "祿不施則恩枯, 德不居則本喪."
6 소식, 『동파역전』 : "君子之於祿利, 欲其在人."

풀어 되돌려 주는 것으로, 감추어 쌓아 두고 은덕을 베풀지 않는 것을 군자는 꺼린다는 말이다."[7]

성호星湖도 말한다. "녹을 베풀 때에는 마땅히 결단해야 하고, 인색함이 없어야 하며, 덕에 처할 때에는 반드시 조심하고 두려워하며 삼가야 실추되지 않는다. 다시 방종한 뜻으로 멋대로 행한다면 끝내 보전할 수 없을 것이다. 그러니 어찌 군자가 꺼리는 것이 아니겠는가? 이괘履卦에서 '구5는 과감하게 결단하여 실천하니, 곧게 하더라도 위태롭다' 하였으니, '실천함[履]'은 예禮이니 예를 행하는 것이 너무 빠르면 곧게 하더라도 위태롭다."[8]

위암韋庵은 준괘 5와 비교하여 설명한다. "시施는 우시雨施의 시施요, 거덕칙기居德則忌는 태괘兌卦의 물이 위에 머물러 있어서 은택을 쌓아 두고 베풀지 않는 것을 금기함이다. 준괘屯卦의 5에 '은택을 베풀기 어렵다' 한 것이 바로 '거덕칙기居德忌'이다. 그러므로 「상전」에서 '베풂이 빛나지 못한 것이다' 하였다."[9]

초정楚亭은 '덕은 생색내면 안 된다'고 설한다. "'거덕칙기居德則忌'에서 '덕'은 '은덕을 베풀었다고 생색냄[德色]'의 '덕'과 같으니, (이를 칙기함은) 남에게 덕을 베풀고 자처하지 않음을 이른다. 군자는 못이 하늘에 올라가는 상을 보고서, 은택이 하늘로부터 내려옴을 알았다. 그러므로 반드시 은택을 베풀어 아래에 미치는 것은 하늘을 본받는 것이다. 만일 은혜가 자기에게서 나옴에 은덕을 베풀었다고 생색을 낸다면, 이른바 '하늘의 공을 탐하여 자기의 공으로 삼는 자'이다. 그러므로 '금기[忌]'라고 말하였으니 후영侯嬴이 말한 '공자公子께서 남에게 은덕을 베풀었다면, 그 사실을 잊으시기 바랍니다'와 같다. '잊다[忘]'라고 말하지 않고, 또 '은덕을 자처하지 말라'고도 말하지 않았는데, 굳이 '거덕칙기居德則忌'라고 말한 것은 경계함이 절실하여 꺼리는 것이 있어서이다."[10]

---

7 宋時烈, 『易說』: "…. 蓋施之返也, 言臧居而不施其德, 君子所忌也."

8 李瀷, 『易經疾書』: "施祿宜夬而無吝, 至於處其德, 必須小心畏愼, 方免墜失. 若復快意肆行, 終不克保有之矣, 豈非君子之所忌乎. …."

9 金相岳, 『山天易說』: "施, 卽雨施之施. 施祿及下, 乾施之行於下也. 居德則忌, 兌水之止於上也. 祿澤居 而不施則忌. 屯之五日屯其膏, 卽居德之忌也. 故其象傳曰施未光也."

10 朴齊家, 『周易』: "大象居德則忌, 德猶德色之德, 謂施德於人而不處. 君子觀澤上於天之象, 而知恩澤之自天降. 故必施祿及下, 所以體天也. 若以恩出於己, 而有德色焉, 則所謂貪天之功, 以爲己功者. …."

화서華西 역시 '공경하고 두려워 하는 마음이 먼저 앞선다면 왜 걱정할 것이냐?'고 했다. "'거덕居德'의 '거居'는 '본업을 닦음[修辭立其誠, 所以居業也]'이나 '현명한 덕에 머무름[居賢德善俗]'의 '거居'와 같아야 하고, '칙則'은 '오직 요임금이 본받았다[巍巍乎, 唯天爲大, 唯堯則之]'의 '본받았다[則]'와 같아야 하며, '기忌'는 '문왕이 공경하고 두려워하였다[文王敬忌]'의 '두려워함[忌]'과 같아야 할 듯하다. 이와 같이 본다면 또한 크게 어긋남이 없을 것이다."[11]

참고로 쾌괘는 이해와 설득으로 평화가 필요한 자리이지, 무력은 곤란하다. 중대한 일을 결단해야 할 시점에 나의 힘이 지나치게 강해 겸손을 잃고 성급한 완력으로 가면 실패를 초래할 수 있다.[12]

> 初九 壯于前趾 往不勝 爲咎
> 초9는 앞발이 씩씩하다. 나아가면 승산이 없고, 실패만 초래할 것이다.

초9는 공격을 하다가 상대의 펀치에 나가떨어지는 조폭의 행동대원 같다. 전후좌우를 가리지 않고 행동으로 옮기니, '장우전지壯于前趾'다. 이런 자는 승패에 관계치 않고[往不勝爲咎], 싸움터로 나가는 것을 자랑과 용기로 여긴다. 이런 자는 중도를 무시하고 걸음만 씩씩하니 좌절을 초래하고 말 것이다. 초9가 공격해야 할 자는 상6인데, 그는 경험도 지략도 전혀 없다. 공자의 주석대로 "이기지 못할 싸움인데도 겁 없이 싸우러 나선다면 바로 허물을 당하지 않겠는가[象曰, 不勝而往咎也]."

쾌괘가 대과괘大過卦로 간 경우이다. 대과괘는 대장괘에서 온다. 대장괘 때는 건장한 건乾의 말이 달려 나가려고 진震의 힘센 앞발을 들지만[壯于前趾], 지금은 대과괘인지라 뒷다리가 약하니, 힘 있는 말이 될 수 없어 쟁투에 지고 만다.[13]

---

11 李恒老, 『周易傳義同異釋義』 : "按, 居德之居, 恐當如居業居賢德之居, 則, 如惟堯則之之則, 忌, 如文王敬忌之忌. 如此看, 亦无大悖否."

12 堤潰蟻穴, 개미구멍으로 인해 튼튼한 제방이 무너지지 않도록 해야 한다. 물이 넘쳐 둑이 무너지기 직전의 상태라는 것도 명심하라. 지나치게 밀고 나가기보다는, 상대가 응하여 올 때까지 조용히 기다리는 편이 좋다. 어차피 상대는 나의 페이스대로 말려들 것이다. 부부 금슬에 문제가 있으니 부부의 도를 다시 생각하라.

동파도 초9 같은 소인의 이판사판식을 비꼰다. "군자의 움직임은 나가기 전에 승리를 이미 알고 나가야 하는데, 이길 수 없는 싸움인데도 나가기 바쁘니 반드시 허물이 된다."

이러한 초9의 막무가내 타입은, 앞서 뇌천대장 5에서 '뿔이 부러지는 줄도 모르고 돌진하는 맹공[羝羊觸藩羸其角]'에서 연유한 것이 분명하다. 지혜로운 자는 맨손으로 범을 잡겠다고 큰소리를 치지 않고, 맨몸으로 황하를 건너겠다는 무모한 소리도 하지 않는다.[14]

九二 惕號 莫夜有戎 勿恤

구2는 두려워서 소리를 치나, 한밤중에 예상치도 못한 도둑으로부터 불의의 습격을 받더라도, 걱정은 하지 말라.

2가 부정한 자리에 처하였지만, 두려움으로 경계를 늦추지 않으니, 도둑이 와도 근심은 없다. 호랑이처럼 크게 소리를 높여, 위험을 알리는 신호를 보낸다[惕號, Tiger cry of alarm]. 이는 주위에 경계를 보냄이요, 유비무환으로 임하니, 밤중이라도 도둑을 막아낸다[莫夜有戎勿恤]. 쾌괘가 혁괘革卦로 간 경우다.[15/16] 도둑(오

---

13 [說證] 대장괘 때는 나의 乾金이 적의 震木을 쳐 이겼지만, 대과괘 때는 나의 巽木이 적의 兌金을 이기지 못하니 '往不勝'이다. '爲咎'는 초9가 효변한 부정한 자리를 말한다. 대과의 음 넷이 말의 네 발과 같다. 참고로 별을 달지 못하고 예편한 경우도 있다.

14 『논어』, 「자로」 : "子路曰, 子行三軍, 則誰與? 子曰, 暴虎馮河, 死而無悔者, 吾不與也. 必也臨事而懼, 好謀而成者也."

15 [說證] 혁괘는 遯卦에서 온다. 둔괘 때는 艮의 성 밖에, 乾의 剛이 첩첩이 쌓여 있기에, 성 안 사람들은 경계를 늦추고 산다. 혁괘가 되면, 안으로는 리☲의 마음이 밝고, 위로는 손☴의 천명을 두려워하며, 태☱의 입으로 경고의 소리를 외치니 '惕號'가 된다. 혁괘는 또 대장괘로부터 온다. '莫夜'는 한밤중을 나타내는 5(4는 初夜, 5는 中夜, 상은 子夜)이다. 상괘 감☵은 밤이고, 하괘 리☲는 낮이다. '莫夜有戎'은 대장의 음 5가, 혁 2로 오니, 호괘로 도적 감☵이 되었다. '勿恤' 또한 도둑이 올지라도, 나는 밝은 리☲이기에, 내괘 리☲가 외괘 태☱를 녹일 수 있으니, 걱정할 필요는 없다. 혁괘에서도 리☲의 태양이 태☱의 바다로 빠진 상이니, '莫夜'로 봐도 무방하다. '莫'은 어두울 '暮'의 뜻으로도 새기니, '모야莫夜'는 한밤중을 나타낸다. 시간이 시간인 만큼 '은밀하게' 다루라는 뜻이 숨어 있다. '戎'은 도둑이다.

16 주희, 『주자어류』 : 구2의 예로, 송나라 때 王子獻이라는 사람이 쾌괘 2를 얻었다. "야밤에 놀랄 일이 일어난 후 병권을 쥘 것"이라는 소리를 들었다. 역시 그는 적군에 가담하여 장수의 직책을 얻었다. 또 당나라 명종 때 노연이란 자가 쾌괘 2를 얻은 말이 이랬다. "밤에 뒷간에 가다 도둑

랑캐)이 나타나도 걱정이 없는 것은 중도를 잘 잡아 나갔기 때문이다[象曰, 有戎勿恤, 得中道也].

　이렇게 보면 2는 처음에 크게 놀랄 일이 생길 것 같으나, 나중에는 안심할[勿恤, Fear nothing] 사건으로 여겨진다. 쾌쾌는 성대하고 충만을 상징하는 쾌이다. 군자의 바른 처신법은, 성대하고 충만함을 경계[警戒以持滿]하는 바이니, 쾌사와 효사에 모두 이런 뜻이 있다.

　다음은 조선 중종 때 유자광의 비리를 척결하라는 상소의 일부로, '쾌의 시각'에서 올린 글이다.[17] "자광이 나라를 그르치는 정상은 온 나라가 이미 다 알고 있습니다. 청컨대 쾌히 결단하시고, 그 아들·사위도 다 함께 귀양으로 내치소서. 『주역』쾌쾌에서는, '왕정王庭에서 호령을 하여도 위태로움이 있다' 하였으니, 이는 군자가 소인의 죄를 왕정王庭에 드러내어 제거해야 한다는 것입니다. 그러나 반드시 그 호령을 밝고 믿음이 있게 하여도 위태로울 수 있으므로 진실로 결단하지 않고 주저한다면 반드시 소인의 큰 화가 있기 때문에, 초9에 이기지 못하는 경계가 있습니다. 이는 성인의 우환을 예방하는 뜻에서, 빨리 소인을 제거하라는 말입니다. 옛날 공공共工이 일을 모아 공을 나타내므로 대순大舜이 귀양 보냈고, 소정묘少正卯가 말로 변명하며 정사를 어지럽히므로 공자孔子가 처단하였는데, 이는 쾌결夬決의 도를 쓴 것입니다. 전한의 원제元帝는 공현恭顯의 간악함

────────────

을 만났는데 '놀라지 말라, 심부름 온 자다' 하며, 할 말을 전하고는 칼을 칼집에 도로 넣고 가버렸다."

17 『중종실록』 중종 2년(1507) 4월 18일 : "지금 유자광을 본다면, 음험하고 기회를 노리는 잔꾀가 많으며, 임사홍과 결탁하여 조정을 어지럽히며, 한번 자기에게 틀리기만 하면 문득 중상을 가하며 선비들을 해쳐서 한 그물에 다 잡으려고 하니, 이것이 마음이 바르지 못하고 험한 것이 아닙니까? 소인의 복을 벗어놓고 인군의 복을 입었으므로 사람들은 의심하건만 자신은 옳다 하면서 거짓으로 충성을 보여서 새 은총을 구하니, 이것이 행실이 괴벽하고 견고한 것이 아닙니까? 공론을 저지하고 사특한 꾀를 드러내어, 심지어는 수령을 포미褒美하고 핵파劾罷(탄핵파면)할 때도 상으로 하여금 자기를 믿고 대간을 의심하게 하려 하였으니, 그 말이 진실하게 되지 못하고 번지르르하게 꾸미는 것을 알 수 있습니다. 경솔하게 상소하여 스스로 자기의 공을 내세워 그 은총을 굳히고, 또 선비들을 金宗直의 여당이라고 모함하여 화에 빠뜨릴 것을 꾀하며, 국인으로 하여금 자기를 무서워하여 감히 의논하지 못하게 하니, 그른 것을 배워 넓힘을 알 수 있습니다. 그러나 공을 의논할 때에는 온갖 방법으로 틈을 노려 1등을 차지하고 뻔뻔스럽게 제가 잘난 척하니, 이것이 그른 것을 감싸주어 번지르르하게 한 것입니다. 이 중에 한 가지만 있어도 소인이 될 수 있는데 하물며 5악을 겸하고 있는데 어찌하겠습니까? 이는 소인 중에도 심한 자입니다. 바라건대 전하께서는 5악의 일을 살피시어 군자의 주벌[君子之誅]을 시행하소서."

을 알고도 제거하지 못하였고, 명의 영종英宗은 여혜경呂惠卿의 사특함을 알고도 베지 못하였으니, 쾌결夬決을 쓰지 못한 탓입니다. 인군으로서 모른다면 할 수 없지만[人主不知則已], 안다면 혹시라도 제거하기를 속히 하지 못할까 염려하여 [知則猶恐去之不速], 가라지가 곡식에 있는 것을 제거하듯 해야 할 것입니다[莠在 穀必鋤而去]."

九三 壯于頄 有凶 君子夬夬 獨行遇雨 若濡有慍 无咎[18]
구3은 광대뼈가 씩씩하니 흉하다. 군자가 지나치게 강직한 성품으로, 홀로 결행에 나서다, 꺾이고 꺾일 것이다. 혼자 가다 비를 만나 젖으니, 성을 내는 일이 있지만, 허물은 없을 것이다.

말리는 동지들을 뿌리치고, 홀로 상효를 척결하러 나간다. 상효와 정응을 하는 자는 3뿐이니, 3이 결행에 나설 수밖에 없다. 3은 상대를 다치지 않게 하고, 또 화합[決而和]을 미덕으로 삼을 줄 알아야 하니, 비를 만나 옷이 젖음과 같다. 비록 나 아닌 다른 강들이 나의 뜻을 알지 못하고, 나의 결심을 헤아리지 못해, 혹 원망하는 자가 있지만, 끝내 나의 입장을 이해할 것이다. 3은 부중하기에 깡을 우선으로 하는 과강한 자다. 소인을 만나면 설득과 회유를 앞세우기 전에, 심장을 먼저 달게 하니 이것이 흠이다. 그렇지만 다섯 군자 중 나만큼 상6을 회유하고 설복시킬 수 있는 적임자도 없다.

광대뼈가 씩씩하다[壯于頄]는 것은 얼굴에 성질을 드러낸 상이고, 소인이 굴복한 모습은 비에 젖은 옷으로 비유하였다. '군자쾌쾌君子夬夬'는 소인 아닌 군자로서, 당연히 척결해야 할 행동의 범위를 제한하고 있으며, '독행우우獨行遇雨'는 홀로 결행하여 감화를 주는 것이고, '약유유온若濡有慍'은 혹 욕을 얻어먹고 누명을 덮어쓰는 일을 당할지라도, 소인에게 덕화가 미치게 하라는 막중한 책임을 요구받고 있음이다. 유독 3만이 척결을 요구받는 자리이기에, 공자는 "군자가 내린 척결이 끝내 허물이 없어야 할 것[象曰, 君子夬夬, 終无咎也]"이라고 한다.

---

18 頄 광대뼈 구(頄).

『주역천견록』에 나타난 권근의 해설이 충분히 자세하다.[19]

초9가 발이면 3은 얼굴이니, 얼굴에 마음이 드러났다는 것은 흉함이 일어났을 때의 경우다. 『주역』에서 특별한 경우를 말할 때는 거듭해서 말한다. 건건乾乾, 겸겸謙謙, 건건蹇蹇 등이 그것이다. 또 3이 얼굴을 붉으락푸르락 하는 것은, 그 짝과 사통하는 혐의를 잡히지 않으려고 했기 때문이다. '군자쾌쾌君子夬夬'라 씀도 그렇다. 3은 양이 양 자리에 머무는지라 결단에 뛰어난 자다. 왜 그가 사통한다고 혐의를 받아야 하는가. 홀로 가도 그는 상6을 설득하고, 화해를 시키고, 옷이 젖도록 충분히 감화를 줄 수 있는 능력을 지닌 자다. 비록 나를 몰라서 화내는 자가 있지만, 끝내는 허물이 사라지게 될 것이다.

쾌괘가 태괘兌卦로 변하는 자리다. 태☰가 광대뼈라면, 대장괘에서 온 태괘兌卦는 '장우구壯于頄'가 될 것이다. '유흉有凶'은 음이 양을 탄 모양이고, '군자쾌쾌君子夬夬'는 태兌의 3과 상6이, 척결의 결행이 지나치게 강하게 드러나는 상이다.[20] '독행우우약유온獨行遇雨若濡有慍'은 호괘 큰 감☵을 맞고, 태☰의 비탈에

---

19 權近, 『周易淺見錄』: "군자가 소인을 제거할 때는, 지나치게 굳세게 밀어부쳐 흉함을 취해서는 안 되고, 오직 관대하고 온화함으로써 결단을 한 뒤에야 허물이 없게 된다. '광대뼈에 씩씩하다[壯于頄]'는 것은 굳셈이 안색에 드러남이다. '젖은 듯이 하여 성냄이 있다[若濡有慍]'는 것은 조화를 이루되 휩쓸리지는 않는다[和而不流]는 뜻이다. 구3은 양으로 양의 자리에 있고, 건☰의 윗자리에 있어 강이 지나치다. 상6과 서로 호응하면서도 오히려 대적하니, 이것이 뭇 양이 한 음을 함께 제거하려는 때에, 지나치게 굳센 성질 때문에, 특히 음과 대립하면서, 심하게 결단하고자 하는 마음이 오만하게 얼굴에 드러난 것이다. 지나치게 굳세게 결단하여 용납 받을 곳이 없게 된다면, 저 상대가 반드시 온 힘을 다해 군자를 침범하여, 장차 예기치 못한 환난이 있게 될 것이므로 흉함이 있다. 만약 지나치게 굳세게 하지 않고, 서로 호응하여 화합하면 여러 양이 음을 결단하려는 때에, 홀로 음과 화합하니 당연히 허물이 있을 것이다. 그러나 화합하면서도 휩쓸리지 않고, 결단해야 할 것을 결단한다면 허물이 없다. '慍'은 성낸다는 뜻이 있다. '비를 만나 젖는 듯이 한다'는 것은 비록 혼자 음과 만나 화합하여 비를 내리기는 하지만, 마음으로는 소인의 행위를 못마땅하게 여겨, 결단하여 제거한다는 소리다. 이슬이 젖어드는 것을 보고 마음속에 분노를 품기는 하지만, 감히 안색으로 드러내지 않을 뿐이다. 밖으로는 관대하고 온화한 태도로 대하여, 저들로 하여금 기뻐 복종하게 함으로써, 패역하고 난을 일으키려는 마음을 누그러뜨리게 한다. 그러나 안으로는 저들과 한 마음으로 일을 이루려고 하지 않고, 반드시 결단하려는 방법을 도모하니, 이것이 '성냄이 있다'는 것이다. '성냄이 있다'는 말은 '광대뼈에 씩씩하다는 말과 상대해서 말한 것이다. '광대뼈에 씩씩하다'는 것은 안색에 드러나므로 흉함이 있고[壯頄現于顔色故有凶], 성냄이 있음은 안색에 나타나지 않으므로 허물이 없다[有慍不現于顔色故無咎也]."

20 夬는 決斷하여 剔抉하고 缺如인데, 夬卦는 乾卦에서 이미 군자 하나를 상실한 모양이다. 효변하여 兌卦가 되면 또 하나를 상실하니 '君子夬夬'라 하였다.

서 편치 않은 상으로 성질 '온溫'을 리☲로 냄이다.[21] 효사의 순서가 틀렸다는 지적도 있다.[22]

九四 臀无膚 其行次且 牽羊悔亡 聞言不信

구4는 (비쩍 마른 볼기에) 살이 없으니 좌불안석이다. (속죄의 뜻으로) 양을 끌고 가면 후회가 사라질 것인데, 말을 듣고도 믿지 못하는구나.

4는 부정부중한 자리이다. 좌불안석으로[臀无膚] 오도가도 못하고, 행동으로 결행도 하지 못한다[其行次且, Walking hard]. 소인 상6을 끌고 가[牽羊], 임금에게 사죄의 예를 올리게 하면 후회가 사라질 것인데[悔亡], 남의 충고를 들어도 믿지 않는[聞言不信] 우유부단한 성격이라 안타까울 따름이다. 공자는 "행동을 주저하는 것 또한 자리가 마땅치 않아서이고[其行次且, 位不當也], 말을 들어도 믿지 않는 것은 총기가 흐린 탓[聞言不信, 聰不明也]"이라 한다.

쾌의 4가 동하면 수천수괘水天需卦가 된다. 수괘는 풍택중부괘風澤中孚卦(3←→6)에서 왔으며, 중부中孚는 볼기의 형상으로, 택수곤澤水困의 모양과 같다[臀困于株木, 困于石據于蒺藜]. 왼쪽(☴, 풍)과 오른쪽(☱, 택) 두 허벅지가 쌍으로 응대한 꼴이 볼기와 같다[☱의 도립은 ☴이다]. 중부가 수需로 옮겨가면 건☰의 뼈가 여위고[瘠馬], 감☵괘 가운데 등뼈가 높아지니 살이 갑자기 빠진다. 고로 볼기에 살이 없어[臀无膚] 감☵의 험險에서 머뭇거리게 될 것이다.

---

21 [說證] 兌卦는 中孚卦로부터 왔다. 중부 때는 두 음이 동행하여 중도를 걸었는데, 태괘가 되면 음 하나가 홀로 떠나가니 갑자기 비가 내려 '독행우우' 한다. 쾌괘에서 乾의 옷이 이미 젖으니 마음이 편치 않다. 兌는 깎아진 비탈이기도 하다. 참고로 책임이 주어지면 일을 맡아 감당하여도 좋을 듯하나, 3이 동하면 쾌가 중태택☱으로 입이 두 배로 열리니, 오해 살 일을 감수해야 한다.

22 정이천, 『이천역전』 : "『역』에서 '비雨'라고 말한 경우는 모두 음양이 화합함을 이른다. 군자의 도가 자라나 소인을 결단하여 제거할 때인데, 자기만 홀로 소인과 화합한다면 그릇됨을 알 만하다. 군자만이 이러한 때에 결단할 것을 결단할 수 있으니, 그 결단할 것을 결단하여, 그 결단을 과감하게 한다는 말이다. 비록 사사로이 함께 했을지라도, 멀리하고 끊어서 마치 더러움에 젖는 듯이 여겨야 한다. 성내고 미워하는 기색이 이와 같으면 허물이 없을 것이다. 3은 강양 정위에 처하니, 반드시 이러한 잘못이 있다는 것이 아니라, 이러한 뜻으로 가르침을 삼았을 뿐이다. 효사의 순서가 틀리고 앞뒤가 맞지 않는 점이 있다. 그러니 '광대뼈에 씩씩하여 흉함이 있고, 홀로 가면 비를 만나니, 군자는 결단할 것을 결단 한다. 젖는 듯이 하여 성냄이 있으면 허물이 없으리라'로 하여야 할 것이다."

앞으로 나가지 못하는 '자저[次且]하고 머뭇거리는 모양'은 수괘需卦의 기다림이다. 쾌의 도전된 모양, 천풍구괘天風姤卦[臀无膚, 其行次且]에서도 같은 의미가 보인다. 여기 쾌夬에서는 양羊(☱)이 위에 있더니, 교역交易을 하니 천택이天澤履라, 아래 뒷걸음치는 양을 노끈(☴, 繩)으로 묶어 끌게 되니(☴, 曳) 견양牽羊이다. '옛날엔 죄를 복종하고 사죄하는 자가 양을 끌고 갔다' 하니 여기서는 항복의 예禮를 가르치고 있다.[23] 양羊은 끌어당기면 반드시 뒷걸음치고 머뭇거리지만, 풀어놓으면 씩씩하게 앞서 가기에, 뒤를 따라서 가기만 하면 된다.

'문언불신聞言不信'은 부정의 4가 실정失正하였기에, 강으로 편협하고 고집이 세어, 위(☱, 口舌)의 말을 귀(☲, 耳)로 들어도 험險(☵)한 일을 미루어 짐작하니, 들어도 믿지 않는다[耳痛]. 구4가 상6 소인을, 사전에 잘 다루고 말썽이 없도록 처리를 하여야 좋았는데, 그러지 못했으니, 임금에게 무능을 보이게 되고 불신만 얻는 꼴이 되었다. 양의 탈을 쓴 채, 음의 자리에 앉았으니, 결단력이 부족하고, 부중부정한데 불안까지 겹쳐서 전진을 못하고 결단을 미루고 있다.[24]

> 九五 莧陸夬夬 中行 无咎[25]
> 구5는 비름나물처럼 부러지고 또 부러질 것이다. 중도로 행해야만 허물이 없다.

먼저 『오위귀감』의 읍소다. "신이 삼가 살펴보았습니다. 쾌괘의 5는 번성한 네 양陽을 타고서, 쇠약한 하나의 음을 결단하니, 그 형세가 매우 쉽습니다. 그러나 구5가 음과 친밀하기 때문에, 느낌을 받는 것이 너무 많으니, 비름나물을 쉽게 끊어낼 수 있듯이, 결단하고 또 결단할 수 없으면, 얽매이는 잘못을 면하기 어렵습니다. 임금이 간사함을 제거할 때에, 마땅히 이 도를 써야 합니다. 그러나 반드시 지나치게 포악해서는 안 되고, 중도를 행하는 데에 합당하다면, '지극한 선'이라고 할 수 있습니다. 그렇지 않다면 결단함이 비록 선하더라도 광대하지 못합니다. 엎드려 바라옵건대 전하께서는 성인이 환란을 염려한 깊은 뜻을 염두

---

23 『春秋傳』, 「鄭伯의 항복사건」 : "古者, 服其罪者, 牽羊以行, 是詞所指, 盖指此禮也."
24 참고로 역량과 내공이 부족하다. 귀인의 충고를 받아 결행에 옮기도록 하라. 귀인의 판단은 옳다.
25 莧 비름 현(한). 莧陸은 비름나물.

에 두소서."[26]

정원 안의 잡초(비름나물)를 제거함은 그리 어려운 일은 아니나, 철저하게 제거하지 않으면 어느 사이에 또 자라나게 된다. 비름나물 같은 잡초(weeds)의 특성은 뿌리는 깊고 대가 약하기에, 손만 가도 끊어지지만, 뿌리를 허용하면 며칠 사이에 다시 살아난다는 것이다. 그러기에 비리를 저지르고도 자신의 잘못을 인정하지 않고 발악하는 추악한 자와 같으니, 그 근본을 깡그리 없애야 한다[莧陸夬夬].[27/28] 쾌가 대장大壯으로 간 경우다.

'중행무구中行无咎'라는 말 역시, 파렴치한 소인배를 치고 나면, 바로 그때서야 잘된 일이라고 찬사가 따름이다[象曰, 中行无咎, 中未光也].[29] 여기 중행中行에서도, 5의 임금이 손에 피 한방울 묻히지 않고, 눈빛 하나로 파렴치한을 해치우는 능력이다.[30]

지욱은 5가 음을 쳐야 하는 이유를 이렇게 적고 있다. "물고기는 물속에 있을 때에만 자신을 잊어버릴 수 있고, 사람 또한 도에 빠져 살 때에만 자신을 잊기가 쉽다. 소인과의 대동大同은 어렵다. 그러기에 군자가 쾌도快刀를 빼어 든 것이다. 쾌도夬道로써 마지막에 있는 하나뿐인 음을 결단해야 하니, 어찌 음양에 편애를 두겠는가. 이렇게 음양이 공평하지 않은데도, 쾌도夬道가 지켜져야 한다면, 군자의 결단이 얼마나 어려운가. 천지의 공도公道가 얼마나 처절하게 냉철한지 알만한 대목이다."[31]

여헌과 사계는 '현륙쾌쾌莧陸夬夬'를 '과감하게 소인을 끊다'로[32/33] 새겼으며, 이

---

26 石之珩, 『五位龜鑑』: "臣謹按, 夬之九五, 乘四陽之盛, 決一陰之弱, 其勢甚易. 而爲其與陰昵比, 受感已多, 若不能決之又決如莧陸之易折, 則難免牽拘之累矣. 人主之去邪, 當用此道. 然必須不至過暴, 合於中行, 可謂盡善. 不然所決雖善, 未爲光大也. 伏願殿下, 念聖人慮患之深意焉."

27 현륙은 잘 꺾이고[莧陸易折], 연못도 잘 터지고 갈라지니[兌澤決折], '夬夬'라 하였다.

28 '莧陸'은 비름나물, 물렁하여 꺾이기 쉬운 나물, 연못에 나는 풀, 3월에 생기기 시작하는 풀로 보기도 한다. 또 '莧'을 山羊, '陸'을 뛰다[踛]로 보아 '뛰는 양'으로 풀기도 한다.

29 巳時는 決斷 전이고 未時는 決斷 후를 말한다.

30 참고로 이간질하는 신하를 잘 척결하되, 소인배는 믿지 말라. 길가에 무성한 잡초를 뽑고, 밟아 죽이고도 전혀 마음에 미동 하나 일어나지 않아야 夬夬다.

31 지욱, 『주역선해』: "魚相忘於江湖, 人相忘於道術."

32 金長生, 『周易』: "결단하듯이 결단한다[辭言夬夬]."

33 趙任道, 『澗松集』, '쾌쾌현륙[祭旅軒先生文]': "일생동안 힘을 얻은 것[一生得力] 주역의 십익이

항노는 "임금이 백성과 만물을 아끼고 사랑하는 것과 탕평 관대한 정치는 판이하다"는 '현륙쾌쾌'설을 내놓았다.[34] '현륙'은 3월에 피는 반우초라 부르기도 한다.[35]

上六 无號 終有凶

상6은 (위험이 닥쳤는데도) 소리쳐 외치지 않으니, 마침내 (나라가 망하는 등의) 흉한 일이 있을 것이다.

간신적자奸臣賊子의 악행이 극에 달했다. 제재를 하지 않을 수 없어, 수차례

었습니다[十翼義經]. 은현과 행장의 출처[隱見行藏] 동정과 어묵의 처신[動靜語默] 굴신과 진퇴의 기미[屈伸進退] 영허와 소식의 변화에 대해[盈虛消息] 처음을 따져보고 끝을 궁구하며[原始反終] 지난 일을 보존하여 미래를 알아[知來藏往] 모든 이치를 포괄하였고[包括衆理] 온갖 형상을 망라하였습니다[籠羅萬象]. 한결같이 역에 근본하여[一本於易] 손바닥에서 가리키듯 쉽게 풀이하였습니다[如指諸掌]. 그윽하고 은미한 뜻을 드러내 밝혀서[闡幽明微] 역학도설을 직접 지으셨습니다[作爲圖說]. 후세에 그것을 남기셔서[遺之來世] 후학들에게 은혜를 끼치셨습니다[嘉惠後學]. 선생의 사업이 여기에 있었으니[事業在是] 득실을 어찌 헤아리겠습니까[曷計得失]? 주역은 기미 아는 것을 찬양했고[易贊知幾], 시경은 명철보신을 일컬었는데[詩稱明哲], 선생은 그것들을 체득하여[先生體之], 과감하게 소인을 끊어버렸습니다[夬夬莧陸]. 온화하면서도 휩쓸리지 않았고[和而不流] 청렴하면서도 과격하지 않으셨습니다[淸而不激]. 진실하고 온순한 선생의 덕은[信順之德] 신명에게 질정할 만하였고[神明可質] 중도에 맞는 바른 학문은[中正之學] 백세 뒤에도 의혹되지 않을 것입니다[百世不惑]."

34 李恒老, 「周易傳義同異釋義」: "구5는 강건중정하니 덕에 갖추지 않은 것이 없다. '莧陸'이라 하고 '未光'이라 하였으니, 오히려 부족함이 있는 말을 한 것은 어째서일까? 구5가 기쁜 자리에 있으니, 양으로서 음을 기뻐하는 것은 이치다. 또 하나의 음 상6은 성질이 부드럽고 기쁨이니, 5를 아첨하여 쫓아가는 일을 하지 않은 때가 없다. 임금이 백성을 사랑하고 만물을 아끼는 덕과, 크고 공평하며 너그럽게 하는 것은 다르다. 사직단의 쥐는 쥐구멍에 불을 놓는 화에서 면하고, 제방의 개미는 하수를 무너뜨릴 기세를 기르니, 나라의 기강이 날마다 쇠약해지고 인심이 날마다 흩어지는 것이, 반드시 이런 데에서 연유하지 않는다고는 못한다. 이것이 성인이 깊이 경계하여 중도를 행하기를 권면한 까닭이다. 중도를 행하는 것이 무엇인가? 한결같이 공변되어 터럭만치도 사심이 없고, 한결같이 올발라서 한 순간의 사심도 없는 것이다. 현인 본받기를 일월의 광명 보듯이 하며[象賢如日月之光明], 악을 끊기를 도끼로 물건을 절단하듯이 하여[絶惡如斧鉞之斷物], 그 사이에 조금의 가림이나 막힘을 용납하지 않아야 하니, 훗날 이런 덕을 가지고 이런 지위에 있는 자는 마땅히 이것을 거울로 삼을 것이다."

35 宋時烈, 『易說』: "'비름[莧]'은 지금의 半夏草이다. 삼월에 들판에서 많이 자란다. 쾌쾌는 삼월의 괘. 비름은 뿌리가 둥글고 이파리가 부드러우며 아래는 하나의 줄기이고 위는 갈라져 있으니 아래에 둥근 乾이 있고 위에 터진 兌가 있다."
曹好益, 『易象說』: "'莧'과 '陸'은 모두 못에서 자라는 澤草로도 본다. '夬夬'는 굳센 양으로서 굳센 양 자리에 있는 상이다. 쾌쾌는 삼월의 괘로 비름나물이 처음 나는 때이고, 姤卦는 오월의 괘로 오이[以杞包瓜]가 처음 나는 때이다."

경고를 주었건만 반응이 없었다[无號, No cry]. 끝내 흉을 볼 것이다[終有凶]. 소인의 호소가 구차하여 더 이상 받아들여지지 않으니, 어찌 끝까지 살아남을 수 있겠는가[象曰, 无號之凶, 終不可長也]. 쾌괘가 건괘乾卦로 간 경우다.[36]

고사로 은나라 마지막 폭군 주紂의 말로처럼, 백성의 호응을 얻지 못한 독재자는 오래가지 못한다. 또 새로운 국가의 건설에 참여하지 않고 갖은 채널과 악성 정보로 새 정부에 사사건건 비토를 놓고 방해하는 무리들의 소행 같다. 이처럼 가정과 국가를 해치고 문란하게 하는 자들은 철두철미하게 소탕되어야 한다. 그렇지 않으면 이들은 항시 잡초처럼 다시 살아날 소지가 많다. 평소에도 소인을 조심하라는 경보의 외침이 없으면 끝내 흉이 되살아날 수 있다.

쾌괘에서 보여주는 교훈은, 소인배의 제거는 과감하고 단호해야 하며, 전면전을 위하여 사전에 아래와 같은 치밀한 전략이 필요하다는 것이다. 첫째, 조정에서는 소인의 죄상을 소상히 밝혀 임금과의 관계를 단절시킨다. 둘째, 소인의 위해를 세상에 널리 알린다. 셋째, 무력보다는 덕으로써 승복시켜야 한다. 마지막으로 백운과 자범子範, 한주寒洲의 '거덕칙기居德則忌'의 설을 덧붙인다.[37][38][39]

---

36 [說證] '无號'는 태≡로 호소하던 입이 건≡으로 닫혀버려 소리가 외쳐지지 않는다. '終不可長'은 復으로부터 온 夬가 이제 乾卦를 만나 음이 더 자랄 환경을 잃어버린 꼴이다. 복괘 이래로 곤≡≡의 나라가 날로 위축되어, 쾌괘에 이르면 한 조각의 땅만 겨우 남게 되어, 위태롭고 불안하다. 특히 임괘와 태괘 이래로 兑의 입으로 경고를 주어 나라를 존속시켰는데, 상6에 와서는 兑의 입이 마침내 막혀버리니, 자만이 스스로 넘쳐, 경고하지 않은 사이에 결국 흉을 보고 말았다. 간악한 소인의 종말을 보는 자리다. 소인배가 높은 자리에 앉아 추행을 감추며 발악하니, 오히려 소악이 대악을 부르고 만다.

37 沈大允, 『周易象義占法』: "'祿을 베풀어 아래에 미침[施祿及下]'은 못이 높아 터질 수 있음을 형상하였고, '덕에 거하여 금기사항을 법제화함[居德則忌]'은 하늘이 높아 편안할 수 있음을 형상하였다. 덕은 아무리 높고자 해도 위태로움이 없고, 못은 터지고자 하면 아래에 베푼다. 兑는 베풂이고 녹이 되며, 艮은 거처함이 되고 덕이 되며 금기가 된다. '금기'는 터질까 꺼리는 것이다. 전변괘가 重山艮卦이다."

38 吳致箕, 「周易經傳增解」: "祿이란 은택을 베푸는 물건이고, 德이란 은택을 펴는 선한 마음이며, 居란 그치고 행하지 않으니, 은택을 펼치는 덕은 행하지 않고 그치는 것을 말한다."

39 李震相, 『易學管窺』: "乾의 덕이 아래에 있기 때문에 '居德'이라 하였고, 兑의 은택이 위에 있기 때문에 '則忌'라 하였다. 군자가 두려워하는 것이 간악한 이가 지위에 있는 것이니, 밝게 살펴서 제거하는 것이 乾의 결단이다."

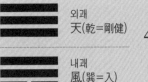

외괘
天(乾=剛健)

내괘
風(巽=入)

44. 천풍구天風姤

Coming Meet

구괘姤卦는 어리고 철없는 여자아이 하나를 우연히 만난 사내들이 귀여워하는 모양이다. 세상천지 모르는 철없는 딸을 아버지의 심정으로 보살펴야 한다.

> 姤 女壯 勿用取女
> 지나치게 씩씩한 여자 구는 아내로 쓰지 말아야 한다.

구姤는 여후女后 즉 왕비이고 왕비될 재목이다.[1] 구姤를 「서괘전」에서는 우遇라고도 한다. 문왕의 표현처럼 여왕벌 같은 씩씩한 여자 구姤를 아내로 쓰는 일은 없어야 한다. 구는 여자로 써야 할 자리에 걸맞지 않게 5월의 무성한 초목처럼 음기가 방창한 하지夏至의 기운을 지닌다[女壯, Powerful maiden]. 문왕은 이러한 여자를 철없이 팔짝팔짝 뛰는 씩씩한 돼지로 보기도 했다. 이런 구姤는 자기밖에 모르는 철없는 여자요, 이런 소녀가 여왕 같은 역할을 하면 뭇 남자를 매혹한다고 여겼다. 그러니 어찌 경계가 없겠는가?[2]

진震이 건乾의 위에 있으면 대장大壯이 되고, 손巽이 건乾의 아래에 있으면 여장女壯이 된다. 또 구괘姤卦의 도전 즉 반역反易이 되면 쾌괘夬卦가 된다. 쾌夬일

---

1 震은 乾의 장자라 임금이 되고, 巽은 그 왕비로 震의 배필이다. 震은 復卦에서 一陽始生하니 坤의 나라에서 주인이 되고[首出庶物萬國咸寧], 姤卦에서는 一陰始生하니 군주가 왕후를 맞아 姤卦가 되어 復卦의 짝이 된다.

2 尹鍾燮, 『經易』: "구괘가 '여자를 취하지 말라[勿用取女]'는 것은 음이 자라나지 못하게 함이다. 복괘에서는 '관문을 닫아걸고 지방을 살피지 않는다[閉關不省方]'고 하고 구괘에서는 '명령을 베풀어 사방에 알린다[姤施命誥四方]'고 하였다. 이는 양이 처음 움직일 때는 고요히 도와서 길러주고, 음유한 도가 발동할 때는 애시당초 싹을 짤라버려야 하니, 도심이 은미하다. 음이 막 움직일 때는 억제하여 경계하고 조심해야 한다."

때는 태요가 젊은 여자였지만, 구괘가 되면 손巽의 장녀가 되니 장성將盛하여 씩씩하다. 젊은이가 장성해야 장년이 되는데, 구괘姤卦는 초효부터 여장女壯하니 경계의 대상이다.[3] 건괘乾卦 초9는 복괘復卦의 한 양陽으로 천근天根에 해당하는데, 구괘姤卦의 초6이 당도함에 진震의 한 양이 사라지니, 아내가 지아비를 죽이는 꼴이라 '물용취녀勿用取女'로 본다.[4] 「서괘전」에서는 구姤를 만남[遇]이라 하였고, 「잡괘전」에서는 부드러운 유가 굳센 양을 만남이라 하였다[柔遇剛也]. 고로 구姤는 여왕이요, 지뢰복復의 짝이요, 헤어졌다 다시 만남이다.[5]

참고로 구姤는 해후邂逅로 우연한 만남이 일어나는 때다.[6] 쾌夬에서 소인의 세력을 구축驅逐(Driving away)하고 평화스러운 시대가 왔다고 여길 때, 뜻하지 않던 곳에서 복병을 만나는 꼴이다."[7][8][9] 참고로 이순신 장군의 참모인 신홍수가

---

3 양의 4에 이르러야 대장, 즉 장성을 허용하는데 음은 비로소 시작인데도 장성을 경계하니, 이는 음을 억제함의 뜻이 있다.

4 朴文健, 『周易衍義』: "한 음이 다섯 양을 싣고 있기 때문에, 여자가 굳세고 건장하다. 이에 다섯 양이 한 음을 취하지 말아야 한다. '姤'는 '媾'와 같다. 姤는 여자가 남자를 만나는 것이고, 媾는 여자가 남자와 교접하는 것으로 동일한 뜻이다. 여자가 건장하면 반드시 그 남편을 손상시키는데, 이는 삶을 오래가지 못하게 한다. 이것이 굳센 양이 취하지 말아야 하는 이유다."

5 姤는 復의 配卦 즉 전변괘다. 복괘 이후로 양에 쫓겨난 음이, 이제 안으로 돌아와 뭇 양을 만났다. 姤는 얽을 構, 혼인할 媾, 만날 邂, 만날 遇, 만날 逅 등과 같은 뜻으로 새겨진다. 姤의 대표적인 인물로, 호불호를 떠나 씩씩한 여성으로 이집트의 클레오파트라, 당나라의 측천무후, 필리핀의 아키노와 이멜다, 신라의 미실, 고려의 천추태후, 궁중 비사의 주인공 장희빈, 폭군 연산군을 조종한 장녹수 등이 여기에 포함될 수 있다. 거룩한 악녀이자 천한 성녀였던 아르헨티나의 영부인을 지낸 '에비타 에바 페론(Evita Eva Peron, 1919~1952)'도 이 부류다.

6 우연지사는 나쁜 면으로는 재화나 사기와 같은 사건도 예고된다. 뜻하지 않은 강한 바람에 지붕이 날아가는 불상사를 연상할 수도 있다. 또 姤는 하고자 하는 목적이 많아서 마음을 주체할 수 없는 입장에 놓여서 우왕좌왕하다가 손실을 보기도 한다. "특히 여자[바람] 때문에 실패가 있으니 매사에 여자의 강한 기운과 달콤한 말을 조심해야 할 것이다. 봉황새가 앵무새를 만난다는 속설처럼 생각지도 못한 만남이 생겨날 수 있다.

7 「서괘전」: "夫者決也, 決必有所遇, 故受之以姤." 택천쾌의 상이 늙은 여자를 젊은 남자 다섯이 상대하고 있던 상이라면, 천풍구는 딸아이와 같은 어린 여자가 나이든 남자 다섯을 상대하는 모양으로 볼 수 있다. 그러기에 姤는 눈길을 끌지 않는 천한 위치이지만 상당한 재주와 솜씨를 가진 여자임에 틀림없다. 그러니 천한 자리에서는 실력을 발휘할지 모르나 가정의 주부로서는 결격이라, 아내로 맞이하지 말라[勿用取女, One should not marry such an maiden] 한 것이다. 그렇지만 어떤 형태로든 어린 여자가 강한 해후를 몰고 온다. 그 이유는 초9로부터 음이 자라나서 소인이 득세하는 시절로 이행하기 때문이다.

8 매매나 재운을 물어 천풍구를 얻으면 성사가 어렵다. 財卽妻인데 처가 생산이 되지 않는다면 재운은 없다.

9 地勢로 보면 음기가 왕성한 터로, 男命이 약한 여근곡 또는 짓골이라 이른다.

뽑은 원균의 운세가 '준지구屯之姤'였다.[10]

다음은 공자의 단사에 드러난 구의 실상이다. "많은 남자들 사이에 한 여자가 나타나 남자들을 매혹시킨다[姤遇也, 柔遇剛也]. 여자는 거센 팔자를 지녔다. 이런 여자는 공적 일을 보는 사람이니 한 가정만을 돌보는 처로 삼지 말라. 현모양처로 살림만 하기에는 어렵다[勿用取女, 不可與長也]. 천지가 서로 만나면 만물은 모두 아름답게 자라고, 강건하고 중정한 기운끼리 만나면 천하에 건전한 도가 행하여지지만, 구의 시절은 그렇지 않다. 소인이 군자가 되고, 군자가 소인이 되는 것은 천지에 달린 것이 아니라 자신에게 달린 것이다. 고로 구의 시절에는 그 의리를 잘 살피며 나가야 할 것이다[天地相遇, 品物咸章也, 剛遇中正, 天下大行也, 姤之時義 大矣哉].[11]

위의 단전에 나오는 '천지상우天地相遇 품물함장品物咸章'을 율곡은 만언소萬言疏에서 이렇게 적고 있다. "임금과 신하의 교제는 마치 하늘과 땅이 서로 만나는 것과 같습니다. 『주역』 구괘姤卦의 단전에 '하늘과 땅이 서로 만나니 만물이 모두 빛난다' 하였는데, 이것은 '하늘과 땅이 서로 만나지 못하면 만물이 생기지 못하고, 임금과 신하가 만나지 못하면 정치가 일어나지 못하고, 성인과 현인이 만나지 못하면 도덕이 형통하지 못하고, 사물이 만나지 못하면 공용功用이 이루어지지 않는다'는 말입니다. 그러므로 밝은 임금과 훌륭한 신하가 서로 만나 마음이 서로 통해서, 부자와 같이 친밀하고 부신符信과 같이 마음이 맞게 되어 골육지친이라 할지라도 그 사이를 이간시키지 못하고 쇠를 녹이는 참소라도 그 사이에 용납됨이 없게 된 뒤에야 말이 시행되고 계책이 쓰여, 여러 가지 업적이 이룩되는 것입니다. 삼대三代의 성왕聖王들도 모두 이 도를 따랐으니, 임금과 신

---

10 최두환 역, 『난중일기』 정유년(1597) 5월 12일 : "申弘壽來見, 以元公占之, 則初卦水雷屯變則天風姤, 用克體, 大凶大凶." 군대가 전략적으로 약하니 움직이지 말고 힘을 기를 때까지 부하들을 잘 보호하고 영내에 주둔하고 있어야 하는데 난동을 일으키다(다섯 효가 동함) 원균도 전사하고 대패하였다. 적은 씩씩하니 싸우지 말았어야 했다[姤, 女壯, 勿用取女].

11 [說證] 음이 장성하면 양이 소멸하고, 여자가 장성하면 남자가 쇠퇴하여, 그 세력이 양립하지 못하니 '不可與長', 즉 '더불어 자랄 수 없다.' 곧 '天地'란 음양을 가리키며, '品物'이란 6획을 가리킨다. 양의 색은 백색, 음의 색은 흑색인데, 두 색이 혼합한 연후에, 사물의 문채가 빛나는 법이다. 구괘에서 음양이 서로 만나니 '品物咸章'이라 한 것이 그것이다. '中正'은 5를 이름이요, '大行'이란 바람이 천하를 휩쓸고 지나감을 가리킨다. 巽은 天命인데 도전을 하면 兌의 입이 천명을 행함이다.

하가 서로 깊이 믿지 아니하고는 제대로 치적을 이룩한 경우가 없습니다."[12]

象曰 天下有風 姤 后以 施命誥四方
상왈, 하늘 아래에 따스한 바람이 불어오면 만남이 일어나니 이것이 구의 상이
다. 후(임금)는 이를 보고 널리 바른 명령을 시행하여 천하에 알려야 할 것이다.

바람은 하늘 아래 어디든 이르지 않는 곳이 없다. 하늘과 만물이 서로 만나지
지는 않지만, 바람이 있기에 서로 통기가 된다. 후后는 임금으로 지천태괘처럼
정치적으로 볼 수 있다. 사내들만 있던 삭막한 집단에 어린 여자가 들어와서 신
선한 분위기로 바뀐다. 새로운 정치개혁이나 신선한 정권이 나타나 백성들을 반
전시킬 필요가 있는 때이다. 이렇듯 후后는 "나라에 새로운 생기를 돋우고, 새로
운 도약을 위해 국민들을 분발시키는 모드로 나가야 좋다."[13]

위에서 떨어진 양이 아래에서부터 반전하는 복復일 때는 왕후가 지방을 시찰
하는 것을 멈추었지만, 위로부터의 결단을 당하는 음으로 아래에서부터 반전을
시도하여 나가는 구姤는 천하의 바람처럼 덕화가 골고루 미치지 않는 곳이 없도
록 부지런히 스며들어 가야 할 것이다. 복復에서 천지의 마음을 보고, 구姤에서
는 시의時義를 보니, 복復은 곧 건乾의 태시太始를 알고, 곤坤은 성물成物을 시킨
다. 또 복復은 금성金聲이요 구姤는 옥진玉振이며, 복復은 지교智巧요 구姤는 성력
聖力으로 볼 수 있다.[14]

맹자는 「만장」에서 '군왕은 하늘 아래 바람처럼 임금과 백성을 서로 소통시
키는 일을 해야 한다'는 '금성옥진金聲玉振'의 설명을 다음과 같이 편다. "집대성
했다는 말은, 쇠북 소리[金聲]를 내는 것으로 시작해서, 옥 소리를 떨쳐[玉振]냄으
로써 조화를 끝맺는 것과 같다. 쇠북의 소리 금성金聲은 조리가 있게 일을 시작
한다는 것이요, 옥 소리를 떨쳐낸다는 옥진玉振은 조리가 있게 끝을 맺는다는

<hr />

12 『선조실록』 1574년 1월 1일.

13 이기동, 『주역』, 597쪽.

14 지욱, 『주역선해』: "復以見天地之心, 姤以見時義之大, 復則乾之大始, 姤則坤作成物, 復卽金聲,
姤則玉振, 復則智巧, 姤則聖力."

것이다. 조리가 있게 일을 시작하는 것은 지혜로움이 하는 일이고, 조리가 있게 끝마친다는 것은 성덕聖德이 하는 일이다."[15]

『조선왕조실록』에는 임사홍과 같은 간신들을 배제하라는 상소가 실려 있는데, '물용취녀勿用取女'를 다음과 같이 인용하고 있다. "하물며 임사홍은 구변이 사람의 마음을 감동시키기에 충분하고, 기능이 족히 세속을 속이고 혹하기에 충분하니, 만약 뜻을 얻으면 국가의 해가 되는 것을 어찌 다 말할 수 있겠습니까? 『주역』 구괘姤卦에 '여자를 취하지 말라[勿用取女]'고 하였으니, 대개 음기가 바야흐로 싹이 트면 억제하지 못할까 염려해서입니다. 엎드려 원하건대, 전하께서는 전대前代 소인의 화를 거울로 삼고 『대역大易』에서 성인이 경계함을 체득하여 빨리 성명成命을 거두소서."[16]

공묵당恭黙堂은 『주역천설』에서 '시명고사방施命誥四方'을 이렇게 역설한다. "바람은 허공을 오가는 물건으로 볼 수 있는 모습이 없고, 맡을 수 있는 냄새가 없지만, 접촉하면 만물이 쓰러진다. 이 때문에 왕이 이런 상을 본받아서 호령을 펼쳐서 두루 사방에 알린다면 백성이 복종하지 않음이 없을 것이니, 성인의 가르침이 지극하다고 할 만하다. 대체로 백성은 몽매하고 무지한 존재이니, 임금이 호령함이 없다면 어찌 복종하는 이치가 있겠는가? 성인이 근심하여 호령을 펼쳐, 백성을 위한 도를 알려서 풍속의 교화에 고무되게 하였으니, 임금과 백성이 만난다는 뜻이 어떠하겠는가? 만약 먼저 호령하지 않고 뜻밖의 일로 더럽힌다면 이는 백성을 기만하는 것이다. 맹자가 '어찌 어진 자가 자리에 있으면서, 백성을 기만하는 짓을 할 수 있겠는가'라고 하였으니, 어찌 가르침을 드리운 큰 원칙이 아니겠는가! 그렇다면 임금은 어떻게 해야 하는가? 옛말에 이르길, '몸소 가르친 자는 따른다'고 하였으니, 반드시 몸소 먼저 행해서, 어진 명성과 어진 소문이 백성의 뇌리에 무젖게 한다면, 호령함이 없더라도 저절로 백성의 마음을 두렵게 하여 복종시킬 수 있으니, 어찌 따르지 않는 자가 있겠는가?"[17]

---

15 『맹자』, 「만장」: "孔子之謂集大成. 集大成也者, 金聲而玉振之也. 金聲也者, 始條理也. 玉振之也者, 終條理也. 始條理者, 智之事也. 終條理者, 聖之事也." 여기서 條理는 말이나 글 또는 일이나 행동에서 앞뒤가 들어맞고 체계가 서는 갈피를 말함.

16 『성종실록』, 성종 19년(1488) 11월 24일.

17 金濤, 「周易淺說」: "蓋風者太虛往來之物也, 无形可見, 无臭可尋, 而所觸則萬物靡然. 焉有仁人在位, 罔民而可爲也."

묵천默泉과 성호星湖와 위암韋庵의 설도 읽어두자.[18/19/20]

初六 繫于金柅 貞吉 有攸往 見凶 羸豕孚蹢躅[21]

초6은 (말을) 쇠말뚝에 꼭 잡아매두면 바르고 길하다. 그렇지 않고 풀어서 마음대로 뛰도록 방치하면 흉한 일을 볼 것이다. (제물로 쓰일) 어리고 여윈 돼지새끼가 (신명에) 감응되니 (두려워서 다리가 떨리고) 멈칫거리며 팔딱팔딱거린다.

구괘에서 겨우 음 하나가 생겨났는데 양들이 도망가려 한다. 구는 도망가는 그 양들을 붙잡는 모양이다. 단 초6이 손순하고 순종하는 자세로 하늘과 호응하면 길하고 탈은 없다. 그렇지 못하고 구姤가 한 발을 내디뎌 둔遯이 되면 죽음에 이르니 '흉을 볼' 것은 자명하다. 고로 손순한 유도柔道로 강을 붙잡고 가야 한다[象曰, 繫于金柅, 柔道牽也]. 초6은 아들 다섯 속에서 홍일점으로 모든 관심과 사랑을 독차지하는 막내딸처럼 예쁘고 귀엽지만, 버르장머리가 없으니 걱정이다. 음이 처음 시작하는 초6은, 장차 크게 자라면 양을 소멸할 것이 분명하니, 서둘러 어린 음을 제지할 필요가 있다. 고로 강한 쇠말뚝에 매어놓아 꼼짝 못하게 함이다[繫于金柅, Must be checked with a brake of bronze].

쇠말뚝은 건乾의 양이요, 노끈은 손巽이요, 돼지는 조급한 음물이다. 돼지가 어리고 강하지 못하여 도망갈 줄 모르나, 벌써 다리에 힘을 주고 펄쩍펄쩍 뛰고 있다[羸豕孚蹢躅].[22]

---

18 金箕澧, 「易要選義綱目」 : "명령을 알림은 왕이 아니면 할 수 없다. 건☰의 仁을 손☴이 베푼다. 바람이 하늘 아래 불면 만나지 못하는 물건이 없고, 명령이 사방에 행해지면 듣지 못하는 백성이 없다."

19 李瀷, 『易經疾書』 : "바람은 하늘과 땅 사이에서 분다. 낮은 것은 땅 위의 바람이기 때문에 觀卦에서 백성을 보고 가르침을 베풀고[觀民設敎], 높은 것은 하늘 아래 바람이기에 姤卦에서 명령을 베풀어 사방에 알렸다[姤施命誥四方]. 군후의 한결같은 명령은 바람처럼 통하지 않음이 없다[君后一同之命, 無所不通也]."

20 金相岳, 『山天易說』 : "復卦는 冬至라 선왕이 관문을 닫아 걸어 장사꾼과 여행자들이 다니지 못하게 하고, 임금이 사방을 시찰하지 않게 했고, 姤卦는 夏至라 임금이 명령을 베풀어 사방 백성들에게 알린다."

21 羸 파리할 리.

22 [說證] 姤卦가 乾卦로 간 경우다. 巽의 나무가 乾의 수레를 지탱하고 있으니, 그 상이 '柅'다.

정자는 이를 두고 군자와 소인이 다른 점이 있다면, 소인은 비록 힘이 미약한 때일지라도 군자를 해치고자 하는 마음을 늦추지 않으니, 미연에 방어함이 상책이라 일렀다. 주자도 일음—陰이 시생함에는 본시 고요하고 조용하여 좋은데, 앞으로 나가면 견흉見凶이라 하였다. 그러니 그 음을 끌어당겨 묶어두는 견제牽制 장치가 반드시 필요하다. 다산은 여기 '견흉'을 '제수로 온전하고 살찐 것이 아니거나 반점이 있으면 흉'이라 한다.[23]

음이 장차 자라나 그 힘이 강해 천지비괘가 되면 제재할 찬스를 놓치고 말 것이다. 그러니 지금 야위고 허약할 때, 그 씨를 싹둑 잘라버려야 한다. 그렇지만 아직은 음이 어려 충분히 교화가 가능하므로 '쇠말뚝에 매어놓는 일로 부드러운 음을 견제하는 방책[象曰, 繫于金柅, 柔道牽也]'을 쓴다.

그런고로 어린아이와 새댁에게는 엄격한 속박이 많다. 그렇지만 이런 속박을 감내하지 못한다면 바른 도리를 익힐 수 없다. 이 모든 엄한 법도는[貞吉有攸往] 장차 올바른 어른으로 만들고, 아내와 어머니로 만들려고 하는 것임에 틀림없다.[24]

'이시부척촉羸豕孚蹢躅'을 인용한 상소도 실록에 보인다.[25]

姤卦의 하괘는 본래 乾卦였던 것이 변한 것이라 '金柅'가 된다. 이제 음 하나가 겨우 생겼는데, 양 다섯이 도망하려 하니 '繫于金柅'다. 姤卦의 착종괘 즉 交易괘는 小畜이라, 소축 때는 巽에 剛이 둘이라 뼈가 많고(돼지 坎은 뼈가 적었는데), 巽의 股가 進退로 물러가고, 乾에서 전율하니 '蹢躅'이 된 것이다.

23 정약용, 『주역사전』 : 乾卦는 宗이고 姤卦는 제사를 의미한다. 제수 희생물은 온전해야 하고, 피부병이 있어도 금한다. 그러나 비록 야윈 돼지지만 지극한 정성이면 神明에 이른다니, 초효는 희생물이다. 姤卦에서는 巽의 淸潔과 齋戒로써 乾의 宗廟를 받드니 제사의 괘다. 夏殷周 때 희생으로 쓰는 소, 양, 돼지를 三牲이라 하는데, 하나라에서는 검정색, 은나라에서는 흰색, 주나라에서는 붉은색의 희생을 썼다. 희생은 온전하고 살찐 것을 귀하게 여겼다[牲貴肥腯, 博碩肥腯].

24 참고로 특정한 남자에게 매일 수도 없고, 또 매이지 않도록 특별히 자제하고 특히 조심할 여자 친구다.

25 『성종실록』 성종 15년(1484) 2월 13일 : "『주역』 대축괘에서는 '童牛之牿'이라 하고, 또 구괘에서는 '羸豕孚蹢蠋'이라 하였으니, 처음을 삼가지 아니하고 그 끝을 보존할 수 있는 것이 아직 없습니다. 전하께서 儒術을 돈독히 높이시고, 학교를 정비하여 밝히시고서도, 오히려 이단의 번짐이 혹 일어나지 않을까 염려하시고, 僧의 度牒이 없는 자는 다 軍額에 편입하여 거의 정도가 크게 행하여지고 사특한 것이 일어나지 못하였습니다. 근자에 원각사의 중들이 부처가 돌아앉았다고 속여서 백성들의 듣는 바를 미혹시키고 있습니다."

> 九二　包有魚　无咎　不利賓
> 구2는 꾸러미에(또는 수족관에) 고기가 있으니 (주인에게는) 허물은 안 된다. 그렇
> 지만 손님에게는 불리하다.

손님이 이미 물러나 자리를 떠났기에, 비록 꾸러미에 생선이 있을지라도 손
님과 더불어 생선을 먹지 않아도 주인에게는 허물이 없다. 그 자리를 물러나 생
선을 먹을 수 없는 손님에게는 이로움이 없다. 하괘 손☴은 물고기로, 대손大巽
띠풀로 엮은 새끼줄[繩直]로 감싸니 꾸러미로 보았다.

구姤는 만남이다. 주인 손☴과 손님 건☰이 물고기를 먹으려고 만났는데, 주
인이 손님을 등지고 태☱의 입을 벌린 상이 되었으니, 손님과 같이 음식을 먹지
않게 되었기에 불리빈不利賓이다. 손님에게 불리해도 주인에게 허물이 없다는
것은, 손님이 이미 물러갔기 때문이다. 그러니 주인 혼자서 물고기를 먹는다고
누가 감히 허물하겠는가.

의리를 뜻하는 태☱는 손님에게는 마땅히 미치지 않는 자리다. 다른 설로는,
초6의 물고기를 수족관에 담아둠을 포유어包有魚라 했다. 물고기는 겉으로 멀쩡
해 보이지만, 오래 두면 속이 상하기 쉬운 음물이다. 초6과 가까이 있는 2 내가,
고기를 거두어들이니, 전체의 입장에서 보면 허물은 없다. 또 음탕한 소인배들
의 세력 확장할 기회를 사전에 내가 차단하니 현명하다. 그리고 그 고기가 나에
게 잡히면, 온 동네에 비린내를 풍길 일도 막아 주기에 무구无咎다. 그러기에 초
6의 정응은 구4이지만, 가까이 있는 나의 차지가 되다 보니, 구4를 포함한 다른
손님들은 초6을 차지할 기회를 얻지 못하여 불리하게 된다[不利賓]. 그러기에 공
자도 "꾸러미(수족관)의 고기가, 마땅히 손님에게까지는 미치지 않을 것[象曰 包
有魚 義不及賓也]"이라 주석했던 것이다.[26]

'포包'를 '주방'으로도 여긴다. 부엌에 물고기가 있으니 탈은 없다. 그렇지만
그것으로 손님을 대접하기엔 이롭지 않다. 즉 2에게는 물고기가 우연히 얻어진
것인 만큼 허물은 없다. 고기의 주인은 4이다. 타인의 고기로 남을 대접하기가
양심적으로 볼 때는 가책이 되어서 부적절한 것으로 풀고 있다.[27]

---

26 [說證] 姤卦가 遯卦로 간 경우로, 姤卦의 巽은 물고기요, 싸고 있는 巽木은 繩直의 삼태기 包다.
乾의 손님은 상괘 서북쪽에 있고, 주인은 하괘 동남쪽에서 兌로 물고기를 먹는 상이다.

또 '포包'를 '물통'으로 보고, '빈賓'을 '손님 되는 일'로 새겨서, '물고기가 물통 안에 있으면 탈이 없고, 바깥으로 뛰어나가 손님이 되면 불리한'[28] 일로 설명하기도 한다.

동파와 정자 그리고 다산은 '포包'를 삼태기 같은 꾸러미[包苴]로 표현하였다. 그리고 "꼬치에 고기를 꿰듯이 모든 궁인(음물)을 사랑하면 이롭지 않음이 없다[六五, 貫魚, 以宮人寵, 无不利]"는 산지박의 5처럼, 초6을 혼자서 독식할 경우는 불리不利한 것으로 보았다.

2도 모든 양들의 입장을 고려하여, 초6(음물)을 바르게 교화하는 모범이 절대적으로 필요하다. 만약 그렇지 않고 2가 독식할 경우에는, 고기(초6)는 상할 것이고, 모든 양들에게는 피해의식을 줄 수밖에 없다. 죽은 생선을 성의 없이 엉성한 짚으로 싸서, 손님들 앞에 내놓으면 비린내가 진동하여 손님이 싫어하니, 그런 '눈감고 아웅 식'으로 손님을 대하면 누구든 좋아할 리가 없다.[29]

九三 臀无膚 其行次且 厲 无大咎

구3은 (말의) 엉덩이에 살이 얇다. 갈까 말까를 주저하니, 염려는 되지만 큰 허물은 없다.

둔무부臀无膚(No skin on thighs)는 사람이 진득하지 못하고 엉덩이를 가볍게 놀림이다. 그렇지만 행동으로 옮기기엔 어려워 머뭇거린다[其行次且, Walking hard]. 공자도 "초6에게로 갈까 말까를 주저하지만 아직은 끌어 당겨서라도 만나

---

27 金相岳, 『山天易說』: "'꾸러미'는 양이 음을 감쌈이다. 초효에서 돼지를 말하고, 2에서 물고기를 말한 것은 중부괘의 '豚魚'와 같다. 5월은 유빈(蕤賓)이 되는데, 한 음이 안에서 주인이 되고, 다섯 양이 밖에서 손님이 되기 때문에, '손님에게 이롭지 않다고 하였다. 姤卦, 觀卦, 剝卦가 모두 음이 길어지는 괘이기 때문에, 구괘에서 '물고기'가 박괘에서는 '꾸러미가[貫魚以宮人寵]' 되고, 관괘에서는 '손님에게 이롭지 않음이 없게 된다[觀國之光利用賓于王]'."

28 徐有臣, 『易義擬言』: "구2가 초6을 감쌈은 괘의 형체가 아래 口가 있어, 물고기를 잡는 도구의 밑둥과 같다. 물고기가 꾸러미 속에 들어가면 달아날 수 없지만, 살고자 하는 뜻은 오히려 절로 활발하니, 혹시라도 너그럽게 풀어놓으면, 4에 호응하여 나아가려 할 것이다. 그러므로 '손님에게 이롭지 않다고 하였다."

29 참고로, 어려움이 도리어 복이 되는 자리다. 잃어버린 물건이 잠시 보관되어 있다가[包有魚], 본래 주인에게로 돌아간다.

볼 생각을 행동으로 옮긴 것은 아니다(象曰, 其行次且, 行未牽也)"라고 단정짓는 것을 보면 큰 허물을 만들지는 않았다.

상황이 나의 시절이 아니면 때를 기다릴 줄도 알고 체면이라도 차려야 하건만, 하나뿐인 음(이익)을 얻기 위하여 앞뒤를 고려하지 않고 엉덩이를 들었다 놓았다 하는 반복을 여러 차례 시도해 본다. 3은 진득하지 못하다. 자신의 짝 상9에겐 만나자는 소리조차도 없고, 초6은 이미 2가 차지한 상황이다.

밖으로 나가서 만나볼 사람도 없고, 오갈 곳 없는 처지인지라, 이럴 때는 행동으로 옮기지 않음이 오히려 상책이다. 행동으로 옮기는 순간, 바로 시비 송사가 생김이 불을 보듯 뻔하다[姤之訟]. 생각은 과감성을 지녔지만 정위正位에 처하여 있고, 또 3·4가 중심의 자리를 견지하니, 생각이 행동으로 바로 옮겨가지 않고 있음이 그나마 불행 중 다행이다. 구姤를 도전倒顚하면 쾌夬다. 쾌의 4효 또한 엉덩이의 살이 얇아서 주저주저 하는 모양이다[臀无膚, 其行次且, 牽羊悔亡, 聞言不信].[30]

九四 包无魚 起凶
구4는 (군왕의 은택이 고갈되어 백성들에게 줄) 꾸러미에 생선이 없어졌다. 일어나면 흉하다.

'잡은 고기에 먹이를 주지 않다가' 그만 고기를 잃고 만 자리이다. 사랑하고 믿었던 사람이 만나주지 않는다. 그 사람에게 다른 싱싱한 새로운 파트너가 생겨버렸다. 오랫동안 정분을 나누던 사람(고객)을 소홀하게 대한 탓이다. 이는 정부와 정치인을 지지하던 민심이 이반된 것과 같다. 공자도 "고기가 없어져 흉함은 백성들의 뜻과 멀어졌기 때문[象曰, 无魚之凶, 遠民也]"이라고 풀었다. 구괘姤卦가 손괘巽卦로 변한 자리다.[31]

---

30 [說證] 姤卦가 訟卦로 간 경우다. 訟은 中孚에서 왔다. 中孚는 臀膚의 볼기짝이 마주보는 상이다. 訟은 坎의 뼈가 가운데 솟고, 乾의 뼈가 밖으로 불거져서 여위니[膚], '臀无膚'라 하니 '其行次且'다. 볼기짝에 살이 없으니 하루가 여삼추다. 참고로 김칫국을 먼저 먹는 꼴이요, 하늘을 나는 기러기를 보고 솥에 불을 먼저 지피는 격이다. 바쁘게 달려서 나루터에 도착했으나 타고 갈 배가 없다.

31 [說證] 重風巽에 巽이 서로 대등하니, 大包에는 '有魚'고, 小包에는 '无魚'다. 또 1과 4가 적응하

정치적으로 보자면 4가 민심을 지나치게 소홀히 대하고, 민의를 무관심하게 방심한 탓이요, 민초를 무시한 처사다. 표를 얻을 때만 머리를 땅에 숙이고 구걸했던 아주 뻔뻔한 자의 소행에서 나온 결과다. 4는 부정부중한 자로 자신의 짝 초를 2에게 빼앗겼으니, 행동이 거칠고 안하무인이요 후안무치厚顔無恥한 자로, 실덕의 소행으로 그 흉은 불을 보듯 뻔하다. 강직만이 최선인 양 중정中正하지 못하고, 수행을 멀리하고, 얕은꾀를 부리다 민심이 등을 돌리자, 뒤늦게야 성난 민심을 붙잡으려 드니 흉이 기다릴 뿐이다. 그렇지만 '기흉起凶'이라 하니, 가만히 있으면 길하고 일을 벌이면 흉함을 알 수 있다. 그러니 만날 사람도 없고, 도와줄 사람도 멀어져 간다. 정자의 "만나 바른 길로 인도해 주어야 할 윗사람으로서, 아랫사람이 떠날 수밖에 없었다는 것은, 윗사람이 덕을 잃었기 때문이다"[32]라는 말이 숙연하게 들린다. 고기가 떠나감은 아내가 떠나감이요, 백성이 떠나감이니, 가을이 여름 작물을 성하게만 하고 열매를 영글지 못함과 무엇이 다른가?[33] 원리원칙을 고집하고 수시변역을 하지 못한 융통성 없는 자의 말로다.[34]

니, '遠民'하며 君王의 恩澤이 메말라 '无魚之凶'을 초래한다. 姤卦일 때는 군왕이 백성들과 가까 웠는데, 巽卦가 되면서 离로 갈라지고, 坎으로 백성을 멀리하게 되었다. 고로 4가 변해 王澤이 고갈되었다.

32 정이천, 『이천역전』: "'包'는 감싸는 포장이고, '魚'는 좋은 먹거리다. 4는 만나는 때에[遇時] 윗자리에 있으면서 아랫사람을 잃었다. 아랫사람이 떠난 것은 자신이 덕을 잃었기 때문이다. 4가 잃은 것은 中正하지 못해서다. 中正하지 못하여 백성을 잃음은 흉하다." [문] "초효가 2를 따름은 가깝기 때문인데, 어찌 4의 죄이겠습니까?" [답] "4의 입장에서 보면 아래를 보호하지 못함이 도를 잃은 것이다. 어찌 윗사람이 도를 잃지 않았는데 아랫사람이 떠나겠습니까." "만나는 도는 임금과 신하, 부부, 친구에게 다 있는데, 4는 아래에서 떠나기 때문에 백성으로 말하였다. 아랫사람, 특히 민심이 떠나면 반드시 흉변이 생긴다.

33 李恒老, 「周易傳義同異釋義」: "4의 양, 초의 음이 서로 따르고 공을 이루는 것은 이치에 당연한 것이지만, 4가 이미 中德을 잃었고, 초의 돼지는 이미 말뚝에 매이고, 물고기가 손님에게 미치지 않으니, 그것이 흉과 더불어 있다. 비유하면 여름철 양이 성대한 때에, 만물이 金의 엉기는 기운을 얻지 못하면, 이삭을 단단하게 맺지 못함과 같다. 고요함은 움직임의 주인이 되고, 아내는 집안의 시작이며, 백성은 나라의 근본이 되는 동일한 이치이다. 『서경』에서 '백성은 가까이 할지언정 하대해서는 안 된다[民可近不可下]'고 하였으니, 그것을 멀리할 수 있겠는가? 공자가 '백성을 멀리함이 있다고 하였으니, 심하게 경계함이다."

34 사랑과 정치도, 의리보다는 이익이 없으면 돌아서고 만다. 빨리 돌아서면 그래도 지옥보다는 낫다. 무관심, 태만, 게으름으로 인하여 친친과 고객과 무너지지 않을 듯 하던 지지자들을 놓치고 억울해 한다.

> 九五 以杞包瓜 含章 有隕自天
> 구5는 떡버들 잎으로 참외를 감싼다. 어리석은 자를 미덕으로 감싸주면 하늘로부
> 터 은총이 있을 것이다.

존경받는 위치에서(임금, 큰 선생, 대인), 경륜과 지혜가 모자라는 이들을 위하여 (보리 베고 모내기 하는 따뜻한 오월 망종 때) 바람처럼[以杞包瓜, A melon covered with willow leaves],[35] 훈훈한 사랑의 덕화를 펼친다면[含章, Hidden lines], 세상을 모르는 자들도 눈물어린 감화를 받을 것이요, 하늘도 놀라서 그 복을 내려줄 것이다[有隕自天].[36] 공자도 "세상을 모르는 자들로 하여금 눈물어린 감화를 준다는 것은 중정을 잡았기 때문이요, 하늘도 놀라서 그 복을 내려준다는 것은 고귀한 뜻이 천명에서 어긋나지 않았기 때문[象曰, 九五含章, 中正也, 有隕自天, 志不舍命也]"이라 주석하였다.

먼저 석지형石之珩의 『오위귀감五位龜鑑』에 토한 읍소를 들어보자. "신이 삼가 살펴보았습니다. 구괘 구5에서 '박달나무 잎으로 오이를 싼다[以杞包瓜]'고 하였는데, 정자는 아래에 있는 현인을 구하는 것을 주된 뜻으로 삼았고, 주자는 처음 생하는 음을 막는 것을 주된 뜻으로 삼았으니, 두 선생의 논리가 차이가 있는 것 같지만, 현인을 구하는 것이 곧 양을 돕는 뜻이고, 음을 막는 것이 곧 삿됨을 막는 뜻입니다. 한우리 태극이 움직이면 양을 생하고, 고요하면 음을 생함이 같은 도리이고, 둥글면 하도河圖이고, 모나면 낙서洛書인 것이 애초부터 다르게 귀결되는 것이 아닌 것과 같습니다. 엎드려 바라옵건대 전하께서는 음양을 둘로 보지 마시고 하나로 보아 그 뜻을 함께 발명하소서."[37]

---

35 [說證] 姤卦가 鼎卦로 간다. 巽은 柔木으로 잘 휘어지는 떡버들 '杞'이고, 또 鼎卦는 遯卦로부터 오기에 艮이 '瓜'가 된다. 鼎卦가 되면 아래가 巽이 되니, 부드러운 나무로써, 艮의 참외를 감싸 '以杞包瓜'가 되니, 后妃의 덕을 말했다. 鼎卦는 대장괘로부터 온다. 대장 때는 震의 꽃이 활짝 피어[蕃鮮], 그 영화가 지나치지만, 정괘가 되면 巽의 덕으로 감추고 사양하며, 离의 문채가 찬연하며, 兌의 입에서 한 개의 강이 빗장을 걸어 잠그고 있으니 '含章', 즉 '빛나는 덕을 머금음'이다.

36 鼎卦에서 乾의 果實이 이미 익을 대로 익어서, 离의 爛熟함이 있었는데, 바람이 불면 곧 사물을 떨어뜨리거니와, 건이 하늘로부터 떨어지니, '有隕自天'이다. 군자의 의리는 오직 천명을 기다림에 있다.

37 石之珩, 『五位龜鑑』 : "…. 程朱二賢雖若差異, 然求賢卽扶陽之義, 防陰卽禁邪之義. 猶一圈太極, 動而生陽, 靜而生陰, 一箇道理, 圓則河圖, 方則洛書, 初无二致也. 伏願殿下, 合而觀之, 互發其義焉."

이현석李玄錫이 「역의규반易義窺斑」에서 "성인이 소인을 가볍게 끊지 않고, 반드시 바로잡아 변화시키고자 한 것이, 그 재주를 쓰고 그 악함을 막음"에 있다 함도 같은 뜻이다.[38]

정자는 임금이 어진 선비나 신하를 얻기 위하여 자신을 낮추고 허리를 구부리는[屈己求賢] 자세를 잊지 않는다면, 천하에 얻지 못할 바가 없다 하였고,[39] 주자 또한 참외[瓜]는 아랫자리에 있는 음물이기에 달고 잘 상하기 쉬운 과일이요, 떡버드나무[杞]는 고대견실高大堅實하니 그늘로 덮어 주는 조화가 필요하다며,[40] 대인이 통 큰 마음을 써나갈 것을 역설했다.

다음은 동파의 '지극함이 있으면 하늘도 이겨낸다'는 5에 관한 해설이다. "금니金柅, 포包, 기杞 등은 이시羸豕, 어魚, 과瓜 등 음물 초6을 감싸는 2와 5를 말한다. 음은 반드시 양이 있어야 의지하여 타고 오르는 속성을 지녔다. 5는 구괘姤 卦의 주효이다. 강건중정한 존위 5는, 2가 초6을 무리 없이 잘 처리하기를 속으로 응원한다[含章]. 무릇 음들 가운데서 양은 밝음이 되지만, 음이 자라나고 양이 사라지는 것은 하늘의 명인데, 그것을 이길 수 있는 것은 사람의 의지뿐이다. 군자는 하늘의 명이라 하여도 뜻을 버리지 않는다[君子不以命廢志]. 5의 뜻이 견

---

38 李玄錫, 「易義窺斑」: "坤卦 육3에서는 음이 붙어나고 뻗어나가 제멋대로 클까봐 걱정한 것이니, 만약 유순하고 바르고 고요한 도리를 쓴다면 무슨 악함이 있겠는가? 그래서 '含章'을 귀하게 여 긴다. 이미 아름다움을 머금고 양에게 제어를 받으면, 재앙을 짓고 악을 만드는 싹이 저절로 떨어 져 끊어질 것이니, 이것은 잎 속의 오이가 오래도록 크게 자랄 수 없으면 저절로 떨어지는 것과 같다. 초목이 시들어 떨어지는 것을 '隕蘀'이라고 하는데, 하늘의 때가 이미 지나면 오이의 넝쿨이 반드시 떨어지는 것이 하늘로부터 떨어지는 것과 같아, '有隕自天'이라 하였다. 이것이 사람의 일 을 해놓고 하늘의 명을 기다리는 도이다. 그렇기 때문에 '志不舍命也'라고 하였으니, 성인이 늘 소인을 가볍게 끊지 않고 반드시 바로잡아 변화시키고자 한 것이니, 그 재주를 쓰고 그 악함을 막음을 여기에서 알 수 있다."

39 정이, 『이천역전』: "杞는 몸집이 크면서 물건을 감쌀 수 있는 나무이고, 오이는 아름다운 열매 가 아래에 있으니 아름다우면서도 아래에 거하는 것은 낮출 줄 아는 현자의 상이다. 구5의 지고 한 자가 지극히 낮은 자를 구함은, 마치 기나무 잎으로 오이를 감싸는 것과 같으니, 스스로 낮추고 굽히기를 이와 같이 하고, 또 중정의 덕을 쌓아 아름다움이 충실하니, 인군이 이와 같으 면 구하는 바를 만나지 못함이 없을 것이다. 비록 몸을 굽혀 현자를 구하더라도, 그 덕이 바르 지 못하면 현자가 좋게 여기지 않는다. 그러므로 반드시 미덕과 지성을 함축하면 하늘로부터 떨어짐이 있을 것이다. 문왕이 강태공을 만남과 같다."

40 주희, 『주역본의』: "오이는 음물로 아래에 있는 것이니 달고 아름답고 잘 물러터지며, 기는 고대하고 견실한 나무이다. 음양이 번갈아 이김은 시운의 떳떳함이니, 만약 아름다움을 함축하 고 숨겨, 조용히 제재하면 조화를 회복할 수 있다."

고하면, 반드시 하늘에서 떨어지는 것이 있다. 사람 중에서도 뜻이 지극한 자는 하늘도 이길 수 없다."[41]

부부관계도 어설프게 포장하지 말고, 정직하고 관대한 자세로 철없는 아내를 감싸주면, 아내도 남편의 따뜻한 품으로 돌아오는 자리다. 저절로 성숙하고, 수시변역隨時變易 하는 것이 천지의 이치가 아니던가. 남편이 철없는 아내를 감싸주면 아이들도 돌아오고, 임금이 어진 구2를 등용하면 민심(초6)까지 따라오고, 아들을 잘 키우면 똑똑하고 예쁜 며느리도 얻게 되니, 이것이 호박이 덩굴째 굴러오는 유운자천有隕自天이다. 마음이란 아무리 찾아봐도 그 형체를 찾을 수 없지만, 쓰기만 하면 언제 어디서 어떤 방법으로든 쓰지 못할 곳이 없다. 퇴계는 약간 실성한 부인을 '이기포과以杞包瓜'의 도로 아꼈다.[42] 권근權近은 어린 음을 어릴 때부터 보호해야 훗날 빛을 볼 수 있다고 한다.[43]

> **上九 姤其角 吝 无咎**
>
> 상9는 그 뿔에 부딪치니(만나니), (잘못을 고침에) 인색함이 있으나, 허물은 없을 것이다.

어른으로서 아랫사람들과 친친親親하고 분분芬芬하며 어른의 덕화를 나누어 줄 줄 알아야 하는데, 거만과 아상과 고집으로 쓸쓸히 독거獨居하는 노인이 되어

---

41 소식, 『동파역전』: "人之至者, 天不能勝也."

42 구5는 퇴계가 제사상 위에 차려진 떡을 내려다 먹고 있는, 좀 모자라는 부인의 모습을 보고 무한한 사랑을 보내는 장면을 연상케 한다. 부부가 서로 믿고 화합하기만 하면 아름다운 인생이 보장된다. '以杞包瓜'는 큰 나무에 덩굴이 휘감겨, 서로 의지하고 빛내는 모습을 표현한 말이다. 나무는 남자요, 덩굴은 여자다. 둘이 서로 조화롭게 어울린 모습이 바로 '이기포과'다. '咸章'은 아름다움을 머금었다는 말이니, '이기포과'를 실천하는 부부의 아름다움을 강조한 말이다. '有隕自天'은 하늘로부터 내려오는 복이 있음이다. 참고로 어른으로서 마음 한번 잘 쓰면 집안과 나라가 다 화평을 얻는다. 뜰 앞에 봄이 돌아오니, 재물로 인하여 쓰임새가 많고, 가정엔 경사가 있다.

43 權近, 『周易淺見錄』: "'以杞包瓜' '咸章' '有隕自天'은 구5가 강건중정하고 위에 있어, 그 능력이 아래에 있는 음을 감쌀 수 있다. 그러나 5는 초효와 호응하는 자리가 아니니 만나 감싸기 어렵다. '有隕自天'은 박달나무 잎이 떨어짐이 사람의 힘 때문이 아니라 하늘이 그렇게 한다. 음이 비록 자라나더라도 양에게 무슨 근심이 되겠는가? 음이 미약하지만 점진함은 두려워할 만하다. 姤卦의 초6이 곧 坤卦 초6의 서리 밟는 시작이기에, 그 미약할 때부터 제지하여야 한다."

서, 찾아오는 사람도 없는 공허한 자리를 스스로 만드니 비난을 받아도 마땅하다[象曰, 姤其角, 上窮, 吝也].[44]

늙어서 부부와 자식, 형제 그리고 친구들과의 친친親親이 천지 만물과 더불어 빛나는 일임[品物咸章]을 알아야 한다. 비록 수양이 강한 자일지라도, 중정中正의 우도遇道를 알고 행할 수 있다면, 그것은 정말로 천하의 성현과 같은 대행大行이 아닐까. 그러니 공자가 단사에서 "때를 알고 가야 좋다[剛遇中正, 天下大行也, 姤之時義大矣哉]"는 사실을 알려주는 것이다.

남자는 나이가 들어 양기가 떨어지고 능력이 다하면, 이제 더 고집을 피워도 별 수가 없다. 이제 상9에서는 길이 막혀 더 나아갈 수도 없으니, 아무리 씩씩한 아내라도 결국은 화해를 하고 만다. 가정의 평화는 늦어도 포기할 수 없다. 자식도, 집안도, 주위도, 모두 나로부터 비롯된 끈이란 것을 알아야 한다. 참고로 세상은 나 하나의 파멸로 끝나지 않는다. 죽기 전에라도 화해하는 일이 부부의 아름다움이다. 씩씩한 마누라일지라도 늙어서 힘이 다하면 씩씩함이 사라지니, 서로가 가정의 큰 뜻을 위하여 돌아와야 한다. 그렇지 못하면 택풍대과大過를 만나 정수리를 깬다.[45]

---

44 [說證] 姤卦를 도전하면 夬卦인데, 夬卦에는 양의 뿔이 있었다. 대과괘에서 다시 만나니 '姤其角'이다. 姤卦가 大過괘가 되어도 음이 양을 타고 있으니, 허물을 고침에 '吝'이다. 대괘는 대장에서 왔다. 대장에서도 역시 음이 양을 타고 있었다. 그러나 대과는 아래에 손순을 취하니 무구가 된 것이다.

45 金相岳, 『山天易說』: '뿔'은 위에서 강하다. 강한 뿔이 위에서 쓸 곳이 없으면 부끄러움을 피할 수 없다. 그러나 음과는 만나지 않기 때문에 허물이 없다. 상9는 곧 乾卦 '항룡'이다. 乾元의 用九에는 '无首'로 '吉'을 삼았는데, 어찌 뿔로 머리를 삼을 수 있겠는가? 대장괘에서는 아래에서 건장함을 쓰기 때문에 3에서 '羸其角'이라 하였고, 구괘에서는 양이 위에서 궁하기 때문에 상효에서 '姤其角'이라는 경계사를 썼다. '吝无咎'는 일로는 비록 부끄럽지만 이치로는 허물할 수 없음이다. 晉卦는 이미 그 뿔로 나아가서 스스로 다스리기 때문에 먼저 허물이 없고 뒤에 부끄럽다[晉其角維用伐邑 厲 吉 无咎 貞吝]. 구괘는 비록 만남에 그 뿔이지만 그 만남을 얻지 못했기 때문에 먼저는 부끄럽고 뒤에는 허물 없다[姤其角 吝 无咎]. 즉 "위에서 지위가 없으니 이미 만날 이유가 없는데 다시 무슨 허물이 있겠는가[居上无位, 旣无所遇, 復何有咎]."

외괘
澤(兌=說)

내괘
地(坤=柔順)

45. 택지췌澤地萃

Duration

갖은 정성을 드리고 나면 임금도 찾아올 수 있는 태통太通의 때다. 엉덩이에 진물이 나도록 공부를 한다면 부처도 항복하고 만다는 소리다. 큰 제사를 드리는 것처럼 갖은 정성, 많은 제물을 차려 조상을 만나라. 이제 하늘과 조상이 도우려고 나설 때다.

> 萃 亨 王假有廟 利見大人 亨 利貞 用大牲吉 利有攸往
> 췌는 왕이 종묘사직에 지극정성으로 제사를 드리는 것과 같이, 매사에 정성을 모아가면 대인이 나타나니 이롭다. 단, 정과 성을 드리는 데는 바르게 하여야 한다. 큰 제사에는 제물을 풍성하게 써야 이로울 것이다.

『장자』에 나오는 꼽추의 경우가 췌괘萃卦의 예가 될 수 있다. 공자가 초나라로 가는 길에 꼽추 한 사람이 매미를 잡고 있는 것을 보았다. 그는 마치 손으로 물건을 주워 담듯이 매미를 잘도 잡고 있었다. 공자가 그 꼽추와 나눈 문답이 이랬다.

"그대는 참으로 교묘하오. 혹 무슨 특별한 도라도 지니고 있소?"

"예. 나는 5~6월에 거미줄을 걷어서 만든 동그라미를 장대 끝에 두 개만 포개어 떨어지지 않게 만들어두면 실수하는 일이 매우 적고, 그런 것을 세 개만 만들어 놓으면 실수가 거의 없으며, 다섯 개만 겹쳐서 떨어지지 않게 하면 마치 물건을 줍듯이 잡을 수 있습니다. 그리고 나의 몸가짐은 나무 그루터기와 같이 움직이지 않고, 팔을 벌리는 것도 마치 마른나무와 같이 한 곳에 고정시켜서 움직이지 않습니다. 그때 나는 몸을 뒤집지도 않고 기울이지도 않으니, 집중하여 매미의 날개만 보고 있는 나의 마음은 바뀔 수가 없습니다. 그러니 어찌 그러하질 않겠습니까?"

이 말을 들은 공자는 제자들에게 이렇게 전했다.

"마음을 쓰는 데 흔들리지 않으면 정신이 통일되어 흐트러지지 않는다[用之不分, 乃凝於神]."[1]

췌萃(Gathering together)는 백성의 소리를 한 곳으로 모아 하나로 취합하기 위하여 정성을 드리는 기운이 제사처럼 지극함을 알려준다. 고래로 임금은 나라에 어려움이 생기면 종묘에 제사를 올려[王假有廟], 대인(성인)의 지혜를 얻으려고 했다[利見大人]. 그리고 제사에 올리는 제물은 풍성하게 바쳐야[用大牲, To bring great offerings] 복을 얻는다고 여겼다. 이는 위로는 귀신과 미물에까지 교통이 되어야 하기에, 정성을 올릴 때 제물을 풍성하게[大牲] 쓴 것이 아닐까.[2] 서로 만나 서로 취함에 "유명幽明이 어찌 다르며, 세상과 출세간이 어찌 다르랴?"[3] 그러니 종묘宗廟와 가묘家廟에 임금과 백성이 지성으로 제사를 올리는 까닭이다. 「계사전」에서도 "사람을 모으려면 재물이 필요하다[何以聚人曰財]" 한 것을 보면, 귀신이나 사람 모두가 재물을 좋아했던 것 같다.

한편 췌는 대지 위에 있는 연못이다. 연못 또한 물이 모여드는 자리이고, 물이 가득한 연못에 초목이 무성하면 유통流通이 생겨난다. 마찬가지로 백성들이 모여들어 유통이 일어나는 곳에서는 교역과 무역이 시작된다. 이러한 때에 지혜로운 임금은 백성의 인심을 소통하여, 나라의 발전과 번영을 이루었으며 또 천하의 인물들을 잘 등용하여 나라에 봉사를 시켰다. 곧 췌는 인재를 등용하는 괘이기도 하다. "등용된 인물들을 군주가 예로써 대접하고 중용하여 쓰면, 곧 나라의 제사가 백성을 위하여 큰 잔치를 베풂과 같으니, 임금이 인재를 대하는 예와 정성이 매우 크다는 것을 보이는 징표가 된다."[4]

다음은 공자의 단사이다. "췌는 모여듦이다[萃聚也]. 강건중정한 군주와 유순중정한 신하가 서로 호응을 하고 있으니 지금은 많은 사람과 물자가 모여드는 시절이다[順而說, 剛中而應, 故 聚也]. 이럴 때 임금은 종묘사직에 나아가 조상의 신령 앞에 참배를 하고, 진심으로 감사하며 성대한 제사를 올려야 할 것이다[王

1 『莊子』, 「達生」편.
2 정이, 『이천역전』: "萃者 豊厚之時 用大牲吉 事莫重於祭 上交鬼神 下接民物 百用莫不皆."
3 지욱, 『주역선해』: "相遇相萃 世出世之常也 幽明之情 萃故."
4 노태준, 『주역』, 159쪽.

假有廟, 致孝亨也].[5] 나아가 탁월한 지도자를 따르며 췌의 도를 행하면 한층 더 발전이 있으리라[利見大人亨]. 지금처럼 국력이 왕성한 시절에는 큰 희생을 올려 성대한 제사를 지내고 과감하게 전진하여도 좋다[用大牲吉利有攸往]. 이것이 천명에 순응함이다[順天命也]. 고로 췌의 이치가 어디에서 어떻게 모이는가를 자세히 관찰하면, 천지만물의 실정을 알고도 남음이 있을 것이다[觀其所聚而天地萬物之情可見矣].”[6]

정성을 들이되 어느 때는 제기를 두 개만 쓰라 하고[損卦], 어느 때는 술잔 하나와 제수를 약간만 쓰라 하더니[坎卦], 여기 췌에서는 살아있는 큰 소[大牲]를 올려 풍성하게 정성을 드리라 한다. 검소하게 하려면 검소하게 하고, 풍성하게 하려면 큰 소라도 올려야 하니, 이는 천지 이치를 정확하게 관찰할 일이다.[7] 고로 제사는 사람이 스스로 마음이 일어나야 지내는 것이지만, 천자가 종묘를 세워서 천하의 인심을 불러들이듯, 백성도 조상을 모시는 제사의 중요성을 알아야 한다. 난리를 치른 후, 조종의 정신을 모아 사당에 제사를 드리라는 ‘췌도萃道’가 실록에도 나타난다.[8][9]

---

5 장상평, 『역과 인류의 사유』 : ‘亨’의 본래 의미는 ‘烹飪’으로 그릇에 물을 붓고 불로 음식물을 익히는 것이다. 가장 좋은 음식으로 신과 조상을 공경히 받드니, 정성껏 요리한 음식이라면 당연히 맛도 좋다. 인간이 살아가는 데 있어서 음식은 반드시 필요한 것. 『역』에서 ‘亨’은 주로 사건의 과정이나 순간적인 상황에 대한 평가에 사용되며 주관적 체험의 성격을 갖는다. 반면 ‘吉’은 사건의 결과에 대한 평가에 사용되며 보다 더 현실을 객관화시킨다. 高亨의 『周易大傳今注』에서도 ‘亨’을 ‘享’과 같이 새겼다. ‘왕이 기산에 좋은 음식을 헌상하다[王用芳于岐山]’, ‘공이 천자에게 좋은 음식을 헌상하다[公用芳于天子]’ 뿐만 아니라 ‘왕이 상제에게 좋은 음식을 헌상하다[王用享于帝]’의 ‘享’은 『백서』에서도 ‘芳’이다. ‘芳’은 의식에 쓰이는 ‘좋은 음식[佳肴]’을 가리킨다. 그리고 ‘亨’에 상응하는 부정적 가치판단은 ‘厲’이다. 갑골문에는 ‘厲’ 자가 없다. 이것은 주나라 사람이 은나라 사람에 비해 부정적 사건에서 교훈을 얻은 경우가 많았다는 것을 설명한다. ‘厲’ 자의 본래 의미는 칼이나 돌을 가는 것이다. ‘厂’은 우뚝 솟은 돌산, ‘萬’은 돌이 많다는 것. 칼과 돌을 간다는 의미에서 위험이라는 의미로 파생된 ‘厲’ 자는 병기를 사용하지 않는다는 ‘吉’ 자와 의미가 반대이다. 칼이나 검 등의 병기를 사용하려고 준비한다는 것은 전쟁이나 사냥이 있을 것이라는 사실을 의미한다.

6 췌괘는 觀괘와 小過괘에서처럼 두 양이 떨어지지 않은 상태다. ‘萃亨’은 2와 5가 정응함이고 ‘亨利貞’은 호괘 漸卦에서 리☲를 봄인데, 여기서 췌의 ‘二亨’을 정자와 주자는 衍文으로 지적하기도 한다. 漸卦는 否卦에서 온 지라 비의 간☶ 종묘 위에 건☰ 선왕이, 손☴으로 제계를 하고 리☲의 성의와 감☵의 공경으로 ‘王假有廟’하고, 리☲로 ‘利見大人’하며, ‘用大牲’은 비괘 곤☷의 소가 손☴ 천명에 순응하니 ‘利有攸往’이 된다.

7 지욱, 『주역선해』 : “宜儉則儉 宜豊則豊 可往則往 可來則來 皆所以順天命而觀物靑耳.”

8 『선조실록』 선조 28년(1595) 9월 20일 : “사람이 죽으면 魂氣가 이미 흩어져서 다시 모일 수 없으

이런 췌괘萃卦는 관괘觀卦와 소과괘小過卦로부터 온다. 두 번의 추이를 거치면서도 두 개의 양이 서로 모여 끝내 서로 떨어지지 않으니 '췌萃'라 하였다. 소과괘 때에는 곤坤의 음들 사이에서 두 개의 강이 서로 가로막고 있어 음들이 서로 모이지 못하였으나, 3이 상승하면서 췌괘萃卦가 됨에 하괘가 비로소 모이니 '췌萃'라 명명함이다. 또한 췌萃는 도적들이 모여 있는 상이기도 하다. 수풀[艸] 속에 무리[卒]가 숨어 있으니 그 글자가 '췌萃'가 된다.

「설괘전」에서 감坎은 도적이다. 대감大坎의 소과괘小過卦는 큰 도적을 상징한다. 소과괘의 상괘는 진震이며, 하괘의 간艮은 뒤집힌 진震이 된다. 억새, 잔디 같은 추초萑草, 푸른 대나무 창간蒼筤 같은 것이 우거져 백성을 어지럽히니 이것이 바로 추포萑蒲의 도적떼이다. 소과로부터 추이하여 췌가 되어 그 도적들을 국경 밖으로 몰아내지만, 여전히 거세게 서로 모여 옛날처럼 도적질을 일삼으니 무기로 걱정을 대비해야 한다. 「대상전」에서 "제융기除戎器 계불우戒不虞", 즉 "병기를 잘 소제掃除하여 예기치 못한 일[不虞]에 대비한다" 한 것도 대개 이런 취지이다.

여기 췌괘 여섯 자리에서 모두 '무구无咎'라 한 것은, 대저 큰 도적보다 더 심한 악이 천하에 없지만 진실로 개과천선改過遷善할 수만 있다면 여섯 위의 무구는 모두 변하여 고쳐지는 상이 되므로 즉 허물없는 사람이 되기 때문이다. 성인께서 개과천선의 길을 넓게 열어 놓아 그런 악한 자들이라도 스스로 새롭게 되도록 한 까닭을 췌에서 말하고 있는 것이다.

나 의뢰되는 바는 자신의 정신이 곧 조상의 정신이기 때문에 7일 동안 散齋(제사를 지내기 전에 목욕재계하는 일)하고 3일 동안 致齋하여 조상의 혼기를 상하 음양에 구하는 것입니다. 먼저 자기의 정신부터 모으면 一氣가 감응되지 않는 이치가 없어서 나아가 신명을 감동시켜 이르게 할 즈음에 洋洋하게 신이 강림하는 것입니다. 먼저 종묘의 祭享을 중히 여겨 黍稷과 明水를 취하고 쑥을 태우는 데에 정성을 다하지 않음이 없는 것은, 대개 조상의 정신을 모으려는 것입니다. 그러므로『주역』渙과 萃 두 괘에서 '왕이 사당에 이른다[王假有廟]'고 하니, 『本義』에 '渙은 흩어지는 것이니, 조상의 정신이 이미 흩어졌기 때문에 사당에 가서 조상의 정신을 모으는 것이고, 萃도 자기의 정신을 모아 사당에 이르러 조종의 정신을 모으는 것'이라고 하였습니다."

9 『선조실록』 선조 29년(1596) 4월 2일 : 영의정 유성룡이 아뢰기를, "남방의 인심을 보니 모두가 해이해져 있었으며 수령 등도 모두 성을 지킬 뜻이 없었습니다. 민심이 이와 같으니 적이 쳐들어오지 않아도 국사는 알 만합니다. 국운의 불행함이 비록 이에 이르렀으나, 다시 나라를 잘 다스려 마치 해가 중천에 있는 것처럼 하시면 만민이 다 바라볼 것입니다. '췌도萃道는 왕이 종묘를 세우는 데에서 지극해진다[王假有廟]'라고 하였습니다" 하니, 상이 "내가『주역』을 일찍이 보지 못하였기에 한스럽구나"라고 하였다.

한편 『주역』의 대가로 소문난 이순신 장군의 『난중일기』 속에 췌괘萃卦를 얻어 점단한 예가 보인다. 먼저 선조 27년(1594) 6월 15일 일기에는 "아들의 편지가 도착했는데 잘 돌아갔다고 한다. 그런데 부인의 편지에는 아들 면이 더위를 심하게 앓는다고 했다. 몹시 걱정스럽다" 하였다. 한 달 뒤 7월 10일에 면의 소식을 듣는데, 병세가 더욱 심해져 피를 토하는 증세까지 있다고 하였다. 7월 13일에는 "면의 병세를 걱정하다가 글자를 짚어 점을 쳐보았더니, '군왕을 만나보는 것 같다[王假有廟利見大人]'는 괘를 얻었다. 조금 마음이 놓였다"고 하였다. 그러다가 "15일, 면의 병이 나아간다는 소식을 자세히 들으니 기쁘기 그지없다"고 하였다.[10]

> 象曰 澤上於地 萃 君子以 除戎器 戒不虞
> 상왈, 연못이 땅 위에서 물을 모으고 있는 모양이 췌다. 사람이 이합집산하면 뜻밖의 사고가 생길 수 있으니, 군자는 이 상을 보고 병기를 제거하고, 불의의 사고를 경계하여야 할 것이다.

물이 모이면 둑을 무너뜨릴 수 있듯, 사물을 취하려면 서로 빼앗아 먹으려는 분쟁이 생기고, 큰 무리를 거느리면 변고가 생기는 법이라, 이러한 췌의 상을 보고는 무슨 일이 생길지 모르니 항시 경계를 늦추지 말아야 한다. 무릇 인간이라면 살상하는 무기를 드는 일보다는 덕을 먼저 닦아야 할 것이다. 어린이들의 무술 학습처럼 치고 때리는 것을 먼저 배우다 보니, 주먹이 먼저 나가고 발이 먼저 나가게 되어, 곱게 자라나야 할 아이들이 성정을 해치는 경우가 그 좋은 예다. 연못에 물을 많이 모을 수 있는 것은 튼튼한 제방이 있기 때문이다. 백성이 안심하고 산다는 것은 살상할 무기를 제거했기 때문이지만, 나라가 태평성대하면 오히려 군비를 강화하는 것이 유비무환의 정신이기도 하다. 그러나 작금에

---

10 이순신 장군은 전장에서 외롭거나 답답할 때는 '문자점'과 '윷점'을 이용했다고 한다. 김성욱의 『이순신 장군의 윷으로 얻는 괘』(삼행원출판사)에는 '척자점(擲字占)'이라 기록하고 있는 '윷괘법'이 소개되어 있는데, 윷을 던져서 괘를 얻는 민속 비법이다. 김성욱의 책은 사라진 '윷괘법'에 대한 오랜 조사와 연구 끝에 여러 옛 문헌을 바탕으로 '윷괘법'으로 64괘의 괘를 얻는 방법, 유의사항, 실증 사례 등을 소개하고 있다.

는 강대국의 경제력이 커질수록 국방력이 높아진다. 이것은 왕필이 "모으기만 하고 방비가 없으면 도적의 무리가 욕심을 낸다[聚而无防 則衆生心]"고 지적한 말과 다르지 않다.

췌는 연못이 땅 위에 물을 모으고 있는 모양이다[澤上於地]. 사람도 이합집산하면 뜻밖의 변고가 생길 수 있으니, 군자는 이를 보고[君子以] 살상의 무기는 사전에 없애는 것처럼 군비를 쇄신하고[除戎器, Renew weapons], 불의의 사고를 경계하여야 할 것이다[戒不虞, In order to meet the unforeseen].[11]

예로 일본 다도가茶道家 센리큐[千利休]는 차회에 초대한 무사들이 칼을 차고 입실하지 못하도록 차실의 문지방을 높였다는 이야기가 전한다. 많은 사람들이 모이는 곳이면 누구나 자신의 잘난 점과 이상을 드러내려고 애를 쓰기 마련이다. 연당에 물도 많이 담아 두려면 그 깊이[水量]를 다하여야 하건만, 고금의 위인들은 얼마 되지 않는 자신의 물[修養]을 퍼내려고 애쓰다 보니 이전투구泥田鬪狗가 벌어진다. 그렇지만 물이 가득한 연못에는 물고기와 수초가 그 풍요를 알려주나, 연못 위로 뛰어오르는 잉어는 인재의 등용을 알려주는 길상이기도 하다.[12]

권근의 『주역천견록』에 실린 '제융기계불우除戎器戒不虞'의 설명은 다음과 같다. "못이 땅 위에 있다 하지 않고 못이 땅보다 올라가 있다 한 것은, 물이 못 속에 모이기 마련이지만, 넘쳐흘러 땅보다 올라감은 모인 것이 지극히 많아 예기치 못한 일이 벌어질 상이기 때문이다. 못이 땅 위에 있는 것이 일반적인 것이고, 땅보다 높은 것은 일반적인 것이 아니다. 천하에 지극히 부드러우면서도 지극히 험악한 것으로는 물만한 것이 없으며 또한 백성만한 것이 없다. 물이 못 속에 있지 않으면, 곧 무너지고 터져서 땅보다 위에 있게 되니, 백성이 농사일에 불안하면 곧 떼지어 일어나 도둑이 되는 것과 마찬가지이다. 이것이 예기치 못

---

11 [說證] 萃卦는 小過卦에서 大坎의 도둑을 국경 밖으로 내몰았는데도, 여전히 위에서 사납게 모여 있으니, 坤의 나라를 지키는 자가, 방비가 없을 수 있겠는가? 巽의 나무로 된 자루가 있고[坤도 자루가 됨], 兌의 뾰족하고 날카로운 무기도 있다. 이 무기를 艮의 거친 숫돌[礪 小石]에 갈고 담금 질하여, 坎의 물로 식히니 이를 '除戎器'라 한다. 소과에서도 무기가 있었다[從或戎之·弌取彼在穴]. 萃卦에는 兌의 기쁨과 坤의 편안함이 있으니, 백성에게 우려할 바는 없다. 巽으로 알리고 艮으로 훈계하여, 坤의 대중에게 경계하니, '戒不虞'가 된다.

12 참고로 입시와 취업 그리고 인사이동에 대길이다. 여행자는 마치 사막에서 오아시스를 만나는 것과 같이, 하늘의 은총에 감사를 드릴 것이다.

한 변고이다. 그러므로 군자는 못이 땅보다 올라가 있는 상을 보고 무기를 정비하여 예기치 못한 일에 대비한다."

김도의 『주역천설』 설명도 다르지 않다. "천하의 일은 번성과 쇠퇴가 각각 때가 있어 사람의 많고 적음이 같지 않다. 사물은 번성하면 반드시 쇠퇴하고 사람은 많으면 반드시 싸우는 것이 이치의 일상이다. 췌괘는 태☱의 못 물이 곤☷의 땅 위로 올라가, 물의 기세가 극성하여 무너지고 터질 상이 있으니, 미리 대비할 경계가 없어서는 안 된다. 이러므로 군자가 이 상을 본받아 무기를 정비하여 예기치 못한 환란에 대비하는 것이니, 그 뜻이 매우 훌륭하다. 대체로 췌의 때는 사물이 번성하고 사람이 모이니, 반드시 쇠란의 조짐이 있어 뺏고 다투는 자가 이를 것이다. 미리 방비하는 일이 없어서야 되겠는가? 물에 무너지고 터지는 상이 있으면 미리 염려하여 막아야 하고, 사람에게 뺏고 다투는 조짐이 있으면 미리 염려하여 무기를 정비해야 하니, 이것은 무력을 숭상하는 계책이 아니라 다만 예기치 못한 환란이 있을까 염려하는 것이다. 한창 번성할 때에 쇠퇴를 염려하는 것이 옛 성인의 깊은 경계인데, 후세에서는 그렇게 하지 않고 부유함과 번성함에 탐닉하고, 음란하고 사치함에 빠져서, 심지가 미혹되어 변란과 패망이 이르게 될 줄을 모르니, 애통하도다."[13]

식산息山, 화서華西, 백운白雲의 설도 좋다.[14]

---

13 金濤, 「周易淺說」: … 水有潰決之象, 則豫慮而防塞之, 人有爭奪之漸, 則豫憂而治戎器, 此非右武之計也, 特慮其有不測之患也. 方盛而慮衰, 古聖之深戒, 而後世則不然, 耽於富盛, 樂於淫侈, 心志蠱惑, 而不知其亂亡之將至, 可勝痛哉.

14 李萬敷, 「易大象便覽」: "천하의 사변은 헤아릴 수 없이 많습니다. 만일 질병이나 장마와 홍수, 지진에 대한 대비와 계책으로, 평소 조정에 안정된 정책이 없다면, 막대한 변고가 숨 한번 쉴 사이에 갑자기 일어날 것입니다. 그렇게 된다면 큰 산이 무너져 내리는 기세를 감당할 수 없습니다. 이것이 제가 깊이 우려하기를 탁상공론하는 이보다 더 심하게 꾀하는 이유입니다. 바로 지금처럼 무사한 때에 인재를 선발하여 경계를 잊지 말아야 합니다. 전날을 답습하여 기강을 무너뜨려, 단지 띠풀을 끌어다 떨어진 곳을 깁고 새는 것을 막는 안일한 방법으로 안 됩니다."
李恒老, 「周易傳義同異釋義」: "坤과 兌는 극진히 기르는 방법이 있으나 兌는 正秋에 만물을 肅殺하는 기운에 해당하기 때문에 무기를 정비하는 것이다."
沈大允, 『周易象義占法』: "못이 모이면 터짐을 방비해야 하고, 사물이 모이면 무너짐을 방비해야 하며, 재물이 모이면 도적에게 빼앗김을 방비해야 하니, 무기를 정비하고 예기치 못한 일에 대비하여 변고를 막는다."

初六 有孚 不終 乃亂乃萃 若號 一握爲笑 勿恤 往 无咎

초6은 믿음이 있으나, 끝까지 잇지 못하니, 이에 혼란을 틈타 도적이 떼 지어 나타날 것이다. 만약 위험을 소리쳐 외치면, (누군가 도우러 와서 그 사람과 함께) 손을 하나로 맞잡고 웃게 될 것이다. 걱정하지 말라, 가도 허물이 없을 것이다.

나와 짝 되는 4는 서로 부정한 위치에 있다. 그 믿음이 이탈될까 걱정이지만, 다행히 음양으로는 친할 수 있는 사이인지라 일관되게 가기만 하면 좋으니, 4에게 변함없는 믿음을 지녀야 한다[有孚]. 그런데 주위의 소인들이 서로 당리당략으로 취합하는 시절인지라 절도가 무너지고 있다[不終]. 만일 나의 짝 4를 버리고, 다른 이들(2, 3)을 따르면 반드시 내란乃亂(Confusion)이 일어날 것이다. 그렇지만 다시 짝 4를 찾아 나선다면 뜻이 모아지는[乃聚, Gathering] 것처럼 된다. 다만 위험을 무릅쓰고 큰 소리로 외치면[若號, If call out], 진정한 마음으로 두 손을 잡고[一握] 웃어 줄 것이다[爲笑]. 걱정이 없으니[勿恤] 가도 허물은 없다[往无咎]. 공자도 "이에 혼란을 틈타 이어 도적이 떼지어 나타나는 것은 백성들의 뜻이 어지럽기 때문이다[象曰, 乃亂乃萃, 其志亂也]"라고 했다. 이런 상황은 사람들이 많이 모여들기 때문에, 미처 예측하지 못하는 일이 발생할 수도 있음이다. 큰일(제삿날)에 사고가 생기면 하늘과 조상께 누가 될 뿐만 아니라, 대규모 군중들로 인하여 질서를 유지하기 어려워 우왕좌왕할 일이 생긴다. 큰일(제사)에 방해되지 않는다면 그대로 내버려두고, 임금을 도우러 가라. "혼란은 군중들 스스로에게 질서를 지키도록 부여하면 된다."[15]

췌가 수괘隨卦로 간 경우다.[16] 수괘는 비괘否卦로부터 왔다. 비괘 때는 건乾의 왕이 위에 있고, 곤坤의 백성이 아래에 있어, 여섯 자리가 모두 상응을 하니, '유부有孚' 즉 '믿음이 있었다.' 그런데 수괘가 되면서, 마지막 상하괘의 3과 6이 응을 하지 못하니 '유부불종有孚不終', 즉 '믿음이 끝까지 가지 못했다.' 반면 비괘 때는 혼란스럽지 않았는데, 수괘로 가면서 끝까지 가지 못하게 되니 나라에 혼

---

15 김인환, 『주역』, 361쪽.

16 [說證] 隨卦는 처음과 끝이 불응하기에 '不終'이며, '乃亂乃萃' 같은 도적과 근심 '恤'은 감☵에서 오고, '號'는 태☱로 도적을 알림이다. '一握'은 간☶이요, '爲笑'는 돌아온 태☱의 기쁨과 리☲의 얼굴, 진☳의 소리이다. 참고로, 도적으로 혼란한 시기에 만약 호소로 구원을 요청한다면, 반드시 나를 구원해주러 올 사람이 있을 것이다. 호號와 소笑는 운을 맞췄다[號笑叶韻].

란이 일어나고 백성들이 모여 감坎의 도적 떼로 변해 '내란내췌', 즉 '혼란을 틈 타 도둑의 무리가 나타난 것이다.'

임금이 백성을 다스림에 끝까지 믿음으로 덕치를 해야 하는데 그렇지 못하면 백성들은 도적으로 변하고 만다는 증거다. 이에 감坎의 도적을 보고 놀라 '호號'로 위급한 상황을 알리니, (소과괘 이래로 진震의 장수를 상실하였다가, 수괘가 되면서) 진震의 장수가 다시 돌아와, 그 큰 기쁨[大离]을 간艮의 손으로 맞잡고, 태兌의 기쁨 과 진震의 소리가 얼굴에 나타나며 서로 만남이 이루어지는 것이다[一握爲笑].

六二 引吉 无咎 孚乃利用禴
육2는 동지들을 이끌고 중정의 도를 지킨다면 탈이 없다. 성의가 있다면 예는 간 소하게 차려도 된다.

유순하고 중정한 자리로 임금(5)과는 정응의 관계를 유지하고 있으니 의심할 바가 없다. 이웃들이(초·3) 힘 있는 친구(4)에게 끌려가고 있으나[引], 나는 스스 로 참고 또 참아야만 배필(5)에게 신의를 얻고[吉] 허물이 되지 않을 것이다[无 咎]. 진실로 성심[孚乃]을 지녔다면 큰 제물을[大牲, Great offering] 쓰지 않더라도 간소한 제물만[禴, Small offering] 써 도 허락이 된다[利用].[17]

그래서 아래 친구(초6)는 부정이고 음이라서 믿음을 다하지 못할까 두려워하 지만, 자신은 믿음으로 그 자리에서 온몸과 마음으로 못을 박고 살아가니 허물 될 일은 없다. 더군다나 나의 배필도 강건중정한 덕을 지닌 군왕으로 군신이 화 합하는 췌의 상을 보이고 있다. 고로 상하가 진실한 마음으로 서로 이끌며 제사 를 드린다면, 비록 제수가 간소하여도 하늘의 복을 받으리라. 그러니 5가 마음을 움직여 올 때까지 기다리며 정성을 다하는 정절의 모습이 아름다울 것이다. 나 아가 군자는 취합하여 같이 살아가는 공존, 공영, 공익, 공생을 위해서라면 자신 을 살신성인의 정신으로 몸을 내던지지만, 사리사욕을 위해서는 결코 소인배들 과 결탁을 하지 않을 것이다.[18] 고로 공자의 증언도 "흐트러지려는 마음을 당기

---

17 『주례』 : "春祭는 사(祀), 夏祭는 약(禴), 秋祭는 상(嘗), 冬祭는 증(烝)이라 한다."
18 『논어』, 「위정편」 : "君子周而不比 小人比而不周."

니 길하여 허물이 없다는 말은 중심이 아직 변하지 않았다는 뜻이다[象曰, 引吉无 咎, 中未變也]"라고 한다. 췌가 곤괘困卦로 간다.[19]

참고로 췌는 땅 위에 있는 연못이 흐르는 물을 가두어, 그 아래 땅을 적시고 초목을 생육시키기에, 위의 입장(정부·회사·상대)에서는 즐거움[☱]을 가지고 적극적으로 사업에 임하고 있으니, 나도 기쁜 마음으로 거기에 순종[☷]하며 따라만 가면 성공을 확신한다. 동지들을 모으고 의견과 여론을 수렴하여 가면[引吉] 꿈은 이루어질 것이다.

六三 萃如嗟如 无攸利 往 无咎 小吝
육3은 모여서 탄식만 하고 있으니 이로운 바가 없다[불성실한 제사는 복 대신 화를 입는다]. 이를 알고 가면[스스로 반성하고 겸손한 자세로 제사에 임하면] 화는 없지만 약간의 유감은 있을 것이다.

3은 호응하는 짝도 없고 부중부정한 자리에 처하여 자칫 소외될 입장에 놓였다. 이럴 때는 오직 변신만이 살아날 방책이다. 동지들이 모여들어 취합(제사, 단결)하다 다시 일이 어그러져 탄식[萃如嗟如, Gathering together amid sigh]할 것이다. 하나 되려 하는 단결은 어렵다[无攸利]. 그럼에도 적극적인 자세로 협력자를 구하러 나선다면 벗도 얻고 탈도 없을 것이다[往无咎].

부정한 자리라고 나의 짝 상6은 나를 밀어내고 있다. 그런고로 취합의 대열에 참여하기 위하여 어쩔 수 없이 바로 위 4에게로 가서 제사를 돕고 취합하는 동지가 된다. 그렇지만 나의 짝이 아닌 4에게로 간다는 것이 나의 입장에서 보면 약간의 인색함[小吝]이 따르겠지만 어쩔 수가 없다. 3은 하괘 곤☷에서 보면 어디에 누구를 따라가더라도 순종하는 자세가 몸에 배어 있다. 호괘(5·4·3)로 보면 손☴이라 또 겸손하고 손순할 수 있으니, 나의 주인이 아닌 4를 따라가도, 상황 변화에 적절히 대처하며 모든 일에 부드럽게 솔선수범할 수가 있을 것이다.

---

19 萃의 호괘는 풍산점괘다. 漸의 2가 변하면 중풍손이다. 巽卦는 中孚에서 온다. 중부 때는 음이 하괘 3에 있었는데, 음을 끌어 1로 내리면 손괘가 된다. 고로 양이 정위를 얻으니 '무구'다. 巽卦 의 손☴은 풀이고 淨潔이니 '利用禴'이다.

그리고 보면 인간은 그 어떠한 상황이나 장소에 처하더라도, 이를 이겨내기 위하여 발휘하고 쓸 수 있는 만 가지 능력을 지니고 살아간다고 봐야 할 것이다. 공자는 "가도 허물없을 것이라는 말은 위를 좇아가도 부드럽게 처신할 수 있기 때문이다[象曰, 往无咎, 上巽也]"라는 확신이 있었다. 역도易道가 변화무쌍함은 단지 천지조화를 알고 행할 뿐이다.

참고로 내괘 세 음이 4와 5의 권력 앞으로 모여드는 때이다. 부중부정한 나 3은 세 사람 중에서도 제일 높고 나은 자리에 있다. 그렇지만 입장 정리가 어려운 때인지라, 아랫사람들과도 관계를 잘 유지하고 윗사람에게도 처신을 잘해야 살아남는다는 사실을 알아야 할 것이다. 췌가 함괘咸卦로 간다.[20]

> **九四 大吉 无咎**
> 구4는 대인이 (자신의 합당한 지위를 회복하여) 크게 길하여 허물이 없다.

구4는 아래 백성들(세 음)의 뜻을 모두 취합하고, 자신의 책임을 다하더라도, 주군의 심기를 불편하게 해서는 안 되는 자리이다. 어린 조카 성왕成王을 도와 태평성대를 이룬 주공周公의 신도臣道라 할 수 있지만, 단종端宗을 도와 사육신들과 피비린내를 부른 수양首陽의 도는 아니다. 정과 성을 다하고 백성의 뜻을 모아가야 하는 췌의 시절에, 가장 책임 있는 군신의 도가 무엇인지 말해 준다. 아래 있는 백성들의 뜻을 얻는 것도 좋지만, 자신이 부정한 자리에 있으니 비록 상하의 뜻을 모두 얻었을지라도 자칫 백성과 임금에게 모두 대길大吉해야만 무구가 됨을 명심해야 한다.

대체로 상하의 도는 눈꼽만큼이라도 비리가 있으면 허물이 된다. 그러니 췌의 시절에는 자신의 짝(초6) 이외에 또 다른 사람 3이 사사로이 친친하여 오면, 자칫 신하로서 임금에게 불편을 끼칠 수 있는 상황에 놓일 수도 있다. 그런고로 서로 대길大吉한 후에야 무구라 하니, 성도聖道를 익혀야 하는 어려운 자리다. 유위有爲한 수양首陽이야 어려웠겠지만, 무위无爲의 주공周公은 임금의 자리를

---

20 [說證] 萃의 坎보다 咸卦가 더 大坎이라, 태☱의 입으로 탄식을 하니 '萃如嗟如'다.

획책할 마음조차 없었기에 무구无咎일 수밖에 없다.

공자가 "크게 길하여 허물없음은, 거처하는 자리가 대인에게 마땅치 않기 때문[象日, 大吉无咎, 位不當也]"이라 주석한 것은, 구4의 부정하고 강직한 성질이 만에 하나라도 신하의 도를 넘을까 걱정함인 것 같다. 임금의 권력으로 아랫사람들을 불러 모으는 대리인으로서, 사심을 부리는 것은 절대 금물이다. 고로 4는 정성을 다하여 군중의 혼란을 바로잡고서도 그 공을 자랑하지 아니하고, 헌신하며 실제로 최측근에서 처신을 잘해낼 수 있는 자라면 주군도 이를 믿어 의심치 않을 것이다.[21]

『중용』의 다음과 같은 대목이 이를 잘 대변하고 있다. "진실됨이란 하늘의 도요, 진실해지려고 함은 사람의 도이다. 진실한 사람은 힘쓰지 않아도 선에 꼭 맞게 되고, 생각지 않아도 의도한 선을 얻게 되니, 이는 곧 성인이다. 고로 진실해지려고 애쓰는 사람은 선을 한 번 가졌다 하면 굳게 지킨다."[22]

> 九五 萃有位 无咎 匪孚 元永貞 悔亡
> 구5는 백성이 모여들고 존귀한 자리에 있으니 허물은 없다. 그러나 군주와 백성들은 호응이 없다. 처음부터 오래 걸리는 일이었으니 후회는 없다.

---

21 췌괘 4는 일인지하 만인지상의 2인자로, 공을 100을 이루어도 허물이 단 1이라도 생겨나면 그 공덕이 깡그리 사라지는 자리다. 이승만대통령 시절 이기붕은 온 가족이 권총 자살이란 참상으로 주군을 하야시키며, 4·19와 5·16을 만들었다. 박정희 시절 2인자로 성공한 JP는 김영삼과 김대중까지 대통령으로 만든 킹메이커로 꽃놀이패를 두었지만, 자신은 정녕 영원한 2인자로 남았었다. 김재규는 10·26으로 주군 박정희를 시해하고, 12·12사건 거사동지 전두환과 노태우는 집권에 성공하고, 노태우 역시 전두환 아래서 2인자로 성공한다. 노태우 시절 노회한 정치 9단 김영삼은 집권에 성공하나, 이회창은 정치적 훈련 미숙으로 김영삼의 눈밖에 벗어나, 그 이회창의 바통 터치 실패로 보수당의 정권이 진보세력 김대중에게로 넘어갔다. 또 김대중이 키운 노무현은 2인자를 만들어내지 못한 채, 보수정당 이명박에게로 정권이 넘어가고, 이어 박근혜는 주제를 모르는 최순실에 목덜미가 잡혀, 진보정당 문재인에게 넘어간 것 역시 췌괘 4에서 볼 수 있는 참모들의 만상이다. 최진의 '참모론'에 나타난 역대 대통령들이 그 참모를 기용한 방식이 재미있다. "이승만은 하인형(이기붕), 박정희는 돌격대형(이후락, 차지철), 전두환은 충복형(장세동), 노태우는 지략가형(박철언), 김영삼은 의리형(이원종), 김대중은 기획가형(박지원), 노무현은 동지형(문재인), 문재인은 혁명운동가형(임종석, 조국)을 좋아했다."

22 『중용』: "誠者 天之道也. 誠之者 人之道也. 誠者 不勉而中 不思而得 從容中道 聖人也. 誠之者 擇善而固執之者也."

군중의 혼란이 정리되면 임금이 하늘에 제사를 올리는 자리[萃有位]를 얻지만, 반드시 권위를 가져야 허물이 없어진다[无咎]. 만약 그 권위마저 잃으면 탈이 생길 수 있다. 정치라는 것은 임금을 반대하는 야당이 필히 있기 마련이다. 임금은 작은 반대에 일일이 신경 쓰지 말고 인내로써 큰제사(통 큰 정치)에 임하고, 군중의 혼란을 자신의 책임으로 여기는 넉넉한 도량도 지녀야 한다. 민심의 중심(2)은 아직도 나를 지지하고 있다. 나를 싫어하는 다른 인사들(초, 3)은 시절에 따라 나의 부하(4) 밑으로 가서 줄을 서기도 할 것이다. 그 사람들 역시 나의 진실한 신하로 굳게 믿고[永貞, Enduring perseverance] 가야만 회망悔亡할 것이다. 자신은 덕과 지혜를 동시에 지녔기에 존경을 받지만, 혹 나에게로 돌아오지 아니하는 자가 있다면[匪孚, No sincerely], 그들을 내칠 것이 아니라 임금인 나 스스로가 덕을 두텁게 할 필요가 있다. 흩어지려는 백성들에게 크게 감화를 주며 오래갈 수 있는 인내[元永貞]를 지니는 것 또한 임금이 가져야 하는 덕목 중 가장 큰 것이다.[23]

"천하와 같이하는 도[比天下]와 민심을 모으는 도[萃天下]가 다 여기에 있다 하더라도, 만일 천하를 거부하고 돌아오지 않는다면 나의 신복귀부信服歸俯한 도가 모자란다는 증거가 분명하다."[24]

공자도 이를 간파하고 "존위의 자리를 얻었지만 그 뜻이 확연히 빛나지 않은 까닭[象曰, 萃有位, 志未光也]"에 후회가 일어나지만, 그것을 실천한다면 "수덕修德하고 욕선辱仙이 되어 미시未時에 반드시 밝은 빛을 비출 것"이라 한다.

『서경』에는 이런 대도가 보인다. "문왕은 자기가 등용한 사람을 믿었다. 아무리 많은 옥사와 송사가 있더라도, 그는 알려고도 하지 않고 목민관에게 일체를 위임하였다. 그는 덕이 있는 자를 등용하고, 단지 국법을 어기지 말 것을 당부했을 따름이다."[25] 그렇지만 현실 정치에 밝은 주자는 "성군이 덕으로 천하를 부르

---

23 金相岳, 『山天易說』 : "자리란 하늘 자리이다. 아래에서 능멸하고 핍박하는 세력이 있기 때문에 5를 지위가 있는 것으로 말해, 분수를 엄격히 했다. 5가 변하면 豫卦가 된다. 상제는 震方에서 나오고, 豫卦는 제후를 세우는 상이 있기에, 여기에서 '萃有位'라고 하였다. '匪孚'는 백성의 뜻이 믿지 않음이니, 자기의 덕이 미덥지 못해서이다. 또한 '元永貞'은 임금의 덕이자 백성이 귀의하는 곳이다. 元은 건의 덕이고, 永貞은 곤의 일이다. 췌괘는 두 양이 위에 있어 모임을 나누기 때문에, '크고 영원하며 바름[元永貞]'이라 하더라도, 겨우 '뉘우침이 없게[悔亡]' 될 뿐이다."

24 정이천, 『이천주역』 : "元永貞者, 君之德, 民所歸也. 故比天下之道, 與萃天下之道, 皆在此者. 天下尚有未信服歸附者, 蓋其道未光大也, 元永貞之道未至也, 在修德以來之."

25 『書經』, 「周書」 참조

는데도 역적逆賊을 하면 더 크게 펼쳐서 원근遠近과 혼명昏明의 다름을 밝혀주어야 옳은 성도聖道이다" 하였다.

『오위귀감』에서 수현壽峴의 읍소는 이랬다. "신이 삼가 살펴보았습니다. 췌괘 구5는 이미 무리를 얻었고, 또 지위가 있으니, 허물이 없습니다. 이와 같은데도 오히려 나를 믿지 못하는 자가 있는 것은, 나의 허물이 아니라 믿지 못하는 자의 허물입니다. 그러나 감히 스스로 허물이 없다고 여기지 않고, 반드시 '나의 도가 아직 빛나지 않아서이다'라고 생각하여, 더욱 스스로 크고 영원하며 바른 덕을 닦는다면, 복종하지 않는 이가 없어 후회가 없을 것입니다. 문덕을 널리 펴서 완악한 삼묘三苗[묘족]를 오게 한 듯이 한다면, 바로 징계될 것입니다. 삼가 전하께서 횡역橫逆의 일을 당하게 되면, 췌괘를 취하여 덕을 살피소서."[26]

속설에 '이름과 권력은 빌려 주는 것이 아니'라 했지만, 시절이 영상領相에게 위임한 정치라면, 믿음을 가지고 인내의 정성을 다해야 하나, 그래도 위엄은 놓지 말아야 한다. 고사로 문왕(5)과 그 측근(4)들이 은나라를 멸하고는, 수많은 백성을 종묘에 모아놓고 통합과 경축을 위하여 큰 제물로 하늘과 은나라 그리고 주나라의 조상들에게 바친 제사를 췌로 볼 수 있다.[27] 췌가 예괘豫卦로 간다.[28]

上六　齎咨涕洟　无咎[29]

상6은 (신하가 그 임금을 잃으니, 애통한 마음에) 탄식하고 슬퍼하며, 눈물과 콧물을 흘리겠으나, (다시 군주를 모시게 될 것이라) 허물이 사라진다.

임금의 대덕으로 감화를 주면, 혼란을 일으키던 소인들도 울면서 뉘우치고

26　石之珩,『五位龜鑑』: "…. 猶有不信我者, 非我之過也, 不信者之過也. 然亦不敢自謂无過, 必曰吾道未光大也, 益自修其元永貞之德, 則无思不服而悔亡矣. 如誕敷文德, 而格苗之頑, 卽其徵也. …"

27　Huang, *The Complete I Ching*, 685쪽.

28　[說證] '萃有位无咎'는 5의 진☳의 위를 말하고, '匪孚'는 임금 5와 백성 2를 뜻한다. '永貞'은 萃의 大坎을 봄이요, '元'은 진☳을 봄이요, '未光'은 5의 자리를 잃음이다. 豫卦는 復卦에서 왔기에, 복괘 때는 백성들이 모여 있으나, 震의 군주에게는 적합한 자리가 없었다. 豫卦가 되면 군주가 윗자리에 있어 백성들을 통제하여 귀순하면 지위가 보장된다. 참고로 5효 동이면 福神이 내 편에 섰으니 만사가 좋고, 자손 또한 왕기를 탄다.

29　齎 탄식할 자. 咨 탄식할 자. 涕 눈물 체. 洟 콧물 이.

제사에 참여할 것이다. 결국은 참된 마음으로 하늘에 제사를 올리는 임금의 정성이, 혼란한 군중의 질서를 바로잡는다. 소인들도 고립된 상태를 알고는 탄식하고 반성하며 국정에 참여하니 탈이 없다. 시절을 읽지 못하여 고립무원을 당하고 살아온 불쌍한 자들의 말로다. 마냥 눈물 콧물 흘리며 반성할 것이 아니라, 대역지도大逆之道에서 돌아와서 적극적으로 국정(5)에 동참해야 옳다.[30]

소인의 입장에서야 기쁜 자리[☱]에 처하여 살아갈는지 모르나, 천하에 누가 그들과 같이 동참하겠는가. 정성을 모아 단합하고, 힘을 모아야 할 자리에서 늘 빈정대는 투로 응대하였으니 눈물이 당연하다. 탐욕을 좇고 편안한 곳만 택하였으니, 곤궁에 빠져도 자신의 행동을 알아채지 못하여 그만 췌지비萃之否가 된 소인들의 행각이다.[31]

상6은 아래 육3과 취합聚合이 어렵다. 그렇다고 5의 임금을 좇아서 합세를 하려니 여론(육2)이 용납지 않는다. 고로 늙은이가 윗자리에서 슬퍼하고 탄식하고 눈물과 콧물을 흘리는 것은, 그 어느 곳과도 취합이 되지 못하고 편치 않은 탓이다[象曰, 齎咨涕洟, 未安上也]. 이러한 고립과 역도逆道를 알고 자자체이齎咨涕洟 (Lamenting and sighing, floods of tears)의 자세를 취하면 허물이 사라질 것이다. 아산은 "64괘 중에서 췌괘만이 효사에 모두 무구无咎가 들어 있다"며 "무구는 길과 흉으로 나갈 수 있지만, 그 노력하는 여하에 따라서 길한 데로 향할 수가 있으니, 그나마 희망을 보이는 것"으로 본다.

상위가 울고불고 하는 것은 덕이 부족하면서도 지위가 너무 높이 올라간 탓이다[德薄而位尊].[32] 실록에는 세조가 금성대군 유瑜에게 일찍이 『주역』을 배우게 했던 바, 그를 사랑하여 골육의 온정을 느끼며 체읍涕泣까지 했다고 기록했다.[33]

---

30 상6의 음이 양을 올라타고 있었는데, 否卦가 되면서 음이 소멸하니, 과오를 보완함이 된다. 乾은 군주이다. 산하들은 군주를 잃음에 '齎咨涕洟'를 하니 충신이다. 충신이 나라를 지키며, 반드시 군주를 모시게 되니, 무슨 허물이 있겠는가?

31 [說證] 萃의 모괘 小過 때는 진☳의 군주가 위에 있고, 네 개의 음은 신하가 된다. 그런데 小過가 萃로 가면, 군주가 죽고(☳이 사라지고), 신하만이 나라 곤☷을 지키니, 大坎의 근심이 애통하여, 태☱의 입으로 터져 나오니 '齎咨涕洟'의 상이다. 觀卦 大艮의 코 위로 감☵의 물이 줄줄 흘러내린다. 주효라 본상만 본다.

32 '코로나19' 사태로 임금과 정부는 백성에게 아침부터 저녁까지 긴 줄을 세워 놓고 '마스크' 한 장으로 분노와 눈물을 자아냈다.

33 『조선왕조실록』 세조 1년(1455) 윤6월 11일 : "금성대군 李瑜는 그 재산이 累鉅萬에 이르고 성질

참고로 가뭄이 심하여 비가 오지 않자 기우제를 지내고 난 후에 얻은 상효라면 비가 올까, 안 올까? '자자체이齎咨涕洟'라 하였으니 '홍수'가 난다.

이 호탕 방종하여 근신할 줄 모르고 사치하고 참람하자, 한명회는 이를 일찍 제거하여 養虎遺患이 없도록 하기를 청한 바가 있었다. 瑜가 일찍이 임금을 좇아 『주역』을 배운 바가 있는데, 임금이 그를 사랑하였고 또 골육의 온정을 생각하여 혹은 涕泣까지도 하였기 때문에, 瑜에게는 특히 곡진하게 깨우쳐 타이르고 그의 평생은 보전하게 하려고 사람들의 말을 모두 거절하고 받아들이지 않았었다."

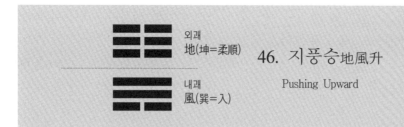

외괘
地(坤=柔順)

46. 지풍승地風升

Pushing Upward

내괘
風(巽=入)

승升의 시절은 나 자신의 재능과 실력을 제대로 인정하여 주는 진정한 어른을 만나 복을 얻는다. 큰 경륜 있는 귀인이 증명을 하고 보증이 된다면 나는 곧바로 등용되어 절호의 찬스를 맞을 것이다.

> 升 元亨 用見大人 勿恤 南征吉
> 서서히 위로 오르는 승은 군주에게 형통하다. 대인을 만나게 될 것이니 걱정 말라. 남쪽을 정벌하면 좋다.

기운이 상승할 때는 군주라도 마음과 몸가짐이 공손하고 유순하면 더욱 좋다[升元亨]. 반드시 대인의 도움을 받게 된다[用見大人]. 공손과 유순은 무모한 자의 것이 아니라, 대인의 바른 자세이자 큰 무기이다.[1] 이렇게 겸허한 자라면 대인을 등용할 일에 걱정할 필요가 없고[勿恤], 대인을 얻어 남쪽을 정벌하여도 반드시 성공이 보장된다[南征吉].

승升이란 땅 밑에서 싹이 돋아난 어린 나무가 하늘을 향하여 쭉쭉 뻗어 나가고[升], 올라가는[昇] 기세를 말한다.[2] 진晉이나 점漸과는 달리 승升은 순조로운 성장이다. 세력으로 보면 욱일승천하는 진晉이 가장 왕성하지만, 거기에는 위험과 왜곡歪曲이 따른다. 그렇지만 승升에는 자신의 건실한 실력과 튼튼한 후원자의 뒷받침이 있다. 고로 승에는 어린 싹이 움트는 것처럼, 강렬한 생명력과 풍부

---

1 『詩經』, 「商頌」, '長發', "湯降不遲, 聖敬日躋." 즉 "탕임금이 아래로 낮추심을 더디게 하지 않으시고, 하늘을 지성스럽게 공경함은 날로 높이셨네."
2 췌괘는 관괘의 4가 상으로 간 것이고, 승괘는 임괘의 3이 초로 온 것이다. 상승은 往이요, 하강은 來가 되니 「잡괘전」에서 升을 不來라 하였다.

한 영양분을 갖고 있기에, 자신의 재능과 실력을 올바로 평가하고 인정하여 주는 어른만 만나면 그 힘을 충분히 발휘할 것이다. 「서괘전」은 "승은 기가 모여 오르는 것[聚而上者謂之升]"이라 하고, 「잡괘전」은 "승은 앞으로 계속 올라가기만 하지 뒤로 돌아오는 법이 없다[升不來也]"고 하였다.[3] 승괘는 임괘臨卦에 있던 강 하나가 3위로 올라간 것이고, 또 소과괘小過卦에서 곤의 신하들이 합하지 못하고 등을 돌려 양쪽으로 나뉘어 있다가, 음 하나가 위로 서둘러 오르니, 곤의 동료들이 모두 당위에 올라선 모양이다.[4]

다음은 '인재를 등용하면 좋을 때'라는 공자의 단사다. "승升은 크게 뻗어서 발전한다. 부드러우니 시절에 따라 오르고[柔以時升], 공손과 유순의 덕을 구비하니[巽而順], 강한 민심과 상응하여[剛中而應], 크게 뻗어 발전할 것이다[是以大亨]. 이러한 때에 임금은 대인을 등용하여 쓰면[用見大人], 어떤 근심도 없고[勿恤], 경사만 찾아올 것이다[有慶也]. 정벌이라면 남쪽으로 가야 좋다[南征吉]."

문왕의 고사로 볼 때, 위의 남정南征은 강남 국경 지역의 정벌이 잘 수행되었음을 알 수 있다. 원정을 떠나기 전, 문왕은 주周의 발생지인 기산에 희생을 올리고 제사를 드렸으며 원정은 순조롭고 대길하였다. 남쪽은 황하黃河에서 장강長江에 이르는 지역을 이른다.[5] 이 정벌은 주나라가 황하 이북에서 이남으로 경작지를 확대하는 데 연유하였다. 중국 역사에서 장강 이남까지 본격적으로 개발된 것은 1128년 남송이 도읍을 항주에 정하고부터이고, 동쪽에는 동이가 버티고 있었으니, 당시 주나라가 선택할 길은 오직 남쪽 지역의 정벌뿐이었을 것이다.

---

3 「서괘전」: "聚而上者爲之升."
  「잡괘전」: "升不來也." 승당하는 예에는[升堂之禮], 겸양이 있어야 하는 법인데[讓而後乃升也], 승괘가 아래 손순을 가짐이 그것이다[卦以巽讓所由升也].

4 『禮記·昏義』: "혼례는[昏禮者], 장차 두 성의 좋은 것을 합하여[將合二姓之好], 위로는 종묘를 섬기며[上以事宗廟], 아래로는 후세를 이으려고 하는 것이다[下以繼後世也]. 그러므로 군자가 이것을 소중히 한다[故君子重之]. 그러므로[是以], 혼례에는 납채·문명·납길·납징·청기의 절차를 거치고[昏禮納采問名納吉納徵請期], 주인이 사당에 연궤하고[皆主人筵几於廟], 남자의 사자를 묘문 밖에서 절하고 맞는다[而拜迎於門外], 들어와서는 읍양하여 오르게 하고[入揖讓而升], 명을 사당에서 듣는다[聽命於廟]. 이것은 공경하고 삼가 조심하여 혼례를 정중하게 올리려고 하기 때문이다[所以敬愼重正昏禮也]. 고로[故曰], 혼례는[昏禮者] 예의 근본이다[禮之本也]."

5 황하는 5,464km로 청해, 사천, 감숙, 영하, 산서, 하남, 산동을 지나서 흐르며 유역면적은 75만㎢이다. 장강은 6,300km로 청해, 사천, 서장, 운남, 호북, 호남, 강서, 안휘, 강소, 상해를 지나며 유역면적은 180만㎢이다.

이러한 선택이야말로 "중국에게는 천 년 동안이나 개척을 할 수 있는 남쪽이 주어졌고, 우리에게는 개척할 북쪽 지역이라고는 시베리아 빙원밖에 없었다."[6] 동쪽에는 강력한 동이가 버티고 있었으므로, 그 당시 약소국이었던 주나라가 선택할 수 있는 길은 오로지 남쪽 정벌이었다. 한·중의 역사가 자못 운명적이다.[7]

설증으로 살펴보면 승은 임괘臨卦와 소과괘小過卦로부터 온다. '원형元亨'은 진☳의 군주가 손☴으로 손순함을 갖추니, 백성[☷]의 마음도 돌아와[☷] 순종[☴]하고 그 뜻이 서로(2와 5) 맞아 크게 형통한 것이다. '용견대인用見大人'은 호괘 귀매괘歸妹卦에서 신하와 군주가 서로 리☲로 2·3·4에서 만남이 있다. 만나도 부정한 3·4에서 이뤄지니 이로움이 없어 '이견利見'이 아닌 '용견用見'이라 한 것이다. 그래도 '물휼勿恤'이라 한 것은 아래 백성들이 감☵의 큰 근심을 보이지만, 손☴의 천명을 얻었기 때문이다. 또 귀매괘에서는 북쪽으로의 정벌이 흉하다[歸妹征凶] 하였으니, 승괘에서 '남정길南征吉'은 당연하다. '유이시승柔以時升'은 소과괘의 2가 4로 올라감을 말한다. 한편 '용견대인用見大人'은 지금 대인을 만나면 바로 등용을 얻음이 있고, '이견대인利見大人'은 미래에 대인을 만나 이로움이 있음을 말하는 것이다.

象曰 地中生木 升 君子以 順德 積小以高大
상왈, 땅속에서 나무가 자라서 오르는 모습이 승이다. 군자는 이를 자세히 관찰하여, 나무의 성장을 좇아 작은 것을 쌓고 또 쌓아, 점차로 높고 커지는 상태에 이르도록 할 것이다.

지☷와 풍☴이 만나서 승이 되는 까닭은 땅 속에 있는 씨앗 손☴의 성장에 달렸다. 씨앗이 싹이 나고 줄기가 세워져 한 그루의 나무로 성장하듯, 사람도 천천히 무리 없이 커나가야 한다. 도의 체는 본래 대소가 없다[道體本無大小]. 군자가 순리대로 덕을 쌓아 나가면 반드시 차차 높아지고 커질 뿐이다[順德積小以

---

6 김인환, 『주역』, 366쪽.
7 이맥, 『태백일사』: "고조선의 6대 임금 다의발의 막내동생이 8괘를 만든 복희라 한다. 고조선의 14대 임금 蚩尤는 하나라의 황제 헌원(BC 2692~2592)을 사로잡아 신하로 삼았다."

高大].[8] 여기서 손☰의 손순遜順, 곤☷의 외유外柔, 감☵의 내강內剛의 덕을 일러 '순덕順德'이라 하고, '적소이고대積小以高大'는 초6의 음 위에 두 개의 양이 높아 짐을 이른다.[9] 나무 역시 어릴 때에는 훼손과 조장이 없어야 하고, 또 땅의 영양을 충분히 먹고 자라나야 한다. 만사가 순리와 복대로 가면 무리없이 나아가지만, 역덕逆德하게 되면 퇴보를 하게 되니, 만물의 오르고 내림이 모두 이와 같다.

「계사전」에서 일렀다. "소인은 작은 선은 무익하다고 행하지 않는다."[10] 가의賈誼도 『신서新書』에서 일렀다. "선은 비록 작다고 하더라도 무익하다 할 수 없다."[11] 한漢나라 소열昭烈 황제 역시 "착한 일이 작은 것이라 해서 행하지 않으면 안 된다"[12] 하였으니, 「대상전」의 뜻이 이와 같다. 선을 쌓지 못하면 불선不善이 되지만, 학업이 충실하고 도덕이 숭고하면 첫발부터 '적덕積德'이 이루어지니, 아래 순자의 '권학勸學'이 이를 말해준다. "흙이 쌓여서 산이 되면 비바람이 일고, 물이 고여서 못을 이루면 교룡이 생겨나며, 선행이 쌓여서 덕을 이루면 이치를 훤히 알게 되고 성명을 갖게 될 것이다. 그러므로 한 걸음을 먼저 쌓지 않으면 천리에 이를 수가 없고, 작은 물줄기를 모으지 않으면 강과 바다를 이룰 수가 없는 것이다."[13]

---

8 참고로 升은 새로운 희망을 향하여 노력하면 반드시 목적을 성취한다. 승진의 기회가 주어지면 적극적으로 윗사람을 찾아가 도움을 청하라. 승은 단번에 비약하는 것이 아니라, 차근차근 단계를 밟아 오른다.

9 [說證] 升卦는 臨卦로부터 온다. 臨卦의 兌는 강을 올라타고 있는 상이라, 그 성질이 순정치 안다. 추이하여 승괘가 되면, 巽이 되고, 坎의 내강의 덕을 이룬다. 아래 小는 음이고, 위에 양이 쌓임은 大다. 임괘 때 두 개의 양은 크기는 하지만, 거처하는 곳이 매우 비천하다. 그런데 승괘가 되면, 한 개의 음이 아래에 쌓이자, 두 개의 양이 갑자기 높아지니, '積小以高大'가 된다. 옛날에는 기둥 밑에 돌이나 나무를 받쳤다. 손☰은 주추[楮]를 두 개 쓰는 형상이고, 그 기둥이나 건물이 길고 높았다. 「설괘전」에서 손☰은 '爲長爲高'이다.

10 「계사전」: "선을 쌓지 못하면 이름을 이루지 못하고, 악을 쌓지 않으면 몸을 잃지 않는다. 그렇지만 소인은 작은 선이 무익하다 하여 베풀지 아니하고, 작은 악이 해롭지 않을 것이라 여겨 함부로 행하는지라, 고로 악한 것이 쌓이면 덮을 수가 없고, 죄가 커지면 풀 수가 없다.[善不積不足以成名,惡不積不足以滅身.小人以小善爲无益而弗爲也,以小惡爲无傷而弗去也.惡積而不可掩,罪大而不可解.何校滅耳凶.]"

11 賈誼(BC 201~168), 『新書』, 「審微」: "善不可謂小而無益, 不善不可謂小而無傷."

12 "勿以惡小而爲之, 勿以善小而不爲惡." 劉備(162~223)가 죽을 때 劉禪에게 조칙을 내려서 한 말이라 한다.

13 『荀子』, 「勸學」: "積土成山, 風雨興焉, 積水成淵, 蛟龍生焉, 積善成德, 而神明自得, 聖心備焉. 故不積履步, 無以至千里, 不積小流, 無以成江海."

공자의 '순덕順德'하라는 소리에 아래 제설諸說들이 댓글을 잇는다. "사물은 순리대로 하지 않으면 망한다."[14] "이익과 해로움, 화복의 단서는 모두 아주 작은 것에서 생기고, 은미하고 소홀한 것에서 일어난다. 그 단서가 바로 부부에게서 시작하여 천지에 드러나는 것이다."[15] "나무가 하루라도 자라지 않으면 마르듯, 군자가 하루라도 덕을 쌓지 않으면 피폐해진다."[16] "아름드리 나무가 어디서 왔을까? 천 리 길도 한 걸음에서 왔으니",[17] 그야말로 '하학상달'이 바로 '순덕'이 아니겠는가.[18/19]

---

14 李正奎, 「讀易記」: "천하 사물은 순리대로 하지 않으면 거슬리니, 거슬리면 망한다. 작은 것을 쌓지 않고 크게 될 수 없다. 작은 것을 쌓지 않고 크게 되려는 자는 이미 순리가 아니다."

15 沈大允, 『周易象義占法』: "천하 만물은 본래 높고 큰 것이 없다. 반드시 미세한 것부터 쌓아서 이루어진다. 높고 큼의 근본은 미세함에 있기 때문에, 성인은 많고 작은 선을 합하여 그 큰 선을 이룰 뿐이니, 보통 사람들도 잘하는 것을 모아 성인에 이른 것이다. 『중용』에서 한 잔의 물과 작은 돌이 산과 바다가 된다 하였고, 도의 단서가 부부에게서 시작하여 하늘과 땅에 드러난다고 하였으니, 군자의 도는 드러나면서도 은미하다는 것이 이것이다. 한 잔의 물을 버리면 바다가 없고, 작은 돌이 없으면 산이 없다. 작은 선이 쌓이지 않으면 큰 선이 이루어지지 않기 때문에, 군자는 그 미세한 것을 귀중하게 여기고, 그 가볍고 소홀한 것을 삼가 계속 나아가서 높고 크게 된다. 소인은 작은 선으로는 이름이 날 수 없고 작은 악으로는 해가 될 수 없다고 여겨, 나날이 없어지는 데로 나아간다. 이익과 해로움, 화와 복의 단서는 모두 작은 것에서 생기고 은미하고 소홀한 것에서 일어난다."

16 金箕澧, 「易要選義綱目」: "'순리대로 한다[順]' 함은 '삼가함[愼]'이다. 나무가 하루라도 자라지 않으면 마르고, 덕을 쌓음에 하루라도 삼가지 않으면 피폐해진다. 덕을 삼가하여 작은 것에서 큰 것으로 들어감은, 나무가 처음 나와서 아름드리나무가 되는 것과 같다."

17 金濤, 「周易淺說」: "천하의 일은 나아가지 않으면 물러난다. 가려는 곳이 수만 리 밖에 있더라도, 한 걸음부터 점차 가면 반드시 도달할 수 있다. 군자가 바라는 것은 학업이 충실해지고 도덕이 숭고해져, 마침내 충실하고 숭고함에 이르는 것이다. 나무가 높고 크게 되는 것은 참으로 순리대로 점차 나아가는 것이고, 덕이 높고 크게 되는 것도 순리대로 점차 나아가는 것이니, 어찌 순리대로 도를 따르는 것을 버리고 이룰 수 있겠는가?"

18 尹行恁, 『薪湖隨筆易』: "'積小以高大'는 아래로부터 공부하여 위에 통달하는 공부이다. 먼 곳을 갈때에 가까이로부터 시작하고, 높은 곳에 오를 때 낮은 곳으로부터 시작하여, 조금이라도 사이가 끊어지지 않게 하여, 나아가고 나아가기를 그치지 않게 하니, 덕을 삼가하는 것이다."

19 李萬敷, 「易統·易大象便覽」: "『중용』에서 군자의 도를 비유해, 먼 길을 갈 때는 반드시 가까운 곳으로부터 시작하며, 높은 곳에 올라갈 때는 반드시 낮은 곳으로부터 시작한다고 하였다. 공자 또한 '아래로부터 공부하여 위에 통달한다' 하였으니, '공부한다[下學]'는 인간의 일은, 아래로부터 배워 참되게 쌓는 것이고, '위에 통달한다[上達]'는 것은 배운 것이 하늘의 이치에 합치되어 높게 밝은 것이다. 한나라 소열이 임종에서 그 자식들에게 경계하기를, '악이 적다고 해서는 안 되며, 선이 적다고 하지 않아서는 안 된다' 하였으니, 그의 타고난 자질이 아주 아름다왔기 때문에 그 말이 이 뜻에 저절로 합치되었으니, 소홀히 할 수 있겠는가!"

初六　允升　大吉
초6은 윗사람의 신임을 얻어 진정으로 올라가니, 크게 좋다.

초6은 땅속에 있는 물과 나무뿌리를 이른다. 물의 원활한 공급과 그 뿌리가 단단하고 깊숙하게 붙어 있어야 줄기가 힘차게 뻗어나갈 수 있다. 초6은 승괘 전체에서 가장 좋은 자리다. 이는 윗사람과 뜻이 하나 되고 믿음을 얻어 크게 길하다[大吉]. 여기에는 동파의 해석이 좋다. "음이 올라가서 양을 만나는 것은, 양이 올라가서 음을 만나는 것과 같은 이치로, 믿음으로 올라간다[允升, Pushing upward confidence]." 시절을 맞아 오르는 기운[柔以時升]은 초6의 뿌리에 달렸는데, 4가 응을 하지 않으므로, 초6은 바로 위의 강한 2와 3에게로 응해 오르게 된다. 그러기에 공자도 "진실로 위로 올라가서 대길한 것은 위의 사람들과 뜻이 합일하기 때문[象曰, 允升大吉, 上合志也]"이라 주석했다.

땅 위로 솟는 줄기 2·3과 뿌리 초6은 궁합이 잘 맞다. 땅 위로 오르는 싹이, 비바람이나 눈보라가 심하게 불면 성장이 쉽지 않듯, 나라도 임금이나 관리가 당대에 모든 업적을 남기려고 욕심을 내면 백성으로부터 무리가 따른다. 그렇지만 백성과 나라의 정책이 여론을 이끌어 서로 소통이 잘 되어 일치하면 성장과 발전이 함께 할 것이다.

초6은 민심의 저변이다. 다음은 정자의 해설이다. "초6 자신은 부정한 음에 있기 때문에, 약속한 4와는 서로 친밀하지 못하고, 힘이 있는 군자(2·3)들과 그 뜻을 합하게 되니 크게 길하다. 그중에서도 시중時中을 잡고 있는 바로 위 2에게는 신의를 다해 따르게 되면[允從] 대길할 것이 분명하다." 즉 임금과 측근 신하 간에 손발이 서로 잘 맞지 않으니, 여론을 주도하는 정책그룹(초와 2)에서 여론을 모아갈 필요가 있다.[20/21] 『서경』에도 '윤승允升'의 장면이 보인다.[22]

---

20 참고로 지풍승이 지천태로 가니 대길하다. 승괘일 때는 초6이 음의 다리가 부실하였는데, 태괘가 되면서 강건해지니 '允升'이 되고, 태괘가 '小往大來吉'이라 하였으니 '大吉'이다. 윗사람의 사랑을 받아 성공할 수 있으니 성실한 자세를 잊지 말라. 재물은 속전속결이 좋다.

21 "코로나 사태가 종식될 기미가 보이나?" 물었을 때 "때가 왔다"고 "大吉"이라 하였다. 승괘일 때는 초6이 음의 다리가 부실하였는데, 泰卦가 되면서 강건해지니 "允升"이 되고, 泰卦가 되어 "小往大來吉"이라 하니 '백신' 같은 치료제가 나와 '코로나' 전염을 잡을 것 같아 "大吉"했다. 미국, 유럽, 일본 등은 국가비상사태를 선포하고 코로나에 대처하고 있다(2020년 4월 중순 기준). 升卦는 본괘가 臨卦와 觀卦다. 觀卦 때는 음이 양을 잡아먹어 많은 희생이 따랐지만, 臨卦

> 九二 孚 乃利用禴 无咎
> 구2는 돈독한 믿음이 있으면, 이에 간소한 제사라도 이로울 것이며, 허물은 없을 것이다.

췌괘 육2[孚乃利用禴]와 비슷하다. 하늘은 마음을 모으는 자의 정성을 보지, 제사상의 제물엔 마음을 두지 않는다. 간소한 제사[禴, Small offering]라도 정성만 다하면 하늘의 복을 받을 수 있다. 약속한 배필(5)에게 믿음을 보이려는 것은, 서로가 그 자리의 바름을 얻지 못하였기에, 제사까지 동원하고 있다.[23] 서로가 사리사욕과 당리당략을 위한 일이라면, 정성으로 예를 차릴 필요가 없다. 구2는 중심이 바로 잡혀 있고, 수양이 깊은 강한 신하로서, 유약한 임금을 섬기는 자신의 입장을 충분히 생각하여, 유약한 임금의 의심과 우려를 불식시키려 한다. 그래서 겉치레 없는 제사로 갖은 정성을 보이려는 것이다. 공자도 "강한 여론을 주도하는 구2가 성심성의를 다하여 믿음을 보인다면 기쁨이 넘쳐날 것[象曰, 九二之孚, 有喜也]"이라 하였다. 그런고로 5의 임금도 2를 발탁하고 등용하니 기쁨과 경사가 겹쳐 옴을 느낀다.

여기 희喜(Joy)는 믿음을 마음속으로부터 나타냄이다. 안팎으로 믿음이 함께하면 락樂(Happiness)이다. 승괘가 겸괘謙卦로 간 경우다. 승괘의 호괘가 귀매괘歸妹卦다. 귀매는 태괘泰卦 3의 화살이 4로 가서, 곤☷의 소를 잡았고, 진☳의 나물과 리☲의 정성으로 제사를 올리니 '부내리용약孚乃利用禴'이 된다. '유희有喜' 또한 리☲에서 취했다. 귀매의 구2가 변하면 다시 중뢰진괘震卦가 된다. 진괘震卦는 여러 가지 나물들이 뒤섞여 함께 펼쳐져 있고, 감坎의 물로 씻어 나물을 차려

에서 음이 양을 억압하고 힘을 쓰지 못하게 하였는데, 升卦가 되면서 泰卦로 가니 바야흐로 이제는 코로나가 잡히게 되었다. 특히 속전속결이 좋다. 명심하라.

22 『書經』, 「周書」, '君陳 : "君陳아 너의 훌륭한 덕은 효도와 공손함이구나. 부모에게 효도하고 형제에게 우애하여 그것을 능히 정사에 시행하였기에 너에게 명하여 이 東郊를 다스리게 하노니, 공경하라. 백성들이 태어날 때는 본성이 원래 후하였지만 물건에 유인되어 따라 옮겨간다. 백성들은 윗사람이 명령하는 것을 어기고, 윗사람이 실제로 좋아하는 것을 따라 하니, 네가 능히 떳떳한 도를 공경하되 그 덕이 네 몸에 있게 하면, 이에 변화하지 않는 자가 없어 진실로 대유(大猷 大道)에 오를 것이다. 나 한 사람이 이에 따라 많은 복을 받을 것이며, 너의 아름다움도 끝내 영원히 세상에 훌륭한 명성을 얻을 것이다."

23 김인환, 『주역』, 368쪽.

낸다. 원래 귀매에서 리離의 정성과, 진괘震卦의 정성과, 육2에서 마음까지 비웠으니, 정성스러움이 이미 신명에 감동하였고, 제물이 간소해도 허물이 없다는 소리다.[24] 약제禴祭는 정성을 알리는 교화이다.[25]

> 九三 升虛邑
> 구3은 텅 비어있는 고을로 들어감이다.

먼저 공자의 주석이 이렇다. "위로 올라감이 마치 텅 비어있는 고을에 들어가는 것처럼 전혀 의심할 바 없다[象曰, 升虛邑, 无所疑也]." 구3이 씩씩하고 과감하므로, 한 차원 높은 곳으로, 4를 뚫고 텅 빈 마을[☷]로 입성함은 전혀 문제가 없어 보인다. 단 절제를 잃고 가면 길흉에 걸린다. 그러기에 "훌륭한 지도자를 따라 가야하고[用見大人], 또 그 대인을 모시고 가면 걱정은 없고 경사만 있다[勿恤有慶也]." 그뿐 아니라 "남쪽을 정벌하러 나가면 반드시 성취하여 길할 것[南征吉]"도 예시한다. 정자는 '승허읍升虛邑'을 마치 "무주공산과 같은 마을[☷]에 입성하니 그 누가 막을 자가 있겠는가?" 하며 전쟁의 승리를 예상했다. '승지사升之師'로 간 장수를 두고 한 말이다.[26]

상말商末 주초周初에는 국가의 기본단위가 읍이었다. 읍은 성벽으로 둘러싸여

---

24 참고로 권력을 쥐고 있는 사람이, 나를 인정하고 이끌어 주려 하므로, 성심을 다하여 헌신하고, 모든 실력을 발휘하여, 이름을 등용문에 걸도록 하라. 먼저는 미천하나 후에는 귀해지며, 평범한 사원이 총수를 만나 뜻을 이루는 격이다. 성심을 늦추지 말고 사업도 시험도 전후좌우를 잘 살피라.

25 金相岳, 『山天易說』: "允은 信이다. 아래로 모이고 위로 올라감이 모두 제사의 정성만한 것이 없다. 그러나 승괘는 강건정중이기 때문에 먼저 '검소한 약제사로 한다' 하고, 뒤에 '허물이 없다' 하였다. 췌괘는 부드러우면서 가운데이기 때문에 먼저 '허물이 없다' 하고, 뒤에 '검소한 약제사로 한다' 하였다. 巽과 坤이 착종이 되면 觀卦가 되는데 관괘에서 '盥而不薦' 하였으니 5효를 가리킨다. 이는 아랫사람이 보고 교화되는 것이다. 기제괘에는 '東隣殺牛, 不如西隣之禴'이라 하였으니, 이 또한 때에 맞게 제사하는 것을 말한다."

26 沈大允, 『周易象義占法』: "승괘가 師卦로 바뀌니 무리이다. 구3이 굳센 자리에 있으면서 올라가기를 구하고 자질이 강하며, 명예로운 자리가 이미 성대하고, 외괘 곤의 무리가 복종하는 것이 되며, 위로 호응이 있고 또 구2가 밀기 때문에 "빈 고을로 올라간다." 당시의 이름과 덕이 3보다 뛰어난 것이 없고 앞에서 막힘이 없다는 말이다. 무망괘에 離와 艮이 있어 '虛邑'이라 하였으니, 탕임금과 무왕이 제후가 된 때이다. 제후는 올라감이 없으니, 올라가면 천자이기 때문에 3이 승괘의 주인이 된다."

있었고 읍의 주위에는 경작지와 수렵지가 있었다. 성읍은 대체로 물난리를 막기 위하여 구릉지에 건설하였다. 그러기에 성읍으로 들어가면 도적의 침입이나 자연의 재해를 피할 수 있었다.[27]

승괘가 사괘師卦로 변한 경우다. 곤☷의 '허읍虛邑'을 3이 얻는다. 감☵의 의심이 있지만, 주효라 본괘만 취하니 '무소의无所疑'다. 박제가朴齊家가 '허虛'를 '언덕'으로 본 것은 '언덕(ß)'의 굴곡이 곤☷을 닮았기 때문인 것 같다.[28] 참고로 아무런 걱정 없이 마음을 텅 비운 채로 살면 문제가 없다. 그러니 매사에 마음을 비우고 대처하라.[29]

六四 王用亨于岐山 吉 无咎
육4는 왕이 기산에 제사를 지내니, 길하고 허물이 없다.

오직 부드럽게 보여야 하는 신하의 자세를 말한다. 육4는 임금의 최측근으로서 더 오를 관직이 없다. 만약 더 오르려는 욕심을 낸다면 그것은 임금의 자리일 것이다. 그렇게 되면 문제가 커진다. 그러므로 유순하고 득정得正한 신하(제후)로서, 나라의 태평과 군왕의 승운乘運을 받들려는 마음을 임금에게 보여야 탈이 없다. 순종의 자세가 바로 제사를 올리는 것이다[王用亨于岐山]. 공자도 "왕이 기산에 가서 제사를 올리는 것은 하늘과 임금에게 순종하는 일[象曰, 王用亨于岐山, 順事也]"이라 여겼다. 4가 승승장구할 시기라 주위로부터 투기와 시기를 받을 염려가 있다. 그렇지만 하늘에 제사를 드림으로써 투기와 낭비를 막게 되니, 승은 땅 밑에서 오르면 나무가 되고, 지상으로 오르면 산이 된다. 고로 사람의 오름은 천지와 산천과 귀신에게까지 통하니, 오로지 순함이 최고다.

고사로 은나라의 신하 문왕은 공손한 태도로 주紂를 섬기면서 제후의 예를

---

27 김인환, 『주역』, 359쪽.

28 朴齊家, 『周易』 : "허는 높은 언덕이다[虛高丘也]. 『시경』에서 '저 허에 올라간다[詩云升彼虛矣] 하였으니, 주에서 '옛 성이다[注故城也]' 하였다. 땅의 자리가 높고 비어있어, 보이는데 막히는 것이 없기 때문에 '의심할 것이 없다'고 하니 虛는 언덕이다."

29 재운은 전장에서 수레에 시체를 실어 가는 것처럼 보인다[六三師或輿尸凶]. 가을이 되기 전에 빠져나오면 탈은 면한다. 가을(서방)부터 기운이 떨어진다.

잃지 않았고, 서주西周 지역의 기산에 나아가 제사를 지냈다. 『논어』에서도 은나라 말기에 천하의 3분의 2를 차지하고도 은을 섬긴 문왕은 천자를 자처하는 천제天祭를 지내는 일은 절대로 하지 않았다고 했다. 또 제후의 신분을 벗어나는 일도 삼가하였으며, 오로지 순종하는 자세를 보이며 처신하였던 것이다.[30]

승괘가 항괘恒卦로 간 경우다. 기산岐山은 두 갈래로 뻗은 산을 이르니, 승의 모괘인 소과괘小過卦의 두 산☶☶을 이른 것 같다. '왕용향우王用亨于'의 왕은 진☳의 군주와 항의 건☰ 임금이, 손☴의 제계로, 태괘泰卦 곤☷☷의 소를 화살로 잡아 희생을 올려 제사를 드림이다.[31]

> **六五 貞吉 升階**
> 육5는 바르게만 하면 길하다. (주인이 사양하고 계단을 오르지 않으니, 손님이 먼저)
> 섬돌 위로 오를 것이다.

무리수를 삼가고, 인내를 가지고 정도를 지키며, 착실하게 순리를 따라가기만 하면, 임금의 자리에 오른다. 사육신과 단종을 죽이고 섬돌에 오른 계유정란의 주인공 수양대군이나, 군홧발과 총칼로 시민을 학살하고 피범벅을 일으켜 섬돌에 오른 폭도暴徒의 예를 따라서는 안 된다. "바르고 길하여 섬돌에 올랐다는 것은 뜻을 크게 얻었기 때문이다[象曰, 貞吉升階, 大得志也]"라는 공자의 주석이 이를 말해준다.

민심의 바탕에서부터, 깊숙이 뿌리를 두었던 뜻이 마침내 가장 높은 자리에까지 올라갔다. 여기 정길貞吉은 5가 유약하고 부정한 자리에 앉았기 때문에 붙는 옵션이다. 절대적인 민심과 함께, 강직하고 충직한 구2 같은 신하를 미심쩍어하는 마음이 오래가면, 부정 불길하여 승계는 어렵다. 아래 2와 같은 적극적인 호응이 없다면 섬돌에 오르는 일도 있을 수 없다. 이것이 바로 하나씩 올라타고 가는 계단의 길이다. 나무는 흙을 이겨야 올라가고, 흙은 나무가 자라나는 일을

---

30 『논어』, '태백편' : "三分天下有其二 以服事殷"
31 참고로 지금은 사람도 귀신도 함께 도우니 무슨 일이든 좋다. 과욕은 금물이다.
　　[升→恒 : 丑→午, 財→食].

공으로 삼으며 산다. 그러니 내가 계단이 되어야 올라온다는 것을 볼 때, 5가 대득지大得志 한 사실을 알 수 있다.[32]

수현壽峴의 읍소는 이랬다. "승괘의 육5에서 곤☷은 땅이 되고, 땅은 계단이 되며, 나무는 땅 아래에서 생기니, 계단을 올라가 위로 가기 때문에 계단을 올라가는 상을 취하였습니다. 효의 뜻을 말하면 음으로 존귀한데 있지만 자립할 수 없고, 구2가 자신의 계단이 됨에 나아감이 매우 쉽습니다. 그러나 '바르게 하여야 길하다[貞吉]'고 먼저 말하고, '계단을 올라간다[升階]'고 뒤에 말한 것은, '참으로 바르게 하여 길함이 아니면, 비록 이 계단이 있을지라도 올라갈 수 없다'는 말입니다. 선유들이 5효를 임금의 자리에 오름과, 어짊으로 올라간다는 두 뜻을 겸하였으니, 덕에 나아가는 공부는 계단을 올라가는 일이 없을 수 없는 것과 같습니다. 그 덕이 지극하지 않으면 올라감도 다할 수 없으니, 엎드려 바라건대, 전하께서는 이미 올라온 것을 생각하시고, 아직 올라오지 못한 것은 힘쓰시기 바라옵니다."[33]

승괘가 정괘井卦로 간 경우다.[34] '정길貞吉'은 감☵의 '경이직내敬以直內'하는 '사간事幹'의 덕을 말한다. '승계升階'는 정井의 모괘 태괘泰卦일 때 섬돌 3개의 계단으로 오르는 자가 없었으나, 정괘井卦가 되면서 1의 손님이 감☵의 집을 지나 5로 오르니, 주인 손☴은 사양하고 말았다. '대득지大得志'는 5의 양이 감☵의 뜻을 얻음이다. 주인 진☳이 오르는 계단은 동쪽 손☴에 있고, 손님이 오르는 계단은 태☱의 서쪽에 있음을 승괘가 보여준다. 공자가 '대득지大得志'라는 표현을 쓴 곳은 '승괘升卦 5'와 '손괘損卦 상'과 '익괘益卦 5'뿐이니, 참고해볼 만하다.[35]

---

32 소식, 『동파주역』, : "我惟爲階, 故人升之, 我不爲階而人何自升哉? 木之生也, 克土而後能升, 而土以生木爲功, 未有木生而土不願者也."

33 石之珩, 『五位龜鑑』: "…. 先儒以此爻, 爲兼踐阼升賢二義, 而凡進德工夫, 无非升階之事. 其德也未至, 則其升也亦无盡, 伏願殿下, 思其所已升者, 而勉其所未升者焉."

34 金相岳, 『山天易說』: "육5는 곤☷의 몸체로 존귀한 자리에 있고, 강건 정중한 2와 호응하여 반드시 바르고 견고하게 하여야 길하며, 계단을 오를 수 있으니, 5가 바뀌면 井卦가 되니, 정괘는 4를 벽돌담으로 여기고, 5가 위에 있으니 계단이 된다. 빈 고을로 말미암아 岐山으로 가고, 기산으로 말미암아 계단을 올라간다."

35 참고로 대입 입학시험을 본 아이의 성적을 물어보고 5를 얻었는데, 수석합격의 통지가 왔다. 혼사를 물었다면, 왕기를 가진 사내를 만날 것이다.

> 上六 冥升 利于不息之貞
> 상6은 (소인이) 어두운 곳으로 올라가니, 군자는 이윤을 증식시키지 않는 일을 해야 이롭다.

날 저문 줄도 모르고 어두운 곳으로 계속 올라만 간다. 소인 같으면 어두운 곳에서도 이익을 밝혀야 하겠지만, 군자라면 이윤을 밝히는 일은 하지 말아야 한다. 효상에서 공자는 "어둠 속을 오르더라도[冥升, Pushing upward in darkness], 소비를 할지언정 부를 축적하지 않는다[象曰, 冥升在上, 消不富也]"고 주석했다.[36]

나이가 들어서도 베풀고 쓰기를 좋아하기보다 노욕이 차 자꾸 이익을 좇는 자와 같다. 인생을 정리할 시점인데도 불구하고, 마냥 젊음과 패기가 넘치는 줄 알고 밀어붙여 나가는 어리석음을 경계하고 있다. 혹자는 '명승冥升'을 높은 자리에 올라 임금과 나라를 속이는 일로 보기도 했다.[37/38] 올라가는 곳이 어두운데도 쉬지 않으니, 어디를 가든지 이롭지 않겠는가? 어둠을 제거하는 도는 쉬지 않는 공에 있다.[39] 쉬지 않고 할 수 있는 일은 '명승'뿐이다.[40] 지장보살의 명부전

---

36 李瀷, 『易經疾書』: "'冥升'은 은나라 紂王에 해당하니, 육4 '岐山'에서 알 수 있다. 주왕은 이미 천명이 끊어지고 천하가 배반하였는데도, 어리석게도 임금의 지위를 차지하고 있었다. 어리석은 주왕이지만 어진 신하에게 '쉬지 않는 곧음[貞明不息]'이 있음을 많이 의존하였기에 오히려 빨리 멸망함에 이르지 않았다. 『계사전』에서 '易의 일어남은 文王과 紂의 일에 해당될 것이다'라고 하였으니, 성인이 어찌 우리를 속이겠는가?"

37 李廷龜, 『月沙集』, '명승': "임금의 爵祿과 賞은, 세상 사람들을 勉勵하고, 老鈍한 사람을 연마하기 위한 도구이니, 반드시 상은 그 노고에 합당해야 하고, 작록은 그 器局에 걸맞아야 합니다. 그런 뒤에야 위로는 함부로 남용하는 恩典이 없고, 아래로는 요행으로 받았다는 欺弄이 없게 될 것입니다. 신은 지극히 우매하고 비루하여 하나도 좋은 점이 없으면서, 虛名을 훔치고 맑은 조정을 속여 나이 마흔이 되기도 전에 이미 八座의 반열에 들었으니, '冥升'의 재앙과 '負乘'의 근심에 신은 실로 두려워 평상시에도 늘 정신이 달아날 지경입니다. 聖明의 시대를 만나 분수에 넘치게도 宗伯의 중임을 맡아 여러 차례 大禮를 치르면서 재주와 식견이 부족하여 근근이 형식만 갖추었을 뿐이고 걸핏하면 잘못된 점이 생겨났으니, 거의 일을 망치는 지경에 이르지 않은 것이 다행입니다."

38 李廷龜, 『月沙集』, '명승[冥升躐卿班]': "추억하노니 옛날 소년 시절에는, 푸른 물결 이는 곳에 갓끈을 씻었지. 의기는 일찍부터 맑고도 거침없어, 산수 사이에 맘껏 내쳐 노닐었지. 삼동이라 공부가 이미 충분히 쌓여, 문사가 날로 뱃속을 가득 채웠었네. 난초를 엮어서 허리춤에 찼으니, 평소의 뜻이 얼마나 향기로웠더뇨. 뜻하지 않게 쓸모없는 이 몸이, 그 이름 성상의 귀에까지 들리어, 상례를 뛰어넘어 높은 반열에 올라[冥升躐卿班], 옥당에 들어가서 문한을 주관했고, 반백의 머리털로 위태한 조정에 일하고, 업무에 골몰하며 조정 반열 따랐어도, 이미 시국 구제할 책략이 없을뿐더러, 또 후세 남길 아름다운 이름도 없어라."

39 柳正源, 『易解參攷』: "冥升而不已, 何適而有利. 去其昏冥之道, 唯在不息之功."

冥府殿의 의미도 '명승冥升'과 다르지 않다.[41/42]

인생은 생욕生浴·관대帶冠·왕쇠旺衰·병사病死·묘절墓絶·태양胎養의 열두 수레바퀴로 윤회한다. 꽉 채우지 않음을 멋으로 알아야 할 시절이다. 맹자의 말처럼 천작天爵을 잘 닦으면 필부라도 빈천할 수 없다. "인의예지仁義禮智가 뿌리를 깊게 하여 전혀 뽑혀 나가지 않아야 천작이다. 정녕 그럴 수 있다면 진리[洪均]와 자신이 가난하지 않을 것이다."[43]

명대의 철학자 왕수인의 『전습록』에 실린 다음과 같은 말이 '적소이고대積小以高大'한 함의가 있어 절묘하다. "뜻을 세워서 공부하는 것은 나무를 심는 것과 같다. 뿌리가 막 생겨날 때는 아직 줄기가 없고, 줄기가 자랄 때는 아직 가지가 없다. 가지가 자란 다음에 잎이 나고, 잎이 난 다음에 꽃이 피며, 꽃이 핀 다음에는 열매가 열린다. 처음 뿌리를 심을 때는 단지 가꾸고 물을 주기에만 신경을 쓸 뿐 가지를 생각지 말고, 잎을 생각지 말며, 꽃을 생각지 말고, 열매를 생각지 말라. 공연한 생각이 무슨 도움이 되겠는가? 오직 잊지 않고 정성스레 가꾸기만 한다면, 가지·잎·꽃·열매 없음을 두려워할 것이 있으랴."[44]

---

40 沈大允, 『周易象義占法』: "上이 오름의 끝에 서 그의 이름, 덕, 지위, 품격이 천하에 존경을 받지만, 오히려 삼가 덕행을 더 닦는다. 비록 더욱 닦더라도 사람들이 공경을 더할 수 없고, 자신은 존귀함을 더할 수 없으며, 말과 행동에 한 번이라도 실수가 있으면, 떨어지고 줄어듦이 매우 클 것이다. 비유하면 養叔[養由基·甤]이 화살을 쏠 때 한 발이라도 명중하지 않으면, 앞의 공로가 모두 없어지는 것과 같다. '쉬지 않는 바른 도에 이롭다[利于不息之貞]'는 그 이로움이 보존함에 있고, 그것이 이미 이루어졌다면, 올라가서 쉬지 않음을 바름으로 여겨야지, 다시 나아가기를 구해서는 안 된다."

41 地藏殿은 地藏菩薩을 主佛로 道明尊者와 無毒鬼王을 脇侍로 심판관 十王을 봉안하고 있다. 모든 인간이 구원받을 때까지 자신은 부처가 되는 것을 미루겠다는 대원을 세운 지장보살은 오늘도 천상에서 지옥에 이르는 六道의 중생을 한 사람도 빠짐없이 교화시켜 성불하도록 하는 수고를 쉬지 않고 있다. 지장보살의 寤寐不忘하는 구원 노력이 바로 '冥升利于不息之貞'이 아닐까.

42 [說證] 升이 蠱로 가니 고상하게 처신하라. 蠱卦는 泰卦의 1이 상으로 간 것이다. 제일 낮은 자가 제일 높은 곳으로 가니, 산☶ 꼭대기에서 어둠을 봄이 '冥升'이고, '不息'은 소인 간☶으로 백성을 다스리니 재산을 증식함을 경계함이다. '消不富'는 蠱卦의 모괘 泰卦일 때는 군자가 부자였지만, 고괘가 되면서 손☴으로 아래를 덜어 백성에게 보태어 주었으니, 이미 부자가 아니다.

43 지욱, 『주역선해』: "趙孟之所貴, 趙孟能賤之, 仁義禮智根於心, 確乎其不可拔, 賦予不爲貧, 身貧道不貧."

44 王守仁, 『傳習錄』: "立志用功如種樹然, 方其根芽, 猶未有幹, 及其有幹, 尙未有枝, 枝而後葉, 葉而後花, 花而後實, 初種根時, 只管栽培灌漑, 勿作枝想, 勿作葉想, 勿作花想, 勿作實想, 懸想何益, 但不忘栽培之功, 怕沒有枝葉花實."

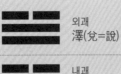

외괘
澤(兌=說)

내괘
水(坎=險)

47. 택수곤澤水困
Oppression(Exhaustion)

육방이 꽉 막힌 상황이다. 먼저 어려움을 인정하고 정도로 걸으라.

> 困 亨 貞大人吉 无咎 有言不信
> 곤은 형통하고, 곧고 바른 대인이라야 길하고, 허물이 없으리니, 구차한 변명은
> 아무도 믿지 않을 것이다.

곤困은 사방이 꽉 막혀 물이 전혀 통하지 않으니, 초목을 살려내지 못하고 있다. 강력한 음의 횡포로 양이 포위되어 곤혹困惑을 받고 있는 때라, 선이 악에 구축驅逐되고 군자가 소인에게 곤궁한 상황에서 박해를 받고 있다. 그렇지만 곤궁한 처지에 놓였을지라도 즐거워할 줄 알고, 정도를 잃지 않는 신념이 있는 인물에게는 길한 때가 바로 곤괘이다.

이처럼 곤困(oppression)은 사방으로부터 물을 한 방울도 얻을 수 없는 어려운 상황에 처하나 절망만은 아니다.[1] 희망[亨]을 얻으려면 비록 곤궁할지라도 정도[貞]를 지켜야 할 것이다. 이처럼 곤궁한 상황에서도 물러서지 않고 한 걸음 뒤로 양보[☱]하는 대인[☵]의 강한 의지[☵]로 대처해야 곤의 허물이 사라진다[大人吉无咎]. 대인이라면 어려운 때일수록 구차한 변명은 하지 말아야 할 것이다[有言不信]. 나라든 개인이든, 일희일비의 어려움은 언제 어떠한 형태로든 있기 마련이다.

---

1 「序卦傳」: "升而不已必困, 受之以困. 困乎上者必反, 故, 受之以井."
「잡괘전」: "困相遇也." 한편 곤괘의 反易괘 즉 도전을 한 井卦는 본래 시운이 태평한 泰卦에서 왔었다. 「잡괘전」에서 "정괘는 통함이 있고[井通], 곤괘는 어려운 가운데서도 서로 만남이 있다[困相遇]"고 했다. 否卦의 건☰은 진☳의 木이 쌓인 것이고, 陰은 모가 나니, 困의 상이 된 것이다.

어렵다고 핑계를 대는 말은 불신만 쌓는다.[2] 곤괘困卦는 비괘否卦로부터 왔다. 비색한 시절에 세 개의 양이 밖으로 물러갈 적에, 비록 그 길을 잃을지라도 거침없이 떠나갔다. 그런데 곤괘가 되면서, 물러간 세 사람 중 한 사람을 끌고 안으로 들어오니, 즉 비괘의 상이 2로 와 곤괘가 되어 그만 음에 의해 세 양들이 포위를 당하니 곤란을 당한 꼴이 되어 버렸다.

'곤형困亨'은 감☵에 어려움이 있어도 능히 태☱로 기쁨과 리☲의 의지와 손☴의 손순이 함께하면 형통케 될 것이다. '정대인길貞大人吉'은 곤의 모괘 비否에서 건☰의 대인 6이 2로 내려와, 감☵이 되어 일을 바르게 잡아 얻는 희망이다. 또한 '무구无咎'는 비록 비괘否卦에서 강이 비색을 맞았지만, 곤困이 되어 강이 안으로 들어왔으니 그나마 안심한 상이다. '유언불신有言不信' 역시 비색한 시절을 맞은 건☰의 군자가 태☱로 어떤 말을 하여도 곤☵의 대중들은 연못에 물이 없는 현실 앞에 감☵의 의심을 품을 수밖에 없는 것이다.

다음은 공자의 단전이다. "강한 군자가 소인들[1·3·6]에 의하여 덮여있다[困剛揜也]. 이 어려움을 기꺼이 받아들이고[險以說], 곤란과 고통 속에서도 이를 이겨낼 방법을 강구해야[困而不失其所亨], 진정한 군자이다[其唯君子乎]. 그러니 어려워도 정도로써 초지를 관철하라[貞大人吉以剛中也]. 특히 약자가 말이 많으면 더 궁지에 빠져들 것이다[有言不信, 尚口乃窮也]."[3]

공자가 다시 『논어』에서 "소인과 군자는 역경을 맞이하면 할수록 그 차이가 확연히 드러나는 법이고,[4] 천군만마를 거느린 장수의 목은 칠 수 있어도 필부의 지조는 뺏을 수 없고, 추운 겨울이 된 후라야 소나무와 잣나무가 나중 시드는 것을 알 수 있다"[5] 한 바가 그 예다.

---

2 『禮記』, 「中庸」 : "넓고 광대하기는 하늘과 같고, 깊은 심연은 못과 같으니, 나타남에 백성이 공경하지 않는 이가 없고, 말함에 백성들이 믿지 않음이 없으며, 행함에 백성들이 기뻐하지 않는 이가 없다."

3 [說證] '剛揜'은 강이 음에 의해 막히고 덮여, 불의의 습격을 받고 강탈당함이라 '엄습(揜襲)'의 뜻을 지닌다. 그래도 형통함은 상하의 감☵으로 通함이 있기 때문이고, '不失其所亨'은 그 와중에도 리☲를 본다. '剛中'은 내괘 감☵을 가리키고, '尙口'는 상괘의 천명 손☴을 내리는 태☱의 말씀이다. 참고로 곤괘는 사면이 꽉 막힌 상태라, 좌천을 당하거나 실직의 우려가 있다. 이럴 때는 장기전에 돌입하여 실력을 쌓으며 때를 기다려야 한다. 심한 가뭄 뒤에는 반드시 큰 비가 온다.

4 『논어』, 「衛靈公」: "明日遂行, 在陳絕糧, 從者病, 莫能興. 子路慍見曰, 君子亦有窮乎? 子曰, 君子固窮, 小人窮斯濫矣."

고로 곤괘는 곤란을 극복하고, 타개할 의지와 노력이 있는 자에게는 발전의 길이 열림을 예시하고 있다. 「계사전」에서도 "어려워지면 변별하기가 쉽고[困德之辨也]" 또 "궁하면 반드시 통하게 되고[窮而通], 곤란할수록 남을 원망하는 일이 없어야 한다[困以寡怨]"는 곤도困道를 제시하고 있다.

고사로 문왕이 남정南征에서 겪은 난관들을 기술하는 것으로 본다. 후회가 되고 아쉬운 경우도 있었으나, 문왕은 끝 날이 좋을 것이라 믿었다. 그러나 백성들은 이러한 진리를 믿으려 하지 않았다. 그리하여 문왕은 대중의 열정을 고취시키기 위하여 하늘과 조상에 대한 제사를 두 번이나 올렸다.[6] 오吳나라 부차夫差의 '와신臥薪'과 월越나라 구천勾踐의 '상담嘗膽'도 좋은 예가 된다.[7]

象曰 澤无水 困 君子以 致命遂志
상왈, 고여 있던 연못의 물이 다 빠져나가고, 사방에서 물 한 방울도 얻을 수 없는 상황이 곤이다. 군자는 이를 잘 관찰하여, 어쩔 수 없는 천명인 줄 알면 목숨을 바쳐서라도 지조를 지켜 나가야 할 것이다.

먼저 정자의 설을 들어본다. "군자가 곤궁에 처하였을 때는 모든 근심을 탁 털어놓고, 도를 다함에 편하지 않음이 없어야 한다. 천명의 당연함을 알면, 궁색하고 어려움이 닥쳐와도 마음이 흔들리지 않고 의리를 행하여 나갈 따름이다." 진실로 명을 알지 못한 어리석은 자만이 공포를 느끼고 두려워한다는 소리다.

주자도 같은 설을 주장하고 있다. "연못에 물이 바짝 말랐으니, 나무가 말라 비틀어져 곤궁함은 기정사실이다. 그러나 군자로서 어찌 천지운행을 불순不順으로만 행할 수 있겠는가? 가난하고 어려우면 곤란을 마땅히 받아야 한다." 그러기에 "하찮은 곤란을 받더라도, 군자의 도를 잃어가며 곤란을 당한다면, 어찌 또 군자라 할 수 있겠는가?" 죽을 지경의 어려움[澤无水困]이라도, 군자의 지조를 지키며 천명에 따름이 바로 '치명수지致命遂志(Stake your life on following your will)'

---

5 『논어』, 「子罕」편 : "三軍可奪帥, 匹夫不可奪志." "歲寒然後, 知松柏之後彫也."

6 Huang, *The Complete I Ching*, 708쪽.

7 『사기열전』 참조

이다. '치명致命'은 '천명에 이름'이고, '수지遂志'는 '뜻을 좇아감'이다. 천명을 받아도 내가 곤란하지 않으면 곤란하지 않다 했거늘, 마음에 어려움이 사라지면 어려움은 본래 없는 것이다.[8] 이익을 보면 의리를 먼저 생각하고, 위태로운 것을 보면 목숨을 바칠 줄 알아야 한다는 소리다.[9] 살아남는 것도 내가 바라는 바이고 의리를 지키는 것도 내가 바라는 바이지만, 두 가지를 함께 얻을 수 없다면 삶을 버리고 의를 취해야 할 것이다.[10] 이는 곤괘 시절에 군자의 처세법이라 할 수 있다. 목숨을 내놓을 만큼이나 어려운 일이 닥치면, 구차한 삶을 구걸할 필요는 없다. 설중으로는 손≡의 목숨이 태≡에서 훼절을 당할 즈음에 리≡의 뜻을 지녔지만, 상하로 밀려오는 감≡≡의 어려움을 통째로 안고 휩쓸려 가게 되니, 목숨을 버리고라도 지조를 지키는 것이다.[11]

곤궁한 때를 만나 만약 사사로운 지혜로 모면하고자 하면 어찌 군자이겠는가? 군자는 비록 환란을 만나더라도 하늘에 부끄럽지 않고, 사람에 부끄럽지 않으니, 그 천명을 알고 지킬 뿐이다.[12] 안자는 왕을 보좌할 재목이지만 한 끼 밥 해결이 힘들었고, 계씨는 노나라를 좀먹으며 주공보다 부유했었다.[13] 군자는 자

---

8 『천수경』: "죄란 뿌리가 없고 마음으로부터 생겨나니, 마음이 사라지면 죄 또한 사라진다."

9 『논어』: "見利思義, 見危授命."

10 『맹자』, 「고자상」: "生亦我所欲也, 義亦我所欲也, 二者不可得兼, 舍生而取義者也."

11 정약용, 『周易四箋』, 「大象傳」: "互巽之命, 上受兌折, 委棄其命也. 互离之志, 下得坎通, 自達其志也. 曷然哉, 處困之道, 舍生取義."

12 金濤, 「周易淺說」: "대체로 명은 하늘로부터 내려와 사람이 받은 바른 이치로, 사람의 생사와 영욕, 부귀와 귀천, 득실과 존망이 모두 이에 연계된다. 그러나 이를 얻는 것은 사사로이 얻는 것이 아니고, 이를 잃는 것도 사사로이 잃는 것이 아니다. 곤궁한 때를 닥쳐, 만약 사사로운 지혜로 모면하고자 하면, 어찌 이른바 군자이겠는가? 이 때문에 군자는 비록 환란을 만나더라도 그 마음을 움직이지 않고 오직 나의 옳음을 행함으로 우러러 하늘에 부끄럽지 않고 숙여서 사람에 부끄럽지 않으니, 그 천명을 알고 스스로 바른 이치를 지키는 것이 어떠하겠는가? 맹자가 '덕성의 지혜와 기술의 지혜를 지닌 사람은, 항상 어려움 속에 있다' 하니 이를 말함일 것이다. 맹자가 또 '곤궁하면 다만 자신만을 선하게 하고, 현달하면 천하를 함께 선하게 한다고 하였으니, 불행히 곤궁하게 되었다면 태연히 홀로 지내며, 의롭지 않은 일에 움직이지 않아야 하고, 다행히 형통하게 되었다면 떨쳐서 고쳐 만민의 바람을 잃지 않아야 하니, 어찌 아름답지 않겠으며 어찌 선하지 않겠는가?"

13 李萬敷, 「易統·易大象便覽」: "안자는 왕을 보좌할 재목이지만 소박하게 생활했고, 계씨는 노나라를 좀먹으며 주공보다 부유했다. 지금 말세에 들어서서 가르침이 쇠퇴하고 도가 은미하여, 초야의 현인과 탁월한 재목을 참으로 찾기 어렵습니다. 사람이 스스로 닦아, 크고 작은 분수가 없지 않으니, 조정과 국토에 어찌 도덕의 그릇을 품고 경제의 기구를 갖춘 사람이 한 사람도 없겠습니까? 지금 과거에 급제하여 몸을 펼치고, 당의 논의로 나아가니, 집에서 익히는 것은

기가 좋아하는 바를 따를 뿐이다.[14] 문왕은 감옥에서도 『주역』을 지었고, 공자는 거문고를 탔으니, 이것이 군자가 곤궁에 대처하는 방법이 아니겠는가.[15]

初六 臀困于株木 入于幽谷 三歲不覿[16]
초6은 엉덩이가 주목으로 곤란을 당하며, 깊은 골짜기로 들어갔으니, 3년을 볼 수 없을 것이다.

초6은 부중부정한 자로, 나무 밑동 그루터기 아래 있는 물구덩이에 빠진 꼴과 같다[臀困于株木, Sit oppressed under a bare tree]. 세상의 이치를 배우고도 그 깨달음을 얻지 못하였으니, 깊은 골짜기와 같은 어려운 세상으로 자꾸 빠져들어 간다[入于幽谷]. 오랫동안을 고통에서 벗어날 수 없을 것이다[三歲不覿]. 공자도 곤의 초기 시절을 당해 "깊은 골짜기로 자꾸 빠져들어감은 상황이 어려워지고 밝아지지 않기 때문[象曰, 入于幽谷, 幽不明也]"이라 했다. 지금은 모두 곤란한 처지에 놓이지만 "오직 강중剛中한 대인의 기운과 식견이라야 곤도困道에서 벗어 날 수 있다."[17]

임금을 높이고 백성을 감싸는 방법이 아니고, 조정에서 행하는 것은 오직 시비를 다투는 일이니, 또한 어려서 배우고 자라서 행한다는 고인의 뜻과는 다릅니다. 만약 특별히 성지를 펼쳐서, 두루 묻고 널리 방문하여 예를 다하여 이르게 하고, 정성을 다하여 기용하지 않는다면, 비록 그런 사람이 있더라도 또한 가볍게 나와서 전하에게 기용되지 않을 것이니, 다시 더욱 유념하시기를 엎드려 바랍니다."

14 柳正源, 『易解參攷』: "운명은 하늘에 있으니 내가 좇을 바가 아니고, 뜻은 나에게 있으니 내가 좋아하는 바를 따를 것이다."

15 朴宗永, 「經旨蒙解·周易」: "군자는 곤궁한 때를 만나면, 하늘에 목숨을 맡기고 자신의 뜻을 이룬다. 문왕이 유리에 갇혀서도 『주역』을 敷衍하였고, 공자가 진과 채의 사이에서도 거문고를 탔다[厄於陳蔡而猶絃歌]. 사람의 곤궁과 현달에는 모두 명이 있다. 곤궁하다고 근심하고 탄식하며, 그 곤궁함을 모면하고자 지킬 것을 상실하고 혹 분수와 천리를 어기며 하지 못함이 없음에 이른다면, 명을 알지 못하는 자이니, 참으로 말할 것이 못 되고, 비록 조금 지각이 있더라도 마음으로 슬퍼하여 안색에 나타나지 않음이 드물다. 오직 하늘을 즐기고 천명을 아는 대인이라야, 담담하게 근심함이 없어, 생사와 영욕을 보아도 나의 마음을 움직일 수 없고, 오직 천명을 받들 뿐이다. 어떤 사람이 그렇지 않겠는가마는, 내가 할 수 없는 것은 천명을 어쩔 수 없기 때문이다."

16 覿 볼기 둔. 覿 볼 적. 株 줄기 밑동 주.

17 智旭, 『周易禪解』, : "皆處困者也, 惟剛中大人, 能不失其所亨."

초6은 위로 4와 상응하지만, 바로 위의 대인(2)이 기운과 실력을 갖추고 있어서 마음이 끌려 4에게 갈 수 없는 처지다. 그것이 바로 엉덩이가 주목에 걸린 모양새다. 또 4에게 가려면 3년이란 시간이 걸린다. 이는 내가 주목株木(2)에 걸려 엉덩이 밑이 편치 않은 까닭이다.[18]

곤괘가 태괘兌卦로 가는 경우다. 태괘兌卦는 엉덩이 형상을 지닌 중부괘中孚卦로부터 오니 중부는 엉덩이의 상이었다. 또 태괘는 대장괘大壯卦에서 오니, 진☳의 막대기 강이, 건☰의 말을 치니[대장의 3이 5로 감], 손☴의 엉덩이가 '둔곤우주목臀困于株木'이 된 꼴이다. 곤괘는 본시 비괘否卦에서 유래한 바, 건乾의 말과 곤坤의 살이 있으니, 이것은 완연한 엉덩이 상인데, 곤困이 되면 상의 강이 와서 살갗을 때리니, 해석이 이와 같다.

한편 비否의 산[☶] 사이로, 물[☵]이 흐르니 계곡이요, 태괘兌卦의 태☱를 만나니 '유곡幽谷'이고, 중부中孚의 손☴으로 입入한 초효니 '입우유곡'이 되었다. '삼세'는 리☲→곤☷→태☱로 가야 건☰을 보니, '유곡'에서는 '삼세부적三歲不覿'이 된다. 태兌의 모괘 중부는 리☲가 밝지만, 태괘兌卦에서는 리☲가 작아져 '유불명幽不明'이 되었다.

九二 困于酒食 朱紱方來 利用亨祀 征凶 无咎[19]

구2는 술과 밥조차 해결하지 못하고 곤란을 받지만, 마침내 천자의 방문을 받고, 함께 하늘의 제사를 행하면 이롭지만, 남을 치는 일을 하면 흉하다. 이러한 곤도를 지키고 가야 허물이 없다.

곤의 시절에 가난하면 비록 여유를 누리진 못할지라도 정도를 실행함에 방해는 되지 않는다. 군자가 어렵게 살더라도 그 정도를 지키고 살아간다면 언젠가

---

18 2020년 2월 24일, 대통령이 '코로나19' 사태를 자신 있게 조기 종식시킬 것을 천명하였다. 정말로 그렇게 될까를 하늘에 물어, 곤괘 초효를 얻었다. '三歲不覿'. 3월 안에는 종식되기 힘들다. 3개월 이상은 간다. 사망자 수가 예상보다 많고, 확산 속도가 너무 빠르다. 백이숙제처럼 지혜로운 방콕[은거 또는 사회 거리 두기] 하는 식의 처신이 이롭다. 병이라면 입[☱]으로 들어오는 [☴] 속도가 번개[☳]처럼 매우 빠른 바이러스[☵]가 전염원이다. 우선적으로 입을 막아야 한다.

19 紱 인끈 불, 제복 입을 불.

는 세상을 위해 봉사할 기회가 주어진다. 그러니 하늘에 정성을 드리고 제사를 올리는 심정으로 살아가야 반드시 세상이 알아줄 것이다. 술과 밥까지 곤란함은 '곤우주식困于酒食(Oppressed at meat and drink)'이고, 존귀한 자가 찾아옴은 '주불방래朱紱方來(Very high rank just coming)'이며, 나라의 안녕을 위하여 올리는 제사에 동참하니 '이용향사利用享祀'이다.

제주祭主가 된 것은 '주불朱紱(Scarlet knee bands)'을 입은 높은 자와 같이 나라의 안위를 도모하는 공신이라는 증거다. 그러나 곤궁이 귀인으로 하여금 풀렸다고 해서 곤도困道를 지키지 아니하고 출세만을 염두에 두고 정복에 나서면 흉[征凶]하다. 고로 이러한 곤도困道를 명심하고 나가야 무구无咎하다는 것이다.

공자의 주석도 "술과 밥으로 곤란을 당한다는 말은, 어려운 가운데도 삼가며 자신을 함부로 방치하지 아니하고 오히려 중심을 잡고 미래를 위하여 제사를 지내는 자세로 노력하였기에 경사가 있음[象曰, 困于酒食, 中有慶也]"이라고 한다.

다음 동파의 해석이 만만찮다. 소인에게 가려졌을 때 힘만으로 다툰다면 비록 칼과 톱이 있어도 부족하지만, 소인을 회유할 때는 술밥이 최고다. 그러기에 2가 소인들(1·3)을 품으려니, 술밥이 남아돌지 않는다. 만약 구5의 경우라면, 아래를 가리면 코를 베고 위를 가리면 발꿈치를 자르는 위엄을 쓰겠지만, 백성을 구하려는 2는 곤궁을 벗어날 방법이라곤 오직 5가 벼슬을 내려주는 명령뿐이다. 또한 제사란 사람이 신을 구하는 것이지, 신이 제사를 구하는 것은 아니다. 고로 5가 2를 구하려고 제사를 지내면, 2는 단지 그것을 누릴 뿐이다. 누리는 자가 그 권세로 남을 해치려 한다면 반드시 흉하다.[20]

정자다 '곤우주식困于酒食'을 "술과 밥을 베풀지 못해 곤하다" 하고, 주자가 "술과 밥으로 고뇌하는 뜻이다" 하자, 사계는 "단지 음식을 먹는 일을 말한 것이 아니라, 은혜를 베풀고자 하는 뜻"이라며, "정자와 주자의 해석은 적합하지 않다"고 지적하고 있다.[21]

---

20 蘇軾,『東坡易傳』: "惟懷小人也, 雖刀鋸力不足, 而將懷之也, 則酒食有餘矣, … 祭祀者人之求神, 而神無求也, 祭之者人也, 享之者神也. 五求二故祭之, 二不求五故享之而已, 享之者故不征, 而征而求之故凶."

21 金長生,『經書辨疑』: 술과 밥은 사람이 은혜를 베풀 때 쓰는 바이다. 군자가 천하 백성에게 은택을 내려 천하의 곤함을 구제하지 못함이다. 沙溪는『經書辨疑』에서 다산처럼 주자의 '困于酒食'을 厭飫苦惱之意로 해석함은 적합치 않다고 했다.

곤困의 모괘 비否의 상이 2로 가, 곤괘의 괘주卦主가 되었으므로 그 본상만 말한다. 여기 곤괘困卦에서 손巽의 정결함과 리離의 정성이 있으니 제사를 상징하는 괘로 보았다. 비괘否卦 상9 강剛의 화살이 아래 곤坤의 희생을 활로 쏘았으니 '이용향사利用享祀'로, "제사를 지냄에 이롭다." 그리고 '주불방래朱紱方來'에서 '인끈 불紱'은 '폐슬 불韍' 자와 같은 의미로, 하의下衣와 앞치마, 즉 '폐슬'을 늘어뜨려 꾸미는 복식服飾을 의미한다.

곤괘가 췌괘萃卦로 변하는 경우다. 곤괘困卦는 비괘否卦로부터 오니, 감坎의 술에서 이미 향기로운 맛이 나고, 태兌의 음식이 수북이 담겨 있으니, 술과 음식을 즐기는 모임이다. 그런데 감坎의 노고가 있지만, 강剛이 이로 고달프게 되니 '곤우주식困于酒食', 즉 "술과 음식에 지쳐서 고달프다" 한 것이다.[22]

다시 말하면 비괘否卦에서는 건乾이 연결되어 있었으나, 지금 곤괘困卦에서는 건乾이 단절된 상황이 되었다. '곤우주식困于酒食'은 감☵의 술과 태☱의 음식을 비否와 곤困의 상황에서 즐겨 생긴 병통이다. '주불방래朱紱方來'는 요란한 문양 리☲로 새겨진 하의下衣 '불紱'로[23] 손☴의 다리를 덮은 자를 지칭하였으니, 비괘否卦의 존귀한 자, 즉 상이 2로 옴을 말했다. '이용향사利用享祀'는 손☴의 정결함, 리☲의 정성, 건☰의 화살로, 곤☷의 소를 잡아 제사 지냄이다. '정흉征凶'은 상위 북쪽에 있는 임금이 남쪽을 정벌해 오면[비괘 상이 2로 감], 적으로부터 포위를 당해 흉을 봄이고, 그나마 2가 중을 잡고 '치명수지致命遂志' 할 자세로 임하니 '중유경中有慶'이라 한 것이다.[24]

---

22 『論語』,「子罕」: "不爲困酒, 何有於我哉" 즉 공자가 "곤란할 정도로 술을 먹어서는 안 되겠지만, 그런 일이 어찌 내게 없다고 말할 수 있으리오?"라고 했다.

23 건☰의 朱色에다 곤☷의 黃色을 더하니 황적색黃赤色, 즉 노란색과 붉은 색이 섞인 주홍색朱紅色을 말한다.

24 참고로 술밥이 어려운 상황에서, 귀인으로부터 도움을 얻어, 술밥의 어려움이 풀리게 되니, 분위기는 좋아졌다. 그러나 술밥을 과하게 쓰면 도리어 해롭다[困于酒食]. 지나치지 않도록 명심하라. 옥사는 흉하지만, 관운은 반전한다.

> 六三　困于石　據于蒺藜　入于其宮　不見其妻　凶[25]
>
> 육3은 설상가상이다. 돌에 눌리고, 가시덤불에 걸려서, 이러지도 저러지도 못한다. 집에 돌아오니 아내마저 도망치고 없으니, 흉하다.

나무가 돌에 짓눌리듯 꼼짝을 못하고, 가시덤불에 걸려 오도 가도 못하는 상이다. 더 이상 말로 표현할 수 없는 기막힌 지옥과도 같은 상황에서 탈출하여 집으로 돌아오니 아내마저 보이지 않는다. 객지에서 곤란 받는 것을 '곤우석困于石'에 '거우질려據于蒺藜(Lean on thorns and thistles)'라 하였는데, 이는 가시덤불에 걸려서 말할 수 없을 정도로 아주 곤란한 처지를 뜻한다. "3은 부중부정으로 돌과 같은 4와, 가시덤불과 같은 2 사이에 끼어서 곤란을 받고 있다. 또 상6과 소통이 되지 못하는 고로, 집에 들어와도 처를 보지 못하는 경우라 흉할 수밖에 없다."[26]

공자는 "가시덤불에 걸린 것은 아래쪽에 있는 강한 2를 올라탔기 때문이요[據于蒺藜乘剛也], 집으로 들어가도 그의 처를 만나지 못한다는 것은 반겨줘야 할 상6이 등을 돌리고 있기에 상서롭지 못하다[入于其宮, 不見其妻, 不祥也]"고 한다.[27]

동파는 소인은 서로 합하여지기는 쉽지만 오래가기는 어렵다 하였다. 곤의 시절에 세 음(1·3·6)의 시작은 서로 동맹으로 뭉쳐서 강을 가리지만, 그 끝은 초6의 엉덩이가 곤란해지고, 3은 아내마저 없어지는 결과에 이른다는 해석을 볼 때, 꽃놀이패(2와 4)를 즐긴 3의 결과는, 역시 결말이 좋지 못하다.

공자의 「계사전」을 참고하자. "곤란할 바가 아닌데 곤란을 당하면 명성에 반드시 욕이 되고, 걸릴 데가 아닌데 걸린다면 자신의 몸이 반드시 위태로울 것이다. 이미 욕되고 또한 위태로워 죽을 지경에 이르렀는데, 집에 들어간들 아내를 볼 수 있겠는가?"[28] 곤괘가 대과괘大過卦로 간 경우이다.[29]

---

25 據 걸릴 거. 蒺 납가새(풀 이름) 질. 藜 명아주(풀 이름) 려, 나라 이름 려.

26 지욱, 『주역선해』, : "由無禎祥之德, 所以自取其凶."

27 참고로 아내는 집을 지키지 않고, 하는 일마다 곤란을 거듭 당한다. 임무도 수행하지 못하고, 거친 들판에서 방황하다 겨우 목숨을 부지하여 돌아와 보니 아내는 보이지 않고, 슬프고 고약한 일만 벌어진 상황을 만난다. 아내가 바람이 나 남에게 빼앗기는 일도 생길 수 있고[困之大過], 아내가 병으로 죽을 수도 있다[身必危, 旣辱且危, 死期將至, 妻其可得見邪]. 『춘추좌씨전』에 최저가 남의 처를 얻기 위해 3효를 얻자, "죽을 일이 생길 것"이란 경고를 받는다. 질려(蒺藜)는 가시덤불과 匈奴인 藜 나라에 의하여 곤란을 받는다는 뜻도 있다.

九四 來徐徐 困于金車 吝 有終

구4는 (시국이 어수선할 때는 기미를 살피면서) 서서히 돌아와야 한다. 금수레 때문에 올 사람이 방해를 받고, 곤경에 처하여 늦게 오니, 모양이 인색하지만 늦어도 끝내는 돌아오니, 유종의 미가 있다.

적어도 귀인이 타고 오는 금딱지 붙은 차는 금거金車이고, 곤란을 받고 오기를 주저하는 수레는 '곤우금거困于金車'이다. 귀인이 전장에서 늦었지만, 돌아오는 희망은 있기에 '래서서來徐徐(very slowly come)'요. 비록 곤의 시절이라 강한 2의 저지 때문에 돌아옴에 주저하고 지체함이 없지 않으니 '인색하다[吝]'. 그러나 마침내 돌아온다는 확신이 있으니, '유종有終'의 미는 있다. 이를 공자는 "서서히 온다는 것은 뜻이 아래(초6)에 있고, 비록 자리가 마땅하지 않지만 뜻은 같이 할 수 있다[象曰, 來徐徐, 志在下也, 雖不當位, 有與也]"고 풀었다.

주자 역시 "초6이 4의 짝이지만, 부중부정하기에 같이 하지 못하고, 또 강한 기운을 지닌 2에게 막혀서 곤란을 당한다. 그러나 사사私邪롭게 정의를 이기지 못한 고로, 인색하여도 마침이 있다는 것"으로 본다. 즉, 아무리 2의 방해가 강력해도 상응하는 짝은 때가 오면 만나게 된다는 것을 시사하고 있다.

다산은 "술과 밥 그리고 수레와 의복은 만백성이 크게 다 원하는 것이다. 고로 여타 자리에서 곤란과 액란을 만남에, 항상 이 일로 말미암아 사건이 전개되니, 성인이 경계한 바이다[飲食車服, 生民之所大欲也, 故諸爻之遇困阨, 常有此事, 聖人之戒也]"[30]라고 증언한다. 이는 곤이 감坎으로 가는 경우이다.[31]

---

28 「계사전(하)」: "易曰, 困于石, 據于蒺藜, 入于其宮, 不見其妻, 凶, 子曰, 非所困而困焉, 名必辱, 非所據而據焉, 身必危, 既辱且危, 死期將至, 妻其可得見邪." 여기서 '死期將至'는 大坎이 艮의 근처에 있기 때문이다.

29 [說證] : 大過는 遯과 大壯으로부터 온다. 遯의 하괘는 간==이고, 대장의 상괘는 진==의 풀이다. 대과의 大險을 만나, 산으로는 巖石이고 풀로는 蒺藜이니, '困于石'과 '據于蒺藜'가 된다. 그리고 곤의 하괘 감==의 집에 손==으로 들어가면 리==의 처가 있었지만, 대과에서는 리==의 처가 없으니, '入于其宮不見其妻'다. 못==은 날카로우니, 가시나무 질러가 된다. 곤란에 빠지는 일은, 대과의 두 음이 네 양을 둘러싸니 반드시 욕될 것이고[巽屈], 의지할 바가 아닌데도 의지함은, 태==의 유가 강을 올라타 위태로움이다. 이렇듯 위태롭고 욕되니, 坎이 艮의 가까이에 있어, 죽을 기한이 곧 닥치리니, 그 아내를 어찌 볼 수 있으리오

30 『漢書』, 「輿服志」: "秦나라에는 금과 은의 수레가 있었는데, 商나라의 수레를 본 딴 것이다. 「설괘」에 '澤은 금이요, 坎은 수레이다'라고 하였다."

> 九五 劓刖 困于赤紱 乃徐有說 利用祭祀[32]
>
> 구5는 코와 발이 잘리는 지독한 형벌을 받는다. 붉은 폐슬 때문에 곤경을 당하지만, 서서히 여기서 벗어날 수 있을 것이다. 하늘에 제사를 모시며 때를 기다려야 이롭다.

임금에게도 어쩔 수 없는 곤경이 닥친다. 이는 임금인 나의 부덕한 과보이다. 믿을만한 신하도 없고, 시절도 사방에 초가楚歌만 들린다. 그러나 천운은 하늘을 가까이 하는 자에게 마침내 서서히 찾아올 것이다. 여기서 '적불赤紱(Purple knee bands)'은 제후들이다.

즉 대부들의 붉은 '불紱'은 승려들의 붉은 가사장삼과 같은 것으로 의복의 휘장이다. 제후들이 날뛰니 임금이 곤혹을 치른다. 그래도 5가 강건하고 중정하기 때문에 목숨을 거는 용기로 대처하면, 제후들이 끝내 반란을 일으키지 못할 것이다. 임금은 '주불朱紱'이고, 신하는 '적불赤紱'이니, 신하로부터 곤욕을 당하는 것을 '곤우적불困于赤紱'이라 하였다.

또 '의월劓刖(Nose and feet cut off)'의 '의劓'는 충신의 간언諫言을 듣지 못한 죄로 위에 있는 상에게 코를 베이고, '월刖'은 발을 베이는 형벌을 당함이다. 즉 최측근 신하 4가 3에게, 또 심복인 2가 1에게 발을 잘리어, 그 행동을 마음대로 할 수 없는 형벌을 받으니, 모두가 임금 나로 인한 인과응보다. 그러나 임금으로서 나라와 백성을 위하여 비장한 각오로 대처를 한다면, 이에 만사가 굴복하여 오게 되니, '내서유탈乃徐有說'이라 하였다.

2가 강성이라 처음부터 서로가 응을 하지 않지만, 그래도 충직한 심복心腹이

---

31 [說證] 坎卦는 觀卦에서 온다. 물러나 밖에 은거하고 있던 觀卦의 군자가 2로 오자, 上坎·下坎으로 의심을 받게 되니 천천히 옴을 '來徐徐'라 했다. 坎卦의 모괘 臨卦는 태☱의 金이고, 坎卦에서 감☵은 수레가 되니, '困于金車'가 된다. 경색되고 막힌 상황을 맞이하여, 군자가 수레와 예복의 영화로움에 연연해서, 곤의 나라로 되돌아오게 되면, 소인배에게 둘러싸여, 이용되지 않는 경우가 없을 것이다. 하괘는 모두 부정하니 '吝薔'하고, 상괘는 모두 정위가 되니 '有終'이 된다. 「계사전」의 '二多譽, 三多凶, 四多懼, 五多功'의 경우를 '來徐徐'에서 본다. 점단으로, 못에 물이 말라 나무가 다 죽을 지경에, 물이 넘쳐 들어오는 형국이다. 종내 만사 상하가 순길하여, 도처에 혈맥이 돌게 될 것이다. 4로 病占을 물으면 善終을 볼 가능성이 있다. '金車'를 '喪輿'로, '來徐徐'는 상여가 천천히 나가는 모양으로, '有終'은 끝마침으로 보기 때문이다.

32 劓 코 벨 의. 刖 발뒤꿈치 벨 월. 說 벗어날 탈(脫).

기에 임금을 도울 수밖에 없는 상황이다. 곤궁한 처지에 놓였을지라도 종묘사직에 대한 제사를 잊지 않고 받들었으니, 하늘의 응답을 얻었음이 '이용제사利用祭祀'였다.[33] 5는 제사祭祀요, 2는 향사享祀다. 오로지 지성至誠을 써야 복을 받는다. 누구든 제사祭祀를 가벼이 여기면 안 된다. 임금은 과연 누구와 통기通氣 하겠는가? 상대는 오직 하늘과 백성뿐이다. 공자의 증언 또한, 임금이 천하 보기를 일신 돌보듯 하면, 응당 복 받을 것이라 소리를 높인다. "코와 발을 베였다는 것은 뜻을 아직 얻지 못한 상황이요, 서서히 곤에서 벗어나 기쁜 소식이 온다는 것은 부하가 충직했다는 말이다. 더욱이 지극정성으로 제사를 올리면, 응당 복을 받고도 남음이 있을 것이다[象曰, 劓刖, 志未得也, 乃徐有說, 以中直也, 利用祭祀, 受福也]."[34]

---

33 정약용, 『주역사전』: 이것은 곤괘가 解卦로 변하는 경우다. 어째서 이렇게 죽지 않고 모진 형벌만을 받게 되는가? 坎의 법률을 적용하지만, 震으로써 그를 살리니, 육체에 가하는 형벌이 비록 참혹하기는 하지만 살아날 수 있는 까닭이다. 해괘는 본래 赦免과 容恕를 상징하는 괘다. 해괘의 모괘 소과괘 때에는 상하가 깨끗하게 재계하더니[소과괘의 호괘 兌☱는 뒤집어진 巽☴이다], 해괘가 되면 离의 정성이 이에 지극하고, 坤의 소가 화살을 맞으니, 이런 상황을 '利用祭祀'라 한 것이다. 천지가 비색해지는 비괘의 시절과, 군자가 소인으로부터 압박을 받아 어려워지는 곤의 시절에는 무엇이, 어떻게, 왜, 누구 때문에, 이러한 시기에 곤란을 당하는지를, 종묘와 사직에 제사를 올리며, 하늘에서 응답을 얻어 내도록 해야 한다. 그 응답에서 해결할 수 있는 실마리를 찾아낼 수 있음이 바로 '利用祭祀'다. 정자의 설명이다. "'이용제사'는 '제사 지내는 일은 반드시 정성과 공경을 지극히 한 뒤에라야 복을 받는다'는 말이다. 人君이 곤란한 때에 있으면, 마땅히 천하의 곤란함을 염려하여, 천하의 현자를 구하기를 마치 제사 지낼 때와 같이 하여, 정성과 공경을 지극히 하면, 천하의 현자를 招致하여, 천하의 곤란을 구제할 것이다." 5와 2는 더불어 덕이 같은데, 상하로 함께하는 이가 없다고 말함은 어째서인가? 음양이 서로 응함은, 자연이 서로 응하는 법과 같은 이치로, 부부와 골육 간의 분수가 정해짐과 같은 것이다. 5와 2는 모두 양효이니, 강중의 덕이 같아서, 서로 응함은 서로 찾은 뒤에 합하는 것이니, 군신과 붕우가 의리로 합함과 같은 이치이다. 처음 곤란할 때에 어찌 상하에 함께하는 이가 있겠는가. 더불어 함께하는 이가 있으면 곤경이 아니다. 그러므로 늦게 합한 뒤에야 기쁨이 있게 되는 것이다. 5는 祭祀라 하고, 2는 享祀이다. 祭는 天神에게 하는 것이요, 祀는 地神에게 하는 것이요, 享은 사람의 귀신에게 하는 것이다. 5는 군주의 자리라서 祭라 말하고, 2는 아래에 있기 때문에 享이라 말한 것이니, 각각 마땅히 쓰는 바에 따른 것이다. 그러니 누구든 제사를 가벼이 여기지 말아야 할 것이다. 상하귀천을 떠나 하늘과 조상에게 경배하는 자세가 있다면 이는 바로 복을 얻는 '利用祭'라 할 수 있다. 공자가 「소상전」에서 '정성을 다해 제사를 올리는 자는 응당 복을 받고도 남음이 있다고 말한 바가 이것이다.

34 困卦가 解卦로 변한 경우다. 解는 小過와 臨卦로 온다. 감☵의 법에 의해, 간☶의 코와 진☳의 발이, 解의 兵器 리☲에 의해 잘리니 '劓刖'이 되었다. 태☱의 전변이 간☶으로 코가 되며, 호괘 손☴의 전변이 진☳이 된다. 감☵의 형벌, 리☲의 병기에 상한다. '곤우적불困于赤紱'은 解의 모괘 小過에서 곤☷의 치마(폐슬)에 붉은 수식이 보이며, 손☴의 밧줄이 있음이다. '乃徐徐'는 소과가 해로 오면서 손☴의 밧줄이 풀리고 감☵의 위험에서도 벗어나니 '有說'이다. 困之解에서 해의 모괘 소과 때에는 상하가 깨끗하게 재계하더니, 해가 되면서 리☲의 정성과 곤☷의 소로

> 上六 困于葛藟 于臲卼 曰動悔 有悔 征吉[35]
>
> 상6은 칡과 등나무로 덮인 덩굴에 걸리고, 험한 길에서 갈 곳을 잃고서 괴로움을 당한다. "움직여서 후회가 생긴 것이니, 여기서 다시 뉘우침으로 본자리로 돌아 가려면, 정벌에 나서는 것이 길하다" 하였다.

곤困이 아주 나쁜 상황으로 늪에 빠져서 허우적거리는 상이다. 앞으로 나가 자니 칡과 등나무 덩굴에 걸려서 넘어지고, 뛰자니 돌뿌리에 채여 곤경에 처하고 만다[于葛藟于臲卼]. 곤경에 처하면 움직이지 말고 쥐 죽은 듯 가만히 있어야 할 때가 있고, 후회하고 참회하는 자세로 적극적인 행동으로 잘못을 솔직히 시인하며 풀어가야 좋을 때도 있다.

그렇지만 지금 상6은 정위正位에 있기에, 남의 자존심을 뭉개는 소리[劓言]를 하기 보다는, 윗자리에서 어른답게 격려와 칭찬을 아끼지 않는 자세를 취하는 것이 좋다. 그리고 친하게 지내지 못한 인연(3)도 친친親親할 수 있도록 적극적인 노력을 경주해야 할 것이다. 그렇지 않으면 후회막급할 일이 찾아든다. '갈葛'은 아래쪽을 얽히게 하는 칡덩굴이요, '류藟'는 위를 설키게 하는 등나무 넝쿨이다. '얼올臲卼'은 뾰족뾰족한 돌이 있는 위태로움을 뜻한다. 이러한 상황을 볼 때, 상6이 막무가내로 나가면 반드시 위험을 볼 것 같으니, 거듭 경계를 세운 것을 알 수 있다. 어지러울 정도로 상하좌우에 위험스러운 일들이 나를 가로막고 있으니, 후회스러울 '회悔' 자가 두 개씩이나 겹쳤다.

"칡덩굴과 등나무 덩굴에 얽혀서 앞으로 나가지 못한다는 것은, 상에서 군위를 곤란하게 하고, 아래로 친하여야 하는 3과도 응하지 못하니, 마땅치 못하다는 뜻이다. 움직여 후회할 일이 생겼는데, 다시 원상복귀하는 심정으로 가면, 좋은 쪽으로 풀릴 것이다[象曰, 困于葛藟, 未當也, 動悔, 有悔吉, 行也]."[36] 곤괘가 송괘로

'利用祭祀'를 하니, 리☲의 복을 '受福'함이다. 태☱는 '脫'이 된다. 참고로 곤지해(困之解)로 존귀한 자리에서, 아래 위의 강력한 반발과 방해로, 곤경에 처하더라도, 어려움은 서서히 풀릴 것이니, 제사 지내는 심정을 잊지 말라. 고시를 준비하는 사람이라면, 성취를 하니, 절대 포기하지 말고 끝까지 밀고 가라.

35 葛 칡 갈. 藟 등나무 덩굴 류. 臲 위태할 얼. 卼 위태할 올.

36 참고로 해군 초계함 '천안함'호가 서해 앞바다에 침몰한 사건 발발 3일 후, 아직도 그 원인을 알 수 없는 가운데 상효를 얻었다. 이 사건은 오랜 동안 가해자를 밝히기엔 미제 사건으로 남을 공산이 컸다.

간 경우다.[37]

사실상 곤괘 전체의 핵심 내용은 어떻게 하면 곤경에서 벗어날까 하는 문제다. 곤의 초와 3, 그리고 상은 곤경에 대처하는 능력이 떨어지는 음들이다. 초6은 곤경에서 스스로 벗어날 기운이 아직은 적고, 3은 오도 가도 못해 사방 어디로 가든 흉한 처지에 놓였으며, 상6은 곤궁이 극에 달하여 깨닫고 변화할 수 없는 처지이니, 그것을 알고 나가야 유리할 것이다. 반면 2와 5는 비록 곤경에 처했지만 강력한 뱃심과 물러서지 않는 근성과 배짱으로, 정도를 지켜나가기에, 중심을 잃지 않는 강건한 자로서 곤경에서 벗어날 수 있다.

경우에 따라 의지를 관철하기 위하여 목숨을 버릴 수도 있고[致命遂志], 어느 때는 의를 위하여 삶을 포기할 수도 있다[捨生取義]. 누구나 이런 어려운 곤경에서 벗어나기 위해서는 첫째, 절대로 조급하게 서두르지 말고 냉정하고 침착하게 굴어야 하고, 둘째는 정신적인 무장을 탄탄히 하여 목숨을 내놓을 경우에 처하더라도 무너지지 말아야 한다. 상6처럼 지난날에 서로 잘 지냈어야 할 동지 3과, 지금 부닥치고 있는 사람 5에게까지도, 뉘우치는 마음을 표현하며 가야 좋은 일이 찾아들 것이다[于臲卼曰動悔, 有悔吉行也].

마지막으로 자범子範의 '치명수지'에 관한 설을 들어본다. "물이 아래로 새면 위가 말라서 물이 없어지니 곤의 상이다. 군자가 이 상을 보고, 곤궁한 때에 명을 하늘에 맡기고, 자신의 뜻을 이루어 나간다. 시비를 논하고 이해를 논하지 않으며, 경중을 논하고 생사를 논하지 않으며, 삶을 버리고 의를 취하며, 몸을 던져서 인仁을 이루어 가는 것이다. '목숨을 바침'에는 감괘의 험난한 상이 있고, '뜻을 이룸'에는 태괘의 기뻐하는 상이 있다."[38]

---

37 [說證] 訟卦는 遯卦에서 온다. 遯의 大巽은 산 위에 펼쳐진 '곤우갈류困于葛藟'이고, '곤우얼올困于臲卼'은 遯의 산이 높고 험준한 까닭에 좁은 샛길조차도 통하지 않는 상이다. 困의 모괘 否가 건☰에서 태☱로 되었다가, 다시 困之訟으로 태☱에서 건☰으로 변해 오니 '有悔'다. '征凶'은, 否卦 아래 남쪽 나라 2가, 상으로 가 북벌하여, 두 강을 포위하고, 태☱로 상대를 훼절시켜, 건☰의 군주를 잡아 남으로 보냄이다. 상6이 주효가 된다. 이 과정에서 이미 폭군을 베어 죽이고, 다시 새로운 임금을 세우니, 이처럼 망한 것을 다시 일으켜 세우고, 끊어진 것을 다시 계승하는 것은 고대의 훌륭한 도리였다. 상황이 이럴진대 북쪽으로 정벌하러 가는 것이 어찌 길타 하지 않겠는가.

38 吳致箕,「周易經傳證解」: "當困窮之時, 付命于天, 遂我之志. 論是非而不論利害, 論輕重而不論死生, 故有舍生取義, 殺身成仁者也. 致命, 有坎險之象, 遂志, 有兌說之象也."

외괘
水(坎=險)

내괘
風(巽=入)

48. 수풍정水風井
The well

세상은 한없이 맑은 물을 공급하는 샘과 같다. 정괘井卦는 어떻게 하면 그런 시원하고 달콤한 우물물을 얻어 마실 수 있는지 알려준다.

井 改邑 不改井 无喪无得 往來井井 汔至 亦未繘井 羸其瓶 凶[1]

정괘는 자신이 사는 고을과 나라는 고칠 수 있으나, 수맥을 따라서 잡은 우물은 함부로 고칠 수가 없다. 수맥을 잘 잡은 우물은, 아무리 퍼내도 샘이 마르지 않고 설사 퍼내지 않더라도 절대로 넘치는 법은 없다. 샘으로 가는 사람과 오는 사람은 누구든지 자신의 샘으로 여기고 물을 마실 수는 있지만, 두레박으로 물을 퍼올릴 때에 두레박이 거의 이르렀는데도 두레박줄이 짧거나 아니면 두레박이 깨어지는 일도 생긴다.

사람이 사는 마을에 샘이 없을 수 없다[邑內不可以無井也]. 물은 낮은 곳으로 흘러가며[水則有遷], 자신을 낮출 줄 아는 바탕을 지니니[巽伏爲坎德之基], 우물은 덕의 터전을 지니게 된다[井德之地也]. 우물은 자신의 자리를 지키지만[不改其居], 사람들이 와서 물을 퍼서 오고가니[人汲之去], 만물을 살려내기도 한다[膏澤四散]. 이것이 우물이 아무리 멀리를 옮겨 다닐지라도[井居其所而遷], 물이 마르지 않는다[於坎爲成坎]는 의미다. 군자가 자신의 자리에 머무르면서도 공경으로 행하고[君子居敬], 밖으로 의를 행하여도 그 자신을 잃지 않고[徙義不失其身], 백성들이 그 혜택을 입기에[民被其澤], 우물은 아름다운 덕을 취하는 것이다. 곧 자신의 모습이 비치는 우물을 보고, 자신이 하는 일이 옳고 바른지 분석하고 판단해야 한다[井以辨義, 互爲暌, 兌義而离辨].

---

1 汔 물 마를 흘. 繘 두레박줄 율. 羸 깨질 리. 瓶 두레박 병.

공자의 '두레박 줄을 길고 튼튼하게 만들라'는 단왈이 이어진다. "우물은 한없이 물을 길어내도 마르지 않는 도량을 지닌다[養而不窮也]. 도읍은 옮길 수 있지만 우물을 옮길 수 없다[改邑不改井]. 이것은 물의 심지가 한없이 깊고 강하기 때문이다[乃以剛中也]. 두레박줄이 짧아 우물 밑까지 닿지 않는 것은[汔至亦未繘井], 물을 퍼올리는 자의 내공이 부족한 탓이다. 두레박줄이 짧아 물을 얻지 못거나, 두레박이 작아[羸其瓶] 물을 얻지 못한다면, 이 역시 흉한 일이다[是以凶也]."[2]

우물은 마르는 일 없이 누구에게나 그 은혜를 골고루 나누어 주려 한다. 어쩌면 우물은 나라의 임금과도 같으며, 부모나 스승과도 같은 존재다. 그들은 우리에게 무한한 사랑과 배움을 주려 한다. 그렇지만 나의 작고 좁은 마음이 그들을 받아들이지 못하고 등지는 일이 생긴다면, 마치 깨진 두레박처럼 물을 얻지 못하는 꼴이 되고 말 것이다. "여래의 가슴이 만상 일체를 머금고 돌아가듯 물레방아는 항시 물을 머금고 돈다"는 지욱의 말처럼, 정井은 물을 주려는 은혜가 마치 움직이지 않는 땅처럼 변하지 않기에, 천지 도리뿐 아니라 우물의 막힘없는 소통을 가르친다.[3]

'개읍불개정改邑不改井'은 마을의 생김새, 이름, 도로 환경, 건물의 높낮이와 인테리어, 조경 등과 같이 겉으로 보이는 외관은 언제나 고칠 수 있지만,[4] 우물은 위치를 옮겨서도 안 되고 들고 다닐 수도 없다는 말이다. 그것은 보이지 않는 곳에 수맥이 일정한 방향으로 흐르고 있기 때문일 것이다. 또 '무상무득无喪无得(Neither decreases nor increases)'은 수맥이 풍부한 곳에 자리한 우물은 아무리 물을 퍼내도 마르지 않고 넘치지 않기에, 마를 줄 모르고 끊임없이 쇄신하는 생

---

2 [說證] 井卦는 泰卦로부터 온다. 태괘 곤☷의 마을에, 건☰의 사람들이 모여 사니, 감☵의 샘이 없을 수 없다. '改邑'은 마을 사람 1이 5로 가서 물을 찾음이고 5의 물은 아래 大坎의 샘에서 나온 것으로 '不改井'이 되기에 '无喪无得'이라 하였다. 井卦의 착종 渙卦가 되어도 물은 여전하니, '往來井井'이고, '井井'은 두 개의 감☵을 의미한다. '汔至'란 호괘 睽卦의 불이 물을 건조 시킨 결과며, '亦未繘井'은 중부괘(규의 모괘)에 있던 손☴의 두레박줄이 사라졌기 때문이다. 睽卦는 大壯의 大태☱로, 물병이 컸으나, 睽에서는 작은 병이니 '羸其瓶'이다. '羸'는 작은 모양. 건☰처럼 양이 많으면 瘦瘠하고, 음이 많으면 肥滿이다. '瓶'은 태☱처럼 주둥이가 작은 병이다.

3 「잡괘전」에서 "井通也"라 하고, 「괘사전」에서 "井德之地也, 井居其所而遷, 井以辨義"라 하였다. 즉, "정괘는 덕이 땅처럼 확고부동하기에, 그 거처하는 장소를 옮기며 덕을 베풂과 같으니, 井에서 의리를 분별함을 안다."

4 『詩經』, 「大雅」: "旣景迺岡, 相其陰陽, 觀其流泉." 즉, "그림자를 살펴 사방을 정하고, 높은 산을 경계로 삼아 배향을 살피고, 그 흐르는 샘물을 살핀다."

명을 상징한다. '왕래정정往來井井(Come and go and draw from the well)' 또한 샘물은 오고가는 사람이, 아무리 퍼도 마르지 않고, 퍼 올리면 올릴수록 더 맑은 물이 나오기에, 장구한 왕도정치에 비유하였다. 또 '흘지汔至'는 두레박줄이 거의 다다랐다는 뜻이고,[5] '역미율정亦未繘井'은 역시 두레박줄이 짧아서 닿지 않음을 말한다. 우리가 샘물을 길어올릴 수 있는 끈도 지녔고, 생명의 원천에 닿을 수 있는 두레박도 지녔지만, 모두가 물을 퍼올리지는 않는다. 어쨌든 줄이 짧아 우물에 닿지 못해 낭패를 보는 일은 불충不忠과 불효不孝와 불학不學의 탓이다. 이것이 바로 '이기병흉羸其瓶凶'으로 두레박을 깨고 물을 얻지 못함을 염려하는 바다. 초의선사가 추사를 그리워하며 적은 시에서 '다만 샘은 깊은데 두레박줄 짧다 한탄하네[只恨井深繘不長]'라고 읊기도 한다.[6]

정괘에는 '원형이정元亨利貞'이 없다. 이것은 지식의 샘, 앎의 원천인 우물물을 누가 먼저 마시느냐가 관건이기에 어떤 옵션도 없음이다. 우물은 생명의 근원이요 행복의 상징이다.[7] 또 우물은 인간에게 도덕은 변하여도 양심은 변하지 않음

---

5 '汔'은 샘의 물이 거의 마른 현상이기도 하다. (동파)

6 초의와 추사는 동갑으로 이들의 우정은 40여 년에 이른다. 이들의 가는 길은 비록 달랐으나, 추사가 제주도에 9년간 流竄되었을 때도 초의는 다섯 번이나 찾아갔고, 한 차례는 반년을 함께 지낼 정도로 교연이 깊었다. 초의가 49세(1834) 때 가을밤을 長川 별장에서 추사와 함께 보내면서 지은 시다. "시종 마음의 도량을 떠나지 않아, 수운향에서 함께 만났네. 올 때에 명월을 가지고 와 단정히 가리키니, 저절로 청풍이 불어 가사 자락 시원하네. 지극한 이치는 암마(天果, 無垢)의 둥근 법계, 부처의 말씀 번뇌의 마음을 씻어내네, 一般 天趣를 누가 분변이 없다 하는가, 다만 샘은 깊은데 두레박줄 짧다 한탄하네[只恨井深繘不長]."

7 신성시 되던 우물이 있는 장소에 神殿을 건립했다. 샘에서 넘쳐 흘러나오는 물은 생명과 풍요로움의 상징으로도 여겼다. 구약시대에 우물은 생명의 상징이며 하느님께서 주시는 은총과 축복의 상징이었다. 모세는 하느님 명령대로 이스라엘 백성들의 생명을 유지하도록 바위를 쳐서 물이 흘러나오는 샘을 만들었다. 반면 필리스티아인들은 아브라함의 우물을 흙으로 메웠다. 이것은 하느님의 축복을 샘으로부터 끊어 멀어지게 하려는 시도였다. 또 하느님을 '생수의 원천'으로 표현하기도 했다. "이스라엘의 희망이신 주님 당신을 저버린 자는 누구나 수치를 당하고 당신에게서 돌아선 자는 땅에 새겨지리이다. 그들이 생수의 원천이신 주님을 버린 탓입니다." 에제키엘 예언자는 성전에서 솟아 흐르는 샘에 관한 유명한 예언을 하고, 신약에서 그리스도는 영원한 생명을 주는 샘으로 표현된다. "내가 주는 물을 마시는 사람은 영원히 목마르지 않을 것이다. 내가 주는 물은 그 사람 안에서 물이 솟는 샘이 되어 영원한 생명을 누리게 할 것이다." "어좌 한가운데에 계신 어린양이 목자처럼 그들을 돌보시고 생명의 샘으로 그들을 이끌어 주실 것이며, 하느님께서는 그들의 눈에서 모든 눈물을 닦아 주실 것이다." 예수님께서 벳자타 연못에서 38년 된 중풍병자를 안식일에 치유하셨다고 하는데, 벳자타 연못은 키드론 계곡에서 흘러내리는 빗물을 모아 성전에 물을 공급했다. 벳자타 연못은 종교적인 목적 외에 의학적 치료를 목적으로 건설됐다.

을 가르친다. 윤리관이 바뀌고 문물제도가 변천하여도, 우물 속의 샘물은 변함이 없는 것처럼, 어느 누가 우물물을 퍼올려 먹느냐에 달렸을 뿐이다. 한편 정괘는 인재 등용의 교훈도 가르친다.

고사에서 주周나라는 오래전에 건국되어, 아무도 찾아보지 않을 만큼 보잘 것 없던 사방 백리의 낡은 소국이었다. 그런데도 고궁단보, 왕계, 문왕이 삼대에 걸쳐서 인정仁政을 베풀고, 나라를 일신하여 그야말로 '인자무적仁者無敵 백리가 왕百里可王'의 신화를 이룬 나라로 만들어 나갔다. 또 문왕은 국가기구를 손질하고, 남정南征 후 나라의 인구가 늘고 영토가 넓어지자 백성들의 생산능력을 확충하기 위하여 노예제도를 폐지하고 이어 노예를 해방시켰다. 그는 국가의 틀을 바꾸지 않은 채, 새로운 인재를 등용하여 새로운 정치를 펼쳐, 우물처럼 맑고 시원한 물을 마시게 하였다.[8]

이렇듯 "정괘의 초점은 낡은 제도의 폐지와 새로운 제도의 도입을 통한 급진적 변혁과 개혁이 아니라, 불변하는 정통성의 계승과 유신의 강화에 있기에"[9] 60~70년대의 우리나라 '새마을 운동'이 정괘와 유사하며, 우물을 건드리지 않는 것은 새마을 사업을 하되, 민족의 정기는 훼손하지 않고 뿌리는 살려야 한다는 의미로 새길 수 있다.

공자는 재삼 "군자라면 이러한 우물의 덕을 보고서 자신을 크게 길러 나갈 뿐 아니라, 백성의 노고를 위로하고 임금을 돕도록 권면할 것[勞民勸相]"을 강조하고 있다.[10] 어리석은 백성들로 하여금 우물의 고마움을 서로 전하고 서로 배우며 돕고 살기를 바라는 것이다. 사람을 길러내는 한없는 우물의 덕과, 부단한 자신의 수양이 자리이타自利利他에 오르면, 저 만물에까지 끝없는 은혜를 베풀게 된다. 그러니 군자는 백성을 위로할 때 마음을 열고 도량을 넓히는 수고를 아끼지 말아야 한다.[11] 이러한 우물의 상을 잘 살펴보고, 군자는 우물의 덕을 본받아

---

8 『시경』, 「대아」 참조

9 황태연, 『실중주역』, 727쪽.

10 [說證] '相'은 군주를 돕는[助] 일이다. 泰卦의 1이 5로 가 井卦가 된 것으로, 임금이 백성에게로 가면서, 감≡≡의 勞苦가 생기니, 임금이 百姓을 慰勞하는 것이다. 그기에 백성들은 믿음이 생기고, 태≡≡의 즐거운 마음이 일어나, 손≡≡의 순종하는 마음이 생겨났으니, '勸相'이 된다. 兌卦 彖曰 "說以先民, 民忘其勞, 說以犯難, 民忘其死, 說之大, 民勸矣哉"에서 '民勸'을 말한다.

11 지욱, 『주역선해』 : "擔水惠人, 鑿井任汲."

백성으로 하여금 상부상조의 정신을 부지런히 익히고 노력하게 할 것이다.

"우물은 길러줌에 끝이 없다. 길러준다는 것은 저 자신을 말한 것이 아니라 백성을 길러주는 것인데, 백성 기르는 일은 군자의 사업이 아닐까?"[12] 한갓 자신의 사리사욕만을 기르고, 백성을 깎아 오히려 자기를 받들게 하여 나라를 망하게 하는 불쌍한 임금도 있다.[13] 우물은 샘을 냄으로 기르고 서로 돕기를 권한다. 백성을 위로함은 임금이 백성을 기름이고, 돕기를 권면함은 백성들이 서로를 기르게 함이다. 감☵의 물이 손☴의 나무를 생함에 나무가 진액의 윤택함을 받아 위로 올려주니, 서로 생하고 서로 기르기 때문에 "백성을 위로하고 돕기를 권면한다."[14]/[15]

---

12 申欽,「象村稿」, '穿井記' : "내 조정에서 쫓겨나 수춘壽春(춘천)에 가 귀양살이하면서, 戶長 朴善蘭의 집에 붙여 있었는데, 그 집에는 예부터 우물이 없어 흐르는 물을 길어다 마시기 때문에 여름철이 되면 물이 더럽고 흐려 고약하였다. 내가 그 고을 늙은이에게 물어, 그 집 서북쪽 모퉁이에다 우물을 파고, 벽돌을 쌓고 물을 모았더니, 맛이 달고 빛이 맑았으며, 다하지 않고 계속 솟아 주인과 함께 쓰기가 좋았다. 그로부터 얼마 후 객이 와서 나에게 말하기를, '井卦 象에 이르기를, 君子가 그를 본받아, 백성으로 하여금 노력하고, 권면하고 서로 돕게 한다 하였는데, 우물이란 대체로 길러주면서 끝이 없는 것이다. 길러준다는 것은 제 자신을 말한 것이 아니라, 백성을 길러준다는 것 아닌가. 백성 기르는 일은 군자의 사업이다 하였다. 또 '고을은 옮겨가도 우물은 옮기지 않는다고 하지 않았던가. 우물이야 무엇을 바랄 것인가. 길으러 오는 자는 희망을 가지고 올 것이고, 길어가지고 가는 자는 자기 추구가 충족되었겠지만, 우물이야 무슨 간여를 할 것인가. 가득 차면 내놓는데, 그렇다면 길어간다 하여 채워지지 아니할 까닭이 없고, 비었으면 받아들이니, 그렇다면 길어가지 않는다 하여 항상 비워두지도 않을 것 아닌가. 길어가거나 말거나, 우물 자체로서는 아무 상관이 없는 것이지라 하였다. 그런데 그 우물이 네거리 큰길 가운데 있지 않고, 험한 바위 깊은 골짝 사이에 있으며, 늘어선 가게 수많은 백성들이 쓰도록 자리잡지 못하고, 기이한 사람 귀양살이하는 자가 있는 곳에 자리잡고 있어, 그 바탕과 쓰임새가 참으로 나의 처지와 비슷한 점이 있기는 하다. 이에 내가 '쓰이거나 버림을 받거나, 어차피 우물과 거의 같은 신세이지만, 그 역시 애당초 하늘의 뜻에 매인 것일진대, 나 역시도 아무런 간여도 할 바가 없는 것 아니겠소 짐짓 그대와 향기로운 나물 캐고 물풀을 자리 삼아, 술 한잔 떠서 서로 권하기나 했으면 하오'라고 하였다."

13 金濤,「周易淺說」 : "하늘이 백성을 냄에 많은 인물 가운데 우두머리로 나온 이가 임금이다. 그렇다면 임금은 백성을 기르는 자이고, 백성은 임금을 받드는 자이다. 임금에게는 백성을 기르는 도가 있고, 백성에게는 임금을 받들어야 하는 의가 있으니, 임금된 자가 어찌 한갓 자신만을 기르고 백성을 기르지 않을 수 있는가? 우물은 인민을 기르기 위한 것이다. 마을 가운데 하나의 큰 우물이 있으면, 사람들이 의지해 길러져 생활하지 않음이 없으니, 우물의 쓰임새가 어찌 크지 않겠는가! 이 때문에 옛적 왕이 나라를 세우는 초기에 반드시 먼저 우물의 위치를 살펴본 뒤 거주함은 민중을 기르기 위함이다. 대체로 우물의 덕은 잃음도 없고 얻음도 없어서, 가고 오는 자가 모두 그 우물을 우물로 사용하기 때문에, 군자가 그 형상을 본받아, 백성을 위로하고 돕기를 권면하여, 서로 살리고 서로 기르는 도를 두게 하니, 백성을 양육하는 바가 넓다. 후세에는 그렇지 못해, 한갓 자신만을 기르고 백성을 기르는 도를 알지 못하기 때문에, 백성을 깎아 자기를 받들게 하여, 나라도 따라서 망하니 애통하도다."

14 金相岳,「山天易說」 : "井出泉而爲養, 有勸相之義. 勞民者, 以君養民也. 勸相者, 使民相養也. 坎水

> 初六 井泥不食 舊井 无禽
>
> 초6은 우물에 진흙이 꽉 찼으니 더러워서 먹을 수가 없다. 나는 새도 찾아오지 않는 오래된 샘이다.

샘의 맨 아래 자리에 진흙(개흙)이 꽉 차서 먹을 수 없어[井泥不食, No drink the mud of the well], 새들도 찾아와 먹지 않는 버려진 샘이다[舊井无禽]. 공자도 "우물에 진흙이 찼으니 더러워 먹을 수 없다는 것은 버려진 샘이요, 나는 새도 찾아오지 않는 오래된 샘이라는 것은 시간마저 이미 버렸음이다[象曰, 井泥不食, 下也, 舊井无禽, 時舍也]"라고 판단했다. 진흙이 꽉 찼다는 의미는 마음에 때가 꽉 끼어있는 구태의연한 모습일 수도 있다. 이런 위인과는 누구라도 상대하지 않으려 할 것이다.

동파는 "사람이 없는 곳은 고쳐서 쓸 수라도 있지만 짐승이 없는 곳이라면 고쳐 쓸 수도 없다[無人猶可治, 無禽猶不可治]"라는 유명한 말을 남긴다. 이는 정괘가 수괘需卦로 간 경우다.[16] 그러기에 공자는 "군자가 하류에 머무는 것을 싫어하는 것은 천하의 모든 악이 되돌아오기 때문"[17]이라고 말 하였다. 그래서 '구정무금舊井无禽'에서 두레박이 물을 담고서 올라오는 소리가 새소리처럼 나야 하는데, 그 두레박질하는 모습이 보이지 않으니 버려진 우물이라고 새긴 것이다. 우물은 고정불변한 곳에 처해 있지만, 천한 곳에서 천한 모습을 지니고 살면 시절도 외면하는 것을 시사한다. '잘 차려입은 거지가 얻어먹기도 좋다'는 말이 그것이다.[18]

生巽木, 而木受其津潤之上行, 相生相養, 故曰勞民勸相."

15 참고로 두레박으로 물을 조심조심 퍼올리는 상황이라, 마음이 불안하고 편치 않다. 우물물이 처음에는 혼탁하지만, 나중에는 맑아지기에 교섭은 꾸준한 인내가 필요하다. 우물의 장소가 변하지 않는 것처럼, 새로운 계획보다는 오래된 것을 쇄신하며 지켜나가는 것이 좋다. 가정이나 회사가 내부적으로 상당히 어려움이 많을 때이지만, 흔들리지 말고 제자리를 지키는 자세를 견지해야 한다. 억지로 두레박으로 물을 퍼 올려야 하니, 돈은 융통이 잘 되지 않고, 술값 밥값 같은 접대비가 많다. 날씨는 비바람을 동반한다.

16 [說證] 泰卦 5의 흙이 우물 맨 아래로 떨어졌으니 '井泥'요, 需卦의 모괘 中孚괘 때는 태☱의 입이 위아래로 벌리고 있어 먹을 수 있었지만, 需卦가 되면서 하괘가 건☰이 되니 태☱의 입을 닫아버렸기에 '井泥不食'이 된다. '舊井无禽'은 손☴의 닭이 입을 거꾸로 대고 감☵을 마셨지만, 需卦가 되면 물이 고갈되어 먹을 수 없다.

17 『논어』, 「자장」 : "君子, 惡居下流, 天下之惡, 皆歸焉."

18 "청와대 입성이 가능할까?"를 물어 얻은 효라면 "당신 같으면 개펄 물을 퍼먹겠느냐?"고 반문

> 九二　井谷射鮒　甕敝漏[19]
>
> 구2는 우물물이 계곡물처럼 붕어를 화살로 잡는다. 옹기가 깨져 물이 샌다.

구2는 부정한 자리에 있어 구5와 호응하지 못하고 아래로 흘러갈 뿐이다. 아래로 흘러가는 것은 계곡의 응당한 도다. 2가 우물의 도를 잃고 계곡이 되는 까닭에 '정곡井谷'이라 불렸다. 2가 달려가는 곳은 초6 쪽이다. 초6은 붉고 검은 색깔을 띤 붕어로 볼 수 있다.[20] 고로 우물 속의 옹기가 깨져[甕敝漏] 물살이 계곡처럼 붕어 쪽으로 달려간다[井谷射鮒, The wellhole shoots fishes]. 그런 비린내를 풍기며 고기가 놀고 있는 물이라면 사람들이 길어 먹으려 할까? 만약 그런 자가 교우하자면 도수 높은 어른들은 모두 등을 돌리고 말 것이다[象曰, 井谷射鮒, 无與也]. 어쩌면 2가 심지는 굳을지 모르나 수양이 되지 못하였기에 만만하고 하찮은 패거리와 어울려 놀 수밖에 없다.

그러기에 왕필은 "우물의 도는 아래에서 위로 공급하여 주는 것인데, 위로 응할 자가 없으니 아래의 하찮은 송사리와 놀고 있다"고 했다. 주사를 가까이 하면 붉게 물이 들고, 먹을 가까이 하면 검게 물이 든다.[21] 공명의 말대로 2가 "소인을 가까이 하고 현신을 멀리하고 있으니"[22] 어찌 재앙을 만나지 않겠는가. 이는 정괘가 건괘蹇卦로 간 경우다.[23]

'옹폐루甕敝漏(The jug broken and leaks)'는 사람과 만물을 키우려 해도 능력이

하고 싶다. 좀 더 밤을 낮으로 삼고 실력을 쌓는 공부가 필요하다. 지금은 큰손 떠난 시장이다.

19 射 화살 사, 키울 석. 鮒 송사리(붕어) 부. 甕 옹기 옹. 敝 깨질 폐. 漏 물샐 루.

20 [說證] 井이 蹇卦로, 다시 蹇은 觀卦를 모괘로 한다. 蹇은 간☶ 위에 전부 물이 넘쳐흘러 계곡을 만들고, 관괘의 손☴은 물고기다. 곤☷의 흙을 태☱로 한 입 먹은 黃黑色의 붕어金鮒라 할 수 있다. 子夏는 '鮒'를 새우나 두꺼비로 보았고, 정자도 이를 따랐으며, 주자는 '程迥이 달팽이라 보더라' 하였고, 徐幾는 개구리의 종류라 보았는데, 晉나라의 左太沖(左思, '삼도부'를 지어 '洛陽紙貴'라는 말을 남긴 사람)은 '황하에 가서 잉어를 낚으나, 주역의 말처럼 계곡의 우물에서 붕어를 활로 쏘아 잡는 것과 다름이 없다'고 하였다. 중국의 소수민족인 溪蠻족들은 지금도 물고기를 화살로 잡는다.

21 『명심보감』, '교우편' : "近朱自赤, 近墨者黑." 유사어로는 草綠同色, 類類相從, 同病相憐, 同氣相求, 同聲相應, 同舟相救, 同舟相江, 兩寡分悲, '螃蟹一家', '鷹鳶四寸'.

22 제갈공명, 『出師表』 : "親小人, 遠賢臣."

23 蹇卦가 되면 상괘에 감☵의 화살이 날아와 손☴의 붕어를 쏘고, 2효는 터지고 물고기는 물을 따라 흘러가 버리니, 함께할 수 없다.

모자라는 상으로 이것은 두레박이 깨져서 많지도 않은 공부가 새는 이치와 같다. 알기는 아나 알맹이가 없고, 흙은 흙이나 그릇을 만들 수 없는 흙이다. 남의 말만 듣고 지혜를 삼으려는[薄有薰聞] 자는 진리를 담지 못하는 얄팍한 그릇이다[未成法器]. 또 어쩌면 물이 쫄쫄 품어내는 소의小義만 알고, 만물을 살려낸다는 대의를 모르는 융통성 없는 자와 같다. 우물의 밑창에 깔려 흉내만 샘이라 낼 것이 아니라 퍼 마시고 만물을 키워내는 데 쓰여야 옳다. 이는 바로 인재등용의 어려움을 뜻하기도 한다.[24][25]

점필재와 서산은 석부정射鮒井을 노래로 읊었다.[26][27]

九三 井渫不食 爲我心惻 可用汲 王明 並受其福[28]

구3은 우물을 깨끗이 쳤는데도 아무도 마셔주지를 않는다. 내 마음이 괴롭고 슬프다. 길어 내면 맑은 물이 나오는데. 만일 현명한 임금이라면 이 사람을 등용하여 함께 축복이 있을 것이다.

상6과 응하는 물로 샘을 청소한 뒤라 식수는 가능하다[井渫, Cleaned well]. 그러나 물은 위에 있어야 먹을 수 있지 3처럼 아래에 있으면 식수로는 불가하다. 구3은 양의 성질로 위로 급하게 올라가려고 하지만[可用汲], 때와 자리를 얻지

---

24 [說證] '옹폐루甕蔽漏'의 '옹'은 질그릇으로 된 장군[缶] 진☰☰을 뜻하고, '폐'는 井의 모괘 泰일 때는 건☰이 건실했는데, 井이 되면서 강이 하나 달아난 손☰☰이 되고, 蹇이 되면서는 강이 두 개 달아난 간☰☰이 됨이다. '루'는 蹇의 호괘가 未濟라 감☰☰이 새어 나오는 꼴이다. 고로 2와 5가 적응하고 옹기마저 깨어졌으니 '无與'가 아니고 무엇이랴?

25 공덕이 위로 향하지 못하니 큰 경영은 어렵다. 약한 말이 무거운 짐을 싣지 못하는 弱馬駄重이라 무거운 자리는 받을 수 없다. 역으로 현실 정치에 관심 없는 강호재야 인사가 자신의 학문과 고도의 기술을 간직하고 사는 데는 좋다. 세상 물정에 어두운 고수쯤으로 여겨지기도 하지만, 聖俗이 하나라는 진리를 아는 융통성은 필요하다.

26 金宗直, 『佔畢齋集』, '송사리우물' : "남루에 닷새 동안 빗소리 크기도 해라[南樓五日雨聲豪]. 가뭄 걱정 끝에 도리어 머리 자주 긁어대네[憂旱餘懷首屢搔]. 천고에 죽천의 물은 붕어에나 줄 만했는데[千古竹川纔射鮒], 산을 삼킨 홍수가 절로 도도히 흐르누나[包山巨浸自滔滔]."

27 金興洛, 『西山集』. '개구리우물[蛙井]' : "저 차가운 산 아래 샘이[洌彼山下泉] 오늘은 작은 우물이 되었네[今爲射鮒井]. 세상은 본디 스스로 큰 것[世界本自大] 청컨대 그대 또 돌이켜보시게[請君且發省]."

28 渫 파낼 설. 惻 슬퍼할 측. 汲 물 길을 급.

못하고 있으니 마음이 서글프다[爲我心惻, My heart sorrow]. 그런데 등용을 하고자 하는 왕이 지혜가 밝으면[王明] 나를 써서 복을 같이 받을 것[並受其福]이라는 아쉬움도 보이는 자리다. 그러기에 공자도 "우물을 깨끗이 쳤지만 아무도 마셔주지 않는다는 것은 우물을 친 사람이 서글프다는 것이요, 왕이 현명하기를 바란다는 것은 복을 받을 가능성이 충분히 있다는 것[象曰, 井渫不食, 行惻也. 求王明, 受福也]"이라고 밝힌다.

샘이 청결하더라도 아래에 있는 물은 먹을 수 없다. "근본과 끝자리[本末]를 두루 조화한[圓滿調伏] 정설井渫이라면 마땅히 가피加被를 얻어 자리이타自利利他할 것이다."[29] 이는 정괘가 감괘坎卦로 가는 자리다.[30/31] 따라서 동파도 "그릇이 깨끗하다면 임금도 밝다. 그릇이 깨끗하고 임금이 밝으면 복을 받을 자가 비단 나뿐이겠는가?"[32]라고 희망을 노래한다. 천리마는 백락伯樂을 만나야 인정받을 수 있고, 인재는 현군을 만나지 못하면 능력을 발휘할 수 없는 법이다. 『조선왕조실록』에 실린 인조 회첩에 '왕명병수기복王明並受其福'이 보인다.[33]

다음은 사마천이 정괘 3에 걸맞는 예를 든 내용이다. "초나라 회왕은 충신을 구분할 줄 모르고, 안으로는 정수에게 현혹되고, 밖으로는 정의에게 속아, 굴평(굴원)을 멀리하고 상관대부와 영윤자란을 신임하였다. 그로 인하여 군대는 패하고, 땅을 잃고 진나라에서 객사하여 웃음거리가 되었으니, 이는 사람을 알아

---

29 지욱, 『주역선해』, 264쪽.

30 [說證] 상하괘의 감☵으로 수고를 더하였으니 샘이 리☲로 맑고 깨끗해졌으니 '井渫'이다. 그런데 '不食'은 坎卦에는 샘물을 마실 입 태☱가 없다. '爲我心惻' 역시 상하로 감의 고통만 따를 뿐이다. '可用汲'은 감의 5가 간☶의 손으로 끌어당겨 쓴다면, 간☶은 '求'가 되기에 '求王明'으로 리☲의 '竝受其福'이 될 것이다.

31 서두르면 이득은 없다. 기회를 알고 비밀을 알면 이익은 크다. 결과보다 과정을 중요시하고, 돈보다는 집안의 우환을 먼저 걱정하라. 매사 용두사미가 되지 않도록 해야 한다. 국가나 기업의 중요한 프로젝트가 처음에는 시비 충돌로 난관에 부딪치지만 마침내 임금과 사장의 결재를 얻어 낼 수 있는 자리다. 짧게는 서너 달, 길게는 3~4년이 걸린다.

32 소식, 『동파역전』 : "器潔王命, 則受福者, 非獨在我而已."

33 『인조실록』 인조 7년(1629) 9월 6일 : "사람의 마음을 가진 자로서 그 누가 흠모하며 공경하지 않겠습니까. 모든 조처가 합당하여 뭇사람들이 마음속으로 悅服하고 있는 이상, 천하의 일도 순조롭게 되지 않을 리가 없으니, 변방의 강토를 회복하는 일쯤은 진정 걱정거리가 아니라고 봅니다. 하늘이 불세출의 인재를 낸 이상, 필경 불세출의 공을 이룰 것이니, 『주역』에서 말하는 '왕이 밝으면 위아래가 모두 그 福을 받는다고 한 것이, 어찌 이를 두고 한 말이 아니겠습니까."

보지 못해 생긴 화가 틀림없다 할 것이다."[34] 건륭제乾隆帝의 말에도 '왕명王明'을 먼저 꼽는 대목이 있다. "임금 노릇이 무엇이 어려우랴. 사람 알아보기가 가장 어렵지. 자식을 잘못 아는 것은 그 해가 오히려 한 집안을 넘지 않지만, 신하를 잘못 알아보면 그 해가 장차 나라와 천하에 미칠 것이다."[35] 맑은 물을 읽어내지 못한 어리석음을 신민臣民을 알아보지 못한 폐해에 비유했다.

> 六四 井甃 无咎[36]
> 육4는 우물 안을 벽돌로 쌓아서 깨끗이 손질하니 탈이 없다.

벽돌을 쌓아 우물 안 벽을 깨끗이 손질하니 아무런 문제가 없다[井甃无咎]. 임금 최측근에 있는 사람으로서 한번 더 자신을 가다듬고 준비하는 자세를 알린다. 또 어느 누구보다도 임금에 가까운 곳에 있는지라 기회만 있으면 등용이 될 찬스를 타고 있다. 고로 깨끗한 자리에 있고, 지혜도 있는 사람이며, 인물도 출중하기에 항시 임금의 눈에 들기 마련이다. 임금의 바로 아래에서 많은 점수를 얻으며 자신을 굳게 지켜 나가고 끝까지 수신하면 반드시 좋은 일이 생겨난다. 공자도 "우물의 안 벽을 벽돌로 쌓았다는 것은 우물을 깨끗이 수리했음이다[象曰, 井甃无咎, 修井也]"라고 증명한다.

여기서는 특히 우암尤菴과 묵천默泉의 '수정修井설'이 돋보인다. "사물을 구제하는 공은 자신을 다스리는 것으로부터 나온다. 벽돌은 우물을 수리하는 도구이다. 수리하고 고쳐서 우물이 차는 시기를 기다린다면 사물을 이롭게 하는 효과에는 미치지 못해도, 우물의 도가 거의 이루어지기 때문에 허물이 없게 된다."[37/38] 곧

---

34 사마천, 『사기』, 「굴원열전」 : "爲天下笑, 此不知人之禍也"

35 乾隆帝, 『乾隆箴言』 : "爲君奚難 難于知人. 誤知子者, 其害猶不過一家. 誤知臣者, 其害將及國與天下."

36 甃 벽돌 추.

37 宋時烈, 『易說』 : "'甃'는 우물에 벽돌을 쌓는 일로, 우물을 수리하여 물을 긷는 것은 허물 없는 도다. 우물의 도는 물을 얻음을 주로 삼는다. 초효는 음으로 먹지 못하고, 2효는 새나가서 공이 없고, 3효는 길을 만해서 밝은 자를 구하고 이상의 세 효는 '후회·인색'을 말하지 않았지만 '吝·齒'이 그 가운데 있다. 4효는 우물을 수리하여 허물이 없고, 5효는 달고 깨끗해 마시며, 상효는 덮지 않아 크게 길하다. 이상의 세 효는 물을 긷기 쉽고, 점점 이룸을 성취하니 길함을 알 수 있다. 그 순서의 점진을 알지 않으면 안 된다."

우물을 수리함[修井]은 스스로 닦아서 구5가 물을 길어냄을 기다릴 뿐이다.[39]

지욱도 "항상 극락정토極樂淨土로 오르는 심정으로 양정養正의 도를 지녀 간다면 만사형통하리라"고 피력했다. 고로 우물에 이런 조치를 하고 기다리면 다시 깨끗해지기 때문에 허물이 없어진다. 그러기에 4는 우물의 벽돌을 단단히 쌓아 흙이 떨어지지 않고, 물이 더러워지지 않도록 함이니, 나라에 등용할 인재를 보호도 하고 추천도 하는 막중한 자리다. 그러기에 '추甃'에는 수리하는 '수修'와 추천推薦하는 '추推'의 의미가 함께 들어 있음을 강하게 시사한다. 4는 정괘가 대과大過로 가는 경우다.[40]

九五 井冽寒泉食[41]
구5는 우물물이 맑고 시원해 차갑고 맛있는 물을 먹는다.

정괘의 주효로 강건하고 중정한 군위에 앉았다. 이는 임금의 덕이 진선진미盡善盡美하여 그 물이 맑고 깨끗한 좋은 샘물처럼 만백성에게 골고루 혜택을 베풀 수 있는 자리와 같다. 정자의 말처럼, 5는 중정中正한 샘으로 지극히 달고 깨끗하고, 차고 맛이 좋으니, 만물에 미쳐 천하에 식수로 쓰인다[井冽寒泉食, The well clear, cold spring, can drink].

먼저 임금에게 아뢰는 석지형의 읍소가 있다. "신이 삼가 살펴보았습니다. 정

---

38 金箕澧, 「易要選義綱目」 : "벽돌로 우물벽을 쌓아 개수하면 우물은 새로울 수 있다. 음의 부드러움으로 초효의 호응이 없을지라도, 임금을 받들고 바름에 거처하니, 스스로 닦음을 그만두지 않으면, 찬 우물의 재질에 미치지는 못하나, 밖으로 새는 오염은 막을 수 있다. 만약 사람이 스스로 강하고 새롭게 한다면, 구제하여 쓰는 공은 없겠지만, 어찌 허물이 있겠는가?"

39 李止淵, 『周易箚疑』 : "벽돌을 쌓는 것[甃]은 곧 우물을 수리함이니, 스스로 닦아서 구5가 물을 길어냄을 기다린다."

40 [說證] 대과괘는 위에 샘의 입구가 열려 있고, 아래로는 도랑으로 통하는 구멍이 열려 있고, 또 샘 주변으로는 벽돌이 단단하게 둘러쳐져 있으니 '井甃'대泰卦의 곤☷토를 정괘의 리☲가 벽돌로 만든다. 그런데 대과는 진☳이 건☰을 올라탄 대장에서 왔는데, 대과가 되면서 손☴의 낮춤이 있고, 5의 군위를 얻으니 '无咎'라 사람의 잘못을 고치는 것과 같다. '修井'은 리☲의 다스림이 있었다. 점사로 이럴 때는 공부가 잘 되어서 좋은 성적이 난다. 수신과 정도로 행하면 복이 저절로 들어온다. 사사로이는 언행과 의복을 단정히 할 것을 명심하라[修辭立其誠].

41 冽 물 맑을 렬, 거셀 례.

괘의 구5는 감☵의 가운데 있고, 물의 성질이 바름을 얻어, 우물의 도가 이루어 졌고, 그 시원을 추구하여 말하면 샘물이 땅으로 나옴에 본래 깨끗합니다. 혹은 진흙에 더러워지고, 혹은 동이에서 세거나, 혹은 청소를 했음에도 먹지 않음은, 우물의 죄가 아니라 아래에 있기 때문입니다. 육4에서 벽돌로 수리하고 고친 다음에, 비로소 구5의 샘물이 차고 맑아 먹을 수 있음을 아는 것은, 진실로 형세에 처함이 순하고 편하기 때문입니다. 임금께서 아래로 은택을 베풂은 이와 서로 비슷하니, 자신에게서 도를 닦아 사해에 미루어 미치면, 백성들이 그 덕을 누리지 않음이 없으니, 우물의 큰 쓰임이 이에 이르러 극진합니다. 전하께서는 중정함을 닦아서 우물이 맑은 상에 부합하기옵소서!"[42]

성호星湖도 수현壽峴과 같은 소리를 낸다. "불이 세차면 뜨겁고 물이 세차면 맑다. 우물이 차고 맑음은 우물 속의 찬 샘물이 맑게 솟아 나오기 때문이다. 지금 샘물의 맥이 용솟음쳐 막으려 해도 그럴 수 없다. 왕이 밝으면 재주와 덕이 저절로 드러나니 누가 막을 수 있겠는가?"[43]

5를 "우물에 비유하면 감천甘泉이요, 인재에 비유하면 대붕大鵬이 능력을 마음껏 펼칠 때라, 중생에게 은혜를 보시하는 모양과 같다."[44] 한없이 사람을 기른다는 것은 우물의 덕이 최고의 경지에 오른 것이요, 현명한 임금이 존귀한 자리에 앉아 만 백성에게 끝없는 은혜를 베풂을 상징한다. 이는 정괘가 승괘升卦로 간 경우다.[45]

왕필은 '렬洌'을 깨끗함으로 보았는데, 그 이유는 존귀한 자가 중정하고 강건하여 흔들리지 않으니 고결하므로, 우물물이 깨끗하고 시원해야만 먹히는 이치

---

42 石之珩,『五位龜鑑』,"… 人君施澤于下, 與此頗相類, 修道于身, 推及四海, 而民莫不食其德, 井之大用, 至此而盡矣. 伏願殿下中正是修, 以契井洌之象焉."

43 李瀷,『易經疾書』: "火猛爲烈, 水猛爲洌. 井洌寒泉, 謂井中寒泉洌洌然湧出. 今於泉脉涌處, 雖欲填塞, 不可得, 是謂井洌. 王明則才德自顯, 誰得以蒙蔽之乎."

44 宋時烈,『易說』: "洌은 깨끗하고 달다.『시경』에도 '洌彼下泉'은 샘이 차고 감미롭다 하였다. 5가 강건중정을 얻어 우물의 주인에 해당해 길어 먹는다. 비록 길함을 말하지 않았지만, 우물의 도가 떳떳함과 우물의 공이 이루어질 것이다."

45 [說證] '井洌'은 물의 감미롭고 맑음을 나타낸다 '洌은 손☴의 潔濟한 감☵이고, 정괘의 모래 泰卦의 따뜻한 곤☷에 차가운 감☵이 오면 '寒泉'이다. '食'은 호괘 태☱의 상이다. 卦主는 之卦를 보지 않는다. 점단으로는 고진감래 하는 형상으로, 대학 총장선거에서도 당선으로 나타났고, 아들 취업 역시 좋은 소식이 왔다.

로 보았다. 그러기에 공자가 "맑고 찬 샘물을 먹는 것은 물맛이 딱 그 맛이기 때문[象曰, 寒泉之食,中正也]"이라고 증언함과 일치한다. 이런 이치로 안동 도산서원 앞마당에 '열정洌井'이란 샘이 있다.[46] 이는 공부가 다 되어 세상에 등용되어 나갈 사람이 이런 우물물처럼 되라는 것이다. 또 도산서당 작은 마당 안에는 공부와 덕을 더 쌓아가야 할 사람이 마실 '몽천蒙泉'도 보인다.[47] 경복궁 안에도 '열상진원洌上眞源'이 있고, 경희궁 안에는 '영렬천靈洌泉' 같은 마르지 않는 샘이 있다. 다산초당의 약천藥泉도 같은 샘이다.

> 上六 井收勿幕 有孚 元吉[48]
> 상6은 우물을 사용한 뒤 철수하더라도, 샘의 뚜껑을 덮지 말고 물을 길어가도록 하라. 믿음이 있어 크게 좋을 것이다.

우물은 모든 사람에게 물을 먹게 해야 좋은 것이다. 한 사람만을 위하여 열고 닫는 우물이라면 그것은 독선이다. 훌륭한 인재는 백성이 물을 떠먹듯이 온 나라에서 등용해 써야 한다는 이치와 같다. 우물은 여럿이 쓰는 동네 사람들의 공기公器이니, 뚜껑을 덮지 말고 물을 길어 가도록 해야 한다[井收勿幕, The well without hindrance].[49] 그래야만 "윗자리에서 대성처럼 크게 좋은 모습[象曰, 元吉在上, 大成也]"일 것이다. 정괘가 손괘巽卦로 간다.[50/51]

---

46 이황, '洌井' : "돌 사이에 우물이 차디차니[石間井洌寒], 저절로 있으니 어찌 마음에 슬프랴. 한가로운 사람이 거처를 여기 정하였으니, 한 바가지 참으로 기쁘도다."

47 이황, '몽천' : "산에서 샘물이 나는 괘가 몽이 되니[山泉卦爲蒙], 그 상을 나는 늘 생각하는 바이다. 어찌 감히 時中을 잊으랴, 더욱 마땅히 果育할 것을 생각하려네. 서당의 동쪽에, 몽천이란 샘이 있네[有泉曰蒙]. 무엇으로 체득하리오, 바르게 기르는 공을. 산천괘가 몽으로 되니, 그 상을 내 진실로 심복하노라. 어찌 감히 시중을 잊을까 보냐, 더욱 더 果行과 育德을 생각해야지."

48 收 관(冠) 이름 수. 幕 장막 막.

49 傳注, "우물은 위로 나오는 것을 공으로 삼는데, 두레박을 거두고서야, 우물의 공을 안다. 성인의 마음은 널리 베풀어 대중을 구제하는 것을 공으로 삼고, 우물이 봉양하는 이익은 사사롭게 하지 않기에 덮지 않는다. 두레박을 거두고서 다시 우물을 덮어버린다면, 길함이 이루어지지 않는다. 내괘는 정괘의 도가 작게 이루어지고, 외괘는 크게 이루어진다."

50 [說證] 巽卦는 모괘 중부괘에서 제사를 의미하는 '有孚'를 지니고 있다. 정괘에서는 아래는 우물이 있고 위에 물이 있는데, 손괘에서 손☴의 중첩으로 정결하고 정결하니, 임금이 신명에 제수

우물의 뚜껑이 '수收'이다.[52] 또 '거둠[收]'은 추수秋收의 상이니 우물을 덮을까 의심이 있다.[53] 정괘井卦와 정괘鼎卦만이 위로 나옴을 공으로 삼으니,[54] 성인이 넓게 베풀어 중생을 구제함이 어찌 크게 길하지 않겠는가?[55] 상6에 이르러 우물을 덮지 않는 것은 우물의 도가 크게 이루어지고 본성을 극진하게 하는 지극한 공이다.[56] 물은 누구나 퍼먹을 수 있어야 좋고, 뚜껑으로 막고 자물쇠로 채우지 않

로 쓸 물이 충분하다. 巽卦의 모괘 遯卦에 임금이 있다. '大成'은 상괘의 종결이 '陽'으로 됨을 의미하였다.

51 점단으로는 뚜껑을 덮을 사이도 없이 많은 사람들이 물을 길어가니, 당신의 탁월하고 막힘이 없는 능력을 마음껏 발휘할 수 있는 때다. 우물에 뚜껑을 열어 두고 항상 보시하는 대인이 되고자 하면 우선, 초6과 같은 무능력자를 버리는 비정도 있어야 하고, 2와 같은 송사라나 붕어와 같이 등용이 되지 못하고 강호재야에서 유유자적하는 자들도 잘 선별하여 등용하는 용단도 있어야 한다. 또 3과 같이 실력이 올찬 사람은 말할 것도 없고, 4와 같이 정말로 수행이 된 충직한 자에게도 모든 일을 맡기는 신뢰를 보여 간다면, 그는 세상을 위하여 맑고 시원한 물을 공급하여 줄 것이다. 5의 임금은 강건중정함이 '井冽寒泉食'과 같으니 殊勝한 자로 聖業을 이룰 복 받은 자이다.

52 李漢, 『易經疾書』: "『예기·왕제』에서, 하후씨는 '收'라는 면류관을 쓰고 제사를 지낸다 했고, 『사기』에서는 요임금이 黃收를 쓰고 純衣를 착용했다고 했으니, '收'는 머리에 쓰는 관이다. 따라서 '井收'는 井의 관이다. 덮지 않고 가리지 않음은 사람들이 긷기를 기다림이다. 우물은 위로 냄을 이롭게 여기기 때문에 상6에는 부족한 뜻이 없다."

53 李震相, 『易學管窺』: "우물을 이미 길었으면 덮어서 가리지만, 긷는 자가 계속 오니 덮을 수 없다. 음효로 비어 있음이 위로 통해 덮지 않는 상이다. '거둠[收]'은 감☵의 추수秋收의 상인데 손☴이 되면 덮을까 의심된다."

54 沈大允, 『周易象義占法』: "井卦가 巽卦로 바뀌었다. 상6은 부드러움으로서 정괘의 위에 있으니, 우물이 부드러움으로 사람을 따르고, 선비가 공손함으로 명을 받는 것이다. 부드러움에 있으면서 스스로 닦고 쓰임을 구하지 않아도, 남들이 스스로 쓴다. 막幕은 멱羃과 같다. 병 속의 물이 끝내 덮어진 채로 쓰이지 못하는 이치는 없기 때문에 '우물을 거두어 덮지 말라[井收勿幕]' 하였고, 그것은 반드시 쓰이기 때문에 믿음이 있다고 했다. 리☲는 믿음이다. 정괘는 상6에 와서야 길하다."

55 金箕澧, 『易要選義綱目』: "다른 괘는 그 변화를 지극히 하는데 오직 井卦와 鼎卦만 위로 나옴을 공으로 삼으니, 성인이 넓게 베풀어 중생을 구제하면 어찌 크게 길하지 않겠는가?"

56 康儼, 『周易』: "養性이론으로 보면, 초6의 우물에 진흙이 있음은, 본성이 없는 것은 아니지만 단지 기질이 혼탁하고 물욕에 빠져, 본래 그런 본성을 볼 수 없다. 구2는 우물이 골짜기 물처럼 흘러가는 것은 진실로 본성이 있지만, 학문으로 그 성품을 기르지 못해 도리어 물욕에 끌린 것이다. 구3은 강양으로 강양의 자리에 있고, 육4는 부드러운 음으로 부드러운 음의 자리에 있다. 강건하면 인욕을 극복하여 제거할 수 있고, 유순하면 뜻을 돈독히 하여 학문에 힘쓰기 때문에, 구3은 초효의 진흙을 청소해 길을 수 있고, 육4는 2효의 골짜기 물처럼 흘러가지만 벽돌을 쌓아 그것을 수리한다. 이는 모두 다스리고 닦아서 그 본성을 기름이니, 본성을 기르면 이루어진 본성이 보존되고 보존되어[成性存存] 도의가 나오기 때문에[道義出焉], 구5에 이르러 우물이 깨끗하여 차가운 샘물을 먹는 것이다. 도의가 나오면 나옴에 끝이 없어[其出不窮], 이로운 혜택

아야 그 보시가 광대하다. 다른 괘는 극에 달하면 변질할 우려가 많지만, 정井과 정鼎은 성공의 자리로 크게 길하다.[57] 퇴계의 '물먹'의 노래가 좋다.[58]

다음은 지욱의 '뚜껑을 열라'는 노래다. "감로가 내리니 뚜껑을 열라[常露勿冪], 중생을 위하여 가슴을 열고 이슬을 내려라[衆汲所養], 구경열반[究竟涅槃]의 공덕을 다하면, 어느 세상을 만나도[盡未來際], 항시 중생과 함께 아름다워 질 것이리라[恒潤衆生]." 산동 곡부에 '대성전(大成殿)'이란 공자의 사당에서 발원한 '대성지성문선왕(大成至聖文宣王)'이라는 우물물은 세상 어느 곳, 어느 누구든 퍼마실 수 있도록 그 뚜껑을 활짝 열어 놓고 있다.[59]

을 사람에게 미침이 넓기 때문에[利澤及廣], 상6에 이르러 우물을 길어 덮지 않는 것이다. 이는 우물의 도가 크게 이루어지고, 본성을 극진하게 하는 지극한 공이다."

57 傳曰, "우물은 위로 퍼올려져야 우물의 도가 이루어진다. 물을 취하고 뚜껑을 가리지 않으면 그 이익이 무궁하니, 우물의 베풂이 넓고 크다. 우물의 쓰임을 체득하여, 널리 베풀고 항상됨이 있는 것은, 대인이 아니면 누가 할 수 있겠는가? 다른 괘의 마침은 지극하고 변함이 되나, 오직 井卦와 鼎卦는 성공으로 길하다."

58 이황, '洌井' : "서당의 남쪽에 돌우물이 달고도 차네[石井甘洌]. 천고에 연기 속에 잠겼더니 이제부터는 뚜껑을 덮지마소[從古仍冪]."

59 성균관 大成殿 안에는 '大成至聖文宣王' 공자를 正位로 하여, 顔子·子思는 동쪽에, 曾子·孟子는 서쪽에 배치하였다. 四聖 뒷줄로 동쪽에는 閔損·冉雍·端木賜·仲由·卜商·周敦頤·程頤·張載를 앞줄에, 薛聰·安裕·金宏弼·趙光祖·李滉·李珥·金長生·金集·宋浚吉은 뒷줄에 從享하였다. 서쪽으로는 冉耕·宰子·冉求·言偃·顓孫師·程顥·邵雍·朱熹는 앞줄에, 崔致遠·鄭夢周·鄭汝昌·李彦迪·金麟厚·成渾·趙憲·宋時烈·朴世采는 뒷줄에 종향해, 공자를 비롯한 이른바 五聖·十哲·宋朝六賢과 우리나라 18현의 위판을 봉안하고 봄가을로 釋奠을 봉행하고 있다.

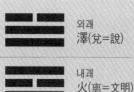

외괘
澤(兌=說)

내괘
火(离=文明)

49. 택화혁澤火革
Duration

혁명의 시기가 도래했다. 지난날의 악습은 제거하고 새롭게 혁신을 단행하라. 자칫 칼 빼는 시기를 놓치면 그 칼이 부메랑이 되어 나의 목을 칠지도 모른다.

革 己日 乃孚 元亨 利貞 悔亡

혁명을 일으키면 하루 만에 신뢰를 얻는다. 또한 거사 직전에 다졌던 굳은 마음을 변함없이 가져가야 끝내 후회가 없을 것이다.

부정부패에 항거한 '4·19학생의거'와 '5·16군사혁명[쿠데타]'이 혁의 좋은 예다. 「서괘전」은 혁명을 "새로운 것을 만들어내는 것이 아니라, 기존의 낡은 것을 깡그리 날려보내는 것"이라 하고, 「잡괘전」은 "우물은 항시 청결을 위하여 혁신을 당하지 않을 수 없듯이, 혁명이라면 솥에 삶기는 음식 만한 것도 없다" 했다.[1]

혁명은 불[☲]로 쇠를 녹이고[풀무질 하는 꼴],[2] 물[☱]로 담금질 하여 군사로 하여금 날카로운 무기를 들게 하여 혁명에 임하는 것이기에,[3] 크게는 창과 칼을 든 금金이 혁명의 주장이 되고, 작게는 짐승 가죽[革]의 털을 뽑아내는 것이 된다.[4] 하도河圖 낙서洛書를 보면 선천에서 후천으로 가는 도중 '금화金火'가 서로의 자리를 바꾸기에, 혁을 하는 데는 반드시 총이나 칼과 같은 화기火氣를 든 군대

---

1 「서괘전」 : "革去故. 井道, 不可不革. 革物者莫若鼎."

2 『易說』을 지은 北宋의 鄭東卿은 革卦가 '화로와 풀무의 상이라 하고, 『周易玩辭』를 지은 南宋의 項安世는 혁은 '쇠를 녹임으로써 낡은 것을 제거함이라 하였다.

3 『書經·洪範』 : "水曰潤下, 火曰炎上, 木曰曲直, 金曰從革, 土曰稼穡."

4 許愼, 『說文解字』 : "獸皮, 治去其毛, 曰革." 『尙書·堯典』에서는 털이 빠지는 단계를 希革이라 하고, 빠진 털이 새로 나는 것은 毛毨이라 한다.

를 이용한다. 고로 혁革은 혁명革命·혁신革新·혁변革變 등으로 새로운 것을 창조하는 것이 아니라, 낡은 것을 바꿔내는 과정이다.[5]

혁명이라면 무엇보다 타이밍이 중요하다. 그래서 문왕은 하늘이 혁명[革, Revolution]을 단행하여도 좋다는 결재가 난 특별한 '그날[己日]'은 바로 오늘, 해가 서쪽 하늘 아래에 떨어지기 전까지라 했으니, 혁명의 신뢰는 하루 만에 얻어낼 수 있다[己日乃孚].[6] 또 혁명을 일으켰다면 총칼을 빼들 때의 그 마음을 그대로 원형元亨 보존해야만 하고, 또한 혁명 후에라도 정도로 가야만 이정利貞하며 후회가 사라질[悔亡] 것이다.

한편 혁명과 정치는 전혀 차원이 다르다. 혁명革命은 낡은 것을 새롭게 하는 것이고, 정치政治는 바른 것을 바르게 하여 바른 자리에 놓는 일이다.[7] 박정희의 혁명[군사정변]과 정치는 무관하지 않다. 그러기에 욕심이 과한 자에게는 혁명이 가당찮다.

다음은 '혁의 타이밍'을 알리는 공자의 단왈이다. "혁革은 물과 불이 서로 공존하며 싸우고[水火相息], 두 여자가 동거하면서도 서로 싸우는 꼴이라[二女同居其志不相得], 부득이 혁신을 단행하지 않을 수 없다[曰革]. 물과 불은 한시라도 떨어질 수 없고[水火不相離], 잠시라도 섞여 지낼 수도 없는 특별한 관계이다[不相雜]. 만약 물과 불 중 어느 한 쪽이 기울어진다면 혁명이 오게 되니 수화水火의 절대적인 조절이 반드시 필요하다. 이일내부己日乃孚란 개혁하여 신뢰를 받는다는 것

5 [說證] 혁괘는 대장괘와 遯卦에서 오기에, 강한 건═이 살아 있다. 혁이 되면서 건═을 리═로 달구고 태═로 식힌다. 또 둔괘와 대장괘에서는 손═과 진═의 體毛가 색깔이 없었으나, 혁이 되면서 리═의 여름에는 털이 빠지고 태═의 가을에는 털이 자라나니, 리═의 무늬가 뚜렷해지는 것이다. 또한 리═의 불로 달구어 두드리고, 태═의 물에 담가서 식힘에, 창과 무기가 날카롭게 사물을 자른다. 이런 상황이 바로 낡은 것을 없애는 의미이다. 성인이 이런 의미를 본받아, 변혁의 시절을 맞아 文質, 즉 형식과 본질에 맞게 손═의 명령을 내리니, 백성이 믿지 않음이 없더라. 遯卦는 大巽으로 명령이요, 대장괘는 大澤으로 말씀이다. 革은 원래 짐승의 가죽을 의미하며 '털갈이하고, 털을 뽑아내는 일'이 발전하여 '바꾸고', '제거하고', '뽑아내고', '잘라 깎아내는' 등의 다양한 뜻으로 더해졌다.

6 '이일己日'은 하루 해가 다 가고[리═가 서쪽 태═의 하늘 건═에서 하루를 다한다] 기다리고 기다리던 바로 그 날, '바로 혁명해야 할 그 날', '선천이 끝나고 후천의 이일己日', '받들어 모시는 날[祀日]', '사일己日' 즉 더 이상 참을 수 없는, 그 지경까지 참아서 때가 무르익은 뒤에야 비로소 '기일己日'이 된다는 등의 뜻으로도 해석된다. 先天=甲 乙 丙 丁 戊 → 後天=己 庚 辛 壬 癸

7 『논어』, 「안연편」 : "季康子問政於孔子. 孔子對曰, 政者, 正也. 子帥以正, 孰敢不正?"

으로[革而信也], 문명을 진작하여 만민을 기쁘게 하며[文明以說], 올바름으로 크게 형통시킨다[大亨以正]. 혁신으로 도리어 마땅하게 되니[革而當] 후회가 이에 사라진다[其悔乃亡]. 그러나 천지의 변화가 오고가야 사시가 이루어지듯[天地革而四時成], 탕왕과 무왕의 혁명[湯武革命] 또한 하늘과 백성이 이에 응해주었기에 성공하였다[順乎天而應乎人]. 고로 혁명의 절묘한 타이밍은 참으로 그 의미가 크다[革之時義大矣哉]."[8][9]

『맹자』에 다음과 같은 혁의 이야기가 있다. 제선왕齊宣王이 물었다. "탕임금이 걸을 몰아내고, 무왕이 주紂를 치는데, 그런 일이 있었습니까?" 맹자가 답했다. "옛글에 있습니다. 어진 사람을 해치는 자를 적賊이라 하고, 의로운 사람을 해치는 자를 잔殘이라 하며, 잔적殘賊을 일삼는 사람을 한 지아비[一夫]라고 하니, 한 지아비인 주紂를 베었다는 말은 들었어도 임금을 죽였다는 말은 듣지 못했습니다." 맹자의 말인 즉, 하夏나라 마지막 왕 걸傑이 포악무도하게 백성들을 괴롭히자 은나라 탕湯이 그를 쫓아내고 스스로 천자에 등극하였고, 또 은나라 주왕紂王 역시 폭군으로 백성을 괴롭히자 주周의 무왕武王이 이를 내치고 스스로 천자에 올랐으나, 이는 이신벌군以臣伐君이 아니고 천명天命을 전하는 천사수행天使遂行일 뿐이었다는 것이다.[10]

---

8 [說證] 遯과 大壯 때는 건☰의 임금이 백성을 손☴과 태☱로 동등[齊]하게 대우하고, 달래어[說言] 보았지만, 리☲의 신뢰가 없었다. 혁이 되면 리☲의 禮로 백성을 대하니, 태☱로 기뻐하지 않음이 없기에, '己日乃孚'라 하였다. '二女同居其志不相得'은 리☲의 여인이 아직 늙지 않았는데, 태☱의 여인이 사랑을 받는 꼴이다. 이는 혁의 착종 睽괘를 봄이다. '革而信也'는 리☲를 봄이요, 나아가 태☱를 보니 '文明而說'이다. '革而當'은 2와 5가 중정함이다. '四時成'은 대장의 진☳은 봄, 혁의 리☲와 태☱는 여름과 가을, 호괘 감☵은 겨울이다. '湯武革命'은 흰색 태☱를 숭상한 자는 殷의 탕임금이요, 붉은색 리☲를 숭상한 자는 周의 武王이다. '順乎天'은 호괘 姤를 봄이요, '應乎人'은 2와 5가 정응함이다.

9 문화란 인류에서만 볼 수 있는 사유, 행동 양식 중에서 유전에 의하는 것이 아니라 학습에 의해서 소속하는 사회로부터 습득하고 전달받은 것 전체를 포괄하는 총칭이다. 문화(culture)라는 단어가 라틴어 'cultura(경작하는 것)'에서 유래한 것과 연관지으면 이해하기 쉽다. 문명은 인류가 이룩한 물질적, 기술적, 사회 구조적인 발전 상태를 말한다. 문명은 문자의 사용, 도시 생활 등을 그 특징으로 하는데, 문명(civilization)의 어원이 라틴어 '도시 혹은 시민권(civitas)'이라는 것과 연관지어 보면 이해하기 쉽다.

10 『孟子』,「梁惠王章(하)」: "齊宣王問曰 湯放桀, 武王伐紂, 有諸? 孟子對曰, 於傳有之. 孟子對曰, 賊仁者謂之賊, 賊義者謂之殘, 殘賊之人謂之一夫. 聞誅一夫紂矣, 未聞弑君也."

> 象曰 澤中有火 革 君子以 治歷明時
>
> 상왈, 연못 속에 불이 있는 것이 혁이니, 군자는 천지운행의 역법을 잘 다스려
> 시절을 밝혀 나가야 한다.

물과 불 중 어느 한 쪽이라도 균형이 무너지면 바로 혁명이 일어난다. 혁명은 절묘한 타이밍으로, 대자연의 이치를 따라 시절인연을 밝혀나가는 것이다. 계절 또한 물과 불의 싸움이다. 물이 불보다 더 세력이 있으면 겨울과 봄이요, 물보다 불이 더 강하면 여름과 가을이다. 또 봄과 여름은 물기가 줄어들고, 가을과 겨울은 불기가 늘어난다. 고로 세월의 역법曆法, 즉 천문[☰]을 잘 다스려 때를 밝혀 나가는 것은 불과 물의 양을 조절하는 '치력명시治歷明時'라 할 수 있다.[11/12]

시간은 실법이 없는 놈이다[時無實法]. 시간은 색色과 심心으로 자리를 나누어 약속하고, 가정하여 설정한 것에 지나지 않기에[色心假立], 마음 또한 형상이 없는 무상으로[心無形像], 유상이란 색에 의해 표현을 빌린 것에 불과하다[依色表現]. 천지 운행은 하늘의 일이고, 타이밍을 잘 맞추는 것은 사람의 일이다. 고로 비록 작은 연못 속에서도, 명백히 존재하고 있는 저 깊은 바다 속에서, 화광火光이 일어나는 징험을 알아야 하니, 이것이 바로 역법을 밝힐 줄 알아야 한다는 소리다.[13]

김도는 『주역천설』에서 '변도와 상도'로 설명을 더한다. "대체로 천하의 일은 다만 일정함[常]과 변함[變]이 있을 뿐이다. '일정함[常]'이란 상도이고 '변함[變]'이란 변도이다. 일정해야 하는데 변하면 도가 아니고, 변해야 하는데 일정해도 도가 아니다. 혁괘는 못 가운데 불이 있으니, 이것은 물과 불이 서로 없애서 변혁하는 상이 있는데, 대개 변혁의 일이 '변도'라 하더라도, 하늘의 도로 미루어보면 '상도'이다."

위암韋庵은 "위에서 정무를 보고 아래에서 부지런히 일을 할 수 있는 것도

---

11 [說證] 혁괘는 대장괘로부터 왔다. 대장괘 때 乾의 하늘과 혁의 離가 바로 天文이요, 즉 曆法이다. 본래 대장의 震은 봄이었는데, 지금 兌의 가을이니, 봄과 가을이 그 '時'에 해당 된다. 兌에서 말씀으로 기뻐하고, 離로써 수신하니, 이것이 '治歷'이며 '明時'이다. 曆法을 정리하는 방법은 變革을 위주로 한다.

12 참고로 易姓 혁명은 가하나 反逆은 불가하다. 인사 교류가 심하고 회사와 부처 간에 병합이 일어날 때라, 개인적으로는 전업이나 전직을 시도해 볼 타이밍이다. 건설업과 재혼처럼 리메이크하는 신진대사에는 좋다. 革은 坎水宮 4世 2月 괘이기도 하다.

13 지욱, 『주역선해』: "雖澤中亦自有之 彼大海中 和光常起 其驗也."

다 역이 있기 때문이다" 한다.[14] '치력명시治歷明時'의 상을 정좌와靜坐窩 우암
이 자세히 밝힌다.[15] 『조선왕조실록』에도 '천주학쟁이'들과 혁괘가 보인다. "말라
죽게 하고, 불순한 책을 불사르고, 불순한 사람을 사람다운 사람으로 만드는 것
이 의리가 아니다. 성인이 『주역』 혁괘에서, 태도부터 먼저 고치고, 마음을 그
후에 고치는 것으로 이르니, 어찌 먼저 마음부터 고치기를 바랄 수가 있겠는가.
설령 이존창李存昌이 과연 마음을 고친 구석이 없다고 하더라도, 용서하자는 장
계가 올라온 이상, 조정의 체면으로서야 어찌 의심을 가지고 용서에 인색해서야
되겠는가."[16]

初九 鞏用黃牛之革[17]
초9는 (혁신을 하고자 계획하는 그 마음이 있다면) 황소가죽으로 굳게 동여매두어라.

지금은 움직일 때가 아니니 함부로 경거망동을 말라. 변혁을 요하는 중대한
대사는 반드시 절묘한 타이밍이 있어야 한다. 절대적인 찬스가 아니라면, "황소
가죽으로 단단히 묶어 두어라[鞏用黃牛之革]." 혁명의 시점에서 위의 4가 응이 없
다면 당연히 경거망동은 불가하다. 초9는 성급하고, 불의를 보면 참지 못하고

---

14 金相岳, 『山天易說』: "역수를 계산하여 때를 밝히기 때문에, 윗자리에 있는 자가 하늘을 공경히
   받들어 백성을 위해 부지런히 정무를 볼 수 있고, 아래 있는 자가 때를 바탕으로 일을 세울
   수 있다."

15 沈潮, 「易象箚論」: "治자는 水부수에 口자를 합한 것이니 태☱이고, 曆자는 木자를 합한 것이니
   호괘 손☴이며, 明과 時는 日자를 합한 것이니 리☲이다."
   宋時烈, 『易說』: "'때를 밝힘[明時]'은 离의 상이고, '역법을 연구함[治曆]'은 兌의 상이니, 이는
   분별하여 결단하는 뜻이 있지 않은가? 歷과 曆자는 통용한다."

16 『정조실록』 정조 23년(1799) 6월 4일: "이존창의 세례명은 루도비코, 權日身에게 교리를 배워 입
   교. 신해박해 때 체포되어 '나는 주님을 모른다'며 背敎한다. 배교자들의 처절한 고통, 배교로 목숨
   을 건진 자들이, 그 목숨 안에서 겪어내야 하는, 수 없는 절망을 통해, 그는 오히려 믿음의 거룩함과
   아름다움을 보여 간다. 그는 1791년 배교한 뒤 주문모 신부가 바라는 '殉敎'를 준비했다. 끝내 '湖西
   사학의 괴수 이존창을 처형하여 민중을 타이르라'는 왕명이 내려지고, 1801년 4월 10일(음2월 26일)
   공주 황새바위에서 목이 잘려 순교한다. 이때 그의 고난에 찬 아름다운 생애는 겨우 마흔을 넘기고
   있었다(1759~1801). 우리나라 최초의 사도 김대건 신부의 집안도 이존창에 의해 입교한다. 1801년
   辛酉迫害 때 순교하는 최창현은 모진 고문 속에서도 '내가 가장 존경하는 인물은 권일신, 정약종,
   이존창이다'라고 하였다."

17 鞏 묶을 공.

대들기만 하고, 저항을 일삼는 자다.

정자는 "공鞏(Wrap)은 묶어 두는 것, 황黃은 중도를 잡는 색깔, 우牛는 순한 짐승"으로 보고, "초9는 아직 타이밍[時]과 자리[位]와 재능[才]이 부족한 자"이니 조급한 성과를 경계시켰다. 주자 역시 시절인연이 무응無應하기에 근신을 환기시킨다. 우번虞翻은 초9의 목적어를 수레로 보고 있다. 이런 해석들은 공자가 "너의 마음을 황소가죽으로 굳게 동여매라는 것은, 그 어떤 일도 행동으로 옮기기에는 불가함이다[象曰, 鞏用黃牛, 不可以有爲也]"라고 단호하게 주석을 했기 때문이다. 혁이 택산함咸으로 가는 자리다.[18] 참고로, 확신이 서지 않는 일이면 무슨 일이든 착수하지 말라. 그러나 낡은 사고방식이 일어나지 않도록 황소가죽으로 단단히 묶어두어야 할 것이다.

> 六二 己日 乃革之 征 吉 无咎
> 육2는 충분한 시기가 무르익었다. 혁명을 단행해도 만사가 좋고 탈이 없다.

"하루 안에 혁명을 단행해야 좋다[象曰, 己日革之, 行有嘉也]." 2는 밝음[☲]이 중정하고 혁명의 타이밍이 절묘한 자리다. 하늘은 누구에게든 혁명의 시간을 반드시 알려준다. 부모의 죽음으로도 알려주고, 자식의 아픔으로도 알려주고, 순간의 꿈으로도 그 시점을 반드시 일러준다. 그러기에 성인은 그 기미와 때[己日, Proper day][19]를 절대로 놓치지 않았다. 2는 혁명의 시절에 유순중정을 얻은 자이고, 또 강한 군주가 위(5)에서 강건중정으로 응하고 있기에, 혁명을 결행해도 분명히 좋은 자리다[乃革之]. 단 2가 유순한 탓에 우유부단으로 두려워할까 걱정이다. 이런 절대 절명한 개혁의 시점에서 초9와 3에게 사사로운 정으로 매이지 말고, 주저하는 낡은 습관도 일소하는 과감성이 필요하다. 그러니 과감하게 나선다면 아름답고[征吉] 분명히 탈이 없다[无咎].[20] 혁이 쾌괘夬卦로 가는 경우다.[21]

---

18 [說證] 虞翻은 건☰을 수레라 했다. 咸卦는 否卦로부터 오는데[건☰의 수레와 곤☷의 황우], 한편 否는 姤→遯→否로 수레가 온전치 못해 장차 觀→剝이 되기 전에 고칠 필요가 있다. 함괘는 감☵이 견고함이니, 황소가죽[否의 3이 坤의 상효로 감]으로 단단하게 간☶의 손으로 묶어야 한다.

19 '이일己日'의 풀이로 다산은 '하루 안에 마쳐야 된다'로 보았고, 아산은 '시중, 득중, 득정, 정응으로 모든 것이 완비된 때'로 해석하고 있다.

> 九三 征凶 貞厲 革言三就 有孚
>
> 구3은 정복에 나서면 흉하고, 바른 일이라도 위험하다. 개혁을 요구하는 여론이 세 차례나 논의를 거쳐 성취되니, 신뢰가 있을 것이다.

아직은 때가 무르익지 않은 시점이다. 구3은 중심이 없고 지나치게 강하기만 한 자로 시절을 오판하여 때를 잃을 염려가 많다. 혁명의 성공을 약속한 상6은 정위를 얻었고, 또 체통과 위엄을 잃지 않은 채, 내부에서 일어나는 올바른 혁신을 기다리고 있다. 이런 때에 치밀하지 못하고 과강하고 조급하다면 무도한 혁명을 완수할 수 있겠는가. 3은 아직 혁명으로 옮겨 갈 시기가 아니다. 만약 거사를 단행하면 흉한 꼴을 볼 것이 자명하다[征凶]. 잘한다 하여도 걱정[貞厲]이 따른다는 것은 많은 무리가 있을 것이 예상되기 때문이다. 그러나 만약 백성과 시절이 혁명을 하라고 외쳐온다면[革言三就], 그 단행할 적절한 시기[有孚]를 찾아야 할 것이다. "이제는 혁명을 단행하라는 주위의 진정이 여러 번에 걸쳐 일어난다면 어쩔 것인가?[象曰, 革言三就, 又何之矣]."

백성의 요구를 무시하지 못하고, 혁명의 기치를 높이 쳐들 수밖에 없다. 초9는 혁명을 하기에 너무 빠르고, 2는 당장 혁명을 단행해야 하고, 구3은 혁명으로 가는 과도기적인 상황에서 때가 무르익을 때까지 경거망동은 절대로 삼가해야 한다. 개혁의 시점에서 행동보다는 철저한 계획이 우선이다. 혁이 수괘隨卦로 가는 경우이다.[22]

---

20 은나라 사람들은 진취적으로 도읍을 자주 옮겼기 때문에 빛나게 되었고, 주나라 사람들은 안일함에 빠졌기에 쇠약해졌다.

21 2는 대장괘의 5가 2로 옴으로 혁이 된 것이기에, 하루 만에 개혁이 된 것이다. '貞吉'은 리☲가 태☱를 치는 꼴이고, 대장의 건☰이 진☳를 치는 격이다.

22 [說證] 隨卦는 否卦의 1이 6으로 가, 남국에 곤☷의 무리가, 북방의 건☰의 군주를 치는데, 隨卦에서 도리어 태☱ 금에 의해 진☳의 목이 꺾이게 되니 '征凶'이다. '革言三就'는 개혁하고자 하는 법을 손☴으로 명령을 내리고, 태☱로 달래고['說言乎兌'에서 달랠 說로 봄], 세 번째로 隨卦 간☶에서 말한 바를 이루니[成言乎艮], '就'가 '成'이 됨이다. '有孚'는 리☲가 있고 또 2와 5가 정응이다. 참고로 아무리 정도에서 벗어나는 일이 눈앞에 벌어질지라도, 때가 아니면 행동을 자제해야 한다. 때가 무르익을 때까지, 삼고초려를 할 필요가 있다. 꼭 실행해야 할 급한 일이 아니라면 한 달, 한 해만 더 기다리면 좋은 소식이 온다.

> 九四 悔亡 有孚 改命 吉
>
> 구4는 후회가 사라진다. 만백성의 신뢰가 두터우니 혁명을 단행할 때이다. 혁명
> 이 성취되고 만사가 좋으리라.

드디어 때가 왔으니 하늘이 내린 천명으로 알고 혁명에 임하라. "천명으로
혁명을 단행하니 길하다는 것은 그(백성과 군주의) 뜻을 믿고 있기 때문이다[象曰,
改命之吉, 信志也]." 기존의 낡은 것을 치는 혁명의 칼자루는 무서울 뿐 아니라
매사를 믿음으로 가기에 위에서는 신뢰를 주고 아래의 백성들조차 순종을 하니
길함을 알만하다. 1·2·3이 혁명 전의 일이라면, 4·5·6은 혁명 후의 일이다.

다음은 지욱의 설명이다. "상괘 태☱는 단련을 받아서 그릇이 만들어지는 금
속물이다. 그리고 구4와 상응하는 초9는 나와 같은 양으로 응도 없고, 또 그릇이
만들어 지지 않기에 후회가 따른다. 그렇지만 다행히도 강렬한 화기[☲] 3이, 나
와 가까이 있기에 후회가 사라진다[悔亡]."[23]

이것은 4 자신이 스스로 혁명을 단행하지 못하고, 3의 강력한 화력(백성들의
원성)에 의해 혁명되었음을 말하는 것이다. 그리고 4 자신은 부정不正하고 과강
過剛하기에, 행동이 지나치면 뜨거운 불에 심하게 상처를 입을 수도 있다. 또 부
중不中하고 강폭剛暴한 아래 사람 3에게 너무 가까이 기대다가 믿음을 잃고 원망
하는 일도 없어야 할 것이다. 자리自利를 먼저 알아야 하지만, 또 이타利他를 알
고 가야 좋을 자리다.

즉 어쩔 수 없이 혁명을 단행해야 하는, 나의 이익도 생각해야 하지만 백성의
이익도 반드시 생각해야 함을 가르친다. 삶의 법도를 알리는 역易의 이치는, 너
도 살고 나도 사는 생생生生의 원리이며, 하늘의 뜻을 거스르지 않고 수시隨時해
야 할 따름이다. 곧 혁명의 시절엔 강剛이나 유柔를 편애하여 생기는 후회가 없
도록[悔亡] 해야 상하로부터 신망을 얻는다. 혁이 기제괘既濟卦로 간다.[24]

---

23 지욱, 『주역선해』 : "兌質本待, 煅以成器, 但剛不過, 定命日進, 自利利他之域矣."

24 [說證] 강하기만 하고 부정한 4의 '有孚'는 겸손이다. 손☴의 巽이 겹쳐 보이므로, 2·3·4의 巽,
호괘 姤의 大巽, 姤卦 4변 巽卦다. 巽卦의 모체는 中孚로 왔으며, '改命' 또한 위와 같다. 革이
既濟가 되면, 기제의 모괘 泰卦의 2가 5로 가면서, 天心에서 리☲가 사라지고 자멸하여, 곤☷의
신하 5가 2로 와 혁명을 완수하니, 천지의 반란으로 '改命'이 되었다. 이것을 '湯武之革'이라 한
다. 기제에는 손☴이 고쳐지고 사라졌기에, 혁신하는 감☵의 취지를 리☲로 믿는 것이다. '悔亡'

여기서 동파는 덕의 유무로 4를 설명하고 있다. "초9와 구3은 불로 혁신을 하려고 덤벼드는 자들이지만, 혁을 당하는 쪽에서는 그렇지 않다. 덕이 부족하면 혁신 그 자체가 문제를 가져온다. 고로 초9와 구3은 육2를 머물게 해야 길하나, 4·5는 그렇지 않다. 혁은 모두가 기쁜 마음으로[☱] 상생의 길을 찾을진대, 덕이 있는 자가 아니라면 그 누가 앞장을 서서 혁명을 단행할 수 있겠는가? 구4는 합당한 자리를 얻은 자가 아니기에, 개혁의 칼을 빼들면 후회가 있다. 그러니 반드시 상하가 기뻐할 수 있도록 만든 후에야 개혁을 단행해야 길하다."[25]

九五 大人 虎變 未占 有孚
구5는 대인이 호랑이처럼 변한다. 점을 치지 않아도 믿음이 있다.

"대인의 도로써 천하를 개혁하니 시절도 좋고 혁명도 정당하다. 그리고 사리가 분명하여 호랑이의 빛나는 문채와 같다[象曰, 大人虎變, 其文炳也]." 공자가 위에서 말하는 천하도 환영한다는 그 혁명의 정당성은 전쟁이 끝난 후에 민중으로부터 얻어내는 박수를 말한다. 여기서 용호龍虎는 대인의 상이요, 변變은 사물과 시절의 변화이다.[26] 이것이 바로 대인호변大人虎變(The great man changes like a tiger)하고 미점未占 하여도 천지가 유부有孚한 이치이다. 천자天子가 되어 모든 것을 일신一新시켜서, 호랑이의 줄무늬처럼 선명하고 아름답게 백성에게 보여지는 자리가 5다. 점을 칠 것도 없이 천하 만민들의 열렬한 환영과 뜨거운 박수가 나온다. 이유인즉 5의 강건剛健하고 중정中正한 대인大人이 2의 유순중정柔順中正하고 정응正應하는 백성들의 응원을 받는지라, 혁명은 호랑이의 털갈이처럼 선명하고 뚜렷하며 정정당당하였으니 점占을 기다리지 않고도 천하의 믿음을 얻는 자리가 된다.[27]

은 4가 부정하였지만, 기제가 되면서 6位 모두 정위를 얻는다. 참고로 4를 얻으면 대권뿐만 아니라 만사를 다 잡을 수 있다. 개명改命(Changing the form of government)은 천명, 군왕, 회사의 대표 자리가 바뀔 수도 있다.

25 소식, 『동파역전』 : "以說革而人莫不說, 非有德者其孰能之?"

26 정이, 『이천역전』 : "所過變化, 事理炳著, 如虎之文彩."

27 [說證] '大人'은 건☰을 가리키고, '호랑이'는 태☱이다[『예기』 좌청룡 우백호 참고]. 또 혁의 모괘 대장도 호랑이다. 대장의 호랑이가 혁에서 리☲의 무늬가 찬란하니 '虎變'이다. '未占'은 豐卦

먼저 상에게 올리는 수현壽峴의 읍소를 들어 보자. "신이 삼가 살펴보았습니다. 혁괘의 구5는 태☱가 전변하여 간☶이 되었으니, 간괘는 맹수로 호랑이의 상을 취하였습니다. 예를 들면 탕왕과 무왕이 혁명한 것이 여기에 해당할 수 있으니, 세상에 여우같은 아첨으로 천하를 취하는 자들은 이것을 말하기에 부족합니다. 우선 요즘 세상의 일로 말씀드리겠습니다. 진정으로 변혁할 수 있는 자가 윗사람을 섬기는 자리에서, 일에 따라 폐단을 변혁하여 모두 이치에 합당하게 할 수 있다면, 다스리는 도가 호랑이 문채처럼 빛날 것이니, 어찌 점친 결과를 기다린 뒤에야 믿음이 있겠습니까? 삼가 바라건대 전하께서는 때에 맞게 변혁을 잘 하셔서, 나라를 교화하는 데에 믿음을 가지소서."[28]

주자는 이렇게 해석했다. "가을에 큰 털이 빠지고 겨울에 솜털로 털갈이하는 호랑이처럼, 대인의 개혁도 천하의 변화에서 멀어져서는 아니 되고, 또 대인大人이 자신신민自新新民하고 순천응인順天應人하는, 혁명의 시행施行이 바로 호변虎變처럼 되어야 할 것이다."[29] 즉 밖으로는 적의 세력을 제거할 뿐만 아니라, 안으로는 자신의 인격도 완성하여 천하가 태평하도록 함이 진정한 대인의 호변이다.

동파도 표범처럼 신령이 없는 자는 남의 리더가 될 수 없다고 단언한다. "구름은 용을 좇고, 바람은 호랑이를 따른다. 호랑이는 무늬가 있고 신령할 수 있는 자이지만, 표범은 무늬는 있으나 신령하지 않다. 그러므로 대인은 호랑이가 되고, 군자는 표범이 된다. 대인이 아니면서 혁신을 하면, 모두 남을 훼손시킬 뿐 아니라, 남을 못 쓰게 만들고, 자기 스스로만 잘못 될지 모른다. 그러므로 사람들이 그를 따라가려면, 어찌 반드시 점을 쳐보지 않고서야 나설 수 있겠는가?"[30]

위암韋庵도 구5가 가운데 자리에 있고, 상효와 비比의 관계에 있어서, 기쁨이

5와 2가 응치 않음을 안다. 참고로 뚜렷한 노란 줄무늬 같은, 광채를 내며 확실한 성공이 보이니, 개혁은 빠르면 빠를수록 좋다. 불순한 점이 없지는 않으나, 귀인이 도와서 점차 길하리라.

28 石之珩, 『五位龜鑑』: "…. 姑以今世之事言之. 所可革者在事上, 隨事革弊, 俾皆理, 則治道炳然如虎之文, 豈待占決而有孚乎. 伏願殿下, 因時善革, 以孚于化邦焉."

29 주희, 『주역본의』: "大人則, 自新新民之極, 順天應之時也."

30 "호랑이 무늬는 굵고 뚜렷하고, 표범의 무늬는 선명하기보다는 작고 치밀하며 오밀조밀하고 아름답다. 이에 대대적인 개혁을 추진할 때는 '虎變'이라 하여, 개혁의 정당성과 논리가 선명하게 드러나서 누구나 공감하게 된다. 그러나 개혁의 성과를 계승 유지시켜야 하는 시기인 상6은, '豹變'으로 군자가 대업을 더욱 세련되고 치밀하게 다듬으며, 각종 법률과 제도라는 형식을 빌려, 개혁의 성과를 더욱 굳건하게 하고, 세부적인 면까지 다듬어 나감을 말한다."

밖에 드러나니 호랑이가 변하듯 하는 상이며, 문채가 빛나 사람들이 믿고 복종하기 때문에 점치지 않고도 믿음이 있다고 한다.[31] 심대윤도 구5는 굳센 양으로 가운데 자리에 있으면서, 이치를 밝히고 곧게 말하니, 덕과 위엄이 밝고 성하여, 사람들이 공경하면서도 꺼리고 두려워하며 복종하니, 불가한 일조차 사람들이 감히 따라서 변혁하지 않을 수 없다 하였다.[32] 성호星湖는 용과 호랑이로 설명을 덧붙이고,[33] 국왕이 나라 터를 잡을 때 하늘에 물어보아 '호변虎變'이면 튼튼한 터전을 이룩할 징조라는 노래도 들린다.[34]

---

31 金相岳, 『山天易說』: "여기 '大人'은 否卦, 革卦에서만 보인다. 태☱는 호랑이와 표범의 상이다. 삵·쾡이가 변하면 표범이 되고[貍變則豹], 표범이 변하면 호랑이가 되기 때문에[豹變則虎], 5효에서는 호랑이를 말하고 상효에서는 표범을 말하였다. 乾卦에서 '飛龍'이라고 한 것은 요·순이 선양한 것에 해당하고, 혁괘에서 '虎變'은 탕왕·무왕이 정벌한 것에 해당한다. 그러므로 모두 大人을 말하였다. '변함은 털이 빠져서 털갈이를 함이다. 仲夏에 털이 빠져 바뀌고, 仲秋에 털갈이를 하여 아름답게 된다. '占'이란 거북점과 시초점으로 점을 쳐서 의심나는 것을 결정하는 것이다. 리☲는 거북이고 태☱는 점을 결정하는 상이다. 점과 시초점은 『주역』 안의 한 가지이기 때문에, 몽괘에서는 시초점을 말하였고, 혁괘에서는 점을 말하였다. 大人이 호랑이가 변한 것처럼 변함은 스스로 새로워지고, 백성을 새롭게 함의 지극함이니, 하늘에 순응하고 사람을 따르는 때이기 때문에, '未占有孚'라고 하였다. 예컨대 탕왕·무왕이 혁명하기 전에, 천하 사람들이 우리 임금을 기다리려는 생각을 가지고 있음과 같다. 구3은 굳센 양이 알맞지 않기 때문에 변혁한다는 말이 세 번 합한 뒤에 믿음이 있고[革言三就而後有孚], 구4는 굳센 양이나 바르지 않기 때문에 후회가 없는 뒤에 믿음이 있으며, 구5는 중정하고 서로 호응하기 때문에 점치지 않고도 믿음이 있으니, 예컨대 익괘 5에서 말한 '은혜로운 마음에 믿음이 있다[有孚惠心]. 믿음이 있어서 나의 덕을 은혜롭게 여기니[有孚惠我德] 묻지 않아도 크게 선해서 길하다[勿問元吉]' 한 것이다.

32 沈大允, 『周易象義占法』: "자리로서 말하면 임금이고, 교제로 말하면 두려운 벗이며, 때로서 말하면 사람이 두려워하고 믿는 바이니, 5에 이른 뒤에 말할 수 있다. 말할 수 있는데 말하지 않으면 어질지 못한 것이고, 말해서는 안 되는데 말하는 것은 지혜롭지 못한 것이다. 어질지 못하면 그 임금을 해치고, 지혜롭지 못하면 자신이 화에 미치니, 군자는 때가 된 뒤에 말한다. 그러므로 말하면 받아들여지지 않음이 없어 그 자신을 보전하고, 임금을 바르게 할 수 있으며, 자신은 복을 누리고, 백성은 은택을 받으니, 후대의 임금을 섬기는 자가 어찌 거울로 삼지 않겠는가?"

33 李瀷, 『易經疾書』: "용은 변화가 신묘한 동물이다. 乾卦 구5에서 '飛龍在天'은 요·순이 임금자리에 오른 상이니 '사악四嶽과 군목群牧'은 구름이 용을 따름에 해당한다. 호랑이는 위엄과 무용이 있는 동물이다. 혁괘 구5에서 '大人虎變'이라 한 말은 탕왕과 무왕이 혁명하는 상이니 '다스리는 신하 열 명'은 바람이 호랑이를 따름에 해당한다. 위엄은 안으로부터 따르고, 문채는 밖에서 밝게 빛나니, '천하 사람들이 보기를 이롭게 여김'에 비유된다. 믿음을 받음이 어찌 점쳐서 결정하기를 기다리겠는가? 이는 혁이 豐卦로 간 경우이다."

34 『東文選詩』, '호변[王者之興必卜筮決天下賦[無名氏]': "거북점은 일을 결정하고[卜惟定事], 시초점은 의심을 물음이다[筮乃質疑]. 그러므로 왕자가 흥하려 할 때 天命을 점으로 물어보아 결정함이니, 그 터전을 창립할 제 시초거북으로 괘를 참고하여 상제의 뜻을 신비롭게 받아들며 그 성패의 시기를 알아봄이다. 내가 일찍 상고해 보니, 하늘과 사람이 서로 어울릴 즈음엔 혹 돌보아 그 천명을 받도록 하고, 귀신과 사람이 서로 감동하는 근원에서 혹 끊어 없애서 그 신세를

> 上六 君子豹變 小人革面 征凶 居貞 吉
>
> 상6은 군자는 표범처럼 변하고, 소인은 얼굴을 자주 바꾼다. 치면 흉하다니 가만히 있어야 좋다.

군자들이 표범처럼 변화할 것을 요구한다. 즉 공신功臣과 지도층 인사들이 면목일신面目一新할 것을 강요하고 있다. 소인들에게도 뜻을 새롭게 하여 군주를 따르게 하되 그들까지 숙청肅淸하면 흉하다는 것이다. 혁명의 성과를 굳게 지키되, 지난 시대의 것이라도 바르고 좋은 것이면 그대로 유지해 나가야 한다. 그래서 시절에 변화를 갖추는 군자의 모습과 구태의연한 소인의 모습 간에 시비의 가치를 바로 세워야 할 것이다. 혁명의 마지막은 혁도革道의 성공에 달렸다. 소인은 그 도가 혼미하여 늘 우려가 따르기에, 공자도 "군자표변君子豹變은 그 문체가 아주 곱고[其文蔚也], 소인혁면小人革面은 소인이 순종하는 척하며 군자를 좇는 것이다[順以從君也]"라고 경계를 암시한다.[35]

정자의 설명은 이렇다. "혁면革面으로도 요순堯舜 임금처럼[以聖繼聖] 처신할 수 있으니, 소인의 심지를 절대로 방관하지 말고, 경계하는 세심한 주의가 필요하다." 그 예로 '유묘有苗'와 '상象이 와서 항복한 것은 얼굴만 고친 경우라 한다. "소인이 이미 그 외모를 고쳤으면 혁의 도가 이루어진 것이다. 만일 깊이 다스리려고 하면 너무 심한 일이다." 너무 심한 것은 도가 아니다. 사람의 성품은

망치기도 하나, 아래위가 몹시 동떨어져 냄새도 없고 소리도 없으니, 길흉을 먼저 알려면 거북과 시초에 묻지 않을손가. 어찌하리, 재앙과 상서의 징조가 미묘한데, 화와 복이 서로 의지하고 엎치므로, 하늘에 응하여 창업할 제, 명을 받고자 점치나니, 혁괘의 범처럼 변한다는 것은[革孚虎變] 튼튼한 터전을 이룩할 징조요, 쾌쾌는 호의를 결단하여 가없는 복을 받을 줄 알 것이다. 무릇 나라의 큰 統을 이룩할 제, 하늘에게 물어 꾀함이 제일이니, 점으로 징조를 봄은 역의 계사에 맞고, 녹을 하늘께 받음은 『시경』의 대명편에 끝내 합한다. 또 저 사냥은 작은 일이로되 문왕은 그 이해를 점쳤고, 도읍을 옮김은 상사로되 성왕이 그 흥폐를 상고했으니, 하물며 나라 터를 초창할 제 하늘의 업을 받들어 이을 것을 점쳐 묻지 않을 건가. 그래야 왕업이 산하와 같이 길며 오랠 수 있고 국조가 기성·익성과 가지런하여 무너짐이 없으리라. 이 때는 큰 나라 작은 나라, 가까운 자 먼 자가 손으로 춤추고 발로 구르며 편안하여 전복이 없고 가난해도 부족 없네. 그 까닭이 다른 것이 아니라, 점을 상고해 취할 것 버릴 것을 밝혔기 때문인저."

35 康儼, 『周易』: "'利貞'은 혁괘가 마땅함을 얻은 것만이 아니다. 변혁의 즈음에 삼가 살피고, 신중히 행하는 것이 또한 발라야 이롭다. 하나라도 불경한 것이 있으면 합당하지 못하여, 반드시 후회가 있다는 소리다. 이러므로 주공이 육효를 붙였으니 신중한 뜻이 없겠는가? 다른 괘의 괘사와 효사는 대부분 서로 호응하지 않지만, 혁괘에서는 여섯 효 안에 괘사의 뜻이 없는 것이 없으니 독자는 잘 완미해야 한다."

본시 선한데, 선으로 바꾸지 못한 자는 하우下愚이며, 하우에는 자포自暴·자기自棄가 있다는 소리다. 곧 『논어』에서 말하는 "가장 똑똑한 자나 가장 어리석은 자나 똑같은 이치."[36] 천하에 자포·자기한다고 하여, 모두가 반드시 혼우昏愚한 것은 아니다. 그 중에서도 왕왕 강하고 사나우며 재주와 힘이 남보다 뛰어난 자가 있으니 잘 살펴야 할 것이다. 성심聖心을 가지고 소인을 끝까지 대해야 실수가 없다.[37] 호랑이와 표범의 구별은 단지 가죽과 크기로 가름할 수 있다.[38/39] 상6은 5의 대인으로 인해 변화하는 자다. 혁의 시절에도 변화를 하지 못하면, 세상을 피해 살아야 한다.

혁革의 모괘가 둔괘遯卦이다. "표범은 태어날 때부터 무늬가 있으니, 어찌 그 근본이 없겠는가? 만약 소인이라면 겉으로만 바뀔 수밖에 없다[革面]."[40] 표범도

---

36 『논어』, 「양화편」 : "唯上智如下愚不移."

37 정이천, 『이천역전』 : "有苗는 요순시대 三苗의 군주로 지형의 험고함을 믿고 반란을 일으켰으며, 象은 舜의 이복동생인데 오만하여 舜의 부모와 함께 형 舜을 죽이려 한 자이다. 來格은 와서 항복하는 것으로, 『書經』의 「大禹謨」에 '순임금이 문덕을 크게 펴시어, 방패와 羽傘으로 두 뜰에서 춤을 추셨는데, 70일 만에 有苗가 와서 항복하였다.」 「堯傳」에는 '舜은 아버지가 완악하고, 어머니가 어리석으며, 象이 오만한데도, 능히 孝로 화하게 점점 다스려, 간악함에 이르지 않게 했다고 한다."

38 朴齊家, 『周易』 : "호랑이를 말하고 표범을 말한 것은, 모두 가죽의 문채와 크기를 말한다. 『정전』에서 '얼굴만 바꾸었을 뿐'이라고 하여 有苗와 象으로서 실증하였다. 그러나 여기에서는 가죽으로 말한 것이기 때문에 호랑이·표범을 말하였고, 소인은 문채가 없기 때문에 얼굴만 바꾸었다고 한 것이다. 그렇다면 '표범이 변하듯 변함'은 그 마음도 헤아릴 수 있을 것이다. 다만 '마음은 비록 善道를 끊었으나, 위엄을 두려워하여 죄를 적게 하면, 보통사람과 동일해진다'고 말한 것은 또 韓愈의 '性三品說'을 벗어나지 않는다."

39 韓愈는 '性과 情'을 대립시켜 보았다. '性'은 나면서부터 가지고 있는 仁·義·禮·智·信이고, '情'은 外物에 접합으로써 생겨나는 喜·怒·愛·樂·哀·惡·欲을 가리킨다. 性에는 상·중·하의 3품이 있다. 上은 純善, 中은 有善有惡, 下는 純惡이다. 韓愈가 性을 셋으로 구분한 것은 공자가 '오직 上智와 下愚는 움직일 수 없다'고 한 말에 근거한 것이다. 맹자·순자·양웅 등은 性을 논할 때 모두 중간을 기준으로 하고, 상·하를 무시한 것으로 간주했다. 그의 주장은 맹자의 性善說, 순자의 性惡說 및 양웅의 性善惡混說 등을 종합 절충한 것으로 보인다. 한편 丁若鏞은 韓愈가 공자의 본뜻을 잘못 이해했다고 비판했다. 그는 '공자는 性相近習相遠'이라고 했으며, '惟上知下愚不移'라고 했다. 그런데 한유는 이 글을 잘못 읽고 성삼품설을 주장했다. 공자의 말씀은 대체로 '요·순이든 걸·주이든 인간의 성은 서로 가까워서, 善人에게 본받으면 선을 행하게 되고, 악인에게 본받으면 악을 행하게 되지만, 지혜로운 사람은 악인과 사귀더라도 어리석어지지 않으며, 어리석은 사람은 선인과 사귀더라도 지혜롭게 되지 못한다는 것을 말한 것이다'라고 하여, 지혜로움과 어리석음은 자신을 처신하는 바의 능숙함과 서투름에서 생기는 것일 뿐, '상지와 하우가 성품의 상·하가 아니다'라고 주장했다.

40 소식, 『동파역전』 : "豹生而有文, 豈其無素而能爲之哉?"

또한 때를 기다려서 변하는 짐승이다. "강폭하고 조급한 3의 소인이 변하여, 세 번씩이나 찾아오매, 서로 겉으로만 응하고[革面], 마음으로는 응하지 아니하기 때문에[未革心], 만약 마음까지 응하면 흉을 볼 것이요, 오직 침묵[居貞黙化]으로 대해야만 길하다."[41] 고로 정벌을 단행하면 흉하니[征凶], 바른 마음으로 가만히 있어도 좋을 것이다[居貞吉]. 우암,[42] 정좌와靜坐窩[43] 성호[44]의 주석도 참고한다.

혁명을 한 후에 탕평인사가 되지 않으면, 시시비비가 불을 보듯 뻔하다. 자신의 의연한 모습을 보일 때가 '군자표변(Changes like a panther (puma·leopard))'이요, 반면 소인들은 어떤 형태로든, 자신들의 이익을 찾으려고 얼굴을 내미니 '소인혁면'이다.[45] 사사롭게 흔들려서는 아니 됨이 '정흉거정길'이라 하였으니, 이제껏 닦고 쌓아 왔던 정도에 따라 가야 한다. 혁명을 하기 전에도 어렵고, 혁명을 단행함도 어렵지만, 혁명을 한 후에도 그 마음을 지키는 것은 더더욱 어렵다.[46] 혁괘가 동인同人으로 갔다.[47]

---

41 지욱, 『周易禪解』, 283쪽.

42 宋時烈, 『易說』: "표범은 호랑이 중에 작은 것이나, 호랑이보다 더 날래고 용감하다. 군자가 上에 있으면 표범이 변하듯 하고, 소인이 여기에 있으면 얼굴만 바뀌듯 한다. 가서 3을 따르면 흉하고, 여기에 있으면서 굳게 바름을 지켜 길하다."

43 沈潮, 『易象箚論』: "5를 호랑이로 上을 표범이라 한 이유는, 양이 크고 음이 작기 때문이다. 가면 흉하고, 바름에 거해 길함은, 바로 『중용』에서 이른바 '사람의 도리로 사람을 다스려 고쳐지면 그친다'는 뜻이니, 몽괘 초6에 '가면 부끄러울 것이다' 한 뜻과 같다. 강포한 자는 거절하여 믿지 아니하니, 이것은 양의 병통이고, 유약한 자는 체념하여 하지 아니하니, 이것은 음의 병통이다. 양이 변하여 음이 되고, 음이 변하여 양이 되기에, 사람의 기질도 변화하는 이치가 있다."

44 李漢, 『易經疾書』: "상6은 스승 尙父[太公望呂尙]와 같은 부류이다. 군자와 소인은 자리로서 말했다."

45 혁괘의 호괘 姤卦에서는 乾의 임금이 위에 있고, 안의 백성은 순종한다. 대덕을 지닌 사람은 타고난 바탕이 아름답기에 도덕으로 그것을 더욱 도야하고, 소덕을 지닌 사람은 타고난 자질이 뛰어나지만 널리 배워 그것을 더욱 빛나게 하니, 이것이 호표지변虎豹之變이다. 소인으로 자질이 박약하고 지위가 비천한 경우에도 또한 베푸는 교화를 따라서 면모를 일신할 수 있으니, 이렇게 소인까지도 교화되어 일신됨은 세상을 바꾸는 궁극의 일이다.

46 이전의 마음과 자세를 바꾼다는 洗心革面은 철저한 회개의 기회를 준다는 의미로, 중국의 시진 핑이 일본의 아베에게 쓴 말이기도 하다.

47 [說證] 구5의 큰 호랑이는 大壯의 大兌를 본 것이요, 상6의 작은 표범은 遯卦의 1이 6으로 가 小兌를 본 것이다. 또 구5가 大壯이기에 大人이 되고, 상6은 遯卦 안에 군자 건☰ 소인 간☶이 함께 있다. 상6은 주효다. '小人革面'은 리☲의 면모를 일신함이다. 『설문해자』에서 '蔚'는 '문양이 조밀하고 아름답'다는 의미인데, 이는 遯卦 大巽의 무성한 초목이 리☲로 문양을 이룬 모양이다. 王湘卿과 毛奇齡의 『仲氏易』에서는 호랑이 무늬는 炳이고 표범은 蔚라 하였다.

바른 선비 아끼는 것이 호피 좋아함과 비슷하다. 살았을 제는 못 죽여 안달이더니,[48] 어제의 친구가 적으로 표변豹變하여 벼린 칼을 겨누니 무섭다.[49] 그러나 어쨌든 '표범' 무늬는 상서로운 징조이다. 끝으로 허목의 '표변당기'가 좋다.[50]

---

48 南冥 曺植(1501~1572), '偶吟' : "사람들 바른 선비 아끼는 것이 범 가죽 좋아함과 비슷하구나. 살았을 제는 못 죽여 안달하다가, 죽은 뒤에 비로소 칭찬을 하네.[人之愛正士, 好虎皮相似. 生前欲殺之, 死後方稱美.]"

49 장석주, '深海魚' : "세상은 어지러웠다. 어제의 친구가 적으로 豹變하여, 벼린 칼을 겨누고 베는 세태가 무서웠다. 세상을 등지는 게 살길로 보였다. 눈 감고 귀 막은 채 숨어 살지만, 누군가에게는 빛으로 發光한다. 어둠 속에서 몸을 환하게 밝히는, 저 은둔 군자들!"

50 許穆, '豹變堂記' : 南塘(鄭希聖, 1589~1638) 어른이 일찍이 나에게 이렇게 말했다. "내가 세상에 인정받지 못하여 홀로 바닷가에 떨어져서 사는데, 늙어서 달리 할 일도 없어, 날마다 책을 읽는 것으로 즐거움을 삼으며 여생을 마치려 하네. 나에게 아들 다섯이 있는데, 다른 재주는 없어도 아비의 일을 이어 선비가 되기에는 충분하다 생각되네. 그래서 내가 날마다 읽은 책을 가지고 가르치고 있으니, 그들의 행동이 옛사람에게 부끄럽지 않게 되었으면 하는 것이 나의 바람이네. 내가 글공부에 힘을 쏟았으나, 노년에 이르도록 고생만 하고 영달하지 못하였는데, 내 후손은 반드시 發身하는 자가 있을 것이기에, 書室을 짓고 '豹變堂'이라고 이름을 붙였네. 또 이곳에서 이상한 일이 있었으니, 남당 옆에서 검은 표범이 무늬 있는 호랑이로 변한 것이 그것일세. 그래서 그 기이한 일을 기록해 두려는 의도일세. 그대는 한마디 해주게나." 내가 대답하기를, "알겠습니다. 그 또한 상서로운 징조입니다. 선생께서 선을 쌓고도, 그에 대한 보답을 받지 못했으니, 아마도 자손이 그 보답을 받지 않겠습니까. 『주역』에 '君子·虎變'이라 하였으니, 또한 상서로운 징조일 것입니다' 하였다. 그 뒤로 남당 어른의 아들 형제 가운데 성균관에 들어간 사람이 셋인데, 그중 한 사람은 연이어 明經으로 벼슬길에 올랐다. 남당 어른의 막내아들 東㿾이 영남에서 관직 생활을 하면서 천여 리나 떨어진 곳으로 편지를 보내어 선인의 부탁이란 것을 말하고, 표변당의 기문을 지어주기를 청하였다. 훌륭하구나! 선인의 말씀을 잊어버리지 않음이 이와 같으니, 또한 그의 뜻을 알 수 있다. 바라건대 더욱 힘써 노력하여, 先君子의 가르침을 실추시키지 말 것이며, 또한 훗날 내가 사람을 제대로 모르고 평가했다는 말을 듣지 않게 할지어다.

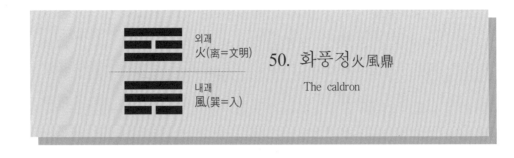

외괘
火(离=文明)

50. 화풍정火風鼎

The caldron

내괘
風(巽=入)

정鼎은 쌀을 익혀 밥을 만들어 내는 솥처럼, 새로운 나라를 건국하고, 새로운 사회를 건설하고, 새로운 부서를 창설하고, 새로운 모습을 갖추어 가는 이상적인 시점이다. 이럴 때 재력과 지력 그리고 기반까지 세 박자가 잘 조화된다면 무슨 일이든 자유로울 것이다.

> **鼎 元吉 亨**
> 정괘는 임금이 길하며 형통할 것이다.

정괘鼎卦는 새로운 일을 혁신하는 임금[元]에게는 길吉하고 형통하다[亨]. 정鼎은 세 발 달린 무쇠솥으로, 고대에는 천자의 지위와 국가의 권위를 상징할 만큼 신성한 그릇이었다. 그래서 왕위를 '정조鼎祚'라 하고, 국운을 '정운鼎運'이라 했다. 신령에게 바치는 공물供物을 끓이고 삶는 데 쓰이는 제사 그릇 '세발솥'은 당연히 국가 권위의 상징이 되었던 것이다. 고대 제정일치 시대에 국가의 가장 중한 행사는 신과 조상에 대한 제사를 받드는 일이었기에 정鼎을 소중히 여겼다. 세 발 달린 솥[鼎]은 제사나 연회에서처럼 큰 행사에서 희생犧牲을 담아 올리는 큰 그릇이었고,[1] 3개의 다리는 협력과 안정을 나타내며 국가의 삼권분립을 상징하는 것이었다. 사람도 대성大聖이 되고 대학大學이 되려면 솥처럼 주련鑄錬의 경로를 거쳐 절차탁마切磋琢磨할 필요가 있다. 고로 혁革은 낡고 오래된 것을

---

1 태뢰太牢에는 아홉 또는 일곱 가지 세발솥을 차리고, 소뢰小牢에는 다섯 가지 세발솥을 차리며, 특생特牲에는 세 가지 세발솥, 특돈特豚에는 세발솥 한 가지를 차리는데, 세발솥이 그 중심이 되어, 대나무 굽접시[籩], 굽접시[豆], 궤(簋), 국그릇[鉶]은 모두 세발솥에 맞추어 차이를 두었으니, 세발솥의 주요함이 이와 같다. 『주역본의』에 "태뢰太牢는 옹철뢰예饔餮牢禮를 다 갖춘다. 옹饔은 아침밥, 철餮은 저녁밥, 대뢰(牢는 소와 양과 돼지를 모두 갖춤이고, 소뢰小牢는 양과 돼지만 갖춘다" 하였다.

보내지만, 정鼎은 새로운 것을 취한다.[2] 『의례儀禮』에서는 "희생을 발 없는 큰 솥[鑊]에 삶은 후, 세 발 달린 솥[鼎]으로 옮긴다"[3]고 적고 있다.

다음은 지욱이 살핀 '정도鼎道'의 설이다. "솥의 도[鼎道]가 작다고 말하지 말라. 성인께서 어리석은 백성을 삶아[烹] 상제께 제사를 드리는 것도[享] 솥이며, 흠집 하나 없이 완전하게 삶아[大烹], 천하의 성현을 양성함도 또한 솥이니, 어찌 행동을 여의고 이치만 구하랴. 이것이 성현聖賢과 불조佛祖가 자도자주自陶自鑄하며 자팽자련自烹自鍊하는 도임을 알아야 할 것이다."[4]

혁괘革卦가 낡은 사회를 변혁시키는 데 대단히 어렵고 복잡하였던 것과 달리, 정괘鼎卦는 모든 것이 순조롭고 원만하다. 이를 도학적으로 지욱은 "솥은 현인을 도야陶冶하고, 성인을 주물鑄物하며, 부처[佛]를 삶아내고[煮烹], 조사祖師를 단련鍛鍊하는 성스런 기구"라 해설한 것이다.[5] 도자기를 만들 때 백자를 얻고 싶으면 백유白釉를 바르고, 청자를 만들고 싶으면 청유靑釉를 바른다. 내가 원하는 성인과 현인의 모습대로, 색을 입히는 것[釉藥]을 도야陶冶라 하고, 또 꼭 그런 모양대로 만들어 굽는 것을 주물鑄物이라 한 것이다.[6]

다음은 '강한 불로 부드러운 음식을 요리해 내듯 임금의 자세를 주문하는' 정鼎에 대한 공자의 단왈이다. "정鼎은 나무가 유순하게 불을 따르고[以木巽火], 음식물을 삶고 익혀 요리한다[烹飪也]. 성인은 정성껏 음식을 장만하여 상제에게 제사를 올리며[以享上帝], 성현을 대접하고 기른다[而大烹以養聖賢]. 정鼎은 공손하면서도 귀와 눈이 총명함인데[巽而耳目聰明], 그것은 유가 나아가 위로 가고[柔進而上行], 가운데 자리를 얻어 강에 호응하니[得中而應乎剛], 이런 까닭에 임금이 크게 형통한 것이다[是以元亨]."[7]

---

2 「序卦傳」: "革物者莫若鼎."

3 『儀禮』, 「士冠禮」: "出之以匕, 薦之用俎."

4 지욱, 『周易禪解』: "此豈非聖賢佛祖, 自陶自鑄, 自烹自鍊之道, 其元亨也, 宜矣."

5 지욱, 『周易禪解』: "陶賢鑄聖, 烹佛鍊祖."

6 사람뿐만 아니라, 현대 정치도 治者가 진보면 진보로 이끌고 보수면 보수로 이끌어 간다. 자유경제시장과 자본주의로 흐르느냐 아니면 사회주의나 1인 독재체제도 가느냐도 정권을 잡은 통치자의 의도대로 흘러간다.

7 [說證] 鼎卦는 손☴의 나무가 리☲의 불로 들어가고, 건☰의 음식이 태☱의 입에 가득 찬 형상이다. '亨上帝'는 大壯괘 진☳의 상제에게, 건☰의 임금이 제를 올림이다[亨은 烹으로 읽는다]. '養聖賢'도 건☰의 임금이 진☳의 현인에게 태☱의 녹봉을 리☲의 예로 내려준다. 귀가 밝은 것은

공자의 단왈을 이해하려면 정괘鼎卦가 모괘 대장괘와 둔괘遯卦로부터 온다는 사실을 알아야 한다. 대장괘에서 진☳의 상제가 위에 있고, 건☰의 임금이 제사를 주관하니, 음식을 장만하지 않을 수 없다. 둔괘遯卦 역시 손☴의 주인이 건☰의 손님을 대접함에, 음식을 만들지 않을 수 없기에 정괘鼎卦는 손☴으로 정결하게 하여 리☲로 예의를 갖춰, 임금이 제사를 올릴 때 세 발 달린 솥을 썼던 것이다.[8] 1은 솥발이 되고, 2·3·4는 솥의 배[腹]가 되고, 5는 솥귀[耳]가 되고, 6은 솥의 고리[鉉]이다.

> 象曰 木上有火 鼎 君子以 正位凝命[9]
> 상왈, 나무 위로 타오르는 불을 받아들이는 것이 정괘이다. 군자는 이를 본받아, 반드시 그 지위를 바르게 하고, 천명을 견고하게 응결시켜 나가야 한다.

정괘鼎卦는 대장괘大壯卦로부터 온다. 대장괘에서 강양 초9는 제일 비천한 곳에 있었는데, 위로 올라가 존귀하게 되고, 음은 반대로 가장 위에서 아래로 내려와 비천하게 되니, 이것이 '정위正位'가 된 것이다. 그런데 정괘鼎卦로 가도, 그 건乾과 손巽은 이전과 다름이 없으니, 이것이 '응명凝命'이다. 굳게 맺혀 있는 숙명宿命은 풀어질 수 없다. 군자라면 솥을 주관함에 현명하게 대처하고, 정성을 다해 차리고, 상제에게 제사를 올리니, 이런 까닭에 하늘의 지위가 바로 서게 되고, 천명이 확고하게 된다. 고로 솥은 형상이 단정하고 그 형체가 안정하므로, 군자가 바른 자리에서 천명에 하나 되어 가는 모습을 '정위응명正位凝命'이라 한 것이다.

밥 한 그릇을 얻고자 하면, 흔들림 없이 솥을 바로 세운 후 밥을 지어 내야 하듯, 새로운 국가를 열 때도 임금 이하 모든 신하와 백성이 정위를 얻어야 천

'聰'이고, 눈이 밝은 것은 '明'인데, 坎位는 리☲라 귀와 눈이 동시에 밝다. 또한 离位는 손☴이니, '공손하면서도 총명하다 [巽而耳目聰明].' 또 '柔進而上行'은 遯卦의 2가 5로 감이며 '應乎剛'' 2가 5를 봄이다.

8 '元吉亨'은 대장괘에서 온 진☳의 군주[元]가, 리☲의 명철로 군림하기에, 백성들이 손☴으로 순종하며, 감☵으로 귀순하니, 군주의 도[元]가 吉해 '亨通'한 것이다. 또한 遯卦 2가 5로 나아가, 위에서 리☲를 이루어 아래 2와 호응하니, '亨通'하여 '경사스러운 모임'이 된다.

9 凝 엉길 응.

명이 바로 내려오게 된다. 이는 개혁에 성공한 후 정국의 기반을 다지며 새로운 업적을 쌓아가기 위함이다. 그런고로 바른 자리에 바른 사람을 앉히고, 어진 인재를 양성하여 적재적소에 고루 등용해야 나라가 백성과 더불어 하나가 되어 갈 것이다. "지극한 도는 서로 응함조차 없다[至道無凝]"[10] 하였으니, 이른바 임금과 신하가 밥을 짓듯 솥처럼 정성을 다하면 태평성대를 얻을 것이 확실하다. 그러니 임금이 된 사람이 신중하지 않을 수 있겠는가?[11]

그러니 군자의 덕德은 나무木와 같고, 지혜[明]는 불火과 같으니, 나무가 불을 일으키고 그 나무가 음식을 익혀 공물供物로 올리게 되는 이치와 같을 것이다. 지욱은 "군자가 덕德으로 자리[位]를 바르게 하면, 천명天命이 응應하고, 그 덕德이 망하면 천명天命이 망하는지라, 오직 천명天命은 항상 하다" 하였다. 공묵당恭黙堂, 희곡希谷, 초정楚亭, 위암韋庵 등의 설도 다르지 않다.[12/13/14/15]

다음은 『맹자』「만장(상)」 제5장의 '천명' 부분이다. "천자는 사람을 하늘에 천거할 수는 있지만, 하늘로 하여금 그를 천자가 되도록 하지는 못하니, 곧 '천명미상天命靡常'이다. 천명은 한 왕조나 한 개인에게 영원히 머물러 있는 것이 아니라, 덕이 있는 자에게 흘러가게 된다. 옛날 요임금이 순을 하늘에 천거했더

---

10 수나라 禪宗 제3대 祖師 僧璨 대사의 『信心銘』에서 "至道無難, 唯嫌揀擇"이라 한 말과 비슷하다. 『신심명』은 전체가 146구 584자에 불과하지만, 선종의 역사에 끼친 영향은 지대하다. '팔만대장경의 골수가 녹아있다거나, 1,700공안의 요체가 담겨있다는 찬사가 뒤따른다. 위의 첫 구절은 진리나 사물을 있는 그대로 보지 못하고 편견이나 잘못된 생각으로 분별하여 집착하면 지극한 도를 이루는 것은 불가능하다는 의미이다.

11 金濤, 「周易淺說」: "솥은 음식을 삶아 익혀 상제께 제향하고 성현을 길러냄이 가장 큰 사명이다."

12 李止淵, 「周易箭疑」: "나무가 말라서 불을 끌어들임이 천명을 받아들임이고, 불이 타오르며 말림도 천명을 받아들임이다. 불은 나무가 아니면 위로 타오르는 명을 모을 수 없고, 위로 타오르는 자리를 바르게 할 수 없다. 나무는 아래에 있어 불을 받아들이는 물건이고, 불은 위에 있어 나무를 사르는 물건이다. 나무 위에 불이 있으면, 불과 나무가 각각 그 자리를 바르게 하여, 받은 명을 이루어 나간다. 나무 위의 불은 아름다운 꽃이 나무에서 나오는 이치와 같다."

13 朴齊家, 『周易』: "군자는 위아래로 통용되어야지, 임금에게만 속하면 간신이다. 만약 '어명'을 '천명'으로 여긴다면 위아래에 다 통용되는 충신이다."

14 金相岳, 「山天易說」: "솥은 무거운 그릇으로, 안정된 곳에 놓으면 안정되고, 위태로운 곳에 놓으면 위태롭다. 그래서, '正位'라고 하였다. 솥의 자리가 바른 뒤라야, 받아들이는 음식물을 모을 수 있다. 임금의 자리가 바른 뒤라야, 받아들이는 명을 모을 수 있다."

15 "조직에 충성하는 사람이 아니라 국가에 충성하는 사람이다"라는 말이 곧 어명이 천명이 아니라면 '不可'하다는 레드카드를 들고 목을 내놓고 忠諫을 해야 한다는 소리다.

니 하늘이 이를 받아들였고, 그를 백성 앞으로 보냈더니 백성들이 받아들인 까닭이 그것이다. 순舜은 요임금을 28년 동안 도왔으니, 이것은 사람이 할 수 있는 일이 아니라 하늘이 그렇게 하게 한 것이다. 요임금이 돌아가시고 3년 상을 지내게 되자, 순은 요임금의 아들인 단주丹朱가 그 자리를 차지하도록 남쪽으로 몸을 피했다. 그러나 임금을 찾아오는 천하의 제후들은, 요임금의 아들한테로 가지 않고 순에게로 왔고, 소송을 제기하는 자들도 요임금의 아들한테로 가지 않고 순에게로 왔으며, 덕을 찬양하여 노래하는 자들도 요임금의 아들을 찬양하여 노래하지 않고 순을 찬양하여 노래했다. 고로 이것을 하늘이 시킨 것이라 했다. 이렇게 된 뒤에 순은 중원中原으로 돌아와서 천자의 자리에 오르고, 요임금의 궁전에서 살게 되었다. 만약 순임금이 요임금의 아들을 핍박하여 천자의 자리에 올랐다면, 그것은 찬탈이지 하늘이 준 것이 아닐 것이다."

김정국은 정괘鼎卦를 읽고 다음의 시를 남기기도 했다.[16] "현鉉이 가로로 걸쳐 있고, 다리를 꼿꼿이 세운 채, 네 놈이 잘도 놓여 있구나. 용도는 물건을 변혁하는 것, 기울어지면 잘못되어, 솥 안의 음식이 엎어지니, 너의 몸을 진중히 하여 기울지 않도록 하라."

初六 鼎顚趾 利出否 得妾 以其子 无咎
초6은 솥 다리를 뒤집어, 나쁜 것을 쏟아 버리니 이로울 것이다. 첩을 얻으니, 그녀가 낳은 자식이 생기면[그 자식이 귀하게 되면 그 어머니도 귀하게 되니], 허물이 없을 것이다.

첩을 얻어서 아들을 본다는 것은, (밥 잘 되지 않는) 솥의 나쁜 음식을 버리고 새로운 음식을 받아들인다는 의미다. 가정의 불화가 아니라면, 아들을 얻기 위해서 첩妾을 두는 것도 무방하다. (불쑥 득첩得妾이 웬 말인가?) 쉬운 일은 아니나,

16 八餘居士로 불린 김정국(金正國, 1485~1541)은 스스로 "토란국과 보리밥을 넉넉하게 먹고, 따뜻한 온돌에서 잠을 넉넉하게 자고, 맑은 샘물을 넉넉하게 마시고, 서가에 가득한 책을 넉넉하게 보고, 봄꽃과 가을 달빛을 넉넉하게 감상하고, 새와 솔바람 소리를 넉넉하게 듣고, 눈 속에 핀 매화와 서리 맞은 국화의 향기를 넉넉하게 맡는다. 한 가지 더하여, 이 일곱 가지를 넉넉하게 즐길 수 있기에 '八餘'라 불린다"고 하였다.

올바른 목적을 얻기 위해서라면 탈은 없을 것이다. 아이를 낳지 못한 안타까움을 잠시 뒤로하고, 작은댁을 얻어 아들을 얻는 본처도 자식이 귀한지라, 그 아들로 인하여 대를 잇지 못했던 아픔을 지울 수 있으니, 허물없는 일일 것이다. [정(鼎)은 새로운 국가와 새로운 조직과 새로운 가정을 이루는 일이라 했다. 국가 조직에 신하가 중하듯 가정은 아이 생산하는 첩(臣妾·아내의 직위)이 중요하다. 첩이 자식을 생산하지 못한 솥일 경우이다.] 이 일은 낡은 악폐를 버리고 존귀함을 따라감을 비유한 것이다. 공자의 주석도 "솥의 다리를 하늘을 향한다 하더라도, 패륜이 되는 것은 아니며[鼎顚趾未悖也], 오히려 나쁜 것을 밖으로 쏟아 버리게 되어[利出否], 새롭게 집안을 계승하는 귀함을 따랐기 때문이다[以從貴也]"라고 밝힌다. 초6은 음식을 차려 대접하기 전에 솥을 씻어 놓은 예식으로, 솥을 씻어 엎어 두었기에, 정괘鼎卦가 대유괘大有卦로 간 경우다.

설증은 다음과 같다. 정괘鼎卦는 초6의 다리가 아래서 마주 서 있고, 위의 육5에서는 솥귀가 마주 보고 있는데, 그 들막대 상9를 빼고 나면, 대과괘大過卦처럼 거꾸로 뒤집힐지라도 역시 세발솥의 모양이 된다. 고로 정괘를 도전의 상으로 표현했다. 정괘鼎卦는 대장괘에서 왔으니, 대장은 진☳의 발이 위를 향해 있지 않은가? 고로 '정전지鼎顚趾'하여 더러운 물 감☵을 쏟아내니, '이출비利出否' 한 모양이다. 또 '득첩得妾'은 대유괘가 쾌괘夬卦에서 왔고, 태☱의 첩이 상에 있었으나, 5의 자리를 얻으니 이 또한 귀함이다. '이귀자以其子'의 귀한 자식은, 리☲의 대복大腹에서 잉태하였기 때문이다.[17]

솥이 음식을 익혀 제사에 올리는 제기라면, 아내는 자식을 임신하고, 그 자식으로 하여금 제사를 잇게 하는, 더 중요한 그릇으로 볼 수 있다.[18] 정鼎은 귀한

---

17 [說證] '以從貴'는 자식이 귀하게 되면 어미도 귀하게 된다는 말이다. '未悖'는 상9를 뺀 나머지로 도전해도 같은 모양의 大過이기 때문이다. 大有가 되면서, 그 솥을 감당할 자식 건☰을 길러 내니 '无咎'다. 참고로 자손에게 왕기가 있고, 아내는 아이를 얻지 못할 병이 있으니, 아내를 대신할 사람을 얻는 것이 좋다. 아내는 함부로 옮기고 바꾸기 힘든 솥과 같은 존재다.

18 權近, 『周易淺見錄』: "得妾以其子"라는 것은, 솥은 맏아들이 주관하는 중요한 그릇이다. 아래는 巽이고 위는 離라 둘째딸과 맏딸이 모여 괘를 이루고, 아들이 없으므로 솥을 전할 수 없다. 여기 正妻에게 후사가 없으면 좋은 첩을 구해 자식을 얻어야 한다. 초6이 몸을 낮추어 공손하게 아래 있으니, 첩의 상[鼎卦 도전이 革卦라 첩]이다. 구4에 응하니, 낮은 곳에서 나와 귀한 이를 따르고, 옛 것을 버리고 새로운 것을 받아들인다. 만일 양이 鼎卦의 초효에 거한다면 맏아들이 그릇을 주관하는 도리를 언급해야 한다. 음이 아랫자리에 거하고 윗자리에 호응이 있으며, 또 괘의 상에 아들이 없기 때문에, 자식을 얻기 위해 첩을 얻는다는 의미를 표현하여 그릇을 주관

기물器物인데, 기물이 있으면 그 기물을 주관하는 자가 있게 마련이다.[19] 그러니 아내에게는 아이를 얻을 수 있는 솥과 같은 사명이 있게 된다. 고사로 문왕이 새로운 왕조를 건설하는데, 경험과 관리 능력이 부족한 탓에, 경험이 있는 은나라 관료들로 채워, 새로운 체제에 대비하였다. 이승만 정부도 일본의 강점기를 마감하고, 새로운 대한민국을 건설한 할 때, 일정日政에 참여한 친일세력들의 협조를 얻지 않았으면, 새로운 국가 체제를 이끌어 가기가 힘들었던 암울한 시절도 있었다. 일제 강점기에 고관을 지낸 관리를 보고, 이승만 대통령이 "친일파로구만. 그러나 지금은 친일인사를 척결하기보다는 공산주의자들을 때려잡는 것이 중요한 때이니 열심히 일하여 지나간 날의 과오를 갚도록 하라" 했다 하니, 당시 시국이 마치 정괘鼎卦의 상황과 유사하다. 이것은 낡은 제도를 버리고 새로운 시스템을 도입하는 초기 단계에서 흔히 생길 수 있는 경우다. '첩'은 일정日政에 참여한 인물들이고, '아들'은 이들의 추종자들로도 본다.

> 九二 鼎有實 我仇有疾 不我能卽 吉[20]
> 구2는 솥에 먹을 음식이 꽉 차 있는데, 내 짝(손님)은 병이 들어, 내게로 올 수 없으니, (이는 내 잘못이 아니기에) 길할 것이다.

주인인 나 손☴은 안에서 솥에 음식을, 2·3·4 건☰으로 가득 채우고 있다. 내 짝 육5는 유약하여, 강력한 4·3의 기세에 눌려, 태☱로 밥을 퍼먹으러 (나에게) 올 수 없어 슬퍼한다. 그렇다고 가까이 있는 3·4와 같이 교양과 멋이 없는 깡패 녀석들에게 마음이 흔들릴 5는 또 아니다. 비록 5가 음이지만 강한 입장을 고수하는 것은 임심한 여인처럼, 보호본능으로 생명을 잘 지키고 있으니 길吉코 종무우終无尤하다. 그리고 구2가 강한 마음으로 중심을 꽉 잡고 흔들리지 않는 것은, 유약한 남편이지만 5를 믿기 때문이다. 공자도 "솥에 음식이 가득하지만, 신

하기 위해 아들이 없어서는 안 된다고 한 것이다. 序卦도 鼎卦 다음에 重雷震卦를 다음에 놓았으니, 성인의 배려가 심원하다."

19 「서괘전」 : "革物者, 莫若鼎, 故, 受之以鼎, 主器者, 莫若長子, 故, 受之以震."
20 仇 짝 구, 원수 구.

중히 해야 하고, 내 손님이 병이 난 것이니, 내게는 끝내 허물이 아니다[象曰, 鼎有實, 愼所之也, 我仇有疾, 終无尤也]"라고 주석했다.[21]

　비유컨대 임신한 부인을 가진 남편의 신중한 몸가짐을 가르치는 것과도 같다. 왕필이 "속이 꽉 찬 물건에 다른 것을 더하면, 넘쳐서 오히려 알맹이를 상하게 할 수 있다"[22] 함이, 입덧을 하는 처와 동동동憧憧(부부관계)을 피하는 것이 오히려 약이 됨을 알린다. 이것은 새로운 정부와 새로운 질서에 참여하지 못한 자들이, 구2에게 불만을 토하지만, 도도히 흘러가는 새로운 질서는 막을 수 없는 꼴이다. 고로 무거운 솥 안에 음식물이 가득 들어 있지만, 소외된 자들의 시기질투가 커도, 새로운 물결은 어찌 할 수가 없다.[23/24] 결론적으로 엄청나게 많은 음식이 뜨거운 솥에 가득 담겨 있으니, 신중하지 않으면 곤란하다. 머지않아 솥이 식고 나면 밥을 먹을 수 있다.

　정괘鼎卦가 여괘旅卦로 가는 경우다. 여괘는 비괘否卦의 5가 3으로 간 것이다. 비괘否卦 때는 곤☷의 안이 비었었는데, 여괘旅卦가 되어 5의 강이 안으로 들어와, 간☶의 '나무열매[果]'와 '풀열매[苽]'로 채우니 '정유실鼎有實'이 된 것이다. '구仇'는 상대되는 짝인데, 비괘否卦 때는 건☰의 손님이 밖에 있었고, 여괘旅卦 때는 안의 주인이 간☶의 손으로 밖의 손님을 불러 리☲로 상견하자고 하지만, 밖에는 손님 건☰이 자리에 없어 올 수 없으니, 감☵의 질병만 보이는 꼴로, '아구유질我仇有疾'이 된 모양이다. 정괘鼎卦는 손님을 접대할 음식을 장만함을 상징하는 것인데, 태☱의 잔치 음식이 이미 갖추어지면, 예법에 응당 리☲로 서로

21　프로이드의 수제자 칼융(Carl G. Jung, 1875~1961)이 『주역』을 서양인들에게 소개하려는 의도를 직접 물어 2·3효를 동시에 얻었다. 참고로 임신 중 부부관계는 태아에게 도움이 되지 않는다. 또 2의 뱃속에는 이미 아이가 들어 있다.

22　王弼, 『周易注』 : "有實之物, 益之則溢, 反傷其實."

23　李止淵, 「周易箚疑」 : "솥에 담겨진 물건이 있음은 집에 재화가 있음을 말한다. 집에 있는 재화를 그 아내에게 맡기지 않고 그 첩에게 맡기는 것은 마치 나무를 좀벌레에게 맡기고 몸을 질병에게 맡기는 것과 같다. 구2의 솥에 담겨진 물건을 초6에게 맡기면 솥에 담겨진 물건을 좀먹게 되고 가정의 도에 질병이 된다. 솥에 담긴 물건은 또한 여자가 주관하는 것으로, 가운데 있으면서 밥을 주관하는 도를 그 아내에게 맡기지 않고 첩에게 맡겨서도 안 된다. 나라에서 재물을 쓰는데 중정한 대신에게 맡기지 않고, 음으로 사특한 소인에게 맡기면, 나라에 병이 되고 원수가 되지 않는 경우가 적다. 구2가 비록 가운데서 강양을 얻었어도 오히려 바름에는 부족하기 때문에 경계하였다."

24　John Blofeld, *I Ching*, 195쪽에서는 '疾'은 'envious(시기 질투)'로, '卽'은 'harm(해침)'으로 보았다.

초대해야 하니, '길吉'하고, 설사 손님이 오지 않는다고 하더라도 '종무우終无尤'라 한 것이다.[25] 여괘旅卦 간☶은, 위의 감☵의 질병을 보고는 마땅히 삼가 조심해야 하니, 솥에 음식이 가득 차려져 있더라도, 손님으로 올 수 없는 상황이다.

> **九三 鼎耳革 其行塞 雉膏 不食 方雨 虧悔 終吉**
> 구3은 솥귀를 고치기는 하였으나, 그 솥을 옮길 방법이 궁색하다. 꿩고기가 기름지더라도 먹지 않을 것이다. 바야흐로 비가 내리려고 하니, 달이 이지러질 것이다. 후회가 되나, 끝내 길할 것이다.

솥 안에 꿩 기름으로 맛있는 요리를 해놓았지만 먹을 순 없다. 3은 상9와 응을 하는 관계이나, 서로 강강强强으로 응이 되지 못하고, 주인 5와 부득불 소통을 하려 하나, 강한 4가 방해를 놓고 있는 실정이다. "솥귀가 너무 강하게 달아오르니, 솥을 들고 내려놓을 수조차 없는 꼴이다."[26] 맛있는 음식이 한창 끓고 있지만, 지금은 유약한 주인(5)이 4와 상9의 강력한 반대로, 수저도 들지 못하는 어려운 입장에 놓였다. 다시 말하면 주인은 느긋한 성질로, 지나치게 뜨거운 음식을 빨리 먹고 싶어 하는 자가 아니라는 것도 짐작이 간다.

구3은 부중不中하고 과강過剛한 자인데도 불구하고, 맛있는 음식을 주인에게 바치지 못하고 있으니, 능력을 갖추고 있으면서 등용되지 못하는 인사와 같다. 여기 3은 진퇴를 가름하는 자다. 그런데 강력한 실권을 쥐고 있는 4의 방해를 받고 있기에, 녹을 얻지 못하는 애석함이 보이기도 한다[雉膏不食]. 젊은이의 패기도 좋고 자신의 장점도 좋지만, 주군의 관점에서는 유순의 도를 익히고, 윗사람들과 조화하는 사회성을 익혀야 마침내 '정위응명正位凝命'함을 알 수 있다. 공자는 효사에서 "솥귀를 고치기는 했으나, (음식을 먹을 수 없음은), 솥귀로서의 의리를 잃어버린 것이다[象曰, 鼎耳革, 失其義也]"라고 하였다.

정괘鼎卦가 미제괘未濟卦로 가는 경우다.[27] 정괘鼎卦에서 솥귀가 5의 자리에

---

25 '終'은 간☶에 따른 말이다. 否卦의 궁색한 상황에서, 剛 5가 밖에서 3으로 돌아오니, 3이 이에 바른 자리를 얻으니, '終无尤'다. 旅卦가 鼎卦로 가는 경우에도 '終无尤'라 하였다.

26 蘇軾, 『東坡易傳』: "耳革者, 耳之受炎也."

있었는데[坎位耳], 미제괘로 변하면서 귀가 아래로 가서, 구3이 두 짝의 음으로 변하면서 감☵의 귀가 되었으니 '정이혁鼎耳革'이 되었다. 대개 세발솥에 귀가 달린 것은 들막대[鉉]를 끼워 솥을 옮기기 위함이다.[28] 미제괘에서는 들막대가 상9에 있는데, 그 귀가 3에 있으니, 들막대를 끼우기엔 너무 멀어 닿지를 않아 '기행색其行塞'이다. 또 정괘에서는 건☰의 '행行'이 있었는데, 미제괘에서는 건☰의 '행行'이 없고, 리☲로 그 길을 막고 있다. 미제괘에는 리☲의 꿩이 있고, 감☵의 기름이 있으니, 기름지고 살찐 고기이나, 미제괘에서 태☱의 입이 사라지니 '치고불식雉膏不食'이 되었다.[29]

그리고 화수미제[䷿]괘는 해와 달이 서로 마주보고 있으니 월식이 일어난다. 미제괘가 비괘否卦에서 왔기에, 비괘否卦 때는 감위坎位의 달이 건☰으로 원만하였으나, 미제괘에서는 5의 강자리가 검게 되었으니, 둥근 모양이 무너진[虧] 격이다. 이럴 즘에 감☵의 비가 쏟아지고[方雨], 월식이 일어나 빛을 내니 '종길終吉'이다. '종終'은 3의 끝자리를 말한다. 한편 군자가 개과천선改過遷善을 일식과 월식으로 보기에 '회종길悔終吉'이라 한 것이다.[30]

소설 『상도商道』에서 '홍경래의 난'에 대처하는 임상옥이 정괘鼎卦를 받아들고 고민하는 장면이 흥미롭고,[31] 칼 융이 서구사회가 『주역』을 어떻게 받아들일

---

27 "失其義"는 정괘의 兌가 소멸되어 버렸으니, 마땅히 먹지 않는다. 『논어·자장』, "子貢曰, 君子之過也, 如日月之食焉, 過也, 人皆見之, 更也, 人皆仰之."

28 蜀나라 關羽의 죽음을 예언한 것으로 유명한 吳나라 경학자 虞仲翔(164~233)인 虞翻은, 세발솥은 그 다리로 옮기는 것이 아니고, 귀로 옮긴다고 하였다.

29 南宋의 進齋 徐幾는 '雉膏不食'을 '사람이 재능과 덕성을 갖추었으나[猶人有才德], 적절한 때에 등용되지 못함과 같다[而不爲時用]'고 했다. 또 元代 雲峰 胡炳文은 '井卦 九三, 井渫不食과 鼎卦 九三은 모두 아래 자리에서 알맞은 시기에 등용되지 않는 것이다' 했다.

30 『맹자·공촌추』: "其過也, 如日月之食, 人皆見之, 及其更也, 人皆仰之."

31 최인호, 『상도商道』: "임상옥은 미리 청동 솥의 다리를 부러뜨려 놓고 있었다. 그는 멸문지화를 벗어날 '鼎'의 비밀을 풀기 위해, 천리 길도 마다 않고 예산으로 추사 김정희를 만나러 갔으나, 그 비밀을 밝혀내지 못하고 홀로 돌아오다가, 강경 벌판에서 갑자기 떼 지어 날아오르는 들오리들을 본 순간, 임상옥은 갑자기 허공에서 석숭의 손이 나타나 자신의 코를 잡아 비트는 고통을 느꼈다. 그 충격 속에서 임상옥은 활연대오 할 수 있었다. 헤어지기 전날 밤 이미 김정희의 말을 통해, '鼎' 자의 비밀은 밝혀진 셈이나, 임상옥은 김정희의 말이 마음에 와 닿지 않았다. 바로 눈에서 가장 가까운, 얼굴 정중앙에 있으면서도, 보이지 않 있는지 없는지 모르는 코를 잡아 비틀어 고통을 줌으로써, 진리는 코처럼 바로 눈앞에 있음을 깨우쳐 준 석숭 스님의 행동을 통해 임상옥은 순간 '鼎'의 비밀을 깨우칠 수 있었던 것이다. 석숭 스님이 '鼎'의 비결을 내려 줌으로써, 인간의 욕망에 대한 경책을 내리신 것이다. 석숭 스님은 김정희의 말처럼, 인간에게

까의 질문도 흥미롭다.[32]

> 九四 鼎折足 覆公餗 其形 渥 凶[33]
>
> 구4는 솥 다리가 부러지고, 솥 안에 들어 있는 음식이 엎질러졌으니, 목을 베는 중형, 옥형을 당할 것이다. 흉하다.

호병문은 『역본의통석易本義通釋』에서 "초6은 솥에 아직 음식이 들어 있지 않아 다리를 들고 더러운 것을 쏟았지만, 구4는 음식물이 들어있는지라 다리가 부러지면 음식을 쏟게 된다" 하였다.[34] 조상과 어른들을 모실 음식을 모독한 꼴이, 마치 대신의 지위에서 인사권을 잘못 행사하여 임금의 위신을 추락시킨 꼴과 같다. 「계사전」에서 4를 부연한 공자의 설명이 다음과 같다. "덕이 엷으면서도 존경받으려 하고[德薄而位尊], 배운 것이 없으면서 꿈은 크게 그리려 하고[知小而

는 누구나 '솥'의 세 발과 같은 욕망이 있음을 깨우쳐 주셨다. 인간이면 누구나 갖고 있는 세 가지의 욕망, 지위, 재물, 명예 중에서 나는 이미 하나의 욕망(재물)을 이루었다. 그러므로 솥의 세 다리 중, 하나의 욕망은 이룬 것이다. 그러나 내가 홍경래를 도와 혁명에 참여한다면, 그것은 또 하나의 욕망, 권력의 욕망을 이루려 함이다. 인간에게는 누구나 지위, 명예, 재물의 세 가지 욕망이 있음을, 김정희의 입을 통해 가르쳐준 석숭 큰스님은, 마침내 세 사람(김정희 - '명예'의 화신, 홍경래 - '지위'의 화신, 임상옥 - '재물'의 화신)의 인물을 통해, 보다 더 극명하게 가르쳐 주고 있었다. 그러므로 명예를 가진 사람이 재물을 탐한다면, 솥의 다리가 부러져 솥이 쓰러져 뒤집히듯이, 명예를 가진 김정희가 재물의 임상옥이 되기를 꿈꾼다면 이는 하늘의 뜻을 거스르는 일이다. 마찬가지로 재물을 가진 임상옥이 천하의 권세를 꿈꾸는 홍경래와 한 인물이 될 수 없는 것. 만약 두 사람이 하나의 인물이 되려고 한다면, 이는 반드시 하늘의 뜻을 거스르는 일이 되어, 하늘로부터 무서운 징벌을 받게 될 것이다. 이것이 큰스님 석숭이 가르쳐 주신 삼족이 멸망하고 능지처참을 당하는 멸문지화의 길이다. 나를 죽여 '하늘도 알고, 땅도 알고, 나도 알고, 그대도 아는[天知, 地知, 我知, 子知]' 길을 택하겠소?, 아니면 나를 살려 '하늘도 모르고, 땅도 모르고, 나도 모르고, 그대도 모르는[天不知, 地不知, 我不知, 子不知]' 길을 택하겠소?"

32 칼 융(C. G, Jung)은 리하르트 빌헬름(Richard Wilhelm)의 독일어 번역판 『주역(I Ching)』에 서문을 쓰면서 자기 행동을 점쳐 물었다. 1. 서구 사회에 주역을 소개하려는 일? 2. 서문을 쓰는 행동에 코멘트? 1의 답은 화풍정괘 2·3효였다. 2효는 솥 안에 맛나는 음식이 들어 있지만 서구 사회가 시기하기에 내 생각과 철학이 퍼질 수 없지만 그래도 훌륭한 일이다. 이에 융은 주역의 큰 뜻을 서양인들이 강탈하거나 말살하지 못한다고 풀었다. 3효는 솥의 귀가 벌겋게 달지만 문화의 충돌로 길이 막히고 맛나는 꿩고기[주역]를 먹지 않지만, 시간이 흐르고 나면 주역을 받아들일 것이다. 융은 고도로 문명화된 서구사회에 『주역』을 알리기가 쉽지 않다고 느꼈다. 또 융은 서문을 쓰는 행위는 어떨까에서 중수감괘 3효를 얻었다. "앞으로 가도 뒤로 가도 험난하고 험난하다[來之坎坎終无功也]. 자칫 물구덩이에 빠질 수 있다." 쉽지 않다는 결론이었다.

33 餗 죽 속, 솥 안에 든 음식물 속. 渥 두터울 악, 젖을 악, 목 벨 옥(剭).

34 元代 사람으로 『周易本義附錄集注』를 쓴 張淸子도 같은 견해를 피력했다.

謀大], 힘은 보잘 것 없으면서 자리는 막중하고 싶었다면[力小而位重], 분명 그의 내공이 미치지 못하였기 때문에 화를 당하지 않음이 드물 것이다[鮮不及矣]. 솥 다리가 부러지고, 솥 안에 들어 있는 음식이 엎질러졌으니, 목을 베는 중형인 옥형을 당할 것이니, 흉하다[鼎折足, 覆公餗, 其形, 渥, 凶]."[35] 이는 그 맡은 바 임무를 감당하지 못함을 탄식한 소리일 것이다.

개혁이란 큰일을 진행하면서, 막중한 임무를 수행하여야 하니 자격이 미비한 사람에게는 맡기지 말라는 뜻이다. 솥의 다리가 꺾이어[鼎折足] 음식을 다 엎지르게 되면[覆公餗] 그 형벌이 엄하게 되어[其形渥] 흉하니, 매사에 신중을 기하도록 하여야 할 것이다.[36/37]

정괘가 고괘蠱卦로 가는 경우다. 고괘는 태괘泰卦에서 왔다. 태괘는 진☳의 다리가 세 개였는데, 고괘에서 하나가 부러졌으니 '정절족鼎折足'이다. 정괘의 모괘 대장괘 때도 세발솥이었으나, 정괘에서 효변으로 구4가 음이 되니, 다리가 하나 부러진 꼴이다. 고괘의 정괘貞卦는 거꾸로 된 태☱이고, 회괘悔卦도 거꾸로 된 진☳이면, 다리가 거꾸로 되고, 주둥이가 아래로 향하니, 음식이 엎질러진 것으로,[38] 이는 본래 건☰의 군주가 먹을 음식이었는데 엎어졌으니 '복공속覆公餗'이라 했다.

세발솥의 세 다리는 삼공三公의 상이며,[39] 4는 대신의 자리이다. 대장괘 때는 4의 군자가 막중한 임무를 맡고 있었기에 건☰의 군주가 그를 리☲로 신임했었

---

35 '德薄而位尊'은 蠱卦에서 간☶의 소인이 위에 처함이요, '知小'는 상괘 坎의 자리 중앙에 음이 있음이요, '謀大'는 鼎卦 가운데 건☰이 있고, '力小而位重'은 간☶의 안이 유약함이다.

36 참고로 현대그룹 왕회장 정주영이 국민당을 창당하여 국회의원 35석을 얻고 대권에 출마할 당시에 얻은 괘였다. 그는 임상옥보다 깨달음이 적은 자였다. 또 일본대사를 살해하고 공사를 추방한 대원군의 정치를 물은 괘이기도 했다.

37 淸朝 때 학자 孫星衍이 편찬한 공자의 어록 『孔子集語』에, 鼎괘 4에 관한 유명한 점사가 하나 전해진다. 공자가 제나라로 식량을 구하러 자공을 보냈는데 돌아오지 않자 제자들이 점을 쳐 정괘 4를 얻었다. 제자들은 모두 굶어 죽게 되었다고 걱정을 했다. 顏子만이 빙긋이 웃으며 "오늘 未時가 되면 풍랑도 가라앉고 자공이 배에 식량을 싣고 돌아올 것이니 걱정할 것 없다"며 자신을 보였다. 안자는 자공이 소인이라면 '其形渥'을 맞겠지만, 자공은 능히 중임을 다할 군자이므로 해석을 달리해야 한다고 주장하였다. 솥의 다리가 없어졌다면 물 위의 배가 된 것이요, 또한 4는 오후 첫 시인 未時로 보았던 것이다.

38 貞卦는 內卦, 悔卦는 外卦를 말한다.

39 『漢書五行志』: "鼎, 宗廟之器, … 鼎三足, 三公象, 而耳行."

는데, 고괘가 되면서 4가 갑자기 간☶의 소인으로 나락함에 리☲의 정성이 소멸되고 군자의 덕을 내팽개치고 말았으니 이는 4가 두려움이 많은 자리라, 군자가 소인으로 변신한 것으로 봐야 한다[四多懼]. 태괘泰卦 때는 건☰의 머리가 온전하였는데, 고괘에서 간☶의 여막에서 머리가 잘리니, 그것은 형벌 '옥劓'을 받았기에,[40] 건왕乾王으로부터 신임을 받을 수 없었다. 그러니 화禍가 미칠 수밖에 없어 '신여하信如何'라 했다. 결론적으로 공자가 "미치지 않음이 드물다[鮮不及矣]" 한 것에서 '급及'은 '형벌의 화'를 말한 것이다. '옥劓'은 집안에서 주살하던 형벌이다.

『조선왕조실록』에도 정괘 4의 경우가 가장 많이 인용되고 있다. 좌의정이 사위와 아우의 책임을 지고 사직을 하고,[41] 이조판서 강희맹 같은 이는 늘 밥만 축내는 것 같아 죄스럽다 한다.[42]

---

40 『朱子本義』에서는 '形劓'은 무거운 형벌의 일종이라 했고, 胡庭芳은 저자에서 죽이지 않고 田野의 일을 관장하는 甸師氏에게 보내 죽이며, 『周禮秋官』에서는 목을 베는 '屋誅'라 했다. 鄭司農의 『周禮注』에는 '屋誅'를 삼족을 멸함이라 했다. 참고로 前漢의 사상가로 焦延壽에게 易을 배운 京房은 『易傳』에서 "광대뼈에 형벌을 가하는 것을 '劓'이라 한다" 하였고, 왕필은 "'形劓'이란 젖은 모양을 본뜬 것"이라 하였으며, 주자 또한 "形劓으로 보면 온 몸이 젖게 될 뿐"이라 하였다. 정자는 "形劓은 無顔하여 얼굴을 붉히며 진땀을 흘리는 것"이라 하였다는 다산의 설명이 있다.

41 『성종실록』 성종 1년(1470) 10월 6일 : 좌의정 金國光이 사직하기를, "신이 庸劣한 자질로써 외람되게 성상의 은혜를 입어 지위가 議政에 이르렀으나, 항상 '복속(覆餗)'의 근심을 두려워합니다. 지난번에 신이 부경(赴京)의 명을 받들어 가던 도중에서 아우 김정광과 사위 이한이 함께 장죄(贓罪, 뇌물죄)를 범하였다고 들었습니다. 이것이 비록 自作之孽이라 하더라도 신이 평소에 敎誨의 힘이 없어서 여기에 이르렀습니다. 엎드려 바라건대 신의 직책을 거두도록 명령하시어 여러 사람들의 비방을 면하게 하여 주소서"라고 하니 전지하기를, "비록 제 자식일지라도 능히 교화시키지 못하는데, 하물며 아우와 사위이겠느냐?" 하고는, 그 서장을 되돌려 주도록 명하였다. 사관이 그 서장을 가지고 김국광의 집에 이르니, 김국광이 한참 후에 나와서 보므로 사관이 서장을 주었다. 김국광이 서서 이를 받고 맞이하여 들어가 앉아서 말하기를, "내가 비록 정승의 자리를 잃는다 하더라도 부원군이 그대로 있는데, 내가 어찌 연연하여 사면을 구하지 않겠는가?" 하였으니, 그의 敬謹한 마음이 이와 같았다.

42 『조선왕조실록』 성종 8년(1477) 5월 24일 : 이조판서 姜希孟이 아뢰었다. "전형(銓衡)은 중임이어서 신과 같은 자는 감당할 바가 못 됩니다. 신이 연참(鉛槧, 문필)의 작은 재주로 열성조의 난익(卵翼)하시는 은혜를 입어 갑자기 높은 반열에 이르러 일찍이 병조판서가 되었으나, 실로 티끌만한 작은 도움도 없이 겨우 죄책만 면하였는데, 뜻밖에 국상이 겨우 끝나니, 특별히 전형의 책임을 주시었으므로 황공하여 어찌할 바를 몰랐습니다. 당초에 명령이 내리던 날에 마음에는 굳이 사양하여 어진 사람을 위한 길을 피하고자 하였으나, 우물쭈물하다가 지금에 이르렀는데, 항상 여러 사람의 비방을 부르고, '공속을 엎을까[覆公餗]' 거듭 경계하여 날이 갈수록 감히 조금도 편치 못하였습니다."

> 六五 鼎黃耳 金鉉 利貞
>
> 육5는 솥에 황금색 솥귀가 있고, 쇠로 된 들막대가 달려 있으니, 일을 바로 처리하면 이롭다.

먼저 수현壽峴이 상감에게 올리는 읍소를 들어보자. "신이 삼가 살펴보았습니다. 솥괘 5는 리☲의 가운데 있고, 리☲는 원래 곤☷토의 중덕이 있기에 누렇고 가운데입니다. 호괘로 태☱가 있는데, 태☱의 위가 좌우로 길게 나뉘었으니, 두 귀의 상이 됩니다. 태☱는 금인데, 현鉉은 귀를 관통하는 도구이기 때문에, 누런 솥귀에 금으로 장식한 현鉉이 달린 것으로 했습니다. 5가 가운데를 비우고, 가운데 있는 2의 굳센 양에 호응함이, 마치 솥이 금으로 장식한 현鉉의 관통을 받아들이는 것과 같으니, 솥을 현鉉으로 꿰서 들면 그 공이 이루어집니다. 비유컨대 천하가 솥이라면, 현명한 신하는 현이 됩니다. 고로 임금이 마음을 비우는 덕으로, 굳세고 알맞은 뜻에 소통한다면, 천하는 편안한 곳에 놓일 수 있습니다. 바라건대 전하께서는 돌이켜 보시고 덕을 체득하시옵소서."[43]

솥의 생김을 잘 보시고 임금의 모양과 덕을 잘 갖추라는 소리다. 솥의 중요한 점은 익은 음식을 식탁으로 옮겨, 수많은 성현과 조상을 위해 봉양함에 있다. 밥이 다 된 솥을 옮기기 위해서는 반드시 솥귀와 들막대가 달려 있어야 할 것이다. 솥귀가 뚫려있지 않으면 들막대를 끼울 수 없고, 귀가 단단하지 않으면 솥을 들어낼 수 없는 이치이다. 따라서 솥귀와 들막대가 단단해야, 무거운 솥을 들어올릴 수 있다는 소리다.

황색은 중도와 중심을 이른다. 5의 임금이 유약한 까닭에, 견고한 중심이 흔들리면 소임을 다 할 수 없을까 봐 황색을 입혔다. 5는 겸손하고 유약한 것이 흠이나, 다행히 이를 보완해줄 강한 귀와 들막대가 있기에, 존귀한 음식을 잘 받들어 나갈 수 있을 것이다. 그러기에 5에다 솥귀[鼎耳]와 쇠 들막대[金鉉]까지 달아 놓았다. 솥귀는 솥에 단단하게 붙어 있어 중심이 흔들리지 않는 덕[中德]이 된다. 또한 솥귀는 허虛로 실實한 솥을 얻으니, 그 실實은 상9 성현을 이르게 된다. 솥귀에 손을 꿰어 귀를 잡아당겨 솥이 들리니, 천하의 성현을 키우는 이치를

---

43 石之珩, 『五位龜鑑』: "… 試以天下爲鼎賢臣爲鉉, 而君有虛中之德以通剛中之志, 則天下可置諸安處矣. 伏願殿下反觀而體德焉."

말하는 것이다.

고로 공자는 효사에서 "노란 솥귀는 링과 같은 허심으로 중심을 잡아 있기에 실한 것을 받아들인다[象曰, 鼎黃耳, 中以爲實也]"고 하였다. 솥귀와 들막대는 본래 가질 것 없는 본래무실[本來无實]한 것으로, 성현聖賢을 길러내는 실행[實]일 뿐이다.[44] 이것이 바로 천하의 현인과 성인을 길러내는 솥의 정도鼎道이며, 이것이 바로 천하를 키우면 천하를 위해 일할 사람을 얻게 됨이다.

고로 솥[鼎]의 황금 솥귀[黃耳, Yellow rings]와 단단한 들막대[金鉉, Iron handles]는, 맛있는 음식이 다 된 솥을 들어내는 데 쓰이니, 그것 또한 바르게 함이 이롭다[利貞]. 곧 황금 솥귀는 현명한 어른(상효)을 따르고, 겸허하게 백성과 원로의 말을 듣는 태도를 가지라는 것이다. '금현金鉉'은 정승의 별칭이기도 했다.[45/46] 정괘가 구괘姤卦로 가는 경우다.[47]

上九 鼎玉鉉 大吉 无不利
상9는 솥에 옥으로 된 들막대가 달려 있다. (제사를 지낼 때처럼 정성을 다하면) 크게 길하였으면 길하였지, 불리할 일은 전혀 없을 것이다.

음식이 다 된 솥을 밖으로 들어내는데, 손잡이가 뜨거워 들지 못한다면 다 된 음식을 먹을 수 없다. 솥이 열을 받을지라도 옥으로 된 손잡이를 잡고 내리

---

44 지욱, 『周易禪解』: "以鉉貫耳, 以耳擧鼎, 天下賢聖養之."

45 李奎報, 『東國李相國集』, '금현[學士李百順哭]' : "팔을 끼고 같이 지낸 지 사십 년, 인척의 좋은 인연 거듭 맺었었네. 이웃 맺어 내왕하며 본디 절친하기에, 술만 있으면 서로 불러 이끌었었지. 경 자리에 오른 지 겨우 삼 년인데, 문하에 桃李 피운 지 벌써 두 차례였네. 정승에 등용될 소망 없었지만[金鉉登庸雖缺望], 예정이 인도하여 상제께 조회하셨네."

46 李廷龜, 『月沙集』, '금현[右議政金克成神道碑銘]' : "덕을 쌓으면 반드시 발복하는 법, 이에 상공을 낳았도다. 공은 가정의 훈육을 받아, 그 자신 餘慶을 열었어라. 광명정대한 마음과 준수한 풍모, 그 인품은 온화한 봄바람이었지. 이에 재상의 자리에 올라[爰卜金鉉], 백관을 모두 총괄하였으니, 마지막까지 복록을 잘 누리리라. 어둡지 않은 혼령이 계시니, 세월이 오랠수록 복록이 높으리라."

47 [說證] 遯卦 2가 5로 간 鼎卦에서, 5의 살[膚]은 짝을 이룬 귀가 되어 '鼎黃耳'가 되고, 6은 5의 귀에 끼워 솥을 들어올릴 쇠로 된 들막대 '金鉉'이 되었다. 鼎卦의 태≡와 손≡은 모두 '利'이고, 또 大坎이 '貞'이 되니 '利貞'이라 한 것이다. '中爲實'은 遯卦 2가 비어 있었는데, 5가 2로 와 채워줌이다. 참고로 5가 動이면 福神이 동하여 상하가 모두 화평하고, 자손이 대길하다. 달리는 말에 채찍질을 더함에 저절로 공과 이익을 얻는다.

면 뜨겁지 않아 좋고, 귀한 옥으로 장식이 되었으니 품위를 더하여 옥상첨화玉上添花가 되었다. 솥귀에 달려있는 고리는 비록 보잘 것 없는 것에 지나지 않지만, 옥으로 다듬어졌을 때는 솥 전체의 품위를 격상시키는 공로가 있다. 음식을 장만하는 정성은 많은 노고의 시간이 중요하지만, 짧은 시간에 그 밥이 먹음직스럽고 또 맛있게 보이게 하는 것도 아주 중요하다. 만찬晩餐의 자리 분위기를 더하는 음악, 정성껏 준비한 식기, 식탁의 꾸밈새가 요리의 품격을 한층 더 높일 것이다. 요리는 천하의 최고 장인이 되어야만 정말 멋과 맛을 낼 수 있다.

다음은 동파가 강조한 '옥현玉鉉'의 공덕이다. "3은 불에 타니 귀가 달궈졌다[耳革]. 5는 귀가 가운데 있고 높지 않아, 손잡이가 쇠라도 용납하기에 누런 귀[黃耳]이다. 불 속에서도 달궈지지 않는 것은 옥이다. 솥으로 물건을 익히는 일은 사람이면 누구나 할 수 있지만, 솥이 가득차서 근심이 넘쳐나고 귀가 달구어져 들 수 없는 상태에 이르러서는, 옥으로 된 손잡이가 아니면 불가능하다. 이것은 정괘鼎卦가 성현聖賢을 양성하는 이유다." 5의 강한 금현金鉉에다. 상9의 부드럽고 단단한 옥현玉鉉을 거듭했다는 것은 강유의 적절한 결합을 말한다.

공자가 "옥현이 위에 있다는 것은 강유의 절도가 어우러진 것이다[象曰, 玉鉉在上, 剛柔節也]"라고 주석하자, 정자와 주자도 합창한다[剛而溫, 剛柔中節, 大吉无不利]. 마치 음식이 남긴 무거운 솥을 들어올리는데, 옥고리까지 붙었다는 것은 완벽을 증명함이다. 고사에 옥현과 같이 부드럽고 강인하며 존귀하고 추앙받은[凝命] 이는 바로 문왕이었다. 백성들은 문왕의 덕이 금강金剛이나 옥玉과 같았기에, 솥에 익은 음식을 내려 이를 먹는 이들이 평화를 구가謳歌하였다.[48]

---

48 『맹자』, 「진심(상)」 제22장 : "伯夷는 紂를 피하여 북해의 바닷가에 가서 살았는데, 문왕이 나타나서 선한 정치를 하고 있다는 말을 듣고 기뻐하여 '내 어찌 그에게로 가지 않겠는가? 나는 西伯이 노인을 잘 받들어 준다는 말을 들었다'고 했다. 또, 太公이 紂를 피하여 동쪽 바닷가에 가서 살았는데, 문왕이 나타났다는 말을 듣고 '어찌 그에게로 가지 않겠는가? 나는 서백이 노인을 잘 받들어 준다는 말을 들었다고 말했다. 천하에 노인을 잘 받들어 주는 사람이 있게 되면, 어진 사람은 모두 그리로 찾아가게 된다. 5묘의 텃밭과 담 밑에 뽕나무를 심고서 아낙네가 누에를 친다면 노인은 넉넉하게 비단 옷을 입을 수가 있다. 5마리의 암탉과 2마리의 암퇘지를 제때에 기른다면 노인은 항상 넉넉하게 고기를 먹을 수가 있다. 100묘의 논밭을 남자가 가꾸면 8명의 가족은 굶주리지 않게 될 것이다. 서백이 노인을 잘 받들었다는 것은, 백성들의 논밭과 텃밭의 제도를 마련하고, 뽕나무를 심고, 닭과 돼지를 기르는 것을 가르치고, 처자를 인도해서 노인을 잘 부양하도록 했기 때문이다. 50살이 되면 비단 옷이 아니면 몸이 따뜻하지 못하며, 70살이 되면 고기를 먹지 아니하면 배가 부르지 않는다는 것을 가리켜 얼고 굶주리는 것이라 한다. 문왕

정괘가 항괘恒卦로 간 경우다.[49] 주자와 웅양보[50]는 정괘井卦와 정괘鼎卦의 상효를 모두 좋게 본 이유를 "물은 퍼올려야 쓰이고[水汲出井爲用], 음식 또한 솥에서 나와야 그 쓰임이 나타나는[食烹出鼎爲用] 까닭"이라 하였다.[51] 금은 뜨거운 불을 만나면 녹지만 옥은 녹지 않는다.[52] 철불鐵佛과 목불木佛은 불에 녹고 타지만 심불心佛은 여여如如하다. 고로 솥에 달린 '옥현'처럼 온화하고 따뜻한 인정을 베풀어 가면 대길하고 불리할 것이 하나도 없다[鼎玉鉉大吉无不利]. 참고로 완성된 음식을 대하는 것처럼, 항상 남에게 따뜻하고 온화하게 대하는 버릇을 지녀야 한다. 옥현은 들고 놓고 하는 위치인지라, 타인의 진퇴와 당락을 결정하는 권력을 지니고, 자문과 상담을 하는 큰 덕을 가지기에, 온화하고 강직하고 빠른 판단력을 가지고 매사에 대처하야 좋다. 정괘와 대유괘는 상현尙賢하는 괘다.[53] 들막대기를 옥으로 할 정도라면 재물로 명예를 사는 편도 좋다.

의 백성 중에 얼고 굶주린 노인이 없었다[無凍餒之老者]는 것은 이것을 가리켜 한 말이다."

49 모괘 대장의 1이 6으로 가 건☰의 옥이 들막대가 되니 '鼎玉鉉'이다. 옥으로 장식한 들막대가 달린 세발솥으로, 진☳의 상제에게 제사를 올리니 '大吉'하다. 손☴으로 도리에 맞게 순종하며 제사를 올림에 '无不利'하다. 주효이 之卦는 보지 않는다. 또한 '剛柔節'은 대장 때는 4개의 양이 모여 있었으니, 강할 땐 지나치게 강하고 약한 것은 아주 위태로운데, 대장의 6이 1로 감에, 겸손하고 절도가 있어 '剛柔節'이 되었다. '大吉' 역시 대장의 1이 6으로 가, 비천한 자가 지고한 자리까지 감을 뜻했다.

50 원나라 熊良輔는 『周易本義集成』 12권이 있다.

51 孫映逵·楊亦鳴(박삼수 역), 『주역』, 753쪽.

52 지욱, 『周易禪解』: "金遇猛火則鎔, 玉非火所能壞."

53 李漢, 『易經疾書』: 李光地 왈. 鼎卦는 大有卦와 단지 초6 한 효만 다르다. 대유괘 단사에서 "元亨"이라 한 것은 다른 괘에서는 없지만 鼎卦에만 있고, 대유괘의 "吉无不利"고 한 것 역시 다른 괘에는 없지만 鼎卦 상효에만 있으니, 그런 것은 다 현인을 높이는 괘다. 상9의 강한 덕이 현인인데 육5가 높이고 숭상함이 바로 '尙賢'이다. 賁卦와 大畜卦와 頤卦에서 현인을 숭상하고 현인을 기르는 뜻을 많이 드러내지만, 괘의 뜻으로 말하면 오직 이 두 괘가 성대하다. 괘의 뜻이 성대함은 이 두 효가 서로 얻어지는 것에서 가중되기 때문에 "吉无不利"고 한 것이 다 상효에서 보이니, 곧 단사에서 말한 '元亨'이다. 또한 『주역』에서 천명을 말한 곳이 오직 이 두 괘인데, 하나는 "順天休命"이라 하였고 하나는 "正位凝命"이라 하였다. 『서경』에 이르길, "하늘은 덕이 있는 자에게 명하여 다섯 가지 복장으로 다섯 가지 등급을 나타내게 하신다."고 하였으니, 현인과 못난 사람을 나가고 물러가게 함은 하늘의 명이다. 대유괘에서 "遏惡揚善"은 "正位凝命"하는 것에서 근본을 미룬 것이니, 이른바 "임금이 정직하면 정직하지 않을 자가 없다[君正莫不正者]"는 것과 "상하에 화합하여 하늘의 아름다움을 받든다[協於上下 以承天休]"는 것이다.

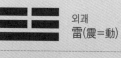

외괘
雷(震=動)

내괘
雷(震=動)

51. 중뢰진重雷震

Thunder

천둥치는 소리가 요란할 정도로 변화가 많고 안정되지 못하여 소신대로 행하기가 어려운 때다. 기운을 분산하며 요란을 떨지 말고 진실로 성심성의를 다하여 자신을 굳게 붙잡고 가라. 세상은 어차피 이전투구다. 두려워 말라.

> 震亨 震來虩虩 笑言啞啞 震驚百里 不喪匕鬯[1]
> 진은 형통하다. 천둥 번개가 치면 누구든 놀라지만(상제를 두려워하고 두려워하지만), 그 중에도 놀라지 않고 (복을 받게 되어) 소리를 내며 웃는 자도 있다. 천둥벼락이 천지를 놀라게 할지라도 향로[鬯]와 제기[匕]를 받들고 있는 자는 죽이지 않았다 (주걱과 울창주를 떨어뜨리지 않는다).

고금을 막론하고 장남과 종손은 귀한 존재이다. 조상을 봉양하고 받드는 자이기에 역에서 천둥번개 치는 능력을 지닌 진震을 장남으로 취상했다.[2] 나라와 집안에 천둥번개처럼 어지러운 분쟁이 일어날 때 장남이 이를 해결하고 평화로운 뜻을 계승해 간다면 큰 질서가 잡히고 혼란도 사라질 것이다. 그러나 만약 장남이 무능하면 부모와 나라마저 혼란에 빠뜨리는 주범이 되어 큰 고민에 봉착할 것이다. 그래서 진震(Thunder)은 천둥 벼락 소리가 겹쳐 천지를 진동시킬지라도, 그것이 실제 큰 피해를 주지 않는다는 사실도 잘 알고 있었다. 그러기에 문왕은 천둥번개 치는 소리는 근본적인 문제를 해결함에 형통하다[亨]. 천둥번개가 치면[震來] 놀라서 자빠지기도 하고[虩虩], 또 (공포를 조성하는 천둥번개 치는 소리

---

1 虩 두려워하는 모양 혁. 啞 웃을 액, 벙어리 아. 匕 비수 비. 鬯 울창주 창.

2 『설괘전』: "震一索而得男, 故謂之長男, 主器者-莫若長子- 故受之以震, 震起也."

가 별 것 아니라며) "하! 하!" 하고 웃기도[笑言啞啞] 할 것이라 했다. 그렇지만 비록 천둥번개가 백리를 놀라게 할지라도[震驚百里] 제기를 들고 있는 자는 죽이지 않았다[不喪匕鬯, No let fail the sacrificial spoon and chalice] 하니 조상을 모심[평화]이 무엇인지를 알만한 대목이다. 밖에 천둥소리가 요란하다. 구사당九思堂의 '성신잠誠身箴'에 잠시 귀 기울이며 차 한잔 들어 보자.[3]

공자는 '조상을 두려워해야 복이 옴'을 단사에서 다음과 같이 증명하고 있다. "하늘도 놀라고 땅도 놀라는 공포의 시절을 만나면, 하늘을 두려워하고 조심하며 공구恐懼하는 자세로 가라. 그래야 반드시 복을 받는다[震來虩虩, 恐致福也]. 복은 절대로 요행으로 얻을 수 없다. 세상에 어떤 요동이 와도 흔들리지 않고 조용히 관조하는 마음자리가 되면 자연히 복은 온다['소언액액'은 나중에 법도가 있음을 말한다]. 진경백리는 멀리 있는 자도 놀라게 하고[驚遠] 가까이 있는 자도 놀라게[懼邇] 하는 무서운 것임에 틀림없지만[震驚百里, 驚遠而懼邇也], 이 무섭고 엄청난 공포를 당하고 보면 업장이 두꺼운 소인들은 모두 도망가고 숨는다. 그렇지만 종묘사직을 굳게 지키고 있는 제주는 그 무서운 공포 속에서도 당당하게 살아남을 것이다[出可以守宗廟社稷, 以爲祭主也]."[4/5/6]

---

3 九思堂 金樂行, '불상시창[省身箴]' : "너는 손을 씻고 울창주를 올리고[爾盥而灌], 우레에도 숟가락을 잃지 않았구나[震弗喪匕]. 이제 그쳐야 할 때 그칠 줄 아니[爾艮爾背], 그 그침이 곧 편안함을 줄 것이다[乃安其止]. 만약 귀가 밝지 않으면 형구를 질 것이니[弗聰何校], 너의 귀를 먹게 하지 말라[毋聾爾耳]." *盥而不薦은 제수를 올리기 전에 재계한 상태처럼 정성스럽게 하고, 不喪匕鬯은 두려워하면 복을 이루고, 艮其背는 그쳐야 할 때에는 그치고, 何校滅耳은 귀를 열고 밝히라는 말이다.

4 [說證] 震卦의 모괘 소과괘 3이 1로 가 震卦가 되면, 기쁨이 리☲의 얼굴에 나타나고, 간☶에서 말소리를 이루니 '笑言'이고 진☳이 거듭되니 '啞啞'이다. 또 震卦는 臨卦의 2가 4로 간 것이니, 임괘 상의 곤☷과 호괘 곤☷의 상을 보고, 地10×地10=地100의 수로 '百里'를 얻었고, 진괘의 호괘 감☵이 두려움을 주니 '震驚百里'가 되었다[百里는 震卦가 제후가 되므로 제후의 나라를 상징함]. 임괘에서 大震은 제수를 얹어놓는 제기이고, 네 개의 음은 고기며, '수저[匕]'는 곤☷에 삽입한 상괘의 진☳이고 또 감☵의 술에, 진☳의 약초를 넣은 '울창주[鬯]'가 담긴 '술단지[樽]'가 바로 하괘 진☳이 된다. 그리고 진☳의 장자가, 간☶의 사당에서, 先王 상괘 진☳에게 제사를 올릴 때, 천둥이 백리를 울리는 소리에, 간☶의 손으로 '제기'를 붙잡으니 '不喪匕鬯'이 된다.

5 [說證] 군자의 의리는 하늘을 보고 두려워할지언정, 천둥소리엔 놀라지 않는다. 震卦는 소과괘와 임괘로부터 왔다. 소과 때는 진☳의 상제를 보고 공포의 감☵을 두려워하지만, 震卦의 리☲를 보게 되어 두려움이 복을 얻게 된다[恐致福又离則爲福]. 복은 위에서 아래로 내려온다[剛自上隕謂之福]. '後有則'의 법은 감☵의 상이고, '遠'은 5·6위, '邇'는 2·3위를 가리키니 '驚遠懼邇'라 했다. '出可以守宗廟社稷'의 '出'[帝出乎震]과 곤☷ 가운데 농사를 짓는 '稷'[其於稼也震爲反生]은 진☳의 상징이다. 간☶은 종묘를 지키는 수호신의 '守'이고, 사직단의 제사에 술을 붓는 일은

공자는 상상할 수 없는 천재지변이 닥쳐도 자신의 진주眞主만 확실히 붙잡으면 살아남을 수 있다고 증험하고 있다. 반고班固의 『백호통』에서도 "천리마다 바람이 같지 아니하고[千里不動風], 백리마다 우레가 같지 아니하다[百里不動雷]"고 증명한다. 이는 제후의 봉토封土가 백리를 넘지 않았기 때문이다.

고사로는 문왕의 봉건제도와 인사개혁에 대한 백성들의 반응과 평가를 든다. 백성들은 벼락과 천둥이 치는 것처럼 충격을 받기도 하고, 경악을 금하지 못하기도 했다. 그러나 그 제도의 혜택이 모두에게 입혀지자 함께 웃었다. 문왕은 끝까지 제기를 들고 국가와 백성의 안위를 살피고 지켰다. 반면에 노예 소유주들과 은나라 폭군 세력들은 개혁을 반대하였다.

한편 공자는 "천하를 다스리는 제왕은 진震방에서 나오고[出乎震], 또 만 가지의 진물眞物도 진震방에서 나온다[出乎震]고 하였으니,[7] 진은 동방에서도 한국이라는 비사체가 보이기도 한다. 따라서 진괘震卦가 제사장祭司長을 맡는 장자長子, 수장首長, 임금을 뜻하는 괘라면 한국이 세계 속에서도 장차 많은 책임을 맡을 나라로 짐작이 된다.[8] 실록에는 '장자'를 얻고 만조백관으로부터 하례를 받는 장면이 보인다.[9]

진☳의 장자가 맡게 되는 것이다.

6 李止淵, 『周易箚疑』: 맹자가 "사람은 우환에서 산다[生於憂患]"고 했다. 『서경』에서도 "순이 아비 고수[瞽瞍]를 뵐 때 엄숙하게 공경하고 두려워하니, 고수도 또한 믿고 따랐다"고 하였다. 이것이 "진래혁혁(震來虩虩) 소언액액(笑言啞啞)"이 아니겠는가? 湯王은 夏臺에 구속되었고, 文王은 유리에 갇혔으니, 이것이 "우레가 오는" 때가 아니겠는가? 탕왕과 문왕은 恐懼修省하는 도로써 두려워하면서 닦고 살필 수 있었기에 끝내 "소언액액"을 얻었다. '하하[啞啞]'란 회희덕거림과 원망이 아니라[非嘻嘻嗃嗃], 곧 "얼굴빛을 환하게 하고 웃으시니[載色載笑], 화를 내심이 아니라 가르치심이다[匪怒伊敎之意]."

7 「說卦傳」의 "帝出乎震, 萬物出乎震, 震, 東方也"에서 震方은 선천의 자리요, 艮方은 후천의 자리이다. 東北方을 나타내는 하늘의 맥만큼, 가까운 하나님이 사는 村이다. 고로 이 세상을 책임질 나라는 震나라, 한국이라는 설도 있다. 한국은 만국에 천지도리가 무너질지라도, 제기를 들고 하늘 무서운 줄 알고, 조상을 섬기는 유일한 나라(?)로 여긴다. 진나라로부터 천지를 다스리는 帝皇이 출현하고, 만물도 여기가 표준이 될 것이라는 예견이 그것이다. 자칫 牽強附會하고 我田引水격일 수 있으니, 젊은이들은 혹세무민 당하지 말아야 한다. 신흥종교의 폐단이 아주 크다.

8 탄허의 『부처님이 계신다면』과 『증산도경』 참고

9 『성종실록』 성종 7년(1476) 11월 7일 : "震이 한 번 변하여 得男하였으니, 경사는 더욱 主器에 높아라. 神과 사람이 함께 기뻐하고 宗社 또한 안정이 됐네. 燕禖에서 큰 복을 내려 주어, 嫡長子가 처음 탄생하니, 熊夢이 祥瑞와 화합하여 宗祊에 영원토록 힘입게 되었다. 내가 涼德한 몸으로 일찍이 큰 기업[조基]을 이어받았는데, 왕위에 오른 지가 여러 해 되었으나 진색(震索)의

象曰 洊雷震 君子以 恐懼修性[10]

상왈, 천둥 벼락이 계속 겹쳐 오는 것이 진이다. 정녕 군자라면 이를 보고 근신하고 두려워하며 반성과 수양에 힘써야 할 것이다.

"천둥번개가 눈 깜짝할 사이를 치고 가며, 바람이 거칠게 몰아세우는 신뢰풍렬迅雷風烈의 현상은 무엇인고?" 하니 공자가 "단순한 천지의 변화일 뿐 근심하고 걱정할 일이 전혀 없다"며 "군자는 평소에 자신을 닦는 수양이 못될까를 두려워하는 공구수성恐懼修性만이 있을 뿐"이라고 대답한다.

고로 중뢰진重雷震의 시절에는 먼저 공구恐懼(Fear and trembling)하며 수성修性(Examines oneself)함이 우선이다.[11] 겉으로 무서워 벌벌 떠는 상태는 공포恐怖요, 속으로 두려워하는 것은 구진懼震이다.[12] 그리고 자신을 수양하지 못하여 안팎으로 떠는 것을 '공구恐懼'라 하니, 평소에 수성修性이 필요한 자리가 바로 여기다. 소과小過의 대감大坎이 죄가 되니, 진☳의 우레가 거듭 경고를 보임에 그 위엄이 가히 두렵다. 호괘 리☲가 '수성'으로 '수양하고 반성'케 한다.[13]

군자는 어차피 이전투구泥田鬪狗하는 속진俗塵을 근심하지 말고, 두려워하지 말아야 하거늘, 어찌 아픈 일을 먼저 당한 후에 마음을 닦으려고 하겠는가. 그러한 공부는 평상시의 참 자신을 보지 못하고, 세상의 진리를 듣지 못한 소치에

경사를 보지 못하여서, 後嗣를 잇는 것을 중하게 여겨 离가 거듭 밝은 경사를 오래 기다렸구나. 아! 하늘이 자손을 내려주어서 백세의 本孫과 支孫이 이어가게 하였으므로, 멀고 가까운 곳에 은혜를 베풀어 사방의 흠되는 점들을 없애게 한다. 그래서 이에 교시하는 것이니, 모두들 마땅히 잘 알게 하라."

10 洊 이를 천.

11 楊萬里, 『誠齋易傳』: '恐懼'를 먼저 쓰고 '修省'을 이었으니, 닦고 살핌은 두려워함의 효용이다. 그 자신을 닦고 그 허물을 살피면 두려워할만하더라도 두려울 바가 없어질 것이다.
陳德秀, 『心經附註』: '진괘에 공구수성' 하니, 『시경』의 '하늘의 진노를 공경하여 감히 희롱하여 놀지 말며[敬天之怒 无敢戲豫], 하늘의 변함을 공경하여 감히 말을 몰아 달리지 말지어다[敬天之渝, 无敢馳驅]'와 공자가 '빠르게 치는 우레와 맹렬한 바람에 반드시 낯빛을 바꾸셨다[迅雷風烈必變]'가 다 이런 의미이다.

12 金相岳, 『山天易說』: '恐懼'를 앞에 쓰고 '修省'을 이어 쓴 것은, '두려워함은 마음에서 일어나고, '닦으며 살핌'은 일에서 드러나기 때문이다. 두려워하면 복을 부를 수 있고, 닦고 살피면 법칙이 있을 수 있다. 그러므로 닦고 살피면 두려움이 없다. '恐'과 '修'는 하괘의 상이고, '懼'와 '省'은 상괘의 상이다.

13 李震相, 『易學管窺』: "恐懼는 진실로 震卦 본래 상인데, 坎卦는 마음속으로 근심함이 되고, 艮卦는 힘써 그침이 있다. 두려워하면서 또 두려워하고, 닦으면서 또 살핌이, '거듭[洊]'의 상이다."

익숙한 탓이리라. 평소에 공부가 바른 것은 더욱 반듯하게 하여야 하고, 나쁜 것은 단칼에 베어 버려야 한다. 하늘도 놀라고 땅도 놀라 까무러치는 진동의 와중일지라도 호흡을 고르며 나아가라. 차茶로 닦든, 불佛로 닦든, 하늘로 닦든, 도를 닦는 이는 폐부 깊숙이 새겨야 할 대목이다.

"운간월을 논하지 마라. 초의가 햇차로 차향을 피우니 곡우 전에 딴 작설차라네. 단산운간월을 말하지 마라. 찻잔 가득한 뇌소차가 수를 늘인단다."[14]

"하늘빛 물과 같고 물은 연기와 같아, 여기 와서 머문 지 벌써 반년이 되었구나. 명월과 함께 잠자던 날 몇 밤이던고, 맑은 강은 백구를 짝하여 졸고 있네. 본래 남을 시기하는 마음 없었으니, 좋다 싫다 하는 말 어찌 귀에 들리랴. 소매 속에는 아직 뇌소차가 남았으니, 구름 헤치고 두릉천 물 길어 차를 달이네."[15]

실록에는 '공구수성恐懼修性이 곧 성심'이라 하고,[16] 가을 우뢰의 이변異變과 일식日食이 비록 일정한 도수度數가 있다고 하지만 성인은 반드시 이것을 두려워하였노라 한다.[17]

---

14 초의의 『동다송』 끝자락에 붙인 신헌구의 題詩다. "莫數雲澗月 艸衣新試綠香煙 禽舌初纖穀雨前 莫數丹山雲澗月 滿鍾雷笑可廷年."

15 草衣, '石泉煎茶' : "天光如水水如煙 此地來遊已半年 良夜幾同明月臥 清江今對白鷗眠 嫌猜元不 留心內 毀譽何曾到耳邊 袖裏尚餘驚雷笑 倚雲更試杜陵泉."

16 『성종실록』 성종 22년(1491) 1월 5일 : "신이 일찍이 洪範의 八庶徵을 읽으니, 왕은 오직 그 해를 살펴야 한다고 하였는데, 경술년의 한 해를 가지고 보건대, 봄부터 여름까지 旱氣가 몹시 심하였고 대궐의 뜰에서 사람이 벼락을 맞았으며, 겨울철에는 지나치게 따뜻하였고, 지금은 星變이 있으니 작은 연고가 아닙니다. 이는 정사에 군신 상하가 일치하여, 직무에 힘쓰며 두려워하고 공경하여 하늘에 순응하기를 성실히 할 때입니다. 그런데 10월은 純陰이라 일점 양이 없으므로, 하늘의 운행이 끊어지는 것 같으나, 小雪이 지난 뒤부터 여러 날이 지나면 위에 있는 음이 일분쯤 소멸하고, 아래에 있는 양이 일분쯤 신장하여, 坤卦 시초에 이미 일분의 양이 있게 되는 것이니, 이것이 곧 天道에는 間斷이 없다는 것입니다. 『주역』震卦에서 군자는 이를 보고 '恐懼修省하라' 하였습니다."

17 『명종실록』 명종 3년(1548) 9월 14일 : "신이 일찍이 『春秋』를 보았는데, 겨울 우뢰는 재변으로 기록되어 있었고, 가을 우뢰는 기록되어 있지 않았습니다. 성인이 『주역』을 지으면서, 震卦 大象에 '거듭된 우뢰가 진동하니, 군자는 이것을 보고 공구수성 한다 하였으니, 대개 '거듭'이란 중첩의 뜻이고 '恐懼修省'이란 군자가 우뢰의 재변에 대처하는 도리입니다. 가을 마지막 달에, 우레 소리가 나니, 비록 예사롭지는 않으나, 이것을 염려하여 죄수의 소방을 거론하여서는 안 됩니다. 다만 '공구하는 것'만이 합당할 뿐이니, 오직 위에서 헤아리소서."

> 初九 震來虩虩 後 笑言啞啞 吉
>
> 초9는 천둥번개가 치면 벌벌 떨다가, 나중에는 껄껄 웃으니, 길하다.

진괘의 주장이 되고, 앞으로 솥을 맡아서 가야 할 장자로서 상하좌우를 잘 살피며 평상심을 잃지 않을 자에게는 좋은 자리다. 지진이 일어나는 난동의 시절에 천방지축으로 겁 없이 명예를 좇으면 위험을 당하고 만다. 망동하고 싶은 충동을 달래며 공구수성恐懼修省해 가면, 죽은 조상들마저도 안도를 취할 것이다. 고로 초9는 내괘의 주효로서 하늘을 계승할 장자요 진주震主이다.

고사로 문왕의 개혁이 은나라 백성을 일시 공포에 떨게 하였지만, 그들이 나라의 개혁을 이해하고 좋아지는 것을 경험한 후에는 웃고 좋아했던 일을 든다. 그러니 공자도 "천둥번개가 치는 것을 보고 두려워하는 마음이 있으면 복에 이르고[震來虩虩, 恐致福也], 천둥이 끝난 후 나중에 웃으며 즐거워하는 것은 결과를 본 후의 일[笑言啞啞, 後有則也]"이라고 하였다. 이는 진괘가 예괘豫卦로 간 경우다.[18]

여기서 동파의 해석은 "두 양 초9와 구4는 사물을 떨게 하는 자이고, 네 음은 그것을 두려워하는 자"라며, "진震의 도는 위엄으로 덕에 도달하는데, 2와 3은 그 날카로운 기세를 침범하지 못하고, 모두 도피한 뒤에 위엄을 벗어나는 것"이라 하였다. 또한 진의 상6은 모두가 공구수성의 도를 밝혔으되, 그 덕의 우열과 또 그 자리가 마땅한가의 여부에 따라 길흉이 나누어지고 있다. 그러니 초9는 강건한 자세로 정위에 앉아서 진의 주장이 되고, 제기를 놓지 않고 있으니 길함을 가히 알만하다. 다산은 '후後'란 천둥번개가 치는 때를 당하여도 능히 웃고 말하는 것으로, 스스로 변함없는 도를 잃지 아니하고 있기 때문으로 보았다. 고로 진래혁혁震來虩虩(Shock comes - oh, oh!) 하다가도 나중에 소언액액笑言啞啞 (Laughing words - ha, ha!) 하니 길하다고 한 연유가 아니겠는가.

참고로 진괘가 예괘豫卦가 되어, 천둥번개가 치는 소란과 두려움을 다 해소한 후에, 장자長子로서 제기를 들고 종묘사직으로 나아가, 임금이나 큰 벼슬로 책임을 지는 자가 될 것이다. 사업이 두려울지라도 씩씩하게 밀고 나가면 훗날에 웃

---

18 [說證] 소과괘의 3이 1로 와 진괘가 되었기에 초효가 주효가 된 까닭으로 효상이 괘상이 된 이유다. '後'는 소과 때는 두려워 슬퍼하였지만, 천둥번개가 거듭 쳐도 태연자약한 모습을 잃지 않음이다.

을 날이 온다.

六二 震來 厲 億喪貝 躋于九陵 勿逐 七日得[19]
육2는 천둥번개가 치니 위험하다. (가난한 사람들을 구휼하는) 공억에 쌓아 놓은 많은 재물을 잃고, 높은 언덕에 오른다. 잃은 재물에 미련을 두지 말라. 7일 후면 돌아오리라.

자칫하면 벼락을 맞아서 죽을 염려가 있다[震來厲]. 냉정하게 판단하라. 재산과 같은 작은 것은 잃어도 좋으니[億喪貝] 가능한 남의 눈에 띄지 않는 곳으로 빨리 숨어라[躋于九陵]. 살고 봐야 한다. 진앙震央에서 가장 가까운 자리가 초9이다[象曰, 震來厲, 乘剛也].

이런 위험천만한 천재지변으로 주위의 백성들이 모두 달아나 버렸다. 곧 태풍과 지진처럼 갑작스런 나라의 멸망과 개혁이 대혼란을 주었지만, 바른 정치로 지도하여 간다면 그들은 돌아올 것이 확실하다. 다음은 지욱의 선해이다.

"자신을 가혹하게 갈고 닦아서 성공한 친구(초9)를 본받는다면, 나의 질퍽한 훈습을 깡그리 떨쳐서 버릴 수가 있다. 자신이 귀히 여기던 영양가 없는 패물[億貝]들은 돌아보지 말고[勿逐] 고명한 선생[九陵]을 찾아 나서라. 머지 않은 날[三七]에 반드시 회복이 있을 것이다[七日得]."

여기서 다산은 '려厲'를 '상당히 위험한 것[猛危, Great danger]', '억億'을 '쌓아두었던 것을 덜어서 모자라는 곳에 주는 공억供億의 재물'이라 하였다. 주자는 '억億'을 '많다'로, 정자는 '추정하다, 생각하다'로 보았고, 왕필은 그냥 '놀람의 허사'로 보았다. 블로필드는 주자처럼 '매우 많게(a hundred thousand times)'라는 뜻에 가깝게 해석했다. 육2는 진괘가 귀매괘歸妹卦로 변한 경우다.[20]

---

19 躋 오를 제.

20 [說證] 歸妹괘는 泰卦의 3이 4로 갔는데, 내려온 4가 1과 2의 강을 타고 있으니 '厲'라 하였다. 震의 본괘 臨의 2를 덜어 4로 보내 震卦가 되면, 강을 덜어 빈 곳을 채우는 리☲를 '億喪貝'라 하니, '億'은 많은 공물이요, '貝'는 리☲의 '龜貝'의 상이다. '陵'은 간☶의 모양이요, '九'는 '參天兩地'법으로 계산을 하면, 귀매는 음이 셋이니 곧 2×3=6이고, 4의 양 하나 즉 3을 더하면 '9'가 된다. '丘陵'을 오른 자는 도둑 감☵이니, 쫓지 않아도 되는 이유는 간☶으로 정지를 당하고, 귀

六三 震蘇蘇 震行 无眚[21]
육3은 천둥번개가 가끔씩 사라졌다가 되살아나고, 또 되살아나지만, 나로부터 천둥은 멀기에 재앙은 찾아오지 않는다.

초6의 진원지와 멀어졌으니 재앙은 없다. '소蘇'란 끊어졌다가 다시 이어지는 소생蘇生인데, 정자와 주자는 "소소蘇蘇를 신기神氣가 늘어져서 자실自失한 상"이라 하였다. 동파도 "안절부절 하며 두려워하는 상[蘇蘇然懼]"으로 보았다. 공자는 "번개가 가끔씩 되살아나는 것은 자리가 마땅치 않기 때문[象曰, 震蘇蘇, 位不當也]"이라며 정신만 차리면 아무런 탈이 없다고 주석한다.

자신을 다스림에는 무서울 만큼이나 공구수성恐懼修性하는 자세를 늦추지 않아야 할 3으로서, 특별히 유비무환有備無患의 자세가 필요한 자리이다. 마른하늘에서 날벼락을 맞을 상황은 항시 엄존한다. 고로 번개가 가끔씩 살아나지만[震蘇蘇] 나로부터 멀기에 천둥이 쳐도[震行] 재앙은 찾아오지 않을 것 같다[无眚, Free of misfortune].

진괘震卦가 풍괘豐卦로 변한 경우다. 풍괘는 태괘泰卦에서 왔는데, 태괘 속에 3개로 이어진 진☳이 풍괘로 가면서, 천둥이 단절되기에 중간이 끊어진 '진소소震蘇蘇'의 상으로 본 것이다. 허물의 '생眚'은 감☵의 상이요, '무생无眚'은 리☲를 봤기에 허물이 사라짐이다. 참고로, 지진과 같은 천재지변이나 상상도 못한 예상 밖의 일로 크게 놀랄 일이 생긴다. 그렇지만 몸과 재산이 다쳐도 마음만은 다치지 않도록 해야 할 것이다.

九四 震 遂泥
구4는 벼락이 진흙에 떨어졌다.

4의 강한 벼락이 5와 3의 두 음들 사이, 즉 진흙[☷] 위에 떨어졌으니 위력이

매에서 리☲를 봄이다. '칠일'은 감☵에서 태☱까지 7일이 걸린다. 참고로 가출한 아들을 애타게 묻는 엄마가 얻은 2효면, 7일째가 되는 날에 반드시 돌아오지만, 그 대가는 많이 치러야 한다.
21 蘇 되살아날 소

있을 리 없다. 여기서 '수遂'를 '떨어질 타墮'로 보는데, 블로필드가 "벼락이 진흙 속에 처박히다[Shock is mired]"로 해석하니 뜻이 더 명료한 것 같다. 나아가 공자는 "벼락이 진창에 떨어지니 빛을 낼 수 없다[象曰, 震遂泥, 未光也]"고 무기력해지는 장면을 사진 찍듯 보여준다.

삼산三山 유정원은 "진수니震遂泥란 우레의 도가 없어진 것이지만 '흉'과 '허물'을 말하지 않은 것은 두려워하는 마음을 가지고 있었기 때문이다"[22]하고, 근암謹庵 강엄은 "우레가 장차 일어나지만 음에 의하여 가려지게 되니 떨쳐 일어날 수 없다"[23] 하였다. 진흙에 관한 시는 특히 선시에 많이 보인다.[24]

예로 한때 잘 나가던 친구가 진괘의 4를 만났다면, 그 인기가 몰락하여 대중의 기억 속에서 사라질 것이다. 4는 외괘外卦의 주효이지만, 양으로서 음의 자리를 차지하고, 네 음들 속에 빠져, 그 위력을 잃고 진흙에서 허우적거리니, 어찌 '소언액액笑言啞啞' 하는 안도의 기운이 나겠는가. 그러니 흔들림 없는 중도中道로 회복해 '독복獨復'이라도 할 수 있다면 옳고 바르다. 진괘가 복괘復卦로 간 경우이고, '미광未光'은 리☲가 사라졌기 때문이다.

참고로, 많은 사람들과 더불어 도모하는 일보다 혼자서 외롭게 하는 일이 맞

---

22 柳正源,『易解參攷』: 朱子가 陳同甫[亮]에게 왈. "震卦 구4에 대하여 일전에 顔魯子[度]가 納甲法으로 추론하여 나의 命이 바로 이 효에 해당한다고 여겼습니다. 이제 同甫께서 다시 일의 이치로 추론하여 맞추었는데, 그와 더불어 우연히 부합됩니다." 진동포가 답신으로 왈. "震卦 구4에서 震遂泥라고 한 것은 여러 음들의 가운데에 있는 것이라고 하였으니, 비록 우레가 진동하더라도 어찌 진흙탕을 뒤집어썼다가 곧바로 그 도가 빛나고 밝게 할 수 있겠습니까. 祕書『世說新語』에 의하면 만길 절벽처럼 우뚝 솟아 비록 여러 음들의 가운데에 있어도 응당 뒤집어써서는 안 된다고 하였습니다."
　魯齋許衡,『讀易私言』: "震卦 구4는 재주가 있는 신하이니, 임금의 움직임도 이에 따르고 군대의 움직임도 또한 이에 따르므로 그 공이 또한 크다. 위치가 이미 임금과 가깝지만 끝내 화가 없음을 보장하는 것은 어째서인가? 우레가 치는데 임금과 가까우니 경계하고 삼가며 두려워하는 뜻이 있고, 양으로 음의 자리에 있으니 몸은 강하고 용사는 부드러운 뜻이 있다. 이러한 방법을 잡고서 가니 그 공은 많고 잘못을 적게 하니, 마땅하다."
23 康儼,『周易』: "사람은 반드시 떨면서 두려워 한 후에 자신의 할 수 없었던 바에 대하여 더욱 잘할 수 있게 되니 이른바 '형통하다'는 것이지만, 이 효는 알맞지 않고 바르지 않으면서 두 음 사이에 빠졌으니 이는 物欲에 빠져 스스로 떨칠 수 없는 자이기 때문에 진흙탕에 떨어지는 상이다. 이는 우레가 장차 일어나지만 음에 의하여 가려지게 되니 떨쳐 일어날 수 없다는 소리다."
24 周敦頤, '愛蓮說' : "子獨愛蓮之 出於淤泥而不染 濯淸漣而不夭 中通外直 不蔓不枝 香遠益淸."
　西山淸虛, '臨終偈' : "千計萬思量 紅爐一點雪 泥牛水上行 大地虛空裂."
　鏡峰 : "倒騎泥牛把一花."

다. 그러기에 소인(여자)들과 더불어 하는 일이라면 더욱 곧바로 그만 둬야 좋다. 안노자顔魯子의 납갑법納甲法으로 미루어 볼 때 설시設蓍한 날이 경신庚辛일이라면 횡액이 크다.[25]

> 六五　震往來　厲　億无喪　有事
>
> 육5는 천둥번개 소리가 바쁘게 왕래하니 위태롭다. (가난한 백성의 구휼을 위해) 공억供億으로 (창고의 물자를 방출했으나, 그것은 단지 국가의 부를 백성들에게 이전한 것일 뿐이니) 원래 크게 잃을 것은 없다. (제사드릴) 일이 있을 것이다.

먼저 수현壽峴 석지형의 읍소를 들어보자. "신이 삼가 살펴보았습니다. 진괘의 5는 부드러운 음으로, 우레가 진동하는 때에 있으면서, 올라가든 내려오든 모두 위험한 도가 있기 때문에, 반드시 헤아려서 알맞음을 구하여, 마땅함을 따라 변화에 호응해야 하니, 그런 후에 잃는 바는 없고, 일하는 바는 있습니다. 이제 전하의 덕이 강건하여 움직이실 때에 위태로울 것이 없지만, 옛 성후聖后께서는 편안하여도 위태롭게 여김을 잊지 않으셨으니, 하물며 오늘날의 형세에 있어서이겠습니까? 엎드려 바라오니, 전하께서는 길게 생각하시어 알맞음을 잃지 마시옵소서."[26]

수현의 충정衷情은 나라 안팎이 전쟁에 버금할 정도의 위난이 있으니 전후좌우를 살피는 중심이 흔들리지 말 것을 주문하고 있다.

주공의 효사는 이렇게 해석된다. "임금으로서 나라에 천둥번개가 치는 것처럼[震往來], 위험한 소요사태가 일어난다[厲]. 그럴지라도 임금이 중심을 잘 잡으

---

25 희열지신(喜悦之神) : 갑을(甲乙)→청룡(靑龍)
　　구설지신(口舌之神) : 병정(丙丁)→주작(朱雀)
　　토지지신(土地之神) : 무(戊)→구진(句陳)
　　허언지신(虛言之神) : 기(己)→등사(螣蛇)
　　횡액지신(橫厄之神) : 경신(庚辛)→백호(白虎)
　　도적지신(盜賊之神) : 임계(壬癸)→현무(玄武)

26 石之珩,『五位龜鑑』: "… 以陰柔處震動之時, 上往下來, 皆有危道, 必須億度求中, 隨宜應變, 然後无所喪而有所事矣. 方今聖德剛健, 動无危厲, 然古之聖后, 安不忘危, 矧乎今之時勢哉. 伏願, 殿下長慮而勿失中焉."

면 크게 잃을 것이 없으니[億无喪, Nothing at all is lost], 달아나지 말고 냉정히 판단하여, 제기를 들고 제사를 지내는 마음을 지니도록 하라. 곧 임금의 직무[有事, To be done]는 계속 이어 가야 한다.”

여기서도 '억무상億无喪'의 '억億'은 가난한 사람들을 구휼하여 안심시키는 '공억供億'이란 사업으로 2와 같은 뜻으로 새기거나(다산), 또는 '크다'와 '많다'로 새기기도 한다. 또 '상喪'은 '잃다'의 뜻이 된다. 한편 '유사有事'는 '종묘사직에 제사를 지내는 임금의 직무'로 본다.[27] 어쨌든 5가 음이면서 양의 자리에 앉았으니 바르지 못하다. 이러한 때에 천둥이 2와도 응하지 못하고, 바로 아래의 양 4를 타고, 또 바로 위의 음유한 상효를 타고 있으니 상하좌우 왕래가 다 위험하다. 그렇지만 이런 위험스런 가운데서도 중도를 지킨다면 잃을 것이 없고, 종묘사직을 보존할 제사를 이어 갈 일이 있게[有事] 될 것이다. “천둥번개 소리가 바쁘게 왕래할 정도로 위험하니 많이 위태롭다는 말이요[震往來厲, 危行也], 자신이 하여야 할 일을 중심만 잡고 가니 크게 잃을 것이 없을 것[其事在中, 大无喪也]”이라는 공자의 주석 역시, 목숨을 노리는 큰 위험이 닥칠지라도 그 마음만은 잃지 말라는 부탁이다.

이현석이 『역의규반易義窺斑』에서 위의 주공과 공자의 말씀을 풀어 임금에게 바친 내용이 이랬다. “진☳에는 두 가지 뜻이 있으니, '진동'의 '떨면서 두려워한다'가 있습니다. 초효와 4효 두 양효는 바로 우레 진☳의 당사자이니, '떨쳐 움직인다'고 할 때의 '진震'이고, 2·3·5·상의 네 음효는 모두 양에 의해 떨게 되는 자들이니, '떨면서 두려워한다'고 할 때의 '진震'입니다. 이전 학자들의 설명은 대부분 이와 같았습니다. 이미 떨면서 두려워하는 마음이 있으면서, 자신은 존귀한 자리에 있고, 부드러운 음으로 또 알맞음을 얻었으니, 또한 어찌 왕래하는 처지가 있겠습니까? '왕래함'이란 떨쳐 움직여 일어나는 자가 하는 바이지, 유순하게 알맞음을 지키는 자의 일이 아닌데, 5가 어떻게 왕래함으로 상을 취했겠습니까? '우레가 왕래함이 위태롭다'고 말한 것은, 우레가 이미 갔는데도 또 오면, 반드시 위태로움을 말하는 듯합니다. 어째서 우레가 이미 갔다고 말하겠습니까? 초9가 비록 진괘의 주인이지만, 5와 거리가 멀고, 4가 비록 떨쳐 움직이는 상이지만,

---

27 『춘추』에 “有事于大廟”와 “有事于新宮”이 나온다.

두 음의 사이에 빠져 진흙탕을 뒤집어 써 떨칠 수 없으니, 5에 이르러 우레가 이미 그쳤기 때문에, '우레가 갔다'고 하였습니다. 어째서 우레가 올 때에 반드시 위태롭다고 하였겠습니까? 우레가 비록 갔지만, 위와 아래의 두 몸체가 모두 움직여 끝내 안정되고 고요한 날들이 아니기 때문에, 비록 갔어도 반드시 와서, 오면 반드시 위태롭다 하였습니다. '위태롭다'란 말은 사납고 위험하다는 말입니다. 5가 비록 우레가 간 후에 해당하더라도, 작은 편안함으로 당장의 휴식을 구하고자 하는 계책을 만들지 않고, 우레가 와서 두려워하게 됨을 예상할 수 있어서, 두려워하여 도모하고 헤아리는 방법을 극진히 하여 중도를 잃지 않기 때문에, 있는 일을 잃음이 없게 할 수 있다고 사료되옵니다. 통촉하여 주시옵소서." 진괘가 수괘隨卦로 간 경우다.[28/29/30]

上六 震索索 視矍矍 征凶 震不于其躬 于其鄰 无咎 婚媾有言[31]
상6은 천둥이 치다가 사라진다. 겁에 질려 눈이 휘둥그레지는 당황한 모습을 본다. 그러나 정벌로 나서는 일은 흉하다. 벼락은 나에게 떨어진 것이 아니고, 이웃집에 떨어졌기에 허물은 없다. 혼인에 관해 험담하는 말이 있으리라.

먼저 진괘가 서합괘噬嗑卦로 간 경우다. 공자의 주석은 "천둥번개가 사라졌는데도 겁에 질려서 당황하는 것은 중도를 얻지 못한 탓이고[震索索, 未得中也], 비록 흉을 당했는데도 허물이 없다는 것은 이웃집의 사고를 보고 스스로 경계심을 세웠기 때문[雖凶无咎, 畏鄰戒也]"이라 했다. 여기서 '삭索'은 이어진 노끈을 말하

---

28 [說證] 隨卦는 否卦 1이 상으로 갔다. 否卦는 3개의 진☳이 밖으로 간 상이며, 否卦가 다시 隨卦가 되면, 上이 다시 初로 왔으니, '震往來'이다. '危'는 初의 음이 상에 올라, 두 강을 올라 탄 상이요, 제사의 의미인 '有事'는, 否卦 때 건☰의 임금이 隨卦로 가, 上의 화살 하나를 빼, 곤☷의 희생을 쏴, 간☶의 사당에다. 손☴으로 정결하게 갖추니, 제사의 예로 본 것이다. 곧 大坎이 '貞固足以幹事' 하는 '有事'이다.

29 예로 2008년 7월 5일 이명박 대통령은 수입 쇠고기 파동으로 촛불집회를 당하며 곤경에 처했지만 집무실을 지켰고, 2004년 3월 12일 노무현 대통령은 국회탄핵을 받고 직무 정지를 당한 후 정상적으로 돌아왔다. 그렇지만 박근혜 대통령은 탄핵으로 감방에 갔는데, 그 가장 큰 이유는 '헌법 수호의지 부족'이었다.

30 大選 성공 여부를 물었다면 辛勝한다.

31 索 새끼 꼴 삭, 찾을 색. 矍 두리번거릴 확.

지만, 본문에서는 이어졌다가 다시 끊어져 가는 번개소리를 말한다.[32] 또 ‘확확矍矍’
은 두 눈이 깜짝 놀란 꼴이다. 진원지와 멀리 떨어져 있기에 초9의 강진强震은
나에게 미치지 못하고, 구4 또한 진흙에 빠져서 천둥소리가 이어졌다 끊어졌다
[索索] 하니 위력이 없다[震索索, Shock brings ruin]. 상6은 이미 음유로 허약하다.
진震의 극점에서 당혹해 하는[視矍矍, Gerrified gazing around] 점이 역력하다. 이런
중심이 흩어진 몸으로 나가면 기운이 산란하여 흉을 볼 것이 당연하지 않겠는가
[征凶].[33] 그런데 그 흉은 내 몸에 오지 않고[震不于其躬], 이웃 사람에게 미친다
하니[于其鄰], 공구恐懼로 수성修省한다면 어찌 허물이 있겠는가[无咎]. 아직 재앙
이 미치지 않았으니 수구함이 명철보신의 도이다.[34] 이렇게 되면 난중亂中에서도
혼사 이야기는 편치 않다[婚媾有言].[35]/[36]

   후왕은 “천둥벼락이 나[文王]를 타격하는 것이 아니라, 이웃[紂王]을 친다면 나

---

32 ‘索’은 줄[繩]로 盡의 진력을 다함을 뜻하며, 여기서는 계속해서 이어지다가, 다시 끊어지는 것
   을 삭索이라 하였다[續而復絶曰索也].

33 [說證] 서합괘는 否卦의 5가 1로 간 그림이다. 否卦에 있는 3개의 강한 손☴의 줄이 이어지더니,
   서합이 되면서, 이어지면서 다시 끊어지기에, ‘震索索’ 즉 천둥이 내리치다가 사라지고, 또다시
   내리치다가 사라지는 의미가 된다. 아래도 리☲의 번개가 번쩍번쩍 하고 빛내다 사라지니, 리☲
   의 눈이 휘둥그레지는 ‘視矍矍’이라 하였고, 감☵의 두려움도 함께하기에 ‘索索’과 ‘矍矍’이란 첩
   文을 썼다. ‘征凶’은 否卦의 임금이 남방으로 정벌에 나섰다가 감☵의 수레에 간☶의 시체를 싣
   고 오니 흉한 일이 아니겠는가.

34 朴宗永, 「經旨蒙解·周易」: “우레란 하늘이 노한 상으로 제 때에 맞지 않게 우레가 치는 재앙이다.
   사람의 일에 두려워할만한 일이 있다면, 하늘은 반드시 진노하여 경고하니, 사람은 마땅히 마음
   에서 두려워하고 자신을 닦으며 그 잘못을 살펴야 한다. 그렇지 않으면 재앙과 허물이 반드시
   이르게 된다. 『시경』에선 ‘하늘의 노여움을 감히 가벼이 여기지 말라.’ 또 ‘전전긍긍하여. 마치 깊
   은 못에 임하는 듯이 하고, 얇은 얼음을 밟듯 하라’ 하였다. 공자는 빠르게 치는 우레와 맹렬한
   바람에 반드시 낯빛을 바꾸시고 의관을 단정히 하고 앉으셨으니, 이는 敬畏하는 뜻에서 나온 바
   이다. 사람의 수신은 비록 재앙과 허물이 없더라도, 항상 경외하는 마음을 보존하여 恐懼修省으
   로, 태만하거나 소홀히 말아야 할 것이다. 주자도 陳亮에게 ‘진정한 영웅은 도리어 깊은 못에
   임하고, 얇은 얼음 밟듯이 조심스럽게 하는 데에서 나온다고 하였으니, 학자들이 이러한 뜻을
   알아 때마다 恐懼修省한다면, 어찌 자신을 세우는 방도와 처세의 좋은 방법이 아니겠는가?”

35 [說證] 否卦의 하늘에서 벼락을 쳐 5를 1로 보내니, 벼락 맞는 자는 이웃에 있는 자다. 또 비괘
   때는 간☶의 남자가 있고, 거꾸로 된 태☱도 있어 혼인이 보인다. 그런데 서합이 되면 태☱가
   갑자기 사라지니, 간☶에서 말소리가 나지만, 감☵의 험담이 두렵다. ‘雖凶无咎’ 역시 정벌에 나
   서면 당하는 내래 쪽은 흉하지만, 하늘을 공경하는 외괘는 허물이 없게 될 것이다. 즉 상괘
   리☲는 수신과 반성이요, 감☵은 두려워하니, ‘畏鄰戒’는 바로 간☶으로 이웃을 경계함이다.

36 참고로 積善이 없으면 복을 얻을 수 없고, 不善이 쌓이지 않았다면 재앙도 두렵지 않으리라.
   선대의 음덕으로 재운은 천지신명이 도와서 성공한다[震→噬嗑 : 戌→巳, 財→孫].

는 경각심을 가지고 예방할 수 있다. 그리고 혼인은 정치동맹이니, 은나라의 실세들에게는 불리하나, 문왕의 측근들은 그 심각성을 인정하고 감지할 따름"이라며 고사의 예를 들고 있다.

마지막으로 식산息山 이만부의 호소가 맵다. "옛 어진 임금들은 일상적이지 않은 일을 만나면 더욱 두려워하여 닦으며 살펴서, 이로써 재앙이 변하여 상서로움으로 되고, 화가 바뀌어 복이 되었습니다. 진실로 전하께서 평상시 학문에 힘쓰시어 큰 덕을 밝히시고 성실을 다하여 거짓이 없게 하신다면, 궁궐에서 금하는 것은 엄해지기를 기약하지 않아도 저절로 엄해지고, 임금에게 아첨을 잘하여 총애를 받는 자는 멀리하기를 기약하지 않아도 저절로 멀어지고, 기강은 세워지기를 기약하지 않아도 저절로 세워지며, 조정은 바르게 되기를 기약하지 않아도 저절로 바르게 되고, 재앙이 사라지기를 기약하지 않아도 저절로 사라지며, 상서로움은 이르기를 기약하지 않아도 저절로 이르게 되니, 모든 일은 진실로 빛나고, 나라 안은 편안하고 안정되어, 하늘에 빌어서 명命을 영원히 할 수 있습니다. 엎드려 바라옵건대, 전하께서는 유념하여 주시고 힘써 주시옵소서."[37]

---

37 李萬敷, 「易統·易大象便覽」, '脩省'.

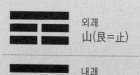

외괘
山(艮=止)

52. 중산간重山艮

Keeping Still

내괘
山(艮=止)

지금은 행동이 아니라 묵중한 산처럼 만사를 멈추고 있어야 할 때다. 주위에 아무도 응해주는 이가 없으니 태연자약하게 작금의 상태를 잘 지키는 여유가 필요하다.

艮其背 不獲其身 行其庭 不見其人 无咎

그의 등 뒤에 멈추어도 그 사람을 잡을 수 없고, 뜰로 나가도 그 사람을 만날 수 없으니, 때를 알고 가면 허물이 없다.

등 뒤에서 멈추어라[艮其背, Keeping his back still]! 뒤돌아 봐도 그 사람을 잡을 수 없고[不獲其身], 뜰에 나가도[行其庭] 그 사람을 만날 수 없다[不見其人]. 그러니 머물러야 할 때를 알고 정녕 머물 줄 알면 허물이 없을 것이다[无咎].

진정한 멈춤은 외물에 끌림이 없어야 한다는 소리다.[1] 특히 명예나 재산이나 색욕 등 사사로움에 끌리지 말고 심주를 잘 잡고 가야 한다는 것이다.[2] 그 심주

---

[1] 沈大允, 『周易象義占法』: 몸은 움직여 앞을 향하지만 등은 그 자리에 그쳐 움직이지 않는다. 몸에는 이목구비가 있고, 수족은 음양으로 사물에 접촉하여 그 정욕을 일으키지만, 등은 이러한 바가 없다. 사람이 밖으로 바라는 것이 없고 정욕에 끌리지 않아야 그침이 있으니, "그 등에 그치면 그 몸을 얻지 못한다[艮其背不獲其身]"고 했다. 즉, 그 자리에 그치니 정욕에 흔들리지 않음을 말한다. 그침은 반드시 마음속에 스스로 움직이지 않을 정도로 더 크고 좋아하는 心柱가 있다는 소리다. 고로 "그 뜰을 다녀도 그 사람을 보지 못하니 허물이 없다[行其庭不見其人无咎]"고 한 것이, 바로 돈독하게 좋아하는 것을 행하기에 바깥 사물에 흔들리지 않음이다. 곧 마음이 맑고 고요하여 욕심이 사라지니 그 그쳐야할 자리에 그쳐, 심성이 정욕에 유혹되지 않는다. 사람이 허황된 욕심에 흔들리지 않게 된 연후에야 실리를 얻을 수 있다[不爲虛慾所遷, 然後能得實利].

[2] 權近, 『周易淺見錄』: '그 등에 그침'은 體를 세우는 것이고 '그 뜰을 다님'은 用이다. 안으로 나의 사사로움을 잊는 것이 '그 몸을 얻지 못함'이고, 밖으로 사람의 형세를 잊는 것이 '그 사람을 보지 못함이다.' 오직 이렇게 한 뒤에야 일마다 그 이치에 멈추어 쓰임에 어긋나지 않을

는 나를 위한 것이 아니며, 남을 위한 것도 아닌 '도道'의 자리일 뿐이다.[3] 그침에도 때가 있으니, 행하고 그치며 천천히 하고 빨리 함이 모두 때가 있다.[4]

다음은 문왕의 괘사를 한 번 더 쉽게 풀어주는 공자의 단사이다. "간은 멈춤이다[艮止也]. 멈추어야 할 때 딱 멈추고[時止卽止], 나가야 할 때 딱 나가면[時行卽行], 간도艮道를 다하는 성인이다[動靜不失其時, 其道光明]. 상하가 전혀 소통 없이 서로 밀어내고만 있으니[上下敵應, 不相與也], 나가고 멈추는 템포를 잃지 않으면 미래는 약속된다. 가령 등 뒤에 있어도 얼굴을 마주 보려 하지 않고, 뜰 앞까지 나아가도 만나려 하지 않음과 같다[是以不獲其身行其庭不見其人]. 그러니 머물러야 할 곳에서 머물기만 하면 탈은 없을 것이다[艮其止 无咎也]."[5/6]

것이다. 예컨대, 고요(皐陶)가 유사(有司)가 되어 '구속할 따름'이니, 오직 "법이 있음만을 알았다"는 것이 '그 몸을 얻지 못한다'는 것이고, '天子의 아버지를 인정하지 않은 것'이 '그 사람을 보지 못한다'는 것이다. 어떤 이가 물었다. 정자는 "화엄경을 보는 것이 艮卦 하나를 보는 것만 못하다"고 했는데, 화엄은 다만 하나의 止觀만을 말했다. 화엄에서는 萬法이 圓融하고 존재마다 모두 갖추고 있어 한쪽에 치우쳐 보아서는 안 된다고 하고, 간괘는 天理가 보편적이고 모든 사물이 소유하고 있어 터럭만한 사사로움도 용납해서는 안 된다고 말한다.

3 李恒老,「周易傳義同異釋義」: 간괘의 덕은 그침이다. 그침은 보지 못하고 다니지 못함을 말하는 것이 아니고, 마땅히 그쳐야 할 곳에 그침을 말한다. 마치 임금이 되어서는 仁에 그치고, 신하가 되어서는 敬에 그치며, 아비가 되어서는 慈에 그치고, 자식이 되어서는 孝에 그치며, 나라사람과 사귐에는 信에 그쳐야 하는 것이니, 이른바 한번 정하여 바뀌지 않는 데에 그치면 더하거나 뺄 수 없으며, 나아가거나 물러날 수도 없다. 이른바 "몸을 얻지 못하며 사람을 보지 못한다[不獲其身不見其人]"는 것은 마땅히 그쳐야 할 곳에 그침을 이르는 것이어서, 애초에 나를 위해 그러한 것이 아니며, 남을 위해 그러한 것도 아니다. 이미 나를 위한 것이 아니며, 남을 위한 것도 아니라면 그치는 곳은 어떤 일인가? '道'일 뿐이다. 공자가 그것을 해석하여 "때가 그칠 만하면 그치고, 때가 다닐 만하면 다녀서, 움직임과 고요함이 그 때를 잃지 않음이, 도리가 빛남이다[時止則止, 時行則行, 動靜不失其時, 其道光明]"라고 한 것이 이것이다.

4 朴宗永,「周易」: '그침[止]'은 사람이 마땅히 알아야 할 바이다. 『대학』에서는 "지극한 선에 그친다[止於至善]"했고, 공자는 "머무름에 있어 그 머무를 바를 안다[於止知其所止]"고 했으니, 사람으로 머무름을 알지 못하면 위태롭다. '그 등에 그침[艮其背]'은 움직이지 않고 그쳐 그 머무름을 견고하게 할 수 있고 '그 몸을 얻지 못함은 내가 없음을 말한다. '그 사람을 보지 못함은 다른 사람이 없음을 말한다. 나와 남 사이에 이미 보이는 바가 없다면 보이는 것은 어떤 것인가? 오직 의리일 뿐이다. 의리가 있는 곳에서는 비록 내가 있더라도 나는 없는 것이며, 비록 다른 사람이 있더라도 그 사람이 없는 것이어서, 오직 의리에 그칠 뿐이다. 옛사람이 殺身成仁한 까닭이 어찌 일찍이 그 몸을 본 것이겠는가? 홀로 몸을 세우고 특별하게 행동한 것이 어찌 일찍이 그 사람을 본 것이겠는가? 군자는 때를 귀하게 여기니, 공자가 행하고 그치며 천천히 하고 빨리 함이 이것이다[行止久速]"라고 하였다. 아! 艮의 때와 뜻이 크다. 배우는 자가 그것을 깊이 음미하고 자세하게 생각하여야 할 것이다.

5 [說證] 소과괘로부터 온 艮卦는 소과 진☳ 군자가 감☵의 집으로부터 일어나 북쪽을 향해 가다가[상괘는 坎位] 끝자리에서 멈추니 '艮其背'며 '不獲其身'이다. 또 간괘는 관괘로부터도 오니

한편 간==은 앞길이 막히고 뒤로 물러날 수밖에 없어 '퇴退'가 되고, 나뭇가지가 아래로 향하여 뻗다가 무성해지면 다시 위를 향하고, 우거지면 다시 돌아오니 뿌리[根]가 된다. 땅도 한계가 없었는데, 경계와 영역을 둔 후로 '한계限界'가 되고, 또한 커져 나오는 세력을 강이 끊고 나오니 '절제節制'되고, 또 마음이 막혀서 통하지 않으면 '한恨'이 되니, 이 모두는 간==의 도에서 비롯된 것이다.

「서괘전」과 「잡괘전」에서도 "간艮은 산이 달리다가 멈추고 있는 상태[止也]"라 하였고, 또 간==은 앞에 돌진만 하는 장자와 제후와 왕[진, ==]의 도전괘倒轉卦이기도 하다. 진震은 움직이며 요란한 천둥소리를 내었으나, 간艮은 태연하게 움직이지 않는 산이다. 그러니 지금은 움직이지 말고 산처럼 심사숙고하며 행동을 삼가할 때니, 경거망동으로 나가면 산산첩첩의 난관에 부닥치고 만다. 군자의 도는 '하학이상달下學而上達'로, 멈추지 않을 수 없는 데까지 가서야 멈춘다고 했다.[7]

정자는 사람이 멈춰야 할 자리에서 멈추지 못한 것은 욕심이 큰 탓으로 보고, 욕심이 일어나기 전에 보지 않아도 될 것을 보지 않으면 그 허물이 생겨나지 않는다 하였다. 지욱도 그러한 망아忘我의 상태를 유지한다면, 천지에는 내가 없는 고로 천지조차도 나에겐 일어나지 않음이니, 동정지지動靜止止의 도를 살펴서 나감이 곧 괴[行] 스톱[止]의 원리로 보았다. 아산 역시 정응 하나 없고 적과의 동침을 하는 간艮의 시절에는 반겨 주는 이 하나 없고, 협력하여 주는 사람일도 없을 때에는 무소처럼 홀로 자신의 길을 가라 한다. 나아가 『대학』에서는 "멈춰야 할 때 멈출 줄 앎"이 바로 '지지止止의 도'라 했다.[8/9] 『주역』에 앞서 하나라의

손==의 은자가 간==의 문으로 들어와 곤== 위를 걸으니 '行其庭'이다. 관괘가 간괘가 되면 손==이 사라지니 '不見其人'이 된다. '背'는 집의 북쪽, 상효를 의미하고, '庭'은 집 섬돌 아래에서 대문까지를 이른다.

6 [說證] 간==은 '時止'이고 진==은 '時行'이고, '其道光明'은 진==의 '大道'와 리==의 '광명'이다. '止其所'는 상의 자리 막다른 극에 멈춤이며, 또 '敵應'과 '不相與'는 여섯 자리가 다 응하지 않기 때문이다. 고로 진==의 군자는 몸을 감추는 반면, 손==의 은자는 밝은 곳을 '行其庭' 하나 은자처럼 '不見其人'하니 허물 없다.

7 『논어·憲問』: "不怨天, 不尤人, 下學而上達. 知我者其天乎."

8 『대학』 1장에서 "知止而後有定", 즉 "멈춤을 알고 난 후에 정함이 있다" 하고, 또 3장에서 "知其所止, 可以人而不如鳥乎", 즉 "머무는데 새 새끼만 못하여 되겠느냐'고 했다.

9 참고로 아무도 응할 이 없는 艮의 시절에는, 남에게 기대나 의뢰심은 금물이니 태연자약하게 작금의 상태를 잘 지키는 여유가 필요하다. 산이 높이 솟아 움직이지 않는 것처럼, 이런 때는 산속에 묻혀 사는 은자같이 고상한 정신과 부동의 마음으로, 호시절이 도래할 때까지 힘을 길

『연산역連山易』은 '종즉유시終則有始'라는 간艮의 도를 따라 간괘를 첫머리로 삼기도 했다.

참고로 조선 개국 때 무학대사와 이성계 간에 간艮에 얽힌 일화가 하나 있다. 태조가 경복궁을 건립하자, 무학이 종묘의 중문을 '창엽문蒼葉門'이라 명명하니, 태조가 이를 알고 너무 짧지 않느냐고 반문하자, 무학대사가 반 칸을 더 지었다고 한다. 조선은 28왕으로 계승하여 20세대世代의 왕위만 있었다. 마지막 임금은 영친왕[垠]이었고, 그 반 칸은 이승만 대통령을 뜻하였다고 한다. 파자破字로 창蒼은 28군二十八君, 엽葉은 20세대二十世代로 풀어볼 수 있다.

> 象曰 兼山 艮 君子以 思不出其位
> 상왈, 산이 중첩되어 있음이 간의 상이다. 산은 제 위치를 지켜 절대로 움직이지 않는다. 군자는 이를 보고 자기 본래의 입장을 지키며 야심을 품지 말아야 한다.

초목이 생겨나고, 금수가 뛰어놀며, 보배가 무진장한 산은 그 자리마다 자신의 보금자리가 아님이 없다. 산이 비록 중첩되어 있지만 그 자리는 편안하다. 군자가 현재의 자리를 여의고 따로 법을 얻을 바 없으니, 산을 보고는 생각이 그 자리를 함부로 넘지 않도록 해야 할 것이다[思不出其位].

공자가 『중용』에서 "윗자리에 있으면서도 아랫사람을 능멸하지 아니하고, 아랫자리에 있으면서도 윗사람을 잡아당기지 않듯이, 나 자신을 반듯하게 하고서, 남에게는 바라는 바가 없으면 원망이 있을 리 없다"[10] 한 것 역시, 자리를 보전함을 묵중한 산과 같이 하라는 소리다. 증자도 "군자는 생각이 그 지위에서 벗어나지 않도록 해야 한다[思不出其位]"[11]며 공명했다. 공자는 다시 『대학』에서 "임금은 인仁에 멈추고, 신하는 경敬에 멈추고, 자식은 효孝에 멈추고, 부모는 자慈에 멈추며, 나라의 사람과 교제할 때는 신신에 멈추라"[12] 한다. 『예기』에서도

려야 한다.

10 『중용』 : "在上位, 不陵下, 在下位, 不援上, 正己而不求於人, 則無怨, 上不怨天, 下不尤人 此言不願乎其外也."

11 『논어』, 「헌문」 : "子曰, 不在其位, 不謀其政." "曾子曰, 君子思不出其位."

"관직에 있으면 관직에 대해서만 말하고, 화폐창고를 맡으면 화폐창고에 대해서만 말하고, 기물창고를 맡으면 기물창고에 대해서만 말하고, 조정에서는 조정의 일에 대해서만 말하라"[13]고 한다. 이 모두는 군자가 산을 닮아 생각이 그 지위에서 벗어나지 않도록 해야 함[思不出其位]을 강조한 것이다.[14]

삼산三山 유정원은 『역해참고』에서 "산 가운데 높은 것은 높은 데에 멈추어 낮추지 못하고[山之高者 止於高而不卑], 낮은 것은 낮은 데에 멈추어 높아지지 못하니[卑者 止於卑而不高], 군자가 그 자리에서 벗어나지 않는 것이 그와 같다[君子之不出其位如之]"고 한다.

안팎이 모두 산이니 겹친 산이다. '벗어나지 않음'은 그친다는 뜻이다. '지위'는 그쳐야 하는 자리이다. 두 산 사이에 감☵의 물이 안에 있어, 흘러나올 수 없기 때문에 상을 취함이 이와 같다. 몽괘와 건괘蹇卦는 산이 하나만 위에 있거나 아래에 있어 물이 저절로 흘러나오므로, 건괘蹇卦에서는 '자기 몸에 돌이킨다[反身]' 했고, 몽괘에서는 '과감하게 행한다[果行]'고 했다.[15]

바깥 산이 밖에 그치고, 안의 산이 안에 그치며, 윗 산이 위에 그치고, 아랫 산이 아래에 그친다. '지위'는 움직이려는 양이지만, 바탕은 곧 고요할 수 있는 음이니, 음을 매양 길이 곧음으로 경계하였다.[16] 손괘巽卦와 진괘震卦와 감괘坎卦와 이괘離卦와 태괘兌卦의 다섯 괘는 모두 거듭함을 얻어 왕래하는데, 두 산만이 함께 서서 서로 왕래하지 못하고 스스로 그치니, 빈천함에는 빈천한대로 처하고, 부귀함에는 부귀한대로 처하는 것과 같다. 마음과 몸이 모두 함께 그치므로, 생각이 그 지위에서 벗어나지 않는다.[17] 지산(芝山)의 『역상설』과 정좌와靜坐窩의 「역상차론」도 일독한다.[18]

12 『대학』: "爲人君, 止於仁, 爲人臣, 止於敬, 爲人子, 止於孝, 爲人父, 止於慈, 與國人交, 止於信."

13 『예기』, 「곡례(하)」: "在官言官, 在府言府, 在庫言庫, 在朝言朝."

14 간괘가 소과괘로부터 왔기에 大坎의 마음이 간☶으로 멈추고 진☳으로 나아가려 하나, 간괘는 멈추고 또 멈춰야 하니 '思不出其位'다.

15 金相岳, 『山天易說』: "內外皆山, 爲兼山. 不出, 止之義也. 位者, 止之所也. 兩山之間, 坎水在中, 不能流出, 故取象如此. …"

16 李止淵, 『周易箚疑』: "外山止於外, 內山止於內, 上山止於上, 下山止於下, 位, 是欲動之陽, 而質則能靜之陰, 陰每以永貞戒之."

17 金箕灃, 「易要選義綱目」: "…. 獨兩山竝立, 不相往來自止, 如素貧賤素富貴同. 心身俱止, 故思不出位."

참고로 간괘는 때가 올 때까지 움직이지 말고 기다려야 한다. 움직이면 움직일수록 불리해진다.[19] 일본의 역학자가 1909년 10월 26일, 이토 히로부미의 중국 하얼빈 행을 두고 점을 쳤는데 간괘艮卦였다. 결과적인 이야기지만 일제의 침략을 합리화하기 위한 동양평화를 외치던 이토는, 10월 26일 오전 9시 안중근 의사에게 총알 6발을 맞고 죽는다. 중산간重山艮괘는 '가지 말고 멈추라'는 뜻이요, 또 중근重根[☶]이란 천군天君에 의하여 일본의 허망한 계획은 크게 허를 찔리고 말았다. 안중근은 일본에서 볼 때는 테러리스트지만, 세계사의 관점에서는 동양평화론을 주창한 사상가였다.

> 初六 艮其趾 无咎 利永貞
> 초6은 그 발을 움직이지 않으니 탈은 없다. 굳은 마음이 오래고 바르게 가야 한다.

움직일 마음조차 먹지 말라. 약한 초보로서 경거하고 망동함이 왕왕往往하니, 매사에 항상하지를 못할까 걱정이고, 또한 마음을 굳히지 못할까 걱정이다. "발도 움직이지 말라는 것은 그래야 바름을 잃지 않는 것이다[象曰, 艮其趾, 未失正也]"라고 공자가 확언한다. 오랜 동안 발라야 이롭다는 '이영정利永貞'은 곤도坤道[用六, 利永貞]를 가장 잘 표현한 의미이다.

초6은 부정不正하고 유약하기에 양을 만나서 교제를 시작하는 최소한의 시간(사랑으로 발전하는 최소한의 시간, 양과 동거하며 씨를 잉태하는 최소한의 시간, 뱃속에서 태아를 키워내는 최소한의 시간, 출산 후에 아이가 산모와 보내는 최소한의 시간)에 '영정永正'을 지켜야 할 옵션에 걸리게 된다.[20] 이 최소한의 시간을 넘기고 참아야 꽃이 피고 열매를 따는 이로움을 얻을 수가 있다.

그리고 화뢰서합[履校滅趾]·산화비[賁其趾]·뇌천대장[壯于趾]·택천쾌[壯于前趾]·화

---

18 沈潮, 「易象箚論」: "'벗어난다'는 '出' 자가 山 위에 산이 있는 것이 묘하다. 위아래가 모두 그침이니, 바로 그쳐야할 바에 그침이다. 간괘는 土가 되므로 '思' 자는 田 자를 부수로 하고, 산의 모양이 우뚝 솟아있기 때문에 '位' 자는 立 자를 부수로 한다."
   曹好益, 『易象說』: "'생각은 호괘 감☵의 상이니, 감☵은 마음의 형통함이 된다'"
19 이제껏 친하게 지내는 사람과는 헤어지는 일이 생긴다. 입학과 취업은 배경을 활용하면 좋다.
20 『禮記·春官宗伯下』: "大祝이 오래 일을 맡아 처리하여 求하는 것을 永正이라 한다."

풍정[鼎顚趾]의 초효가 모두 발과 그 발꿈치를 나타내고 있듯이, 간괘艮卦의 첫자리에서도 발끝(발뒤꿈치)도 움직이지 말라[艮其趾, Keeping your toes still]고 하는 것은, 세상을 모르는 어린 생각이 행동으로 옮겨질 가능성이 많기 때문이다. 이러한 입장을 굳게 지켜서 나가면 탈은 없겠지만[无咎], 굳은 마음이 오래 오래 바르게 가지 못할까 봐[利永貞, Continued perseverance furthers] 걱정이다. 간괘가 비괘賁卦로 간다.[21]

六二 艮其腓 不拯其隨 其心不快[22]
육2는 장딴지에 힘을 꽉 주며 움직이지 말라. 따르는 자(다리)가 돕지 않는다. (그런고로 편하지 않는 마음으로 머물긴 하나 자신의 의견이 받아들여지지 않기 때문에) 항상 마음이 편치 않다. (그 장딴지를 멈추니, 그 물속에 떨어진 자를 건져주지 못하여, 그 마음이 안타깝다.)

간괘가 산풍고괘山風蠱卦로 간다. 명령 체계가 장단지에 그치라고 했는데도, 다리가 이를 받아주지를 않는다. 나아가고 그침이 장단지에 달려 있는 것이 아니라, 다리에 달렸다. 2는 중정의 도를 얻은 자이나, 5와 정응正應이 되지 못한 고로, 5의 구원을 받지 못한 채로 장단지에 머문다[艮其腓]. 그러니 구원을 받지 못한 채, 다리가 가자는 대로 따라갈 수밖에 없는 실정이다[不拯其隨]. 그리고 바로 위의 친구(3)는 나아가고 멈추는 행지行止의 산주山主[☶]로, 움직이는 키를 쥐고 있는 양陽이다. 자신이 비록 중도를 얻었을지라도, 발이 움직이는데 장단지가 따르지 않을 수가 없는 실정이니, 내심 불쾌하지 않겠는가[其心不快]. 또 나의 주인 5가 응이 없으니, 이웃한 3 양陽으로부터 동動의 영향을 받으니 어쩔 수 없는 도리다. 발꿈치와 장단지는 다 마음을 따라서 움직이는 자들이다. 지금은

---

21 [說證] 賁卦는 泰卦 2가 상으로 간 괘다. 태괘 때 진☳의 발걸음이 나아갈 줄만 알고 그칠 줄 모르더니, 賁卦가 되면 상의 간☶이 진☳을 막게 되니 '艮其趾'가 된다[예로 진☳과 초효가 동행해야만 위의 예처럼 趾가 붙는다]. 또 '永貞'은 상하의 리☲로 예도를 밝혀나감이다. 참고로 욕심내지 말아야 재난이 없다. 발이 움직이지 않으면 몸도 마음도 움직이지 않는다. 음은 본시 발동이 없다. 김대중 대통령에 대한 평가로 얻는 초효이다. 치적을 잘 미화한 인물로 남는다[艮→賁].
22 腓 장딴지 비. 拯 건질 증.

임금(마음)이 컨트롤하는 키를 놓고 있으니, 3을 따라서 갈 수밖에 없다.

공자가 "(물에) 떨어진 자를 구원해 주지 못하는 것은, 물러나 멀리 떨어져 있으라는 주군의 소리를 듣지 못한 탓이다[象曰, 不拯其隨, 未退聽也]"라고 한 것을 보면, 다산이 '부중기수不拯其隨'를 '물속에 떨어진 자를 건져주지 못함'으로 풀고 있는 해석이 멋들어지다.[23/24]

九三 艮其限 列其夤 厲 薰心[25]
구3은 허리를 멈추고, (받치고 있던 엉덩이가 꼼짝을 않으며 몸을 굽히거나 펼쳐지지도 않으니) 등골이 깨지듯 아프다. 닥쳐올 위험이 마음을 초조하게 만든다.

아래와 위의 한계限界를 짓는 부위가 허리다. 상하체를 연결하는 허리[限]를 움직이다가 걱정이 생겼으니[厲, Dangerous] 마음이 검게 탄다[薰心, Heart suffocate]. 양陽은 반드시 동動하는 법이라, 자기 잘난 생각으로 양양陽陽거리다가 갑자기 그만 허리를 다치고 말았다. 멈추어야 할 시기인데 깡[剛剛]을 부린 과보果報. 멈춤의 주장으로서 허리뼈를 움직이지 말아야 하는데도[艮其限], 그만 고스톱[行止]의 묘를 몰라서 등뼈가 쪼개져 서로를 이어주지 못하게 되었으니 마음이 아주 불편한 상황이 되었다[列其夤, Making his sacrum stiff]. 정력이 절륜할 때에 3이 상하로 음의 구덩이에 빠진지라, 허리를 잘못 써서 요통을 겪는 경우이다.

주자朱子는 '한限'을 상하로 연결하는 고리 부분 '허리[腰]와 사타구니[跨]'라고 했고, '인夤'은' 여脊'로 '선골仙骨(sacrum)' 또는 '천골薦骨'로 보며 다음과 같이 해

---

23 [說證] 蠱卦도 태괘의 초효가 상으로 간 상이다. 태괘 때는 건☰의 행진이 매우 씩씩했으나, 고괘가 되면서 손☴의 다리를 간☶이 막아 세우니 '간기비'다. '隨'는 떨어질 '墮'다. 태괘 때 곤☷의 친구들이 나란히 동행을 하다 가장 앞장서 가던 상효가 낙오되어 초효로 떨어져[大坎의 냇물에 진☳의 발이 빠짐], 비록 간☶의 손이 있지만 초효에까지 미치지 못하니, 어떻게 구원할 수 있겠는가? 그 까닭은 '미퇴청' 즉 물러가라는 소리, 즉 명령[☰]을 감☵의 귀로 듣지 못한 소인의 무지의 소치다.

24 참고로 간이 산풍고로 가니 큰일은 애써 구하려고 나서지 말라. 억지로 밀고 나가면 등줄기가 오싹하고 뻣뻣해질 일을 당할 것이다. 작은 일이라면 저절로 풀린다. 병은 다리와 장딴지에 통증이 있다.

25 限 허리 한, 한할 한. 夤 등뼈를 연결하는 천추 인. 薰 속 탈 훈.

석하였다. "지금 구3이 과강過剛하고 부중不中한 연고로 몸을 굴신屈伸하지 못하여 허리와 등뼈가 찢어질듯이 아프고 불안하다." 3은 하괘의 주효이다. 허리로부터 아래위로 이어짐이 본래 등뼈와 같은데, 그 등뼈가 찢어져서 연결되지 못하여 마음이 타니 초조할 따름이 아닌가. 다산은 '인夤'이란 '망지중강網之中綱' 즉 '그물 가운데 있는 벼리'인데 후한의 마융馬融[26]이 '인夤'을 '등뼈'로, '한限'을 '허리'로 잘못 푸는 바람에 오늘날까지 위와 같은 많은 오류가 생겼다고 지적한다. 그러면서 육3은 간괘가 변하여 박괘剝卦로 가니 "그 (영토의) 경계가 분명 한정된다. 그 (영토를 지탱하는) 그물의 한가운데 벼리가 찢어졌으니, 위태로움이 마음을 태운다"는 해석을 내리고 있다.[27] 다산은 마융의 해석이 옳다고 치면 "등뼈가 깨어졌을 땐 죽은 지 이미 오래일 터인데, 마음은 언제 태울 겨를이 있겠느냐"고 반문한다. 닥쳐올 위험이 마음을 초조하게 만든다.

고로 공자는 "허리를 멈춘다. [등골이 깨지듯 아프다.] 위태로운 상황에 마음이 애탄다[象曰, 艮其限, 危薰心也]"고 주석했다. 아산은 '열기인列其夤'을 분단된 상태로, 인夤의 석夕을 유방酉方으로 보았으며, 천간天干으로는 경신庚辛, 간지干支로는 경인庚寅으로 보아 한국전쟁(6·25)으로 풀기도 했다. 즉 우리나라는 지구 중심에서 보면 간방이다. 「설괘전」에서 만물은 간방에서 시작되어 간방에서 마무리된다.[28]

예언가 남사고는 38선에는 주점酒店이 아닌 새로운 세상을 짜는 8이 3개씩이

---

26 馬融(79~166)은 後漢의 儒家로 數經에 통달하여 盧植, 鄭玄 등을 가르쳤다. 문집 21편이 있었으나 지금은 그 단편만 남아 있다.

27 [說證] 관괘 때는 곤☷의 강토가 산만하여 경계가 없더니, 간괘가 되면 지역의 한계가 분명해지니 '艮其限'이다. '夤'은 '網之中綱' 즉 '그물 가운데 있는 벼리'다. 간의 모괘 관에서 손☴의 줄이음의 무리들을 통제하고 있다. 그런데 간괘가 되면 大离의 그물이 펼쳐져 큰 밧줄은 위에 있고 가운데 그물을 버티는 줄[中綱]은 아래에 있으니, 그 모양이 그물 줄 '夤'의 형상이다. 그런데 3효가 변하여 박괘가 되면, 벼리가 찢어져 그물코 리☲가 넓혀지지 않으니 '列其夤' 즉 '그물을 찢어버린다'고 한 것이다. 간괘에서는 곤국의 내부에 왕의 벼리가 위탁되어 있었는데[간괘 3은 관괘 5가 내려온 것임], 박괘가 되면 양이 홀로 상에 올라 높기만 하지 합당한 지위가 없으니 위태로움이 이보다 심할 수 있겠는가? 진☳의 군자가 근심하는 마음이 마치 불타는 것과 같아서[감☵의 마음과 리☲의 불] 뜨겁게 그을려 소명되니 '려훈심'이다. 진☳의 풀과 리☲의 불이 태우는 상이다. 참고로 남녀를 막론하고 특히 재정문제로 합심한다는 것은 바르지 못하다. 이는 서로가 자립의 능력은 있을지 모르나 행동이 거침없고 타협적이지 못하여 고집스럽고 남의 충고를 받아들이지 않으니 늘 불만과 고통으로 지낸다.

28 「설괘전」 : "艮, 東北之卦也, 萬物之所成終而所成始也, 終萬物始萬物者莫盛乎艮."

나 있는 점방店房이 생긴다고 하였다.[29] '판문점板門店'은 글자 하나 하나가 8획으로 짜여져 '술은 팔지 않지만, 핵과 평화'만을 주메뉴로 하는 살벌한 레스토랑이다. 또 일부一夫와 증산甑山은 '간艮도수'의 실현이 한국에서 일어난다고 합창했다. 탄허呑虛 또한 인류의 구원은 한국에서 이루어지며, 미래에 한국은 세계에서도 정신적인 수도가 될 것이라 주장하였다. 그는 또 "지축地軸의 정립은 종말이 아닌 성숙, 멸망이 아닌 결실"이라 보고[30] "북극의 빙하가 녹으면 지축이 똑바로 서고, 세계인류가 엄청나게 감소될 것이며[60~70%], 현재 지구의 4분의 3이 바다지만 앞으로는 육지가 4분의 3이 되는데, 그때 일본은 한국의 영향권으로 들어오게 될 것"이라 예언하고 있다.[31] 작금의 폭염·태풍 등 이상기후현상이 계속되는 것과 2011년 3·11 대지진의 충격으로 일본 열도가 일부 이동하고 지구 자전축이 흔들렸다는 설이 이를 잘 뒷받침한다.[32]

이런 예언을 미루어 한반도의 분단과 통일의 원리가 우리나라 태극기 속에 모두 들어 있으며, '정주영의 소떼'가 한반도 통일의 가교로 등장한 데는 하늘의 섭리와 비밀이 숨어 있다는 주장도 한다. 『신약』을 쓴 김일훈 역시 인삼과 산삼은 간방艮方인 우리나라가 적지이고, 이런 한국의 장래가 밝다고 본다.[33] 강증산의 '간도수'도 참고하자.[34]

29 남사고, 『격암유록』, '三八歌' : "十線反八三八, 兩戶亦是三八, 無酒酒店三八, 三字各八三八"

30 김탄허, 『주역선해』, 434~439쪽.

31 김탄허, 『부처님이 계신다면』, 169쪽.

32 미국지질연구소(USGC)는 위치정보시스템(GPS) 계측소 한 곳의 위치가 2.4m 정도 동쪽으로 이동했고, 일본도 지진이 발생한 진원 주변 암반이 최대 20m정도 이동했으며, 특히 2004년 인도양 대지진 당시에도 지축이 미세하게 흔들리고 인도네시아 수마트라 섬이 남서쪽으로 36m 이동하였다고 한다.

33 김일훈, 『신약』 : "인삼이나 산삼은 햇빛과 바람을 싫어한다. 그리고 한국에서 나는 것을 최고의 명품으로 친다. 침실도 간방에 배속시킨다. 艮山의 의미는 우리나라와 같이 높지도 않고 비교적 완만하고 노후된 산이다. 중국이나 히말라야 같이 험준한 산이 아니다. 마그마의 활동이 끝나고 정지되어 양기가 산의 표면을 가득 채우고 정지해 숨어 있는 산의 모습이다. 우리나라 산은 양기를 산자락에 정지시키고 잘 갈무리하고 있다. 이런 산자락에서, 그것도 초라하여 햇빛도 잘 들지 않고 구석진 곳에서 갈무리된 생명력을 빨아 먹고 자라는 것이 바로 한국의 인삼과 산삼이다."

34 강증산, 『개벽』 : "한반도는 선천을 매듭짓고 세계정세를 주름잡는 핵심센터가 된다. 이것이 바로 艮度數의 수수께끼이다. '복희팔괘'와 '문왕팔괘'와 '정역팔괘'의 3자에서 볼 수 있는 두드러진 차이점은 남북축과 동서축에서 찾을 수 있다. 복희팔괘의 남북축은 天地否의 형상을, 정역팔

> 六四 艮其身 无咎
>
> 육4는 우뚝 서서 그 몸을 움직이지 말라. 자기가 할 일만을 하는 소극성을 지키
> 면 탈은 없을 것이다.

정사政事를 시행하면 허물이 생긴다. 대신의 지위에 있을지라도 군주를 만나
지 못하는 자리이다. 남을 멈출 수 없는 자리이지만, 자신이라도 멈출 줄 알아야
허물이 없다. 몸통 그 자체를 스톱하는[艮其身, Keeping your trunk still] 4는, 시즉
지時止則止 하는 대신이기에 어떠한 허물도 없다[无咎]. 그러니 "천만가지 흐름과
오류는 만물에 있지 아니하고, 자신에게 있음을 알게 되면 탈은 없다."[35] 마음은
몸의 주인이다. 몸은 곧 마음에 따라 움직이니, 마음에 따라서 굴신이 오고 갈
뿐이다. 고로 나아가야 할 때 나아가고, 멈추어야 할 때 멈추면 허물이 있을 리
없다. 그러나 탐진치貪瞋癡로 빚어진 욕심의 정욕情慾이 타오르기 시작하면 마음
이 상하고, 그것이 허리를 타고 아래로 내려가면 지지止止의 브레이크가 파열되
고 만다. 이때 공자가 "수행이 모자라는 궁지를 벗어나 자유로운 수행자의 모습
[躬]을 가지라[象曰, 艮其身, 止 諸躬也]"고 소리친 것이다. 육4는 간괘가 여괘旅卦
로 간 경우다.[36]

참고로 "역리易理는 인심人心이다"라고 주장한 양간楊簡은 중국 남송의 학자
로 『양씨역전』 20권을 지은 사람인데,[37] 그는 "마음이 곧 도다. 우주의 변화는

괘의 남북축은 地天泰의 형상을 취한다. 정역팔괘는 음의 기운은 아래로 내려오고 양의 기운은
위로 올라가 음양이 교접하여 정상적인 조화를 이루는 정음정양의 형상을 딴다. 김일부에 의해
'정역괘의 성립을 밝힌 내용이라고 규정된 「설괘전」 5장이다."천지의 주재자인 상제는 진에서
만물을 발동시키며, 손에서 가지런히 하고, 이에서 서로 보고, 곤에서 수고로우며, 태에서 기뻐
하고, 건에서 싸우고, 감에서 위로하고, 간에서 말씀(logos)이 이루어진다[帝出乎震, 齊乎巽, 相
見乎離, 致役乎坤, 說言乎兌, 戰乎乾, 勞乎坎, 成言乎艮]. 간은 동북방의 괘이니, 만물이 완성되
어 마치는 바이며 또한 만물이 이루어져 처음으로 시작되는 바이기 때문에 '말씀이 간에서 완
성된다'라고 한 것이다."

35 지욱, 『주역선해』 : "天衍萬繆 皆由身起 何咎之有."

36 [說證] 旅卦는 否卦 5가 3으로 왔다. 비괘 때는 否→剝→坤으로 양을 침식하는 음의 기세를 막을
수 없더니, 여괘가 되면 안으로는 스스로 몸을 멈추고, 탐욕[坤爲貪]을 절제함이 있는 까닭에
'艮其身'이라 했다. 내가 이미 탐욕을 멈춤에, 상대도 리☲로 변해 反求諸己하니 백성들이 교화
되지 않을 수 없다. 참고로 그칠 줄 알면 어려움도 멈추나, 과욕하고 망동하면 그 해로움도
상당하다. 음의 자리에 음이라 움직일 기력도 응원하여 주는 자도 없다.

37 김승동, 『역사상사전』, 630쪽. "제1권에서 19권까지는 모두 경문을 풀이하였고, 제20권에서는 역

곧 마음의 변화 과정"이라며 "역학은 마음을 밝히는 수양의 근본"이라 했다.

> 六五 艮其輔 言有序 悔亡[38]
> 육5는 볼도 움직이지 말라. 말의 순서가 있으면 후회할 일도 사라진다.

먼저 수현壽峴의 『오위귀감』으로 올리는 읍소다. "신이 삼가 살펴보았습니다.
간괘의 5가 광대뼈의 상을 취한 것은 어째서이겠습니까? 대체로 간괘는 등지고
서 있는 상이 되므로, 여러 효에서 모두 등 뒤의 몸체를 취했고, 광대뼈도 등
뒤로부터 볼 수 있으므로, 그 상을 취했습니다. 사람이 말을 할 때에는 반드시
그 볼을 움직이니, 볼을 멈추면 말이 나오지 않습니다. 오직 입이 분란을 일으
켜, 사람들이 모두 경계해야 하는 것인데, 임금이 말을 하는 것은 더욱 마땅히
삼가야 하므로, 고종이 삼년을 말하지 않다가 한 번 말하자, 사해가 모두 우러러
보았으며, 장왕이 삼년을 울지 않다가 한 번 울자 제후들이 모두 놀랐으니, 여기
에서 이른바 '볼에 그침'은 말을 하지 않는 것을 바르게 여기는 것이 아님을 알
수 있습니다. 때를 기다려 말하고, 말에 반드시 알맞음이 있으면, 종일을 말하더
라도 구설이 있는 적이 없습니다. 비록 그렇지만 그치고 말하는 것이 요컨대 모
두 중정함에 그쳐야 하니, 그런 뒤에 길하여 후회가 없습니다. 엎드려 바라건대
전하께서는 그 관건이 되는 바를 삼가셔서 중정함을 잃지 마옵소서."[39]

석지형은 주공이 말한 "볼도 움직이지 말라[艮其輔, Keeping your jaws still]. 앞
뒤의 말을 가려서 삼가면 후회할 일이 사라진다[言有序悔亡]"고 한 것을 보고, 위
에처럼 임금에게 간절히 올렸다. 여기서 정자와 우암은 "광대뼈와 뺨은 말이 근
거하여 나오는 곳이다" 했다.[40] 마음의 소리가 볼을 움직여서 진리를 출납하니,

학을 두루 논의하였다. 이 책은 象數는 생략하고 불교 이치로써 『주역』을 풀고, 사람의 마음을
근본으로 삼고 있기에 禪思想으로 주역을 보고 있다."

38 輔 광대뼈 보, 도울 보

39 石之珩, 『五位龜鑑』: "… 高宗三年不言, 一言而四海咸仰, 莊王三年不鳴, 一鳴而諸侯皆驚, 斯可見,
所謂艮輔者, 非以不言爲正也. 待時而言, 言必有中, 則終日言, 未嘗有言也. 雖然其止也其言也, 要
皆止乎中正, 然後吉而悔亡, 伏願殿下, 慎其樞機. 而罔失中正焉."

40 宋時烈, 『易說』: "艮卦가 전변하면 兌卦가 되니, 태괘는 볼과 뺨이 된다. 혀는 그치는 때에 말을
망령되게 발설하지 않고, 발설함에 반드시 질서가 있기 때문에 허물이 없다."

부드러운 양[5, 君位]의 자리를 얻었고, 또 중을 얻은 나머지 정중正中을 다시 취하니 망발妄發이 없고, 반드시 앞뒤가 맞으니 구업口業을 면할 것이다. '정구업진언淨口業眞言, 수리수리修理修理, 마하수리摩阿修理'가 바로 이 자리다. 말을 할 자리가 있고 삼가야 할 자리가 있다. 천하를 다스리는 임금이라도 다르지 않다. 여기서는 말을 아끼며 삼가야 할 자리이다[象曰, 艮其輔, 以中, 正也].[41]

즉 말은 마음의 심부름꾼 사자使者이다. 마음은 그렇지 않은데 말이 탈인 경우가 없지 않으니, 말이 질서와 순서를 따라야 후회가 사라진다. 말의 중요성을 살피되, 나쁜 말은 메아리로 들어야 할 것이다.[42] 육5는 간괘가 풍산점괘風山漸卦로 변한 경우다.[43]

上九 敦艮 吉
상9는 두텁게 산만큼 높은 둑을 쌓으니 유종의 미를 거두리라.

산의 정상처럼 움직이지 아니하고도, 너그러운 마음으로 세상을 다 담는다. 누구나 자리하고픈 선망의 자리요 정상이다. 정상頂上은 정상적正常的인 사람이라면 누구나 원하는 자리가 아닌가. 지인至仁으로 유지하는 인간 최고의 자리이며, 하늘에 달린 해와 달 같은 자리다.

『이아爾雅』 「석구釋丘」편에는 "언덕이 두 번 거듭됨이 '돈敦'이고, 또 정성을

---

41 다산은 "以中正也라 함은, 韻을 맞추기 위한 마韻의 원리를 취했다[正·聽·躬·終]"고 하였다.

42 清獻公 趙抃, 『善誘文』, '座右銘 8條目' : "나쁜 말을 듣더라도 바람과 메아리로 여긴다[聞諸惡言如風如響]. 일에 무심해야 마음에 일이 없다[無心於事無事於心]. 부족해도 인정으로 품는다[人有不及可以情恕]. 서로 막을 뜻이 아니면 이치로 푼다[非意相干可以理遣]. 만 석 부자라도 밥은 하루 두 홉[良田萬頃日食二升]. 1,000칸 집도 잠자린 한 평[大廈千間夜臥八尺]. 말이 한 자에 행이 한 치면 곤란[說得一尺行得一寸]. 좋은 일을 행할 뿐 앞길은 묻지 않는다[但行好事莫問前程]."

43 [說證] 漸卦는 否卦 4가 3으로 온 경우다. 漸卦는 상괘 간☶이 뒤집힌 태☱이고, 하괘는 간☶으로 혼인괘다. 태☱의 여자가 말을 잘해 간☶의 사내를 멈추게 하니 '艮其輔'다. '有序'란 8괘의 순서를 따름인데[☴ ☱ ☶], 즉 손☴에서 말을 고하고, 태☱에서 즐거워하고, 간☶에서 말을 이루니 '言有序'라 한 것이다. 한편 간괘는 손☴이 있는 관괘로부터 왔는데, 간괘에서 손☴을 잃었다가 漸卦에서 다시 손☴을 얻으니 '悔亡'이 된 것이다. 참고로 조리가 있는 말, 원칙이 분명한 법령으로 나라가 평안해지고 백성이 즐기니, 귀인이 도와서 재물과 명성이 왕성해진다. 바람과 같이 빨리 상대에게 스며들어 감화를 줄 것이니 속전속결이 유리하다.

담아 가득 올린 제수를 든든하게 받치고 있는 제기의 받침대"라고 말한다. 고로 자신의 마음자리가 정상에서 유희를 하여도 넘어지지 않게 돈독敦篤(Noble hearted keeping still)하게 하여야 유종의 미를 거둘 것이다[吉].

동파도 '돈敦'은 '넉넉하다'는 말이라며, "묶인 자는 구속에서 석방됨을 잊지 않고, 앉은뱅이는 자리를 털고 일어남을 잊지 않는다. 그침의 극단에서 움직임을 잊지 않는 것은 천하의 지극히 두터움이 아니라면 누가 할 수 있겠는가?"라고 힘주어 말한다.

상9는 간艮의 주가 되고 괘의 끝자리에 있으니, 지어지선止於至善한 지인至人의 상이다. 덕성德性과 수덕修德이 본성에 하나가 된 자리다. 지욱은 "진震은 장남이라 초효에서 혁虩하고, 간艮은 소남이라 상효에서 돈독敦篤하므로, 시종여일始終如一하게 인仁을 굳건히 지킬 수 있으니, 이것이 바로 그침의 공덕이 비동비정非動非靜의 체體로 회복된 상"이라 밝힌다.

공자의 마무리 주석까지 깔끔하다. "세상에 둘도 없는 지극한 마음으로 자기 자신의 위치를 지켜서 나간다면 유종의 미를 거두고도 남음 이 있을 것이다[象日, 敦艮之吉, 以厚終也]." 이 역시 간괘가 겸괘謙卦로 간 경우이다. 김상악은 『산천역설』에서 이렇게 해설한다. "간☶의 몸체는 독실篤實하니 도타운 상이다. 곤괘坤卦와 간괘는 덕이 같기 때문에 임괘 상효[敦臨]와 복괘 5효[敦復]에서 모두 도타움을 말한 것은 이런 연유이다. 「상전」에서 '마지막까지 도탑다[厚終]' 한 것은 용육用六의 '끝을 성대히 함[大終]'과 뜻이 같다. 진괘震卦는 주장하는 바가 아래에 있고, 간괘는 주장하는 바가 위에 있기 때문에, 진괘震卦 초효와 간괘 상효가 여섯 효 가운데 가장 길하다."

석재碩齋는 '돈간敦艮' 한 인물을 아래와 같이 예를 들었다. "예로부터 명석하여 '그침에 도타운' 자가 매우 드물었으니, 한나라 유방의 장량張良, 당나라 이필李泌, 송나라 전약수錢若水, 주원장의 명나라 유기劉基가 '그침의 도타움'에 가까웠고, 은나라에 이윤伊尹이 있었다."[44] 이 역시 간괘가 겸괘謙卦로 간 경우이다.[45]

---

44 尹行恁, 『薪湖隨筆易』: "從古名碩, 敦艮者, 絶罕, 在漢則張良, 在唐則李泌, 在宋則錢若水, 在皇明則劉基, 近乎敦艮, 而在三代, 則伊尹有焉."

45 참고로 먼 산은 움직이지 않는 법, 찾아 와야 만날 수 있는 자리이다. 만사가 원만치 못하니 집안을 다스리며 본분을 지켜야 한다.

젊은 날 목숨을 조국에 바친 안중근(1879~1910)은 가장 높은 자리에 앉아 그 아름다운 이름을 만세에 떨치고 있는 중산간의 정수리와 같다.[46]

---

46 『조선일보』 2009년 10월 28일(지해범 기자) : "'다섯 발자국 지척에서 피를 흘리게 하여 대사를 마쳤으니, 그 웃음소리 저 산의 달보다 높구나'는 梁啓超의 '秋風斷藤曲'이다. 여기 '덩굴[藤]'은 '이토 히로부미'이다. 양계초는 '내가 이 세상을 떠나면 내 무덤은 안의사의 무덤과 나란히 있으리라' 하여 안의사에게 최대의 존경심을 표했다. 안중근 거사 소식이 알려지자 중국인들은 '우리의 원수를 대신 갚았다. 중국이 조선만 못해 슬프다' 하였다. 孫文도 '안중근의 공은 삼한을 덮고 이름은 만국에 떨치나니, 백세의 삶은 아니나 죽어서 천추에 빛나리라' 했다. 陳獨秀도 '나는 청년들이 톨스토이와 타고르가 되기보다 콜럼버스와 안중근이 되기를 원한다'고 말했다."

외괘
風(巽=入)

내괘
山(艮=止)

53. 풍산점風山漸

Duration

지금부터는 착실하게 성장하며 점진적으로 나갈 때다. 처녀가 결혼과 더불어 시집살이 속에 희로애락이 묻어 있는 것처럼 점진 속에서도 길흉은 반드시 있다.

漸 女歸 吉 利貞

점은 여자가 시집을 가는 것처럼 좋을 때니 바르게만 하면 이롭다.

성장한 처녀는 짝을 만나 결혼을 해야 안정이 생기고, 가정을 꾸리고 후손을 낳아 대를 이어야 아름다워진다.[1] 점漸은 여자가 성장하여 결혼하는[女歸] 것처럼 점진漸進하는 상이지만, 여자가 지켜야 할 정도[利貞]가 있음도 상기시킨다. 고로 여자가 시집가는 점漸은 세상의 그 어느 일보다 빛나고 가치 있는 일이다.[2]

「잡괘전」에서도 점漸은 "남자를 기다렸다가 여자가 시집가는 상[待男行也女歸]"이라 하였다. 괘상은 산[☶] 위의 나무[☴]가 점차로 자라나는 것처럼, 여자가 차분히 준비하며 구혼을 기다린다. 효사는 기러기가 엄격한 일부일처제를 지키는 이상적인 부부를 상징하기 때문에 기러기의 성장과 비상으로 그 점漸의 도수를 설명한다. 물론 기러기는 한 번 인연을 맺으면 생명이 끝날 때까지 그 연분을 지키기에 지금까지도 혼례에서 중요 상징으로 이용된다.[3]

먼저 여자가 시집가는 일만큼 큰 의리가 없다는 정자의 설이다. "천하의 일이

---

1 「坤卦·彖辭」: "西南得朋, 乃與類行, 東北喪朋, 乃終有慶, 安貞之吉, 應地無疆."

2 귀매괘는 태☱가 안에 있으니 여자 집이 우선이니 남자가 장가를 오고, 漸卦는 간☶이 안에 있으니 여자가 시집을 옴이 길하다.

3 『禮記』, 「婚儀」: "사위는 기러기를 가지고 들어가 읍하고, 당에 올라 두 번 절하고 기러기를 올린 후 친히 부모로부터 신부를 받는다."

모두 점진하지만 여자가 시집가는 일만한 것은 없다. 의리의 경중과 염치의 도로 본다면, 여자가 남자를 좇음이 가장 크기에 여자가 시집가는 일로 의리를 삼는다. 또 남과 여는 만사의 우선이나, 그 중에 시집을 간 여자가 정정貞正함이 더 이롭기에 이를 경계하는 것이다."

다음은 '세속의 흐름을 잘 따라가라'는 공자의 단왈이다. "점漸은 앞으로 점점 나아가는 것으로[漸之進也] 여자의 결혼에 좋은 괘다. 처녀는 시집을 가야만 '부인·며느리·엄마'라는 위대한 지위를 얻을 수 있고, 또 시집을 가야만 '아들과 딸' 그리고 '임금과 성현'이 될 자식을 얻는 공도 세울 것이다[進得位往有功也]. 고로 반듯한 가정을 지키는 자가 국가도 바로잡을 수 있음은[進以正可以正邦也], 비록 여자라도 천자의 위치에 있을 만큼 강하고 중정한 덕을 얻었기 때문이다[其位剛得中也]. 점의 시절에 세속의 흐름을 잘 따라가는[止而巽] 지혜가 있다면, 아무리 움직여도 궁색함은 없을 것이다[動不窮也]."[4]

점괘漸卦는 비괘否卦의 4가 3으로 온 상이다. 비괘 시절엔 군자의 도가 밖으로 물러나 군왕의 덕이 백성에게 미치지 못하였다. 점漸이 되면 내괘로 들어온 강한 3에 의해 문명으로 다스려져 밝게 빛이 나고 백성의 귀화가 물이 스며듦과 같으니 점이라 하였다. 비괘 때는 군자가 은둔하면서 침잠하였는데, 4가 먼저 안으로 돌아오고, 5와 6은 밖에 있어, 손으로 사양하며 앞으로 선뜻 나아가려고 하지 않으니 이 또한 점의 상이다.[5]

> 象曰 山上有木 漸 君子以 居賢德 善俗
> 상왈, 산 위에 나무가 착실히 자라남이 점의 상이다. 군자는 이를 보고 현덕을 굳게 지키며 그 나라의 풍속에 잘 맞추며 살아가도록 한다.

산 위에 나무가 있으면 그 나무의 성장만큼 산도 높아 보인다. 만약 덕이 높

---

4 [說證] 漸卦에서 '進'은 여자가 시집을 오는 것이니 '漸之進也, 女歸吉'이요, '進得位' 또한 3으로 옴이요, '往有功'은 4로 감이다[坎爲功]. '動不窮'에서 '動'은 비괘 4가 와 도전된 3으로 震☳의 군자가 되어 坤☷의 나라에 리☲로 초빙되어 감☵으로 통하니 '不窮'의 상이다.

5 정약용, 『주역사전』: "卦自否來 否之時 君子道消 乾王之德 坤民不需 移之爲漸 則剛反乎內 而文治斐然 如水漸潰 坤民歸化 此之謂漸也. …."

은 군자가 한 마을에 살면 그 마을도 더욱 아름다워 보이는 이치다. 산에 나무가 있어야 그 산이 높아 보이듯, 군자도 현덕을 굳게 지키며 풍속에 잘 맞추어야 그 나라도 발전한다. 이는 군자가 내세울 만큼의 훌륭한 덕을 지녔더라도 혼자 잘난 척 하면 박수를 받지 못하지만, 세상과 더불어 그 덕을 쓰면 박수를 받고 칭찬을 받을 것이다.

다음은 지욱의 점漸에 관한 형이상학적 설명이다. "나무가 산 위에 자라면 그 산이 높아서 높은 줄 알지, 나무가 커서 산이 높은 줄 깨닫지 못한다. 그렇듯 군자가 현덕을 가지고 살아감에 속세가 더욱 선량해져 감을 사람들은 알지 못할 것이다."6

반면 다음 동파의 설명은 자못 형이하학적이다. "구름이 하늘보다 위에 있어도 하늘은 그곳에 머물지 않듯, 군자는 그 덕에 머물지 않는다. 그렇지만 나무는 산에서 생겨났기에 산은 그 나무를 붙잡고 머물게 할 수 있다. 산은 나무가 있어 높게 되기 때문에 군자는 이러한 이유로 덕업에 머물며 풍속을 아름답게 한다."7 이 또한 산은 나무를, 나무는 산의 덕을 칭송하기에 아름답고 높은 산으로 기억되어 간다. 고로 산 위의 나무가 착실히 자라남이 점漸의 상이니, 군자는 이를 보고[君子以] 나무가 어찌하여 산에서 잘 자라나는지를 알아, 자신이 닦고 있는 훌륭한 덕을 굳게 지키며 살되[居賢德], 그 마을과 그 직장과 그 나라의 풍속에 잘 맞춰나가도록 하여야[善俗, In order to improve the mores] 자신도 점차로 발전에 이를 것이다.8

성호星湖는 대나무의 습속에 비유하여 '선속善俗'을 설명하고 있다. "나무는 고립되어 자라날 수 없으니, 반드시 무리를 이루어 무성하게 된 뒤에야 빼곡한 수풀을 이루니, 선한 풍속의 상이 있다. 내가 대나무를 기르는 자에게 들으니,

---

6 지욱, 『주역선해』: "木在山上 以漸而長 觀者不覺 君子居德 亦復亦是 山有喬木則山益高 俗有居賢德之君子則俗益善."

7 소식, 『동파역전』: "雲上於天, 川所不能居, 故君子不以居德, 木生於山, 山能居之, 山以有木爲高故君子是以居德業, 善風俗."

8 [說證] 否卦 4에서 3으로 온 震☳의 군자는 곤☷에서 중을 얻지 않고 끝자리에 앉은 겸손이니 곧 '居賢德善俗'이다. 이에 坎의 德으로써 백성들의 풍속을 인도하고 离의 禮로 다스려 王의 교화를 베풀고 坤의 백성을 깨우치니, 이것을 일러 善俗 즉 풍속을 착하게 한다 한 것이다. 풍속을 착하게 하는 善은 곧 漸進的인 감화에서 비롯되기 때문이다.

뿌리가 비록 둥글더라도 반드시 잘 보살펴서, 점차 해가 지나야만 크게 자라날 수 있는데, 만약 갑자스럽게 가장 높이 솟아난 싹을 제거한다면, 끝내 재목을 이룰 수 없다고 했다. 나무의 성질은 모두 이러하다."[9]

위암韋庵은 수양과 풍속이 하루아침에 이루어지지 아니하니 '점漸'을 본받으라 한다. "나무의 높음은 산의 나무가 점진적으로 자라난 점이 있다. 덕에 머무는 것은 자신을 수양하는 일로, 한 마디 말이나 행동으로 이룰 수 있는 것이 아니며, 풍속을 선하게 하는 것은 사람을 다스리는 일로, 하루아침에 완성할 수 있는 일이 아니기 때문이다. 그래서 두 가지는 모두 마땅히 점진적으로 나아가야 한다."[10]

송두松塸 박종영朴宗永은 『경지몽역經旨蒙易』에서 학문하는 자세로 '점漸'을 설명기도 한다. "사람이 학문을 할 때 그 공부 또한 이와 같다. 물 뿌리고 청소하며 응대하는 것으로부터, 도를 이루고 덕을 세우는 것에 이르기까지, 모두 점진적이며 순차에 따른 공부가 있어서, 등급을 뛰어넘어 나아갈 수 없다. 백성들을 가르쳐 풍속을 선하게 하는 것 또한 이와 같으니, 점진적으로 인의를 다듬어서 그들을 인도하여 통하게 해야 한다. 공자가 '선한 사람이 나라를 백 년 동안 다스리면[善人爲邦百年] 잔악한 자를 교화시키고 살인을 없앨 수 있다[可以勝殘去殺矣]' 했고, '만약 나를 등용하는 사람이 있다면 일 년이면 괜찮게 되고 삼 년이면 이룸이 있을 것이다[朞月可也 三年有成]' 한 말에는 모두 점괘漸卦의 뜻이 담겨 있다."[11] 점漸의 시절은 무모한 도약보다는 상하좌우를 아울러 갈 줄 하는 마음이 절대로 필요한 시절이다. 서애西厓의 '점향漸向'이란 시를 읊으며 육우陸羽와 함께 홍점루鴻漸樓에서 차나 한잔 하자.[12]

---

9 李瀷, 『易經疾書』: "… 木不可以孤長, 必衆茂, 然後方成叢苑, 有善俗之象. …."

10 金相岳, 『山天易說』: "… 居德, 卽修己之事, 非一言一行所可就, 善俗, 卽治人之事, 非一朝一夕所能成. 故二者皆當以漸而進也."

11 朴宗永, 「經旨蒙解·周易」: "蓋人之爲學, 工夫亦如此. 自灑掃應對, 以至於道成德立, 皆有漸次之工, 不可躐等而進也. 至於敎民善俗, 亦然. 漸磨仁義導以達之. …."

12 유성룡, '偶吟': "백발은 이미 어깨를 덮었고 금년의 기력은 작년보다 못하네. 세상사 뜬구름과 유수 같으니[世事浮雲流水外] 일평생 차 솥과 약탕 가에서 보냈구나[生涯茶鼎藥爐邊]. 새로 낸 작은 문 옆으로 대숲이 이어졌고 어리석은 노비는 밭 갈 걱정만 하네. 고요한 가운데 손익을 조금씩 알 것 같으니 한숨 뒤에 또 기쁨이로구나."

初六　鴻漸于干　小子厲　有言　无咎[13]

초6은 기러기가 물가 가까운 제방까지 나갔다. 어린놈에게는 위험하여 비난은 받을지 모르나 탈은 없다.

초6은 양의 자리인데 음이 앉았고, 응해주는 4도 음이어서 상응이 되지 못하니, 밖에 나가도 반겨주는 사람 하나 없는 처지에 놓였다. 나이 어린 처녀가 남자를 만나고 싶어 하지만, 아직은 초효라 어리고, 그런 어린 초효를 맞이할 4가 외면하고 있기에 집에서 신부수업을 하며 멈추고 있어야 할 상이다. 그래서 초효는 물가에 사는 철없는 어린 물새처럼 못난 짓을 하여도 크게 허물 삼지는 않는다.

다시 초효는 음이니 뭍이 아닌 물에 있음과 같고, 응하는 짝이 없으니 뭍에 오르지 못하고, 물이 들락날락하는 물가로만 왕래하는 모양 같다[鴻漸于干]. 사람에 비유하면 파도가 밀려오고 밀려가는 물가에 놓인 아이처럼 위험하나[小子厲], 그런 작은 걱정은 크게 허물될 일은 없다[有言无咎]. 그렇지만 앞으로 시집을 가고 부인이 되고 엄마가 되어야 할 처녀로서 행동거지는 마땅히 조심해야 하고, 말도 신중해야 할 것이다.

내괘 간산艮山은 '시지즉지時止則止'를 지켜야 할 자리다. 여기 점漸에서 기러기를 취한 것은 기러기는 나뭇잎이 떨어지면 남쪽으로 날아오고, 얼음이 녹으면 북으로 돌아가는, 출시거서出時居序를 아는 조류이기 때문이다. 그러기에 기러기는 양조陽鳥로 물에 살지만, 물에 있을 때는 뭍으로써 안정을 삼고, 뭍에 있으면 물을 얻어 안락을 삼고 살아가는 지혜로운 짐승이다. '간干'은 물가(shore)에 붙은 제방(bank)이요, '소자小子'는 어린 기러기로 갓 시집 온 새색시에 비유하기도 하기에, 새댁이 "정도貞道를 지키며 묵묵히 가야 마땅히 허물이 없다[象曰, 小子之厲, 義无咎也]"고 주석한다. 풍산점괘가 풍화가인괘風火家人卦로 변한 경우다.[14]

참고로, 조금씩 나아지는 조짐은 있지만 이끌어 줄 응이 없으니, 묵묵히 착실

---

13 鴻 기러기 홍.

14 [說證] 감☵의 물 위로 날아가는 새 리☲가 있으니, 간☶의 수컷과 태☱의 암컷이다. 기러기가 날 때는 항상 쌍쌍이 나르니[밖에 두 양이 있음이 질서와 순서를 안다] 추워지면 남쪽으로 오면 되고, 따뜻해지면 북으로 가면 된다[陽鳥로 불리는 까닭]. 가인의 리☲는 병기와 같은 堤防[干, 岸은 모두 물을 막음]이다. '小子有言'은 간☶이요, '義无咎'는 태☱의 상이다.

하게 실력을 쌓아가야 할 것이다.

20대의 건강하고 지혜롭고 아름다운 처녀가 든든한 자리로 시집을 가서 스위트 홈을 꾸미고 행복하게 사는 모양이다. 기러기가 위험한 물가에서 발전하여 반석까지 날아올라[鴻漸于磐], 맛있는 음식을 먹으며 아름답고 도타운 행복을 얻으니[飮食衎衎, Eating and drinking in peace and concord] 참으로 좋다[吉]. 기러기가 물 가운데에 있는 바위로 날아가면 물고기의 사냥이 쉽고, 음식을 맛나게 먹고 마시며 즐길 수 있는 환경을 얻음이다. 이것은 안정된 가정과 음식을 장만하며 집안의 중요한 주부 역할을 맡음을 이르기도 한다. 또 기러기는 물고기가 아무리 많아도 배부르면 더 이상 먹지 않듯 음식의 절도를 갖춘 중정한 여인에 비유했다. 그러니 지혜로운 2가 젊고 힘이 넘처나는 3을 버리고 5를 택한 이유가 된다.

동파의 설명은 이렇다. "물에 있는 기러기(2)는 가까이는 3의 양과, 멀리는 5의 양을 만날 수 있는 능력을 다 갖추었지만, 5가 든든하고 안전한 반석이니 그를 택한다. 간간衎衎은 맛나게 먹고 즐긴다는 뜻이다. 단지 배부를 일[素飽]이라면 5를 왜 택하겠는가?" 다시 말하면 2는 미모와 지성, 그리고 학력과 품격을 골고루 갖춘 20대의 젊고 패기 있는 아름다운 여자다.

그러니 패기와 박력 넘치는 3을 따를 것 같지만, 그녀는 유순柔順하고 중정中正한 요조숙녀인지라, 정응하는 남자를 택하게 된다. 그는 재력과 권력 그리고 관용과 건강까지 갖춘 강건剛健하고 중정中正한 남자, 곧 5를 만나 가정을 이뤄가는 유순과 행복을 아는 지혜로운 여자다. 가족을 위하여 헌신하고 화락하는[飮食衎衎] 공로로 배불리 먹을 뿐만 아니라[象曰, 飮食衎衎, 不素飽也], 더하여 행복까지 얻으니 구5가 바로 공을 세워줄[漸進] 사내가 아닌가. 시집갈 때 처녀가

---

15 衎 즐길 간.

눈을 크게 뜨고 멀리 내다보라는 자리다. 단 5 옆자리에 4 음이 가까이 하고 있 음이 꺼림칙한 모양새이나, 그 또한 2의 지혜이며 몫이다. 이규보는 여기 2를 보고 '낙지樂之'와 '이안而安'이란 이름을 지어준다.[16] '반磐'을 물가의 너럭바위, 즉 반석磐石으로 보니 풍산점괘가 중풍손괘重風異卦로 간 경우다.[17]

九三 鴻漸于陸 夫征不復 婦孕不育 凶 利禦寇[18]
구3은 기러기가 육지로 올라간다. 지아비가 정벌로 나서 돌아오지 않음은 꼭 여 인이 아이를 잉태하고도 키워 내지를 못하는 것처럼 흉하다. (도를 잃지 말고 자 신을 훔쳐 가려는) 도둑을 방어함이 이롭다.

물새가 물을 떠나 육지로 날아가는 것은[鴻漸于陸] 자연스런 일이 아니다. 점 漸의 내괘는 '간산艮山'으로 '지止'의 옵션에 묶이어 초6이든 2든 3이든 행동으로 표출 말아야 한다. 만약 3이 행동으로 옮긴다면 남편이 집을 나가 돌아오지 못 하고[夫征不復], 아내가 설혹 아이를 잉태하였더라도 남편 없는 집에서 아이를 기를 수도 없다[婦孕不育凶]. 그러니 힘이 왕성한 산꼭대기 3이 그 힘을 주체하지 못하더라도 물으로 날지 말고 '거현덕선속居賢德善俗' 할 줄 안다면 걱정은 사라

---

16 李奎報, 『東國李相國集』, '홍진[丁郎中鴻進字序]' : "지금 그대는 정직하고 순후한 군자다. 더구 나 문장 이외에 墨竹의 그림 솜씨가 한 시대를 울림에랴? 이것을 옛날에서 찾아보아도, 비록 文與可의 무리라 할지라도 이 묵죽의 그림은 능히 미치지 못하였다. 오직 이름이나 字만은 만 세에 전해지게 해야 할 것인데, 지금 다행히 자를 나에게 지어달라고 하니, 내가 어찌 자를 지어주지 않을 수 있겠는가? 청컨대, 자를 '樂之'라 하거나 '而安'이라고 하라. 기러기란 것은 나아가는 데 시기가 있고, 날아가는 데 차서가 있다. 그러므로 漸卦 六爻는 모두 기러기를 가지 고 말하였다. 그러나 육2의 안정되고 화락한 것만 같지 못하다. 그 효사에 이르기를, '鴻漸于磐 飮食衎衎 吉'이라 하고, 解者가 말하기를 '漸于磐者 柔順中正 安而不危者也 飮食衎衎 進而樂者 也'이라 하였다. 그렇다면 '낙지'나 '이안'으로 자를 하는 것이 또한 옳지 않겠는가? 이 두 가지 중에서 마음에 드는 것을 골라 쓰라."

17 [說證] 漸의 간☶은 小石이지만 巽의 大坎은 '磐石'이다. 손괘에서 손☴의 주인과 건☰의 손님이 [상괘는 원래 건] 리☲에서 상견례를 하고 태☱의 음식과 감☵의 술을 마시며 즐거워 하니 '飮食衎衎'이다[간간은 태가 둘로 첩문이 됨]. 또 리☲로 배가 부른 것은 감☵의 노력 탓이니 '不素飽也'다. 참고로 2의 소망이 아주 순조롭게 잘 풀려간다. 2010년 남아공 월드컵축구대회에 서 한국과 나이지리아 전에서 2:2로 비기고 16강에 간 괘였다.

18 孕 아이 밸 잉. 禦 막을 어.

질 것이다[利禦寇].

구3은 양이라 기러기가 뭍에 있음과 같고, 상9와도 같은 양과 양으로 응이 되지도 못한다. 물러나 2와 작업을 하고 싶어도 2는 유순중정하니 받아주지 않는다. 그러니 꼴에 남자라고 위의 4를 추행하니, 마치 그 위험한 행동으로 집안으로 돌아올 수 없는 남편 같고, 아이를 잉태한 4는 정실이 아니니 낳고 키울 수 없는 지경에 이른다. 기러기는 본시 짝이 혼란스럽지 아니하거늘 정혼자가 없는 4 또한 3과 서로 친하고자 하면, 기러기들이 그 미풍양속을 해친 그들을 왕따시켜 무리를 이탈하게 되니 가히 추한 모습이다. 비록 4가 허리를 구부려 3에게 올지라도, 곧 그것도 도를 잃게 되어 잉태를 할지언정 기르지는 못하니 흉을 알만하다.

지욱은 이를 '화순상보和順相保'로 설명한다. "대체로 짝이 아닌데도 사사로이 짝이 됨은 마치 도둑과 같다. 3이 만일 정도를 지켜서 도둑을 막는다면 추함도 없고, 4에게는 흉도 없으니 도리를 좇아서 화순和順으로 서로 상보相保하는 모양을 찾아야 할 것이다."

고로 "사내가 싸움터로 나가서 다시 돌아올 수 없음은 그 무리를 이탈했으니 추한 것이요[象日, 夫征不復, 離群醜也], 부인이 아이를 잉태하고도 양육할 수 없다는 것은 그 부도婦道를 잃었기 때문이다[婦孕不育, 失其道也]. 도둑을 방어하는[禦寇, Fight off robbers][19] 일이 이롭다는 것은 부부의 도리로써 서로가 서로에게 보살핌을 주어야 할 것이다[利用禦寇, 順相保也]." 다산과 치원은 '양근 잘린 설움'을 '부정불복夫征不復'과 '부잉불육婦孕不育'에서 피를 토한다.[20/21] 물이 사라져 기러

---

19 톨스토이, '어리석은 농부': 아침 해가 뜰 때부터 질 때까지 한 이랑이라도 더 넓은 땅을 차지하기 위해 뛰었으나, 지나친 욕심으로 과로에 지쳐 숨을 거둔 농부 이야기다. 농부 속에 욕심이란 도둑이 살고 있었다.
독일 민담, '세 강도': 강도 세 사람이 길에 떨어진 황금 덩어리를 보고, 한 덩어리씩 나누어 가지면 고향 가서 편히 살 수 있다고 했다. 그러나 둘은 하나를 죽이고, 또 한 사람은 나머지를 죽이고, 마지막 친구도 죽은 친구가 저를 죽이려고 독을 탄 술을 마시고 죽는다. 뱃속에 든 도둑이 화를 불렀다.

20 정약용, 『茶山詩文集』, '哀絶陽': "전쟁터에 지아비 못 돌아올 수 있어도[夫征不復尙可有] 남자가 그걸 자른 건 들어본 일 없다네[自古未聞男絶陽]. 칼을 갈아 방에 들자 자리에 피가 가득, 자식 낳아 군액 당해 한스러워 그랬다네. 무슨 죄가 있어서 잠실음형(蠶室淫刑=宮刑) 당했던가? 자식 낳고 또 낳음은 하늘이 정한 건데[生生之理天所子], 하늘 닮아 아들 되고 땅 닮아 딸되는 걸[乾道成男坤道女]. 불간 말 불간 돼지 그도 서럽다 할 것인데[騙馬豶豕猶云悲] 대이을

기가 흉한 것을 보면 점괘가 관괘觀卦로 간 경우다.[22/23]

> **六四 鴻漸于木 或得其桷 无咎**[24]
> 육4는 기러기가 날아가다 나무에 잠시 쉬어 가도 허물은 전혀 없다. [이는 서까래
> 같은 나무에 앉아 자신을 좀 더 부드럽게 숨고르기를 하기 때문이다.]

기러기는 발가락의 물갈퀴가 있어 물을 헤쳐 나가는 데는 능숙하나 나뭇가지
에 깃들이는 것은 서툴다. 그러나 나무에 평평한 가지가 있으면[或得其桷] 앉아
도 허물 될 일은 없다[无咎]. 그런 고로 남의 아내가 되어 낯선 집에 살게 된
여자는 당황하지 말고, 주어진 환경에 순응하며 자신이 깃들일 자리를 모색해야
한다. 갓 시집온 며느리가 그 집안의 룰을 따르지 않는다면[居賢德善俗], 그로 인
한 스트레스를 견뎌내지 못할 것이다. 그러나 며느리로 옛날의 자신을 포기하고,
그 집안의 가풍을 따르며 그 집안의 법도를 견디며 맞추어 나가야 한다.

지욱은 "물새가 3의 강한 나뭇가지에 머문다는 것은[鴻漸于木] 서식棲息할 자
리가 편치 않아 그렇다"고 설한다. 상괘는 손순한 자세로 처신해야 할 주효로써
순응해야 바람직하다. 그러니 4는 3의 나뭇가지에 머물지 말고 5를 향하여 날아

생민들 말을 해 뭣하리요[況乃生民恩繼序]."

21 황상, 『屈園遺稿』, '애절양' : "노전마을 젊은 아낙 그칠 줄 모르는 통곡소리[蘆田少婦哭聲長],
부인은 임신하여 아직 낳지도 못했는데 남편은 남근을 잘랐구나[婦孕不育夫絶陽]."

22 [說證] 觀卦가 되면 감☵이 빠져 버리고 곤☷이 드러나고 또 간☶이 곤☷으로 변하니 '陸'이다.
모괘 否卦와 漸卦에서도 간☶의 사내가 있었는데, 관괘가 되면서 곤☷이 되어 사내가 사라지니
'夫征不復'이다[또한 감☵의 귀순도 사라졌다]. '婦'가 漸卦와 否卦 때도 도전한 태☱가 있어 리
☲로 임신했었는데, 관괘가 되면서 리☲가 사라지니 '婦孕不育'의 꼴이다[진☳은 만물을 생성 진
행시키는 출생이 되는데, 관괘에서는 진☳도 소멸하니 '失其道'다. 그렇지만 내부의 감☵ 도둑
을 쫓고 곤☷의 강토까지 개척하고 외부까지 간☶의 성을 쌓으니 '利禦寇'다. '離群醜'는 否卦의
세 양이 무리를 떠나 양 하나가 홀로 정벌에 나섰다가 돌아오지 못하니 '醜'한 모양새다. 감☵의
도둑이 사라지고 손☴의 명령을 따르니 '順相保'다.

23 참고로 3이 남자의 경우 같으면 다른 여자에게로 간 것이요, 여자라면 다른 남자의 아이를 가진
것으로도 볼 수 있다. 또 관운을 물었다면 무리 속을 나와[離群醜也] 승진이 가능하다[夫征不
復]. 그 자리에 앉은 사람은 실직한다[婦孕不育, 失其道也]. 상하 전후좌우로 두루 신중한 처신
이 요구되는 시점이다[利用禦寇, 順相保也]. 역의 판단이 수시변역이라 오묘할 때가 많다.

24 桷 서까래 각.

가야 옳을 것이다.

점漸은 진進은 있어도 퇴退는 없다. 3은 과강過剛하기만 한 뾰족한 나무요, 5는 강건剛健하고 중정中正하니 단단하고 평편平便한 둥근 반석과 같은 너럭바위 스타일의 나무다. 그러니 공자의 주석대로, "어쩌면 편안한 서까래 같은 나무에 앉아 자신을 조금 더 부드럽게 숨고르기를 하는 것은 4가 있어야 할 음의 자리에 있으므로 순順한 것이요, 손풍巽風의 주인으로 손순을 일관하니 무구를 알만하다[象日, 或得其桷, 順以巽也]."

고로 어려운 자리에 처할 때, 특히 여자가 바깥세상으로 나오면 손순한 자세를 잠시라도 늦추지 말아야 탈이 없다. 대손大巽의 나무로 가는 풍산점괘가 천산둔괘天山遯卦로 변한 경우다.[25]

九五 鴻漸于陵 婦三歲不孕 終莫之勝 吉
구5는 기러기가 높은 언덕까지 날아갔다. 아내가 3년이 지나도록 아이를 잉태하지 못하다가, 끝내 아내가 남편을 이기지 못하고 소원이 성취되어 길하리라.

'릉陵'은 '높고 큰 언덕'이며 또는 무덤이다. 이는 '풍산점'이 '중산간重山艮'으로 동하니 언덕 위의 또 언덕으로 부부간에 풀어야 할 문제가 첩첩이 산처럼 놓인 장애물 같다. 그러니 기러기 부부가 서로간의 사랑에 문제가 있어 합방이 힘들고, 부인이 3년을 잉태하지 못하였다는 것 또한 예상치 못한 장애가 심상치 않았음을 짐작할 수 있다.

5는 군신 간에 4와 일어난 문제가 남녀 사이에 일어나 문제처럼 오해를 낳았고, 2의 아내와 그 신하의 문제를 오랜 인내로써 풀었음도 알 수 있다. 여기서 '잉孕'이 '동침하여 애를 배다'라면 '부삼세불잉婦三歲不孕'은 부인이 남편과 오랜 시간 동침하지 못했던 것이고, '종막지승終莫之勝'은 '끝내 그녀를 꺾었고' 부인을

---

25 [說證] 大巽이 '鴻漸于木'이다. 각진 나무 '得桷'은 감☵의 성질[敬以直內義以方外]을 말하였다 [나무가 둥글면 기러기가 앉을 수 없다]. '或'은 3·4에서 얻은 '賤懼'에서 온 두려움일 것이다[계사(하)·9장 "三多凶四多懼"]. '무구' 또한 大巽의 자세에서 얻었다. 참고로 물새가 멀리 날아가야 하니 진학은 가능하나, 재운은 물새가 나뭇가지에 오래 머물 수가 없으니 편치 않다. 漸괘 遯괘로 간다[未→午, 文→進學].

오해한 남자가 3년 동안이나 동침을 거부하여 온 그녀를 사랑으로 정복하였으니, 그녀가 마침내 임신을 하게 되어 길하다는 뜻으로 새겨진다. 여하튼 공자의 주석도 "끝내 누구도 그를 꺾지 못하고 길하다는 것은 그녀가 소원을 얻었음이다[象曰, 終莫之勝, 吉, 得所願也]"라고 하였다. 이는 중정中正의 절조를 지켜온 2가 3·4의 심한 방해를 물리치고 흉凶을 길吉로 반전시켜 부덕婦德으로 승리를 얻음이다. 고로 기러기가 높은 언덕까지 사랑을 찾아 날아갔으나[鴻漸于陵], 아내가 3년이 지나도록 사랑을 얻지 못해 아이를 잉태하지 못하다가[婦三歲不孕], 끝내 그의 사랑과 절조를 아무도 이기지 못해[終莫之勝], 소원이 성취되어 길하고 좋았음을[吉] 알 수 있는 장면이다.

위암韋庵이 『산천역설』에서 다음과 같이 자세한 설명을 더한다. "능은 높은 언덕이다. 5는 손☴으로 간☶을 타고 있어서, 점진적으로 나아가 높은 자리를 얻었으니, 기러기가 높은 구릉으로 점진적으로 나아가는 상이다. 2의 정응은 3에 의해 가려져 있어서 3년 동안 잉태를 못하지만, 삿됨은 바름을 이길 수 없으니 끝내 정응과 서로 합치되어 길하게 된다. 손☴의 높음이 간☶ 위에 있으니 구릉으로 감이다. 2의 부인이 잉태를 못하는 것은, 바로 합방이 없었다는 소리다. 준괘 2에서 '여자가 정조를 지켜 잉태하지 않는다[女子貞不字]'는 말과 유사하다. '끝내 그를 이기지 못한다'는 것 또한, '10년이 되어서야 잉태한다'는 소리이고, '이기지 못한다'는 것 역시, 간☶의 흙은 손☴의 나무를 대적할 수 없다는 뜻이다."

백운은 왕도로 설명을 보탠다. "임금은 자신의 신하에 대해서, 비록 신분이 낮고 미미하여 간극이 있어 멀리 떨어진 자일지라도, 따를 수 있으면 따르게 하고, 비록 친근하고 가까우며 존귀하고 총애를 받는 자일지라도, 따를 수 없으면 따르지 못하게 해야 한다. 그러기에 5는 강건중정하며, 사사로움에 빠지는 일이 없기에, '끝내 그를 이기지 못하니, 길하다'고 했다. 구5는 현명한 자를 등용하여 지위를 주는 주군이다.[26] 점괘가 중산간괘重山艮卦로 간 경우다.[27]

---

26 沈大允, 『周易象義占法』: "人君於其臣下, 雖卑微隔遠者, 可從則從之, 雖親近尊寵者, 不可從則不從, 五之剛中而无私溺, 故曰終莫之勝吉. 五爲擧賢授位之主."

27 [說證] 간괘는 관괘 5가 3으로 간 것으로, 관괘에는 간☶과 도전한 태☱가 있어 부부의 상이나, 부부가 화합을 하지 못함은 점괘가 관괘로 오기까지, 즉 觀→遯→否를 만날 때마다, 간☶은 쫓아가나 태☱는 물러나고 있었기에 잉태를 하지 못하였다[不孕三歲]. 이제 간괘가 되니 大离로 갑자기 배가 커지니 잉태하였고, 도전한 진☳으로 생산하니 음은 양의 적수가 되지 못하고 '終

> 上九 鴻漸于陸(逵) 其羽可用爲儀 吉[28]
>
> 상9는 기러기가 하늘을 멋지게 날아간다. 그 날개를 가누고 날아가는 모습이 가
> 히 아름답기 그지없다.

상9는 하늘 거리 '규逵'를 나는 기러기다. 하늘 거리는 구름의 길[雲路, Cloud heights]로 허공 가운데를 말한다.[29] 『이아爾雅』에서 '구달九達'을 '규逵'라 하는데, 규逵는 사통팔달 막힘없는 통달무조폐通達無阻蔽한 거리다.[30] 구덩이를 매우듯 욕심을 막고, 교만함의 뿌리를 뽑아낸다면, 기러기가 구름까지 날아올라 하늘 거리[鴻漸陸]를 활보할 것이다.[31] 그러기에 기러기가 날개를 가누고 하늘 거리를 날아가는 모습은 가히 아름답고 그지없이 좋다[其羽可用爲儀吉, Its feathers can be used for the sacred dance]. 기러기는 가을에 왔다가 멋지게 하늘을 날아오르데[鴻漸于陸], 그 노력은 봄에 다시 북쪽으로 돌아가 온화하고 포근한 집을 얻기 위함 이다. 이는 구름나라로 날아가는 것이 마지막 연출이 아니라 다음 세상에 다시 오기 위한 아름다운 모습을 보이는 장면일 것이다. 또 많은 식솔(무리)을 거느리 고 하늘 길을 나는 모습은 온갖 장애를 이겨내고 유종의 미를 거두고 승리를 쟁취한 부부의 모습과 같다. 가정의 평화는 그냥 주어지는 것이 아니라 고통을 극복하고 목표를 획득한 인간의 위대한 성취에서 온다. 그것은 불변하는 것이 아니라 나날이 새롭게 만들어져야 할 역사이다.

"기러기가 어두운 하늘 속을 날아가니 사냥꾼이 어찌 그를 사모하리요. 다만

莫之勝'이라 한 것이다. '得所願'은 감☵의 의지다. 참고로 오랜 인내로 묵은 오해를 풀 수 있다 [漸→艮 : 文→財]. 그 오해를 푸는 데 3년의 인내는 길고도 짧다. 부부는 시간을 알 수 없는 영원과 함께 진실 게임을 해나가는 관계이다.

28 陸 하늘 거리 육(륙), 뭍 육(륙). 逵 하늘 거리 규.

29 정이천의 스승인 북송의 胡瑗(993~1059)의 『周易口義』에서 다산이 인용함.

30 '九達'의 '達'는 漸의 모괘 否卦 세 양의 계산에서 온 것이다. 즉 '參天兩地'법에 의해 '3×3'에서 구한 수이다. 또 漸卦가 수산건괘로 가고, 蹇卦는 소과에서 오니 九方達通이 되어 '鴻漸于逵'다.

31 無名子 尹愭, '홍점규[贈趙先達]' : "부귀는 참으로 천명이지만[富貴誠在天], 화복은 스스로 부르 는 것이네[禍福乃自貽]. 사람들과 교유를 신중히 하여, 무턱대고 추종하지 말기 바라네. 살얼음 밟듯이 조심조심[戰兢如履氷], 시속에 물드는 것 경계하세[濡染戒遊睢]. 구덩이 매우듯 욕심을 막고[塡壑慾詎留], 교만의 뿌리를 뽑아낸다면[拔根驕莫施], 봉황이 춤추는 상서로운 세상에서[翩翩鳳瑞世], 기러기가 구름까지 날아오르리[肅肅鴻漸逵]. 임무는 무겁고 갈 길 머니[任重道且遠], 그대여 의심 말고 실천하세[請君行勿疑]." 이는 17세 과거급제한 사위 趙潤喆에게 준 글이다.

날아가는 그 날개짓을 보고 부러워하며 고인달사高人達士의 의칙을 삼을 뿐이다."[32] 무릇 기러기가 날아갈 때는 짝을 이룬 자는 뒤에서 날고, 고립하여 반려가 없는 자는 홀로 앞에 서니, 상9는 아래에 응할 3효가 없어도 외물에 초연하고 세간의 의부義夫들처럼 절조가 있으니 길할 수밖에 없다. 날개[羽]로써 의전儀典을 삼는 멋이 있다면 그 용用이 큰지라 고로 성인과 같은 백세의 스승[聖人百世之師]으로 부르고도 남음이 있을 것이다.

그 날개를 가누고 날아가는 모습이 가히 의전에 써서 길함은 정말 흐트러지지 않고 가는 모습을 보았기 때문이다[象曰, 其羽可用爲儀, 吉, 不可亂也]. "새의 깃털에 모두 쓰임이 있으니 꿩에는 화려함이요, 백로는 깨끗함이요, 기러기는 그 때를 아는 지혜를 취했으니, 모두 그 깃을 법칙으로 삼았다.[33] 정자는 '난亂'을 '차례가 있기에 어지럽힐 수 없다' 하였고, 주자는 '그 뜻이 높으니 어찌 어지럽힐 수 있었겠느냐?'고 밝혔다. 조정의 대신들을 '우의羽儀'라 하였으며,[34/35/36] 다 성茶聖 육우陸羽는 '홍점鴻漸'이란 이름을 바로 점괘漸卦 상9에서 얻었다. 이 모두가 수산건괘水山蹇卦로 간다.[37]

---

32 지욱, 『주역선해』 : "鴻漸冥冥, 弋者何慕, 但可遠望其羽, 用爲高人達士之儀則耳."

33 송나라 鄭剛中의 『周易窺餘』에서 다산이 인용.

34 『조선왕조실록』 : "한 나라의 安危는 관계된 바가 막중하오 내가 방금 주의하여 다스릴 계책을 하고 있으니, 대신의 지휘도 경솔해서는 안 되는데 경(左의정 魚世謙)은 어찌하여 몸을 빼어 물러갈 것을 구하오? 오직 경은 조정의 '羽儀'이며 斯文의 영수로서, 문장은 六藝의 淵源을 궁구하매, 학자가 우러러 泰山北斗와 같이 여기고, 道德은 한 시대에 성망이 높아서, 조정은 보기를 景星·慶雲과 같이 생각하오"

35 金聲久, 『八吾軒集』, '우의[輓詞權泰時]' : "젊은 시절 날아올라 우의를 빛내니[夙歲飛騰耀羽儀], 옥당과 금마에 모두 어울렸네. 세상 변고로 일천 파랑 겪었는데, 조화옹은 칠순 기약 인색하구나. 세상 준걸은 이제부터 다했으니, 눈물 뿌리며 진췌殄瘁시를 길게 읊네."*權泰時[山澤齋].

36 李敏求, 『東州集』, '우의[趙知事存性挽詞]' : "원로로 조정에서 모범 되셨지[明廷有羽儀] 어이해 서산에 지는 해가 되어[如何離日昃] 백 년 기약 기다리지 않으셨나[不待百年期] 이 세상 세월은 잠깐이구나[乾坤逝日俄] 처량하다 부추에 맺힌 이슬 같은 인생[凄凄薤上露]."

37 [說證] 蹇卦는 小過에서 왔으니 나는 새의 상이다. 소과 때는 아래로 날기에 날개를 大坎으로 넓게 펼치더니, 건괘가 되면 하늘로 높이 날아 구달로 오르니 그 날개가 작아 보인다(小坎). 그러니 감☵의 화살이 쫓아와도 잡을 수 있겠는가? 고로 군자가 세속을 벗어나 은거함을 법으로 삼을 만하니 '其羽可用儀'가 되고 '不可亂'이 된다[坎爲法]. 참고로 歸魂하는 자리라, 멀리 이동이 좋고 죽음을 의미하기도 한다.

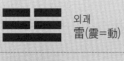

외괘
雷(震=動)

내괘
澤(兌=說)

54. 뇌택귀매雷澤歸妹
The Marrying Maiden

귀매는 마지못해 하는 억지 결혼과 같다. 마음에도 없는 혼사이니 천지가 나를 도와주지 않는다. 이때는 무엇을 선택해야 영원할 수 있을까를 생각해 봐야 하는 것이 아닐까.

> 歸妹 征凶 无攸利
> 귀매는 정벌에 나서면 흉하고 이로운 바가 없다.

내괘는 태☱이고 외괘는 진☳으로, 못의 기운이 위로 솟아오르고, 위에 있는 천둥이 그것에 감동되어 울려퍼지는 상이다. 외괘 진은 장남으로 움직임의 상이 있고, 내괘 택은 소녀로 기뻐하는 상이 있기 때문에, 나이 많은 남자의 행동을 보고 나이 어린 여자가 기뻐하고 사모하니, 혼인을 짐작할 수 있어 귀매괘라 하였다.

'귀歸'는 혼인하는 것을 의미하고 '매妹'는 누이동생을 의미하는 것으로 '귀매'는 '누이동생을 시집 보낸다'는 뜻이 된다. 그러나 여자가 먼저 남자에게 매달리는 것은 혼인의 상도가 아니다. 진실한 사랑보다는 외적 쏠림이 많아 보일 때다. 고로 귀매歸妹괘에서는 상대방과 정신적으로 건실한 화합[Platonic love]을 이룸으로써 영원한 인연을 맺을 수 있는 도리에 대해 설명하고 있다.

『주역』에서 남녀의 관계를 보여주는 괘는 귀매 외에 함괘咸卦, 항괘恒卦, 점괘漸卦 등 4개인데 그 중에서 귀매만이 좋지 않은 의미를 담고 있다. 괘사에 "귀매가 나아가면 흉할 것이고, 이로운 것도 없을 것이다[歸妹 征凶 无攸利]"라는 것을 보아도 짐작할 것이다. 귀매는 상대방과 정당하지 못한 방법으로 결합하는 상이 있기 때문에 정도를 무시하고 억지로 진행하면 화를 초래할 것이란 소리 같다.

「잡괘전」에서 "귀매는 처녀의 마침이다[女之終也]" 한 것 역시 처녀를 마감하고 신부, 부인, 어머니로 시작하게 됨이다. 귀매歸妹(Marrying maiden)는 혼인으로 따뜻한 보금자리 스위트홈을 만들어 가정을 이루어 가족을 돌볼 것이지, 피 튀기는 살벌한 전장터로 정벌에 나서면 흉하고[征凶] 이로운 바가 없다[无攸利]는 넓은 의미도 있다. 이어지는 공자의 단왈이다. "어린 여자가 성인이 되어 시집을 가는 것은 천지 가운데서 가장 의리 있는 일이다[歸妹天地之大義也]. 그러나 귀매의 시절은 천지의 교제가 원만치 못해 만물이 함께 일어나지 않는다[天地不交而萬物不興]. 어린 여자가 시집을 가는 것은 그 야말로 시작과 마침을 알리는 중요한 일이다[歸妹人之終始也]. 이것은 처녀를 마치고 부인으로 시작하는 거사와 같은 일생의 큰 혁명이기 때문이다. 그러니 시집을 가는 처녀는 기쁜 마음으로 가야 하지만[說以動所歸妹也], 가서 또 그 자리가 마땅하지 않고 흉함을 뒤늦게야 알게 된다면[征凶位不當也] 어찌할까? 귀매 시절에 이로운 바가 없음은, 유가 강을 타듯 처녀가 강한 인상을 풍기고 있기 때문이다[无攸利柔乘剛也]."[1][2]

귀매의 모괘는 지천태☷☰이다. 태괘에서는 양친이 다 계셨지만, 뇌택☳☱에서는 오빠 진☳이 여동생 태☱를 시집보내고 있다.

고사로 문왕이 주나라 제후인 자신이 은나라의 주紂에게로 마지못해 시집 간 불운한 여자의 처지로 느꼈을 것이고, 또 복희가 '뇌택雷澤'의 동이족 사람이었기에, '뇌택(동이족)을 정복하지 말라(?)' 했을까 싶기도 하다.

象曰 澤上有雷 歸妹 君子以 永終知敝
상왈, 연못 위에 천둥이 울리는 것은 처녀가 시집을 가는 때를 알리는 귀매이니, 군자는 이로써 영원히 가야 할 부부의 도를 무너지지 않게해야 한다.

'영종永終(The eternity of the end)'과 '지폐知敝(Understand the transitory)'는 변함

---

1 [說證] 泰卦의 건☰은 남방(离位), 곤☷은 북방(坎位)을 상징하고, 귀매가 되면 3의 강이 북쪽 4로 정벌에 나서자 간☶에서 죽음을 맞고 또 그 시체를 감☵의 수레에 싣고 오니 '征凶'의 상이 된다[진☳의 도전]. '天地大義'는 모괘가 지천태괘의 건곤을 이르고, '萬物興起'는 건☰과 곤☷, 진☳과 태☱, 간☶과 태로 생생불궁함이요, '人之終始'는 건곤☰☷에 이어 간태☶☱로 終始가 함께하니 人倫을 말한다. '位不當'은 3의 음이 양을 탐이요, 4의 양이 음 밑에 놓임이다.

2 점단으로 불변한 귀매를 얻으면 억지로 하는 일은 반드시 흉한 상황이 벌어진다. 혼사든 사업이든 모든 면에서 다 불리하다.

없는 부부가 해로하는 유종의 미를 얻어야 하고, 또 부부간에 의리를 깨고 파경으로 몰고 갈 사유가 생기지 않도록 잘 챙겨 갈 것을 알려주는 격언이다.

부부 사이가 천지차로 벌어지는 것은 아주 사소한 오해에서 발단된다. 부부간의 알량한 자존심이 순식간에 십만 팔천 리를 떨어지게 하지 않던가. 이것은 부부간에 서로가 원숙하지 못하고, 이해하지 못하는 어리석음과, 끝까지 서로를 믿어주는 신뢰가 부족한 데서 기인한 것이다. 부부는 어떠한 일이 언제 어떻게 발생하더라도, 서로 이해하고 감싸주는 사이라는 것을 모르기에 빚어지는 사단이다. 부부가 서로 아끼고 사랑하는 마음이 모자라기에, 나에게 가장 고귀하고 소중한 것을 가볍게 여기게 된다. 그러기에 부부관계를 경영 잘하는 그 자를 우리는 바로 성인이라 일컫는다. 그렇다면 영원히 지켜야 할 부부의 덕목은 무엇이며, 그런 부부 사이를 잠시라도 틈이 생기고 무너지지 않게 하는 것은 무엇일까?

부부 사랑을 베갯머리 송사, 즉 태☰의 입으로 영원을 다지고, 내쾌 도전한 사랑의 끈 손☰의 실로 묶어가야만, 부부의 아름다운 사랑을 리☰의 성실과 믿음으로 유지하여 유종의 미를 거둘 수 있으니 '영종永終'이다. 그러나 부부가 서로 진☷의 발로 각자 걸음이라면 등을 진 채 동서를 향하니, 감☵의 재앙을 알게 하니 '지폐知敝'가 된다.[3] 아래에서 선유先儒의 제설을 들어보자.

먼저 정자가 아래와 같이 '영종지폐永終知敝'의 핵심을 찌른다. "군자는 남녀가 짝하여 자식을 낳아 서로 잇게 되는 상을 보고, 끝을 영구하게 하여 무너짐이 있음도 안다. '영종永終'은 생식하여 이어가서 전함이 영구하고, '지폐知敝'는 사물에 무너짐이 있음을 알아 서로 잇는 도를 알아야 한다는 소리이다. 여자가 시집을 가면 자식을 낳기 때문에 영종의 뜻이 있고, 또 부부의 도는 마땅히 항상되고 영구하며 끝이 있으므로, 반드시 무너지는 이치가 있음을 알아서 주의해야 하니, 무너짐은 서로 떨어지고 틈이 생김을 뜻한다. 귀매는 부부가 올바르고 항상할 수 있는 도가 아니므로, 오래되면 반드시 무너지게 되니, 반드시 무너지게 됨을 안다면 마땅히 끝을 영구하게 만들 것을 생각해야 한다. 천하의 반목하는 자들은 모두 끝을 영구하게 만들 수 없는 자이니, 부부의 도에만 해당하지

---

3 아내가 남편을 부처님으로 모시고, 남편이 아내를 부처님으로 모실 줄 알면, 그 부부는 '영종지폐'를 아는 것이다. 부부의 완성은 서로를 '우리 부처님'으로 모시고 받들 때이다.

않는다. 천하의 일 중에 끝이 있고, 무너짐이 있지 않은 것이 없고, 이을 수 있고 오래할 수 있는 도가 있지 않은 일이 없으니, 귀매괘를 살펴본다면 마땅히 끝을 영구하게 할 수 있는 경계를 생각해야만 한다."4

이지연도 『주역차의』에서 '부부의 유별'로 설한다. "남녀가 가정을 이루는 것은 인간의 큰 윤리지만, 반드시 가문이 서로 대등하고 나이가 서로 대등한 대상에서 선택하는 것은, 내외의 유별함이 있고 상하의 분별이 있어서이니, 그런 뒤에야 '아가씨의 시집감이여, 그 집안에 마땅하구나[桃之夭夭, 灼灼其華, 之子于歸, 宜其室家]'5 했다. 늙은 남편이 젊은 아내를 얻고, 젊은 아내가 늙은 남편을 얻는 것은, 모두 음양의 바른 이치가 아닌데, 하물며 여자가 남자를 기뻐하는 죄는, 남자가 여자를 기뻐하는 것보다 심함에 있어서랴. 이 괘는 아랫집 막내딸이 윗집 나이든 맏아들에게 시집을 가니 바른 이치를 잃었고, 또 여자의 기뻐함이 남자의 움직임보다 앞서니, 바르지 않음을 알 수 있다."

화동華東 서유신은 '음양이 어디에서 막히는 이치가 있는지 알'고 주문한다. "진☳은 봄이고 태☱는 가을이다. 수괘隨卦는 봄으로부터 가을로 가고, 귀매괘는 가을로부터 봄으로 간다. 용이 못에서 나오고, 우레가 처음으로 치게 되면, 춘분의 절기이고 혼인을 할 때이기 때문에, '연못 위에 우레가 있는 것이 귀매歸妹이다' 했다. 큰 못은 마를 때가 없으니, 끝을 영구히 하는 상이다. 맹렬한 우레도 하루를 넘기지 않으니, 무너짐이 안다. 군자는 일련에 돌아가는 것을 보고 끝을 영구히 하고, 무너짐도 있음을 알아야 할 것이다. 끝을 영구히 해야 함은 일의 끝에 달려 있고, 무너짐이 있음을 아는 것은 시작에 달려 있다. 태☱는 음이 위에서 다하니 끝을 유념하라는 경계가 있고, 진☳은 양이 아래에서 움직이니 시작을 도모하라는 경계가 있다."6

---

4 정이천, 『이천역전』: "君子觀男女配合, 生息相續之象, 而以永其終, 知有敝也. 永終, 謂生息嗣續, 永久其傳也. 知敝, 謂知物有敝壞而爲相繼之道也. 女歸則有生息, 故有永終之義, 又夫婦之道, 當常永有終, 必知其有敝壞之理而戒愼之, 敝壞, 謂離隙. 歸妹, 非夫婦正而可常之道, 久必敝壞, 知其必敝, 則當思永其終也. 天下之反目者, 皆不能永終者也, 不獨夫婦之道. 天下之事, 莫不有終有敝, 莫不有可繼可久之道. 觀歸妹, 則當思永終之戒也."

5 『詩經』, '桃夭'.

6 徐有臣, 『易義擬』: "…. 大澤無窮時, 永終之象. 迅雷不竟日, 知敝之象. 君子凡於所歸, 永其終, 知其敝. 永終在終, 知敝在始. 兌陰窮於上, 有念終之戒, 震陽動於下, 有圖始之戒也."

마지막으로 성호星湖는 조심스럽게 '영종지폐永終知敝'의 뜻을 이렇게 피력한다. "우레는 진≡≡으로 용이 된다. 못에 우레가 있는 수괘隨卦로 용과 뱀이 칩거함으로 몸을 보존함을 알아[尺蠖之屈, 以求信也, 龍蛇之蟄, 以存身也], 군자가 이를 본받을 때 날이 어둠을 향하면 안에 들어가 편안하게 쉰다[嚮晦入宴息]. 연못 위에 우레가 있다는 말은, 용이 칩거에서 깨어나 물 위에서 유유히 움직이지만, 아직 하늘에 이른 것은 아니라는 뜻이다. 용이 일어나려면 반드시 역량을 살피고 기세를 타야 하는데, 시작할 때 잘 마칠까를 염려해서, 곤궁함과 피폐함을 살피고 방비한 뒤에야 승천할 수 있다. 그렇지 않다면 공활한 하늘 위에 조금도 의지하고 의탁할 곳이 없어서, 궁색하고 피폐해질 것이므로, '영종지폐' 즉 '끝을 영구하게 하여 사물에 무너짐이 있음을 안다'고 했다. 영구히 한다는 것은 멀리까지 생각함이다."[7]

> 初九 歸妹以娣 跛能履 征吉
> 초9는 어린 동생을 손아래의 각시로 시집을 보내도, 마치 절음발이처럼 잘 걸을 수 있으니, 시집을 가게 해도 좋다.

첩으로 시집 가는 상이다. 어리고 철없는 동생을 언니 시집가는 길에 손아래 각시로 딸려보낸다[歸妹以娣, Marrying maiden as a concubine]. 그래도 절음발이처럼 언니 한 쪽 다리 역할을 잘 해낼 수 있을 것이다[跛能履征吉]. 이것은 마치 멀쩡한 두 다리를 가진 자가 절름발이 노릇을 하며 살라는 의미와도 같다.

어리고 천한 초9가 직위 높은 구4 공후公侯에게 얹혀서 시집을 간다. 공후의 혼인에는 반드시 잉첩媵妾(귀인이 시집 갈 때 데리고 가는 몸종)이 있었으며, 그들은 조카나 손아래의 동생을 데리고 갔다. 『설문』에는 '제娣'를 여동생 또는 손아래 동서라 했고, 「설괘전」에서도 '태兌는 첩'이라 했는데, 동파도 '제娣'를 젊은 처녀가 첩으로 시집가는 것으로 보았다. 그러기에 공자도 "어린 동생을 언니와 함께 손아래 각시로 시집보내는 것은 상도요[歸妹以娣以恒也], 절음발이처럼 잘

---

7 李瀷, 『易經疾書』: "… 不然則空濶之中, 無寸木之緣尺波之依, 其窘敗可待也, 故曰永終知弊, 永者, 遠慮也."

걸을 수 있다는 것 또한 한 사람밖에 없는 신랑의 뜻을 잘 받들어 시가의 가통을 계승할 수 있음[跛能履吉相承也]"이라고 했다.

이는 귀매가 뇌수해괘雷水解卦로 간 것을 보았기 때문이다.[8] 옛날 은주殷周 시대의 일부다처제는 원시사회 집단혼인의 유산으로 일반적인 관습이었다. 정상적인 혼인은 육례六禮를 갖추어야 하지만 잉첩으로 가는 데는 다른 제약은 필요 없었다. 그 시대에는 잉첩으로 출가하는 것도 아주 자연스러웠기[恒也]에 정길征吉이라 한 것이다.[9] 비록 '손아래 각시'로 시집가는 것은 절음발이 신세지만 친언니와 남편을 반분하니 보통의 첩보다는 낫고, 또 자매가 서로 도와 가는 것은 화합과 행운을 가져다 줄 수도 있었다.

초9와 구4는 비록 응이 되지 못하지만, 초9는 강한 소신을 가지고 온화한 미덕을 잃지 않으려고 애를 쓸 것이다[初九, 和兌之吉, 行未疑也]. 고로 초9는 소실이지만 정실의 언니와 풍파를 일으키지 않고 잘 보조하여 나가는 지혜를 갖춘 사람으로 볼 수 있다.[10]

九二 眇能視 利幽人之貞[11]
구2는 애꾸눈처럼 사물을 보며 유폐된 사람처럼 살아야 이롭다.

구2는 중심을 잡고 군세게 사는 의지가 곧고 현명한 여자지만, 5의 남편은

---

8 [說證] 진☳은 주인을 뜻하는 공후가 태☱의 딸과 간☶의 아들 혼례를 주관할 때, 반드시 데려가는 잉첩이 있었으니 '娣'의 급으로 조카딸이나 여동생이었다. 解卦는 臨卦로부터 오니, 임에서 태☱의 첩이 곤☷의 왕비를 추종하는데, 解卦의 감☵으로 돌아가니 '歸妹以娣'다. 해괘는 본시 진☳의 두 발이 있는 소과괘가 모괘인데, 解卦에선 한쪽 발이 감☵의 질병으로 다쳐 '破能履'가 된 것이다. 그리고 臨卦 초효가 곤☷의 나라로 정벌을 진☳으로 감행하였지만 그쪽에선 간☶으로 죽으니 '征吉'이다. 다산 왈. "주공의 효사가 종횡무진한 것은 周流六虛하며 變化無常하며 八卦相盪하고 雷風相薄하고 鼓之舞之하는 오묘한 이치가 있기에, 이런 주공의 재능에 찬탄하심에 공자가 역을 손에서 놓지 못함이다."

9 孫映達·楊亦鳴(박삼수 역), 『주역』, 805쪽.

10 참고로 두 다리가 정상일지라도 절음발이처럼 하라. 바보처럼 화목과 화해, 화평이 천하의 덕목 중 제일이라는 것을 가슴에 새기고 살아야 한다. 속내를 드러내지 말고 2와도 친하고, 4에게도 내가 먼저 다가가 비비며 친하게 지내야 성공이 가능하다. 그러면 상하로 귀인이 도운다.

11 眇 애꾸눈 묘

정실과 소실 사이에서 줄다리기를 하니 자기 관리가 어려운 사내다. 그래도 한 눈을 감고 못본 척 하되[眇能視, One-eyed to see], 중심을 잃지 않고 성심을 다하는 중화의 덕을 가지고 후회 없이 살면[孚兌悔亡], 문을 닫고 숨어 쓸쓸히 살아도 이로울 것이다[利幽人之貞]. 이것이 바로 아내가 가져야 하는 어려운 덕목婦德 중 하나로, 유인幽人(Solitary woman)처럼 살라는 자리다. 어느 누구든 이렇게 살 수 만 있다면 절대로 외롭지 않다[敬義立而德不孤]. 그러니 아내의 도는 미운 것, 고운 것, 싫은 것, 좋은 것, 그리고 외로움까지도 가리지 않고 혼자서 안고 간다[厚德載物].

그러기에 자식과 가정 그리고 조상을 받드는 공덕은 쉽게 얻어지는 일이 아니다. 곤도가 이렇게 아름답고 영원한 마음을 간직하고 갈 때 마침이 있다[用六永貞以大終也] 하였으니, 아내의 도는 쉽지 않다[困卽坤]. 이를 간파한 공자는 "유폐된 사람처럼 문을 닫고 숨어 사는 것이 상심을 변치 않고 사는 것[利幽人之貞, 未變常也]"[12]과 마찬가지라며 대단한 수행자[黃中通理, 正位居體, 美在其中]에 비유했다. 현모양처의 자리는 성자만이 얻을 수 있다.[13] 귀매가 중뢰진괘重雷震卦로 간 경우다.[14]

---

12 天澤履卦 "幽人貞吉 履道坦坦."

13 商나라 때는 婦가 여성의 일반적 통칭이 아닌 '왕비[后]' 등을 가리키는 직함으로 쓰였다. 1976년, 상나라의 수도였던 하남성 안양 殷墟에서 상나라 제23대 武丁 임금의 부인 '婦好'의 무덤에서 무려 2천여 점에 가까운 부장품들이 발견되었다. 부장품의 질과 양으로, 당시의 왕비가 가지고 있던 강대한 권위를 볼 수 있다. 또한 婦好는 군대를 거느리고 전쟁하러 나가기도 하고, 하늘에 지내는 제사를 주재하기도 해서 국가의 중대한 일에 밀접하게 관계했던 인물이었다. 그래서 문자 학자들은 여인과 빗자루로 구성된 '婦'에서 표현하고 있는 것은 단순히 집안 청소가 아닌, 제사를 모시는 제단을 청소하는 권력의 상징으로 해석한다. 제단에는 여자의 출입이 엄격하게 금지된다. 신성하기 그지없는 금녀의 영역에 출입할 수 있던 사람이라면 그 직위가 높지 않으면 안 되었다. 이런 특전을 가진 직위가 바로 婦요, 결혼한 여자에 대한 통칭으로 사용되기 시작한 것은 후의 일이다. 그런 의미에서 吳東平의 『한자의 옛이야기』에는 婦의 '帚'는 '帝'와 비슷하며, 帚(빗자루 추)가 아니라 권력을 상징하는 '부채 추로 읽어야 한다고 주장한다. 後漢 許愼의 『설문해자』에서는 '婦服也 服家事也'로 적었다. '妻'는 꿇어 앉아 있는 여인의 머리에 비녀를 꽂아주는 모양이다.

14 [說證] 귀매괘의 호괘 기제괘에선 두 눈이 있으나 2효가 동하면 한쪽은 없어지니 '애꾸'다. 그리고 중뢰진괘는 임괘에서 오기에 태☱의 어두운 서방 땅에[幽昧之地] 감☵으로 숨으니 '幽人'이 되고, '常'은 옛 것이라 하니 泰卦에서도 태☱의 幽人과 진☳의 길이 있었고, 귀매에서도 태☱와 진☳이 있고, 진괘 역시 임괘에서 왔기에 태☱와 진☳이 있어 '未變常'이라 하였다. 참고로 눈을 감고 못본 체 하며 본심을 드러내지 말아야 한다. 세상에는 별별 종자들이 얽히어 산다. 귀매는 歸魂괘이기도 하다.

> 六三 歸妹以須 反歸以娣[15]
> 육3은 어린 처녀가 몸종으로 따라갔다가 다시 돌아와서 손아래 각시로 시집을
> 간다. [또는 누이를 시집보낼 적에 손위 누이를 잉첩으로 보내지만 도리어 막내동생을
> 잉첩으로 보내는 것이 옳다.]

어린 동생이 언니의 몸종으로 따라갔는데[歸妹以須] 상황이 반전反轉 (Reversely)하여 손아래 각시로 시집가는 것[反歸以娣]으로 변신하는 장면이다. 동파는 『회남자』를 근거로 "천첩賤妾을 수須"라 하였으며,[16] 주자도 "수須는 몸종 천녀賤女"라 새겼다. '제娣'는 앞의 초9처럼 손아래 각시다. 고로 상6과도 응이 될 수 없는 부중부정不中不正한 나이 어린 처녀가 천한 몸종(slave)으로 따라갔다가, 다시 돌아와 손아래 각시(concubine)로 변신하여 시집 간 사실을 말한다. 공자는 "나이 어린 소녀를 천한 몸종으로 딸려보내는 것은 마땅한 일이 아니다[象曰, 歸妹以須, 未當也]"라고 당시의 관습을 못마땅하게 여겼다.

다산도 『시경』의 「위풍衛風」을 인용하여 "조카와 여동생은 몸종으로 삼았고, 고모와 손위 언니는 몸종으로 삼지 않았었다"고 밝힌다. 그리고 『천관서天官書』에서도 "수녀須女는 네 개의 별로 천한 첩의 꼴[織女]"이며, 『자하전子夏傳』과 「맹희盟喜의 역易」에서도 "잉첩媵妾의 이름 수嫛와 같은 수須"라 했다.

그렇다면 3은 몸종으로 따라갔다가 욕심을 내어 소실의 자리로 반전하였거나, 아니면 돌아와서 소실로 시집을 가게 되었으니, 이는 귀매歸妹가 대장大壯이 된 경우다.[17]

---

15 須 천한 몸종 수, 기다릴 수.

16 『淮南子』, 天文訓 : "北方曰玄天, 其星須女, 虛危, 營室." 곧 須星은 賤星이다.

17 [說證] 다산은 호괘 리☲가 태☱의 소녀보다 위인지라, 손위로 보고 '歸妹以須'라 하였다. 거기다 대장이 되면 리☲는 소멸한 반면 태☱는 앞으로 나아가 '反歸以娣'가 되었다. 고로 손위 누이를 시집보내려다 막내 동생을 시집보낸 격이 되었다는 말이다. '未當' 역시 언니를 잉첩으로 씀은 마땅치 않다는 소리다.

> 九四 歸妹愆期 遲歸有時[18]
> 구4는 어린 처녀를 시집 보내는데 그 시기를 놓쳤다(어긴다). 시집을 늦게 가지만 반드시 때는 있다.

구4는 부정부중으로 초9와 응이 되지 못해 시기를 놓치고 있으나[歸妹愆期], 단지 혼기가 늦었을 뿐 시집은 반드시 간다[遲歸有時]. 4가 비록 강한 자리에 처하였지만 그 자리는 본시 음유이기에 부덕婦德이 있다.

정자는 이렇게 설한다. "주군主君(남편)을 받드는 현명한 측근으로 경솔히 사람을 따르지 않고 때를 기다릴 줄 안다. 건愆은 연기延期의 의미다. 아래 있는 3이 5의 부름을 기다린 후에 나에게 시집을 오게 되니 때가 늦다[愆期]." 공자는 "때를 늦춘다는 뜻은 기다린 후에 행함[象曰, 愆期之志, 有待而行也]"이라 하니 늦어도 반드시 시집은 간다는 주석이다. 만사는 다 그에 맞는 때가 있다. 지금은 5에게 갈 것인가 3에게 갈 것인가의 선택과, 앉은 자리와 시야를 방해하는 진동震動에 제동이 걸려서, 4의 감坎에 잠시 주춤거리고 있을 뿐이다. 상괘 진震은 본시 약동躍動 하는 괘이기에, "순舜이 그 아비의 명을 얻지 못하여 왕위를 양보하다가, 요堯임금의 명을 기다린 후에야 마지못해 등극함과 같다." 귀매가 임괘臨卦로 간 경우다.[19]

> 六五 帝乙歸妹 其君之袂 不如其娣之袂良 月幾望 吉[20]
> 육5는 제을이 어린 딸을 시집보내는데 왕비가 될 여인의 소매가 손아래 각시의 소매만큼 좋지가 않다. 열나흘의 달처럼 보이면 길하리라.

태괘泰卦에서 은나라의 '제을'帝乙 임금이 주나라 제후 문왕에게 딸을 시집보

---

18 愆 어길 건, 허물 건.

19 [說證] '愆期'의 '期'는 감☵의 사내와 만남이라 리☲이다. 그런데 귀매가 임괘가 되면 감☵과 리☲가 다 사라지니 기일을 어기는 격이 '愆期'다. 즉 간☶의 사위가 임괘에는 없기 때문이니 사내가 오기를 기다린다. 참고로 혼기가 늦었지만 좋은 배필(귀인)이 나타날 수다. 官生印으로 관운이 좋은 자리다[歸妹→臨 : 午→丑, 官→印].

20 袂 소매 몌.

내는 고사와 같다[六五, 帝乙歸妹, 以祉元吉]. 무너지는 은나라와 최강 제후국의 혼인동맹으로 서로의 실익을 찾는다. 그러므로 "은나라는 한 세대를 더 이어가고 주나라는 황녀를 맞아들이는 영광을 함께했다."[21] 제을帝乙이란 황제가 어린 딸을 시집보내는데[帝乙歸妹], 왕비가 될 딸의 옷소매가[其君之袂], 몸종으로 따라가는 손아래 각시의 소매만큼 화려하지 않았다[不如其娣之袂良]는 것만 보아도, 지금은 나라살림과 가정살림이 만만찮다는 것을 짐작할 수 있다. 모든 맵시나 마음씨가 열나흘 달처럼 넘치지 않게 보여야[月幾望, Nearly full of moon] 좋다[吉].[22]

공자도 "제을이 시집을 보낼(왕비가 될) 딸의 소매가 손아래 각시 소매보다 좋지 않아도 되는 것은 그 높은 자리가 중을 잡았고, 또 행실을 귀하게 여기고 있기 때문[象曰, 帝乙歸妹, 不如其娣之袂良也, 其位在中, 以貴行也]"이라 했다. 이는 임금의 딸로서 불필요한 사치를 사전에 차단했다는 의미이다. 귀매가 중택태괘重澤兌卦로 간다.[23]

동파의 해설도 비슷하다. "황제의 딸을 단지 좋은 옷으로 길흉과 손익으로 삼을 수는 없다. 그렇지만 절름발이가 애써 뛰려고 하고 애꾸눈이 애써 빛을 얻으려는 것과 같으니 다 허영이고 허욕이다. 그러니 어찌 의상으로 주군主君의 관심을 얻으려 하는가? 또 보름달에 가깝다는 것은, 역易이 꽉 채우는 모습을 싫어하는 바일 것이다." 본질을 떠난 의상疑象보다는 심상心相을 챙기라는 당부다.

5는 제을이고 3은 어린 딸[妹]이다. 1·2가 손아래 각시[娣]가 되니 소매[袂]로 논하면 3이 1·2만 못하고, 여자로 논하면 보름달에 가까워 원만해진 상태다. 대체로 황제의 딸로서 아래로 시집가서 교만하지 않고 넘치지 않으니 어찌 길한

---

21 Wilhelm, *I Ging*, 813쪽.

22 '月幾望'은 열나흘 14일의 달, 月旣望은 보름달, 月旣望은 이미 보름이 지난 16일의 달이다. '月幾望'이 보이는 괘는 소축[婦貞厲月幾望君子征凶], 중부[月幾望馬匹亡]와 여기 귀매괘이다.

23 [設證] 泰卦는 대장괘로부터 오니 진☳이 제을이고[帝出乎震이고 乙方이다], 태☱가 누이다[태괘에서 상괘 태☱는 임금의 누이 '帝妹'는 본처로 '君'이 되고 하괘 태☱가 '娣'로 잉첩이다. 고로 귀매에서 리☲로써 예를 차려 태☱를 시집보냄에 '帝乙歸妹'다. 또 소매를 상징하는 것은 태☱다. 귀매의 모괘는 지천태괘라, 상괘 곤☷에서 비단이 온전하였는데, 태☱가 되면 온전치 못한 소매가 된다. 하괘 또한 건☰의 옷으로 본래 양호한 것이 소매가 된 것이라 '不如其娣之袂良'이라 했다. 그 까닭은 군주의 지위에서 덕은 검소함을 보이는 '葛覃' 같은 것이다. 갈담은 후비가 직접 지은 갈포옷이다. 다산은 감☵을 달로, 건☰을 둥근 원, 태☱가 坎位에 있으면 '月幾望'이라 하였다.

도리가 아니겠는가. 첩이 사치나 부리고 향락으로 보름달을 넘으면 받들어 모셔야 하는 주군主君을 넘게 되니 미움을 받을 증좌證左이다.[24]

『오위귀감』에서 수현壽峴의 읍소는 이랬다. "신이 삼가 살펴보았습니다. 귀매괘의 5는 임금을 기준으로 말한다면, 존귀함을 억누르고 덕을 숭상하는 뜻이 됩니다. 왕비를 기준으로 말한다면 검소하여 장식을 제거하는 뜻이 되옵니다. 아래로 시집가는 것으로 말한다면 겸손히 낮추고 유순하고 공손하다는 뜻이 됩니다. 이 세 가지는 자리에 따라서 수용하면 도에 합치되지 않는 것이 없게 됩니다. 천자가 자신을 수양하고 가정을 다스리는 일은 모두 여기에 달려 있습니다. 그런데 열나흘 달[月幾望]의 상을 취한 것은 어째서이겠습니까? 호괘 감☵은 달이 되고 하괘는 태☱인데, 태☱는 이지러짐이 되기 때문에, 달이 가득차지 않은 상에서 취한 것입니다. 엎드려 바라건대 전하께서는 귀매의 상을 잘 살피시고, 그 말씀을 완상하시어, 각각 그 쓰임을 다하시옵소서."[25]

여기 '월기망'은 다산이 형 정약전에게 보낸 편지에도 나타난다.[26]

---

24 참고로 명예가 있는 집안과 재력이나 권력을 가진 집안의 혼인이 이루어지면 좋고, 특히 학운[歸妹→兌 : 申→酉, 兄→兄]이 좋은 괘다. 예의를 지킴에 있어서 사치보다는 차라리 검소함이 더 낫다는 사실을 알아야 한다. 사고로 아들을 잃은 아버지가 아들이 편안한 세상에 갔을까를 물어서 5효를 얻었다니, 왕가나 사대부 집안에 장남으로 다시 태어날 것 같아 불행 중 다행으로 보였다.

25 石之珩, 『五位龜鑑』: "歸妹之六五, 以人君言, 則爲抑尊尚德之義, 以后妃言, 則爲儉素去餙之義, 以下嫁言, 則爲謙降柔巽之義. 此三者, 隨位受用, 靡不合道. 王者修身齊家之事, 盡在是矣. 其取月象何也. …"

26 丁若鏞, 『茶山詩文集』, '答仲氏' : "며칠 전에도 한 爻를 고쳤습니다. 만약 나에게 10년을 더 살게 해주어, 『주역』 배우기를 끝마치게 한다면, 아마 더욱 유익하게 고칠 수가 있을 것입니다. 그 중에서도 坎·離·頤·大過·中孚·小過의 괘는 성인의 마음 쓰심이 더욱 기기묘묘하였습니다. 또 '富以其鄰有孚攣如'나 '月幾望'이라는 것들은 모두 九泉까지 뚫고 들어가야 비로소 물을 얻게 되는 것이니, 반드시 그 類를 합하고 비교하여 관찰한 연후에야, 그 묘한 이치를 알 수가 있는 것입니다. 그러기에 『주역』을 관찰하고 싶으면 반드시 먼저 고요한 장소부터 구해야 합니다. 닭 울음과 개 짖는 소리, 어린아이의 울음과 아낙네 탄식 소리는 제일 꺼리는 것이 되는데 어떻게 해야 이러한 곳을 얻을 수 있겠습니까."

> 上六 女承筐无實 士刲羊无血 无攸利[27]
>
> 상6은 여자가 이고 있는 광주리에는 과실(예물)이 없고, (장가 갈) 사내가 양의 목을 찔렀는데도 핏기가 없으니, 이로울 바가 없다.

먼저 정자의 설명은 이렇다. "여자의 시집살이 끝자리에 결실이 보이지 않아 마침이 없다. 여자의 시집살이로는 조상의 제사를 받드는 일이 제일 큰데, 그 제사를 받들 공물供物을 얻지 못하고 있다. 제후와 경대부의 제사에도 친히 희생의 피를 보는 혈제血祭라야 좋다."

광주리에는 제물이 없고 양의 목에서 피가 나지 않음은 제사를 받들 수 없다는 증거다. 여자의 광주리는 쥐집[子宮]이고 남자의 일은 사냥이다. 쥐집에 아이가 들지 못하고, 사냥감에서 피가 나지 않는다면, 남녀가 지녀야 할 책무를 이행하지 못함이요, 생산하는 일과 경제활동이 제대로 이루어지지 않음이다. 주자도 "끝자리에서 무응无應하니 혼인을 하여도 끝을 보지 못할 자들이다"라고 하였다.

지욱은 여기서 '영종지폐永終知敝'의 도를 들어 설명한다. "3이 상을 잇는 광주리가 무실이다[女承筐无實]. 또 상효는 3의 양을 찔러도 핏기가 없으니 이로운 바가 없다[士刲羊无血]. 대개 덕을 쌓지 않으면 사후에도 영험이 없어서 자손들도 번성하게 못하니, 군자가 끝까지 가지고 갈 일과 일찍 버려야 할 영종지폐永終知敝의 도를 살펴야 할 것이다."

일찍이 공자도 단사에서 "어린 여자가 시집을 가는 것은 천지 가운데 가장 큰 인륜지대사[歸妹天地之大義也]"라 하였는 바, 대의大義는 조상의 봉제사와 자손의 번창인데, 피가 나지 않는 제물은 희생犧牲이 아니라는 것이고, 자손을 잇지 못한다는 소리이다.

불운한 시기에 초9는 손아래 각시(소실)로 본분을 잘 지키면 좋고, 2는 부덕한 남편을 대함에 수도하는 여인처럼 시종일관으로 가야 탈이 없다. 3은 몸종이 반전하여 소실로 욕심을 내고 있고, 4는 적절한 혼기를 기다리며 백마를 타고 올 기사를 기다리고, 5는 임금의 딸이지만 열나흘 달처럼 겸손해야 하고, 상효는 제사를 잇지 못하니 흉만 있고 이로운 바가 없다[无攸利, Nothing to further] 한다.

---

27 筐 광주리 광. 刲 찌를 규.

이렇듯 처녀가 시집을 가서 죽어도 부도婦道를 지키며 살아야 아름답게 성공할 것이다.

마지막으로 공자의 결정적인 주석이 있다. "여자로서 자식도 없고, 재산도 없으며, 부덕도 없다면 자신과 집안을 계승해야 할 광주리가 텅 빈 꼴이 된다[象曰, 上六无實, 承虛筐也. The woman's basket no fruits, The man's sheep no blood]." 상6은 귀매가 화택규괘火澤睽卦로 갔다.[28]

귀매괘의 복잡한 등식을 권근은 오징吳澄의 설을 들어 자세하게 설명해준다.[29] 참고로 귀매는 중택태兌의 귀혼歸魂괘다.[30/31] 마지막으로 복희 영감이 뇌택雷澤 동이족었다는 기록이 보였다.[32]

---

28 혼례의 예는 제사를 함께 드린다. 규괘를 보면 태☱의 여자가[주부는 서쪽] 서쪽에서 감☵의 공경으로 대나무로 만든 진☳의 광주리를 우러러 받드니 '女承筐'이다. 귀매의 모괘 泰卦를 보면 곤☷의 비단이 진☳의 玄黃色을 띠었으니 다름 아닌 폐백이다. 또 리☲는 속이 텅 빈 광주리로 '筐无實'이다. 귀매에서 간☶의 선비가 동쪽에서[상괘가 진☳] 리☲의 칼을 잡고 아래 태☱의 양 목을 찌르니 '士刲羊'이요, 위에 리☲가 있어 건조시키니 坎位에서 피를 볼 수 없어 불길하다. 이는 규괘가 반목하는 까닭이다.

29 權近, 『周易淺見錄』 : 오징 왈. "귀매괘 여섯 효 중 오직 2와 5만이 서로 호응하여 부부를 이룬다. 상6은 3을 남편으로 따르고 싶어 하지만, 양이 아니다. 양은 채움이 되는데, 양이 없어 광주리를 채울 수 없어, '광주리에 담을 물건이 없다'고 했다. 아래 태☱는 羊이다. 초9는 구4를 부인으로 맞이하려고 하지만 구4는 음이 아니다. 음은 피가 되는데, 음이 없다면 피도 없기에, 양을 베었으나 피가 없다. 咸卦·恒卦·漸卦·歸妹卦는 모두 남녀와 부부의 뜻이 있다. 漸卦는 남자가 여자를 구하려는 일이 되고, 귀매괘는 여자가 남자에게 시집을 가려는 때에 해당하니, 아직 부부가 성사되지 않은 것으로 괘명을 정했다. 함괘는 부부가 처음 서로 합했을 때의 정이고, 항괘는 부부가 오래도록 서로 머무는 도이니, 이미 부부를 이룬 것으로 괘명을 정했다."

30 참고로 아들이 이사를 가려고 구한 집을 놓고 이사 여부를 물어서 얻은 효라면 흉하다. 열심히 일해도 통장에 담을 돈이 없고, 아무리 열심히 일하려고 마음먹어도 일거리가 주어지지 않는다.

31 『춘추좌씨전』 희공 15년 : 晉나라 헌공이 그의 딸을 秦나라 목공에게 시집보내기 전, 귀매괘가 규괘로 가는 것을 얻었다. 사관이 "불길하다"고 하였는데, 전투 중에 秦의 포로가 되자, "점이 문제가 있었겠는가? 사람이 받는 앙화는 하늘에서 내려오는 것이 아니라, 앞에서 알랑대고 돌아서서 미워하는 인간들을 분별하지 못한 것에 달렸도다"고 하였다.

32 이일봉, 『실증 한단고기』, '태호복희' : 복희는 '雷澤에서 출생했다. 『태백일사』에 왈. "복희는 배달국 5대 환웅의 막내아들이다." 『사기』, 『중국고대신화』 왈. "복희의 어머니 華胥氏가 어느 날 동쪽에 있는 울창한 숲속으로 놀러 가게 되었다. 그녀는 '뇌택'이라는 연못가에서 노닐다가 우연히 대인의 발자국을 밟게 되었는데, 그 후 온몸에 전율이 일면서 아이를 갖게 되었으니, 이가 곧 복희이다. 지금 산서성의 濟水에는 羲族의 옛 거처가 남아 있다." 예수의 성탄설과 다르지 않다.

외괘
雷(震=動)

내괘
火(离=文明)

55. 뇌화풍雷火豊
Abundance[Fullness]

풍豊은 인생에서 가장 풍요롭고 아름다울 때이지만, 빛이 강할수록 그늘도 깊음을 알아야
한다.

> 豊 亨 王假之 勿憂 宜日中[1]
> 풍요롭고 풍성하니 만사가 형통하다. 왕이 지극한 정성으로 상제를 모시니(임금
> 도 나의 풍대한 행사장에 참석할 것이니) 걱정하지 말라. 해가 중천에서 세상을 훤
> 히 밝히듯 나의 인생도 밝다.

먼저 김상악의 『산천역설』에 보이는 설명이다. "밝음과 움직임은 서로 의지
하기에, 2효와 4효가 풍의 형통함을 이룬다. '격假'은 이름[至]이다. 5가 높은 곳에
서 근심하지 않고, 해가 중천에 있듯 성대하게 하면, 풍의 형통함을 보존할 수
있다. 어떤 이는 '격假'은 '크다'고 하니, 글자 그대로 읽으면 '하늘의 명령[天命]'
이 '크니[假]', 단왈의 '풍대豊大'와 같다."

백운白雲의 해설은 이렇다. "왕의 위엄 있는 힘과 밝은 통찰력만이 천하를
복종시킬 수 있기에 '형통[亨]'하고, 그 정신은 은미함을 밝게 하여 사해에 두루
하기 때문에 '왕격王假'이다. 감☵은 신神이요 손☴은 정精이거나, 감☵은 흐름
[流]이요 손☴은 감통感通이므로, 왕의 명철이 '이름[假]'이라 하였다. 풍의 시절에
왕이 위엄있는 힘과 밝은 통찰력으로 천하를 복종시키면, 엄하기만 하고 은혜가
없으며 두렵기만 하고 사랑이 없게 된다. 풍괘의 해가 동쪽에 있으면 그 밝음이
성대하게 되므로, 괘와 효에서 해를 들어 말을 많이 하였다. 만약 성대한 밝음에

---

1 假 이를 격, 거짓 가, 멀 하.

걱정과 생각을 더하면, 백성들이 근심과 걱정이 더 심하게 되므로, '근심하지 말라[勿憂]'한 것이다. 또 그 밝음을 지나치게 하지 말고, 그 밝음을 잘 보존하면, 크게 오래 갈 수 있기에, '해가 중천에 있듯이 해야 한다[宜日中]'고 하였다."[2]

이런 해설에서 보듯, '풍豊'은 성대하고 풍만하나 그 풍이 다하고 나면 반드시 그 풍은 또 사라질 것이다. 그러니 풍豊은 '다고多故'라 하였다. 풍성, 풍만, 풍족함의 이면에는 크든 작든 간에 희로애락의 연고가 숨어 있다.[3] 즉 '성통궁쇠盛通窮衰'의 이치가 동시에 상존하고 있다는 소리다. 고로 '풍豊'은 역경 속에 빠져 있는 자에게는 반드시 구원이 찾아들고, 풍성한 운을 누리는 자에게는 앞으로 어려움이 도래할 것을 예고한다.

그러기에 풍괘는 지금은 운이 한창[大昌] 좋을 때지만, 눈에 보이지 않는 곳에서는 쇠퇴의 기미가 도사리고 있음도 암시한다. 해가 중천에 떠 있으면 곧 기울어지고, 달이 차면 반드시 이지러지듯, 원숙圓熟한 부부도 머지않아 힘이 쇠하는 이치와 같다. 아무리 큰일이라도 쪼개어진 지가 오래 되었으면 반드시 합하고[分久必合], 합하여진 지 오래되었으면 반드시 쪼개지는[合久必分] 흥망성쇠의 영욕을 풍에서 읽는다.[4]

대낮의 북두칠성이란 말이 있듯, 빛이 강렬하면 할수록 그늘도 깊다. 표면은 밝고 활기가 있어 보이나 내부에는 어둠이 깃들어 있고, 걱정과 비밀이 감추어져 있음도 풍豊의 시절이다. 또 풍豊은 콩이 세[丰] 알씩 깍지 안에서 잘 여물어 있듯, 농사가 잘 되어 풍년이 되었음을 알린다. '풍豊은 기장과 조를 담는 그릇이고, 또 술을 열두 되나 담을 수 있는 그릇이다'라는 것을 보면, 풍 속에는 제사를 올리는 의식도 숨어 있다.[5]

---

2 沈大允, 『周易象義占法』: "…. 夫以威力明察, 服天下, 嚴而无恩, 畏而不愛. … 不過其明而保其明, 則大而可久, 故曰宜日中."

3 「서괘전」: "豊者大也, 窮大者必失其居." / 「잡괘전」: "豊多故."

4 '日中則仄'은 중천에 뜬 리☲의 이동이고, '月盈則食'은 감☵의 만월이 태☱로 먹힘이요, '與時消息'에서 배부를 '息'은 건☰이고 텅 빔은 리☲이나, 들판에 풍년을 알리는 벼는 진☳의 상이다. 가난한 곤☷의 백성들은 풍을 시기하고 간☶의 귀신마저도 시기하니 풍의 도를 읽을 줄 알아야 한다.

5 『예기』에 "飮酒實于鱓, 加于豊", 즉 "마실 술을 잔에 채워서 豊 위에 놓는다"하니, 넉 되 들이 豆, 서 되 들이 簋와 같은 제기가 豊이다. 丰풍은 풀이 무성한 모습을 가리키니, 丰이 더블로 보임은 '豊'의 제기가 黍稷으로 가득 채운 모양이라서 그렇다. 풍괘의 리☲는 제기 豆가 되며 진☳은 기장이 되니, 제기에 풍성한 것이 놓인 상이다. 또 풍괘에는 진☳의 벼이삭과 태☱의

다음은 '아무리 풍성한 때라도 기우는 때도 찾아드니 영허소식盈虛與消息에도 대비하라'는 공자의 단왈이다. "풍은 뻗어서 성대한 시점이다[豊大也]. 이럴 때일수록 밝은 지혜를 잃지 말고 가면 반드시 풍성함을 얻을 것이다[明以動故豊]. 임금이 여기 풍대한 자리에 친히 납신다는 것은 임금은 본시 성대함을 숭상하기 때문에[王假之尙大也], 나의 풍요를 축하해 주러 옴이다. 해가 중천에 뜬 세상과 나를 훤히 밝혀주니[宜照天下也] 마땅히 만사를 걱정하지 않아도 좋다[勿憂宜日中]. 그러나 중천에 해가 떠오르면 반드시 기울고[日中則仄], 달도 차면 기운다[月盈則食]. 천지가 사시사철을 밀고 당기며 오고가듯[天地盈虛與時消息], 하물며 인간이 어찌 이런 자연의 법칙에서 벗어날 수 있겠는가[而況於人乎]? 귀신마저도 벗어나지 못할 것이다[況於鬼神乎]."[6]

이런 공자의 명쾌한 주석은, 중천에 솟아 있는 밝고 환한 태양처럼, 풍요로운 때에는 다른 걱정은 전혀 하지 않아도 좋다는 소리다. 이에 성호星湖가 공자의 단왈에 '귀신' 문제를 한 구절 보탠다. "'왕격王假'은 왕이 크게 하고 지극하게 함이다. 왕이 크게 여기는 것은 토지[부동산]보다 높이는 것이 없으니 이러한 상이 있다. 그러나 땅은 동쪽과 서쪽이 있고, 해는 아침과 저녁이 있으니, 해가 중천에 있지 않으면 널리 비출 수 없다. '물우勿憂'는 크게 될지라도 비추지 못함을 근심하지 않는다는 말이니, 정치와 형벌을 밝게 하기를 해가 중천에 있듯이 하면 막히는 걱정이 없다는 소리다. 그렇지만 사물이 지극해지면 '차고 비고 사그라지고 불어나는[盈虛消息.]' 데에 미침은, 이치상 반드시 알 수 있지만, '때'를 사람의 힘으로 어떻게 바꿀 수 있겠느냐고 경계한다. '귀신'은 겸괘謙卦 「단전」

가을이 있으니 풍년이다. 감주 담는 굽 달린 제기 豊 역시 원래 고대에 제물을 담아놓는 그릇으로 풍성하다는 뜻이 되었다. 丰은 식물의 가지와 잎이 돋아나는 모양으로 본의는 '울창하다'이다. 현대중국어에서 '豊' 자는 '丰'자로 간략화 되었으며, 우리는 보통 '豊'으로 간략하게 쓴다. '丰'은 이쁠 '봉'으로도 읽는다.

6 [說證] 풍괘는 지천태괘 2가 4로 가 태평한 운으로 즐겁게 만나 리☲의 예로 합치하니 그 덕이 형통하다. 태의 곤☷의 땅에 갑자기 진☳의 상제가 나타나니 '王假之'다. 상제가 이미 임하게 되면 비록 감☵의 근심이 있더라도 걱정이 사라진다. '宜日中'은 해가 2의 중천에 있음이다[1은 日出, 3은 日仄]. 또 옛적에 "군자가 예를 행함에 하후씨는 저녁시간에 하고[夏后氏尙黑, 大事斂用昏], 은나라 사람은 한낮에 하고[殷人尙白, 大事斂用日中], 주나라 사람은 아침에 했다[周人尙赤, 大事斂用日出]"고 한다. 다산도 해괘는 이른 아침 '夙吉'이라 하고, 풍괘[豊之震]는 한낮 '日中', 이괘[乾之離]는 '夕惕若'임을 밝힌다.

에서 '귀신은 가득찬 것을 해롭게 하며, 겸손한 것은 복되게 한다'와 서로 대비되니, 귀신은 사방의 산천을 바라보고, 귀신에게 제사지내는 것으로 모두 제사하여 복을 구하는 것이므로, 사람의 힘으로 미칠 수는 없다. 귀신은 간혹 복이나 재난을 내리지만, 천지자연의 큰 법칙에 대해서는 귀신도 어떻게 할 수 없을 것이다. 역의 도는 복서로 점을 치니, 귀신은 복서와 통하는 말이다."[7]

이로써 보면, '왕격지王假之'는 임금이 가묘나 종묘의 크고 성대한 행사(제사)에 친히 참석하는 정치적인 측면도 있다.[8] 예로 은나라의 풍대豊大한 밝은 해가, 주왕紂王의 학정에 의하여 일식처럼 보인 현상도 그것이다. 풍대한 시절이지만, 걸주桀紂처럼 시절을 읽지 못하고 어리석은 짓을 하면 패망을 주고, 요순堯舜처럼 덕치로 가면 하늘은 풍을 보여 줄 것이다. 고로 풍의 시절에는 갑자기 천둥번개가 치는 일처럼 성쇠盛衰가 급하게 일어남도 예고된다.[9] 기분 좋은 임금 꿈이라면 대박이다.[10]

> 象曰 雷電皆至 豊 君子以 折獄致刑
> 상왈, 천둥번개 소리가 일어남이 풍의 상이다. 군자는 번개를 본받아 사건을 정확하게 관찰하고, 또 천둥을 본받아 법의 집행은 위엄 있게 시행해야 한다.

'절옥折獄(Decide lawsuit)'은 번개가 세상을 순간적으로 환하게 비추듯 공명정대하게 죄를 줄 것인지 아닌지를 밝힘이고, '치형致刑(Carry out punishment)'은 천둥처럼 위엄 있게 형의 집행이 이루어짐을 말한다. 천둥번개[雷電皆至]는 어쩌다

---

7 李瀷, 『易經疾書』: "…. 或謂易之道以卜筮者尙其占, 故鬼神者以卜筮言亦通."

8 '王假之'는 풍괘의 괘사에 있고, '王假有廟'는 췌괘와 환괘의 괘사에 있고, '王假有家'는 가인괘 구5에 있다. 즉 왕만이 상제를 모실 수 있고 또 풍성하고 성대한 자리에 왕림할 수 있다는 소리다.

9 노태준, 『주역』, 382쪽 참조. 풍의 시절은 자신의 실력 이상으로 확장될 때이지만 그 성대함이 오래 가지를 못한다. 현재는 불편함이 없으나 낭비와 사치와 지출은 줄여야 할 것이다. 사랑은 정신적인 것보다 향락적으로 기울며, 결혼에는 암초가 많다. 유행성, 급성, 고혈압, 심장병으로 변화가 극심할 때다.

10 만약 임금이 나타난 꿈을 꾸었다면 오랫동안 풀리지 않던 일이 해결될 것이다. 어떤 사람이 왈, "노무현 대통령을 만나[王假之], '형님 오래간만입니다' 하며 길가에서 철철거리며 시원하게 소변을 보고 꿈에서 깨어났더니, 그 이튿날 법원에서 묵은 사건이 해결되었으니 '돈을 찾아가라'라는 전화가 왔다"고 하며, "꿈이 허황한 일만은 아닌 것 같다"고 했다.

우연히 한 번 치고 갈 뿐이지, 시시때때로 천둥번개가 친다면 만물이 파괴되고 말 것이다. 지욱은 군자가 형옥刑獄을 씀에 "부득한 경우에만 쓰고, 그것을 자주 사용하면 백성이 반드시 상하게 될 것"이라며, "하늘의 뇌전雷電도 반드시 한 여름에만 있듯, 군자의 형옥刑獄도 반드시 풍악강토豊樂康土의 시절을 만들어 갈 때만 쓸 뿐"이라 한다.

동파도 『춘추좌씨전』을 인용하여 말한다. "형벌과 판결은 하늘의 분노와 빛남을 닮았으니, 『주역』에서 화뢰火雷가 서로 만나면 반드시 형벌과 재판에 이른다" 하였다. 『춘추좌씨전』도 "서합괘[利用獄]와 풍괘[折獄致刑]가 옥獄을 썼고, 여괘[明愼用刑而不留獄]는 우레[雷]가 멈추었기에 옥사에 머물게 하지는 않는다"고 지적한다. 박제가의 대상 설명이 자세하다. "서합噬嗑은 밝음이 위에 있으니, 사리事理를 밝히려면 먼저 법이 여기에서 확립되어, 범법자가 아직 있지 않더라도 다른 때에 쓰임을 기다려야 하므로, '형벌을 밝히고 법령을 정비하였다[明罰敕法]'. 풍豊은 위엄이 위에 있고 밝음이 아래에 있으니, 이는 법을 사용할 때 모름지기 아랫사람의 진실과 사정을 밝게 살펴보아야 함이다. 그렇지 않으면 위에서 위엄이 움직여, 반드시 그 잘못이 있게 된다."

이를 다시 자세히 살펴보면, 리☲는 감옥이고, 태☱는 결단이니 '절옥折獄'이요, 또 리☲의 형벌을 손☴으로 명을 내리치는 '치형致刑'이 됨은, 천둥 진☳의 위세가 위에 있고 감☵의 법률이 가운데 있기 때문이다.

初九 遇其配主 雖旬 无咎 往 有尙
초9는 함께 할 주군을 운명적으로 만난다. (다행히 같은 목적을 지녔기에) 열흘이 지났는데도 탈은 없다. 함께 협력하여 나아가면 두 사람이 원하는 목적을 얻을 것이다.

풍대豊大가 도래함에 귀인 발복인가? 자신을 인정해주는 주인을 운명적으로 만난다[遇其配主]. 비록 열흘을 같이 보냈어도[雖旬] 허물이 없었다[无咎]. 그것은 자신의 직무 외에는 관심을 갖지 않은 채 충실했기 때문이다[往有尙]. 이는한 사람만을 사랑함에 충실했다는 소리다. 남녀 간의 사랑에도 골든타임이 있다. 달

콤한 허니타임을 누가 더 오래 끌고가느냐가 관건關鍵이다. 다시 말해 어느 짝에게든 권태倦怠는 온다. 그것을 일찍 맞이하느냐 아니냐에 사랑의 길이 달렸다.

여기 풍괘에서 '짝을 만난다'는 소리는 '성공한 인간에게는 배우자를 얻어야만 풍을 완성함'이라는 단서가 붙는다. 공부를 마치고 직장을 구하면, 배우자를 구해 혼인으로 가정을 이뤄 자녀를 얻어 키워냄이, 바로 풍의 결실임을 직시해야 한다.

"열흘[골든타임]을 넘기면 재앙이 찾아들 것[象曰, 雖旬无咎, 過旬災也]"이라는 것쯤은 알고 있는 초9다. 풍의 시절이라 하여도 분수에 넘치면[세상 흐름에 따르지 않고 건방을 떨면] 재앙을 자초한다. 초9는 고생은 같이 할 수 있어도 기쁨은 같이할 수 없는 낮은 위치다. 지금의 풍이 나의 최고 황금기라 할지라도 '시위時位'를 넘어서는 곤란하다. 풍괘 1·2·3이 최고의 지혜를 갖춘 실력자들이라면, 이들을 인정하고 등용하는 결정권을 쥔 자는 4·5·6이기 때문이다.

"풍괘는 서로 이해관계만 맞아 떨어져도 친한[相比] 관계를 유지할 수 있다. 왜냐하면 문명이 극한 시기에는 정응이 필요하지 않아도 동등한 위치에서 공존을 하기 때문이다."[11] 풍괘처럼 최고의 시절에는 시공을 초월하여 정보와 지식을 누가 더 많이 더 소유하고 쓰느냐에 따라 권력과 부가 공존한다. 따라서 초9는 득정得正으로 정보를 쥔 자이고, 4는 부정不正하지만 권력과 정보를 양손에 들고 있는 상이다. 이런 강자가 강자를 알고 '영웅이 영웅을 알아주는' 만남에서, 두 실력꾼들이 서로 인정하고 협력하면 반드시 시너지(Synergy)가 일어날 것이다. 여기서 중요한 것은 초9가 실력을 보이면서도 4에게 예에 벗어나지 않고 주군으로 받들고 협력하면 풍대豊大를 얻을 수 있다는 소리다. 이때 초9가 의기양양한 나머지 자만하거나 4를 능가하고 압도하려 덤벼든다면 망신을 초래한다.

열흘[순리를 좇음] 정도면 문제가 없지만[雖旬无咎], 그 이상이면 재앙이 있다[過旬災也]는 말 또한 4의 권위를 인정하지 않으면 소원하는 목적이 달성되기가 어려움을 암시한다.[12]

---

11 김진규, 『아산주역강의』, 344쪽.

12 "災(재앙 재)는 순리로 흐르는 물[川]이 아니라 앙심(怏心)을 품고 거꾸로 흐르는 물[巛]로 불[火]을 끄려는 재앙(災殃)이다. 巛(재)가 本字. 비교적 큰 봇도랑을 괴(巜)라 하고 곤(巛)은 땅을 의미한다."

아래 있는 리離의 1·2·3은 명덕明德이고, 상괘 진震의 4·5·6은 불명不明한 자들이지만 결정권을 쥔 행동파들이다. 고로 "4는 어려움을 같이 할 수는 있어도, 안락은 같이 할 수 없는 자임에 틀림없다."[13]

이런 해석도 보인다. "임금을 만나 일식日蝕을 예고하고 인정을 받으며 열흘 동안 제사를 드리며 보낸다. 일식이 끝나면 공은 임금에게 돌리고 떠나라. 열흘이 지나도록 남아 있다면 오해를 받는다. 자신의 일은 정무에 있지 않다."[14] 일식이 있으면 임금은 자신을 반성하고 재판의 기록을 검토하며 잘못된 판결은 바로잡고 제사를 드리며 하늘에 제를 올린다. 일관의 예고처럼 제사가 끝날 때까지는 열흘이 걸린다. 열흘 만에 일이 다 끝났는데도 임금 곁에 남아 있으면 현명한 풍이 지닌 행동이 아니다. 초9와 4는 같은 배를 타고 가다 풍랑을 만나면 서로 협력하는 사이일지라도, 배가 육지에 다다르면 다분히 분쟁을 일으킬 강강한 성격들이다. 초9는 풍이 소과괘로 가는 경우다.[15/16]

六二 豐其蔀 日中見斗 往 得疑疾 有孚發若 吉
육2는 풍성한데도 거적으로 두텁게 둘러치니(일식으로 인해 해가 가려지니) 낮에도 밤과 같이 어두워서 북두성이 보일 정도다. 함부로 나아가면 의혹과 미움을 받지만, 성실한 뜻을 지키고 나가면 저절로 사람을 감동시켜 좋을 것이다.

---

13 소식, 『동파역전』: "九四之爲人, 可與共憂患, 而不可與同安樂者也." 무릇 사람의 지혜는 우환에서 생기고 어리석음은 편안함에서 생긴다[凡人智生於憂患 而憂生於安佚]. 고로 짝을 구하는 지혜는 크게 밝아야 한다.

14 김인환 역, 『주역』, 440쪽.

15 [說證] 소과괘는 본래 頤卦와 착종관계다. 頤卦 때는 두 사람 진☳의 제후가 리☲에서 상견례를 갖고 禮로 회동하니 '遇其配主'가 된다. 頤卦의 大离는 날[日]이고, 곤☷은 均의 十으로 '旬'을 의미한다. 군주의 회합은 열흘이면 족하기에 '雖旬'이라 하였고, 頤卦가 소과괘로 가면 열흘이 넘어 大坎의 허물에 드니 '過旬災'가 되었다[풍괘는 두 군주라 지나치는 성대함을 경계한다]. 또 頤卦 때는 간☶의 소인이 위에 있고 진☳의 대인이 아래에 있었으나, 소과가 되면서 진☳의 대인이 위로 가기에 '往有尙'이라 하였다.

16 참고로, 잘나가는 때일지라도 4와 같이 힘 있는 자를 만나면 어떠한 형태로든 모양새를 맞추어 가는 것이 좋다. 약간은 무례하고 비위가 상해도 먼저 일의 성사를 우선시하라. 4는 결정권을 쥔 임금의 측근이요 실세다. 배알이 틀리면 동업자가 될 수 없다.

풍요로운 시절이 도래해도 복은 다 다르다. 2는 보잘 것 없는 거적을 둘러친 곳에서 태양을 맞이한다. 무문관無門關에서 일대사를 씨름하는 선인禪人의 모습 같다. 2는 태양의 흑점자리라 해를 가린 것처럼[豊其蔀] 어둡다[日中見斗, Polestar can be seen at noon]. 의심을 가지고 밀어붙이면[往得疑疾] 큰 믿음이 빛을 발해 길할 것이다[有孚發若吉]. 햇빛이 요란한 대낮이지만 예상치 못한 일로 광명이 가려지니 캄캄하다. 그렇지만 이 어둠을 활용해야 한다. 여기서 2는 풍의 시절을 맞아 지혜로울 뿐만 아니라 유순하며 중정한 사람이다. 그래서 이를 대낮에 보이는 북두성 같다 한 것이다. 이럴 때는 2가 아무리 5에게 가서 화합을 시도하며 자신을 돋보이기 위해 노력하여도, 오히려 의심과 시기질투를 받게 된다. 공자의 충고처럼, 오로지 믿음과 성실과 충성심으로 강한 인내를 가지고 간다면 모를 일이다[象曰, 有孚發若, 信以發志也]. 이는 2의 뛰어난 능력으로 군주[女君] 5의 마음을 감동시켜야 한다는 옵션이다. 풍이 대장괘大壯卦로 간 경우다.[17]

또 가리고 덮은 차양遮陽(Sunshade)의 역할을 하는 '부蔀(Sunblind)'는 바로 4이다. 지욱의 설명이 자못 도학적이다. "4가 2와 5의 간격을 벌리고 있다. 가리개 [蔀]는 본시 실체가 없는 의심처럼 시기에서 생겨난 연유이지, 성실한 증거가 나타나면 바로 의심이 소멸되고 가리개(의심)는 거두어진다. 고로 2의 인내와 성실한 빛이 중요하다. 5도 중심이 잡힌 현군賢君이니까."

九三 豊其沛 日中見沫 折其右肱 无咎[18]
구3은 그 늪에 수초가 무성하니(풍성한데도 장막으로 가리니) 흙비가 와서 대낮에 별을 볼 만큼 어둡다. 오른팔이 꺾였지만 허물은 없다.

풍요를 맞은 3의 혜택은 물 속에서 태양을 보는 격이다. "풍성한 자리를 수초

---

17 [說證] 풍은 泰卦로부터 왔는데, 태괘 때는 리☲의 태양이 건☰으로 둥글었는데, 풍이 되면 도전의 태☱의 입이 리☲의 해를 물고 진☳의 초목으로 번성시켜 어둡게 하니 마치 일식 같다. '見斗'의 북두[상괘는 坎位는 진☳에 네 개의 별이 걸린 모양이고, 2의 일중에 해당하니 '日中見斗'라 한 것이다. '得疑發若'은 감☵을 봄이요, 마음의 성실성을 나타내는 리☲는 '有孚'고, 진☳은 '發'로 번성하는 '有孚發若'이 된다.
18 沛 가릴 패, 늪 패. 무성할 패. 沫 별이름 매, 어두울 매. 肱 팔뚝 굉.

로 가렸기에 큰일은 불가하고[豊其沛, 不可大事也], 오른팔이 부러졌으니 끝내 쓸 수가 없다[折其右肱, 終不可用也]." 구3만이 상효를 만나 음양을 교접하며[풍의 시절에 여타 효는 일절 교접이 없다], 쏟아지듯 큰 비를 맞으니[실력보다는 로비에 치중하여 명성을 날리는 경우의 예], 대낮에 흙비를 만난 듯하다. 그러나 그 비[로비로 인한 실력 인정] 때문에 오히려 임금 같은 큰 인물은 만나지[王假尙大] 못한다[임금이 성대한 제사에 참석 불가].

지욱은 이 경우를 활동 많은 '오른쪽 다리'가 로비에 치우치다 상처가 난 것으로 보고 "밝음은 왼쪽만한 것이 없고, 활동은 오른쪽만한 것이 없는데, 상효가 진의 극점에서 망동하고 있으니 오른팔을 다친 모양이 아닌가" 하였다. 2 때는 광명이 사라져도 북두칠성을 볼 수 있었지만, 지금은 풍성한 임금의 자리를 수초로 가려버렸으니[豊其沛] 완전히 캄캄해져[沬] 하늘에 있는 아주 작은 별까지 보일 정도[日中見沬]로 훨씬 어둡고 심각하다.[19]

3과 상효는 서로 정응(배필)이라 빛을 낼 것 같지만, 상효는 순간 빛을 내는 천둥인데도, 3과 너무 먼 곳에 자리하고 있고, 또 바로 위 4의 차양遮陽이 너무 두꺼워 빛이 발휘될 수 없는 자리다. 그러니 부중不中하고 과강過剛한 3이 실력을 발휘하려고 객기를 부리면, 오히려 공격용으로 쓰는 오른쪽 팔이 부러지는 꼴을 당한다. 이런 사실을 알고 자신을 절제할 줄 알아야 허물이 없음은[无咎], 풍이 중뢰진괘重雷震卦로 변했기 때문이다.[20]

---

19 [說證] '沛'는 늪 속에 수초가 무성함이다. 왕필과 주자는 '沛'를 깃발과 장막이라 했다. 『맹자등문공』엔 "늪이 많아서 금수들이 이른다[沛澤多而禽獸至]" 하고, 漢末 어원을 설명한 劉熙의 『釋名』에는 "沛는 수초가 얽혀 사는 곳"이라 하고, 또 『춘추공양전』에는 "제후가 늪에서 사냥을 했다[齊侯田于沛]"고 적고 있다. '沬'는 '眛'와 같이 흙비 霾다. 흙비는 바람에 날려 올라갔던 모래흙이 비처럼 땅으로 떨어지는 현상이다. 그런데 呂枕의 『字林』에는 "眛를 북두칠성 중 자루 부분의 뒤쪽 별"이라 하였다. 『子夏傳』도 "별 중에 작은 별"이라 하니 『荀九家易』에도 그렇게 적었다. '코로나19'때 침 튀는 '飛沬'을 막기 위해 마스크 대란이 일어나기도 했다.

20 [說證] 震卦가 임괘에서 왔기에 '豊其沛'는 늪에 진☳의 수초가 무성함이다. '日中見沬'는 한낮에 흙비를 봄인데, 진괘의 리☲가 '沬'의 흙비가 내리니 리☲가 어두워져 어두컴컴한[眛] 상태에 이른다. 진괘의 상괘 간☶이 왼팔이요 하괘 간☶은 오른팔이 된다[왼쪽 숭상]. 여기서 진은 소과에서 왔는데 소과 때는 3이 꺾이지 않았는데 진괘가 되면서 3이 꺾이니 '절기우굉'이 된다. 또 '不可大事'는 임괘의 2가 4로 가면서 2는 음의 중정한 자리를 얻었지만 양 4가 부정위에 앉음을 이른다. '終不可用'은 3의 오른쪽 팔이 감☵에 병든 상태다. 참고로 오른팔이나 오른팔과 같은 소중한 사람을 잃고 또 중요한 계획이 무산됨을 알 수 있다. 또 임금과 사장 측근의 실세를 믿고서 일을 벌이면 낭패를 본다. 또 折其右肱(broken right arm)은 男左女右에서 여자의 일로

혹자는 "일식이 진행되어 가장 어두운 때다[豊其沛]. 큰곰자리에서 가장 뚜렷하게 보이는 일곱 개의 별들뿐만 아니라, 주변에 있는 작은 별들까지 볼[日中見沫] 정도로 어둡다. 이런 어두운 때 제사에 참여한 사람들은 오른팔이 다친 사람처럼 꼼짝하지 말고 오로지 하늘에 정성으로 기도만 올리라[折其右肱无咎]"고 풀기도 한다.

상商나라 말 주周나라 초의 민중은 자연을 신비롭게 여겼고, 우주에는 하나님의 주재가 있다고 여겼다. 또 그때는 유목생활에서 농경생활로 전환하는 이행기였는데, 농업에는 계절의 변화를 아는 것이 필요했으므로 "천문의 관찰이 발달하여 상나라 시대의 갑골문에 이미 일식과 월식의 기록이 있고 별들의 위치에 관한 기록이 있었다."[21] 『시경』에서도 "상말주초에는 민중 모두가 천문을 알았다"고 전한다.[22] 일식이 있으면 임금은 자신을 반성하고 재판의 기록을 재검토하고 잘못된 판결을 바로잡고서 제사를 드려 하나님께 기도하였다.

> 九四 豊其蔀 日中見斗 遇其夷主 吉[23]
> 구4는 일식이 일어나니 하늘을 거적으로 넉넉하게 가린 듯하다. 대낮에 북두칠성을 보는 것 같이 어둡다. 같은 뜻을 가진 군주(동이족)를 만나니 길하다.

풍요로운 시절을 맞았지만, 4의 급수는 커튼을 친 집의 햇빛과 같다. 먼저 공자의 주석은 이렇다. "거적으로 풍성함을 가렸다는 것은 4의 자리 자체가 부중하고 부정하여 마땅하지 않기 때문이요[豊其蔀 位不當也], 또 대낮인데도 북두칠성을 본다는 것은 어둡고 밝지 못한 탓이다[日中見斗, 幽不明也]. 그리고 나와 같은 뜻을 가진 자를 만나 길하다는 것은 적극적으로 도와주라는 것이다[遇其夷主吉, 行也]."

문제가 발생되니, 공부와 사업이 여자와의 인연으로 인하여 잘못될 수 있는 결과로도 본다.
21 김인환 역, 『주역』, 441쪽.
22 『시경』: "7월이라 大火星이 흐른다."(「豳風」), "달이 必須에 걸려 있네."(「小雅」) "參星이 창문에 있네."(「唐風」)
23 夷 동등할 이, 오랑캐 이.

4는 진동震動의 주체로 적극적으로 활동하는 자리요, 초9를 빛나게 하여줄 수 있는 자리다. 서로 강강한 성질로써 화합이 어려울 것 같아 보이지만, 두 강한 프로들끼리 서로가 필요로 하는 부분을 협력하여 나간다면, 막대한 풍요의 자리와 그 시기를 오래도록 서로 이익이 되게 윈(win)-윈(win)의 관계로 나갈 수 있다. 초9도 "나를 도와줄 주인을 만난다[遇其配主]" 하고, 구4도 "나와 같은 뜻을 가진 전문가를 만난다[遇其夷主]" 하니, 이런 강력한 희망이 바로 초9와 구4를 단번에 의기투합하게 만들었음을 알 수 있다.

여기 '배주配主'는 전문가를 인정하는 권력기관의 담당자요, '이주夷主'는 전문성을 지닌 전문가를 지칭한다. 또 4에서 적극적인 행동이 요구되는 점은 광명(권위)이 오래 하지 않기 때문이다[日中則仄, 月盈則食]. 4는 빛을 내는 태양(3) 가까이에 있는 지형적인 이점을 최대한 활용할 것을 알린다. 구4는 풍이 명이괘明夷卦로 가는 경우다.[24] 지천태괘 2가 4로 가서 풍괘가 되었으니, 진☳의 번성함이 리☲를 가려 '풍기부豐其蔀'요, 중천의 리☲가 밖의 진☳ 속에 네 개의 별을 밝히니 '일중견두日中見斗'라 했다.

한편 명이괘는 소과괘 4가 1로 오는데, 소과의 하괘가 도전된 진☳이 자국의 군주라면 상괘의 진☳은 동방을 상징하는 동이의 군주와 리☲로 회합을 가지니 '우기이주遇其夷主'이다. 풍괘를 도전한 여괘旅卦의 태☱가 밝은 리☲를 삼키니 '유불명야幽不明也'가 된 상태다. 여기서도 4와 2가 주효라는 것을 알 수 있다.

六五 來章 有慶譽 吉
육5는 천하에 빛나는 인재들을 오게 하니 반드시 경사와 명예를 얻어 길할 것이다.

5는 임금 자리다. 풍요의 귀한 뜻을 잃지 않고 아름다운 빛을 낼 수 있는 현인들을 불러들이면 좋다. 아래 1·3과 나의 짝 2까지도 올 수 있도록 위엄과 배려를 보여야 한다. 내 짝 2는 유순하고 중정하며 지혜롭고 아름다운 자이기에 나의 진정성만 보여주면 반드시 나에게로 올 것이다. 풍대豐大한 시절에 현장에서

---

24 참고로 4를 얻으면 현명한 아랫사람을 잘 가려서 그 사람의 지혜와 행동을 믿고 따라야 좋다.

직접 행동으로 실천할 최측근 4도 불러 써야 한다. 아무리 계획과 꿈이 있더라도 실행이 되지 않으면 구두선口頭禪일 뿐이다. 행동대장격인 현명하고 의리 있는 실세 4 같은 자가 반드시 최측근에 있어야 한다. 아니면 야당의 공격을 이겨 낼 수 없어 원대한 꿈이 물거품으로 변할 수 있다. 그래서 정자도 "5의 임금에게 현자를 볼 수 있는 도[虛己下賢]가 없음"을 걱정했다. 정녕 자신의 모든 것을 비우고 오직 나라의 이익을 위하여 인재를 등용할 수 있는 임금이라면, 공자의 주석처럼 "5가 그렇게까지 할진대 반드시 경사가 있을 수밖에 없다[象曰, 六五之吉, 有慶也]"고 했다. 동파도 "임금에게 그 밝음이 온다는 것은 현자들에게 비록 밝음을 빌렸지만 명예는 자신에게 돌아오도록 해야 임금이라" 하니 과연 성군이 무엇인지를 알려준다.[25]

청나라의 혜사기惠士琦도 『역설易說』에서 이렇게 말한다. "한 사람의 지혜로는 천하를 비추기에 부족하다. 그러기에 오직 천하의 인재들을 오게 하여 여러 현인들의 밝음으로 보완할 수 있게 하여야만, 온 천하를 멀거나 가깝거나 깊은 구석까지 골고루 비출 것이다."[26] 잘난 자는 잘난대로 쓸 곳이 있고, 못난 자는 못난대로 쓸 곳이 있다. 태양도 불이고, 반딧불도 불이다. 그렇게만 할 수 있다면 천하에 빛나는 인재들을 오게 하니[來章] 반드시 경사와 명예를 얻어 길하리라[有慶譽吉].[27]

유재游齋 이현석李玄錫의 「역의규반易義窺斑」에서는 "역사를 차례차례 살펴보면, 자신을 풍성하고 크게 증식시키는 신하는 재앙을 부르지 않음이 없으며, 지위가 높은 집안은 귀신이 그 집을 엿보지 않은 적이 없었다"고 적고 있다. 그는 이어 "유독 5는 부드럽고 유순한 덕으로, 가운데와 높은 데 있는 풍의 주인이라,

---

25 소식, 『동파주역』: "來章, 借明於人而譽歸於己, 君子子之."

26 孫映逵·楊亦鳴(박삼수 역), 『周易』, 823쪽.

27 沈大允, 『周易象義占法』: "풍괘가 혁괘로 변하니, 옛 것을 제거함이다. 죄를 용서할 수 없는 자는 죽어서라도 제거해야 한다. 진☳은 치고 꺾음이고[震爲摧擊], 태☱는 형벌과 상처가 된다[兌爲刑傷]. 선하지 않은 자는 모두 옛 습관을 제거하여 선한 데로 옮기도록 해야 할 것이다. 진☳은 변천 이동이며[震爲遷動], 태☱는 변혁이니[兌爲革變], 두 가지 모두 바뀐다. 5가 강위에 있어 그 위엄과 밝음을 사용하되, 4의 어진 신하에게 위임하여 스스로 쓰지 않고 아래 2와 호응하지만 두 양에 막혀 그 밝음을 지극하게 할 수 없으니, 부드러운 도로 알맞은 도를 행하여, 위엄이 있지만 혹독하지 않고 살피지만 사납지 않고 너그럽지만 나약하지 않다. 빛남을 오게 함[來章]은 아래 2에게 물어 그 밝음을 이룬다."

부드러우면서도 거짓된 행동이나 헛된 거동이 없고, 유순하면서도 비어 있으므로, 자기를 버리고 남을 받아들일 줄 안다. 뛰어난 선비를 널리 구하고, 어진 이를 많이 부르는 임금의 풍부함을 지녔으니, 이것이 바로 빛난 것을 오게 하면 경사가 있어 길하다[來章有慶吉]함이다. 이 5가 바로 밝은 임금이므로, 2와 같이 가리개가 풍성한 자는 임금에게 의심을 받기 때문에, 감동으로 분발시킨 이후에 믿음을 얻는다. 감동하여 분발함[有孚發若]은, 2가 스스로 그 장막을 걷어내는 일이다. 사마천이 말한 '동이를 이고 어찌 하늘을 바라볼 수 있겠는가[戴盆何以望天]?'의 뜻을 새길만하다. 가리고 숨기는 사사로움을 제거하여, 성실과 믿음으로 5와 맺으면, 5도 빛나고 아름다움을 오게 하여, 경사와 명예가 있을 것이다. 5의 덕이 만약 간혹 밝지 않으면, 2의 가리개가 풍성함에 속임을 당하여, 믿음이 오래하지 못하고 의심을 받을 것이다"며 풍의 시절에는, 임금에게 의심 받을 행동을 스스로 없앨 것을 주문하고 있다.

황로학黃老學의 결정체라는 회남자는 "백성이 있기에 군왕이 존재한다는 군왕의 도가 무엇인지 보여준다" 하고,[28] 위암韋庵은 "래장來章은 바로 북두칠성 같은 밝은 임금의 덕화"라고 한다.[29/30]

---

28 회남자, 『도응편』 : "'내가 받으면 받았지, 어찌 백성을 다스리는 재상에게 그 벌을 받게 하겠는가? 나는 못하네." "그럼 백성에게 옮기면 됩니다." "백성이 있기에 내가 있는 것인데, 백성이 벌을 받으면 내가 무슨 존재할 이유가 있겠는가? 차라니 내가 죽겠네." "그럼 세월[歲]에게 넘기는 방법도 있습니다." "세월은 백성에게는 생명이요, 만약 한 해에 기근이 들거나 병겁이 닥치면 백성들의 안위는 물론이요 나라조차 어지러워 지니, 이 또한 안 들은 것으로 하겠소" "임금께서는 지금 세 번의 말씀을 통하여 진실로 백성을 사랑하고 안위케 하시는 마음을 보이셨고, 하늘의 눈은 낱낱이 대지와 사람의 마음을 읽어 내려가는데, 임금님의 말씀 세 번에 형혹성이 세 번 자리를 옮겨가 송나라가 그 천형을 받지 않아도 되게 되었습니다. 임금님의 말씀 세 번으로 나라는 태평해졌을뿐만 아니라, 임금님의 수명 또한 한 번에 7년씩 21년이 늘어났으니, 진정으로 백성을 사랑하는 군왕의 도를 보이신 것입니다."

29 金相岳, 『山天易說』 : 『시경』에서 "그 빛남이 있으니, 이 때문에 경사가 있도다[維其有章矣, 是以有慶矣]" 하였으니, 이것을 말한다. 5가 북두성을 보는 자리에 있어, 움직이지 않음은 별 중에 가장 높은 것으로, 아래의 별들이 고리처럼 두르고 그 문채를 이룬다. 여기 '來章'은 2가 离의 몸체에 있으면서 위로 불타 오르기 때문이다. 풍괘에서는 왕이 아래에 있는 밝음을 얻어, 성대한 빛남을 이루면 해가 중천에 있듯 걱정이 없으므로, 경사와 명예가 있어 길하다. "來章有慶譽吉"의 좋은 예로 "一饋十起", "三顧草廬", "吐哺握髮"하는 성군의 자세가 보인다.

30 [說證] 혁괘는 대장의 5가 밖에서 안의 2로 와서 유가 리☲를 이뤄 문장이 밝게 빛나니 '來章'이라 하였고, 또 혁괘가 둔괘의 상이 1로 와 주인이 되었으니 '유강有慶'이 되었다. '강'으로 읽는 까닭은 앞의 '래장과 叶韻이 되어야 하기 때문이다. 한편 혁괘에서 태☱와 리☲는 기쁨의 말이 되어 사귀어[與] 칭찬을 주는 '譽'가 된다. 풍괘 5효를 얻으면 큰 경사가 있고 문서[章] 같은

> 上六 豊其屋 蔀其家 窺其戶 闚其无人 三歲不覿 凶[31]
>
> 상6은 풍성한 큰 집에 거적이 둘러쳐져 있다. 문틈으로 보아도 인기척이 없다.
> 3년 동안을 어느 누구 한 사람도 보지 못했다니 흉하다.

하늘을 찌를 듯이 권세를 자랑하던 고래 등 같은 큰 집에[豊其屋] 거적이 두껍게 쳐져 있다[蔀其家]. 문틈으로 봐도[窺其戶] 아무런 인기척도 없다[闚其无人]. 사람의 눈을 피하여 살고 있으니, 3년 동안을 누구 한 사람도 얼굴을 본 사람이 없을 정도[三歲不覿]라 흉하다[凶].

풍괘의 극점에서 지위와 권력만을 믿고 권세를 남용하다 좋지 못한 꼴을 당한다. 자신의 집을 지나치게 확장하고 치장하여 위세를 보였지만 오히려 세상과 격리되고 고립되었다. 풍요를 모르는 바보의 정석이다. "뜨거운 것은 식고, 우렁찬 것은 사라지고, 천둥번개도 놀랍지만, 하늘이 그 소리를 거두어 가고, 땅이 그 열기를 삼키나니, 부귀한 집은 귀신이 재앙을 내리려 항상 주시하고 있다."[32]

이익도 『역경질서』에서 이렇게 설했다. "상6은 3효와 호응하는데, 모두 상괘와 하괘의 끝에 있어 문제다. 밝음이 지극하면 도리어 어두워지고, 움직임이 지극하면 반드시 고요해지므로, 그 집을 풍성하고 크게 하면 도리어 스스로 가려져, 3년이 되어도 보지 못하여 흉하게 된다. 상6은 풍괘의 끝으로 아주 사치하여, 이에 동산 같은 높은 집을 크게 지으면서 하지 않는 짓이 없다. 이때에 반드시 밤에 작은 올빼미[梟食·梟首·梟雄·梟師]가 있어 총명함을 크게 가린다. '집[家]'은 나라의 근본으로 임금이 안으로 다스리는 것이다. '문[戶]'은 출입하는 것으로 사람이 안에 있으면서 스스로 감추는 것이라 한다면, 사람이 없는 것이 아니다. 집이 참으로 풍성하고 큰 것이 있는데, 어찌 이와 같이 하늘로 비상하겠으며, 사람이 참으로 보이지 않는데, 어찌 이와 같이 고요히 스스로 감추겠는가? 오로지 위엄과 밝음으로 천하를 다스려도 위엄과 밝음이 때때로 궁핍해져 기를 수 없다. 위엄이 만리 밖에서 행해지더라도 변고가 가까이에서 생기고, 멀리 밝더라도 가까이에서 가려지며, 드러난 것을 잘 살피더라도 은미한 것에 어둡다. 그 탄식이

학운도 좋다[豊→革 : 申→酉, 文→文]. 최고 지도자(임금·사장)와의 인연도 분명 있다.

31 窺 엿볼 규(闚). 闚 고요할 격. 覿 볼 적.

32 孫映達·楊亦鳴(박삼수 역), 『周易』, 825쪽.

깊고 경계가 절실함이 말의 바깥에서 넘친다.”

풍괘 때는 문명의 발전이 극치로 치닫는 시점인데, 상효는 3과 정응을 하고 있지만, 또 다른 분야에서 무엇인가 도취가 되어, 분수를 모르는 행동을 하니 흉한 꼴로 지적받는다. 풍괘는 초9와 구4, 2와 5처럼 서로 응하지 않으면서도 협력과 자기 발전이 있어야 좋지만, 오히려 3과 상효처럼 정응이 되어 너무 밀착하면 비리와 부정의 소지가 생겨 나쁜 관계로 발전될 수 있다. 시절이 최고인 풍괘 때는, 그 빛(능력)을 발산하도록 최선의 경주를 서로 협력할 뿐이지, 다른 분야(전공 아닌 말초적 분야)에 신경을 쓰면[正應] 오른팔이 부러지고 고립무원이 되는 상황이 벌어지게 된다.

풍의 끝자리 고대광실이 적막에 쌓여 있다.[33] 고대광실에서 즐긴다는 말은[豐其屋], 하늘 끝자리에서 논다[天翔也]는 말이고, 아무도 찾아오지 않는다는 것은[闚其戶閴其无人], 스스로를 드러내지 않으려 함이다[自藏也].

상6을 폭군 주紂라 하지만 주紂만을 손가락질 할 수는 없다.『춘추좌씨전』에 의하면 최초로『주역』을 인증한 사람은 초楚의 대부 왕자 백료라 한다. 그의 이야기가 노나라 선공 6년 봄 기록에 다음과 같이 전한다. “정鄭나라 공자公子 만曼만滿이 초楚나라 왕자 백료伯療에게 경卿이 되고 싶다고 말했다. 이에 백료는 ‘그는 덕이 없으면서도 벼슬을 탐하는 바[不德而貪]가 되니, 이 탐욕은『주역』의 풍괘豐卦가 이괘離卦로 가는 곳에 있으니, 이를 벗어나지 못할 것’이라고 하였다. 과연 한 해가 넘어가니 정나라의 사람들이 그를 살해했다.”[34] 이 또한 풍괘가 이괘離卦로 갔기 때문이다.[35]

---

33 「서괘전」에서도 “窮大者必失其居”라 하니,“큰 것을 궁극에 이를 때까지 추구하는 자는 반드시 그 거처를 잃을 것”이라는 말이다.

34 『춘추좌씨전』, 「왕자백료지어」 선공6년.

35 [說證] 중화이괘는 大壯의 상이 2로 간 것이다. 「계사전(하)」에 대장을 “上棟下宇, 以待風雨, 蓋取諸大壯”이라 하였으니, 위에는 용마루가 있고 아래에는 지붕이 있음에 집이 아름다운 모양이었다. 그런데 離卦가 되면 진☳의 나무 위에 리☲의 문채가 더해지니 ‘豐其屋’이 되고, 이괘는 또 둔괘 1이 5로 갔기에 하괘 간☶은 문이 리☲로 막히게 되니 비록 리☲의 눈이 있어도 그 집을 겨우 엿볼 수 있기에 ‘闚其戶’라 하였다. 그리고 ‘閴其无人’은 둔괘 때의 건☰의 사람과 진☳의 소리가 지금 離卦에선 들리지 않음이다. ‘三歲不覿’ 역시 離→坤→兌를 지나야 乾을 만난다는 계산이다. 또 ‘天翔’은 풍괘와 이괘 속의 양 손☴의 장인이 궁실을 화려하게 꾸민 것이 마치 하늘에 다다른 듯함이다. ‘自藏’도 감☵의 伏과 손☴의 隱이 더해진 의미다. 기독교에서 유일신으로 삼는 하나님은 누구인가를 물어 얻은 괘였다. 각자의 공부대로 해석해보자.

백거이白居易가 상6을 보고 아래와 같은 '흉택'이라는 시를 읊고 있다. "장안에는 큰 저택이 많아[長安多大宅] 큰 길 동서로 벌려 있네[列在街西東]. 가끔씩 붉은 대문 안에[往往朱門內] 방과 복도가 비어 있구나[房廊相對空]. 솔과 계피나무에 올빼미 울고[梟鳴松桂枝], 난과 국화 떨기에 여우가 산다[狐藏蘭菊叢]. 교만한 자리는 물질이 가득함이요[驕者物之盈], 장로의 자리는 목숨이 끝나간다[老者數之終]. 권세, 지위, 녹봉, 권위 네 가지는 도둑과 같아[四者如寇盜] 밤낮으로 서로 공격해 오네[日夜來相攻]. 작은 일을 가지고 큰 도리를 밝히나니[因小以明大] 집의 이야기를 빌어 나라의 일을 깨우칠 수 있도다[借家可諭邦]. 주나라와 진나라는 효관과 함곡관을 택지로 삼아[周秦宅崤函], 그 택지는 같지 아니함이 아니나[其宅非不同], 한 쪽은 팔백년 간을 홍성하고[一興八百年] 다른 한 쪽은 이궁만 바라보고 죽었다[一死望夷宮]. 집안이나 국가에 대하여 말을 부치노니[寄語家與國], 사람이 나빠서이지 집터가 나빠서가 아니라네[人凶非宅凶]."

마지막으로 양자운揚子雲(揚雄, BC 53~AD 18)이 『주역』의 효사를 찬찬贊한 글 중 「해조解嘲」에 나타난 풍괘의 내용을 감상해 본다. "활활 타는 불꽃도 꺼지게 되고[炎炎者滅], 큰소리도 끊어지게 될 것이다[隆隆者絶]. 우레를 보거나 불을 볼 적에[觀雷觀火] 가득 차 있는 것처럼 보이더니[爲盈爲實], 하늘이 그 소리를 거두어 버리고[天收其聲], 땅이 그 열기를 감추어 버리면[地藏其熱], 높고 화려한 가옥에서[高明之家], 귀신이 그 집을 내려다볼 것이다[鬼瞰其室]."[36]

---

36 "炎炎者滅, 隆隆者絶, 觀電觀火, 爲盈爲實, 天收其聲, 地藏其熱, 高明之家, 歸瞰其室."
 '炎炎者滅'은 豊의 감☵이 불을 끄고, '隆隆者絶'은 豊의 진☳이 離卦가 되면서 사라지고, '觀雷觀火'는 豊의 3과 4가 中實함이 '爲盈爲實'이요, '天收其聲'은 離卦가 진☳을 거둠이요, '地藏其熱'은 원래 하괘에 리☲가 있던 상태, '高明之家'는 손☴의 높은 집을 상징하고, '鬼瞰其室'은 상괘 진☳의 도전된 간☶의 상이다.

외괘
火(离=文明)

56. 화산려火山旅

Duration

내괘
山(艮=止)

당신과 내가 이 세상에 잠시 스쳐가는 인연으로 왔다 하면, 전혀 안면 한 번 없는 사람끼리 치고박고 싸워야겠는가, 아니면 이 땅에 한 번 다니러 온 나그네끼리 서로 도우며 아름다운 여행을 마쳐야 할까?

> 旅 小亨 旅貞 吉
> 여행은 작은 것이 형통하니, 나그네의 일에 길하다.

한평생 나그네로 살아가는 삶의 여정을 '여旅'라 한다.[1] 여행의 도가 인생살이의 출납과 다를 바 없으니, 여행이 무엇인지 미리 알고 떠나면 인생살이가 조금은 쉬워질 것 같다. 차면 기울고[日盈則仄] 기울면 다시 차는[月盈則食] 일월의 이치처럼, 여도旅道를 알고 가는 자에게 인생은 정말 아름다울 것이다. 「서괘전」에서는 여旅를 만사가 풍성한 연후에야 여유로운 휴식과 새 출발을 모색할 수 있다며, 이는 여비를 두둑이 갖고 떠나는 여행이라 하였다.[2] 그네타기처럼, 나그네[나는 그네]는 여행길에 오르면 반드시 출발한 자리로 되돌아오니 여자旅者는 반드시 집으로 돌아오게 된다. 그러니 여행을 떠나는 나그네는(Wanderer) 좋은 일도 다소 있지만[小亨], 반드시 나그네로써 지켜야 할 정도를 다해야 할 것이다[旅貞吉].[3]

다음은 '여행의 참 의미를 알고 떠나라'는 공자의 단왈이다. "여행길에서 다

---

1 다산 정약용 왈. "친족을 떠나 다른 곳에 머무는 자는 旅人, 머물지 않고 가는 자는 行人이라 한다."

2 「서괘전」 : "豊者大也, 窮大者, 必失其居, 故受之以旅."

3 [說證] 旅는 否卦 3이 5로 간 경우다. 3의 음이 가서 리☲로 즐겁게 하니 '小亨'이라 하였고 친한 것이 적으니 나그네라 한 것이다. 또 비괘 건☰의 손님이 밖에서 오자 손☴의 주인이 영접을 하고, 손님은 간☶의 여관으로 들어간다.

소나마 형통한 바를 얻으려면[旅小亨] 낯선 곳으로 떠난 나그네가 외지에서 중도를 지켜가며 유순해야 하고[柔得中乎外而順乎剛], 또 침착하게 행동하며 밝은 지혜를 잃지 말아야 할 것이다[止而麗乎明]. 여행에 나서는 자는 우선 자신이 처음 목적한 바를 굳게 지키며 성공하도록 노력해야 한다[旅貞吉也]. 그러니 여행의 뜻을 알고 또 여행에 나서는 때가 너무나 소중함을 새기며 가야 할 것이다[旅之時義大矣哉]."

「잡괘전」에 "여행을 떠나면 친한 이가 적다[親寡旅也]" 하였기에, 요신姚信과 장청자張淸子는 "여괘는 천지비괘 3이 5에 가 머물며 밖에 걸려 거처를 잃고 객지 생활을 하는 객여客旅"라 하였다.[4] 여행지에서 고생을 겪는 것은 가족이나 친구처럼 친한 사람이 적기 때문이다. 고금을 통해 집을 나서면 고생인데, 그 옛날 나그네의 고통은 짐작이 간다. 교통과 숙소의 불편, 낯선 고장, 생소한 사람들 틈에서의 고독은 어쩌면 당연하였을 것이다. 그렇지만 나그네가 어느 여행지를 돌더라도 목적지는 잃지 말아야 한다. 인생은 하룻밤을 묵고 떠나는 짧은 것이 아니고, 억겁의 윤회를 돌고 도는 긴 '역려逆旅' 인생이기 때문에 절대 여행의 목표를 놓쳐서는 안 된다.

이백은 "천지는 만물의 여관이요[逆旅], 광음은 백대의 과객이다[過客]. 이런 덧없는 인생 꿈과 같으니 즐거움을 누림이 얼마이던고?" 하였고,[5] 장현광은 천지에 붙어 사는 자신은 '나그네'라며 자기 집을 '여헌旅軒'이라 지었다.[6/7] 속설에

---

4 『易注』10권을 쓴 姚信은 吳나라의 太常 벼슬을 지냈고, 孟喜의 역학을 배웠으며, 천문역수에 정통한 학자였다. 元나라의 張淸子는 『周易本義附錄集注』를 썼다.

5 李白, '春夜宴桃李園序' : "夫天地者萬物之逆旅, 光陰者百代之過客, 而浮生若夢爲歡幾何."

6 張顯光, 『旅軒說』: "어찌하여 旅라고 하였는가? 나는 항상 나그네[客旅]가 되었기 때문이다. 旅翁이 하는 일은 무슨 일인가? 同志를 보면 道義를 논하고, 後生을 보면 學問을 권하며, 文人을 만나면 문장을 논하고, 詩人을 만나면 시를 말하며, 野夫가 오면 누에치고 삼을 가꾸는 것을 말하고, 漁夫가 이르면 고기 잡고 자라 잡는 것을 말하며, 혹 술을 권하면 반드시 취하도록 마시고 사양하지 않으며, 혹 村老를 만나면 바둑을 두며 소일한다. 그리고 손님이 없으면 책을 펼치고 글을 보되 千古 聖賢의 마음을 보는 듯하며, 이미 피곤하면 팔을 굽히고 한가로이 졸되 太古시대의 덕이 지극한 세상에서 노는 듯하며, 이미 자다가 잠을 깨어 문을 열고 바라보면 천지가 아득하고, 하늘에 나는 솔개와 물 속에 뛰노는 물고기가 생동감이 넘친다. 흥을 타고 산보하여 꽃을 찾고 버들을 따르면 마음속이 성대하여 만물과 함께 봄을 느낀다. 흥이 다하여 돌아오면 내 軒은 그대로 고요한데, 의관을 정돈하고 엄숙히 눈을 감고 있노라면, 無極과 太極의 묘리가 과연 일상 생활하는 사이에 떠나지 않아, 有形과 無形이 일찍이 두 가지 이치가 아니다. 先天의 易理와 후천의 易理를 마음과 눈의 사이에 묵묵히 생각하여, 옛 성인과 후세의 성인

젊은이가 여행을 떠나자니 돈이 없고, 돈을 벌자니 여행 갈 시간이 없다 한다. 늙어 돈과 시간이 준비될지라도 여행 다닐 힘이 없으면 여행을 떠나지 못한다고 하니, 젊어서 돈 주고도 살 수 없는 의미 있는 여행을 많이 하여 세상을 배우고 경륜을 쌓도록 해야 할 것이다. 로마로 들어가면 로마의 풍습에 따라야 하듯, 여행지에서는 부드러운 처신이 절대 중요하다.

화산火山이 여旅라 함은, 움직이지 않는 산은 여관과 같고, 타오르는 불은 과객過客과 같음이다. 일단 불이 산에 붙었다 하면 삽시간에 타고 만다. 꾸물거릴 시간적 여유도 없다. 이렇듯 군자는 신속하게 사방을 성찰해 머무름과 떠남을 잘 판단하여, 옥사獄事에 억울한 누명을 쓰고 하옥 되어 있는 사람이 없도록 해야 할 것이다. 이를 공자는 "산 위에 불이 타오르는 여[山上有火旅]의 상을 보고, 군자는 형벌을 씀에 밝고 신중하되[明愼用刑, Clear-minded and cautious in imposing penalties] 무조건 하옥시키는 일은 없도록 하라[不留獄]"고 이른다.

공묵당恭黙堂은 위의 '명신용형明愼用刑'을 다음과 같이 주석한다. "옥사는 부득이한 것으로, 죄가 있어 들어오면 어찌 지체하여 결단하겠는가? 밝게 하고 신중하게 할 뿐이다. 뒷날 임금들이 옛 도를 되돌려서, 자신의 몸에서 친히 보려고 하면 반드시 밝음과 위엄을 겸비한 사람을 먼저 선발하여, 총재冢宰(六卿首長)의 지위를 주고 그로 하여금 백관을 총괄하고, 사해를 균등하게 하면 모든 일이 공평함에 이르지 않음이 없을 것이니, 하물며 형벌과 옥사만 그렇겠는가?"[8]

이 본래 똑같이 한 道이다. 이와 같이 날을 마치고 이와 같이 해를 마치는 것, 이것이 바로 이 旅翁의 일이다. 그렇다면 내 軒의 즐거움이 지극하다고 이를 만할 것이다. 그런데도 나그네라고 말한 것은 그 뜻을 취함이 원대하다."

7 14세에 『宇宙要括』을 쓴 張顯光은 39세에 임진왜란이 일어나 왜군이 북상하는 길목에 있던 仁同이 초토화되자 15년간 이곳저곳을 옮겨 다니며 나그네와 같은 삶을 살게 된다. 그는 44세 되던 해에 旅軒이라 자호하고 「旅軒說」을 지어 모든 인간은 궁극적으로 우주간에 나그네이며, 나그네로서 지켜야 할 도리가 있음을 밝힌다. 55세에 『易學圖說』, 68세에 『經緯說』, 73세에 인조에게 '建極說'을 진술하였다. 77세에 「易卦總說」, 78세에 「宇宙說」, 79세에 「太極說」을 짓고, 80세에 대궐에 벼락이 떨어지자 '恐懼修省'의 道를 지어 올렸다.

8 金濤, 『周易淺說』 : "옛날 皐陶가 옥관이 되어 五刑을 밝히자, 백성들이 중도에 맞게 도를 썼다. 주나라에서 벼슬을 설치하여 司馬에게 나라의 정치와 전쟁을 주관하게 하고, 司寇에게 나라에서 금지하는 것을 담당하게 하여 백성을 괴롭히는 폭력을 주관하게 하자, 나라의 정치와 금하는 것이 공평하지 않음이 없어서, 도적떼가 스스로 잘못을 고침에 이르러 순종하였으니, 이것이 어찌 융성한 세상의 아름다운 정치가 아니겠는가? 내가 그래서 冢宰가 올바른 사람을 얻으면, 천하의 다스림은 노력하지 않아도 점차로 이루어질 것이라고 하였다."

화동華東 서유신徐有臣은 『역의의언易義擬言』에서 "감옥에 있는 나그네보다 더 고통스러운 것은 없다"며 나그네의 입장을 먼저 읽으라 한다. "산이 멈춰 있음은 나그네의 처소와 같고, 불이 번져감은 나그네와 같다. 군자는 여괘의 상을 보고 나그네의 고통을 생각하는데, 나그네 중에서 감옥에 있는 나그네보다 더 고통스러운 것이 없으므로, 형벌을 쓰는 것을 밝게 하고, 삼가 옥사를 지체하지 않아애 한다. 함부로 잡혀온 죄수가 없거나, 지체하는 죄수가 없으면, 옥에는 나그네가 없을 것이다[不留獄]. 밝음과 삼가함은 불과 산의 상이다."

화산火山에서 화[☲]는 밝음이 지극하고, 산[☶]에는 멈춤의 절도가 있으니 신중함이 지극하다.[9] 식산息山과 정좌와靜坐窩의 설도 참고한다.[10/11] 실록에는 "백성들의 억울함은 거의 옳지 않은 형벌 때문"[12]이라는 상소가 즐비하다.

---

9 곤卦의 건☰이 리☲로 절단되고 간☶으로 죽게 되니 '用刑'의 결과다. 5에는 본래 죄수[坎爲罪人]가 있었는데 지금은 없으니 '不留獄'이라 하였다.

10 李萬敷, 「易大象便覽」: "서합괘가 '형벌을 밝히고 법령을 정비하였다[明伐勅法]'는 것은, 곧 밝게 정비하여 일정한 형벌·유배·채찍·회초리·속죄하는 형벌로 죄가 있는 자에 대비한다는 뜻이다. 풍괘에서 '옥사를 결단하고 형벌을 집행한다[折獄致刑]'는 것은, 곧 죽음에 해당하는 형벌은 반드시 죄를 준다는 뜻이다. 중부에서 '옥사를 의논하며 형벌을 늦춘다[議獄緩死]' 한 것은, 과오나 불행으로 죄를 지은 자는 풀어주고, 사정에 호소한다는 뜻이다. 여괘에서 '형을 쓰는 것을 밝게 하고 삼가라[明愼用刑]'는 것은, 곧 형벌을 신중히 하고 조심하고 삼간다는 뜻이다. 형벌은 다스림을 돕는 도구이니, 성인이 부득이하게 쓰는 까닭에, 죄인에게 용서할 수 있는 것이 일찍이 없더라도 측은하고 살리기를 좋아하는 생각이 또한 본래 마음속에 가지고 있는 것이다."

11 沈潮, 「易象箚論」: "간☶은 문이 되고, 손☴은 들어감이니, 이것은 곧 밖에서 안으로 들어가는 상이다. 태☱는 입과 혀, 리☲는 머무르지 않기 때문에 들어가도 돌아 나온다. '旅' 자는 方에 衣를 합한 글자. 도끼·칼·톱은 태☱의 쇠이고, 족쇄·채찍·회초리는 손☴의 나무가 아니겠는가?"

12 『조선왕조실록』 성종 7년(1476) 8월 26일 : "『서경』에 '삼가하고[肅] 조리 있고[乂] 막힘이 없고[哲] 깊이 있고[謀] 사리에 통함[聖]이 다스려졌느냐에 따라 좋은 징조[休]와 나쁜 징조[씀]가 각각 그 類에 따라 반응을 보인다' 하였습니다. 지금 영남 지방은 산이 무너지고 물이 넘치는 재변이 있으니, 하늘에서 베푸는 보답이 어찌 이렇게도 어그러지는 것입니까? 전하께서는 정치를 더욱 가다듬어서 中和를 이룩하신다면 천지 만물이 조화를 이루는 결과가 이루어질 것입니다. 그렇게 되면 어찌 禍가 변하여 福이 되고 재앙이 변하여 상서가 되는 것뿐이겠습니까? 옛말에 '明月珠라도 흠이 없을 수 없고, 夜光璧이라도 흠이 없을 수 없다'고 하였는데, 지금의 정치가 비록 지극하다고는 하나, 그 사이에 어찌 말할만하고 의논할만한 것이 없겠습니까? 災變이 일어나는 것은 거의가 백성들의 억울함에 기인하고, 백성들의 억울함은 거의가 刑罰이 알맞지 않은 데 기인하는 것입니다. 『주역』에 '형벌을 처리함을 신중히 하여 獄事를 미루어두지 않는다[折獄致刑]'고 하였으니, 대개 신중히 한다는 것은 聽斷을 살펴서 한다는 것이고, 미루어두지 않는다는 것은 裁決을 속히 한다는 것입니다. 살피고 속히 처리한다면, 백성 가운데 어찌 원한을 품는 자가 있겠습니까? 옛말에 '땅에다 금을 그어 獄이라 하여도 들어가려 들지 않는다'고 하였듯이, 대개 감옥의 괴로움은 하루가 1년처럼 느껴지고, 한 사람이 옥에 있으면 모든 가

후한後漢 시대 정현鄭玄의 『건곤착도乾坤鑿度』에 공자와 여괘 이야기가 이렇게 실려 전한다. "중니仲尼가 『주역』을 다 알지 못할 때, 우연히 자기 명을 시초하여 여괘旅卦를 얻고 도움을 상구商瞿에게 청하자, '선생님께서는 성스러운 지혜는 있으나 벼슬 운은 없는 것 같습니다'라고 하였다. 이에 공자가 울면서 '봉황새가 이르지 아니하고 황하의 그림에 이름이 없으니 하늘의 명이로구나' 하고는 『예기禮記』 읽기를 중지하고, 『춘추春秋』 깎음을 멈추고, 오십에 마침내 '십익十翼'을 달았다."[13] 그러나 다산은 이 말을 믿을 수 없다고 하였다. 아무튼 공자의 탄식은 『논어』에도 그대로 실려 있다.[14]

「공자세가」에 나오는 사마천의 증명이다. "나의 선친께서 주공이 돌아가신지 오백 년 뒤에 공자가 나왔다고 했다. 공자가 돌아가신 지 지금 오백 년이 되었다. 지금 내가 『역전易傳』을 밝히고 『춘추』를 잇고 『시』·『서』·『예』·『악』의 근본을 밝히는 이유가 바로 여기에 있다. 또 나의 선친이 '뜻을 여기에 두어야 한다, 뜻을 여기에 두어야 한다' 하셨으니 내가 감히 이 일을 어찌 사양할 수 있으리오!"[15]

이어 사마천은 "공자는 늘그막에 『역』을 좋아하여 평소에는 자리 곁에 두고, 다닐 때는 책 자루에 넣어 다니더라" 하였으니 '위편삼절韋編三絶'이 나올 법한 이야기가 아닌가. 공자는 자신의 점괘대로 51세에 노나라 조정에 출사하여 승진을 거듭했으나, 노나라 실세 삼환[季孫, 叔孫, 盟孫]씨와의 갈등 끝에 54세에 대사구직을 사임한다. 그 후 신병의 위협을 느낀 공자는 55세 되던 해 망명에 올라 여러 나라를 떠돌았으나 출사하지 못했고, 기원전 484년 노나라로 귀국할 때까지 무려 14년간 나그네 신세를 면치 못했다. 공자의 원숙한 학문과 역학 연구,

---

족이 생업을 폐하게 되는 것입니다. 그런데 지금의 수령들은 죄수를 잡아서 가두게 되면, 즉시 결단하지 아니하고, 혹은 자신의 소견을 가지고 옳은 것을 그르다 하고 그른 것을 옳다고 하며, 왔다 갔다 하면서 결정을 미루고 세월을 보내고 있으니, 죄수는 차꼬와 수갑[桎梏]이 사지를 억누르고 굶주림과 추위가 핍박하여 질병으로 비명을 지르면서 원성이 극에 달합니다. 아아! 이것이 어찌 소위 상세히 살피고 신속하게 처리한 것이겠습니까?"

13 정약용, 『주역사전』 : "『漢書』에 '商瞿子가 공자로부터 역을 배웠다 하였는데, 어찌 옳은 소리이겠는가? 『乾坤鑿度』는 동한의 위서인데, 鄭玄이 괴이한 소리를 하고 있다."

14 『논어』, 「자한」 : "鳳風不至 河不出圖 吾已矣夫!"

15 사마천, 『史記』, 「太史公自序」와 「孔子世家」에 보인다.

그리고 3,000제자의 교육은 대부분 55세에서 68세에 걸친 이 망명기에 이루어진 것이다. 다시 실세 계강자의 초빙으로 귀국한 후에도 공자는 계씨의 정책에 반대하여 노나라 조정에 출사할 생각을 버린다. 그는 학문과 교육에 전념하다가 4년 뒤 73세의 나이(기원전 479)로 타계하였다. 공자는 출사하였을 때도 비괘賁卦대로 단지 임금을 꾸며주는 병풍 같은 허세였고, 이마저 사직한 후에는 여괘旅卦대로 나그네처럼 재야 정치가로 떠돌아 다녔던 것이다.

初六 旅瑣瑣 斯其所取災[16]
초6은 인생이란 여행을 쩨쩨하게 떠날 필요가 없다. 그렇게 구차하게 인생을 사노라면 재앙만 얻을 뿐이다.

'瑣瑣'는 옥가루, 돌가루, 미세 먼지 같이 자질구레하다는 의미로, 사람의 쩨쩨한 행동을 말한다. 그러니 '쇄쇄'는 인생살이가 고명하다거나 원대한 뜻을 가진 사람의 행동과는 멀다. 그런데 세상 어리석은 친구들은 돈과 명예와 허울 좋은 명줄에 매달려 살아가는 것을 자랑으로 삼으니 크게 경계하는 말이다. 이런 고로 어리석어 멋모르고 함부로 자잘하게 구는[瑣瑣, Trivial things] 초보 여행자는 여행의 정도를 모르기에 회한을 얻고도 남음이 있을 것이다[斯其所取災].[17] 실제 여행을 떠날 때는 눈썹마저 빼놓고 갈 정도로 가볍게 출발하라는 속담도 있듯이 쩨쩨하고 궁색하게 굴면 멀고 큰 인생살이에서 재난만 초래한다. 그래서 공자가 "구차스럽게 여행을 떠나는 자는 그 뜻이 궁색하고 보잘 것 없기에 재앙을 받게 되어 있는 것[象曰, 旅瑣瑣, 志窮災也]"이라고 단언했다. 성호星湖는 '쇄쇄瑣瑣'를 곤궁한 여행으로 읊었다.[18] 초6은 여괘가 중화리괘重火離卦로 간 경우다.[19]

---

16 瑣 자질구레할 쇄.

17 '斯其所'는 '그 거처한 장소로부터 흩어짐, 떠남'이다. '斯'에는 '離'의 뜻이 있다.

18 이익, 『성호전서』, '쇄쇄' : "곤궁한 나그네라 길은 몹시 험난한데[瑣瑣南烹路劇艱], 추운 날씨에 말을 몰아 깊은 요새로 들어가네[天寒驅馬入重關]. 근심과 시름 속에 또 양생절(동지)이 다가오니[憂愁又逼陽生節], 꿈속에서도 여전히 월출산을 바라본다[夢想猶瞻月出山]. 이 모임 진실로 부평초 같은 만남이니[此會固知萍水合], 인정은 술잔 사이에서 잘 알 수 있어라[人情剛驗酒梧間]."

19 [說證] 중화리괘는 遯卦와 大壯卦에서 모여 있던 두 음이 離卦가 되면서 건☰의 모양이 리☲의

다음은 인생에 큰 길을 두고 샛길로 빠져 유치하고 자잘하게 살지 말라는 주세붕의 '권의지로사勸義指路辭'와 김문응의 '사노라면'이다.

"여보시오 사람들아! 이 내 말씀 들어보소 큰 길은 어디 두고 샛길로 가려는 고? 요순 때 닦은 길이 옛부터 일렀는데, 너희는 무슨 일로 샛길로 들었으며, 중니 때 높은 날이 이제까지 밝았는데, 너희는 무슨 일로 밤으로 다니는가?"[20]

"사노라면 언젠가는 밝은 날도 오겠지. 흐린 날도 날이 새면 해가 뜨지 않더냐? 새파랗게 젊다는 게 한 밑천인데, 쩨쩨하게 굴지 말고 가슴을 쫙 펴라. 내일은 해가 뜬다. 내일은 해가 뜬다."[21]

六二 旅卽次 懷其資 得童僕貞[22]
육2는 여행을 떠나 안전한 숙소도 얻고 여비도 충분하며 충직한 비서도 있으니
모든 일이 순조롭고 탈이 없다.

나그네가 여행을 떠나 안전한 숙소도 얻고[旅卽次] 노자도 충분하고[懷其資] 충직한 비서도 얻으니[得童僕貞] 모든 일이 순조롭고 탈이 없다. 한마디로 잘 나가는 인생이다. "2가 위의 3을 숙소로 삼고 또 아래 1을 동복으로 삼으니 이는 모두 유순중정한 내덕內德을 갖춘 까닭이다."[23]

특히 공자가 "충직한 어린 부하가 바르게 잘하기 때문에 끝내 만사가 편하다 [象曰, 得童僕貞, 終无尤也]" 하니, 인생이란 '역려逆旅의 길'에서 집과 돈보다 충직한 동반자 한 사람이 얼마나 소중한지 모르겠다.[24] 여행길에 수족처럼 챙겨주는

모양으로 분산되어 '旅瑣瑣'라 하였다. '取災'는 감ⵈ의 재앙과 감ⵈ의 재앙이 서로 상응하지 못하고 적응하고 있는 실정이다. 즉 감ⵈ이 뜻을 통하고자 하나 리〓가 막고 있다.

20 『성학십도 필사본』의 작자는 주세붕, 이황, 이이, 조식, 실명씨 등 여러 설이 있으나, 주세붕이라는 의견이 가장 강함. 최강현 역주, 『한국고전문학전집 - 가사 1』(고려대학교 민족문화연구소) 참조

21 가요 '사노라면'은 김문응이 작사하고, 길옥윤이 작곡하였으며, 들국화의 전인권이 부른 노래.

22 卽 나아갈 즉, 곧 즉. 次 임시 거처 차.

23 지욱, 『주역선해』 : "則有內德 有德如是."

24 JP 김종필의 '思夫曲' : "思無邪를 인생의 도리로 삼고 일평생 어기지 않았으며… 無恒産而無恒心을 치국의 근본으로 삼아 국리민복과 국태민안을 구현하기 위하여 헌신진력하였거늘 … 만년에 이르러 年九十而知八十九非라고 탄하며, 數多한 물음에는 笑而不答하던 자, 내조의 덕을 베

부하 한 사람이 소중하고, 인생에서 내 것 네 것 가리지 않는 친구 한 사람이 더 소중함을 알려주는 장면이다. 아무리 한가하게 가는 여행길이라 하더라도, 언제 어디서 누구를 만나 어떤 일이 생길지 모르는 인생사인지라, 어쨌든 선업으로 좋은 인연을 맺으며 가야 할 것이다. 고로 절대로 분수에 넘치는 욕심을 부리지 말아야 한다. 여괘가 화풍정괘火風井卦로 간 경우다.[25]

다음은 분수를 넘치며 가다 패망한 한 예를 보자. "아버지, 땅에다 농사로 백 냥을 투자한다면 그 소득은 얼마나 되겠습니까?" "약 열 배는 벌어야 되지 않겠느냐?" "그럼, 보석을 팔면 그 이익은 얼마나 되겠습니까?" "아마 백 배는 될 것 같다." "그럼 왕이 될 자를 도와주고 나중에 권력을 차지하면 그 이익은 얼마나 되겠습니까?" "글쎄다. 그건 계산하기가 어렵겠지." 『전국책』에 실린 유명한 이 대화는 장사꾼으로 천하경영을 꿈꾼 여불위呂不韋(BC 292~235)와 그 아버지 간에 나눈 대화이다. 훗날 그의 아들이라 전해지는 진시황제는 천하를 통일하고, 승상과 문신후에 오른 여불위도 명예와 낙양 10만호라는 어마어마한 이윤을 남기지만, 과한 욕심이 그로 하여금 독배를 들고 자살하게 만들었다.[26]

九三 旅焚其次 喪其童僕 貞 厲
구3은 나그네가 묵고 있는 집도 불타고, 따르던 하인도 잃고, 바르게 하여도 걱정이 따른다.

나그네가 객지에 꼭 가지고 가야 할 것이 있다면 유순함과 겸손일 것이다. 그런데 3은 부중하고 지나치게 강한 자이므로 여행길에서 지켜야 할 바를 알지

풀어준 永世伴侶와 함께 이곳에 누웠노라."

25 [說證] 鼎卦 역시 遯卦 2가 5로 간 괘로 손님이 밖에서 옴에 손☴의 주인이 영접하매 간☶의 숙소로 모시니 '旅則次'다. 遯卦 건☰은 金玉의 여행비를 지녔으니 '懷其資'고, '童僕'은 건☰의 말을 손☴의 줄을 잡은 동자 산☶이니 '得童僕'이 된다. '次'는 감☵의 宮이다. 참고로 화산여괘 2는 나그네가 여행지에서 여유만만하게 뜨거운 솥에서 밥이 나오도록 수저를 들고 즐거운 마음으로 기다리는 상이다. 평창 동계올림픽 대회(2018년) 유치 가부에 얻은 괘였다.

26 여불위는 『여씨춘추』를 진나라의 수도(함양) 성벽에 걸어 놓고 '여기에 한 자라도 더하거나 깎는다면 천금을 주겠다[一字千金]'고 하였던 그 오만함이 천하를 상대로 도박해 전무후무한 성공사례를 남겼지만 과욕이 화를 부르고 말았다.

못하고 어린 종[童僕]으로부터도 버림을 받는다. 또 3은 산꼭대기에서 시지즉지 時止則止와 시행즉행時行則行하는 지주止主가 되어야 하는데도 불구하고, 과강부 중過剛不中으로 지나치게 불 가까이 나아가니 불에 타들어가듯 위험스러운 꼴이 되었다. 흡사 바로 위 4의 숙소가 불집[離宮]에 화재를 만난 격과 같다. 본시 3은 2를 집으로 삼고, 1의 가이드를 잘 받아야 여행이 편한 자리인데, "묵고 있는 숙소가 불탔으니 화상도 틀림없이 입었을 것이고[旅焚其次, 亦以傷矣], 나그네가 아래 어린 종과 같이할 수 없었음은 또한 그 의리를 심하게 상하였을 것[以旅與 下 其義喪也]"이라는 공자의 주석을 볼 때, 3의 무모할 정도로 과강한 성격 탓에 화재를 만나고[旅焚其次] 충직한 아래 사람도 잃는 사단을 만난 것 같다[喪其童 僕]. 이는 여괘가 화지진괘火地晉卦로 간 경우다.[27]

> 九四 旅于處 得其資斧 我心不快
> 구4는 나그네가 처음 가는 여행지에서 노자와 도끼를 받는 상당한 대우를 받지 만, 목적지가 아직 남아있는 여행자는 마음이 편치 않다[주인인 나는 노자와 도끼 를 잃었기에 유쾌하지 못하다].

나그네가 쉴 곳도 얻고[旅于處] 재산도 모았지만[得其資斧], 더 높은 지위를 얻지 못해 유쾌하지 못하다[我心不快]. 4는 부정하고 부중하나 초와 상응하고 5의 군위 와 친친하는 최측근으로 믿음과 의심을 동시에 받는 신하다. "군자가 힘써 일을 하되 뜻이 원래 권력과 재산 축적에 있었던 것은 아니라"[28]고 하지만 부중하고 부정하며 과강한 성질의 사내라면 어찌 권력과 재물이 있는 5의 자리를 탐내지 않았겠는가. 공자의 "나그네가 여행 도중 잠시 쉬는 곳은 여기가 오래 머물 자리 가 아니고[旅于處, 未得位也], 노자와 도끼를 얻었지만 마음대로 휘두를 수 없음은

---

27 [說證] 晉卦는 小過의 3이 上으로 간 괘로, 소과괘에선 간☶의 오두막으로 집을 삼더니, 진괘가 되면 간☶의 오두막이 무너지고 리☲의 화염이 하늘에 충만하니 '旅焚其次'의 꼴이다. 곤☷ 위에는 집도 동자도 없으니 '喪其童僕'이 되었다. 소과 때는 진☳의 여행자와 간☶의 동자가 서로 의지함인데, 역 시 소인은 믿을 바가 되지 못하니 '其義喪'이 된 것이다. 참고로 단단한 기반과 지지자를 동시에 잃고 마는 불운을 맞을 수[旅→晉 : 財→文, 申→卯, 怨嗔]이니, 자신의 못난 경영을 탓할 수밖에 없다. 가 족의 화목이 깨지고 회사 팀워크가 무너지는 격이다. 단, 공부하는 사람과 수행하는 사람이라면 진실 로 공부할 찬스를 맞았으니 발전이 있다[晉, 六三, 衆允, 悔亡, 志上行也].

28 지욱, 『주역선해』 : "君子行役, 志元來不在資斧."

내심 불쾌한 일이라[得其資斧, 心未快也]" 하는 댓글을 봐도 재물은 아직 부족하고, 권력에 아직 굶주리고 있는 것으로, 욕심이 이글이글 타 오르는 상 같이 보인다. 이 세상 여행길에서 얻는 모든 기쁨(명예, 권력, 재물)은 잠시 스쳐 가는 거품과 같고 잠시 잠깐 동안 떠가는 구름과 같다는 이치를 알리는 자리다. 이 또한 여가 간괘艮卦로 갔기 때문이다.[29] 여기 4가 강폭의 성질을 이기지 못하고 욕망의 불을 태운다면 호괘 대과大過로 대들보 꺾이는 꼴을 볼 수 있다. 도전괘 풍豐으로 보아도 대낮에 북두칠성을 보듯 갑자기 캄캄한 순간을 맞이할 것이고, 전변 절괘節卦에서도 시절을 잃고 탄식하는 일이 그림처럼 펼쳐질 것이다.

고로 4가 변하면 중산간重山艮이 되니 더 이상의 욕심은 부리지 말고 멈출 자리에서 멈출 줄 아는 지혜가 절대 필요한 때이다. 세상만사는 늘 한 숟가락 부족해야 좋고, 늘 한 칸 모자라야 넉넉하다. 4는 세상에 가장 화려한 임금 최측근으로 부귀영화를 임금만큼 누리면서도 더 부족하다니 무엇을 더 채워주어야 만족할 수 있을까?

나그네가 여행길에 "노자(Property)와 도끼(Ax), 즉 재력과 권력까지 가지고 세상을 자기 마음대로 휘두를 수 있는 그 날이 와야 유쾌할 것"이라니 참으로 우습다. '천명미상天命靡常'이란 노래가 들리지도 않는다 말인가? 여기서 미未는 미시未時로, 그 시간은 임금 자리에 앉아 상하로 인정받는 그 날이 와야 한다는 의미다. 참고로 "정치는 속이 텅 빈 허업虛業"이라고 한 JP의 인생이 여괘 4였다.

六五 射雉一矢亡 終以譽命[30]
육5는 꿩을 쏘아 명중을 시켰지만 꿩은 화살을 맞은 채 그대로 도망가고 만다. 그렇지만 그 수완이 윗사람의 인정을 받아 결국은 큰 명예와 벼슬을 얻으리라.

먼저 석지형의 『오위귀감五位龜鑑』의 읍소를 들어 보자. "신이 삼가 살펴보았

---

29 [說證] 여괘의 互卦는 대과괘로 大坎과 艮의 감☵이 여행자가 머물 숙소라 '旅于處'다. 대과의 4가 변한 수풍정 역시 감☵의 숙소이다. 여괘의 모괘 否卦에서 건☰의 金玉은 자금이고, 리☲는 무기라 도끼가 되어 '得其資斧'가 된다. '我心'은 주인의 마음으로도 볼 수 있다.

30 射 쏘아 잡을 석, 맞힐 석, 쏠 사.

습니다. 여괘 5에서 리☲ '꿩'은 문명의 물건입니다. 5는 문명하고 유순한 덕으로, 처신함에 알맞은 도로 위아래를 함께 하며, 나그네처럼 처신하기를 지극히 잘할 수 있습니다. 한 나라의 일은 한 개인 임금의 일로 보시면 욕심이 들어간다는 사실입니다. 이런 문명한 도에 입각할 수 있다면 이 나라가 어떠한 일을 맞이하더라도 선하게 대할 수 있을 것입니다. 임금이 나그네 마음으로 한 나라를 통치해 나간다면 사리사욕을 버릴 수 있지만, 만약 그렇지 않다면 머지 않은 장래에 곤욕이 뒤따를 것입니다. 이런 생각으로 한 화살에 꿩을 맞힐 수 있으면, 마침내 명성[譽]과 복록[命]을 함께 이룰 수 있습니다. 5의 임금은 문명한 자리에서 문명한 덕을 지녔기에, 움직임이 반드시 문명한 도에 알맞게 됩니다. 폐하, 만약 여괘의 도를 사용하시면 화살을 잃어버리는 비용은 들겠지만, 오히려 명예와 복록은 잃어버리지 않습니다. 이것이 5의 지위가 불행하여 혼란이 대신할지라도, 알지 않으면 안 되는 이치입니다. 엎드려 바라건대, 전하께서는 문명이 위태로움 속에서 빛난다는 사실을 유념하시옵소서."

수현壽峴의 충정은 임금이 나그네의 입장에서, 즉 한 나라는 개인 왕의 나라가 아니고, 한 나라의 일은 개인 왕의 일이 아니라는, 철두철미한 왕도王道를 지니고 왕위에 임해야 한다는 사실이다. 만약 임금이 어리석게 한낱 권력과 금욕에 눈이 어두워 사리사욕을 취해 살겠다면, 멀지 않은 장래는 말하지 않아도 뻔하다는 것이다. 꿩[임금의 문명한 권위]을 얻기 위해서는, 작은 화살[가벼운 사리사욕] 하나 정도는 버릴 줄 알아야 함을 요구하고 있다. 즉 대탐소실이 국가의 복록을 지키는 방책임을 알려 준다. 곧 "'꿩'은 5의 자리에 비유하고, '화살'은 5의 덕에 비유하여, 모두 리☲의 상에서 취했다. 덤덤한 나그네로 있기 때문에 '화살 하나를 잃어도'라고 하였으니, 소중한 화살 하나를 잠시 잃을지 모르지만 다시 쏘면 명중할 수 있다는 소리"이다.[31]

그런데 동파는 한 개의 화살을 날린 사실에 대한 설명을 다음과 같이 하고 있다. "두(4, 상) 양 사이에 머물면서, 덕으로 그들을 품을 수는 있으나, 힘으로는 어려운 것 같다. 그래서 마치 화살 하나로 두 마리를 다 얻지 못하니, 먼저 4를 쏜 것인데,

---

31 徐有臣, 『易義擬言』: "雉喻五之位, 矢喻五之德, 皆離象也. 在旅, 故曰一矢亡, 暫失之矣, 再矢而中也. 譽, 艮象, 命, 巽象. 譽命行於下, 而尊位定於上也, 所以爲再矢則中也."

그것이 화살 하나로 인재 4도 얻고 명예와 복록도 얻은 꼴이 된 것이다."[32]

이것은 "꿩이 비록 화살 하나를 맞고 달아났다 하나, 달아난 꿩은 마침내 나의 손에 들어오게 되는 모양이라, 곧 명예도 얻고 천명을 수행할 수 있게 됨이다"[33]라는 지욱의 설과 다르지 않다.

고로 공자는 "화살 하나를 날려 꿩을 쏘았더니[射雉一矢亡], 마침내 명예(Praise)를 얻고 천명(Office)을 수행하게 되어[終以譽命], 그 일이 위의 백성들에게까지 알려지게 되었다[上逮也, Become known to a higher officer]"고 주석한다. 이역시 천산둔괘天山遯卦로 간 경우다.[34]

또 다른 시각으로 보면, 꿩을 쏘아 잡는 '석치射雉'는, 화려한 꿩을 닮은 '내인생의 무지개'를 잡는 것으로도 볼 수 있다. 그러기에 적어도 그 무지개(꿈)를 잡으려면, 화살 하나 정도 날리는 투자와 노력이 필요하고[一矢亡], 또 실속 없는허영(꿩)은 날려 보내도 좋으니, 천명을 따르는 자가 되어야 할 것이다. 긴 인생을 볼 때 집도, 돈도, 권력도, 추종자도 필요하지만, 인생 마지막에 명예도 소중함을 알려주는 자리다.[35]

---

32 소식, 『동파역전』 : "可以德懷, 不可以力取."

33 지욱, 『주역선해』 : "虛心而招天下之賢, 以濟吾旅, 天必祐之, 名爲上逮."

34 [說證] 여래의 모괘 否卦 때는 坎位(4·5·6)의 활에 세 개의 화살이 있었는데, 여괘로 되면서 화살하나를 없애 리☲의 꿩을 잡으니 '射雉一矢亡'이다. 참고로 '乾其動也直'을 보면 건☰은 모두 화살이다. 또 否卦 건☰이 리☲가 되니 임금이 기뻐함이며, 그 말이 간☶에서 이루어지니 '譽'가되며, 손☴으로 명령하니 '終以譽命'이다. '上逮'는 음 하나가 위로 이동함인데, 신하가 간☶의손으로 리☲의 꿩을 바치는 상이다.

35 '천안함' 사건으로 실종된 동료들을 구하기 위해 물에 뛰어 들었다가, 2010년 3월 30일 오후5시에 순직한 고 한주호 준위의 죽음을 물었더니 여괘 5였다. "하나 밖에 없는 아까운 화살(목숨)을 날려버렸지만, 그 죽음은 숭고한 살신성인이었다."

上九 鳥焚其巢 旅人 先笑後號咷 喪牛于易 凶[36]

상9는 (늙어서 꽁지 빠진) 새가 (자신의 인생을 관리하지 못해) 보금자리를 불태우고 만다. (한 백년을 살고 가는) 나그네 같은 인생살이에 처음에는 웃으며 좋아하다가 나중에는 울고불고 통곡하구나. (먼 곳의) 접경지대에서 교역을 하다가 소를 잃었으니 흉하기 짝이 없다.

나그네가 여행지에서 언행을 부드럽게 처신해야 함에도 불구하고 상9는 지나치게 강하게만 군다. 높고 화려한 자리[离極]에 있을지라도 상종하려는 자(3)도 없다. 이것은 산에 불이나 새집이 타들어가는데도 새는 전혀 모르고 있다가, 집이 다 타고 나서야 대성통곡하는 꼴이다. "처음엔 집이 높아 좋아하며 즐거워했는데, 나중엔 집이 불에 타 돌아 갈 곳이 없어 울고불고 야단하는 바보 꼴이 되었다."[37] 공자도 "나그네가 윗자리에서 겸손의 도를 모르고 있다는 것은[以旅在上], 자기 집이 불에 타들어가는 재앙조차 몰랐음이다[其義焚也]"라고 주석한다.

백년을 채 살지 못하고 가는 나그네에게는 이 땅이 낯선 여행지가 틀림없다. 그러니 이 땅의 풍속에 맞춰 살아가야 할 것인데, 잘난 체 하고 안하무인 하는 인간은, 바로 둥지 속에서 그대로 불에 타 죽어가는 늙은 새 꼴과 다름없다. 새는 날기만 하려는 조급한 짐승이고, 소는 순박한 짐승이라는 것이 수긍이 간다. 옛날 타관 땅에 가서 손순하지 못하고 언행이 법도를 어기면 몰매 맞아 죽기도 했었다. 문명이 찬란한[离明] 시절에, 본래 암소[牝牛]처럼 유순한 덕이 있어야 하거늘, 친한 사람도 없고 도와주는 사람도 없는 타지(인생살이)에서 오만불손하면 분명 죽음을 얻고 말 것이다. "잘난 체 하는 것[高亢]이 무엇인지를 알아야 하고, 또 늦었지만 교만한 자신을 불쌍히 여길 줄도 알아야 할 것이다."[38]

여기 논란과 해석이 분분한 '역易'을 '상商나라와 동이東夷 사이의 접경지대'로 보기도 하고, 또는 '역易의 땅에서 소를 잃었다'[39]는 설로도 본다. 또 암소[☷, 牝

---

36 巢 새집 소. 咷 울부짖을 도(조).

37 지욱, 『주역선해』 : "焚巢無歸."

38 정이, 『이천역전』 : "固有高亢燥動之象 火復炎上 則又甚焉."

39 황태연의 『실증주역』에서는 "경계지역(易)"으로 보았다. 孫映逵·楊亦鳴의 『周易』에서는 "이국(易國)의 황야"라 했다. 김인환의 『주역』에서는 "易에서소를 잃은" 것으로 본다. 『춘추좌씨전』 소공11년 조에 "농업이 아직 발전하지 않고 유목에 의존하던 商나라 때에 상나라와 東夷의 접

牛]처럼 유순하지 못해 세상 흐름의 '이치[易]'를 거슬렀다고 보기도 한다.[40] 여하튼 여행을 떠난 나그네의 마지막 자리는 이글거리는 태양도 떨어지고[鳥焚其巢, Bird's nest burns up], 낯선 땅에서 시시비비에 웃고 울다가[旅人先笑後號咷], 교역을 하다 부주의로 그만 타고 가던 소를 잃었는데[喪牛于易, Carelessness loses his cow], 소가 어디로 갔는지를 듣지 못할 것이라니[終莫之聞也], 흉하기 짝이 없다. 여괘가 뇌산소과雷山小過로 간 경우다.[41/42]

송대宋代 범중엄范仲淹은 이런 말을 했다. "나그네의 뜻이 낮으면 스스로 욕되고, 뜻이 높으면 또 다른 사람의 시샘을 사게 되니, 중도를 지킴이 지혜롭다. 고로 여旅의 초는 비루하니 옹졸하고, 4의 마음이 유쾌하지 않은 것은 그들의 뜻이 낮아 스스로 욕됨을 자초하였고, 3의 객사가 불타고 상의 새집이 불타는 것은 각각 자기 관리가 허술해 남의 시샘을 사는 경우다. 2의 노자나 5의 명성과 벼슬을 얻는 것은, 세상을 사는 자세가 부드럽고 중을 잃지 않았기 때문이다."[43]

「잡괘전」에서 "동인은 친하고, 여는 친한 사람이 적다"[44] 하고, 명말明末 청초靑初 경학가 하해何楷는 『고주역정힐古周易訂詰』에서 "동인同人은 선호조이후소先號咷而後笑라 하지만, 여인旅人은 선소후호조旅人先笑後號咷라 한다"고 지적하였다.

한나라 성제成帝는 허황후에게 알리는 조서에 다음과 같이 적기도 했다. "5월 경자일에 새가 둥지를 불태운 일이 태산지역에서 발생하였다. 『역경』에 '조분기

경지역인 易에서 목축을 둘러싼 국경분쟁이 끊이지 않았다"고 했다.

40 지욱, 소동파, 아산, 다산은 "소를 바꾸다 잃었다"고 보았고, 블로필드 또한 "부주의로 소를 잃는 것"으로 보았다.

41 [說證] 旅卦 리≡로 바싹 마른 손≡의 나무 '科上槁가 되고, 그 가지에는 리≡의 飛鳥가 둥지에 있다. 여괘가 소과괘가 되면 리≡의 둥지에 불이 붙은 새가 날아간다. 旅가 아직 변하지 않을 땐 리≡의 얼굴과 태≡의 입이 즐겁게 상견례를 가지니 '旅人先笑'가 되고, 소과가 되면 간≡의 죽음을 애도하니 '喪過乎哀'하는 식의 '後號咷'가 된다. 그리고 소과는 頤卦에서 왔는데, 이괘의 호괘를 보면 양쪽이 모두 소를 가지고 '交易'을 하는데, 소과가 되면 곤≡이 사라지고 감≡의 도둑이 들어 소를 훔쳐가는 꼴이 되니 '喪牛于易'이라 한 것이다. 또한 감≡의 큰 귀가 있어도 리≡의 밝음이 사라지니 '終莫之聞'이라 한다.

42 참고로 여괘가 소과괘로 가니[旅→小過 : 兄→食, 巳→戌] 마지막으로 석양녘에 타는 불[旅]이 물[小過] 대포를 맞아 한방에 꺼져버리는 상이어서, 욕심이 화를 불러 국경지대에서 투자한 금액을 다 날리는 일도 생긴다.

43 孫映達·楊亦鳴(박삼수 역), 『周易』: "范仲淹, '范文正公集' 참조"

44 "同人親也, 親寡旅也."

소鳥焚其巢, 여인旅人, 선소후호조先笑後號咷, 상우우역喪牛于易, 흉凶'이라는 말이 있으니, 임금이 백성 위에 군림하는 것은 마치 새가 둥지에 머무는 것과 같으며, 백성이 그 군주를 잃는 것은 마치 소가 그 털을 잃는 것과 같다."[45]

마지막으로 인생 끝 자리에서 '소도 잃고[喪牛于易] 집도 불탄[鳥焚其巢]' 엄청난 큰 일이 일어난 것은 여행자의 도[明愼用旅]를 망각했기 때문이다. 나그네가 겸손함과 부드러움을 잃은 것이다. 고쳐지지 않은 못된 강한 습성이 늘 상대를 만만하게 여긴 탓이리라.[46]

---

45 『漢書·外戚傳』, "五月庚子, 鳥焚其巢, 太山之城, '易曰, 鳥焚其巢, 旅人, 先笑後號咷, 喪牛于易, 凶.' 言王者處民上, 如鳥之處巢也.百姓喪其君,若牛亡其毛也." 『주역사전』에서 재인용.

46 徐有臣 『易義擬言』: 깃들어 쉬는 곳이 높기로는 새보다 높은 것이 없다. 둥지를 불태우는 새는 나무 끝에 머무는 나그네다. 처음에는 3이 호응하는가 싶어 "먼저는 웃었다." 그런데 끝내 서로 함께 할 수 없어 "뒤에는 울부짖었다." 또 "소를 잃은 탓"은 그 부드러움을 잃었기 때문이 아닐까.

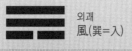

외괘
風(巽=入)

내괘
風(巽=入)

57. 중풍손重風巽

The Gentle(The Penetrating· Wind)

손은 예측할 수 없는 심한 바람이 불어와서 나를 흔들며 시험하는 때이다. 험악한 세상에 흔들리며 꺾이고 넘어지지 않으려면, 우선 부드러운 자세로 일관해야 한다. 세상에는 부드러운 바람만 불어오는 것이 아니라 예측 불허의 회오리바람도 분다.

> 巽 小亨 利有攸往 利見大人
> 부드럽게 행동하는 손은 적은 것이 형통하여, 갈 바가 있어도 이롭고, 또 대인을 만나도 이로울 것이다.

'손巽'은 바람이 겹쳐 산들산들 불어오는 부드러운 봄바람이기도 하고, 살을 에는 듯한 겨울바람이기도 하나, 여기서 '손'은 도통한 이의 손순한 자세를 말한다. 이를테면 여행지에서 부드럽게 처신하는 지혜와 겸손으로 유연하게 적응을 해가면 가는 곳마다 좋은 일이 생겨나고, 최소한 밀리고 쫓겨나는 일은 없을 것이다.[1]

바람[巽, Wind]의 장점은 가는 도중에 다른 물체를 만나면 자신을 부드럽게 하여 몸을 피하기에 겸손과 사양이라고 한다. 또 바람은 어떤 구석이라도 파고 드는 성질이 있는 반면에 무원칙하게 야합하며 줏대도 없이 흔들리는 경우도 생길 수 있기에 우유부단하다는 비난도 따른다[頻巽之吝].[2] 고로 바람이 부는 시절에는 진퇴와 결단이 어렵다. 그러기에 경륜이 많은 지도자를 따라가야 이로울

---

1 「서괘전」 : "旅而无所容, 故受之以巽, 巽入也, 入而後說之."
　「잡괘전」 : "兌見而巽伏也."
　「괘사전」 : "巽德之制也, 巽稱而隱, 巽以行權."

2 篆文에는 '巽'이 두 개의 '巴'와 '丌'로 짜였는데, '巴(파)'는 '龍蛇'를 뜻하고 '丌(기)'는 '받침대, 발'을 뜻한다.

것이다[進退利武人之貞].

또 손괘는 친하여야 할 사람들까지도 전부 밀어내는 불응의 관계인지라, 산풍고山風蠱처럼 어려움이 짐작되기도 한다. 한편 손巽은 중풍重風으로 벌레가 우글거리고[蠱], 산풍山風으로도 벌레가 만만찮은[蠱] 개벽의 시기이기도 하며, 또 바람은 눈에 보이지는 않지만 초목이 흔들리는 것을 보고 바람의 상황을 알아내기도 하니, 매사가 나 자신을 주체로 일어나는 행동이 아니고 외세에 따라서 입장이 변하기에 우유부단하게 우왕좌왕하는 불미스런 경우를 당할 수도 있다. 예로 혼담이 들어와도 바로 결정하지 못하고 망설이는 사람들처럼 말이다.

정치, 경제, 군사, 외교, 지형 등으로 볼 때 우리나라의 경우가 바람 잘 날 없는 손巽의 형국과 같다. 그러니 문왕의 괘사가 "성인처럼 자세를 부드럽게[巽, Gentle] 하여야만 어떤 형태로든 형통함이 있다[小亨]" 하였고, 또 "언제 어느 곳에서든지 손순한 자세를 취하여 간다면 이롭고[利有攸往] 또한 그러한 자세라면 어떤 경우와 어떠한 대인을 만나도 유리함에 틀림없다[利見大人]"고 하였다.[3]

공자도 단사에서 손巽의 시절을 당하면 "만사에 부드러운 자세로 일관하여야만 조금씩 길이 열리니 늘 부드럽게 겸허한 태도로 타인과 접촉하라[重巽以申命]"고 충고를 잊지 않는다. 또 "임금이 부드럽고 겸허하게 백성의 뜻을 좇아서 수행하면[剛巽乎中正而志行], 현명한 신하들(1·4)도 언제나 부드럽게 임금을 따라 움직일 것이고[柔皆順乎剛], 혹 임금이 중정치 못하면 그 신하가 심복하지 않을 것"이라며 군신관계도 손순한 자세로 일관할 것을 주문하고 있다. 고로 "진정한 겸손[重巽]이라야 천명을 섬길 수[以申命] 있으니, 군왕이 중정한 자세로 진정 부드럽게 행하면[巽乎中正而志行] 현자가 모두 순종[柔皆順乎剛]하는지라 이럴 때는 경륜이 많은 대인의 충고를 따라야 좋다[利見大人]"고 마무리를 짓고 있다.[4]

---

3 巽卦는 遯卦 2의 음이 4로 가서 임금 측근의 지위를 얻기에 '小亨'하고 '利有攸往' 하며, 리☲로 만나 손☴의 명령을 받으니 '利見大人'이다.

4 [說證] 태☱가 입을 위로 향하는 상이라면, 손괘☴는 입을 아래로 향해 거듭 명하니 '申命'이고 '剛巽乎中'은 둔괘의 4가 2에 옴이요, 1과 4가 각각 강 아래에서 손순하니 '皆順乎剛'이다. 참고로 손괘는 침착성을 잃고 진퇴를 망설이게 된다. 바람이 겹쳐서 일어나는 것처럼 사건도 연달아 일어나는 때다. 또 장사가 바람처럼 일어난다는 말처럼 손도巽道를 잘 지키면 사업은 3배의 이익을 얻을 수 있는 때이기도 하다. 손의 시절에는 바람에 흔들리는 우유부단함이 제일로 큰 걱정이니, 선배나 윗사람의 충고를 얻어서 애당초의 계획대로 밀고 나가야 좋다.

> 象曰 隨風 巽 君子以 申命行事[5]
>
> 상왈, 바람이 거듭 불어오는 상이 손이니, 군자는 이를 보고 항상 겸허하게 천명을 펼치며 정사를 행해 나가야 할 것이다.

바람과 바람이 서로 잇달아 부는 상태[隨風]로 겸손, 순종, 손순의 자세를 말한다. 고로 군자는 이런 바람을 본받아[君子以] 천명을 거듭 펼치고 바른 정사로 다스려 나가야 할 것이다[申命行事]. 소인은 바람이 불면 부는 대로 악풍과 악습을 일으켜 나가지만, 군자는 만사를 하나하나 거기에 맞게 일으키고 또 천명이 무엇인지를 밝혀 만민을 감동시키고 교화해 나가게 된다. 또 임금의 덕화가 고약하면 백성들의 원성이 바람처럼 높아지고, 부모가 인자하지 못하면 그 아이들이 골목에서 나쁜 바람을 일으키는 이치와 똑같다.

"세상에 만 가지가 바람과 공기를 호흡하고 살아가지 않는 것이 없듯 만백성들도 군자의 가르침[風敎]에 따라가고 있다."[6] 손巽은 명령의 뜻이 있는 데다 바람이 거듭[Repeatedly]하니 '신명申命'이고 '행사行事'는 대감大坎으로 업무를 수행함이다.

공자는 「계사전」에서 손巽을 "음이 양에게 제압을 당하기도 하고[德之制也], 또 경륜이 걸맞으면서도 숨기도 하지만[稱而隱], 그것은 권력을 행사하기 위함이다[巽以行權]"라는 무서운 말을 한다.

정자는 '수隨'를 '서로 이어감[相繼]'이라 하고[7], 동파와 주자, 다산과 화동華東도 '신申'을 '반복, 거듭[重]'이라 한다.[8] 『역경질서易經疾書』에서 성호星湖는 '명령을 거듭할 때는 무력만한 것이 없다'는 설을 주장한다. "손괘의 「단전」에 거듭된 손巽으로 명령을 거듭하는 상이 있으니, 마치 '세 번 명령을 내리고 다섯 번 반복한다[三令五申]'[9]는 것과 같다. 2의 많이함[紛若]과 3의 자주함[頻巽]도 모두 이러

---

5 申 거듭 신, 펼 신.

6 김진규, 『아산주역강의』, 369쪽.

7 [說證] '따름'과 '거듭함'은 위와 아래가 모두 따르는 것이다. 위는 아래를 따라 나오고 아래는 위를 따라 좇으니, 위아래가 모두 따르므로 '거듭된 重巽'의 뜻이다. 명령과 정사가 이치에 따르면 민심이 합하고 백성들이 순종하게 된다.

8 徐有臣, 『易義擬言』 : "서로 따른다면 거듭됨을 볼 수 있다. 申은 거듭한다는 의미다. 명령과 政事는 반드시 서로 따르게 된다. 명령은 손괘의 상이다."

한 뜻이다. 명령을 내려서 거듭할 때에는 무력을 사용하는 것만한 것이 없기 때문에, 초6의 무인武人, 육4의 사냥, 상9의 도끼에서는 모두 무력의 뜻으로 설명하였다." 그러니 '신명행사申命行事'는 천명을 천하에 펼치는데 있어 누가 더 손순하게 수행할 수 있느냐가 관건이다.[10]

『조선왕조실록』도 "풍風을 거듭한 손巽은, 윗사람이 아랫사람에게 부드럽게 명령을 내리고 아랫사람은 윗사람에게 순응하여 따르는 것"이라 한다. 대저 "법이란 것은 인정人情을 인연하여 다스림에 힘쓰는 것인지라, 이치에 순응하면 만세에 행하여도 폐단이 없지만, 만약 이치에 벗어난다면 한때는 시행하지만 더는 시행할 수 없을 것"[11]이라 하고, 또 "손巽이 겹쳐 명命이 행해지는 것이니, 위에서 온유하면 능히 아래를 보살피고 아래에서 온유하면 능히 위를 받드는 것"이라며 "위아래가 다 온유해야 명이 행해지기 때문에 손巽을 신명행사申命行事라 한다" 하였다.[12] 고로 바람은 교화의 덕이니,[13] 이른바 삼풍三風을 경계사로 새긴 것이 그 까닭이다.[14/15]

---

9 사마천, 『손자오기열전』 : '三슈五申'은 세 번 명령하고 다섯 번 거듭하는 군령의 이야기다. 吳王 闔閭가 『孫子兵法』을 모두 읽고 孫武에게 병법을 이용하여 궁녀들을 훈련시켜 보라 했던 고사에 나온다.

10 震의 道를 펼치려면, '帝出乎震 齊乎巽', 즉 震帝는 巽道를 체득하여야 한다는 소리다. 兌에서는 '一陰二陽 其象不順' 하였지만, 손으로 돌아가 '反之爲巽 柔陰卑降 順而讓之 巽者順也 陰自外柔 巽者入也 剛乃在上 巽者伏也'라 한 것이다. 곧 '申命行事'하는 자는 누구보다 '柔順卑讓'을 잘하는 자이다.

11 『성종실록』 성종 23년(1492) 12월 4일.

12 『인조실록』 인조 21년(1643) 10월 9일.

13 尹行恁, 『薪湖隨筆·易』 : "바람은 위에서 아래로 부니, 먼 곳이라도 머물지 않는 곳이 없기에, '풀 위로 부는 바람'과 '사방으로 불어가는 바람'은 모두 덕에 따른 교화로 비유한다. 『시경·대서』에서 왈. '위에서는 바람으로 아래를 교화하고[上以風化下], 아래에서는 바람으로 위를 비판하는 것이라[下以風刺上]' 했다. 위정자는 바람을 따르는 상을 살펴보아야 하니, 명령을 내릴 때 스스로 소홀히 할 수 있겠는가? 그래서 『서경』에는 관부의 형벌에 기록되어 있고, '三風'을 앞에 두었다."

14 三風十愆 : 세 가지 나쁜 풍습[巫風·淫風·亂風]과, 이 세 악풍을 이루는 열 가지 허물[恒舞·酣歌· 財貨·色·游畋·侮聖言·逆忠直·遠耆德比頑童]. 『書經』 '伊訓' 왈. "감히 宮에서 늘 춤추고 室에서 노래를 즐기면 이것을 무풍이라 하며, 감히 貨利·女色을 구하고 늘 游觀·畋獵하면 이것을 음풍이라 하며, 감히 성인의 말을 업신여기고 충직한 諫을 거역하고 나이 많고 덕이 있는 사람을 멀리하고 頑愚한 아이를 가까이 하면 이를 난풍이라 한다. 이 삼풍십건 중에서 그 하나라도 卿士에게 있으면 집이 반드시 망하고, 임금에게 있으면 나라가 반드시 망한다."

15 『선조실록』 선조 6년 11월 20일 : 주강이 있었다. 유희춘이 아뢰기를, "이른바 三風十愆 이라는 것은 곧 堯舜의 이른바, '인심은 늘 위태롭다'는 것입니다. 대개 인심은 하고 싶은 대로 맡겨

> 初六 進退 利武人之貞
> 초6은 나가기도 하고 물러나기도 하니 무인의 절조가 있어야 이롭다.

2와 3 그리고 5와 상은 모두 양으로 강단이 있고, 1과 4는 음으로 용단을 내리지 못하고 진퇴進退(Advancing and retreating)를 반복하는 의지가 약한 자들이다. 더구나 초6은 진퇴를 어찌할 줄 몰라 우왕좌왕하는 자다. 겸손과 순종은 가능하나 막상 결단을 해야 할 때는 혼란에 빠져 우왕좌왕하는 버릇이 있기에 강단을 반드시 익혀야 이롭다. 공자는 "진퇴가 분명치 않다는 것은 그 뜻이 아직 의심에 차 있다는 말이요, 무인의 절조가 있어야 한다는 것은 그래야만 분명치 않은 그 뜻이 다스려지기 때문이다[象曰, 進退, 志疑也, 利武人之貞, 志治也.]"라고 그 원인과 대책을 제시했다. 손순한 자세도 결국은 자신의 뜻을 관철하고 펼치려는 방편일 뿐 결단의 때가 오면 단칼에 승부를 보는 무인의 용단[利武人之貞]을 요구한다. 무사도의 정신이 그것이다.[16] 고로 초6은 무인의 절조가 없는 음에서,[17]

둔 채, 정하게 살피지 않고 전일하게 지키지 않으면, 人欲으로 흘러서 삼풍십건이 됩니다. 益이 舜에게 '백성을 거스르고 자기 욕심을 따르지 말라'고 경계하였고, 禹가 자손에게 '안으로 色荒을 짓거나, 밖으로 禽荒을 짓거나, 술을 달게 여기고 소리를 즐기거나, 집을 높이고 담을 아로새기거나, 이 가운데에서 하나만 있어도 망하지 않을 수 없다고 경계한 것이 다 같은 뜻입니다. 이것이 伊尹의 이른바 자신을 공경하라는 것이요, 敬字 하나를 眞西山(德秀)은 '三風'을 다스리고 '十愆'을 고치는 약이라 하였으니, 유의하소서" 하고, 또 아뢰기를, "恭敬하면 萬善이 다 갖추어지고, 放肆하면 萬惡이 다 일어나는 것이니, 대개 사람이 게으르고 방자하면 '三風十愆'이 다 이에서 생기는 것입니다. 이것이 위로는 임금에서 아래로 학자에까지 다들 敬畏로 마음을 지켜야 하는 이유이니, 한 번 공경하고, 한 번 방사하는 사이에 天理·人欲의 消長이 결정되는 것입니다'라 하였다.

16 崇融下山, '일본다도와 禪과 武士道 정신' : "칼을 쓰는 武士道와 禪道는 다르지 않다. 禪家의 '精神一到何事不成'이 곧 武家의 '精神一ㅣ何事不伐'이다. '武士'의 어원은 武士 집단 '싸울아비'이다. 武士와 禪的 연계성은 바로 生死를 넘나드는 극한적 상황에서 오는, 공포심과 절박에서 오는 兵法에서 그 답을 찾을 수 있을 것이다. 武士의 絕體絕命의 '진켄쇼부眞劍勝負'와, 百尺竿頭에서 길 없는 길, 문 없는 벽에 맞닥뜨리는 丈夫의 一大事는 다르지 않다. 바로 그 懇切함과 切迫함은 禪의 悟道를 향한 몸부림이며, 그 순간만큼은 漸悟漸修가 아닌 頓悟의 경지다. 이런 상황을 경험한 武士들에게 生死를 超越하려는 境地의 證得은 바로 修者가 話頭를 물고 싸우는 一大事와 전혀 다르지 않다. 적에게 이기지 않으면 존재할 수 없는 武士에게는, 禪修行을 통해 서슬 퍼런 칼날 앞에서 生死의 一瞬間도 岐路에서 平靜心과 不動心, 武士道의 德目을 갖추려는 日常的인 修行이 바로 禪修行으로 직결되었을 것이다. 재차 강조하자면 '精神一到何事不成'과 '精神一ㅣ何事不伐'이 다르지 않다. 에도江戸시대 타쿠안澤庵이란 禪僧이 가르쳤던 '劍禪一如'란 유명한 말이 있다. 검술의 極致는 머리끝에서 발끝까지 全身의 어느 곳에도 마음을 두지 않는 無心의 공부이다. 全身의 어디에도 마음을 두어서는 안 된다. 단순히 無意識的인 것이 아닌, 全身에 힘이 넘쳐있는 無心이어야 한다. 劍은 凶器가 아니고 오히려 그러한 不動의 智慧,

강한 결단을 지닌 풍천소축風天小畜으로 간다.[18] 명령을 받들어 삿된 것을 바로 잡는 일에는 무인보다 복종을 잘하는 이가 없다는[19] 생리를 파악한 왕필의 지적처럼, 부정부중한 초6이 짝할 4를 잃고, 2와 3을 선택하고 망설이며 머리를 박고 곤혹에 떠는 상황이다.

역易에서 양陽이 문文이면 음陰은 의심 많은 무武이다. 고로 "무인이 권력을 등에 업고 군왕에게조차 바르지 않으면 난을 일으키니, 충직을 생명으로 삼는 것"이라는 동파의 해석을 보면, 음유한 소인일수록 강직과 절조를 익혀야 이롭다는 뜻이다.

九二 巽在牀下 用史巫紛若 吉 无咎[20]
구2는 (환자를) 평상 아래로 눕히고 엎드린다[정성을 드린다]. 사관과 무당으로 하여금 (소생하도록) 많이 빌게 하면 길하고 허물 없을 것이다.

「서괘전」에서 '손巽은 안으로 들어감[入]'이라 하였으니, '손재상하巽在牀下 (Penetration under the bed)'는 평상[☴] 밑으로 들어가 재계齋戒를 하기 위해 엎드린다는 뜻이다. 아니면 머리를 당겨서라도 억지로 제사상 밑으로 숙이게 만든다. 다산은 손괘巽卦의 호괘를 화택규睽로 보고, 화火를 사관史官, 택澤을 무당, 손巽은 실[繩]로 보았다. 또 옛날에 병이 심하면 침상을 거두고 몸을 땅에 눕혀 살기를 바라는 기원[굿]으로 재계하며 하늘에 빌며, 환자를 평상의 아래에 둠이 예禮라 밝힌다. '사史'는 복서卜筮로 수명을 알아서 길흉을 말하는 '사관史官', '무巫'는

결코 움직이지 않는 絕對智慧의 修行이다. 어느 누구도 이와 같은 不動의 사람은 벨 수 없다. 劍이란 이와 같다."

17 巽괘→小畜괘(丑→子, 財→文). 고로 丑 속에 있는 녹슨 은도끼로써는 강한 나무를 찍을 수 없다.

18 [說證] 巽☴은 태☱로 나아가다 물러난 상이라 '진퇴'요, '武人'은 巽이 中孚에서 온 大离[甲冑·干戈]다. 中孚에선 武人의 상이 있었지만 손☴이 되면서 무인의 절조를 잃었다가, 小畜으로 강력한 무기 건☰을 다시 얻는다. 참고로 초6은 움직이지 않고 숨는 바람이니, 손괘가 소축으로 변하여[巽→小畜], 한 쪽 바람이 지나가고 안으로 잠잠하여지는 상이다. 재물로 싸우면 쌍방이 손해만 크고 이득은 없다.

19 왕필, 『주역주』: "成命齊邪, 莫善武人."

20 紛 어지러울 분. 若 같을 약.

귀신을 통하여 제액除厄과 기복祈福의 길흉을 말하는 '사제司祭'로 보기도 한다.

2는 손巽이 점漸으로 이동하는 자리인데,[21] 점漸은 임금이 앓는 질병이기도 하다.[22] 옛날 사람들은 신은 인간에게 행복을 주고 반면에 귀신은 불행을 준다고 믿었다. 무당은 병을 고치고, 사냥이 잘되고, 고기가 잘 잡히도록 빌고, 또 농사가 잘되도록 굿을 해주었다. 또 옛날에는 노예들이 짐승처럼 제물로 사용되기도 하였기에 당연히 무당의 권위는 무서웠다. 오늘날에도 기록을 남기는 기자들은 무섭다. 그러기에 무당 앞에서는 겸손한 태도로 꿇어앉아 신의 도움을 받아야 탈이 없었을 것이다.

공자가 "사관과 무당으로 하여금 많이 빌게 하는 것이 길하다는 것은 넘치지 않고 중도를 얻어 가는 일이다[象日, 紛若之吉, 得中也]"라고 한 주석을 보면, 소중한 목숨을 살리는 데는 사무史巫(Priests and magicians)의 정성스런 기도가 영험[吉无咎]이 있었음도 알 수 있는 대목이다. 정자도 '분약紛若'을 '많다(great number)'로 풀었다. 또 '손재상하巽在牀下'에서 '손巽'은 '공손한 자세로 평상 아래 또는 제사상 아래 엎드리는 것'이라고 한다. 구2에서 전하는 중요한 메시지는, 바람이 부는 어려운 시절이 찾아오면 전문성을 지닌 그 분야의 전문가에게 자문을 얻어 어려움을 타개해 나가라는 것이다. 공자의 지적처럼 "그 전문가들은 해결의 열쇠를 쥔 이들[利有攸往, 利見大人]"이다.

九三 頻巽 吝
구3은 겸손의 도가 지나칠 정도로 자주 숙이는 척 하니 비굴하게 보인다.

중풍손의 시절에는 무조건 부드러운 자세로 남에게 숙이고 굽히며 이익을 얻

---

21 [說證] 巽이 遯卦로 왔기에, 간☶의 평상 위에 건☰의 임금이 巽의 大坎으로 병이 들어 평상 밑으로 들어가서 기도하는 예가 바로 『禮記·喪大記』에 보이는 '巽在牀下'다. 그리고 어지러운 실이 많다는 '紛若'은 '重風'이다. 참고로 1970-80년도 우리나라의 경제 운세에 해당하는 괘였다. 巽卦가 漸卦로 가니 바람이 불어 점점 호운으로 풀렸다. 여기에는 민족 행운의 7년을 이끈 이병철과 정주영 그리고 박정희라는 지도자가 있었음을 간과해서는 안 된다.

22 『書經·顧命』, '賓幕' : "임금이 말씀하시기를, 오! 병이 크게 더하여져 위태로와졌소[王曰, 嗚呼, 疾大漸惟幾]."

어야 하는 때인데도, 3은 강단과 깡을 쓰며 과강하기만 하고 부중하니 손순을 모르는 자다. 이런 자를 정자와 주자는 "구3은 하괘 제일 위에 앉아 손순이 잘 되지 않는 자인데도 부지런을 떨며 자주 실수를 하니 매우 인색한 도"라 하였다. 또 중심도 없고 거만하기만 하니 사관史官과 무당이 시키는 대로 천신에게 비는 척 하여도 징험이 나타나지 않는다. 공자의 "자주 굽히는 척 하는 태도가 인색한 것은 그 뜻이 진실로 진정성이 없어서 궁색하기 때문[象曰, 頻巽之吝, 其志窮也]"이라는 주석 또한, 손순한 자세를 견지하지 못하는 3을 못마땅해 하고 있다.

"무당은 분명 신과 내통이 되고 있다고 무지한 인간들은 믿었다. 그러나 문명하고 개화될수록 시각을 달리하는 자들은 무당에게 덤벼들지는 아니했지만, 부드러운 태도를 취하진 않았다."[23] 그러니 시키는 대로 머리를 숙이는 척은 하지만[頻巽, Repeated penetration], 자세는 만만치 않았을 것이다[吝].[24] 고로 손순하지 않은 거만한 태도로 마지못하여 엎드리는 척 하니 그 태도를 '빈손지린頻巽之吝'이라 하였다. '인吝'을 '구口덩이의 시신에 새긴 문文신'으로 보니 한탄과 아쉬움의 뜻[哭]을 담았다.[25]

---

23 김인환 역, 『주역』, 455쪽.

24 巽卦의 과강한 구3은 부중하고 4의 음 밑에 깔려 있으며, 渙卦의 유약한 3은 부중부정하며 강한 2를 타고 있으니 인색하다. 『역경』에 吝이 효사에서만 모두 20번 등장한다. 상경에서 10번, 하경에서 10번 나타난다. 그 가운데 몽괘만 초와 4에 두 번 나타난다. 吝은 초에서부터 상까지 모두 보이는데, 초가 3번, 2가 1번, 3이 8번, 4가 4번, 5가 1번, 상이 3번이다. 吝은 주로 음효의 자리에 양효가 왔거나 양효의 자리에 음효가 왔을 경우에 사용된다.

25 "갑골문은 사람의 몸에 여러 가지 문양을 문신했다는 의미의 文 아래 口가 있는 형태로 되어 있다. 文은 사람의 가슴에 다양한 문신이 새겨진 모양을 본뜬 것으로도 본다. 그런데 吝이 文+口가 결합하면서 어떤 것에 대해 입으로만 꾸미고 실재로 행함에 있어서는 머뭇거린다는 의미에서 '인색하다'와 '아낀다'는 의미로 바뀌었다. 『상서』「중외지고」편에 "허물을 고침에 인색하지 않았다[改過不吝]" 한 것과 『논어』「태백」편에 나오는 "주공과 같은 뛰어난 재능이라도 교만하고 인색하면 그 나머지는 볼 것이 없다[如有周公之才之美, 使驕且吝, 其餘不足觀也已]"에 나오는 吝의 의미이다. 『설문해자』에서는 "吝은 한스럽고 아쉬움이다. 뜻은 口에서, 소리는 文에서 취하였다[吝恨惜也, 從口聲文]"라고 했다. 고대에 장례를 치를 때는 죽은 사람의 시신에 무늬[文]를 새겨 경건함을 나타냈으며, 갑골문을 볼 때 口는 입이라기보다는 시신을 매장할 구덩이를 의미한다. 그러므로 吝은 죽은 사람의 몸에 무늬를 그려 구덩이에 매장한다는 뜻으로 보는데, 이러한 일은 안타깝고 애석한 상황이다. 『백서주역』에서 吝은 20곳 가운데 19곳이 閵(린)으로 쓰여 있는데, 본래 새 이름이다. 閵 자는 가차자로 吝이며, 閵과 吝은 옛날 음이 같다. 글자는 哭을 따르고 소리는 문文을 따르니 또한 한탄과 아쉬움의 뜻이 합쳐진 것이다. 이러한 고대의 吝 자는 공자가 「계사전」에서 悔 자와 함께 사용하면서 다양하게 해석되었다. 曹芳珍, 『부끄러움[吝]에 대하여』 참고

왕필과 소동파 역시 '빈頻'을 좋아하지 않지만 궁색하여 어쩔 수 없어 '척 하는' 행태로 새겼다. 다산은 중풍손이 풍수환으로 변한 것을 보고 '빈손頻巽'을 '발걸음을 재촉하여 들어감'이라 하였다.[26/27]

구3 같은 친구는 기분이 좀 나으면 '헤헤' 거리고, 그렇지 못하면 도대체 기분을 파악하기 힘든 덜 된 인간의 전형습이다. 대한제국 시절 매국노 이완용을 독립협회 시절 동지였던 윤치호가 평하길, "그의 야비한 교활성과 음흉함 그리고 권세가들에게는 굴욕적일만큼 복종하는 태도로 그는 철저한 기회주의자요 변절주의자요 아부주의자였다"고 하였다. 이런 이완용은 '자연의 운명과 세계적 대세에 순응하여 동양평화를 확보하는 것이 조선민족의 유일한 활로'라 하였으니, 권력과 금전을 향한 그의 탐욕과 변신이 결국 1,700만 동포들을 망국의 통한으로 빠지게 하였다.[28]

六四 悔亡 田獲三品[29]
구3은 후회가 없다. 사냥을 나가서 여러 종류의 원하는 짐승을 잡는다.

4는 초효와 짝이지만 응이 되지 못하고, 강한 3을 타고 있다. 음이 강을 타면 후회한다. 그러나 제자리를 얻어서 주군을 받들고 의지하여 바르게 명령을 행하면, 강폭한 자들도 사로잡을 뿐 아니라 어질지 못한 이들까지도 멀리 하니 후회

---

26 [說證] 풍수환괘가 되면 곰卦 때 건☰의 강들이 밖으로 나갔으나 4가 발걸음을 재촉하여 2로 와서 곤☷의 적국을 차지하려고 진☳이 애를 쓰나 곤☷의 땅은 줄어드니 '頻巽之吝'이 된다. '其志窮'은 감☵이 통하기는 하나 앞길이 간☶으로 막혀 있는 꼴이다.

27 참고로 세찬 바람도 맞고 물에도 빠지니 소신대로 살아가기가 힘이 든다. 겉으로는 유순한 척하지만 속으로는 항상 바람에 흔들리는 갈대와 같은 이중인격자다. 소신과 의지가 약한 것은 다름 아닌 내 공부가 확고하지 않은 탓이다. 마찬가지로 이른 봄은 언 땅을 녹이지 못하니 싹을 올리기는 어렵다[春寒不解 其葉難秀].

28 김상태, 『윤치호 일기』, 산처럼, 2013 참조 : "윤치호는 1883년부터 1943년까지 장장 60년 동안 평생 일기를 써온 사람이다. 일기를 장기간 쓴다는 행위는 자기 절제를 해왔다는 방증이다. 윤치호는 처음에는 한문, 국한문, 영문 등을 혼용해 쓰다가 이후에는 영어로 썼다. 모든 일기는 자기와의 대화이며 내면의 기록이다. 윤치호가 당대의 거물이었기 때문에 그의 일기는 사적인 기록이면서 동시에 역사에 대한 주관적 기록이다. 이 책은 시간 순서대로 전개된다. 윤치호의 일기는 기록하지 않으면 기억도 역사도 사라지고 만다는 진리를 다시 한번 보여준다."

29 田 사냥할 전.

가 사라진다[悔亡, Remorse vanishes].[30] 사로잡아서 이익 되는 것으로는 삼품[田獲三品]보다 더한 것이 없다.

'삼품三品'에 대한 해석으로는 "명령을 거듭할 때에는 무력을 사용하는 것만한 것이 없고, 무력을 사용할 때에는 우선적으로 사냥을 통해 시험하는 것이 최고다"라는, 성호星湖와 위암韋庵의 자세한 '삼품三品' 설명이 있다.[31/32] 사냥한 짐승 고기 중 "1품은 조상제사[乾豆]에 쓰고, 2품은 손님 접대[賓客]에 쓰고, 3품은 임금의 부엌[充君庖]으로 보내었다"는 기록은 『춘추전』에 나타난다.[33]

사냥하는 예禮에서는 가려서 세 등급을 취한다고 한다. 왼쪽 옆구리에 맞아 갈빗대 뒤 오른쪽 어깨 죽지를 통한 것은 심장을 맞아 죽은 것으로 상살上殺(상등급)로 친다. 이를 종묘에 제물로 올리는 것은 빨리 죽었기 때문이다[빨리 죽으면 맛이 좋다]. 그리고 오른쪽 귀를 통한 것은 배를 맞아 죽은 것으로 차살次殺(중등급)로 친다. 이것은 손님과 나그네에게 대접하니 죽음이 조금 더디기 때문이다. 또 왼쪽 다리를 맞고 오른쪽 갈비뼈(어깨뼈)를 통한 것은 넓적다리를 맞아 죽은 것으로 하살下殺이다. 이는 임금의 부엌에 채워지는데 죽음이 가장 더디기 때문이다.

지욱의 댓글을 보더라도 군주에게 순순한 대신 4에게 천하의 어진 신하 2, 3, 상이 다 등용되기를 바라고 있으니, 삼품三品은 삼양三陽이 되지 않겠는가. 고로 공자가 "사냥을 나가 여러 종류의 원하던 짐승을 다 잡아 임금에게 바치니 분명 공로가 있다[象曰, 田獲三品, 有功也.]"고 한 것을 보면, 4가 의외의 공을 세웠

---

30 'Disappear'는 보이던 것이 별안간 사라지는 것으로 'Vanish'보다 뜻이 강하고 'Fade'는 끝내 사라져 없어지는 것이다.

31 李漢, 『易經疾書』: "명령을 거듭할 때는 무력을 사용하는 것만한 것이 없고, 무력을 사용할 때는 우선적으로 사냥을 통해 시험하기 때문에, 사냥을 하여 삼품의 짐승을 얻는 공이 있다. 三品은 乾豆를 만드는 것, 손님에게 주는 것, 푸줏간을 채우는 것이다. 三品의 공은 아마도 상9의 물자와 도끼에 힘입음이 있을 것이다. 호괘 리☲는 그물코의 상이 있기 때문에 사냥이라고 했다. 三은 리☲의 수이며, 品 자는 口 자를 부수로 하니 태☱에 해당한다."

32 金相岳, 『山天易說』: "田자는 사냥으로 解괘 구2 '田獲三狐 得黃矢'에 나온다. 离의 꿩, 坎의 돼지, 巽의 닭은 三品의 상이다. 乾豆는 마른 육포로 제사를 지낼 때, 豆에 담아내는 음식이다. 巽卦의 음양이 바뀐 전변괘는 震卦이고, 震의 맏아들은 제사를 주관하기 때문에, 乾豆의 상을 취했다. 4가 변하면 姤卦가 된다. 구괘 2에서는 '손님에게 이롭지 않다[不利賓]'고 했지만, 巽卦에 이르게 되면 괘의 효들이 이미 변하기 때문에 빈객에게 대접하는 상을 취했다. 가운데 효는 离이고, 호괘는 鼎卦의 몸체가 되는데, 솥으로 고기를 삶기에, 푸줏간을 채우는 상에서 취했다."

33 『春秋公羊傳』, 「환공 4년」 참조

고, 또 상당한 노력의 결과를 얻은 것으로 볼 수 있다. 손괘가 천풍구괘天風姤卦로 간 경우다.[34]

九五 貞吉 悔亡 无不利 无初有終 先庚三日 後庚三日 吉
구5는 곧으면 길하여 후회도 없고 불리한 일도 일체 없다. 처음에는 난항일지라도 끝내는 좋다. 치성을 올리며 큰 굿(변혁)을 하기 좋은 날은 경일 전후 삼삼일이다.

5가 손순해야 하는 자리인데도 강건하니 우선 부드러우면서도 바르게 가야 길하다[貞吉]. 곧 손순한 도를 넘지 않고 중정을 취해야 한다[象曰, 九五之吉 位正中也]. 그렇게 해야만 후회가 사라질 것이다[悔亡]. 단 겸손과 손순의 도를 넘어서면 후회가 있다. 지금은 나라가 안팎으로 개혁의 바람이 일며 우환이 심한 때라 임금의 자세가 강압적이고 일방적이어서는 안 된다. 그래서 군왕이 손순한 자세로 백성을 대하니 처음에는 되는 일이 없었으나 나중에는 효과가 서서히 나타나기 시작한 것이다[无初有終. No beginning, but an end].

'선경삼일先庚三日'은 경신임계庚辛壬癸, 즉 경庚의 삼일 앞 날인 계일癸日에 만사를 개개開改하여야 좋은 날이고, '후경삼일後庚三日'은 정무기경丁戊己庚, 즉 경庚의 삼일 뒤 정일丁日에 만사를 정정政定하며 정貞하여도 좋은 날이 될 것이다. 고로 '경庚'은 넓은 의미로 '개혁(Change)'으로 새긴다. 먼저 3일을 개혁하고[先庚三日] 다시 뒤에 3일을 개혁하니[後庚三日] 성공이 온다. 『경연일기』를 보면 '선경삼일 후경삼일'을 변경하는 도리라 하고, 시종 잘 살필 것을 주문하고 있다.[35]

---

34 [說證] 巽이 姤가 되어도 大巽은 바뀌지 않으니 변화가 없어 '悔亡'이다. 巽卦는 中孚로부터 왔으니 감☵의 활과 리☲의 창과 손☴과 리☲의 그물, 그리고 간☶ 산과 진☳ 수풀이 있으니 사냥하는 괘다. 姤卦에서 '一品', 巽卦에서 '二品'이 더해짐이 '三品'이 된다. 참고로 주식은 상종이고, 투자한 곳에서 3배의 이익을 얻는다. 아들의 취업이라면 자신이 가고 싶은 곳으로 가 큰 성취를 이룬다. 巽→姤[未→午, 財→食]때는 특히 재운에서 천지가 동조하고 순하고 길하다.

35 李植, 『澤堂先生別集』, '經筵日記' : "『주역』에 '庚日에 앞서 3일을 하고 경일 뒤에 3일을 한다[先庚三日 後庚三日]'고 하였는데, 이것은 變更하는 도리를 말한 것으로서, 마땅히 시작할 때 잘 살펴서 해야 한다는 뜻입니다. 지금 뭇 인재들이 조정에 가득 모여 각자 소견을 진달하고 있는

실제로 옛사람들은 계일癸日과 정일丁日에 큰 행사[申命行事]를 거행하였던 사례가 많다.[36] 그렇지만 일류를 자처하는 자들은 기상이 좋지 않고 검칙檢飭하지 않는 경우가 많아 내면과 외면이 모두 피폐해지니 변화에 둔감한 경우가 적지 않았다.[37] 다시 말하면 이 날을 잡아 정성을 드리면 길하고 후회가 없었다. 여기서도 아래와 같이 여타 관점들이 분분하다. 왕필은 '명령을 펴는[申命] 날'로 '경庚과 갑甲'이라 하였고, 정이와 주희, 그리고 소동파와 다산은 그 시점을 '정계丁癸'일이라 하였다. 그런데 청나라 항신재杭辛齋는 『학역필담이집』 4권에서 "경庚은 마땅히 간지干支에서 구하여야지, 은근히 꿰맞추어서는 안 된다"며 "고蠱의 갑甲, 혁革의 기己, 태泰와 귀매歸妹는 을乙"이라고 주장한다.[38]

결론적으로 덕이 있으나 자리가 없으면 감히 변혁을 할 수 없고, 또 그 자리를 얻었지만 덕이 없으면 변혁을 할 수 없다. 5는 자리와 덕을 함께 얻었기에 정길회망貞吉悔亡하며 무초无初코 유종有終할 것이다. 그 타이밍을 잡는 자리가 경일庚日 전후의 삼삼이다. 또 공자의 효상에서 '위정중位正中'은 '그 자리가 마땅히 발라야 함'으로 새겨야 한다. 이것은 아무리 타이밍을 잘 잡았다손 치더라도 변혁을 할 자리가 되지 못하고, 부정한 방법으로 행한다면 후회가 따름이다. 구5

도, 상께서 그 폐단을 끝까지 살펴보지 않고 일체 명령을 내리고 계시므로, 일을 추진해 나가는 과정에서 구애되는 점이 많습니다" 하니, 상이 답하지 않았다.

36 김진규, 『아산의 주역강의』, 375쪽. "만사가 틀림없다는 뜻으로 '丁寧己行'을 쓴다. 향교, 서원 등에서는 丁日에 제사를 지낸다. 國忌日이 丁日일 때는 辛日에 지낸다."

37 安鼎福, 『順菴集』, '星湖李漢答邵二泉': "있으면서도 없는 듯 하고, 꽉 찼으면서도 텅 빈 듯 하여, 학식이 적고 유능하지 못한 자에게도 더욱 힘써 묻는 것일 뿐입니다. 머리를 곧게 세우는 것과 말을 함부로 하지 않는 것은 어린아이들도 익히고 외는 말인데, 다른 사람을 통해 이 말을 듣고 깨달아 분발하여 평생 德業의 門路로 삼았던 저 분들이 애초에 이 구절을 보지 못한 것은 아니지만, 뜻이 지향하게 되자 氣가 따르게 되고, 기가 따르게 되자 일이 따르게 되어, 단지 이것을 행실의 관건으로 삼았던 것입니다. (중략) 대개 一流라는 사람들은 기상이 좋지 않고 檢飭하지 않는 경우가 많아서 끝내 내면과 외면이 모두 피폐해지고 말았습니다. 邵二泉의 '차라리 참된 사대부가 될지언정 거짓된 도학자는 되지 말라'라는 말을 통해 세속을 구제하고자 하는 마음이 도리어 사람을 미혹하게 하는 해독이 된다는 사실을 참으로 깨닫습니다. 庚甲이라는 것은 十二辰과 三合을 일컫는 것으로 생각됩니다. 庚보다 3일 뒤는 癸이니 巽에서 시작되는 것이 확실하고, 甲보다 3일 뒤는 丁이니 乾에서 시작되는 것이 확실합니다. 이것을 통해 궁구해 보면, 삼합은 육합에서 나오고 육합은 指南針에서 나오는 것이 분명해집니다. 天地의 맥락은 손으로 더듬어 알 수 있는 것이 아니니, 지남침이 아니면 비록 성현의 지혜가 있더라도 어떻게 밝힐 수 있겠습니까."

38 심경호 역, 『주역철학사』, 755쪽.

는 산풍고괘山風蠱卦로 가는 경우다.[39]

　"경庚에는 변경한다는 뜻이 있고, 정丁에는 간곡하다는 뜻이 있으며, 계癸에는 헤아린다는 뜻이 있다"며, 임금에게 읍소하는 수현壽峴의 간곡한 충정도 자세히 살펴두자.[40]

　참고로 경인庚寅년은 '경庚'이 들어오기 시작하는 첫해이다. 1950년 경인庚寅년은 바로 6·25가 터진 해이고, 1910년 경술庚戌년은 일제에 의해 국치를 당한 해인지라, 우리나라에게는 몹시 긴장을 바짝 세우는 해이다. 1960년 경자庚子년 4.19 학생의거, 1980년 경신庚申년 5.18 광주민주화운동, 2010년 경인庚寅년 천안함 폭침 사건도 '경庚'이 몰고 온 엄청난 사고였다. 2020년 경인庚寅년에 '코로나 19' 우한폐렴 신종 바이러스 창궐이 일어날 줄 누가 짐작이나 했겠는가? 하늘의 운행은 그 누가 핸들을 잡고 있을까?『조선왕조실록』성종 조에는 중풍손괘中風巽卦 5를 빗댄 두 건의 상소가 올라와 있다.[41/42]

---

39 [說證] 泰卦의 上이 1로 와 손☴이 되고 감☵으로 견고하니 길한 蠱卦가 된다. 또 中孚의 大离가 있고 진☳과 간☶이 있었다. 巽卦에서는 진☳과 간☶을 다 상실하였다가 蠱卦에서 다시 大离와 진☳과 간☶을 다 회복하니 '悔亡'이 되었다. 또한 '无初有終'은 蠱卦의 初에는 강이 없다가 마지막에 간☶으로 끝을 맺음으로 손☴의 괘덕을 얻었다. '先庚後庚'은 蠱卦 태☱에 庚이 있으니 손☴과 간☶을 얻음을 이른다. 즉 태☱ 3일 뒤에 ☴ ☷ ☲이 있고, 태☱ 3일 앞에 ☲ ☶ ☴이 옴을 말한다. 태☱의 즐거워하는 말씀 앞에 손☴이 있고, 그 말씀을 완성시키는 간☶이 蠱卦 안에 다 구비 되어 있기 때문인데, 이유인 즉 巽卦에서 거듭 명하여 일을 진행시키기 때문이다.

40 石之珩,『五位龜鑑』: "신이 삼가 살펴보았습니다. 손괘 5에서는 '先庚三日 後庚三日'이라 했는데, 이것은 무엇을 뜻하는 말이겠습니까? 손☴은 태가 뒤집어진 것인데, 태☱는 庚의 방위가 되므로, 아래 태☱는 先庚이 되고, 위의 태☱는 後庚이 됩니다. 경에서 삼일을 먼저 하는 것은 丁日이고, 庚에서 삼일을 뒤에 하는 것은 癸日입니다. 庚에는 변경한다는 뜻이 있고, 丁에는 간곡하다는 뜻이 있으며, 癸에는 헤아린다는 뜻이 있으니, 임금께서 여러 사안들을 고쳐야 할 때, 선후를 간곡하게 헤아려서 후회가 있는 지경에 이르지 않기를 바란 것입니다. 5효는 蠱卦의 「단전」과 서로 표리 관계가 됩니다. 甲은 十干의 처음이기 때문에, 蠱卦의 「단전」에서는 先甲과 後甲이라고 말하며, '마치면 시작이 있다[終則有始]'고 했습니다. 庚은 十干 중 중간을 넘어간 것이기 때문에, 5효에서는 先庚과 後庚을 말하며, '처음은 없고 끝 있다[无初有終]'고 했습니다. 일을 시작하는 단서와, 일을 고치는 권도는, 始와 終이라는 두 글자를 통해서 확인할 수 있습니다. [變易된 蠱卦의 母卦 泰卦에서] 건☰과 곤☷은 서쪽에 해당하며, 庚辛에 해당하기 때문에, 주공은 5효에서 先庚과 後庚의 가르침을 말한 것입니다. 손☴에는 본래 간이 없는데, 5가 변하면 손☴이 아래에 있고, 간이 위에 있는 蠱卦가 되기 때문에, 특별히 이 5효에서 말한 것입니다. 전하께 엎드려 바라옵건대, 두 괘의 뜻을 깊이 살펴서, 일을 시작하고, 일을 고칠 때 신중을 기하시옵소서."

41『성종실록』성종 23년(1492) 12월 3일 : "『주역』蠱卦에 '先甲三日後甲三日'이라 하였고, 巽卦에는 '先庚三日後庚三日'이라 하였으니, 성인이 政教를 제작할 적에, 그 선후를 잘 생각하여, 폐단을

상9는 마지막 높은 끝자리라 더 이상 낮출 곳이 없다. 2가 손순한 것은 초6을
이용하려는 것이고, 상9가 손순한 것은 4를 꾀려 함이다. 작금은 5의 군위에게
모든 것이 좌지우지 되는 상황이 아닌가. 상9가 위에서 아무리 도끼의 위력을
보이고 싶어 강탈을 부리지만 자금과 권력이 주어지지 않으면 그 위력을 잃고
만다[喪其資斧, Loss of both wealth and authority]. 그러니 아무리 바로잡고자 하여
도 흉하다[貞凶].

고로 어디서든 도가 지나치면 누구에게나 비열하게 보인다. 시절도 모르고
위치도 모르고 나이가 들어 풍파만 일으키면 재산과 권위마저 잃고 마니 세상사
모두가 정도인가 싶어도 흉한 일임에 틀림없다.

공자가 "평상 아래 누워 있음은 윗자리에서 말할 수 없이 궁색하기 때문이요
[象曰, 巽在牀下, 上窮也], 자금과 도끼를 잃었다는 것은 모든 것을 다 잃었기에
정말로 흉하다[喪其資斧, 正乎凶也]"라고 푸는 것을 보면 목숨과 자금줄과 권력선
이 다 끊어져서 패색이 완연해진 것을 알 수 있다. 그 까닭은 '호平'에서 이미
평상심[正]이 무너진 마음을 엿볼 수 있었다. '호平'는 '평平'이 무너진 모양이다.

손순해야 할 어른으로 체통을 생각지 않고 사사건건 간섭을 하다 병을 얻어
눕게 되니[巽在牀下] 목숨을 잃게 되었다[上窮也]. 또 제상 앞에 무릎을 꿇고 엎드

구제하고 행할 만한 道가 되면 명령을 발하여 시행하고, 그 변경하는 것을 잘 헤아려서, 뒤에
이롭고 오래 행할 만한 방법으로 삼았으니, 지극하다고 하겠습니다. 만약 한 사람의 말로써 오
늘 한 가지의 법을 세웠다가, 한 사람의 말로써 내일 한 가지의 법을 허물어뜨리면, 성인의
'先甲後甲·先庚後庚'의 뜻이 아닙니다. 이미 이루어진 법을 폐하여 조정의 政令이 번복되는 일
이 없어야 합니다."

42 『성종실록』 성종 14년(1483) 8월 22일 : "사헌부 대사헌 孫舜孝가 여진족들이 우리 땅으로 넘어
오는 것을 보고 상소하였다. 『주역』에서 '先甲三日後甲三日, 先庚三日後庚三日'이라 하였고, 또
'서리를 밟으면 단단한 얼음이 이를 것[履霜堅氷至]'이라 하였으니, 대개 삼가고 조심할 것을
말한 것입니다. 또 '대저 涓涓할 때 막지 않으면 장차 하늘에 맞닿을 정도의 큰 홍수가 될 것이
요, 星星할 때 박멸하지 않으면 장차 벌판을 태우는 무서운 불길이 될 것'이라 하였습니다. 이
것은 옛사람이 어려운 것은 쉬운 데에서부터 도모하고, 큰 것은 작은 데에서부터 하는 것을
귀하게 여긴 것입니다."

렸다고 하나, 진짜로 공손한 마음은 없고 뭔가 불만이 가득하여 삐딱하다[過剛]. 그러다 모든 재산과 권위를 빼앗기고 말았으니[喪其資斧] 얼마나 궁색한 모양인가[貞凶]. 남들이 목말라 찾아오면 마실 우물도 준비하지 못하였음에도, 오히려 뚜껑을 단단히 닫아 놓은 채 그것도 우물이라 하니, 어쩌란 말인가[正乎凶也]. 일찍이 겸손하고 손순하지 못한 업보다. 누구에게나 부드럽게 스며들게 할 성실한 자세가 유종의 미를 거둘 것인데, 상9는 그것을 확고하게 배우고 익힌 자가 되지 못하였기에 아쉽다.[43] 상9는 손괘가 정井괘로 가는 자리다.[44][45]

---

43 吳致箕,「周易經傳增解」: 상9는 巽卦 끝에 있고 강양으로 음의 자리에 있으니, 겸손함을 드러냄이 지나친 자라, 겸손이 평상 아래에 있다. 또한 겸손이 지나치고 호응이 없으니 資斧를 잃는 상이다. 旅卦의 資斧는 자신을 방비하는 것이고 호응이 있어 得其資斧라 했다. 반면 巽卦의 資斧는 호응이 없기에 喪其資斧이다. 높은 高亢의 자리에 있으면서 겸손함이 牀 아래에 있다면 겸손이 다분히 정치적이다. 이런 자는 이기주의자라 사안을 정당하게 결단하지 못한다. 이것이 흉한 이유다.

44 [說證] 井卦는 泰卦의 1이 5로 가기에, 泰의 왕비 곤☷이 감☵으로 병이 들어 평상 아래로 들어가 누워 있는 꼴이다. 구2의 '巽在牀下'는 소생할 기미가 있었지만, 상9는 그런 여유가 없어 보인다. 井卦가 되면 건☰의 손님이 밖으로 나가 건☰의 금은보화를 감☵으로 훔치니 '喪其資斧'가 된다. 旅卦 구4와 巽卦 상9가 변하여 수풍정괘로 가는 상이 동일하기에 '喪其資斧'라 하였다. 旅卦는 나그네가 '資斧'를 잃고 巽卦는 주인이 잃는 꼴이라 흉하다.

45 爭財는 재산을 놓고 싸움을 벌이고, 梟食은 올빼미가 성장하면 그 어미를 잡아먹음을 말한다. 손괘가 정괘가 되니[巽→井 : 卯→子, 兄→印], 爭財와 梟食煞을 두 손에 들고 있다.

외괘
澤(兌=說)

58. 중택태重澤兌

The joyous

내괘
澤(兌=說)

세상을 살아가는 동안 어떤 일이 나에게 가장 큰 기쁨을 줄 수 있을까. 돈일까, 아니면 여자
일까? 태괘는 입이 찢어지도록 기쁜 일이 생긴다는 이야기다.

> **兌 亨 利貞**
> 나에게 기쁨을 주는 태는 형통하니 바른 줄기를 잡으면 이롭다.

「설괘전」에서 '태兌'는 기운을 밖으로 뿜어내는 열說이라 하고, 「잡괘전」에서
도 기운이 열려 밖으로 나타남[見]이라 하였다. 다산도 "태☱를 건☰의 의복을
벗겨내는 탈脫이요, 벌레가 허물을 벗는 태蛻요, 위가 갈려 날카로운 예銳요,
가을의 날카로운 칼로 벼를 베어 거두니[利] 세稅요, 입으로 벼를 먹으니 화和요,
건☰의 가득 찬 것을 걸러서 맑게 하는 징분澂忿"이라 하였다.[1] 또한 태☱는 '소
녀, 아가씨, 첩, 무당, 구설, 훼절'의 의미를 가진다.[2] 태兌를 파자하면 대인[兄]이
법문을 열어[八] 천지의 도를 설파하여 만민에게 기쁨을 주는 상이 되니, 기쁨을
주는 태兌(Joyous)는 형통[亨]하지만 정도로 해야만 이로울 것이다[利貞].[3]

공자는 단왈에서 태는 소통疏通이 우선이라며 다음과 같이 설명하고 있다.
"태는 소통이 잘되어 기뻐함이다[兌說也]. 중심이 흔들리지 않고 부드러운 기운

---

1 정약용, 『주역사전』: "兌者脫也. 乾則爲衣 肉脫衣曰脫. 蟲脫殼曰蛻. 兌者銳也 兌之爲卦 下大上小
其象銳也 兌者稅也 西方之卦 於時爲秋 故兌則爲利 兌則爲和 以口而食和也. 乾之滿盈 兌之澄之
其象澤也[澤水靜而澄]."

2 「說卦傳」: "兌. 爲澤 爲少女 爲巫 爲口舌 爲毀折 爲附決, 其於地也, 爲剛鹵, 爲妾 爲羊."

3 정이천, 『이천역전』: "기뻐하는 도는 곧고 바름에서 이로우니, 도가 아닌데도 기뻐함을 구한다
면, 사특하고 아첨함이 되어, 후회와 허물이 있게 된다. 그러므로 '곧게 함이 이롭다[利貞]'고
경계하였다."

으로[剛中而柔外] 즐거운 마음을 끝까지 바르게 지니고 간다면 만사는 순탄할 것이다[說以利貞]. 임금 역시 천명에 부합되면 백성과 하나로 소통된다[是以順乎天而應乎人]. 임금이 기뻐하는 마음으로 백성을 인도하면[說以先民], 백성들은 그 노고를 잊고서도 좇아올 것이며[民忘其勞], 어떠한 위험과 곤란 앞에서도 백성들은 죽음을 무릅쓰고 순종할 것이다[民忘其死]. 따라서 임금이 소통하는 기쁨으로 솔선수범하게 되면 백성들은 분발하게 되어 있다[說以犯難]."⁴

위와 같이 공자의 정치적인 시각에 부합하는 내용을 성호星湖는 이렇게 부연하고 있다. "군자의 기쁨은 여러 사람들과 함께 즐거워하는 것보다 기쁜 것이 없고, 함께 즐거워하는 도는 반드시 먼저 자기에게서 얻고 뒤에 백성들에게 베풀 수 있어야 한다. 먼저 얻는 공은 강습에 있고, 강습하는 방법은 스승과 벗에게 있기 때문에, 「주역참동계발휘周易參同契發揮」를 쓴 유염俞琰은 '공자가 학문이 강습되지 못함을 걱정으로 삼아[學之不講, 是吾憂也], 배우고 때로 익힘을 기쁨으로 삼았으며[學而時習之, 不亦說乎], 친구가 먼 곳으로부터 오는 것을 즐거움으로 삼았다[有朋, 自遠方來, 不亦樂乎]'고 하였으니, 그 설명이 매우 잘 들어맞는다. 그러나 강습하는 까닭은 오로지 자기에게 있지 않고 천하 사람들에게 있기 때문에 여기에서는 '기뻐함이 크다[說之大民勸矣哉]'고 했다."⁵

실록에는 '기쁨으로써 백성을 부리면 백성이 그 수고로움을 잊는다[說以先民 民忘其勞]'는 내용의 상소가 실려 있다."⁶

4 [說證] 兌卦는 大壯卦 5가 3으로 오고 中孚卦 4가 상으로 가니 리☲의 형통과 감☵의 바름으로 태☱에서 이로움을 얻는다. 손☴은 천명이요 리☲는 인심을 뜻하니, '順乎天而應乎人'한다. '說以先民'은 大壯의 임금 건☰이 3에서 5로 가서 백성들 앞에 나섬이다. 백성은 감☵의 노고가 있더라도 리☲로써 마음을 비우니 '民忘其勞'다. '說以犯難' 또한 중부에서 간☶의 죽음이 앞에 보여도 리☲의 기쁜 마음으로 감을 말한다.

5 李瀷, 『易經疾書』: "君子之悅, 莫悅乎與衆同樂, 同樂之道, 必須先得於己, 後施於民, 先得之功, 存乎講習, 講習之方, 存乎師友, … 然其所以講習也, 不專己而在乎天下."

6 『성종실록』 성종 20년(1489) 6월 21일 : "『춘추전』에 '制命이 의로운 것이 아니면, 비록 천자의 명령이라도 따를 수 없다고 하였습니다. 더욱이 우리 祖宗께서는 절을 혁파하고 度僧을 금하고 줄여서, 聖子神孫이 바뀌지 아니하는 법을 만드셨습니다. 또 원각사의 창건은, 특별히 세조대왕의 일시 거행에서 나온 것이고 자손을 편안하게 하는 계책은 아닙니다. 그런데 전하께서는 오히려 숭상하고 꾸미기를 더하시니, 무지한 백성이 어찌 전하의 부득이한 뜻을 알겠습니까? 『주역』에 '기쁨으로써 백성을 부리면, 백성이 그 수고로움을 잊는다고 하였습니다. 지금 더운 철을 당하여 절집의 일에 사역하게 하니 어찌 원망이 없겠습니까?'"

한편 '희열喜悅'은 마음에서 우러나오는 기쁨이고, '락樂'은 밖에서 오는 기쁨이다. 만약 그 반대가 되면 훼절毀折이 되어, 억지 기쁨이 되며 마음이 무너지고 망가지게 되니[附決], 기쁨에도 정도가 선행되어야 할 것이다. 고로 "입入하면 자득自得하고, 자득하면 기쁜지라, 자득하고 기뻐하면 어찌 모두 형통하지 않겠는가? 기쁨에도 정도를 지켜야 이로움을 얻을 것"이라 한다.[7] 아산도 "큰 연못에 잡다한 것들이 흘러들어와 썩기도 하지만, 바다와 같은 정화작업도 하기에, 연못은 고래로 도학과 문장이 뛰어나고 덕화가 큰 사람처럼 만백성에게 기쁨을 골고루 나누어 주는 택급만민澤及萬民이다"라고 하였다. 택급만민은 도를 품은 채 아무 말을 하지 않은 채 그 은택을 만백성에게 미치게 한다.[8]

> 象日 麗澤 兌 君子以 朋友講習[9]
> 연못이 땅에 걸려 있는 것이 태의 상이다. 군자는 이를 보고 벗들과 같이 모여 서로 학문을 닦고 연마하며 기쁜 마음으로 향상의 길로 나간다.

두 개의 연못이 서로가 깊게 스며들며 서로에게 이익을 더하는지라, 군자는 그 상을 보고 훌륭한 벗을 사귀며[朋友, Joins with friends] 강습講習(Discussion and practice)으로 서로에게 이익을 나누어 갖는다. 그러기에 정자도 "선유先儒가 말하매 천하의 기쁜 것은 붕우강습만한 것이 없고, 붕우강습이야말로 천하의 그 어떤 기쁨에도 가히 대적할 만하다"[10] 했다. 지욱 또한 "연못이 서로 연결되어 있다면 고갈되지 아니하듯, 배움의 벗이 있으면 고루固陋하지 않을 것"[11]이라 하였다.

여기서도 공자는 보충설명을 해준다. "학문으로 벗을 사귀고[以文會友] 그 벗과는 사랑하는 방법을 도와가라[以友輔仁]." 또 "나보다 못한 사람에게도 묻고 배

---

7 지욱, 『주역선해』: "入則自得 自得則說 說安得不亨哉"

8 노자, '精誠': "성인은 높은 데 있으면서 도를 품은 채 아무런 말을 하지 않으나, 그 은택은 만백성에게 미친다. 그러므로 말하지 않는 가르침은 아득히 크도다[聖人在上, 懷道而不言, 澤及萬民, 故不言之敎, 芒乎大哉]!"

9 麗 짝지을 이, 고울 려.

10 정이, 『이천역전』: "天下可悅朋友講習, 朋友講習天下大悅."

11 지욱, 『주역선해』: "澤相麗則不枯竭, 學有朋則不固陋"

우기를 부끄러워하지 말라[不恥下問]" 하고, "스승에게 배우고도 강습하지 못하는 것[學而不講]은 부끄러운 일일 것"이라며, "배우고 익히는 시절을 놓치지 않는다면 얼마나 기쁘겠느냐[學而時習之不亦說乎]"고 한다. 군자가 "묻기를 좋아하면 넉넉해지고[好問則裕], 혼자서 애를 쓰면 쫀쫀해진다[自用則小]" 했던 것들은 모두 붕우강습을 소중히 여긴 대목들이다.[12]

위암韋庵은 '강습講習'을 상하로 나누어 이렇게 설한다. "'벗들과 강론함[友講]'은 하괘에서 취하였고, '벗들과 익힘[友習]'은 상괘에서 취하였다. 태☱의 성질은 사람을 기쁘게 할 수 있고, 호괘 리☲의 몸체에 붙어 있기 때문에 '이麗'를 썼다. 1·2 및 4·5는 굳센 양이 서로 가까이 있으니 '벗들[朋友]'의 상이고, 두 입이 서로 상대하니 '강론함[講]'이며, 상괘와 하괘가 모두 태☱이니 '익힘[習]'의 상이다. 태☱는 고여있는 물이 되고, 감☵은 흐르는 물이 되는데, 물이 흐르는 것은 양의 움직임이기 때문에 가르침을 익히는 일이고, 물이 흐르지 않고 고여 있는 것은 음의 고요함이기 때문에 강론하고 익힌다. 공자가 말하기를 '배우고 때때로 이것을 익히면 기쁘지 않겠는가. 벗이 먼 곳으로부터 찾아온다면 또한 즐겁지 않겠는가'라고 하였으니, 사람이 기뻐하고 즐거워하는 것 중에서, 벗들과 강습하는 것보다 큰 것이 없다."[13]

한편 '태☱'의 상은 음 하나가 두 개의 양 위에 있고, 미천한 여자가 존귀한 자 위에 올라앉아 기뻐하고 있다. 또 강한 역사力士 두 사람이 한 여자를 사이에 두고 서로 양보하지 않고 다투는 상 같기도 하다.

여기서 '이택麗澤'의 '이麗'는 '걸려 있다, 달라붙다(동파), 이어지다(왕필), 짝' 등으로 새기지만, '곱고 아름답다'는 수식어로 쓸 때는 '고구려高句麗' '한려수도閑麗水道'의 경우처럼 '려麗'로 읽기도 한다.[14] 무명자無名子의 "학문을 진술하게

---

12 [說證] 리☲의 글과 태☱의 말로 즐겁게 '麗' 반복하며 감☵으로 함께 젖어드니 '朋友講習'이 된다. 태☱의 음은 한 짝으로 '朋'이 되고 두 개의 양은 두 사람으로 '友'가 된다.

13 金相岳, 『山天易說』: "… 兌爲止水, 坎爲流水, 水之流者, 陽之動也, 故習其敎事, 水之止者, 陰之靜也, 故講而習之. 子曰學而時習之, 不亦說乎, 有朋自遠方來, 不亦樂乎, 蓋人之說樂, 莫大於朋友講習."

14 徐有臣, 『易義擬言』: "서로 붙어 있으니 하나의 澤이 아니며, '朋友'이니 한 사람이 아니며, '講習'을 하니 한 번이 아니다. 벗들을 기쁘게 할 수 있고, 강습도 기쁘할 수 있다. 붙어 있는 '이택麗澤'을 두 입이 상대하는 상이 절묘하다.

갈고 닦자”는 ‘이택麗澤’의 시가 좋다.[15]

참고로 태兌는 말로 하는 직업이 좋고, 학교, 학원, 변호사, 아나운서, 유세하는 연사, 말을 파는 사람이다. 죽장에 삿갓 쓰고 방랑삼천리하며 동가식서가숙東家食西家宿하는 김삿갓에게도 좋은 괘다. 그의 풍자시는 압권이다.[16] 참으로 도가 높은 자로 스승을 삼아 배운 것을 서로 강론하는 것은 벗이 아니면 할 수 없는 일이다.[17/18]

初九 和兌 吉
초9는 (세속에 휩쓸림 없이) 사람을 즐겁고 기쁘게 대하니 길하다.

공자는 초9를 “좋아서 안기는 마음으로 기꺼이 즐거워하니 그 행동이 전혀 미심쩍지 않기 때문이다[象曰, 和兌之吉, 行未疑也]”라고 주석하였다. 이는 군자가 행동함에 있어 세속에 동화되어 혼탁한 일에 휘말리는 등의 의심받을 일을 한 것이 없기 때문이다. 왕필도 “태의 첫 자리에서 응함이 하나에 있지 아니하고,

---

15 尹愭, ‘麗澤’ : “두 젊은이 나란히 눈 밝으며 찾아오니, 산창을 비로소 그대들 위해 여네. 흉금 열고 담론할 제 고담준론 자세하고, 학문을 강론할 제 기쁜 기색 감도누나. 향기로운 매화가 다순 집에 어울리고, 흔들리는 댓잎 소리에 술 마시기 좋아라. 우리 함께 학문을 진솔하게 갈고 닦아[盍簪麗澤成眞率], 좋은 모임 속인들의 시기 받지 않게 하세.”

16 김삿갓의 ‘諷刺詩’ : “自知면 晚知고 補知면 무知라[혼자 알려 하면 늦게 알고 남의 도움을 받아 알려고 하면 일찍 알게 된다.” “書堂乃早知 房中開尊物 生徒諸未十 先生來不謁[서당에 일찍 왔으나, 방안에는 존귀한 물건들만 있고, 배우는 자는 열 명도 안 되면서, 선생이 와도 인사마저 없더라.”

17 李萬敷, 「易統易大象便覽」 : “일의 형세로 말하면, 어찌 미천한 필부로, 감히 萬乘 나라의 군주에게 벗이 될 수 있겠습니까? 하지만 옛 賢君들은 자신을 보필하는 충성스러운 신하와 서로 만나 벗으로 사귐이 있었고, 벗으로 사귀었을 뿐만이 아니라 또한 스승으로 섬김이 있었던 것은 어째서입니까? 참으로 도가 높은 자로 스승을 삼아 배운 것을 서로 강론하는 것은 벗이 아님이 없기 때문입니다. 대체로 임금과 신하 사이에는 명분이 엄격하게 나뉘어져 있고 禮數가 번다하니, 진실로 얼굴 표정과 말을 부드럽게 하여, 어렵고 의심나는 부분을 묻고 답하며 책망과 가르침을 받아, 벗들이 하는 것과 같이 하지 않는다면, 아래에서는 다하지 못하였다는 한을 품는 일이 있을 것이고, 위에서는 선을 모으고 아울러 들어주는 아름다움이 있지 않을 것이니, 이 때문에 신은 감히 兌卦의 한 상으로, 侍講의 뜻에 해당시킵니다.”

18 李震相, 『易學管窺』 : “양은 양으로 벗을 삼으니, 2와 5가 벗[朋]이 되고, 1과 4가 벗[友]이 된다. 상과 3은 모두 음으로, 위에서 입을 여니 강습하는 상이다. 덕을 함께하여 서로 기뻐함에는 벗들만한 자들이 없고, 뜻을 함께하여 서로 도와줌에는 강습만한 것이 없다.”

어느 붕당에조차 매이는 곳이 없으니 화태和兌(Contented joyousness)이고, 또 아첨하려는 것도 아니어서 의심을 당하지 않기에 길吉하다"라 하였다. 성호星湖도 초9의 "조화[和]는 기쁨과 노여움이 절도에 맞는 조화"라며 "조화하여 기뻐한다는 것은 건괘乾卦 초9「문언전」의 말과 서로 비슷한 것"으로 보고 "초9가 바름을 얻고 맨 아래에 있어서, 아직 윗자리를 기뻐하여 사모하지 않고, 나아가고 물러남에 저절로 넉넉하니, 이른바 '즐거우면 행하고, 근심스러우면 떠난다'는 것이니, 가는 곳마다 화합하여 기쁘지 않음이 없다"고 한다.[19]

위암韋庵은 "화합이란 태〓의 덕으로, 흐르지 않고 고인 물을 상징하기에, 초효는 그 바름을 얻고 사사로운 데로 휩쓸리지 않아서 화합하여 기뻐하는 상이 있다"며 이는 바로 "안영晏嬰이 화합하여 기뻐하는 것은, 기뻐하지 않은 것으로 기쁨을 삼는다" 하였다.[20] 유명한 안영의 '화갱和羹'은 천하 국맛 중 엄지[和兌]이다.[21]

한편 2는 3과 4는 3과, 그리고 5는 상6과 짝을 지어 이성을 서로 가까이 하고 있기에 붕우는 되어도 강습은 어려울 것 같다. 그렇지만 초9는 4와도 응이 되지 못하고 3과도 멀어서 특정한 곳을 두지 않고 붕우강습에 매진할 수 있는 절호의 위치다. 그러므로 초9가 한 곳에 정을 주지 않으니, 그 누구든 좋아하는 마음에

---

19 李漢, 『易經疾書』: "和卽喜怒中節之和也. 乾卦初九, 得正居最下, 未有悅慕乎上, 進退自裕, 所謂樂則行之, 憂則違之, 卽無往而非和兌也."

20 金相岳, 『山天易說』: "和者, 和而不流之和也. 和者, 兌之德. 兌爲止水, 而初得其正, 不流於私, 和兌之象. 晏子曰, 和兌, 以不說爲說, 是也."

21 『안자춘추』, '和羹': 제나라 임금 경공이 사냥을 갔다가 돌아오자, 안자가 그를 모시고 있었다. 그때 신하 양구거가 달려와 환대하자, 임금이 이렇게 말했다. "오직 梁丘據만이 나와 조화할 줄 아는구나." 이 말을 들은 안자가 이렇게 대답했다. "저 양구거는 임금에게 알랑방귀 끼는 附和雷同이지, 어찌 폐하를 알아주는 조화이겠습니까?" 임금이 물었다. "和와 同이 그렇게 많이 다른가?" 안자는 "예, 마이 다릅니다" 하며 아래 같이 긴 답변을 했다. "和는 국을 끓이는 것 같이 정성을 많이 들여야 합니다. 요리사가 어육을 삶을 적에 식초, 젓갈, 소금, 매실을 넣고 간을 보지요 혹여나 간이 모자라면 더하고, 지나치면 덜어내기도 하고요 그렇게 해야만 국을 먹는 사람이 마음에 만족해 합니다. 임금과 신하도 역시 그렇습니다. 임금이 옳다고 하는데도 옳지 못한 것이 있으면, 신하가 그 옳지 못한 것을 말해 옳게 이루어 나가야 하고, 임금이 옳지 않다고 하는 것일지라도 옳은 것이 있으면, 신하가 그 옳은 것을 말해 그른 것을 버리게 해야 합니다. 『시경』에도 일렀습니다. 국 맛을 제대로 내려면, 세프가 지킬 것을 제대로 잘 지켜, 누구의 입에든 다 공평하게 맞도록 해야 한다고 말입니다. 지금 저 양구거는 그렇지 못합니다. 임금이 옳다고 하면 그도 옳다 하고, 임금이 그르다 하면 그 역시 그르다 합니다. 이는 물에 물 탄 듯 술에 술 탄 듯하니[以水濟水 以酒濟酒], 누가 이런 국을 먹겠습니까? 폐하 생각해 보십시오 만약 거문고와 비파 소리가 똑 같이 한 음으로만 반복하여 낸다면, 누가 그 소리를 듣고 있겠습니까. 附和雷同으로 맞장구치면 옳지 못한 병폐가 이와 같습니다."

사심이 없고 의심조차 없어서 길할 수밖에 없는 자다. 또한 꾀를 부리면 타인과 친할 수 없고, 무리 속에 섞여도 오래 갈 수 없다. 그렇지만 초9는 아직 어리고 몽매한지라 꾀를 부리고 잔머리를 굴리는 검은 속셈은 전혀 갖고 있지 않다.[22] 처하는 곳곳마다 기쁨 마음 그 자체로 가니 사귈 때마다 화목이요, 좋아하는 이가 없어도 편중되지 않으니 편애도 일체 없다.[23]

고로 초9는 동몽童蒙으로 세속적인 물욕과도 멀고 이성(3과 6)과도 떨어져 있으니 화합을 하되 나쁜 곳으로는 빠지지 않기에 의심을 전혀 받지 않는다. 화해의 시절에 화합이 먼저 전제가 되어야 한다면, 초9처럼 빠른 화합과 즐거운 마음으로 기쁨을 얻는 자가 최고이다. 이것저것 따지고 잔머리를 굴리면 화해는 이미 강을 건너간다. "천지의 조화보다 오래가는 것이 없음을 배워야 한다."[24] 초9가 택수곤괘澤水困卦로 간다.[25]

청풍명월淸風明月은 임자가 따로 없다. 그것을 먼저 눈 안에 넣고 가슴속에 넣는 그 자가 바로 주인이다.[26] 저 임자 없는 청풍명월을 보고 스스로 주인이라며 읊은 노래가 많다.

"십 년을 경영하여 초려 한 간 지어내니, 반 칸은 청풍淸風이요 반 칸은 명월明月이라. 강산은 들일 데 없으니 둘러놓고 보리라."[27]

"말없는 청산이요 쉼 없는 유수로다. 값없는 청풍이요, 임자 없는 명월이라.

---

22 '旁行而不流'하고 '和而不流'하는 정신을 말한다.

23 정이, 『이천역전』 : "居下則能巽 處悅則 能和 无應則不偏 處悅如是 所以吉也."

24 張載는 『易說』에서 "조화로우면 크게 될 수 있고, 즐거우면 오래 간다[和則可大 樂則可久]. 하늘과 땅의 속성은 바로 오래 가고 크게 될 뿐이다[天地之性 久大而已]"라며, 하늘과 땅의 이치에서 조화로움을 찾았다.

25 [說證] "困卦는 비색하던 否卦 上이 2로 간 것으로, 上卦에서 태☱의 조화로 '和兌'를 이룬다. 그러나 군자가 감☵의 흐름을 바르게 하지 않고 '의심'이 생기게 한다면 '和兌吉'이 되겠는가?" 참고로, 기쁨이 사라질 수도 있으니 마음을 활짝 열고 먼저 친하게 다가가라. 만사 속전속결이 좋다[兌→困 : 巳→寅, 官→財]. 주식이라면 돌아보지 말고 팔아치우는 화해가 필요하다. 못에 물이 마를 때다.

26 소식, '적벽부' : "淸風明月 取之無禁 用之不竭 耳得爲聲 目寓成色 吾與子之所共樂."

27 송순(宋純, 1493~1583)은 "온 세상의 선비가 모두 송순의 문하로 모여들었다"거나(成守琛) "하늘이 낸 完人"이라고(李滉) 표현될 정도로 당대의 대표적인 인사들과 친교가 좋았다. 문하로 김인후·기대승·고경명·정철·임제 등이 있다. 그는 음률에 밝아 가야금을 잘 탔고, 풍류를 아는 호기로운 재상으로 알려졌다. 담양에 면앙정을 짓고 면앙정가단俛仰亭歌壇을 만든다.

이 중에 병 없는 이 몸 분별없이 늙으리라"[28]

> 九二 孚兌 吉 悔亡
> 구2는 (주군에게) 믿음을 가지고 소신 있게 나가니 기쁘고 길하여 후회가 없다.

붕우강습朋友講習해야 할 시절에 기뻐하며 친해야 할 사람이 5인데, 그와 친하지 못하고 바로 위에 있는 3의 이성과 가까이 지내고 있다. 2의 속내는 유순하다. 겉은 강으로 소인에게 유혹을 당하지 않을 것처럼 중심을 잡고 있지만, 일단 굳은 마음[孚兌, Sincere joyousness]을 놓지 않아야 길吉하다. 혹 믿음을 갖는 그 정성스러운 마음을 놓치고 3과 부정한 거래로 나간다면 후회를 할 것이니, 주군에게 믿음과 기쁨을 주는 행동(정성)이 있어야 후회가 사라진다[悔亡]. 공자는 "주군에게 믿음과 기쁨을 주는 행동은 그의 의지가 신뢰를 주기 때문[象曰, 孚兌之吉, 信志也]"이라고 힘을 준다.

붕우강습의 시절에 이성에 빠지면 반드시 후회가 있다. 그렇지만 "강한 의지로 지조를 지켜서 나간다면 비록 소인과 친하여도 실수가 없고, 흐트러지지 않아 후회가 없는 군자가 될 것이다."[29] 또 2는 강한 심지로 정성을 놓지 않는 자이기에, "스스로 그 뜻을 믿을 뿐만 아니라 또한 천하를 믿게 하고",[30] 신뢰가 있어 기쁘게 할 자이다.[31]

상으로 보면 태괘兌卦는 손괘巽卦와 거꾸로 된 도전괘다. 巽卦는 아래로 파고들고 兌卦 위로 통하는 상이다. 그러기에 손☴과 태☱는 위아래가 서로 호응하는 뜻이 없기에 "믿음으로 기쁨을 주라"는 소리가 나왔다.[32] 아니나 다를까, "『논

---

28 성혼(成渾, 1535~1598)은 海東十八賢의 한 사람으로, 같은 고을 李珥와 사귀면서 평생지기가 되었다. 李滉의 학설을 이어받아 '理氣互發設'을 지지하여 이이와 宣祖 5년(1572)부터 6년간에 걸쳐 '四端七情에 대한 논쟁을 벌여 유학계의 큰 화제가 되었다. 이이의 권유에 의해 이조참판에 특배되고, 임진왜란 중에는 우참판에 오르고, 선조 27년 좌참판에 이르렀다. 그러나 당시 영의정 柳成龍과 함께 일본과의 화의를 주장하다 선조의 노여움을 사게 되어 고향 파주 牛溪로 돌아갔다.

29 정이, 『이천역전』: "信孚 自守不失 和而不同."

30 지욱, 『주역선해』: "自信其志, 亦足以取信于天下矣"

31 소식, 『동파역전』: "和而不同謂之和兌 信於其類流謂之孚兌."

어』에서 여자와 소인은 기르기 어려우니, 가까이 하면 불손하고 멀리 하면 원망한다" 하고 "믿음으로 기쁨을 주며 같이 하면 거의 후회가 없을 것"이란다."[33] 구2는 택뢰수괘澤雷隨卦로 가는 괘다.[34][35][36]

고로 붕우朋友를 할 때나 강습講習을 할 때나 내가 먼저 남에게 신뢰가 있는 사람이 되어야 좋은 스승과 벗을 사귀게 되니, 먼저 자신을 믿게 하는 일 그것이 바로 군자로 가는 길이다. 순자의 "믿을 것을 믿는 것이 믿음이고[信信信也], 의심할 것을 의심하는 것도 믿음이다[疑疑亦信]"라는 말이 좋다.[37]

六三 來兌 凶
육3은 기쁨을 억지로 찾아오게 하면[와서 기쁘면] 흉하다.

엉큼하고 부중부정한 자로서 기쁨을 기쁨으로 받아들이지 않는다. 공자가 "기쁨을 억지로 찾아오게 하여 흉하다고 함은 그 자리가 마땅하지 못하여 그렇다[象日, 來兌之凶, 位不當也]"고 단정했다. 여기 나오는 공자의 '자리가 마땅하지 못하여 그렇다'는 "위부당야位不當也"는 마치 "깨알보다 더 적은 겨자씨 속에 이

---

32 李漢, 『易經疾書』: "兌與巽反對, 巽之入, 究乎下, 兌之說, 通乎上. 然無上下相應之義. 孚兌者, 信乎說也."

33 柳正源, 『易解參攷』: "女子與小人難養也, 近之則不遜, 遠之則怨. 如九二之孚兌, 庶无悔矣."

34 정약용, 『주역사전』: 隨卦도 否卦 上이 1로 오는 괘라, 隨의 2와 5는 정응으로 '孚兌吉'이 되고, 隨卦 大坎의 뜻을 大离로 믿으니 '信志'가 된다.

35 64괘 중 '信'이 나오는 곳은 건괘 구2·구3, 대유괘 육5, 대과괘 단사, 쾌괘 구4, 곤괘 괘사, 혁괘 단사구4, 정괘 구4, 풍괘 육2, 태괘 구2, 중부괘 단사 등 12곳이다.

36 참고로 좋은 친구와 사귀는 것도 좋지만 가까운 소인배가 도사리고 있으니 그 유혹을 조심하라. 또 말을 너무 강하게 하는 버릇도 고쳐야 한다. '孚兌'와 '吉'이란 두 글자에 모두 믿음과 신뢰가 가는 입口을 경고하고 있다. 평생을 부드러워야 할 아내의 강한 말투와 자세가 지적되는 자리이기도 하다.

37 荀子, '非十二子篇': "믿을 것을 믿는 것이 믿음이고[信信信也], 의심할 것을 의심하는 것도 믿음이다[疑疑亦信也]. 어진이를 귀하게 여기는 것이 어짊이고, 못난 자를 천하게 보는 것도 어짊이다. 말하여 바로잡는 것도 앎이고, 침묵하여 바로잡는 것도 앎이다. 이 때문에 침묵을 안다 함은 말할 줄 아는 것과 같다. 알면서 모른 체하고, 나쁜데 고상한 듯 굴며, 속임수를 쓰면서 교묘하고, 쓸모없는 말로 번드르르하며, 도움이 안 되는 주장을 펴면서 꼼꼼한 것은, 다스림의 큰 재앙이다. 편벽되게 행동하면서 고집을 부리고, 그른 것을 꾸며서 그럴듯하게 보이며, 간악한 자를 아껴서 은혜를 베풀고, 반지르르한 말로 이치를 거스르는 것은, 옛날에 크게 금한 것이다."

우주의 삼라만상이 다 들어 있다[一微塵中含十方]"는 소리와 같다. 정자도 기쁨을 억지로 찾아오게 하는 '래태來兌(Coming joyousness)'를 "의지를 왜곡歪曲하고 비도 非道로써 자신과 상대를 깨뜨리려고 하는 비신사적인 행위"로 보았다. 그리고 강습講習을 받은 사부師父(상6)와는 등을 돌리고, 당장 눈앞의 이익(2와 4)을 쫓아가는 사람인지라 흉할 수밖에 없다. 흔한 말로 2·4와 꽃놀이패를 두며 잇속만을 밝히고 놀아나는 얄미운 속물이다.

선천 마지막 가는 자리에서 굳은 맹세로 건건석척乾乾夕惕 하며, 절차탁마를 아끼지 않아도 후천을 순조롭게 맞이할까 두려운데, 넘치는 유혹[兌, ☱]으로 사방의 군자를 꾀어 오니, 어찌 옳은 붕우朋友를 맞이하며, 부모와 같은 사부를 맞이하여 강습講習을 받을 수 있겠는가? 앞날이 불을 보듯 뻔하다.

"사특하고 아첨하여 기쁘게 하며, 도를 굽혀 다른 사람을 쫓음은 소인의 실상이다. 4와 5에게 나아가지만, 4와 5가 이미 받아주지 않아, 초와 2에게 와서 구하니, 그들이 어찌 받아들이겠는가? 이미 저들에게서 실패하였는데도, 이들에게 다시 구한다니, 이치가 있음을 헤아리지 않고 기쁨으로써 도를 삼으니 흉함을 알 수 있다."[38]

사람마다 기뻐하는 일을 하는 자는 소인이다. 군자라고 누구나 기쁘게 할 수 없음은 당연한 이치이다. 4, 2와는 비比의 관계에 있다. 2는 서로 교류하기 때문에 와서 기뻐하는 상이 있지만, 바르지 못한 음으로 두 양에게 오고가거나 나아가 기쁨을 구하면 흉한 도이다. 이런 경우는 친하기를 구하면 도리어 소원해진다.[39] 태괘가 쾌괘夬卦로 가는 자리다.[40]

38 柳正源, 『易解參攷』 : "邪媚詔說, 枉道從人, 小人之情狀也. 往就於四五, 而四五旣不受, 來求於初二, 而初二豈容之乎. 旣失於彼, 又求於此, 不度理之所在, 而以說爲道, 凶可知矣."

39 金相岳, 『山天易說』 : "每人而說者, 必小人也. 君子處世, 不免有不說者, 理勢當然, 以不正之陰來就二陽, 以求說, 凶之道也. 故求親而反疏也."

40 [說證] 內卦의 주효다. 大壯의 5가 3으로 온 卦로 음이 두 양을 올라타고 있으니 '位不當'하고, 大壯이 되면서 태☱의 기쁨이 사라지니 또 흉한 것이다. 참고로 자존심도 없고 정체성도 없는 사람이요, 천박한 장사꾼이요, 위선을 일삼는 정치인이다. 이익이 생기면 찰싹 달라붙고 불리하면 멀리 떨어져나가는 전형적인 소인배다. '만사불여튼튼'이라고 조심하고 또 조심할 일이다. 3이 변하면 쾌라[兌→夬 : 文→文, 丑→辰]라 공부보다 유혹이 더 크니 지독한 마음으로 이를 뚫고 나가야 성공이 보일까 말까 하다. 자칫 험한 구설수[☵]에 올라 흉을 볼 수도 있다.

> 九四 商兌 未寧 介疾有喜[41]
>
> 구4는 기쁜 일인지를 헤아려 보니 아직 편치 아니하다. 병통을 제거하면 기쁨이 있을 것이다.

기쁜 일인지 슬픈 일인지 그 무게를 저울질해보니[商兌, Joyousness weigh] 아직 마음이 이러지도 저러지도 못하여 편치 않다[未寧]. 이럴 때는 그 미심쩍은 부분을 제거하기[介疾, Ridding mistakes] 위해 하늘에 기도를 드리면 기쁨이 찾아올 것이다[有喜]. 4의 기쁨은 바로 나라의 경사가 될 것[象曰, 九四之喜, 有慶也]이라 볼 때, 그 병통을 이김이 구4 개인으로써는 기쁜 일이지만 거시적으로 볼 때는 경사가 된다.

여기서 송시열은 '헤아려 보는 상商'을 '헤아려 우물쭈물하느라 결단하지 못하는 상황'으로 보았다. 태괘가 마땅히 결단할 듯 보이지만 결단하지 못하는 것은 부정부중한 자리라 망설이는 까닭이다. 또 「설괘」에서는 태≡를 무巫로 보기에, 홍여하洪汝河가 태괘에서 "귀신과 교류하는 뜻이 있고, 병이 들었을 때는 기도를 하면 나을 수 있다"는 소리를 하는 것이다. 또 이익은 "상태商兌의 이유를 친비도 아니고 정응도 아닌, 비비비응非比非應의 관계"라 보고 "병을 낫게 한 개질유희介疾有喜를, 뉘우치고 인색함을 근심함은 스페셜한 분별[介]이 있었기 때문이라[憂悔吝者, 存乎介]"고 자신있게 밝힌다. 김상악 역시 구4는 양으로 음의 자리에 있고, 5의 주군을 받들고, 3과 친비親比의 관계에 있다고 보면서도, 호괘 손≡과 감≡ 때문에 기뻐하는 바를 헤아리느라, 스스로 편안해질 수 없는 상이라고 설한다. 그렇지만 오로지 5와 서로 부합하여 기쁨이 있게 됨은, "뉘우치고 인색함을 근심함에 확고한 경계가 있었기 때문이다[憂悔吝者存乎介]"라고 힘주어 밝힌다.

역에서는 '예豫'는 즐거움이고 '태兌'는 기쁨이니 그 뜻이 서로 가깝다. 그러나 예괘豫卦 육2는 유순중정으로 여러 즐거움 가운데서도 굳게 스스로를 지킬 수 있음이, "그 굳기가 돌과 같기 때문에 날이 저물도록 기다리지 않고도 기미를 볼 수가 있었던 것이다[介于石不終日貞吉]."

---

41 商 헤아릴 상, 장사 상. 介 제거할 개, 낄 개.

강엄은 이런 구4를 유하혜의 처신에서 찾아볼 수 있다고 밝힌다. 성인이 예괘 豫卦와 태괘兌卦 두 괘에서 반드시 '절개[介]'를 말한 것은 즐거워함[豫]과 기뻐함 [說]이 찾아들면 사람들이 쉽게 바름을 잃기 쉽기 때문에 특별히 경계시킨 까닭 일 것이다. 유하혜柳下惠는 화합하면서도[聖之和者也] 절개를 지킬 수 있었기[不以 三公易其介] 때문에 맹자에게서 칭찬을 받았던 것이 아닐까.[42] 태괘 구4의 모델은 유하혜의 경우이다.

다산은 명나라 장황章潢(1527~1608)처럼 태괘가 수택절괘水澤節卦로 가는 것 을 보고 '상商'을 가을과 겨울이 교차하는 가운데 나는 소리라 했다.[43/44] 한편 왕 필은 '상商'을 '헤아려 재단함'으로 새기며, 4를 장차 임금의 측근에서 사악을 재 단하며 안을 바로잡고 밖을 제재할 위인이라 하였다. 그렇지만 편치 않은 일들 이 연달아 일어나자 지존의 측근에서 삿됨과 병통을 막는[閑邪介疾] 강한 의지를 보여 기쁨을 얻기도 한다.

4는 임금의 측근으로 가정(초9)도 돌보지 않고, 오직 나라와 주군의 안위만을 염려하는 강한 신하이다. 그렇지만 아래에 있는 3의 달콤한 유혹(뇌물)을 물리치 기가 쉽지 않은 자리에 있기에 더욱이 그 병통을 도려냄이[介疾] 어렵다. 여기서 붕우朋友는 3과의 문제이고 강습講習은 지존至尊과의 정립에 있다. 강강強한 자는 유유柔한 자에게 무너지는 법이다. 기쁨과 경사는 나의 지조와 절개에 있음을 상 기시키는 장면이다. 희喜는 개인의 기쁨이요, 경경慶은 나라의 경사이다. 그러기에 4의 삿됨을 막는 기쁨이 곧 나라의 큰 경사가 된다. '개질介疾'하지 못한 우리 대통령들은 하나 같이 감방 신세를 졌다.[45]

---

42 宋時烈, 『易說』: "商量不決也. 兌爲決, 則似當決而不決者, 商量故也."
　　洪汝河, 「問易」: "兌有交鬼神之義, 介疾有喜."
　　李漢: "憂悔吝者 存乎介."
　　孟子: "伯夷, 聖之淸者也, 伊尹, 聖之任者也, 柳下惠, 聖之和者也, 孔子, 聖之時者也. 孟子曰, 柳 下惠, 不以三公易其介."

43 정약용, 『주역사전』: "節卦는 泰卦 3이 5로 간 것으로, 泰卦 때는 만물이 편안했는데, 節卦가 되면 태☱의 가을과 감☵의 겨울이 인접하여 애절하고 쇠락한 商音을 내니 '商兌未寧'이다. 건☰ 과 태☱는 만물을 멍들게 하는 금속성이다. '介疾은 무당이 기도를 하여 리☲로 병을 낫게 하는 푸닥거리이다. 章潢의 『周易象義』에 태☱를 秋商이라 하였다."

44 장황(章潢, 1527~1608) : 字는 本淸, 文德先生. 그는 일생 예에 어긋나는 언행도 아니하고, 예에 어긋나는 友人도 없었으며, 예에 어긋나는 서적은 읽지도 않았다고 전해진다. 「周易象義」, 「詩 經原體」, 「書經原始」, 「春秋窃義」, 「禮記箚言」, 「論語約言」, 『百戰奇法』 등을 저술하였다.

먼저 수현壽峴의 읍소가 이랬다. "신이 삼가 살펴보았습니다. 태괘 5에서 상6에 대한 믿음을 '깎아내리려 해도 믿는다[孚于剝]'고 여긴 것은 어째서이겠습니까? 태☱가 기쁨의 몸체라, 경계함이 망령되게 기뻐하는 데 있습니다. 이는 상6이 양을 사그라지게 하는 소인이기 때문입니다. 소인의 실정과 상태는 매우 변별하기 어렵습니다. 악을 숨기고 선을 드러내며, 그른 것을 따르면서도 윤택한 모습을 보이는 데 있습니다. 그런데도 군자가 소인이 아첨하면서 기쁘게 하는 것을 믿는다면, 위태로운 도가 되지 않겠습니까. 여기서 상6을 말하지 않았더라도, 곧바로 '깎아내린다[剝]' 하니, 깊이 경계시키기 위함입니다. 아! 요순堯舜의 덕이 융성하였던 때에도, 또한 '네 흉한 씨족[四凶]'이 있었으니, 군자의 잘못은 항상 지나치게 믿는 데 있습니다. 요컨대 세상이 다스려지고 군주가 밝다고 하여 음의 도가 은연중에 사람을 경계하지 않을 수 없습니다. 하물며 음 중 양과 유사함을 가지고 있는 저 음에 있어서이겠습니까? 처음에는 마치 양과 흐름을 함께하는 듯 하다가도, 끝내 반드시 서로 용이 되는 것을 사그라지게 하여, 건☰과 다투는 자가 또한 있으니, 이는 통찰하지 않을 수 없습니다. 전하께 엎드려 바라옵건대, 음 가운데의 음만 살피지 마시고, 반드시 양 가운데 (변장된) 음도 살피소서."[46]

상6은 부중하고 음유한 자다. 붕우朋友(3)하려는 자도 없고, 평생에 배운 강습講習을 나라와 전체를 위하여 쓰지도 않고, 사리사욕을 위해 착복하는 음흉한 자인데도, 임금 최측근에서 아주 듣기 좋은 소리만 해대는 간신배와 기쁨조와 같다. 이를 모르고 자신을 깎아 내리려는 자에게도 마음을 주는 것은 임금의 자리가 본시 그럴까?[孚于剝位正當歟]. 임금은 항시 아첨(타인)과 유혹(자신)에 방치되어 있다. 태괘兌卦를 보면, 5가 강건중정한 임금일지라도, 위의 노회老獪한 상6

---

45 참고로 4를 얻으면 사업가나 정치가는 여자와 재물의 유혹을 이겨야 그 사업과 정치가 나라를 위하여 성공을 바치게 된다. 개인의 안락을 위하여 재물과 정치가 존재하는 것이 아니란 것을 명심해야 한다. 재물과 권력의 등식을 잘못 배운 어리석은 자들 때문에, 항상 反面教師가 등장한다. 돈을 만지고 권력을 쥔 자들은 반드시 기억하여야 할 대목이다.

46 石之珩, 『五位龜鑑』: "… 君子之失, 常在過信. … 伏願殿下, 勿察陰中之陰, 而必察陽中之陰焉."

이 호시탐탐 사심으로 노리고 있기에, 위험천만에 놓인 자리임을 알 수 있다[孚于剝有厲]. 높고 바른 자리에서 강직한 신하(2·4)를 믿지 아니하고 음흉한 상효만 믿기에 벌어질 수 있는 상황이다.

이는 곧 "유혹하고 깎아내리려는 놈만 믿으니 소인의 도가 더 커져가는 꼴"[47]이라, 왕필이 박괘剝卦에 비유해 설명했다. 박剝은 소인의 극성으로 군자의 씨를 박멸하고자 하는 데 있지 않던가. 정자의 "사흉四凶이 요임금의 조정에 있을 때는 악을 숨기고 명령에 순종하던 독소였다. 그래도 성인이 끝내 그 악을 모르지는 않았으나, 그 죄를 두려워하여 억지로 인을 취하고 포용했던 것이다"[48]라는 소리를 들으면, 성군의 믿음이 어디까지인 줄 짐작할 수 있다. 정조대왕은 이 '부우박孚于剝'으로 경계하는 '언잠言箴'을 삼기도 했다.[49] 다산은 여기서 '박剝'은 열매 껍질을 벗김, '부孚'는 성실로 보고, 가을의 태괘兌卦가 귀매괘歸妹卦로 가니, 과일을 깎아 제물로 올리려고 하지만, 위험이 따른다고 보았다.[50]

한편 전국시대 제나라의 추기鄒忌가 "궁중의 여인들과 측근들은, 모두 왕을 사사로이 편애하고 있고, 조정의 신하들은 모두 왕을 두려워하고 있고, 온 나라 백성들은 왕에게 바라는 것만 있으니, 대왕의 눈은 몹시 가려져 있다"고 한 이야기도, 그 '부우박孚于剝'의 좋은 예다.[51] 이 모두는 지존 군주가 아첨과 유혹에 노출되어 붕우朋友와 강습講習이 쉽지 않음을 경고하고 있다. 도로아미타불이 될

---

47 왕필, 『주역주』: "孚于剝之義也, 剝之爲義, 小人道之謂."

48 정이, 『이천역전』에서 "四凶은 요순시대 악명 높은 네 부족 수령으로 『서경』「요전」에는 공공(共公), 환두(驩兜), 곤(鯀), 삼묘(三苗)의 군주라 하였고, 『춘추좌씨전』「문공 18년」조에는 혼돈(渾敦), 궁기(窮奇), 도올(檮杌), 도철(饕餮)을 유배했다'고 적고 있다.

49 정조대왕, '言箴': "말이여 말이여[言兮言兮], 마음에서 말이 나와[因心而言], 전쟁을 일으키고 우호를 내나니[興戎出好], 어찌 말을 삼가지 않으리요[胡不愼言]. 당연히 말할 때에 말을 하면[當言而言], 말에 무슨 해로움이 있으랴[何害斯言]. 세상이 문명하던 시대에는[時之文明], 이 선한 말에 절을 했는데[拜斯昌言], 세상이 쇠란해진 시대에는[世之衰亂], 이 추악한 말을 좋아하도다[好斯莠言]. 虞帝가 훈계를 내린 데에는[虞帝垂訓], 두려워한 것이 교묘한 말이었고[畏者巧言], 진실로 추악한 말을 미워하고[苟疾莠言], 선한 말을 좋아한다면[而好昌言], 날로 아름다운 말을 올리리라[日進嘉言]."

50 정약용, 『주역사전』: "歸妹괘도 泰괘에서 온다. 泰일 때는 건☰의 열매가 둥글고 일그러진 데가 없더니, 歸妹가 되면서 리☲의 칼로 외부의 강을 깎아서, 태☱의 음식을 만드니 껍질을 벗겨, 歸妹 리☲의 신에게 바친다. '有厲'는 3의 음이 양을 탐이다."

51 孫映達·楊亦鳴(박삼수 역), 『戰國策』, 862쪽 참조

뻔한 선방 노승의 이야기도 전한다.[52]

소인의 가장된 선[假善]이 포장包藏인 줄 모르면 위험하다. 악을 멸함이 우선이 아니라, 사랑[仁]으로 다독거려서 선을 세습함이 먼저다. 5가 만약 진심으로 소인의 거짓 선을 진실한 선이라 여기고, 나쁜 마음을 감추고 있는 사실을 모른다면, 위태로운 도박이 된다. 요순堯舜도 '교언영색巧言令色'을 두려워하고 경계하였으며, 공맹은 '자색이 붉은 색을 없애려고 하는 것'을 미워했다. 양웅은 '대성大聖·대영大佞'으로 '교언영색'뿐 아니라 '주공足恭'을 경계하며, 향원鄕原과 왕망王莽을 그 예로 들었다.[53]

> 上六 引兌
> 상6은 권력에 아첨하는 자들을 유인하여 작당하고 기뻐한다.

기쁨을 호리고 유인하는 인태引兌(Seductive joyousness)이다. 높은 자리는 기쁨의 주체이자 극치이다. 여기서 기쁨조로 수청을 하는 짓은 비겁한 행위다. 기쁨의 끝이 왜 없고 걱정의 끝이 왜 없겠는가? 진기를 밖으로 다 뿜어버리고, 허기만 남아 있다면 그것이 어찌 진정한 기쁨일 수 있겠는가. 달도 차면 기울고 곱

---

52 노승이 출가 전에는 태어나지도 않았던 열여덟 된 손녀가 찾아왔다. 하루를 묵고 가라며 아랫목을 내주었다. 야심한 밤이 되자 갑자기 이 구십 노승이, "불이야" 하고 조용한 산사를 울렸다. 그러자 그 큰 절에서 온통 북과 징을 치며 불을 끄기 위해 야단법석을 떨었다. 노승은 그의 방으로 들이닥치는 대중들을 보고, "후유, 이제 불이 다 꺼졌으니 모두 물러가라!" 했다. 이제껏 쌓아온 사나이 일대사가 '徒勞阿彌陀佛'이 될 뻔한 '孚剝'의 에피소드다.

53 『논어』, '공야장' : "子曰, 巧言, 令色, 足恭, 左丘明恥之, 丘亦恥之. 匿怨而友其人, 左丘明恥之, 丘亦恥之." / '학이' : "子曰, 巧言令色, 鮮矣仁!" / '양화' : "子曰, 惡紫之奪朱也, 惡鄭聲之亂雅樂也, 惡利口之覆邦家者." / '양화' : "子曰, 色厲而內荏, 譬諸小人, 其猶穿窬之盜也與."
'안연' : "色取仁而行違."
『맹자』, '盡心上' : "知者無不知也, 當務之爲急. 仁者無不愛也, 急親賢之爲務. 堯舜之知而不遍物, 急先務也. 堯舜之仁不遍愛人, 急親賢也." / '盡心上' : "孔子曰, 過我門而不入我室, 我不憾焉者, 其惟鄕原乎, 鄕原, 德之賊也. 曰. 何如斯可謂之鄕原矣, 孔子曰, 惡似而非者, 惡莠, 恐其亂苗也, 惡佞, 恐其亂義也, 惡利, 恐其亂信也, 惡鄭聲, 恐其亂樂也, 惡紫, 恐其亂朱也, 惡鄕原, 恐其亂德也. 君子反經而已矣. 經正則庶民興庶民興, 斯無邪慝矣."
揚雄, 『法言』 : "或問人, 曰難知也, 曰焉難, 泰山之與蟻垤, 江河之與行潦, 非難也, 大聖之與大佞, 難也. 嗚呼能別似者爲無難."
『도덕경』 35장 : "道之出口, 淡乎, 其無味."

게 핀 꽃도 열흘 가기 힘들다 하지 않았던가[花無十日紅].[54] 나 혼자만 항상 좋을 수 없고, 나 혼자만 항상 좋아야 할 이유가 세상에는 없다. 정자의 "남을 유인하여 자신만 기뻐하고[引兌], 자신만 좋아한다면[長兌], 그 어찌 종말이 아름다우랴?"[55] 하는 힐난이 공감을 준다. 진정한 희열은 내 마음 속에 존재할 뿐이지 그 어떤 다른 곳에도 없다. 고로 공자도 "윗자리에서 남을 유인하여 기쁨을 가진다는 것은 빛날 수 없는 일이다[象曰, 上六引兌, 未光也]"라고 단정한다.

그런데 다산은 상6이 끌어당겨서 즐거워하는 것은 빛이 나지 않았기 때문이라며, 태괘가 천택리괘天澤履卦로 간 경우로 보았다.[56] 아산은 태괘의 모든 자리가 친친하여야 함에도, 친하지 못하는 관계에서 인접한 양을 끌어들임을 보고, "소녀 태☱가 자신의 희열을 위하여, 교활한 수단으로 다른 남자들을 유인하여 내는 꼴"이라며 윗자리에서 붕우朋友 강습講習 하는 태도에 문제를 지적하고 있다. 게다가 황태연은 '인태引兌'에 대해 '강탈'이란 강한 어투를 썼다. '태兌'를 '기쁨'으로만 보지 않고 '훼절과 강탈'이란 부정적인 의미로 본 것이다.

여하튼 태괘兌卦에 담긴 이치는 사람과 사람이 즐겁고 기쁘게 살아가야 하는 데 있다. 그래야만 백성들이 기꺼이 나라를 위하여 목숨을 던질 것이 아닌가. 그런데 3과 상6은 음험하여 아첨으로 환심을 사고자 하고, 초9는 방정하기 짝이 없는 사람이고, 2는 진실을 간직하고 있는 사람이며, 4는 음유의 접근을 막고 악을 미워하는 의리파로 즐거움과 기쁨을 얻고 있다[辟邪進慶]. 그리고 5는 음유한 소인을 믿다가 박살이 날 수 있으니, 지극정성으로 제수 준비하는 자세를 취할 것을 경계한다.[57] 마지막으로 안연, 증자 등의 '붕우'의 도가 오전五典에 있음과[58] 천하의 무궁한 뜻을 내가 알지 못하는 것을 다른 사람은 혹 알고, 다른 사

---

54 楊萬里, '월계화' : "只道花無十日紅 此花無日無春風"

55 정이, 『이천역전』 : "說其極矣 又引而長之 雖說之之心不已 而事理已過 實无所說 事之盛 則有光輝 旣極而强引之長 其无意味甚矣 豈有光也"

56 [說證] 履卦는 夬卦로부터 왔으니 柔가 밖에 있었다. 그런데 履卦가 되니 마침내 리☲로 기뻐하니 '引兌'가 된 것이다.

57 참고로 태가 이가 되면[兌→履 : 未→戌, 印→印] 풍년을 기약하지 못하니, 약한 비는 만물을 윤택하게 하고, 큰 비는 만물을 부패시킨다. 그리고 재원이 충실하지 못하니 이익이 없는 매매가 일어나고, 관직은 진출이 어려우니 퇴직하고 은둔하게 된다. 혹 부모를 기다린다면 午日에나 돌아오지만 자식이라면 위험하니 속히 연락을 취하라[梟食煞].

58 尹行恁, 『薪湖隨筆·易』 : "연못 둘이 땅에 이어져 있으니 朋友講習을 말한다. 만약 안연과 증자

람이 밝히지 못한 것을 내가 혹 밝힐 수 있기 때문에, 벗들과 반복하면서 토론해야 한다는 '붕우강습'의 도를 알아두자.[59]

가 살던 때에, 태☰로 화합하고 믿었다면, 위에서는 밝은 덕을 스스로 밝히는 어진 스승이 있었고, 아래로는 과감하게 행하며 덕을 기르는 좋은 벗들이 있어, 배우고 때때로 그것을 익힌다는 가르침을 들었을 것이다. 증자와 자하 등의 제자들은, 오히려 벗과 신뢰하지 못함을 걱정으로 삼았으니, 벗에게서 믿음을 얻는 방법을 부지런하고 정성을 다하였으므로, 천년 뒤에도 충분히 이를 상상하여 마음으로 느껴 사모하는 자가 있었을 것이다. 세상이 나빠지고 풍속이 박해져서[及夫世俗薄], 아침에는 아주 친밀하다가 저녁에는 얼음과 숯처럼 서로 대립하며[朝膠漆而暮冰炭], 예전에는 친척이었다가 이제는 원수가 되어[昔親戚而今讎寇], 권세의 유리함에 의하여 강제로 빼앗기게 되니[蓋爲勢利所撓奪], '朋友'가 오전(五典·君臣有義 父子有親 夫婦有別 長幼有序 朋友有信)에 있음을 알지 못하구나. 벗들에게서 믿음을 받지 못한다면[不信乎朋友], 어찌 임금에게 충성하고 부모님에게 효를 하겠는가[何以忠於君而孝於親耶]."

59 朴宗永,「經旨蒙解·周易」: "천하의 기뻐할 만한 것 중에[天下之可說], 벗들과 강습하는 것 만한 것이 없다[莫若朋友講習]. 천하의 옳고 그름은 무궁하다. 경전의 뜻이 같고 다름은 구별하기가 어렵다. 『중용』에서, '널리 배우고 자세하게 물으며[博學之審問之], 신중하게 생각하고 밝게 분변하여야 한다[愼思之明辨之]'고 하였다. 배우고 묻고 생각하고 분변하는 공부는, 벗이 아니라면 서로 도움이 되어서 유익하게 할 수 없다. 그러나 만약 강론하면서 익히지 않아 다만 말만 할 뿐 실마리를 찾아낼 수 없다면, 함께 배우더라도 또한 장차 오래지 않아 없어지고 뒤이어 어색해져서 반드시 기뻐할만한 맛이 없게 된다. 침착하게 의견을 논하고 절실하게 체험한 후에, 마음은 이치와 서로 젖어들어 아는 바는 더욱 정밀해지며, 말과 행동은 서로 돌아보아 능한 바는 더욱 견고해지니, 벗들과 강습함의 즐거움은 무엇이 이 보다 더할 것이 있겠는가? 비록 그렇다하더라도 이러한 뜻이 같고 도가 부합하는 벗이라면 이렇게 말할 수 있지만, 그렇지 않아 만약 강론하는 사람이 이에 딱 맞는 사람이 아니라면, 무익하고 손해가 있다.「계사전」에서 말하기를 '두 사람이 마음을 함께 하니[二人同心] 그 날카로움이 쇠덩리를 절단한다[其利斷金]. 마음을 함께 하는 말은[同心之言] 그 향기로움이 난초와 같다[其臭如蘭]'고 하였으니, 그렇다면 사람이 사람을 가려서 사귐은 신중하게 살피지 않을 수 없다. 比卦 육3에서 말하기를 '사람이 아닌데 도우니 또한 상하지 않겠는가?[比之匪人 不亦傷乎]'라고 하였으니, 이는 마땅히 깊게 경계한 바이다."

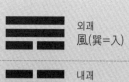

외괘
風(巽=入)

내괘
水(坎=陷)

59. 풍수환風水渙
Dispersion

환은 마음속에 있는 근심이나 괴로움이 흩어져서 나갈 때이다. 어쩌면 작은 일에서 큰 일로 옮겨가는 좋은 찬스이기도 하며, 지금까지의 불운을 만회할 수 있는 적당한 시기이기도 하다.

> **渙 亨 王假有廟 利涉大川 利貞**[1]
>
> 민심이 이반하려는 환渙의 시점은 형통하다. 민심이 더 이상 확대되어 손을 쓸 수 없는 상황이 오기 전에 임금은 종묘사직에 정성을 지극히 드리도록 하라. 그래야 흩어져 가는 민심을 바로잡아 대통합을 이루고 바른 정치를 할 수 있을 것이다.

「잡괘전」에서 "환은 흩어져 떠나감[渙離也]"이라 하고, 「서괘전」은 "아무리 큰 기쁨이라도 영원히 가질 수 없기에 기쁨도 언젠가는 흩어져 떠나기에 태兌괘 뒤에 환渙괘가 온 이유"라 친절하게 설명하고 있다.[2]

기쁨도 영원할 수 없고 고통도 영원할 수 없는 것이다. 기쁨이 사라지려는 환渙의 시절을 당하고 보면 기쁨은 천하와 공유할 일이지 홀로 독락하지 말아야 할 것을 상기시킨다. 민심이 이탈하게 되면 임금은 그제야 백성과 함께 이산의 아픔을 같이 나누려 하고[與民同患], 종묘사직에 민심을 다시 모아 줄 것을 제사로 청하는 다급한 상황에 몰리게 된다.[3]

정자는 "물이 바람을 만나면 흩어짐이라[水遇風則渙散]" 하고, 주자는 "나누어

---

1 渙 흩어질 환. 假 이를 격, 거짓 가.

2 「서괘전」: "兌者, 說也. 說而後, 散之, 故, 受之以渙. 渙者, 離也. 物不可以終離."

3 지욱, 『주역선해』: "公其悅于天下 而不獨樂其樂 其能與民同樂."

서 쪼개고 흩어지는 상을 환[離披解渙之象]"이라 하였다. 앞서 노자가 "얼음이 풀리는 현상"[4]으로 환을 설하자, 다산은 "동풍이 부니 얼음이 풀리듯[東風解凍] 마침내 떠남이 있다"고 '농가월령가'[5]를 부른다.

이를 보면 비괘否卦 때 혹독한 북방의 추운 계절을 맞아 건☰의 얼음이 굳게 얼었는데, 환괘가 되면서 한 조각의 얼음이 곤☷의 따뜻한 나라로 들어가고, 손☴의 부드러운 바람이 불어와, 감☵의 물을 흩어지게 하는 현상이 나타나게 된 것이다.

고로 환渙(Dispersion)의 시절이 오면 왕은 백성들을 위하여 종묘에 정성을 다해 제사를 올려야[王假有廟, The king approaches his temple] 만난을 해결해 좋고[利涉大川], 흩어져 가는 민심을 하나로 모아 바른 정치를 할 수 있게 될 것이다[利貞]. 이어서 공자는 환의 시절을 당한 임금에게 나라와 백성을 위해 마지막 정성을 다할 것을 단왈에서 아래와 같이 충고하고 있다.

"환이 형통한 까닭은[渙亨] 아래 2의 자리에 강이 와서 궁하지 않고[剛來而不窮], 또 부드러운 지도자가 4에 있어, 위의 어른[5·상]들과 뜻을 같이하며, 이산을 막는 역할을 잘 수행하고 있음이[柔得位乎外而上同] 흩어지는 민심을 잡는 조건을 구비한다. 왕격유묘王假有廟는 임금이 중정의 자리에 있음이요[王乃在中], 이섭대천利涉大川은 그런 노력으로 애를 쓰면 강을 건널 때 뗏목을 얻는 것처럼 나라를 위하여 반드시 큰 공을 세울 수 있으리라[乘木有功也]."[6]

세상이 어지러워지면 백성을 하나로 이끌어야 하는데, '친일'이니 '반일'이니

---

4 老子, 『도덕경』 15장의 "渙若氷將釋"에서 渙은 氷釋, 진나라 杜預의 『춘추좌씨전』에도 "渙然氷釋"이라 함.

5 작자가 光海君 때의 高尙顔이라는 설도 있었으나, 憲宗 때 정약용의 둘째 아들 丁學遊가 지었다는 설이 확실하다. 그는 學淵과 함께 유배 중인 아버지의 『周易四箋』을 정리하여 완성시키는 등 그의 학문 활동을 도왔다.

6 [說證] '渙亨'은 비색한 때에 否卦의 4가 2로 와 감☵으로 통하고, 2는 4로 가 정위를 얻고 경사로운 모임을 大离로 가지니 형통하다. '剛來而不窮' 또한 같은 의미이다. 남북조 시대 『주역주』를 쓴 盧景裕도 그렇게 응했다. 지금 환의 손☴은 否卦 때의 임금으로 간☶의 종묘 위에서 선왕을 받들고, 또 왕의 장자가 진☳의 주인이 되어 종묘 안에 서니 '王假有廟'라 한 것이다. 손☴으로 정결하게 하고, 간☶의 종묘에서, 감☵으로 공경하니 환은 제사의 상이다. '利涉大川'은 감☵의 물 위로 손☴의 순풍이 부니 진☳의 배가 순풍을 타고 물결을 따라 흘러감을 일렀다. 환은 井卦가 착종된 것으로, 정괘 때는 감☵의 험이 앞에 있었지만, 환이 되면서 이미 험이 지나가 버렸으니 '이섭대천' 할 수 있다. '乘木有功'은 곤☷의 백성이 진☳의 배에 승선하고 감☵으로 공을 이룸이다. 虞翻도 "건☰은 先王이고, 진☳) 帝이고, 간☶은 종묘이고 건☰의 4가 곤☷의 2로 가서 큰 희생을 죽이니 이것이 王假有廟'라 했다.

'극일'이니 하며 오히려 둘로 쪼개고 있는 임금이 있다면 어떻게 해야 할까? 세상은 고금이 다르지 않다. '왕격유묘王假有廟'와 '왕내재중王乃在中'이 다르지 않다. 사당을 세워 정성을 지극히 하여,[7] 신령을 감격 시켜야 할 따름이다.[8] 나라가 둘로 깨지고 나서 임금이 정신이 들면 아무 소용이 없다. 다음은 그런 임금을 질책하는 장면이다. "세상이 다스려질 때는 대천도 편안하게 아래로 흐르지만, 세상이 어지러워지면 둑이 터져 물이 사방으로 넘쳐흐르니, 성난 물을 그치게 할 수 없다. 그러한 물은 반드시 쇠약하고, 다시 물의 본성을 회복하기 위해 편안한 곳으로 모여들 것이다. 옛날 잘 다스리던 임금은, 백성과 다툼이 없었을 뿐만 아니라, 백성 스스로 선택하게 한 뒤에 그에 따라갔다. 고로 환渙이란 천하가 풀어지고 해이해져서 편치 않다는 뜻이다. 이것은 사방을 빈틈없이 살펴야 마땅하니, 이때는 왕이 종묘를 찾아 천하의 마음을 얻어낼 방책을 찾으려 배를 타고 대천을 건너가듯 해야 할 것이다. 돌아갈 곳이 있은 뒤에 대천이 있고, 대천이 있는 뒤에 나무를 타고 건널 수 있다. 타는 것은 배이고, 배가 있는 곳은 대천이 있는 곳이다."[9]

다시 공자는 「계사전」에서 이러한 이산의 시절을 이기는 방책으로 배와 노를 만들 것을 주문하고 있다. "나무를 파서 배를 만들고[刳木爲舟], 나무를 깎아 노를 만든다[剡木爲楫]. 그리고는 배를 타고 노를 저어[舟楫之利], 통할 수 없는 자리까지 건네어 통하게 하여 주고[以濟不通], 또 먼 곳까지 가서 천하를 이롭게 하니[致遠以利天下], 이런 환[蓋取諸渙]의 시절에는 이섭대천利涉大川 하는 승목유공乘木有功의 까닭이 있는 것이다." 여기서 공자는 '통할 수 없는 자리까지 건네 통하여 주고[以濟不通], 또 먼 곳까지 가서 천하를 이롭게 하는[致遠以利天下]' 환의 도를 밝히고 있다.

한편 '주즙지리舟楫之利'에 관한 고산 윤선도의 넓은 경륜이 인상적이다. 먼저 고산의 친구가 그에게 이렇게 말했다고 한다. "천인賤人은 집이 가난하여 생계

---

7 朴齊家, 『周易』: "왕이 사당을 지극히 둔다[王假有廟]. 이는 사당을 세우는 일이므로, 췌괘에서처럼 致孝祭享이 아니므로 큰 희생은 말하지 않았다."

8 權萬, 「易說」: "왕이 사당에 있는 신령을 감격시킬 수 있는 王假有廟는 왕의 중정한 도가 아니면[王乃在中] 불가능하다."

9 소식, 『동파역전』: "有所歸而後有川 有川而後 可涉乘木 乘舟也 舟之所行 川之所在也."

가 막막하고 거처도 정해져 있지 않다네. 처가 굶주림에 시달리고 아이들이 춥다고 울부짖는 것은 말할 것도 없고, 모친을 봉양하지도 못해서 가슴이 아프다네. 그래서 지금 남해에서 배를 타고 고객估客(행상)을 따라 전화轉貨(장사)하여 가업을 조금이라도 마련함으로써, 위로는 모친을 모시고 아래로는 처자를 기를 수 있게 되면 그만두려고 한다네. 그런데 친구는 비천한 직업에 종사한다고 기롱을 하고, 가인은 위험을 무릅쓰는 일이라고 두려워한다네. 군자가 안빈安貧을 하고 고궁固窮을 하라고 가르친 것은 어떻게 받아들여야 하겠는가.”

이에 대한 고산의 답은 이랬다. “부열傳說은 판축版築을 하였고, 자로는 부미負米를 하였으며, 주위재朱韋齋는 어염魚鹽을 판매하였으니, 비천한 일이라고 해서 부끄러워할 일이 뭐가 있겠습니까. 황제黃帝가 주즙舟楫을 만든 이래로, 물에 빠져 죽는 사람은 겨우 백 명에 하나 꼴인데, 그나마 모두 인사를 조심하지 않았거나 천수天數가 불행해서 그런 것이었습니다. 배가 꼭 사람을 죽이는 것이라면 선왕이 어째서 만들었겠으며, 지자智者가 어찌 타려고 했겠습니까. 나는 배를 타고도 놀지 못한다는 말은 들었어도, 땅에서만 놀고 배를 타지 않는다는 말은 듣지 못하였습니다. 불이 혹 집을 태우고 사람을 그을리기도 하지만, 불을 쓰지 않는 사람이 없는 것은 어째서이겠습니까. 지금 술이 혹 위장을 썩게 하고 덕을 어지럽히기도 하지만, 성인이 없애지 않은 것은 어째서이겠습니까. 조심하면 해가 없기 때문입니다. 사람이 참으로 조심하지 않으면 연안宴安이 짐독鴆毒이 될 수도 있고 소장蕭墻 안에서 환란이 발생할 수도 있으니, 어찌 꼭 배만 그러하겠습니까. 불행을 당하는 경우로 말하면, 세상 사람 중에 밀실에 깊이 들어앉았는데도 감기에 걸리는 자가 있고, 평지를 천천히 가는데도 말에서 떨어지는 자가 있는 법입니다. 안자顔子처럼 어진 사람도 수명이 짧았고, 백우伯牛처럼 신중한 사람도 악질에 걸렸으니, 무망지재無妄之災는 무슨 일을 한들 피할 수가 있겠으며, 어느 곳으로 간들 피할 수가 있겠습니까. 옛사람이 안빈安貧한 경우는 세 가지를 들 수 있습니다. 마음 쓰는 것을 도덕에 두어서 가산을 경영하는 데에는 신경 쓸 겨를이 없거나, 가난한 정도가 부모를 우수에 젖게 하고 처자를 춥고 배고프게 하는 지경에는 이르지 않았거나, 자기 분수로는 도모해 볼 수가 없고 시대적으로도 어떻게 해볼 수가 없는 경우입니다. 만약 숙수菽水를 계속 잇기 어려운 상황이라면, 안자와 같은 자도 반드시 자로처럼 부미負米를 하였을 것이니, 도는 바로 그 속에 있는 것입니다. 그렇게 하지 않는다면 어떻게 안자라고 할 수가 있겠습니까. 그리고 자기 분수로 도모해 볼 수가 있고, 시대적으로도 어떻게 해볼 수가 있는데, 자기 몸에 도덕의 학문도 없으면서 사체四體를 힘쓰지 않으며, 그저 고궁固窮하려고만 한다면, 이는 천지 사이의 일개 놀고먹는 인간일 따름이니, 귀하게 여길 것이 뭐가 있겠습니까. 기한飢寒과 곤고困苦함이 극심한 지경에 이르면, 좀 더 풍족하게 살고 싶은 생각을 점차 하게 되는 것도 자연스러운 일이라 할 것입니다."[10]

다음은 『난중일기』에 나오는 환渙의 한 토막이다. 선조 29년(1596) 1월 12일. "서애 영감이 천식으로 몹시 편찮다고 들었는데 나았는지 모르겠다. 글자로 점을 쳐 보았더니, '바람이 물결을 일으키는 것 같다'는 풍수환괘가 나왔다. 잘 치료하면 쾌차할 것 같다."

또 정조대왕의 『홍재전서弘齋全書』에는 "췌괘萃卦에서는 종묘를 세우고 백성을 모아 그 귀향歸向하는 마음을 굳혔고, 환괘渙卦에서는 백성이 흩어지는 것을 걱정하여 종묘를 세워서 그 분산되는 마음을 수습하였다"고 한다. 환괘의 원리대로 이순신은 거북선을 만들어 왜적을 막았다고 『해동역사』는 적었다.[11]

> 象曰 風行水上 渙 先王以 享于帝立廟
> 상왈, 바람이 물 위를 불어 고요한 수면에 파문을 일으키며 흩어지는 상이 환이다. 선왕은 이를 보고 천제天帝에게 제사를 올리고 종묘를 세우고 민심이 흩어짐을 막았다.

바람이 물 위로 불어오면 노력하지 않고도 파문波紋이 넓게 퍼져나간다. 이처럼 선왕도 선영先塋을 받들어 효성을 다하면 천하를 감동하여 은파恩波가 미치지 않음이 없을 것이다. 고로 "교사郊祀의 예禮와 제상帝嘗의 의義에 밝으면, 치

---

10 尹善道, 『孤山遺稿』 '送奉事叔序'

11 『해동역사』, 제29권 : "신이 듣건대, 바람이 물 위를 가는 것이 『주역』의 渙卦인데, 배를 이용하여 통하지 않는 것을 건너게 해주는 것은, 이 괘에서 法象을 취한 것입니다. 그런데 후세에 성스러운 지혜를 가진 분이 교대로 나오고, 백공이 장식을 더했기 때문에, 용의 무늬와 익鷁새의 머리 형상을 한 배가 바람을 타고 물결을 헤치며 하루에 천리를 가게 되었습니다."

국治國은 그 손바닥을 보는 듯하다 하니, 이 말이 곧 일념효성이면 천하감통이 아니겠는가."[12]

정자도 사람의 마음을 모으는 데는 종묘만한 것이 없고, 제사에 대한 보답은 마음에서 나오므로, 인심을 수합收合하는 것이 종묘만한 것이 없다고 했다. 제사의 보답은 마음에서 나오기 때문에, 상제에게 제향하고 종묘를 세움은 인심이 돌아오는 바이다. 인심을 붙들고 이반하여 흩어짐을 합치는 방도가, 이보다 큰 것은 없다.[13]

식산息山의 「역통」에서도 이렇게 설한다. "마음을 다해 장례를 치르고, 정성을 다해 제사를 지내면, 백성의 덕이 후덕한 데로 돌아간다. 정성이 있으면 신神이 있고, 정성이 없으면 신이 없다. 왕이 종묘의 예에 정성을 다하면 흩어짐을 수습하니 이치가 있다."[14] 상제에게 제향함은 몸과 맘을 깨끗이 하는 상이다.[15]

한편 『중용』에서 하늘 제사를 교郊, 땅 제사를 사祀, 천자가 5년마다 지내는 큰 제사를 체禘, 봄 제사를 사祠, 여름 제사를 약禴, 가을 제사를 상嘗, 겨울 제사를 증烝이라고 한 까닭도 알 수 있다.[16] 참고로 '환渙'은 마음속의 근심이나 괴로움에서 해방될 때이다. 또 적은 일에서 큰 일로 옮겨 갈 좋은 찬스이며, 지금까지의 불운을 만회할 적당한 시기이기도 하다.[17]

---

12 지욱, 『주역선해』 : "明乎郊祀之禮 帝嘗之義 治國其如視諸掌乎 盡其一念誠孝 足以天下感通."

13 정이천,『이천역전』: "收合人心, 无如宗廟. 祭祀之報, 出於其心, 故享帝立廟, 人心之所歸也. 係人心合離散之道 无大於此."

14 李萬敷, 「易統」: "臣謹按, 曾子曰, 愼終追遠, 民德歸厚, 謝氏曰, 有其誠則有其神, 無其誠則無其神, 此與象辭有所相發. 王者, 克致其誠於宗廟之禮, 則亦庶幾有收合渙散之理矣."

15 宋時烈, 「易說」: "'사당을 세움'은 감☵의 宮이고 간☶이 사당, '세움'은 진☳의 발에서 취했다." 沈潮, 「易象箚論」: "간☶의 尸童, 진☳의 奏樂과 上帝, 진☳과 손☴ 모두 나무로, 대들보이다."

16 『중용』, 19장 : "郊使之禮, 所以事上帝也, 宗廟之禮, 所以祀乎其先也, 明乎郊使之禮, 禘嘗之義, 治國其如示諸掌乎."

17 기울어진 사업을 만회하기 위해 적극적으로 나서도 좋다. 흩날리는 분산의 의미에서 환괘를 보면, 민심이 떠나고, 국력이 분열되고, 이산가족이 되는 어두운 앞날을 암시하기도 하니, 출발점에서 이러한 양면성을 잘 파악한 후 뜻을 펼치도록 하라. 바람이 한번 불면 기운이 흩어지고, 흩어진 기운은 다시 모이게 된다. 그래서 이직과 이사는 좋다.

> 初六 用拯 馬壯 吉[18]
>
> 초6은 (물에 빠진 사람을) 구원하는 데 쓰라. 구해주는 말이 씩씩하고 용감하니
> 좋다.

흩어지려는 이산의 초기에 나를 잡아줄 구원자가 없다. 초6은 부중하고 부정
하기에 중심이 약한 자다. 이럴 때는 바로 위의 2에게 순종하여 빨리 구원을 받
을 수 있도록 처신해야 한다. 나를 구해줄 말은 씩씩하다[用拯馬壯]. 공자도 "초6
이 좋다는 것은 그대로 순종하고 잘 따라가기 때문[象曰, 初六之吉順也]"이라고 알
린다. 지금부터는 흩어지고 이산하는 별리의 시점이 시작되니 우왕좌왕 말고 흩
어지려는 마음을 꼭 붙잡아야 할 것이다. 초효는 아직도 이산의 초기 단계라 마
음이 잘 잡혀지는 중부괘中孚卦로 간다.[19]

정자는 이렇게 해석한다. "여섯 자리가 모두 환渙의 지경에 들어갔으나 초6만
아직 환渙에 빠져들지 않았다. 이산의 바람[☴]이 불어오기 직전에 바로 구원을
받아야 할 것이다." 멀리 떨어져 있는 자의 구원을 바라지 말고 가까이 있는 자
로부터 방도 찾기를 알린다. 나의 마음이 흩어질 것을 걱정할 일이지, 남의 걱정
은 할 필요 없다. 지금은 내 마음 다잡는 것이 무엇보다 급선무다.[20] 그렇게 하면
반드시 위기로부터 구출된다. 자신이 힘이 없고 나약하니 세월이 수상하고 어지
럽다. 피난 시절에 부모형제 잃은 철없는 어린아이가 옆집 형아 손을 꼭 붙잡고
살아나는 뚝심 같다.

지욱은 이렇게 설한다. "수면 아래 있는 초6이 4의 바람을 받아 수면 위로
오르면 강한 물살 2를 따라가게 마련이다."

「설괘전」에서 감☵은 아름답고 튼튼한 등뼈를 가진 말[美脊]이라 하였기에
'마장馬壯'을 취상했다. 명이明夷의 2에서도 씩씩한 말이 구원투수로 등판하고 있

---

18 拯 건질 증.

19 [說證] 환괘는 否卦[얼음이 풀리려고 할 때] 4가 아래로 추락하여 감☵의 하천으로 들어가니
물에 빠지는 상이다. 환의 초효가 변하면 물은 다 빠져 버리고[坎이 없음] 진☳의 두 발을 들어
올려[作足] 육지로 뛰어 오르니 '馬壯吉'이다. '用拯'은 간☶의 손으로 물에 빠진 사람을 구원함
이다. 중부의 손☴은 천명을 믿고 따르고 순종하면 반드시 구원이 있다. 참고로 협상은 재빠르
게 하라. 그렇지 않으면 기운만 빼고 낭비가 심해진다[渙→中孚 : 文→兄, 寅→巳].

20 『맹자』, 「盡心(上)」: "知者無不知也, 當務之爲急. 仁者無不愛也, 急親賢之爲務."

다[明夷, 夷于左股, 用拯馬壯, 吉]. 이조판서에 추증된 이로가 덕계를 떠나보내는 만장에 "구원하는 말 건장하니 벼슬하는 것 수치로 여겼던[拯馬壯而穀恥] 사람"이라고 했다.[21]

> **九二 渙奔其机 悔亡**[22]
> 구2는 기운이 흩어지는 이산의 시기에는 대화의 테이블로 달려가야 후회가 사라진다. [그 궤를 헤치고 달아날 것이다. 후회가 사라질 것이다.]

『사기』에 따르면 '궤机'는 제사에 쓰이는 '제기[几]'로 희생물을 가르는 '도마'를 이른다. 도마 위에서 희생이 되어야 할 소가 도망을 가면 그 소는 살아날 수 있다. 만물은 다 살아남기를 원하는 생생生生의 이치를 지닌다.[23] 그래서 공자는 "환의 때에 그 도마 위에서 달아나면 살아나는 소원을 얻는다[象曰, 渙奔其机, 得願也]"고 증언했다. 이것은 '흩어지려는 민심(초6)을 내 능력으로 수습할 것'이라는 강한 의지가 담겨 있는 것으로 보아도 좋다. 고로 2는 정응하여야 할 5와 응하지 못하고 중심이 잡힌 득중得中의 자리이기에, 환의 시절에 구원투수로 등판하는 역할을 맡는다. 이산離散의 기운이 돌 때 나의 수습 방안을 받아들이지 않는 주군 5보다는 나의 의견과 일치하고 친친하려는 자(민심, 지지자)들과 그 환심을 붙잡아내면[奔其机] 내가 살아남을 수 있고 그 후유증도 사라지게 될 것이다[悔亡].

즉 구2는 이산의 수습 방안을 찾기 위한 대화를 하자고 적극적으로 테이블[机]을 들고 오는 어려운 지경에 놓인 초6의 마음을 이해하고, 이산의 위기를 적극적으로 대처하는 지혜를 펼쳐 줄 때다. 환渙이 관觀괘로 가니,[24] 조상과 신에게

---

21 李魯, 『松巖集』, '용중마장[輓吳德溪健]' : "독실하게 믿고 잡은 것이 치우치지 않았네. 부지런히 힘쓴 학문 그 몸에 쌓여서, 몸은 창성하지 못했지만 그 뜻은 창성했네. 履로써 행동을 화하게 하고 謙으로 예를 따랐으니, 진실로 그 덕은 부지런히 나아갔네. 황시를 잡고 조정에 빈이 되었으니[秉黃矢賓于朝分], 기둥으로 치아에 낀 것을 파낼 수 없었네. 불초한 자들을 꾸짖고, 구원하는 말 건장하니 벼슬하는 것 수치로 여겼네[拯馬壯而穀恥]."

22 奔 달릴 분, 달아날 분. 机 도마 궤, 책상 궤.

23 『인조실록』 인조 13년(1635) : "재상 崔錫鼎이 아뢰었다. 社稷壇에서 省牲의 예를 올릴 때, 제물로 올린 소가 뛰쳐나와 제관에게 달려들어 다치게 하였습니다."

24 沈大允, 『周易象義占法』: 환괘가 관괘로 바뀌니, 구2가 중을 얻자 아래 초효가 우러러 보는 바

제사를 올리며 마음을 다잡도록 하라.[25] 장자의 월조대포越俎代庖가 생각나는 대목이다.[26]

> 六三 渙其躬 无悔
> 구3은 환의 시절을 맞아서 자신마저 흩어지게 하여야 후회가 없다.

"환의 세상은 백성에게 강한 믿음을 주는 주군이 없다."[27] 그렇지만 3은 스산한 시절을 당하여도 수신하고 수양하며 사는 넉넉한 자다. 나의 처지가 부중부정하기에, 나의 공부와 주장이 먹혀들지 않을 것도 알고 있다. 위 상9의 강한 바람이 세차게 수면 위로 불어오니[渙散] 유약한 나의 의지가 반영될 리 만무하다. 고로 공자도 "자신의 뜻을 산산이 흩어지게 하라[渙其躬], 환란의 대세를 결정할 그 모든 것은 나의 뜻밖에[志在外也]서 이루어질 것이다"며 무한 변신을 강권하고 있다. 환괘가 중풍손괘重風巽卦로 가는 경우다.[28]

다. 구2가 두 음 사이에 빠졌으니, 가깝고 작은 것에 빠져 원대한 데에 미치지 못한다. 구5의 호응에 渙散의 공이 있어 "渙奔其机"고 했다. 남의 신하는 가깝고 작은 것에 힘쓰고 원대한 것을 구하지 못하나, 임금에게 의탁하면 환의 공이 있고, 제자는 아버지와 스승에 의탁하니 渙釋의 효가 있어 "悔亡"할 것이다.

25 [說證] 환에서 坤☷의 소가 화살을 맞았는데, 관괘로 가면 坎☵의 강이 사라지고 坤☷의 소가 다시 살아나 巽☴으로 도망가니 '渙奔其机'다. 机를 案席으로 보지 않고 祭享 때의 机上肉[도마 위 고기]으로 본다. 이산의 시기에 하류에서 표류하는 자들을 통나무로 구출하여 중류로 안처를 정하는 과감성이 필요하다. 단단한 의지를 가지고 복을 짓는 그 구원의 찬스를 놓치지 말아야 한다.

26 『莊子』, 逍遙遊 : '월조대포(越俎代庖)'는 '주방에서 제대로 식칼도 쓰지 못한다'며 제사를 지내는 사람이 도마를 넘어가[越俎] 부엌에서 요리하는 사람을 대신한다[代庖]는 말이다. 속담에도 '남의 제사에 감 놓아라 배 놓아라 한다'거나 '남의 일에 홍야항야 한다거나 '사돈집 잔치에 감 놓아라 배 놓아라 한다' 등등 비꼬는 투가 많다. 요임금이 순에게 왕위를 물려주기 전, 허유에게 왕위를 맡아달라고 하자, 단박에 거절당했다. 새들이 숲에 깃들 때 나뭇가지 하나면 충분하고, 두더지가 강물을 마셔도 제 배만 채우면 그 뿐, '요리사가 제사 음식을 준비하지 않았다고 해서, 제사장이 요리사의 일을 대신할 수 없소'라며, 箕山에 숨어들어가 潁水에서 못들을 이야기를 들었다며 귀를 씻었다. 越俎代庖가 단순히 남의 일에 간섭하지 말라는 교훈이라면, 선의로 남의 일을 대신하고 벌까지 받는 경우는 越官之禍다. 越俎代庖를 越俎, 越俎之嫌이라고도 한다.

27 소식, 『동파역전』: "渙之世, 民無常主."

28 [說證] 巽卦는 4개의 양이 뭉쳐진 大巽의 형상을 한 遯卦로부터 왔으나, 巽卦가 되면 두 개의

환괘渙卦 효사 중 음양이 서로 화합하는 자리는 3과 상밖에 없으니 나의 희생[殺身成仁]이 요구된다. 주자도 '이환제환以渙濟渙'을 주장하고 있다. "3은 부정부중하기에 사사로운 자이다. 그렇기 때문에 사심을 없애버려야 후회가 사라질 것이다. 그리고 3·4·5·상은 환을 당하면 즉시 자기 자신으로 하여금 환을 써야 해결이 된다. 이환제환以渙濟渙이 그것이다." 지욱 또한 위에서 불어오는 바람이 파도를 일으키는 것은 천지의 뜻이지 나로서는 어쩔 수가 없는 불가항력이라며 이때 3으로서는 도인처럼 순응할 것을 요구하고 있다.

『산천역설』에서 김상악은 좀더 자세하다. "'몸[躬]'은 간☶의 상이다. 펴고 구부리는 것이 몸[躬]이 되므로, 건괘蹇卦의 「대상전」에서 '몸에 돌이켜 덕을 닦는 반신수덕反身修德이다'라고 한 것과, 그 상이 험난함을 만나 흩어짐에 처한 것을 서로 비교해보면, 오직 '몸에 돌이키고[反身]' '몸의 사사로움을 흩음[渙躬]'의 차이가 있을 뿐이다. 2는 궤로 달려가 후회가 없어지고, 3은 몸의 사사로움을 흩어서 후회가 없으니, 대장괘 4·5와 같아서 '후회가 없어지는 것'으로부터 '후회가 없는 것'으로 나아간다."

六四 渙其群 元吉 渙有丘 匪夷所思
육4는 (당리당략만 추구하는) 그 무리를 해산하여야 크게 좋다. 그리고 해산을 시키는 일은 언덕을 허무는 일과 같으니, 이는 생각하는 바가 같은 무리가 아니기 때문이다.

4는 소인들을 한꺼번에 쓸어버리는 바람의 주체다. 임금의 바로 아랫자리에서 비주류 당파들을 일단 해산시키고[渙其群], 다시 임금을 중심으로 생각과 행동을 하나로 하는 국민 화합과 대통합을 이끌어내야 하는 왕당파의 수장 자리다[渙有丘, Dispersion leads in turn to accumulation]. 4는 정위正位를 얻은 대현大賢으로 호족이

손☴으로 물을 흩으려 하기에 살신성인의 입장을 견지하더라도 '渙其躬'을 당하지 않을 수 없다. 물은 바람의 영향을 받으니 '志在外'다. 참고로 재산도 부하도 심지어 여자도 모두 포기하여야 한다[渙→巽 : 兄→財, 午→酉]. 이 시절은 오로지 수양과 공부만이 살 길이다. 어디 도와줄 사람을 찾아 구원을 요청하며 살 길을 모색하라.

나 제후 또는 계파 보스가 이끄는 사사로운 붕당을 해산할 수 있는 바람[☴]의 주체로서, 위로는 군왕과 같이 대사를 도모할 능력이 있다. 정자는 "보통의 사람으로서는 도저히 생각해 낼 수 없는 탁견(Fine idea)을 가진 자[匪夷所思]"로 보았다. 공자도 "그 무리들을 해산하면 크게 좋고 빛도 클 것이다[象曰, 渙其群, 元吉, 光大也]"라며 훗날을 확신했다. 환괘가 송괘訟卦로 변하는 경우다.[29]

『여씨춘추』「소류편」에는 이런 이야기가 전한다. 춘추전국 시대에 조간자趙簡子가 위나라를 습격하려고 사묵史墨을 파견하여 위나라의 정황을 살피게 하였는데 여섯 달이 되어서야 돌아왔다. 그리고는 그 이유를 다음과 같이 설명했다. "지금 거백옥이 재상으로 있고, 사추가 보좌하고 있으며, 공자가 빈객으로 있습니다. 그리고 자공이 군주의 앞에서 명령을 시행하고 있는데 군주가 그들의 말을 잘 따르고 있습니다. 환渙에 '어진 이가 무리를 이루니 길함이 시작된다[渙其群元吉]'고 하였습니다. '환渙'이란 '어진 이'이고, '군群'은 '무리'이며, '원元'은 '길의 시작'입니다. 그러니 '어진 이가 무리를 이루니 길함이 시작된다'는 말은 보좌역에 어진 이가 많음을 두고 한 말입니다." 이 말을 듣고 조간자는 군대를 출동시키지 않았다고 한다.[30]

九五 渙 汗其大號 渙王居 无咎
구5는 민심이 이반하는 시기에 땀을 흘리듯이 추상과 같은 명령을 내린다. 임금의 자리가 해산을 당할 위험이 와도, 임금이 굳건히 자리를 지키면 허물이 없다.

땀이 저 깊은 곳에서 나와 온몸으로 젖어드는 것과 같이, 천하를 강력하게 호령[渙汗其大號]하여 국법의 위엄을 추상과 같이 보여야 하는 자리다. 옛말에 "땀이 나오는 것은 보아도 들어가는 것은 보지 못했다" 하고 또 "큰 호령이 임금과 나

---

29 [說證] 訟卦도 遯卦로부터 온다. 遯卦 때는 군자가 밖에 있고 소인이 안에 있으니, 두 음이 '其群'이 된다. 遯卦의 음은 적은 무리지만 이것을 방치하게 되면 觀卦가 되고 剝卦가 되어갈 것이다. 지금 訟卦가 되면 두 음을 분산시키니 '渙其群'이다. 訟이 되면 위로는 다시 세 양으로 뭉치고 아래는 분열되니 '元吉'이라 하였다. 遯卦에는 간☶이 있기에 '有丘'가 되고, 訟卦가 되면 언덕이 변해 감☵으로 변하니 '渙有丘'다. '夷'는 무리를 이른다. 군자와 소인은 같은 무리가 아니고 생각하는 바도 다른 부류다.
30 『여씨춘추』,「恃君覽」, '김類편.

라에서 떠나면 돌이킬 수 없다" 하였다. 그리고 "땀은 두루 젖게는 하지만 되돌릴 수 없다"는 말처럼 한 번 내린 명령을 취소할 수 없음을 땀에 비유하였다.[31] 『조선왕조실록』에도 '한기대호汗其大號'를 '대효大孝'에 비유한 상소가 있다.[32]

수현壽峴의 읍소를 먼저 들어보자. "신이 삼가 살펴보았습니다. 환괘 구5에서 '땀'은 감==의 상을 취했고, '호령'은 손==의 명령[巽命]을 취했습니다. 천하가 흩어지는 때를 맞아 호령을 드러내어 백성에게 은혜를 베풂이, 땀이 몸을 적시는 것과 같아서, 재물을 흩어 백성을 살게 하여, 그 큼을 이룰 수 있으니, 쌓아 견고하게 함이 또한 임금된 도리의 아름다움입니다. 그러나 왕이 마땅히 해야 할 바는 여기에 그치는 것만이 아니므로, 겨우 허물이 없게 될 수 있을 뿐입니다. 엎드려 바라건대, 전하께서는 치우친 명령이나 조그마한 베풂으로 족하게 여기지 말아야 하니, 백성을 보전하기 위해서는 반드시 그 크고 먼 것에 힘써야만 합니다. 통촉하소서."[33]

민감한 '환왕거渙王居'는 이환離渙의 시절이라, 그 누구도 넘볼 수 없는 강력한 권위를 자랑하던 임금의 자리도[王居], 대세의 기운에 밀려 해산(Dissolution)을 당할 위기에 직면했다는 것이다. 그렇지만 이런 때에는 임금이 어떤 위기에도 흔들리지 않는 중정의 본으로 바른 자리에 몸을 두기만 하면[正位居體] 허물은 사라질 것이다[无咎]. 공자의 주석도 "임금의 거처가 허물 없다는 것은 임금이 강건중정한 바른 자리를 지켜나가고 있기 때문이다[象曰, 王居无咎, 正位也]"라며

31 소식, 『동파역전』: "汗取其周浹而不反也."

32 『성종실록』 성종 23년(1492) 11월 27일 : "효자가 어버이를 사랑하는 마음은 지극합니다. 어버이가 허물이 있으면 諫하고, 간하여도 듣지 아니하면 소리를 부드럽게 하고, 기운을 낮추어서 어버이가 기뻐하기를 바라며, 기뻐하면 다시 간하여 허물이 없는 곳으로 들어가게 하여야, 이를 '大孝'라고 이르는 것입니다. 이제 尹弼商 등은 전하께서 백성이 중이 되는 것을 금하자고 해도 좋다 말하고, 대비께서 僧徒를 보호하자고 해도 또한 좋다고 하였습니다. 『주역』에 이르기를, '渙에 大號를 汗하듯 하라고 하였으니, 대저 명령이 나오면 오직 행할 뿐입니다."
『연산군일기』 연산군 8년(1502) 9월 16일 : "대체로 군주는 신의를 보이며 스스로 실수가 없어야 하는데, 어제 사면령을 반포하여 중앙과 지방으로 하여금 모두 죄명을 깨끗이 씻어준다는 것을 알렸는데도, 얼마가 안 되어 다시 아직은 석방하지 말고 상고하기를 기다리라고 명하십니다. 군주의 명이 한 번 나오면 다시 중지할 수 없으니, 옛말에, '渙汗'이란 것은 '땀이 나오면 다시 들어갈 수 없음'을 말한 것으로서, '군주의 명령이 한 번 나오면 다시 중지할 수 없음'을 비유한 것입니다. 지금 만약 이와 같이 한다면 전일의 사면이 恩典을 반포한 것이 아닌 듯하고 사람들에게 신의를 잃음이 클 것입니다."

33 石之珩, 『五位龜鑑』: "… 伏願殿下, 罔以偏令小施爲足, 以保民必務其大且遠者焉."

맥락을 같이 한다. 따라서 국난을 당하여 민심이 이반離反하고 흩어질 위기를 만났어도, 천하를 하나로 호령하고 민심을 이끌어 가면 왕위는 안정되고 허물은 사라질 것이다. 그러기에 구5는 강한 통솔력으로[發大號] 백성들과 하나가 되는 여민동열與民同悅의 처방으로 자신의 안위보다는 나라와 백성을 위하고, 또 소승小乘을 넘어서 대승大乘으로 가야 허물이 사라진다.[34]

그런데 '환왕거무구渙王居无咎'를 "신왕이 구왕을 날려버려도 무사하다"[35]는 하극상[易姓革命]으로 보기도 하고, "종묘를 세우고 제사로 천제의 지위를 안정시키는 대호령이 있어야 한다"는 강력한 임금의 '계엄령'같은 수위를 말하기도 한다. 고로 '환왕거渙王居'를 "왕이 종묘에 이르는 것은 왕이 강건중정한 탓이어야 한다[王假有廟, 王乃在中也]"로, 일단 왕의 흔들림 없는 의지를 먼저 보여줄 것을 요구하고 있다. "흩어지는 각박한 환의 시절에는 누가 신하이고 누가 주군인지 모른다. 그렇지만 종묘가 있는 자리에 이르면 결국에는 천하가 왕의 소재를 알게 될 것이다."[36] 고로 '환왕거渙王居'는 "흩어지는 가운데서 왕이 중정으로 왕상을 지키며 머물러 있었기 때문"이라는 말이 공자의 주석에 더욱 가깝다. 환괘가 몽괘蒙卦로 가는 경우다.[37/38]

---

34 지욱, 『주역선해』: "發大號以與民同悅 如汗之發于中而浹于四體."

35 황태연, 『실증주역』, 873쪽.

36 소식, 『동파역전』: "渙然之中 不如其孰爲臣 孰爲主 至於有廟而天下始知 王之所在矣."

37 [說證] 몽괘는 관괘로부터 오기에 巽☴이 '其大號'에 해당된다. 관이 몽이 되면 백성에게 내리는 명령이 곤☷의 피부로 나타나는 감☵의 땀이 되어 나니 '汗其大號'인데, 두 剛으로 흩어지니 '환기대호'가 된 것이다. 또 몽괘는 임괘로부터 오는데, 임괘의 두 剛은 한 궁에 거처했는데, 몽이 되면서 하나가 외국으로 나가 군주가 되었으니 '渙王居'가 된다. '正位'는 장자 震은 가운데를 거처하고 소남은 밖으로 나감을 일렀다. 임금의 호령은 땀[汗]날 정도로 무서운 것이다.

38 1894년 6월 동학의 난으로 중국 군함이 일본 군함을 포격하여 양국의 전쟁이 시작될 즈음, 갑신정변으로 박영효(1861~1939)가 일본에 영원히 망명하여 고도의 문하가 되어 『주역』를 공부하며 대한제국의 앞날을 점쳐 5를 얻었다. 그 후 박영효는 귀국하여 5개월 만에 내무대신에 임명된다[履卦→泰卦]. 박영효는 사상가요 정치가로 최초로 우리나라 태극기를 만든다. 근대적 개혁을 추구한 갑신정변 및 갑오개혁의 주체였다. 그의 사상은 북학파 실학의 바탕 위에 선 것이었지만, 일본의 문명개화론 영향을 강하게 받았기 때문에 일본의 제국주의적 본질을 제대로 간파하지 못했고, 한일합병 이후에는 중추원부의장으로 일제 통치에 협력하고 만다.

> 上九 渙其血 去逖出 无咎[39]
>
> 상9는 피를 흩어지게 하고 걱정을 멀리 물리치고 나가야 허물이 없다.

환의 끝점에서 환을 벗어나는 방책은 먼저 피를 보는 일을 제거해야 해결된다[渙其血]. 정자는 다른 효는 모두 이환離渙의 시절에 흩어지건만, 3과 상9만은 유일하게 상응相應하니 이산離散이 되지 않은 것으로 보고, "피를 볼 상황까지 가게 된다" 하였다. 동파는 상9가 3을 구하자면 반드시 구2와의 싸움이 벌어질 것을 예상하고, 그 피를 흩어지게 해야 한다[渙其血]며 서로 다투지 말 것을 주장하고 있다. "2는 강하고 궁하지 않기에 다투지 않으니, 내가 멀리 피해야 허물을 면할 것이다."[40] 역시 3이 상9를 찾아오지만, 상9는 친비의 관계를 버리고 그를 청산해야 옳을 것이다. 그래서 공자도 "그 뭉쳐 있는 피를 흩어지게 하는 것은 해로움을 멀리함이다[象曰, 渙其血, 遠害也]"라고 주석한다.

환괘가 어차피 예정된 이환離渙이라면 총칼이 아니라도 피를 볼 것은 자명하다. 그렇지 않으면 양보와 타협으로도 전쟁의 피는 씻겨야 한다. 또 그 피를 씻는다는 것은 전쟁과 학살을 반대하고 평화를 기약하는 행동이기도 하다. 그래서 어려운 시절을 넘어갈 찰나에는 그 묵은 원성이나 업보가 스며든 두려움[逖]을 제거除去해버리고 나가지[出] 아니하면 피[其血]를 보고 말 것이다. 세상 이치는 가깝고 쉬운 곳에서 찾아야 한다.[41] 환괘가 감괘坎卦로 간다.[42]

---

39 逖 두려워할 척(惕). 멀 적.

40 소식, 『동파역전』: "九二剛來而不窮, 不可與爭者也."

41 沈大允, 『周易象義占法』: 渙卦가 坎卦로 가니, 적과의 동침이다. 상9가 渙策을 발휘해야 하는 자리인데도, 부정부중하고 음욕에 찬 육3에 빠져, 불을 짊어진 개[逖]에 물려 피를 흘리는 지경에 빠져 들고 만다. 천하의 이치는 지극히 큰 것은 지극히 작은 것에 있고, 지극히 심오한 것은 지극히 얕은 곳에 있다. 지극히 높은 것은 지극히 낮은 곳에 있고, 지극히 먼 것은 지극히 가까운 곳에 있고, 지극히 은미한 것은 지극히 환한 것에 있다. 또 지극히 험한 것은 지극히 평이한 것에 있으며, 지극히 어려운 것은 지극히 쉬운 것에 있다. 어째서일까? 正理를 버리고 邪慾에 힘쓰면 끝내 허황되고 미혹되어 실득을 잃고 만다. 어째서? 이치의 오묘하고 은미한 것은 심원한 데에 있지 않고, 어쩌면 지극히 평평하고 쉬운 데에 있으니, 이를 알아냄이 지극히 어렵다. 『중용』에서 "하늘의 일은 소리도 없고 냄새도 없다[上天之載 无聲无臭]" 했고, 공자는 "도는 덜고 또 던다[道損之又損]"고 했으니, 이처럼 无道의 도를 알아야 할 것이다. 천하의 도는 오묘하고 은미하며 지극히 어려운 것이 아니다. 내 가까이에 드러나 있고 손을 뻗으면 얻기 쉬운 곳에 있다.

42 [說證] 坎卦는 觀卦에서 온다. 상괘 坎의 자리에 손☴의 피가 뭉쳐 곤☷으로 흐르지 않다가,

다산은 여기 '환기혈渙其血'을 '병약病藥'으로 설명하면서 "놀라서 상한 어혈瘀血을 풀어줘야 병이 다스려진다"고 넓게 보기도 한다. 그 이유를 『주역』이 "도가 된다고 하는 것은 크게는 천지를 두루 다스리고, 작게는 무당과 의원처럼 치유의 수단이 있기 때문"이라고 보았다. 이것은 "역이 다 의리義理로만 돌아가게 하면 백성의 씀보다 늦다"며 실사구시實事求是의 『주역』이 되어야 함을 주장함이다.[43/44]

마지막으로 지욱의 '환책渙策'을 요약해 본다. 첫째는 탈출을 막는 어려움을 뽑아 버려야[苦拔] 반드시 락樂을 얻고, 둘째는 훌륭한 지도자로 잘 이끌어 주어야 하고, 셋째는 자신을 죽이고[我忘] 해로움을 멀리[害遠]하여야 반드시 이로우며[興利], 넷째는 명대신名大臣으로 지공무사至公無私해야 할 것이다. 다섯째는 치세治世의 성왕聖王으로 여민동락與民同樂 해야 하고, 마지막은 태보太保·태전太傳·사도司徒로 백성을 교화[敎民]하여 해제害除를 해주어야 시의적절한 환책이 될 것이다.

坎卦가 되면서 흘러내리니 '渙其血'로 피(어혈)를 풀게 된다. 또 坎卦는 臨卦로부터 왔기에 임괘 때는 음이 양을 타고 있어 두려워하더니, 감괘가 되면서 1이 5로 가서 마음이 通하게 되니 '去惕出'이 되고 '无咎'라 한 것이다. 환은 감☵의 질병을 손☴의 약으로 치료하기 때문이다. '血去, 逖出'이 아니고 '渙其血, 去逖出'로 읽어야 한다. 두려워할 척逖은 불을 짊어진 미친 개를 멀리함이다. 참고로 대소 원근에 무익하니 골치가 아픈 문제를 빨리 제거하여야 탈이 없다[風→坎 : 文→官, 卯→子]. 조상의 제사를 잘 섬기며 보호를 받도록 하라.

43 丁若鏞, 『周易四箋』: "易之爲道, 大可以彌綸天地, 小可以學爲巫醫, 必欲以四百五十之緣, 悉歸之於大義理, 則不可以前民用也." 여기서 '450개'의 점사라 한 것은 384효에서 불변의 경우 64개와 乾卦의 用九와 坤卦의 用六까지 더한 수가 450개가 된다.
44 林齊家, 『周易』: 上은 3과 응한다. 3에서 "躬"이라 했으니, 사람 몸에서 피가 나면 침을 놓아 風을 제거해야 한다. '피'는 물이다. '풍을 제거하면' 바람이 멈춘다.

60. 수택절水澤節

Limitation

절節은 스스로 연못의 물처럼 넘쳐서 범람하거나 마르지 않도록 잘 조절해 나가야 할 때이다. 혹 어제 마신 술이 너무 과하지는 않았는지, 아니면 지난번 투자는 잘 되었는지, 이제는 절제와 절도를 연마하고 수행하는 절[㔂]을 한 칸 지을 때가 왔다.

> 節 亨 苦節 不可貞
> 절이란 절도를 잘 지키면 형통하지만, 절도가 모자라거나 지나치면 정도로 가도
> 바르지 못하여 고절이 되고 만다.

절節(Limitation)은 무극无極이라는 '영 콤마 영'의 자리에 올바로 적중하면 훌륭하다[亨]. 그렇지만 적중을 놓치고 과過하거나 혹은 불급不及하면 고절苦節 (Galling limitation)로 고통을 당하게 되어 평상을 유지할 수 없다. 그러니 고절이 되면 아무리 마음을 바르게 하려 애써도 어려움이 따른다[不可貞]. 다음은 백운 白雲의 '절과 고절'의 설이다.

"연못의 물을 가둠은 그 뜻이 젖게하는 데 있다. 반드시 양을 조절하여 흘러들어가고 흘러내리게 한다. 단지 저장만 하고 흘러내리지 못해 연못의 쓰임을 상실해서는 안 된다. '감절甘節'은 절제하여 잘 쓰고, '고절苦節'은 절제만 하고 쓰지 못함이다. 쓰지 못한다면 절제해야 할 이유가 없다. 쓰기만 하고 절제할 줄 모른다면 미치지 못하며, 절제만 하고 쓸 줄 모른다면 지나치게 되니, 그 성품을 상실하게 되고 만다. 연못이 절제하지 못하면 물이 없어지지만, 절제만 하고 쓰지 않으면 못의 쓰임을 상실한 뒤 반드시 무너지고 터지고 만다. '고절苦節'에는 충분히 그 이름을 보전할 수는 있지만 반드시 시기하고 헐뜯는 자가 있다."[1]

음식의 오미五味,[2] 태백泰伯의 판단,[3] 성달절聖達節[4] 등은 절일까, 고절일까? 따

라서 무슨 일이든 지나치면 고苦가 따르고, 그 고苦에 집착하면 멸도滅道가 되니 이고득락離苦得樂의 묘妙를 체득할 수밖에 없다. 고로 강물은 바람의 힘으로 건너고 흩어지며[風水渙], 또 그 강물은 연못의 둑을 보고는 멈추는 절도[水澤節]를 배운다. 그러기에 「잡괘전」에서 절節을 멈춤[止也]이라 하였다.[5/6]

　다음은 '절제의 촉'을 지니라는 공자의 단왈이다. "절이 형통한 것은[節亨] 강유가 각각 3효씩 형평을 지키고[剛柔分], 2와 5가 강으로서 중용을 유지하고 있기[而剛得中] 때문이다. 괴로움을 참는 절제에도 중용의 감각을 유지하지 않으면 안 되고[苦節不可貞], 무리하게 원칙만을 고집하여도 가는 길이 막혀서 움직일 수 없다[其道窮也]. 또 절이 중요한 것은 첫째, 즐거운 마음으로 어려움을 받아들여야 하고[說以行險], 둘째는 자기의 입장에서 합당하게 조절할 수 있어야 하고[當位以節], 셋째는 이러한 중정으로 통할 수[中正以通] 있어야만 절이라 확신할 수 있다. 따라서 천지도 역시 절에 의하여 사시를 움직이니[天地節以四時成], 나라를 다스리는 국정 또한 절에 따라서 다스리면[節以制度] 경제적 파탄을 겪지 않고[不傷財] 백성들을 고통으로 몰아넣는 일도 없을 것이다[不害民]."[7]

1　沈大允, 『周易象義占法』: "…. 甘節, 節而能用也. 苦節, 節而不用也. 不用則无所事節矣. 用而不知節, 不及也. 節而不知用, 過也. 其爲喪性一也. …."

2　『서경』, 「홍범구주」: "五行, 一曰水, 二曰火, 三曰木, 四曰金, 五曰土. 水曰潤下, 火曰炎上, 木曰曲直, 金曰從革, 土爰稼穡. 潤下作鹹, 炎上作苦, 曲直作酸, 從革作辛, 稼穡作甘." 즉 "五行의 맛은 水鹹·火苦·木酸·金辛·土甘으로 절을 이루어야 얻을 수 있다."

3　泰伯이 남방의 荊蠻으로 도망감은 貞일까, 不可貞일까? 泰伯은 주나라 건국시조 태왕[古公亶父]의 장자이며, 문왕의 백부이다. 태왕에게는 태백과 중옹과 계력이 있었고, 계력의 아들 창이 현명하자 태왕이 손자 창을 왕자로 삼으려 하자 그 뜻을 안 태백과 중옹이 형만 땅으로 운둔한다. 『논어·태백』왈. "태백은 지극한 덕을 지닌 분이라고 할 수 있다. 세 번이나 천하를 사양하였지만 백성들이 그 덕를 칭송할 길이 없었다[泰伯, 其可謂至德也已矣. 三以天下讓, 民無得而稱焉.]."

4　『춘추전』에 '聖達節'이라 하였는데 '達'은 통함이니, 坎으로써 통하게 하는 까닭에 절의 형통함이 되거니와 艮으로써 막는 까닭에 '不可貞'이라 한 것이다. 이것이 고절의 의미이다[聖人達節 達者 通也, 坎以通之 故爲節亨, 艮以塞之 故爲不可貞].

5　「서괘전」: "渙者, 離也, 物不可以終離, 故受之以節, 節而信之."

6　정약용, 『주역사전』: "坎으로 통하고 가운데서 이에 즐거운 모임을 가지니 형통하다. 쓴맛은 불의 맛이다. 節卦에서는 坎의 견고함이 있어 일을 맡아 주간할 수 있다. 반면 頤卦에서는 坎이 없으니 일을 맡아 처리치 못한다. 어째서 그러한가? 외국으로 도망가서 마침내 艮의 죽음을 맞이하니 이것이 苦節이다. 伯夷가 수양산에서 죽으니 무슨 일을 할 수 있었겠는가? 그런 고로 不可貞이라 한 것이다."

7　[說證] "節卦의 호괘 頤卦의 성격은 震의 길에서 시작하여 艮의 좁은 길에서 미혹되니 '其道窮

정자는 성인이 절제의 도를 세워 알린 사실을 아래와 같이 설한다. "절제는 딱 알맞음을 귀하게 여긴다. 지나치면 고통스럽다. 괴롭도록 절제해서야 어찌 일정할 수 있겠는가? 절제하는 도를 미루어 말하면, 천지가 절제하기 때문에 사시가 생기며, 절제가 없으면 질서가 없어진다. 성인이 제도를 세워 절제하기 때문에, 재물을 손상하지 않고 백성을 해치지 않는다. 사람의 욕심은 끝이 없으니, 제도로 절제하지 않으면 사치하고 마음대로 하여 재물을 손상하고 백성을 해친다."[8]

성호星湖는 강력하게 '제도로 절제해야 당연함'을 주장한다. "사치하면 재물이 부족하고, 재물이 부족하면 탐욕이 제멋대로 되며, 탐욕이 제멋대로 되면 반드시 백성을 해친다. 재물은 하늘이 내리는 것이 아니라, 반드시 백성으로부터 나오니, 백성에게 거두어들이지 않으면 그 욕심을 채울 수 없기에, 백성을 넉넉하게 함은 반드시 먼저 제도로부터 시작한다. 제도는 사시가 그 절기를 어기지 않는 것과 같으니, 옛날에도 이와 같았고 지금도 이와 같으며, 동쪽에서도 이와 같고 서쪽에서도 이와 같아야 한다. 이것이 천지의 절제여서 성인이 그것을 본받았다."[9]

절을 '큰 절제'와 '작은 절제'로 설명하는 경우도 있다. "하늘에 사시가 있는 것은 커다란 절제이고, 거기에 차고 따뜻하며 비가 내리고 볕이 쪼이는 것은 모두 작은 절제이니, 때에 따라서 같지 않지만 또한 이치에 어긋나지 않는다. 사람에게 사덕四德이 있는 것은 큰 절제이고, 거기에 보고 듣고 말하고 행동하는 것은 모두 작은 절제이니, 때에 따라 같지 않지만 또한 도리에 위배되지 않는 것은 그것이 예로써 알맞게 제어할 수 있기 때문이다. 그러므로 절제의 귀함에 제도가 있다. '재물을 손상하지 않음'은 검소함으로 백성의 차고 넘치는 것을 절제

이나, 節의 上卦는 坎의 통함에 '道不窮'이다. 군자의 절개와 지조는 험에 처하여도 기뻐해야 하니 그 의리에 통달하여 '中正以通'이다. 건☰은 그 양을 절제하고 곤☷은 그 음을 절제하니 '天地節'. 절괘에는 震과 兌가 형성되고 坎과 離도 갖추어지니 四時成이 되었다. 坎은 法制가 되고, 艮은 尺度가 되니 節以制度다. 乾은 富가 되니 '不傷財'며, 坤은 백성이니 '不害民'이다."

8 정이천, 『이천역전』: "물이 멈추어야 할 자리를 알고 가기에 넘치지 않고[不潰] 또한 마르지도 않는다[不渴]. 물이 쉬지 않고 흘러서 늘 청정하면 그 이상으로 더 무엇을 바라겠는가. 대체로 만사가 지나치게 되면 반드시 氾濫하고 渴症으로 인하여 枯渴되니 여기서 절도를 배우는 것이 아니겠는가. 고로 過節하면 고통을 맞으니 어찌 節守를 하지 않겠는가."

9 李瀷, 『易經疾書』: "節以制度, 禁奢侈不踰限也. 奢侈則財不足, 財不足則貪欲肆, 貪欲肆則必害民. 財非天降, 必從民出, 不斂於民, 無以充其欲, 故裕民必先從制度始. …."

하는 것이고, '백성을 해치지 않음'은 백성의 노고를 신중하게 쓰는 것이다. 공자는 '씀으로 절약의 때를 가려 백성을 부린다'고 했으니, 「단전」에서 '절'을 다섯 번 말한 것은 거듭 탄식한 것이다."[10]

참고로 절괘는 태괘泰卦에서 오는 바,[11] 절은 '절제'가 있어야 지켜짐을 알 수 있다. 절은 우선 매사에 절제를 지켜야 할 때이다. 일단 일이 원만하지 못하고 자주 고통이나 좌절이 나타난다. 즉 과음이나 과식을 하거나 지나친 일로 피로를 느끼고 쓰러지기 쉬운 때다. 대인관계도 지나친 친절로 자신을 약하게 만들 수 있다. 스스로 무덤을 파는 결과를 초래하지 말라. 작은 규모는 이익이 짭짤하지만 큰 규모는 섣불리 뛰어들지 말라. 참새가 황새를 쫓으면 가랑이가 찢어진다.

다음은 실학자다운 다산의 설명이 독특한 부분이다. "절節은 대나무의 마디이다[節竹節也]. 지뢰복 때에는 어린 대나무가 싹트기 시작하여[復之時 蒼筤之竹 始萌始筍] 지택림이 되고, 다시 지천태가 되면 대나무가 점점 솟아올라서 한 마디가 마침내 이루어진다[爲臨爲泰 其竹漸長 則抽而上之]. 이것이 바로 절이라는 대나무의 마디이다[此竹節也]."[12]

또 절은 부절符節이다. "산의 나라에서는 호랑이로 부절을 썼고, 물의 나라에서는 용으로 부절을 썼다. 부절符節로는 믿게 한다는 것인데, 지금 진震의 대나무가 부분으로 분할됨에 간艮의 부절을 밖으로 보내어 받들게 하고, 가운데 리離의 믿음을 이루었으니, 이것이 이른바 「서괘전」의 '절이신지節以信之'이다. 즉 절제하여 믿음이라 한 것이다. 계곡의 물이 흐르기만 하고 고이지 않는다면 메마르고 건조한 때에는 논밭에 물을 댈 수 없으니, 미리 연못을 만들어 그 물을 모아둠으로써 절약을 알게 하는 것이 바로 부절符節이다."[13]

---

10 沈大允, 『周易象義占法』: "… 不傷財, 儉以節民之濫溢也. 不害民, 重用民力也. 子曰, 節用而使民以時, 象傳凡五 擧卦名者, 屢歎之也."

11 李鼎祚, 『周易集解纂疏』: 노경유 왈. "節卦는 泰卦에서 왔고 태괘는 복괘에서 비롯되었다." 남북조 시대 徐遵明에게서 역을 배운 盧景裕의 『易注』는 정미하고 고아하여 칭찬이 대단했으나 전해지지 않고, 그의 역은 권회와 곽무에게 이어졌다.

12 정약용, 『주역사전』: "復臨泰가 되어 쭉 위로 뻗어 마침내 하나의 마디가 형성되니 이것이 대나무다. 대나무 마디는 뿌리에 가까울수록 짧고[하괘에 두 개의 강] 촘촘하며 솟아오르면서 길고 넓어진다[5는 3·4의 자리를 뛰어 넘어 있음]."

13 『周禮』, 「地官司徒」, '掌節': "符節은 그림이 그려진 신표다. 掌節은 나라를 지키고 왕명을 돕기 위해 사용되는 것으로 용도에 따라 각각 다른 절이 사용된다. 나라를 지키는 자는 玉節, 도읍과

한편 천지 기운이 상교하는 수가 60이요, 절괘는 60번째이다. 그러니 인간도 60이 되면 환갑으로 마디가 생기는 절을 맞는다. 또 오운五運은 천간天干, 육기六氣는 지지地支를 이른다.[14] 64괘 중 60번 째 절은 지구의 변화를 알려주고, 인간은 이 변화를 보고서 일상의 활동을 하게 되니, 1년은 365일, 1후는 5일, 3후는 1절, 1절은 15일, 365일은 24절 72절후임을 알게 된다.[15]

象曰 澤上有水 節 君子以 制數度 議德行
상왈, 연못에 물을 담고 있는 상이 절이다. 군자는 이를 본받아 수와 척도를 정하고 덕행의 기준을 논의한다.

연못의 물은 담기는 양이 한정되어 있어서 과하면 넘치니 그 수준水準을 유지하려는 수량과 절도가 필요하다. 군자는 이러한 절의 상을 보고 도수를 잘 세워[制數度, Create number and measure] 만물의 대소와 경중과 높낮이와 장단에 각기 맞도록 그 도度와 수數를 세워 수도修道해 나가야 할 것이다. 그러니 군자가 덕을 행하매 시절에 맞게 수위 조절을 잘하여[議德行, Examine the nature of virtue and correct conduct], 연못이 스스로 그 물을 조절하듯 대소가 깊고 얕음으로 넘치지도 마르지도 않도록 절도를 세워야 한다.[16]

촌락을 지키는 자는 角節, 산이 많은 지역은 虎節, 땅이 많은 지역은 人節, 못이 많은 지역은 龍節을 사용한다. 掌節은 모두 금으로 만들며 국가에 보관하는 금으로 보조한다."

14 五運 : 甲己合土, 乙庚合金, 丙辛合水, 丁壬合木, 戊癸合火.
　　六氣 : 巳亥(大寒부터 風木氣 發動), 子午(春分부터 君火氣 發動), 丑未(小滿부터 濕土氣 發動), 寅申(大暑부터 相火氣 發動), 卯酉(秋分부터 燥金氣 發動), 辰戌(小雪부터 寒水氣 發動)

15 12月 卦名 : 1월 泰, 2월 大壯, 3월 夬, 4월 乾, 5월 姤, 6월 遯, 7월 否, 8월 觀, 9월 剝, 10월 坤, 11월 復, 12월 臨.

16 정약용, 『주역사전』 : "절괘는 泰卦에서 온다. 坤은 均으로 十百이 되는 수의 근본과 乾의 剛한 龍德이 축적된다. 推移하여 절괘가 되면 艮으로 寸尺의 절도가 있으니 度數가 있고, 震의 行이 함께하니 乾의 德行이 행해진다. 이에 坎의 법률로 규제하고 兌의 말로 의논하니 절괘의 의의라 할 수 있다. 도수를 제정하면 어찌 되겠는가? 도수를 제정하여 度量衡을 맞추니 모두 적절한 조리가 있다. 또 덕행을 논의하면 어찌 되겠는가? 시호와 책명을 모두 절도 있게 내림으로써 은혜를 베풀게 된다. 이는 『예기·표기』에서처럼 '선왕이 시호로써 이름을 높이고 악을 버리고 선을 취함으로써 선을 하나로 함과 같다. 도수라는 것은 명칭, 무리, 종류, 명목, 예악과 제도와 같고 덕행은 忠, 靖, 廉, 淸, 貞, 亮, 高, 介와 같으니 이 모두는 절괘의 時義가 된다."

백운白雲의 다음 설명이 이해를 돕는다. "절節은 절제하여 예에 부합하고, 예禮는 그 알맞음을 제정한다. 희로애락이 발현하여 절도에 알맞으면 중도가 그마음에 확립되고, 보고 듣고 말하고 움직임이 모두 예에 맞으면 중도가 그 몸에확립된다. 몸과 마음이란 두 가지 단서를 잡아, 그 알맞음을 백성에게 쓰면 중도가 천하에 확립되는 것이 아닌가. 이는 군자로서 때에 알맞으면 중도가 만세에확립된다는 증좌이다. '절제'는 예를 행하는 방법이며, '예'는 중도를 행하는 방법이다. '수와 법도를 제정함'은 정사政事가 알맞은 것이며 '덕행德行을 의논함'은말과 행동이 알맞은 것이다.[17]

성호星湖는 "못에 물이 있는 것과 못에 물이 없는 것을 서로 대조해보면, 물이못 위에 모이는 것이 제방에 한정되니, 마르지도 않고 넘치지도 않는 그것이 절제다"[18]라고 하였고, 희곡希谷은 "신하가 절제하지 않으면 반역하게 되고, 여자가 절제하지 않으면 음란하게 된다"고 하였다.[19]

설중으로 보면 수數는 양이고 도度는 음, 음과 양에 각각 한정됨이 있다. 절제하고 의논하는 것은 태☱, 감☵은 수가 되고 법도가 되고, 간☶은 덕이 되니,또 감☵은 과단성 있는 행동이고, 태☱는 제정하고 의론하는 것이다.[20] 『태조실록』에 "제도를 잘 운용하여 재물도 상하게 하지 말고 백성도 해롭게 말라"는상소가 보인다.[21]

---

17 沈大允, 『周易象義占法』: "… 節者, 所以爲禮也, 禮者, 所以爲中也. 制數度, 政事之中也, 議德行,言行之中也. 坎爲數, 艮爲度爲德, 坎爲果行, 兌制民議."

18 李瀷, 『易經疾書』: "澤上有水, 與澤無水相照, 水聚澤上, 限于堤岸, 不竭不溢, 所以爲節."

19 李止淵, 『周易箚疑』: "臣不節, 則爲叛, 女不節, 則爲淫."

20 李震相, 『易學管窺』, : "數陽度陰, 而陰陽各有限, 節制之者, 兌斷決也. 德內行外, 而內外莫不中節,議之者, 兌之講習也. 坎爲法律, 又有常, 德行之象."

21 『태조실록』 태조 3년(1394) 8월 2일: "하늘이 고려 왕씨를 버린 것은 왕씨를 미워하여서가 아니라 '왕씨의 無道함을 미워한 것이며, 전하에게 명을 주는 것도 전하를 사랑하여서가 아니라,전하의 덕이 있는 것을 사랑한 때문입니다. 바라옵건대 전하께서는 급하고 급하지 아니한 것을살피시어 백성의 힘을 덜어 주시면, 백성이 기뻐하고 하늘도 좋아하여 아름다운 징조가 이를것입니다. 『논어』에 이르기를, '물건을 아껴 쓰고 백성을 사랑하라[節用而愛人]' 하였고, 『주역』에는 '제도를 잘 운용하여 재물도 상하게 하지 말고 백성도 해하지 말라[節以制度,不傷財,不害民]' 하였습니다. 이는 백성을 사랑하면 재물을 상하는 데 이르지 않고, 재물을 상하게 되면 반드시 백성에게 해를 끼치게 되는 것입니다. 지금 전하께서 마땅히 경연을 열어 경전과 사기를토론하여, 어느 것이 배울 만하고 어느 것이 경계할 만한지, 옛일을 스승으로 삼아 정치에 참고하소서. 조선은 箕子가 봉한 나라로, 이번에 명나라에서 다시 국호를 주었으니, 『洪範』 한 권이

> 初九　不出戶庭　无咎
>
> 초9는 (말소리를 함부로) 문밖으로 나가지 않도록 하라. (이처럼 말을 절제한다면)
> 허물이 없을 것이다.

　초9는 연못의 최후 보루로, 내가 무너지면 연못의 둑이 터져 그 정체성이 사라지고 만다. 공자의 주석은 이렇다. "문밖으로 말소리가 나가지 않도록 하라. 말을 신중하게 절제하는 것이 바로 통하고 막힌 바를 먼저 알 수 있다[象曰, 不出戶庭, 知通塞也.]." 말을 절제하고 음식을 절제함은 절제의 미덕 가운데 가장 큰 것이다. 왕필은 절괘의 초효는 "무엇이 통하고 막힌 것인지 또 무엇이 거짓이고 참인지를 알아야 하기에 신중을 잃지 말라" 하였다. 이러한 때를 맞아 만일 말을 신중하게 하지 않는다면 지혜롭다 할 수 없다. 지금 말을 꺼내지 않으니 이를 '지통·색知通塞' 즉 '통하고 막힘을 안다' 한 것이다.[22]

　아는 자는 원래 말이 없다. 감坎은 지혜라 했던가. 초9가 변하면 절괘가 감괘로 간다. 시절로 말하면 초9도 강정剛正이지만 나보다 더 강한 자[2]가 앞에서 가로막고 있으니 그만 멈추고 문밖으로 나가지 말란다. 그러기에 "방문[戶庭]을 열고 아예 밖으로 나서지 않으면[不出] 허물이 생기지 않는다[无咎, Without blame]"고 한 것이다. 고로 반드시 시절의 통색通塞을 알아서, 통하면 흐르고 막히면 멈추니, 물의 가장 밑바닥인 자리에서 지금은 머물고 있을 뿐 흘러가지 않아야 한다.

　여기 함부로 나가지 않는 '불출不出'을, 군신君臣 간에 나누는 말은 은밀하고 신중하게 다루어야 한다며, 공자가 「계사전」 '상경 8장'에서 다음과 같이 설명하

야말로 기자가 말한 것으로, 제왕들이 모범으로 하는 것입니다. 비옵건대, 경연에서 먼저 이것을 강의하여, 그 가르침을 밝히소서. 옛날 賈誼가 漢나라에서 통곡하여 文帝의 융성한 시대가 있게 되었고, 魏徵이 당나라에서 지극한 말을 하여 貞觀의 치세가 있었습니다. 전하께서도 상소한 조목을 채용하여 그대로 시행하신다면 만세에 다행일 것입니다."

22 정약용, 『주역사전』 : "坎卦는 觀卦로부터 왔으니 大艮의 문 아래 있는 곤은 뜰이 다. 감괘는 또 臨卦로부터 오니 兌의 입이 열림에 말에 절도가 없더니[上无阻] 坎卦가 되면 곧 지게문과 정원의 내부에[觀大艮之內] 兌의 말이 사라져 이를 '不出戶庭'이라 했다. 節卦는 兌의 입이 아래에 있고 坎의 법률로 절제하는 까닭에 이를 모든 효에 경계로 삼은 것이다. 임괘 때는 兌에서 음이 올라타고 있어 위태롭더니 감괘가 되면서 지금 양이 상승하여 '无咎'가 되니 무슨 허물이 되겠는가. 坎은 통함이 되며 兌는 막힘이 되니[川壅而爲澤] 지금 나는 궁한 반면에 상대는 소통이 된다."

고 있다. "난亂이 생기는 것은 경솔한 말을 하기 때문이다. 임금이 근신하지 아니하고 은밀한 일을 경솔히 발설하면 신하를 잃고, 신하가 은밀한 것을 삼가지 않고 발설하면 제 몸을 잃고, 나라의 기밀을 누설하면 나라에 위해가 초래된다. 그러므로 군자는 은밀한 것은 삼가하여 경솔하게 발언하지 아니하니, 고로 집 밖으로 나가지 않는다[不出戶庭无咎, 子曰, 亂之所生也, 言語以爲階, 君不密卽失臣, 臣不密卽失身, 幾事不密卽害成, 是以君子 愼密而不出也]." 공자의 단왈에 다산의 해설을 붙인다.[23/24]

> 九二 不出門庭 凶
> 구2는 문정 밖으로 (말소리가) 나가지 않아 흉할 것이다.

초9는 앞에 구2가 가로막고 있었기에 절제로 나가지 않았지만, 구2는 앞에 3, 4가 물길을 훤히 뚫어주고 있기에 앞으로 차고 나가야만 한다. 그러나 구2는 본시 위의 물을 받아들여야 할 음의 자리에 있으면서도 강으로 부정의 자리에 앉아 5의 강을 밀어내며 오히려 지나치고 굳게 절제를 하니, 대문의 바깥 뜰도 나가지 못해 그 기회를 놓쳐 흉을 당하고 있다. 그러기에 공자도 "5를 받아들여야 할 자로서 대문의 바깥에조차도 나가지 않는 고집스럽고 소극적인 자세 때문에 절제의 타이밍을 잃음이 극에 달했다"고 풀고 있다.

집 안에만 들어박혀 세상의 흐름을 몰라 기회를 잃고는 흉을 맛보는 상이다.

---

23 [실증] "절괘의 坎은 亂이요 兌는 말이다. 泰卦의 군주가 兌로 입을 열고닫음을 신중히 단속한다. 태의 3 君이 5의 坤 신하에게로 가서 節의 坎이 되면, 坤의 民이 사라지니 君은 臣下를 잃음이다. 또 5의 坤 신하가 3으로 가서 兌로 신하가 말을 긴밀하게 하지 못하면, 坤 자신의 몸을 잃는 꼴이다. 坎의 기밀을 乾☰의 세 陽처럼 긴밀하게 하지 않으면 곧 坎의 해를 입는다. 坎의 성질처럼 견고하고 긴밀하면, 말을 밖으로 나가게 하지 않고 신중함이 있을 것이다. 坎이 되면 兌의 말이 艮의 문 안에서 소멸된다. 절괘는 태괘로부터 왔으니 태괘에서는 건의 군주와 곤의 신하가 각각 그 분수에 안주하고 있더니, 절괘가 되면 兌의 한 마디 말로 신하가 坎의 난리를 일으키니, 이러한 때를 당해 한마디 말이라도 긴밀히 하지 않으면 기밀을 지켜야 하는 일이 모두 새어 나가게 되는 까닭에 경계하기를 이와 같이 한 것이다."

24 참고로 통하고 막힘을 알아 삼가 행하지 말아야 하고, 백번을 참더라도 집에 있어야 좋은 소식이 온다. 또 절괘가 감괘로 가니, 막혔던 물길은 뚫리어 기는 통한다. 그렇지만 없는 자의 입장에서 초9는 제방을 쌓아 물을 가두어갈 때지 큰 사업을 시작하기는 어려운 때라 차근차근 조심성 있게 준비하라. 그렇지 않으면 오히려 어려움만 닥친다.

나와 정응할 구5는 그 양쪽에 음효 4와 상의 사이에 끼어 나를 돌아볼 틈도 없이 즐기며 흘러가고 있으니, 나는 남편을 기다리는 현모양처로 적극적으로 세상과 조절하고 화합하며 살아가야 하는 자리임에도 불구하고 그 타이밍을 놓쳐버렸다. 지나치게 소극적으로 살아가고 있는 득중得中한 주부의 전형이다.[25]

이를 지욱은 "소절小節을 고수固守하다 대실大失하고 만 안타까운 경우"라 하고, 왕필도 초9는 제도를 마련하여 두었고, 구2는 그 제도를 펼쳐야 함에도 숨어 있으니 "때를 잃음이 극에 이르러 흉"이라 하였다.

동파는 아래처럼 적극적인 '소통론'을 펼친다. "물이 비어 있으면 받아들이고 또 차면 흘러 내보내는 권한을 연못이 가진다. 그런데 초9와 구2 그리고 육3은 연못처럼 사람을 절제한다. 그러니 4·5·상은 위에서 절제를 당하는 자들이다. 초9는 절제를 하니 빨라서 좋고, 육3은 절제가 크게 늦다. 구2는 절제를 베풀어야 할 때이고 마땅히 발휘하여야 할 때인데도 소통하지 않으니 때를 잃음이 극에 다다른 것[象曰, 不出門庭, 失時極也]이다." 절節이 준屯으로 가는 경우이다.[26/27]

> 六三 不節若 則嗟若 无咎[28]
> 육3은 절제하지 않았기에 탄식을 하니 허물할 곳이 없다.

육3은 부중하고 부정하며 음유하기까지 하여 절제를 모르는 위인이다. 위로부터 흘러나오는 모든 것을 거절 없이 받아들이는 연못의 거친 입에 해당된다.

---

25 金相岳, 『山天易說』: 절제의 타임에 있다. 강건중정으로 벗어날 만한데 육3에 가까워 사사롭게 매었으므로 정문 뜰을 벗어나지 않아 흉하다. 그래서 초효의 '벗어나지 않음'은 마땅히 기다려야 한다는 경계를 얻었고, 2효의 '벗어나지 않음'은 조심하고 삼가는 뜻을 잃었으므로 '흉'하다.

26 정약용, 『주역사전』: "屯卦는 관괘로부터 왔으니 大艮의 문이고 곤은 정원이다. 둔괘는 임괘로부터 오니 兌의 입이 열려 있어 절제가 없었는데, 준괘가 되면 門庭 안쪽에 兌의 입이 소멸되니 '不出門庭' 즉 '말이 문정 밖으로 나가지 않음'이다. 초9는 戶庭이고 구2는 門庭이 된다. 泰卦는 양의 전진이 3까지 왔는데, 절괘에서 한 걸음 물러섰건만, 다시 준괘가 되면서 한 걸음 물러서니 '失時極'이라 함이다."

27 참고로 재운은 빨리 서둘면 성공하나 지체하면 방해를 받는다. 또 초9는 비밀을 발설하지 말아야 하며 구2는 비밀을 말하지 않아서 낭패를 보는 수다. 반드시 윗사람 또는 파트너와 상의하여 일을 처리하도록 하라. 특히 자식이 공부로 속을 썩인다.

28 嗟 탄식할 차.

이미 연못이 가득차서 넘치는 때에 절제를 하려니 절제가 되지 않아 탄식이다[則嗟若, Cause to lament]. "절제가 되는 자 또한 괴롭다."[29] 3은 위에 이미 물이 넘쳐나는데도 스스로 입을 벌리고 그 험을 다 받아들여야 하니 누구를 원망하겠는가[无咎]. 그러나 3이 유순 화목으로 스스로를 절제할 줄 알고 진정으로 순수하다면 과실이 없으련만, 음유의 본색을 버리지 못한 채 절제를 넘으니 흉으로 탄식할 수밖에 없는 태음의 상이다. 이러한 허물을 얻은 것은 자신이 절제를 지키지 못한 까닭이다[不節若, Know no limitation].

위암韋庵은 "못이 물을 수용함에 한계가 있는데도, 물이 저절로 넘쳐나는 것은 절제하지 못한 상황"이라며 이렇게 설한다. "태☱의 입과 감☵의 근심이 모두 '한탄'의 상이다. 역의 도는 처음부터 끝까지 두려워하는 것이니, 그 요점은 허물할 데가 없다. 건괘乾卦 구3으로부터 이하 여러 효에서도 그 뜻을 알 수 있다. 여기 육3이 비록 절제하지 못하지만, 한탄하며 걱정으로 가면, 잘못을 보완해 갈 수 있을 것이다. 어떤 이는, '절괘는 조화調和로 맛을 삼는데, 감☵의 음식을 태☱의 입이 기쁨으로 여겼기 때문에 절제하지 못하는 것'이라 경계했다."[30]

지욱 역시 "상6이 이미 넘쳐 오는데 택구澤口 3이 절제하지 못하고 입을 벌리고 있으니 장차 누구를 허물할 수도 없는 자업자득"이라 하였다. 『노자』도 "당신이 항상 욕심이 없으면 오묘함을 보지만[常無慾 以觀其妙] 영양가 하나 없는 욕심이 가득하면 허상만 볼 것이다[常有慾 以觀其嬌]"라며 충고를 아끼지 않는다. 공자는 "절제하지 못하여 탄식하니, 또 누구를 허물하랴[象日, 不節之嗟, 又誰咎也]"며 모든 허물을 자신의 탓으로 돌리고 있다. 여기서 약若'은 허사虛辭이다. 절괘節卦가 수괘需卦로 가니,[31] 여기서도 음식과 말의 절제가 절의 근본임을 알 수 있다.

---

29 소식, 『동파역전』: "見節者苦焉." 절괘 구2가 절제하는 것은 아직 가득 차지 않았을 때 절제이기에 즐겁다. 육3의 절제는 이미 넘쳤을 때 절제하기 때문에 절제하는 자가 탄식하며, 절제되는 자도 괴롭다.

30 金相岳, 『山天易說』: "澤之容水有限. 三居兌上, 水自溢出, 故日不節. … 或日, 節以調和爲味, 而坎之飮食, 兌口承之以說, 故有不節之戒矣."

31 정약용, 『주역사전』: 需卦는 대장괘로부터 온다. 대장은 大兌로 언어와 음식을 절제하지 않으면 난의 근본이 되고, 음식을 不節하면 병의 원인이 된다. 대장은 兌의 형체가 크니 '不節若'의 상태다. 需卦가 되면 兌의 입으로 坎의 고통을 표현하니 '則嗟若'이다. 대장괘 때는 음이 양을 타고 있어 위태롭더니, 지금 需卦에서는 강이 상승하여 합당한 지위를 얻으니 '无咎'가 되었다. 이미 자신의 잘못을 탄식하고, 잘못을 뉘우치고 고침을 귀중하게 여긴다면, 또 누구를 허물하리

> 六四 安節 亨
> 육4는 절제를 편안하게 하니 형통하다.

시절로는 유순하고 바른 대신으로 성군을 받드는 상이다. 태평시대의 재상으로, 아래의 민심(초9)을 독식하지 않고 백성들과 소통을 잘하며, 위의 주군과도 절도를 잘 지켜 나가니 아름답고 안정된 자리이다. 강건중정한 임금의 도를 아무 탈 없이 받드는 충신의 절제이다. 자신을 드러내지 않는 최측근으로, 음지에서 총리나 비서실장으로 그 책임을 다하는 충정에 찬 신하다. 4는 나는 새도 떨어뜨린다는 세도가로 임금의 눈을 가릴 수도 있고 귀도 막을 수 있는 자리다. 그런데도 임금의 뒤에서, 나서지도 않고 발 없는 발로, 말 없는 말로 기꺼이 본분과 절제를 다하니[安節, Contented limitation] 만사형통하다. 공자 역시 "절에 편안하여 형통함은 윗분의 도를 잘 받들기 때문[象日, 安節之亨, 承上道也]"이라 하였다. 안절한 4는 물의 기운[☵] 5를 동행하여 아래의 연못으로 잘 들어가게 하는 능력을 갖췄기에, 소위 민심과 하나 되어 여민동락與民同樂하는 자이다.

위암韋庵의 『산천역설山天易說』에서는 "물이 위로 넘치면 절제함이 없고, 아래로 흐르면 자연히 절제를 받아 편안해지니, 아래에서 편안해지면 위에서 넘치지 않는다. 대체로 4는 전적으로 5를 가까이 하고, 초효와 호응한다. 초효의 굳센 양은 곧 아래에 있는 어진 이다. 대신의 도로 4가 어진 이를 얻어, 윗사람을 받들 수 있으면, 나오지 않던 어진 이 초효가 나올 수 있다. 어진 이를 얻는 것으로 편안함을 삼으니, 이 때문에 형통하다. 맹자가 말한, '설류泄柳와 신상申詳이 목공繆公 곁에 사람이 없으면 그 몸을 편안히 할 수 없을까 걱정했던 일'이 '안절'의 뜻"이라 한다.[32/33] '안절'은 알맞게, 자연스럽게, 편안하게, 순리대로, 억지

요. 泰卦가 節卦가 되고, 대장괘가 需卦가 되는 경우는 모두 시작은 절제하지 못하였지만 끝에 가서는 절제를 하니 '无咎'가 된다.

32 金相岳, 『山天易說』: "水之上溢, 爲无節而就下, 則自然受節而安, 安於下, 則不溢於上矣. … 大臣之道, 能得賢而承上, 則初之不出者, 可以出矣. 以得賢爲安, 所以亨也. …."

33 『孟子·公孫丑』: "孟子께서 齊나라를 떠나 晝 땅에서 묵게 되었다. 王을 위하여 孟子께서 떠나는 것을 만류하려는 사람이 있어, 앉아서 말을 하였다. 孟子께서는 그 말에 응대하지 않고 안석에 기대어 누우셨다. 客이 불쾌해하며 왈, '이 사람이 재계하고, 묵은 후에야 감히 말씀드리는데, 선생께서 누워서 듣지 않으시니, 다시는 감히 뵙지 못하겠습니다' 하자, '앉으시오 내가 분명히 그대에게 말합니다. 예전에 노의 繆公은 공자의 손자 子思의 곁에 현명한 사람들을 보내서, 子

로 함이 없는 절제의 의미이다. 절괘가 태괘兌卦로 간 경우이다.[34]

『중용』에서는 안자顔子를 '안절安節을 얻은 사람'의 표본으로 제시하고 이렇게 설명한다. "혹 어떤 사람은 날 때부터 그것을 알고, 어떤 사람은 배워서 그것을 알고, 어떤 사람은 그것을 고심해서 알지만, 어떤 형식으로든 그것을 알고 나면 매 한가지이다. 또 어떤 사람은 자기가 하여야 할 일인데도 이로움이 생겨야만 행하고, 어떤 사람은 자기가 하지 않으면 안 될 일인데도 불구하고 억지로 행하고, 어떤 사람은 편안한 마음으로 일을 행하는데, 안자는 편안하게 자기 일을 행하는 사람이다."[35] 실록에도 '경상비'를 줄여 '안절'을 지키라는 상소가 빗발친다.[36]

思의 의견을 들어 정치에 반영하지 않으면, 子思가 떠나갈까 염려했고, 설류와 신상은 목공의 곁에 늘 현명한 사람이 있어, 繆公을 보좌하고 만류하게 해 주지 않으면, 그들의 몸을 편안히 하지 못할까 염려했습니다. 그대는 長者를 위해 생각해 주었으나, 繆公이 子思를 생각하는 정도에까지는 미치지 못하였으니, 그대가 長者를 거절한 것이겠습니까, 長者가 그대를 거절한 것이겠습니까? 齊王이 그대를 시키지도 않았는데도 와서, 그대가 스스로 王을 위하여 나를 머물게 하려고 하나, 이것은 나를 위하여 도모하는 바가, 繆公이 子思에게 한 일에 미치지 못하니, 이는 그대가 먼저 나를 거절한 것입니다. 내가 누워서 응대하지 않은 것이, 어찌 내가 먼저 거절한 것이겠소' 하였다."

34 정약용, 『주역사전』: "兌卦는 중부괘와 대장괘로부터 온다. 중부 때는 이미 다스려지고 편안하여 상하가 힘든 일이 없었다. 대장으로부터 兌卦가 되면 坎의 노고가 있으나 說以忘勞, 즉 기쁨으로 노고를 잊는다. 이것이 곧 안절의 뜻이다. '上道'라 함은 대장의 震을 가리키니 兌卦에서 위아래가 모두 즐거워하니 '承上道'라 한 것이다. 사람이 절제하기 힘 든 것은 말과 음식과 安逸이다. 고로 효사 셋 모두가 이로 경계한 바다."

35 『중용』 20장: "或生而知之, 或學而知之, 或困而知之, 及其知之, 一也 ,或 安而行之, 或利而行之, 或勉强而行之, 及其成功, 一也."

36 『성종실록』 성종 4년(1473) 7월 30일 : "浮費[경상비]를 줄여야 합니다. 『주역』에서 말하기를, '절약하여 제도로써 재물을 손상시키지 아니한다' 하였고, 『대학』에서도 生財之道를 논하기를, '먹는 자가 적고 쓰는 자가 더디면 재물은 항상 족하다[食之者寡 用之者舒 則財恒足矣]'고 하였습니다. 대저 천지에서 재물을 생산하는 것도 숫자가 있고, 한 나라의 田土에도 한정이 있는데, 더욱이 놀고먹는 자가 많고 놀리는 땅이 남아있는 데다가, 홍수나 한발의 재앙이 들어서 해마다 농사가 가지런하지 못하고 매년의 세입이 한결같지 아니한데도 조정의 경비는 해마다 증가하고 줄어들지 아니하며, 中外에 저축한 곡식이 날로 소모하여 없어지는 지경에 이르니, 작은 연고가 아닙니다. 국가에서 새로 章程을 세워서 적당히 재량하여 줄이는 것을 더하는 것도 먼 훗날을 염려하는 '安節'이 될 것입니다. 그런데 쓸데없는 비용이 아직도 많습니다."

九五 甘節 吉 往 有尙

육5는 감미로운 일에 빠져도 절제가 가능하다[절제를 달게 여기니 길하다]. 가도 가상함이 있다.

먼저 수현壽峴의 간절한 읍소가 있다. "신이 삼가 살펴보았습니다. 절괘 구5에서 '달콤하게 절제하니 길하다'고 했으니, 이른바 '달콤하게 절제한다'는 것은, 절제하는 데 괴롭지 않음이 달콤한 맛을 즐기는 것과 같아서 힘들고 고생하는 뜻이 없습니다. 5는 절괘의 주인으로 중中에 있고, 맛이 달콤하기 때문에 그 상을 취했습니다. 대체로 절괘의 괘가 됨이, 물이 못 위에 찼는데도 절제하여 그칠 줄 아는 뜻입니다. 무릇 물건이 넉넉하지만 절제되면 인정에 부합하여 괴로워하는 바가 없습니다. 옛날 추나라 목공 때, 두 석의 벼로 한 석의 쭉정이를 바꾸어, 오리와 기러기가 먹게 하였는데, 관리가 낭비로 여겨 벼로 먹이기를 청하였습니다. 목공이 '너는 작은 계책만 알고 큰 계책을 모르구나. 주나라 속담에 주머니가 새는데 안에 넣는다고 했다. 벼가 창고에 있는 것과 백성에게 있는 것이 내게 무엇이 다를 것이 있겠는가?'라고 하였습니다. 이 한마디 말은 어찌 유사有司로서 한갓 경비를 아끼려는 자가 미칠 수 있는 것이겠습니까? 엎드려 바라건대 전하께서는 절제하고 덜어내는 일에만 치우치지 마시고, 그 본원을 두텁게 하소서."[37]

이는 돈 되지 않는 짚단과 돈 되는 쌀가마니의 비유 같다. 백성에겐 쌀도 필요하고, 이엉을 이어야 하는 백성들에게는 짚도 필요하다. 쌀보다 짚이 필요한 백성에게는 짚을 나눠주는 일이 '감절甘節'이란 소리다. 5는 백성들에게는 절도가 있는 임금이요, 가정에서는 절도가 있는 가장이다. 5는 모범이 되고 표상이 되는 지아비와 군왕의 상이다.

정자는 또 이렇게 풀었다. "자신으로 보면 단맛이 나는 행보요, 천하를 볼 때는 홍복과 기쁨이요, 절제의 맛으로는 감미롭다[甘節吉, Sweet limitation]." 감절로 행하면 그 공이 큰지라 위로는 상6을 만나고 아래로는 백성들로부터 찬사가 있을 것이다[往有尙, Going brings esteem]. 공자도 '감미로움에 탐닉하는 것을 절제하여 길한 것은 머무르는 지위가 중위에 있기 때문[象曰, 甘節之吉, 居位中也]'이라

---

37 石之珩, 『五位龜鑑』: "昔鄒穆公曰爾知小計, 不知大會. 周諺曰, 囊漏貯中. 粟之在倉與在民, 於我何擇. … 伏願殿下, 毋偏於節損, 而厚其源本焉."

주석하였다. 저 감절의 절조는 강직하기가 금석과 같고 맑으면서 깨끗하기는 빙설과 같다.[38] 절괘節卦가 임괘臨卦로 가는 경우다.[39]

유재游齋는 '오십에 고기를 먹고, 칠십에 비단옷을 입는 일'과 '검객과 가는 허리'로 '감절'을 비유했고,[40] 성호星湖는 '헐렁함'과 '빡빡함' 그리고 '모난 자루'와 '둥근 구멍' '넓고 좁음'을 안다면 밝은 임금이 어진 신하를 등용하는 일은 '오! 땡큐, 감절!'이라 한다.[41]

---

38 장유, '절조[疎庵集序]' : "처음에 내가 周易을 읽을 때, 節卦의 甘節과 苦節에 대한 대목에 이르러 탄식하였다. 흐뭇한 심경으로 자신의 節操를 행해 나가는 것이야말로 숭상할 만한 일이다. 그러나 모두가 꼭 그렇게 될 수는 없는 노릇이다. 한편 몸을 괴롭게 해가면서까지 절조를 지켜 나가는 것으로 말하면, 中道에 벗어나는 일이기는 하다. 그러나 뜻이 독실하고 신념이 확고한 자가 아니라면, 또한 어떻게 이런 일을 제대로 해낼 수가 있겠는가. 그런데 故友 疎庵 任茂叔(任叔英)은 세상에 보기 드문 節操의 소유자로서, 강하고 곧기가 金石과 같았고, 맑으면서 깨끗하기가 氷雪과 같았으며, 그 준엄한 言論은 높이 솟은 層岩絕壁을 연상케 하였다."

39 정약용, 『주역사전』 : "절괘는 泰卦로부터 왔다. 또한 태괘는 臨卦로부터 출발한다. 임괘 때는 곤의 땅에 경계가 없고, 兌의 입은 음식을 향해 우러러 보고 있었는데, 땅에서 이에 震의 곡식을 심고 거두게 됨에 그 맛이 달콤하다. 임괘로부터 태괘로 나아가게 되면 그 단맛을 절제하지 못해 그 감미로움이 夬卦 乾卦에까지 계속 이어지더니, 節卦가 되면 坎과 艮으로 절제가 되니 '甘節'이라 한 것이다. 5는 卦主가 되기에 본상만 말한다."

40 李玄錫, 「易義窺斑」 : "절제는 그것이 지나치고 넘치는 것을 짐작하여 中道에 맞게 하는 것이다. 오십에 고기를 먹고, 칠십에 비단옷을 입는 것도, 제도로써 절제하는 한 가지 일이다. 그러나 어려서부터 고기를 먹고 비단옷을 입은 자를 하루아침에 오십과 칠십이 될 때까지 기다리게 한다면, 인정이 반드시 좋지 못할 것이다. 구5는 높은 데 있으면서 아래에 임하여, 지위를 담당하여 절제하니, 천하를 절제하는 자이다. 천하를 절제하되, 천하 사람들이 달콤하게 여기게 하니, 과연 무슨 방법인가? 구5가 中道를 얻어 몸소 이끌기 때문이다. 임금이 몸소 행하여 이끌면, 아랫사람들은 기뻐하여 따르지 않는 이가 없다. 오나라 왕은 검객을 좋아하여 백성들이 흉터자국이 많았고, 초나라 왕은 가는 허리를 좋아하여 궁중에 굶어죽는 여인이 많았던 것이 바로 그 증험이다. 사람들이 매우 싫어하는 것은 죽음 만한 것이 없고, 매우 싫어하는 것으로는 상처 나는 것 같은 것이 없는데, 오히려 또 즐거운 마음으로 그렇게 하는 것은, 윗사람의 좋아하는 바가 여기에 있기 때문이다. 더욱이 죽거나 상처가 나는 데 이르지 않으면서 임금이 좋아하는 바가 있다면, 그 백성 된 자가 어찌 즐겁게 따르지 않는 자가 있겠는가? 5는 임금의 지위에 있고 흘러 아래에 이르니, 이것이 몸소 아랫사람을 이끄는 것이 아니겠는가? '甘節吉'은 이 때문이다."

41 李瀷, 『易經疾書』 : "빡빡하면 부담스럽고[苦則澁] 헐렁하면 좀 낫다[甘則滑]. 예로 『장자』에서 수레바퀴를 깎는 자가, '너무 깎으면 헐거워 견고하지 못하고[徐則甘而不固], 적게 깎으면 빡빡하여 들어가지 않는다[疾則苦而不入]'고 했으니, 이것은 모난 자루와 둥근 구멍의 사이에, 넓고 좁음이 마땅하고, 고르고 넓음이 알맞아야 함을 말하니, 너무 깎아 헐거워 매끄럽게 되면, 쉽게 들어는 가지만 꼭 맞지 않고, 적게 깎아 빡빡해 껄끄럽게 되면, 서로 방해되어 들어가지 못한다. 절제의 헐거움과 빡빡함도 이와 같으니, 임금이 밝고 신하가 어질면 원근의 인재들이 다 드러날 것이니, 다스리는 이치에 무슨 어려움이 있겠는가? 이것이 '감절'의 뜻이다. '가면 가상한

앞의 단사彖辭에서도 다음과 같이 구5 군왕의 절제를 상세히 밝혔다. "기쁨으로 넘치면 어떠한 위험도 감행할 수 있으나[說以行險], 오직 절도가 소중한 것이다. 존귀하고 마땅한 군왕의 자리에서 절도를 다하고[當位以節], 중정으로 나가면 만사가 형통하여 궁색함이 사라진다[中正以通]. 고로 하늘에 어긋나지 않는 사계절이 있듯이[天地節以四時成], 임금에게도 절제가 된 제도가 있는 것이다[節以制度]. 이런 군왕은 나라의 재화도 잃지 않을 뿐만 아니라[不傷財], 백성도 해치지 않고 지켜 나갈 수 있을 것이다[不害民]. 이런 달콤한 감절甘節을 아는 임금은, 과불급過不及이 없으니 만사가 길하고, 그 맛은 달콤하여 행동의 하나하나에 막힘이 없으니, 행하면 행할수록 아름답고, 나라와 백성들에게 찬사를 받을 일만 생겨날 것이다[往有尙]."[42]

上六 苦節 貞 凶 悔亡

상6은 괴롭게 고통을 느끼며 절제를 지킨다. 그러나 너무 원칙만 고수하면 흉하지만 이를 알고 가면 후회가 사라질 것이다.

절의 끝자리에서 고통스럽기 짝이 없다[苦節, Galling limitation]. 고집으로 절도를 지키면 흉하나[貞凶], 이를 빨리 시정하고 후회하면 흉한 일은 사라진다[悔亡]. 상6은 물의 표면이다. 물은 5의 물심을 따라 흘러가야 하나, 3이 응하지 않으니 흐르지 못하고 절조를 지키니 흉하지 않을 수 없다. 자신만 원칙을 고수하며 정절을 지키면 전체는 어떻게 될까? 위에 있는 물은 아래로 흘러 연못에 담겨야 한다. 물이 멈춘다는 것은 곧 썩어 생명수가 될 수 없는 이치와 같다. 물은 흘러가야 고기도 살리고 연꽃도 피우고 새들도 울게 하여 결실을 얻게 한다.[43]

일이 있다'는 것 또한 어진 이를 높이는 것이니, 가까운 신하는 편안히 누리게 하고, 멀리 있는 신하는 천거하여 이르게 하면, 신하만이 임금을 의지하여 편안한 것이 아니라, 임금도 신하를 얻는 것이니, 그런 뒤라야 쉽게 다스리게 되는 것이다."

42 정약용, 『주역사전』: 乾은 그 陽을 절제하고 坤은 그 陰을 절제하니 '天地節'이라 한 것이다. 고로 절괘에는 震과 兌가 형성되고 坎과 离도 갖추어지니 '四時成'이 되었다. 坎은 法制가 되고, 艮은 尺度가 되니 '節以制度'가 된다. 乾은 富가 되니 '不傷財'며, 坤은 백성이니 '不害民'이다.

43 徐有臣, 『易義擬言』: '괴로움'은 '달콤함'의 반대이다. 남들은 곧을 수 없다고 여기는데 홀로 곧음을 얻었다고 여기니 "貞凶." 남들은 뉘우칠 만하다고 여기는데 홀로 뉘우침이 없다고 여기기에

부중부정하며 음유한 3이 나에게 찾아와 예를 다하지 않는다고 하여 이를 나무라며 어른으로서의 체면만을 차린다면 그 도가 궁색하기 짝이 없을 것이다. 젊은이가 하지 못하는 일이라면 어른이 찾아가서 적극적인 모습을 보여주어도 좋다. 그렇게만 되면 마침내 중부로 가게 될 것이다. 그래야 당연이 어른으로서 존경을 받고 인사를 받는다.

"절의 끝자리에서 고절이라 하니 이미 원칙이란 정도를 지킬지라도 흉을 면하지 못하리라는 것은 그 도가 궁색할 만큼 궁색함이다[象曰, 苦節貞凶, 其道窮也]"라는 공자의 아픈 주석이 있다. '가지에 또 가지가 난다[節上生枝]'는 말처럼 너무 체통이란 지엽에 치우다 보니 아름다운 화목의 근본을 잃는다. 만절萬節도 자신의 한 생각에 달렸으니 인생을 마무리 하는 자리에서, 봉사하는 마음이라도 가지면[이제껏 받은 혜택을 본자리로 돌려주려는 마음] 만사가 궁색하지 않을 것이다.[44]

지욱의 고절은 이랬다. "물은 아래로 흐르며 절조節調를 삼거늘 아래의 육3이 못에 둑이 터져 급류를 멈추게 하지 못하고 절을 잃고 있으니, 자신도 밑으로 흘러가야 하는 절을 다하지 못하여 드디어 고갈이 되고 절도가 궁극에 이른 것이다. 백이숙제와 태백이 좋은 예다."[45]

차로茶爐 가에서의 불우헌不憂軒의 고절,[46] 동파의 '화도시和陶詩'에 맞춰 지은

<hr>

"悔亡"이라고 했다. 태☷는 짠 땅이 되고[兌爲剛鹵之地] 감은 물과 리☲ 불이 있으니, 소금을 굽는 상이 있다. 소금을 굽는 것이 절제에 알맞으면 그 맛이 달지만 절제가 지나치면 그 맛이 짜[苦] 먹을 수 없다.

44 沈大允, 『周易象義占法』: 절괘 끝에서 중부괘로 가니 자신의 믿음이 독실하고 다른 사람도 그를 믿는다. 음으로 음 자리에 있고 아래로 구5를 따라 절제도 받는다. 이는 절제할 줄은 알지만 쓰임을 알지 못하기에 "苦節貞凶"이다. 귀하지만 더욱 낮추고 부유하지만 더욱 검소하며, 才德은 사물을 이루고 풍속을 교화할 수 있지만 쓰일 자리를 구하지 않는다. 비록 경륜을 누리지 못하지만 쌓아 둔 것이 매우 크니 천하 사람들이 존경하고 믿는 바가 있어 "悔亡"에 이른다.

45 『논어』「태백」의 태백은 주나라 건국시조 태왕[古公亶父]의 3형제(태백·중옹·계력) 중 장자인데, 태왕이 계력의 아들 문왕을 맘에 들어 하는 줄 알고 은둔하여 버렸으니 '泰伯至德矣. 三以天下讓'라는 말이 나왔고, 또 「公冶長」의 고죽국 왕자 백이와 숙제도 아버지가 생전에 아우 숙제에게 맘을 두고 있었는데, 아버지가 죽자 숙제가 형 백이에게 양위하려고 하니, 백이는 국외로 도망가 버린다. 그 후 숙제도 도망가고 만다. 훗날 무왕이 은을 치려 하자 백이와 숙제가 말렸으나 무왕이 듣지 않았는데, 은이 평정 된 후 주나라의 녹을 먹지 않으려고 수양산으로 들어가 고사리로 연명하다 굶어 죽은 사실이 '苦節'에 해당된다.

46 김극기, 『불우헌집』, '茶爐: "쓰고 짠 일생내내[苦節一生內] 온갖 근심 이기기 어렵구나[難堪抱

동주涷州의 고절이 좋다.[47] 이 모두는 고절이 중부괘中孚卦로 가는 경우다.[48]

초9는 때가 아님을 알고 집을 나서지 않았고, 구2는 때를 놓치고 집을 나서지 못하였다. 육3은 음유로 부중부정하니 절제하지 못하여 탄식하고, 육4는 바른 자리에서 안일한 가운데서도 절제를 지키니 만사가 형통하다. 구5는 강건중정하니 감미로운 절제로 가정과 나라를 잘 다스리며, 상6은 체통을 고수하다 중도를 넘어 고절로 고통스러운 말년을 산다.[49]

百憂]. 차화로에 연기 꺼지려 하는데[茶爐煙欲絕] 초막 속에 땀이 비 오듯 하네[草幕汗如流]. 삼업의 고통을 아직 벗어나지 못하는데[三業未能脫], 육통의 업은 어디서 벗을꾀[六通何處修]? 비옵나니 큰 은혜 베푸시어[願言施大惠], 경전 공부하던 소들 좀 구해주소[普濟馱經牛]."

47 李敏求, 『東州集』, '고절새[次坡翁和陶貧士詩韻]' : "호서로 거처 옮겼더니, 의지할 이웃 적구나. 쓸쓸히 생계 마련할 길 없는데, 이렇게 노년 만났어라. 어찌 들으랴 절개 있는 선비개[豈聞苦節士], 추위와 배고픔에 시달린다는 말을[戚戚疚寒飢]. 다만 생각건대 백대 뒤에, 서글피 사람들 슬프게 하겠지. 한 표주박 물에도 지극한 즐거움 있고, 천종의 녹이 훗날의 근심도 되지. 나는 가난해도 기꺼이 홀로 깨어 있으니, 비록 취하려 해도 누구와 술잔 주고받을까. 빈천하다고 어찌 하겠는가, 군자는 마땅히 스스로를 닦을 뿐이다."

48 정약용, 『주역사전』 : "節卦가 中孚卦로 가니 中孚는 큰 불로 맛이 쓴 '苦節'이다. 節의 坎이 사라지니 일을 처리함에 흉하다. 泰의 시절에는 坤의 성질이 유순하였는데, 節이 되면 坎의 성질이 강하고 험하게 되나, 中孚가 되어 손순하게 되어 '悔亡'한 것이다. 艮의 길에는 미혹하고 坎이 소통을 이룰지라도 中孚가 다시 길을 막으니 其道가 窮하다."

49 참고로 구하고 취하려면 도리어 해가 된다[節之中孚]. 상효는 물의 수면이라 흘러감이 순리다. 절의 한계로는 더 높은 자리가 없다. 이제부터는 연못에 물이 차 있다가 빠져나가는 시기인지라 재산도 빠진다. 날은 저물고 길은 멀고, 달은 뜨지 않고 마음만 애를 쓴다. 말년에 세상을 위한 봉사가 좋다. 애써 苦節의 맛을 볼 이유는 없다.

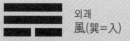

외괘
風(巽=入)

61. 풍택중부風澤中孚
Inner Truth

내괘
澤(兌=說)

칭찬은 고래도 춤추게 하는 것처럼 지극한 정성은 미물에게까지 영향을 미친다. 중부의 시절은 무슨 일이든지 지극 정성으로 대하면 좋다. 그렇지만 그 정성이 잠시 한눈을 팔면 다시 허사로 돌아가고 만다.

中孚 豚魚 吉 利涉大川 利貞
정성을 모으는 중부는 새끼돼지와 물고기라도 길하다. 그런 정성이면 어떠한 어려움이라도 건너 이로울 것이다. 일을 맡아 가도 이롭다.

「서괘전」의 '절도를 지키되 믿음이 전제되었기에 중부로 받았다'는 말은 절괘節卦 다음으로 중부中孚가 온 까닭을 설명해준다. 「잡괘전」에서도 '마음속의 진실과 믿음이 중부中孚이다'라고 하였다.[1]

중부는 마음에 미동 하나 없는 진실한 자리로 어미 새가 알을 품고 새끼를 부화孵化해 내는 모습이다.[2] 어미의 사랑이 가슴에 품은 알에 생명을 불러일으키듯 믿음을 주는 사랑은 감동을 불러일으킨다. 그기에 정성을 모으려는 중부中孚(Inner truth)만 있다면 최상의 제물이 아니더라도 그 믿음과 신뢰는 확실히 전달된다. 고로 소가 아닌 돼지 새끼나 물고기 같은 변변찮은 제물이라도 진실한

---

1 「서괘전」에서 '節而信之故 受之以中孚'라 하고, 「잡괘전」에서 '中孚信也'라 했다. 중부와 소과는 오직 착종으로 살핀다. 중부는 대과의 착종괘다. 대과 때는 네 개의 강이 굳게 지키니 감☵의 의심이 크고, 대과가 착종하여 중부가 되면 리☲의 믿음이 있다. 소과와 중부는 다만 감☵과 리☲의 괘를 따른다.

2 孚는 손톱 爪와 아들 子의 합이니 어미가 자식을 품고 있는 상이다. 『주자어류』에서도 '有孚'를 제사로 본다. 췌괘와 升卦의 '孚乃利用禴', 比卦의 '有孚盈缶', 觀卦의 '有孚顒若' 등도 마찬가지다. 다산은 "어느 것 하나라도 사람과 신의 감응이 없는 것이 없다[無非 人神感應之理 況於中孚哉]"고 한다.

마음으로 드리는 제사라면 문제없다[豚魚吉].[3]

돈豚은 조동躁動하는 짐승이고 어魚는 어두운 곳에 사는 동물이라 사물에 난감難感한 자들이다.[4] 형상 또한 돼지의 발굽이 갈라지고 물고기의 꼬리가 두 뿔이 솟은 모양은 각기 음의 상을 얻은 것이기 때문에 구괘姤卦에서 물고기와 돼지 상을 취했었다.[5] 이런 무지無知한 돈어豚魚에게까지도 정성을 드리는 마음이 이른다면 길하지 않을 수 없다는 것이다.

다음은 '중부'에 대한 다산의 자세한 설명이다. "한가운데가 미더우니 중부中孚라 이른다. 가운데가 빈 성城은 부郛요, 속이 빈 갈대청은 부葦다. 또 가운데가 빈 배도 부艀라 하듯, 중부中孚는 가운데가 빈자리를 이른다. 그리고 중부가 착종錯綜되면 택풍대과澤風大過이며 또 중괘重卦로는 대감大坎이 되니 감은 돼지요 손巽은 생선이다. 고로 돈어豚魚는 제사에 천신薦新하는 새끼돼지와 물고기를 말한다. 대축大畜일 때는 불알 깐 돼지를 올렸고, 대과大過일 때는 정성이 미덥지 못하여 띠 자리만 깔았고, 이제 중부의 큰 정성[☵]으로 마음을 한껏 비워 올리니[虛中以治] 비록 제수가 새끼돼지와 물고기 뿐일지라도 길한 일이다."[6/7/8]

춘추시대 역사책 『국어國語』에서 관사보觀射父는 이렇게 적었다. "선비가 물고기를 먹고 한 마리의 새끼돼지로 제사를 지내나 서민은 나물을 먹으며 물고기로 제사를 지냈다. 또 초나라의 굴건은 선비가 새끼돼지와 개를 제물로 올린 적이 있으며, 서민은 물고기 구이를 천신했다 하니 돈어豚魚는 박薄한 물건이거늘 만약 어둡고 미련한 물건으로 친다면 어찌 다만 그것들뿐이겠느냐."[9/10] 한편 이

---

3 중부는 안팎으로 손☴으로 가지런히 하고, 가운데 리☲의 믿음이 있으니 제사의 괘다.

4 정이, 『이천역전』 : "豚躁魚冥 物之難感者也."

5 金相岳, 『山天易說』 : "豚之蹄坼, 魚尾兩角, 各得一陰之象, 故姤之初二取象于魚豕[羸豕孚蹢躅·包有魚]."

6 정약용, 『주역사전』 : "邑虛中曰郛[外城也] 葭虛中曰葦 腹虛中曰艀[又物之虛中者 入水則浮] 中孚者虛中也."

7 다산은 중부괘는 대과괘의 교역[착종]으로 설명한다. 또 특별히 중부와 소과는 윤달로 본다[又此二卦 無所從來 特從坎离二卦 乘降而往來之 復成坎离 夫坎离者 日月也 日之氣盈 月之朔虛 非所以入閏乎 故曰 小過中孚者 閏月之卦也].

8 다산은 『주역사전』에서 『禮記』「祭儀」편의 '孝子將祭 虛中以治之'를 인용하여 설명하고 있다.

9 「祭儀」에 고대 희생을 올릴 때 다섯 등급(大牢·小牢·特牲·三鼎·特豚一鼎) 중 대뢰와 소뢰와 특생은 등급이 높은 희생을 올렸고, 三鼎은 물고기, 一鼎은 채소와 생선을 올렸다. 작은 돼지가 돈이

학理學의 시조로 불린 송나라 호병문胡炳文은 '돈어豚魚를 하수의 복어, 강수의 복어'라 했다.[11]

다음은 공자의 단왈이다. "중부는 부드러움이 안에 있고 강직함이 중심을 잡아 있는 상인데[柔在內而剛得中], 기뻐하는 마음과 순순한 자세로[說而巽], 오로지 믿음이 온 나라에 뻗도록 교화하여 나간다[孚乃化邦也]. '돈어길豚魚吉'은 믿음으로써 보잘 것 없는 돼지나 물고기에게까지 미치게 한다는 뜻이요[信及豚魚也], '이섭대천利涉大川'은 빈 배를 타고 강을 건너듯이 진정한 믿음이라면 어떠한 일도 마음과 마음으로 소통될 것이다[乘木舟虛也]. 고로 진실하게 정성을 드리되 정도를 지키면 이로움이[中孚以利貞] 나에게 응하여 올 것이다[乃應乎天也]."[12][13][14]

위의 '신급돈어信及豚魚'를 정자는 이렇게 설명한다. "돼지는 조급하고 물고기는 어리석어 사물 가운데 감동시키기 어렵다. 미더움이 돼지와 물고기를 감동시킬 수 있으면, 이르지 못하는 데가 없을 것이다. 진실되고 미더우면 물불도 밟을 수 있는데, 하물며 내를 건너는 일쯤이랴?"[15]

다. 豚魚를 우매하고 둔한 동물로 해석한 것은 정자와 주자의 설이다.

10 정약용, 『주역사전』: "역에서는 '薄祭'를 자주 언급한다. 후세에 법도가 무너지고 혼란스럽게 되어 서인이 제사지낼 때도 소를 잡지 않은 것을 부끄럽게 여기고, 경상의 집이 왕실보다 번화하니 사회의 올바른 기풍을 지키려는 사람은 마땅히 이를 바로잡아야 한다."

11 李時珍의 『本草綱目』에 나오는 말이다. "江豚은 동풍[巽風]이 불면 입[兌]을 동쪽[巽]으로 벌리고, 서풍[風澤]이 불면 입을 서쪽으로 벌리며, 물 위로 바람이 불면 복어가 나타난다."

12 [說證] 중화리卦는 3·4의 강이 안에 있고 2·5의 유가 중을 얻었다. 離卦가 변해 중부로 가면 3·4의 유가 안에 있고 2·5의 강이 중에 있으니 '剛得中'의 상이다. 이는 離卦가 변하여 中孚가 됨을 공자가 밝힌 것이다. '孚乃化邦'은 艮의 城邑에 震의 主君이 안에 있고 离의 믿음으로 백성을 교화함이다.

13 정약용, 『주역사전』: 중부괘는 대과괘의 착종이다. 중부가 되면 물고기는 예전 그대로이나 대과 때의 큰 돼지는 중부에서 거세되어 작은 돼지 새끼가 되었다. 대축괘에서는 손≡이 불알 깐 돼지다. 제상에 올린 것이 새끼 돼지와 생선뿐이니 제수의 간소함이 이보다 더할 수 없다. 대과 때에는 정성이 있기는 하나 아직 미덥지 못하였는데[大坎大疑], 지금 중부에서 대리의 정성으로 마음을 비워 제사를 처리하니[虛中以治] 속이 이미 믿음으로 가득 차 있다면 비록 돈어처럼 등급이 떨어지는 제물일지라도 역시 길하다.

14 『춘추좌씨전』에 "진실로 밝은 마음이 있다면 계곡이나 늪에서 나는 풀 같은 나물이나 광주리나 가마솥에 고여 있는 물이나 길바닥을 흐르는 물이라도 귀신에게 드리고, 왕공에게 바칠 수 있는 것인데, 하물며 군자가 두 나라 사이에 약속을 맺음에 예의로써 행한다면 무슨 인질을 쓴다 말인가?"라는 내용이 있다. .

15 정이천, 『이천역전』: "豚躁魚冥, 物之難感者也. 孚信能感於豚魚, 則无不至矣, 所以吉也. 忠信, 可以蹈水火, 況涉川乎. 守信之道, 在乎堅正, 故利於貞也."

성호星湖는 순종하게 할 수 없는 자들에게는 '특별히 정성이 필요하다'고 한다. "동물을 길러 순종하게 할 수 없는 것은 돼지와 물고기뿐이다. 돼지는 반드시 어금니를 묶어 꼼짝 못하게 하고, 물고기는 반드시 못에 넣어 가두어야 한다. 조금이라도 제방을 느슨하게 하면 번번이 도망갈 것을 생각하지만, 믿음과 정성으로 감동시키면 또한 미덥기도 하다. 이말은 어리석은 동물들도 어쩌면 이와 같다는 소리이다. 그런데 하물며 사람이 미덥게 하고 현명한 임금이 현신을 지성으로 구함에 있어서야 말해 무엇하겠는가?"[16]

'승목주허乘木舟虛'는 바로 빈 배처럼 난세를 겪는 백성을 실어서 구출하겠다는 '구원의 도'를 말한다. 속을 비우고 믿음과 정성에 머문다면 대천大川의 험에 무슨 어려움이 있겠는가![17] 까닭 없이 개돼지를 죽이지 않았고[禮記], 촘촘한 그물로 못에서 물고기를 잡지 않았으니, 돼지와 물고기가 길하고, 미더움이 돼지와 물고기까지 미친다. 두 손[☴]이 끈으로 묶고 합하여 배를 만드니, '승목주허乘木舟虛'라고 하였다. 안을 비우면 받아들이는 것도 미덥다.[18]

조수潮水를 타고 가는 자는 아침저녁에 믿음이 있고, 바람을 기다려 가는 자는 빠르고 늦음에 믿음이 있으며, 물이 완만한지 급한지를 헤아리고 나아가고 물러남에 일정함이 있으며, 나루터가 깊은지 얕은지를 알아 오고 감을 기약한다. 물이 새면 명주헝겊으로 막고, 위험하면 키를 밧줄로 매어놓는 것이 성실하고, 미덥게 하는 뜻이 아닌 것이 없으니, 진실되고 미더우면 내를 건널 수 있다는 것이 그런 것이 아니겠는가? '승목주허, 이섭대천'이 그 말이다.[19] 마음 속 믿음으로 험난을 건너면, 배에 올라 내를 건넘이 빈배를 타고 가는 것과 같다. 배가 비면 가라앉거나 뒤집힐 염려가 없다.

속수사마씨涑水司馬氏가 말하였다. "돼지와 물고기는 어둡고 천하며 무지한

---

16 李瀷, 『易經疾書』: "凡畜物之不可馴擾, 惟豚與魚, 豚必罥以繫于牙, 魚必苞以藏于池, 少緩堤坊輒思逃脫, 然感之以孚誠, 亦可以有孚. 爲此言者, 蓋謂物之頑冥尙猶如此, 況於人孚, 況於明君之至誠求賢乎."

17 金箕澧, 「易要選義綱目」: "舟虛指卦中虛, 謂虛心而中孚. 虛中而止於信, 何難乎濟險."

18 徐有臣, 『易義擬言』: "無故不殺犬豕, 數罟不入洿池, 爲豚魚之吉, 孚信及於豚魚也. 兩巽聯合爲舟, 故曰乘木舟虛也. 虛則受亦爲孚象也."

19 柳正源, 『易解參攷』: "乘潮而行者, 早晩有信, 候風而行者, 疾徐有信, 量水之緩急, 而進退有常, 知津之深淺, 而往來如期. 漏則繻袽, 危則維柁, 莫非誠信之義, 則所謂忠信可以涉川, 不其然乎."

동물이지만, 참으로 때에 맞추어 먹이를 주면 소리에 응하여 모여든다. 하물며 사람에게 있어서야 말해 무엇하겠는가! 지성으로 험을 건너는 것이 빈 배를 탄 것 같아 어떤 것도 해치지 못할 것이다."[20]

결론적으로 가장은 중부中孚로써 자신의 가정을 이끌어가고, 군주는 중부中孚로써 나라를 어려움에서 구원하여야 할 책무가 주어진다.[21] 고로 중부는 성심성의를 가지고 일을 도모하면 그 정성이 하늘에 부응하며, 친화를 도모하는 공동체의 일에 길하고, 또 진실한 사랑이라면 그 무엇을 감동시키지 못하겠는가? 중부를 자세히 보면 위아래 두 사람이 열렬히 입을 키스하는 장면이다.[22]

象曰 澤上有風 中孚 君子以 議獄緩死[23]
상왈, 연못 위로 따스한 바람이 부니 이것이 바로 정성이 깃든 진실과 성실한 중부의 상이다. 군자는 이를 보고 백성들의 옥살이를 진실로 의논하였는가를 깊게 생각하여 죽음을 늦추도록 해야 한다.

고요한 연못으로 바람이 찾아와 애무를 하면, 잔잔한 물결이 일어나 흥분을 감추지 못하는 것은 바람의 성실함에 연못이 감동을 먹기 때문이다. 이것은 마치 군자가 억울한 백성을 재판할 때, 그 사람의 쌓아온 공로를 높이 사고 그 죄를 가벼이 여겨 죽음을 면케해줄 수만 있다면[議獄緩死] 죄를 지은 자가 감동을 받아 다시는 죄 짓는 일은 사라질 것이다. 한 순간 지나가는 연못의 바람도 저 연심蓮心에 상처 주지 않으려고 애쓰는데, 하물며 인간이 인간을 심판함에

---

20 정이천, 『이천역전』: "涑水司馬氏曰, 豚魚, 幽賤无知之物, 苟飼以時, 則應聲而集, 而況於人乎. 至誠以涉險, 如乘虛舟, 物莫之害."

21 정약용, 『주역사전』: "中孚의 錯綜 時에 大過 때는 큰 물로 건너지 못했는데[過涉之凶] 中孚 때는 진≡≡의 배가 있어 利涉大川이 가능하다. 대과 때는 감≡≡의 성질이 바르고 곧은데, 중부가 되면 백성들의 마음이 기뻐하며 위로 천명에 순응하여, 그 일이 마침내 이루어지니[中孚無坎] 일을 주간함에 이롭다. 중부는 두 음이 강을 타고 있으니 이것이 '乘木'이다. 또한 가운데가 텅 비었으니 '舟虛'이다. 빈 배를 타고 하천을 건너는데 배가 침몰하겠는가?"

22 중부괘는 乾·坤·坎·離·頤·大過·小過 등처럼 도전해도 불변한다. 또 중부는 离로 태양이 되고, 소과는 坎으로 달이 된다. 태양은 불변하나 달이 변화를 거듭하니 윤달이 온 까닭이다.

23 緩 늦출 완, 느릴 완.

있어서야 어찌 원망을 낳을 수 있겠는가. 세상 어떤 일과 어떤 마음 씀이 최고라 하여도 억울한 사람을 살려내는 정성과 진실은 그 어디에도 견줄 수 없다. 고로 중부가 연못을 스쳐가는 바람을 보고 성인이 '의옥완사議獄緩死'를 취상한 것이다.[24] 최치원의 '선혜후주先惠後誅'가 바로 '의옥완사'로 병가에서 귀감으로 삼는 바[兵家所貴]라 하였다.[25]

먼저 자신의 공부가 끝이 났다면 '이타활인利他活人'이 되어야 한다. 반대로 공부를 마쳤다고 하는 사람이, 자기만 살아남기 위하여 남을 죽이고 남을 억울하게 한다면 그것은 분명 공부가 잘못 간 것이다. 다음은 성종이 유생들의 상소를 받고 '의옥완사'를 제대로 알고 대처하라고 명하는 장면이다.

"처음에 승도僧徒가 유생儒生을 쳤다는 보고를 듣고는 나도 놀라 동요하였다. 대저 석씨釋氏는 어려서 부모를 버리고 장성한 후로는 처자와 인연을 끊으므로, 군신의 도가 없고 공적空寂한 생각만이 있으니, 마땅히 그 근원을 막아서 그 흐름을 맑게 해야 할 것이다. 그렇다고 그 무리를 다 절멸할 수는 없다. 이제 그대들의 상소문을 보니, '극형에 처하고 도시에서 장대에 달아매어야 한다'고 하였으나, 이것은 행할 수 없는 일이다. 『주역』의 중부괘에 '군자는 옥사獄事를 의논하여 죽일 죄수라도 늦추라'고 하였으니, 이는 군자가 정성을 다하지 않음이 없는 것을 말한 것이다. 그대들의 뜻을 보니, 깊이 생각하여 도를 바르게 하고 임

---

24 [說證] 리☰는 감옥의 형상, 손☰의 명령과 태☱의 말로 상하가 서로 의논하니 '議獄'이다. 간☶이면 죽여야 하고, 진☳이면 살려야 하니 이 또한 '議獄'이다. 죄가 의심스러우면 大离로써 관대해야 하니 '緩死'다. 리☲는 誠·孚·信으로 믿음이다.

25 崔致遠, 『桂苑筆耕集』, '奏誘降黃巢下賊將成令瓛狀' : "신이 오래도록 兵事에 임하고 평소에 軍謀를 익히면서, 먼저 은혜를 베풀고 나중에 誅罰하는 것이야말로 兵家에서 귀중하게 여기는 일이요, 멀리 있는 사람은 사모하고 가까이 있는 사람을 기쁘게 여겨야만 帝道가 바야흐로 일어나게 되리라고 생각해 왔습니다. 신이 위로 더러운 것도 포용하는 함구含垢의 은혜를 엿보고, 아래로 황제를 따르는 모전慕羶의 뜻을 살펴서, 무기를 하나도 쓰지 않고 오직 한 장의 글을 빌려 회유하였더니, 성영괴가 마침내 야심을 바꾸고 하늘의 뜻을 제대로 따른 결과, 叛徒 4만이 모두 생업을 즐기는 양민이 되고, 정예 기병 7천이 모두 충성을 바치는 열사가 되었습니다. 이미 죄를 용서해준 만큼 갑절이나 더 은혜에 감격할 것이니, 벌떼처럼 날아드는 작은 도적들도 곧바로 사라질 것이요, 고슴도치처럼 결집한 원흉도 섬멸할 수 있을 것입니다. 이는 바로 폐하께서 삼면의 그물을 터버리면서 빌고, 두 섬돌 사이에서 빛나게 춤추시어, 그 믿음이 돼지와 물고기에게까지 흡족하게 미치고[中孚豚魚], 그 교화가 악인처럼 효경梟鏡까지 변화시켰기 때문입니다. 좋은 군대는 싸우지 않는다고 하니, 어찌 감히 止殺의 權道를 자긍하겠습니까. 至道는 사심이 없으니, 다만 生生의 덕을 앙모할 따름입니다."

금의 직분을 널리 보좌하는 것이 아닌 것 같다."[26]

이익은 『역경질서』에서 '법이 위에서 잘못되고 풍속이 아래로 핍박하면 어리석은 모든 백성이 쉽게 함정에 빠지기 때문에 진실로 그렇게 된 까닭을 찾아야 한다'면서, 그러기 위해 '의옥완사'를 다음과 같이 궁구하란다.

"군자가 보존하는 것은 만물이 제 있을 곳을 얻게 하는 것보다 큰 것이 없다. 그러기에 사물을 낳는 마음으로 지극한 정성으로 지녀야 한다. 『서경·순전』에 믿는 데가 있어 끝까지 죄를 짓는 자를 사형에 처하는 것은 부득이한 일이다. 증자도 '그 정도면 불쌍히 여기지도 말라' 했다. 백성들이 억울하게 지은 죄를 들어다 보면, 진실로 그들이 그렇게 한 까닭을 모른다. 법이 위에서 잘못되고 풍속이 아래로 핍박하면, 어리석은 모든 백성들이 쉽게 함정에 빠지기 때문에 진실로 그렇게 된 까닭을 찾아야 한다. 바람이 못에 들어가는 것처럼, 자세하고 촘촘히 두루 미치면 반드시 살릴 수 있는 도를 얻어, 사형도 늦출 수 있을 것이다. 그렇게 하지 않고 옥관이 군림하여 형벌의 죄를 담당하면, 위아래가 현격하게 멀어지고, 마음과 뜻이 막혀 어지럽게 누명을 쓰고 억울하게 죽게 될지라도, 어떻게 알 수 있겠는가? 옛날의 명철하고 지혜로운 자가 사람들이 버린 가운데 원통함을 드러낼 수 있었던 것은, 모두 풍택중부의 상을 잘 썼기 때문이다."

박제가朴齊家도 '의옥완사'를 당부한다. "괘의 이름을 '부孚'라 하지 않고 '중부中孚'라고 한 것은 물로는 못이 되고 사람으로는 마음이 되는 상이기 때문이다. 이를테면 거울이 사물을 비춤에는 속으로 미덥지 않은 적이 없지만, 바람과 못의 상으로는 더욱 활동적이다. 성인이 그 상을 보고 감동하여 중부라고 이름 붙였고, 문왕은 미더움이 돼지와 물고기에까지 미친다고만 하였으며, 공자는 의옥완사까지 상상을 일으켰다. 중부는 지성이면 사물을 감동시켜 살릴 수 있다. 미미한 금수도 오히려 믿고 나온다니, 지극한 믿음이면 돼지와 물고기에까지 미칠 수 있다. 이것이 반드시 옥사를 의논하는 까닭이다."

고로 옥사를 의논하려고 하면 그 충忠을 다하고 옥사를 판결하는 데에는 가엾게 여김을 다하여야 할 것이다.[27] 우암尤菴과 삼산三山의 설증도 참고한다.[28]

26 『성종실록』 성종 15년(1484) 2월 12일.
27 『성종실록』 성종 19년(1488) 윤1월 15일 : "하늘이 만물에게 햇볕을 쪼여주고, 비로 적셔주며, 바람으로 흩어주어, 생육을 다하면서도, 서리와 눈으로 肅殺의 위엄이 없을 수 없는 것은, 장래

初九 虞 吉 有他 不燕[29]

초9는 지키는 마음이 달아나지 않아야 길하고, 어떠한 다른 일에든 마음을 빼앗기면 편치 아니할 것이다.

내괘의 초9와 2, 외괘의 5와 상9는 양과 강으로서 음유한 3과 4를 지켜주는 외곽세력들이다. 초9가 중부를 벗어나 풍수환風水渙의 경우로 가면 강양한 보호막 역할을 하지 못한다. 또 방어벽의 자리를 이탈하거나 3·4와 사사로이 거래를 하게 되면 튼튼한 장벽은 일순간에 무너지고 만다. 고로 양의 초9가 음인 4를 보고 기쁨을 표현하고 싶지만 우직하게 초병哨兵(Military guard)의 역할을 다해야 길하다[虞吉]. 그러니 어떤 다른[有他] 일에도 마음을 빼앗기지 말고 평정을 잃지 않도록 해야 할 것이다[不燕, Disquieting]. 중부가 환괘渙卦로 가는 경우다.[30]

공자도 "초9가 초병처럼 하면 길하다 한 것은 정성스러운 뜻이 변하지 않기 때문이다[象曰, 初九虞吉, 志未變也]" 하니, 중부 첫걸음부터 해이하지 않아야 초발심을 끝까지 가지고 갈 수 있다. 공자의 주석에 따라 왕필은 '우虞'를 '전일專一한 마음'이라 하였고, 동파는 '경계하는 자세'라 하였으며, 정자와 주자는 '믿음의 도度'라 하였고, 아산은 사냥할 때의 '몰이꾼 같은 걱정'이라 한다. 또는 산림과 산야의 짐승과 연못을 관리하는 '벼슬아치' 또는 내심으로 외유를 막아서 색계

가 있는 것은 북돋우고, 죽일 것은 죽이려는 것입니다. 中孚에 '군자가 獄事를 의논하여 죽음을 너그럽게 한다'고 하였으니, '중부란 것은 믿음이 마음속에서 발한 것인데, 군자가 옥사를 의논하려고 하면 그 忠을 다할 뿐이며, 옥사를 판결하는 데도 가엾게 여김을 다할 뿐입니다. 聖人이 刑獄을 말한 것이 다섯인데 서합·중부·賁·豊·旅입니다. 현명한 지혜로 그 정상을 살피면 형벌이 지나치지 아니하고, 능동적으로 결단을 내리면 옥사가 막히지 아니할 것입니다."

28 宋時烈, 『易說』: "옥사를 의논함은 태☱의 입이고, 사형을 늦춤은 손☴의 유순이다. 창으로 옥사와 사형을 말하는 것은 호체에 서합괘의 상이 있다. 큰 리☲가 무기이고, 무기의 속 빈 것이 옥인데, 전변으로 큰 감☵이면 桎梏의 상이 된다."
柳正源, 『易解參攷』: "못이 스며들어 적시는 것은 옥사를 의논하는 상이고, 바람이 부는 것은 사형을 늦추는 상이다[澤之浸潤, 議獄象, 風之舒暢, 緩死象]."

29 虞 헤아릴 우. 燕 편안할 연, 제비 연.

30 정약용, 『주역사전』: "환괘는 건☰의 혼령 신주를 모시고 감☵의 집으로 돌아와 간☶의 사당에 모셔 놓고 곤☷의 소와 감☵의 돼지를 차린 후 虞祭를 지내는 상이다. 否卦 때는 건☰의 손님과 손☴의 주인이 곤☷의 대접을 받으려 하였지만, 환괘가 되면서 감☵의 우환이 닥쳐 잔치를 못하는 '不燕'이 되었으니 '有他'가 있음이다. 그렇지만 大离가 바뀌지 않았으니 '志未變'이다. 효자는 돌아가신 부모에게 虞祭로 정성과 믿음으로 다한다."

를 멀리하는 것으로 풀기도 하였다. 다산이 '우제虞祭를 지내면 길하고 연회는 곤란타'[31]고 한 것은 중부를 제사 괘로 보았기 때문이다.[32] 수뢰준괘 3에서는 '우虞'를 '사냥 가이드'로 보았다.

> 九二 鳴鶴在陰 其子和之 我有好爵 吾與爾靡之[33]
> 구2는 우는 학이 그늘에 있거늘 그 새끼가 화답을 한다. 나에게 좋은 벼슬이 있어서 너와 함께 천명에 순종하리라.

철저한 중부 정신으로 큰 '벼슬'을 성취하여 스승에게 인정도 받고 또 자식(제자)들에게는 많은 유산을 상속하고 싶다는 의지를 나타낸다. 공자의 "그 자식이 (반석처럼 초지일관으로 변함없이 중부를 지키는 자세로) 화답하는 것은 부모가 마음속으로 원하고 있던 바[象曰, 其子和之, 中心願也]"라는 주석을 보아도 짐작이 갈 것이다. 이 마음이 바로 천지와 부자가, 또는 남북이 하나 되는 테이블에 함께 앉는 모습이 아닐까 싶다.

그런데 정자는 다음과 같은 '감통感通'으로 '화지和之'를 설명하고 있다. "2는 속내가 튼실한 중부로 지극하기에 능히 감통할 수 있는 자이다. 학이 그윽한 곳에서 울면 들리지 않지만 그 어미와 자식은 마음이 하나로 서로 통한다. 좋은 벼슬은 나뿐만 아니라 그 어느 누구도 원하는 바이기에, 만사를 중부에 두면 벼슬은 물론 그 어떤 사물에도 응하지 않음이 없을 것이다. 고로 지성至誠은 원근유심遠近幽深의 간격이 있을 수 없다."[34] 고로 "선은 천리 바깥에 있어도 서로 응하고, 불선은 천리 바깥까지도 어긋나게 된다"[35] 하니 공자의 '감통'을 알 만하다.

---

31 初虞·再虞·三虞. 초우는 장례를 마치고 나서 바로 지낸다. 집에 돌아와 지내는 경우도 있다. 재우는 초우를 지낸 뒤 柔日에 지낸다. 삼우는 재우를 지낸 뒤 剛日에 지낸다. 무덤에 시신을 묻고 사흘이 지난 후에 잔디와 봉분이 어떻게 되었는지를 살펴보기 위한 데에서 비롯되었다.

32 환괘는 否卦로부터 왔다. 비괘는 泰卦로 교역된 괘다. 나라의 문 북쪽으로 건☰의 아버지가 나가시니 아버지를 장사지내는 괘이다.

33 靡 다할 미, 쓰러질 미.

34 정이천, 『이천역전』 : "… 鶴鳴於幽隱之處, 不聞也, 而其子相應和, 中心之願, 相通也. 好爵, 我有 而彼亦係慕, 說好爵之意, 同也. 有孚於中, 物无不應, 誠同故也. 至誠, 无遠近幽深之間."

35 「계사전」 : "子曰, 君子 居其室 出其言 則千里之外應之 況其邇者乎 居其室 出其言不善 則千里之

61 풍택중부☲ 469

왕필은 2를 신실한 자로 보고 다음과 같이 설명한다. "3과 4 두 음유한 자들 아래에서 행실에 중용을 잃지 않으니 2는 신실한 자다. 성실하고 극진하니 비록 어두운 음지에 있을지라도 사물이 응한 만사를 사사로이 보지 않고 오직 덕이 있는 자 5와 함께한다고 하니 강한 2는 성실할 수밖에 없다."[36]

여기 '작爵'의 해석도 분분하다. 정자와 주자, 그리고 동파와 다산과 아산은 '벼슬'이라 하고, 왕필과 블로필드는 '술잔(goblet)'이라 하고, 이광지李光地의 『주역절중周易折中』 같은 곳에서는 '술'이라 하였다.[37]

여기서는 다산의 합리적인 주석을 취하기로 한다. "2가 동하면 중부가 풍뢰익風雷益이 된다. 리☲는 창공을 나는 새다. 풍택중부는 통 큰 리☲이니 큰 새요, 손☴은 백학白鶴이다. 아래 태☱와 위에 엎어진 태☱가 서로 입을 마주하여 소리 내어 우니[☱☱] 화답하여 우는 꼴이 된다. 호괘로 곤☷은 어미요, 태☱ 또한 서쪽에 있는 연못으로 음인 고로 우는 학이 그늘에 있다. 호괘 간☶은 아들이니 화답하여서 우는 새끼다. 지괘之卦 풍뢰익은 천지비天地否에서 왔다. '아我'는 건乾의 임금이 손☴으로 신명행사申命行事 하여, 어린 아들 간☶을 제후[☷☷]로 봉하여 곤坤의 나라에서 우두머리로서 노릇을 하게 했으니 '내게 좋은 벼슬이 있음'이라 했다. 이것은 천자天子의 집안에서는 그 첫째 아들에게 제기祭器를 주관하게 하였으나 봉후封侯는 주지 않았고, 작은 아들에게는 작위爵位와 봉토를 주었다."[38]

또 학은 흰 새다. 손☴이 흰색이니 아래위가 손이라 모두 학이다. 학은 수컷이 울면 바람이 위로 불고 암컷이 울면 바람이 아래로 분다. 두 손괘가 서로 합한 것이 두 바람이 서로 호응하는 상이고, 두 태괘가 서로 합한 것이 두 입이

外違之 況其邇者乎 言出乎身加乎民 行發乎邇見乎遠 言行君子之樞機 樞機之發榮辱之主也 言行君子之所以動天地也 可不慎乎."

36 왕필, 『주역주』: "處內而居重陰之下, 而履不失中, 不徇於外, 任其真者也. 立誠篤至, 雖在暗昧, 物亦應焉, 不私權利, 唯德是與, 誠之至也."

37 李光地(1642~1718): 청초의 영향력 있는 정치가이자 理學의 명신으로 관방의 정통 역학가. 호는 厚庵, 榕村, 저서는 『주역통론』 4권, 『周易觀彖大旨』 2권, 『周易觀彖』 12권, 『象數拾遺』가 있다. 강희제의 칙명으로 『周易折中』 22권이 청대 역학설을 집대성하는 작업을 불러일으켰다. 이광지는 역학에서 주희를 가장 존경하고, 다음으로 정이를 존경하였다. 이광지는 실용을 설명하는 데 중점을 두어 『주역』을 봉건지배에 이용하고자 하였다.

38 丁若鏞, 『周易四箋』: "此 中孚之益也. 离爲飛鳥 中孚者 大鳥也 巽爲潔白 其象鶴也 兩口相向 兩震對鳴 和鳴之象也 … 天王之家 其長子主器 不以封侯 唯小子 列爵分土."

화합하여 우는 상으로 본다[鶴白鳥, 異爲白也. 下卦亦異, 俱爲鶴也. 鶴雄鳴上風, 雌鳴下風. 両巽相合, 兩風相應之象, 両兌相合, 両口和鳴之象也].[39] 이처럼 '작작爵'은 정치적으로 보면 벼슬(Government post, Official rank)이지만, 도학적으로 보면 술과 술잔(Goblet)으로 볼 수 있다. 적어도 중부의 어른이 되면 기자其子(아들, 제자, 후배, 하학, 후손)와 술과 차도 나눌 수 있는 여유가 있어야 한다. 대상大象에서 '의옥완사議獄緩死'라는 옥사를 다루고 있는 것을 보더라도 '작爵'은 정치적인 해석이 합당하기에 '벼슬'로 보고자 하는 이유다.

"나에게 좋은 벼슬이 있어 너와 함께 만세 누리고 싶다"는 것을 보면 하화중생下化衆生 하려는 만부지망萬夫之望의 정담이 느껴진다. 완당阮堂 같은 만고풍상을 겪은 사람도 밥상머리에서 다음과 같은 아비의 심정을 토해냈다. "세상에서 제일 맛 좋은 음식은 늘 먹어도 물리지 않는 된장찌개 김치찌개요[大烹豆腐生薑菜], 세상에서 가장 아름다운 모임은 처자식 끼고 차 마시며 정담 나누는 자리이니라[高會夫妻兒女孫]."[40] 앞산은 멀어질수록 눈에서 사라지지만 어버이의 가슴 속에는 멀어진 자식이 더 그립다. 애비 학이 노래하고 그 새끼가 화답하듯이[鳴鶴子和] 공부가 이뤄지면 무엇을 더 바랄 것인가.

공자는 「계사전」에서 이 부분을 '동성상응同聲相應'의 장면으로 강조하고 있다. 중부는 감응의 괘이고 익괘는 동성상응의 괘이다. 그러므로 우는 학이 서로 화답한다. 공자가 말한 바 '선즉천리지외응지善則千里之外應之' 역시 동성상응의 예라 할 수 있다. 공자가 이를 두고 일렀다. "군자가 집 안에 있을 때도 말을 함에 선하면 천리 밖까지 미친다. 하물며 가까운 곳에서랴? 또 그 말이 불선하면 천리 밖까지에도 나쁘게 미칠 수밖에 없다. 하물며 가까운 곳에서야 어떠하

---

39 徐有臣, 『易義擬言』: "울지만 그늘에 있는 것이 구2이니, 2가 먼저 운 것이 아니라 5에 호응하여 운 것이다. 아래로 바람이 불어 울었다면, 위로 바람을 부르는 학도 이미 울었다."

40 김정희, 『완당집』: "이것이야말로 촌 늙은이의 인생에서 제일가는 즐거움이다. 비록 허리춤에 말만한 황금도장을 차고, 밥상 앞에 시중드는 여인이 수백 명 있다 하더라도, 능히 이런 맛을 누릴 수 있는 자가 과연 몇 명이나 될까?[此爲村夫子第一樂上樂, 雖腰間斗大黃金印, 食前方丈侍妾數百, 能享有此味者幾人爲, 古農書 七十一果.]" 이 글은 추사가 돌아가기 3일 전, 제자 尙有鉉이 몇몇 어른을 모시고 봉은사에 기거하던 추사 선생을 찾아뵙고, 선생께서 이 세상에 남기고 싶은 마지막 글을 내려 주시라 하여 받아 낸 글이다. 세상 어느 사내의 행복일지라도, 대단한 권력과 재산을 얻는 것이 아니라, 처자식들과 함께 따뜻한 밥 한 그릇 맛있게 같이 먹는 데 있음이다.

겠는가? 말은 몸에서 나와 온 나라에까지 미치고, 행동은 가장 가까운 곳에서부터 시작하나, 저 먼 곳까지도 볼 수 있게 되니, 언행은 군자의 기둥뿌리며 영욕을 좌우하는 주장자다. 고로 군자의 언행은 천지를 움직이게 되니 가히 신중하게 하지 않을 수 있겠는가?"

『여씨춘추』와 『천금방』도 '유수流水'와 '호추戶樞'로 양성지도養性之道를 중부에 두었다.[41] 허미수許眉叟의 '기언서記言序'[42]와 유성재柳省齋도 '중부의 추기樞機'를 노래한다.[43]

『효종실록』에도 '추기樞機와 언행영욕言行榮辱'으로 상소가 올라왔다. "임금께서 말씀을 세 번 하기도 전에 많은 비가 곧바로 내렸으니, 참으로 임금의 언행이 천지를 감동시키는 것이 이처럼 분명하고, 이치의 반응이 그림자나 메아리보다 빠르다는 것을 알 수 있습니다. 옛사람의 경계는 임금의 마음을 바로잡는 일을 우선으로 하였습니다. 신이 비록 옛사람에 미치진 못하지만, 평소 노력하는 바는 임금에게 숨김이 없어야겠다고 스스로 다짐하였습니다. 어미 학이 울면 그

---

41 『呂氏春秋』 : "흐르는 물은 썩지 않고 문고리는 좀먹지 않는다[流水不腐 戶樞不蠹]. 왜? 물은 쉬지 않고, 문고리는 열고 닫으며 내 움직이니까[動也]."

42 許穆, '記言序' : "경계할지어다. 말을 많이 하지 말며, 일을 많이 벌이지 말라. 말이 많으면 실패가 많고, 일이 많으면 해가 많다. 安樂을 반드시 경계하여, 후회할 짓을 행하지 말라. 뭐 다칠 일이 있으랴 하고 말하지 말라. 그 禍가 자라게 될 것이다. 뭐 害가 되랴 하고 말하지 말라. 그 화가 커질 것이다. 아무도 듣지 않는다고 말하지 말라. 귀신이 사람을 엿볼 것이다. 불꽃이 붙기 시작할 때 끄지 않으면 치솟는 火炎을 어찌하며, 물이 졸졸 흐를 때 막지 않으면 끝내는 넓은 江河가 될 것이며, 실낱같이 가늘 때 끊지 아니하면 그물처럼 될 것이요, 터럭끝처럼 작을 때 뽑지 않으면 장차는 도끼자루를 써야 할 것이니, 진실로 삼갈 수 있음이 福의 근원이다. 그리고 입은 무슨 해가 되는가? 禍의 문이 된다. 힘이 센 자는 제 명에 죽지 못하며, 이기기를 좋아하는 자는 반드시 敵手를 만날 것이다. 도둑이 주인을 미워하고 백성이 그 윗사람을 원망하므로 군자는 천하에 윗사람 됨이 쉽지 않음을 알아 스스로를 낮추며, 衆人의 앞에 섬이 쉽지 않음을 알아 자신을 뒤로하는 것이다. 江河가 비록 낮지만 百川보다 큰 것은 낮기 때문이다. 天道는 親한 데가 없이 항상 착한 사람 편에 서나니, 경계할지어다. 『주역』의 翼에 이르기를, '言出乎身加乎民 行發乎邇 見乎遠 言行 君子之樞機 樞機之發 榮辱之主也'라고 하였다. 穆은 오직 이것을 두려워하여 말하면 반드시 써서 날마다 반성하고 힘써 왔다. 내가 쓴 글을 이름하여 '記言'이라 하였으며, 古人의 글을 읽기 좋아하여 마음으로 고인의 실마리를 따라가서 날마다 부지런히 하였다."

43 柳重教, 『省齋集』, '慶希伯賢秀戊子二月' : "樞機가 발동할 때는 더욱 살피고 삼가도 무방합니다. 말과 행동 두 방면에 힘을 써서 스스로 반성해 항상 곧으면 그만이니 나머지는 신경 쓸 만한 것이 없습니다. 師友가 함께 무고 당하는 경우 역시 그 사람의 바르고 바르지 않은지를 볼 뿐입니다. 진실로 그 사람이 바르다면 사우가 되어 함께 屈伸하는 것이 또한 영광이지 않겠습니까?"

새끼가 화답하는 법이니 기가 통하지 않음이 없어서이고, 위에서 부르면 아래에서 호응하는 법이니 이치가 또한 저절로 그러한 것입니다. 어찌하여 예전에는 분분히 구름처럼 밀려들던 것이 지금은 드문드문 새벽별 같은 것입니까. 혹시 구하기는 비록 부지런히 하지만 채용하기를 극진히 하지 않아서 그런 것이 아닙니까. 또는 앞 사람들의 일을 경계하고 나중을 우려해서 감히 말하지 않아 그런 것입니까. 충성스럽고 아름다운 간언은 종적이 끊기고, 순종하며 아첨하는 것이 풍조를 이룬다면, 임금의 허물을 들을 수가 없고 나랏일은 날로 잘못되어 갈 것이니, 어찌 한심하지 않겠습니까. 그러므로 옛사람이 말하기를 '산이 무너지고 시내가 마르는 것은 두려울 것이 없고, 벌레가 곡식을 손상하는 것도 두려울 것이 없으며, 어진 사람이 숨는 것이 몹시 두렵고, 곧은 말을 들을 수 없는 것이 몹시 두렵다'고 하였습니다. 어진 사람들이 숨는 것은 군자의 도가 사라지는 것이고, 곧은 말을 들을 수 없는 것은 언로가 막히는 것이니, 그 두려워할 만한 것으로 과연 어느 것이 이보다 심하겠습니까."[44]

책을 읽고 공부하는 것도 진실되게 해야 천 리 밖 백성들과 하나 되며,[45] 외척과 대궐 안에서 정사를 어지럽히는 여자들 때문에 국사를 어지럽히는 말이 출납할까를 걱정한다.[46] 임금이 비를 얻었다고 해서 공경하고 두려워하는 마음

---

44 『효종실록』 효종 6년(1655) 7월 28일, 전 영돈녕부사 이경석李景奭의 상소
45 『선조실록』 선조 즉위년(1567) 11월 3일 : 주강에 『대학』을 강하고 奇大升이 『중용』과 『주역』을 통해 성학을 논함. 기대승이 아뢰었다. "『대학』에서 '誠은 實'이라 했고, 『중용』에서는 '誠은 진실되어 허위가 없음'이라 했습니다. 사람이 악취를 맡으면 그 냄새를 싫어하는 것은 군자나 소인이나 차이가 없습니다. 사람이 악한 것을 싫어할 줄은 알면서도, 나쁜 냄새를 싫어할 줄 모른다면 이는 진실치 못한 것입니다. 혈기란 것은 사람이 태어날 때부터 가지고 있는 것으로 미색을 좋아하는 욕심이 으뜸이 됩니다. 가령 어진 이가 여기에 있다고 할 경우 어찌 미색을 좋아하듯 어진 이를 좋아하는[好色好德] 자가 있겠습니까. '온 나라에서 제일가는 미인이 있다 하면 기필코 찾아보려고 하면서, 전국 제일의 선비가 있다고 하면 한 번도 가서 만나보려고 하지 않는다'는 말은 격언입니다. 진실 되고 거짓 없는 것은 바로 성인이 되는 바탕입니다. 마음이 진실하지 못하면 책을 읽고 공부하는 것도 경연에서 글을 토론하고 인원 수만 채우는 데 불과할 뿐입니다. 『주역』에 이르기를 '입 밖에 낸 말이 착한 말이면 천리 밖에서도 호응하고 착하지 않으면 천리 밖에서도 거역한다' 하였습니다. 이러니 삼가지 않을 수 있겠습니까."
46 『중종실록』 중종 20년(1525) 5월 26일 : "대사헌 洪彦弼 등이 상소하기를, 신 등이 듣건대, 伊尹이 太甲을 훈계한 말에 '옛적에 하나라 임금이 바야흐로 덕 닦기를 힘쓰자, 천재가 일지 않았고 산천과 귀신도 안정되지 않은 것이 없고, 鳥獸와 魚鱉들도 모두 자연스러웠다고 했습니다. 대개 임금은 천지·귀신·만물을 맡은 분으로서, 덕 받들기를 힘쓴다면, 위로는 천도에 순응하게 되고 아래로는 산천을 안정시키게 되며, 귀신과 미미한 금수어별같은 생물들도 각기 그 천성을

을 조금도 소홀히 말고 전전긍긍하며 비를 얻지 못했을 때처럼 겸손한 마음을 스스로 배양해야 할 것이다.[47/48]

완수하지 못하는 것이 없게 되는 법입니다. 이러므로 옛적의 聖明한 제왕들이 힘써 덕을 받들어 천도에 순응하고, 몸을 닦아 백성을 편안게 하다가, 한 번이라도 재해를 만나게 된다면 몸을 뒤척이며 착하기를 생각하고, 허물을 들어 자신을 책망하였기에 '홍수가 나를 경고하는 것이다'한 말은 천지를 뒤덮는 홍수의 변을 극복해내게 하였던 것이고, '근심되는 마음이 터지는 듯하다'한 말은 가뭄을 이겨내게 했던 것입니다. 신 등이 삼가 살피건대, 전하께서 즉위하신 이래 조심조심하며 심신을 닦고, 천명을 공경하고 두려워하여, 한 가지 일이라도 잘못되면 마음에 병이 되도록 근심하고, 한 사람이라도 재앙을 입게 되면 상처가 난 것처럼 측은하게 보며, 부지런히 민중들의 고통을 돌보고 신중하게 형벌을 살피시니, 마땅히 천지가 화평하고 오곡이 풍년 들어야 할 것인데, 근래에 음양이 조화를 잃고 재해가 겹쳐 일어, 여름철에 서리가 내리고 가뭄이 한없으며, 우박이 벼와 보리를 망치고 癘疫으로 사람들이 죽어가며, 땅은 안정되어야 하는데 지진을 하고, 비는 내려 자라게 해야 하는데 내리지 않습니다. 한재는 금년이 더욱 심하여, 모든 귀신에게 두루 제사를 하여도 일찍이 효과를 보지 못하니, 생각건대, 전하께서 덕을 힘쓰는 공력이 미진한 데가 있는 것이 아니겠습니까? 『역경』에 '언행은 군자가 천지를 감동시키는 바이다' 했고, 董子는 말하기를 '사람들의 소위가 아름답거나 악하거나 간에 극도에 달하면 천지에 유통하게 되는 것'이라 하였습니다. 사방에서 아름다운 말을 찾아들고, 오만 機務 속의 잘못된 정책을 닦아가며, 천도를 이어받아 자신을 바로잡고, 인사에 힘을 다해 하늘을 감동시키되, 엄숙하고 공손하게 修省하고 恐懼하기를 잠시도 게으름 없이 하는 것이, 바로 전하의 당면한 시급한 일입니다. 曲禮에 '밖의 말은 문지방 안에 들어가지 않고, 내정의 말은 문지방을 벗어나지 않는다'고 했으니, 이는 내외를 엄격하게 하고, 請謁을 방지하는 방법입니다. 임금은 남정들의 교훈을 듣고 왕후는 命婦들의 훈계를 들으며, 각기 자신의 직책을 다하여 잘못됨이 없도록 하되, 비록 그윽히 방 한 구석에 있을 때라도 엄연하게 깊이 생각하기를 神明을 대한 듯이 하여, 깊은 궁중과 正殿이 함께 일체가 되어야 천지가 감응하여 순탄하고 만물이 번성하게 자라는 것입니다. 傳에 '임금은 국가의 심장이니, 심장이 다스려지면 온갖 관절이 모두 편안해지는 것'이라 했으니, 어찌 온갖 관절이 편안하고서 영양이 고르지 못할 리가 있겠습니까? 지금 戚畹[임금의 내척과 외척]과 女謁[대궐에서 정사를 어지럽히는 여자]이 기탄없이 드나드니, 신 등은 내정의 말이 혹은 나오게 되고, 밖의 말이 혹은 들어가게 될까 싶습니다."

47 『효종실록』효종 3년(1652) 4월 28일 : "전하께서 왕위에 오른 이후로 해마다 가뭄이 들었고 기도한 때만 번번이 비가 내렸으니, 이는 전하의 공구하는 정성이 단지 재변을 당할 때만 절실하고 평소에는 태만했던 소치가 아닙니까. 오직 그 성심이 계속되지 못한 바가 있으므로 결국 영원토록 하늘의 뜻을 누리며 재변을 제거하지 못하는 것이니 이 역시 매우 두려운 일입니다. 강과 바다가 모든 냇물의 長이 된 것은, 강과 바다가 아래에 있기 때문이니, 인군이 신하를 다스리는 도 역시 이와 같습니다. 전하께서 사령을 내리실 때에 마음을 비우고 받아들이는 역량이 부족하신 듯하니 이는 아랫사람들에게 잘 대우한 것이 아닙니다. 오늘날 조정에 사람다운 사람이 있다고 하겠습니까. 붕당을 지어 아부하는 것이 습성이 되어 시비가 분명하지 못하고 용렬한 자가 높은 자리에 있으므로 염치가 모두 없어졌으니, 전하께서 조정에 임하시어 개연히 조정에 사람이 없다고 탄식하실 만도 합니다. 『주역』에 이르기를 '말과 행실은 군자가 천지를 움직이는 것'이라 하였으니, 전하께서 멀리 지나간 일을 이끌어올 필요 없이 요즈음 가뭄으로 본다면 전하의 언행을 소홀히 할 수 있겠습니까. 천지가 은연중에 보응하는 것을 어찌 속일 수 있겠습니까. 삼가 원하건대, 전하께서는 비를 얻었다고 해서 공경하고 두려워하는 마음을 조금도 소홀히 하지 마시고 전전긍긍하며 비를 얻지 못했을 때처럼 겸손한 마음으로 스스로를

> 六三 得敵 或鼓 或罷 或泣 或歌
>
> 육3은 적을 만남에 혹 북을 치기도 하고, 혹 그치기도 하며, 혹 울기도 하고, 혹 노래를 부르기도 한다.

득적得敵(Find enemy)으로 혹고或鼓(If beat the drum)하고, 혹파或罷(If stop)하고, 혹읍或泣(If sob)하고, 혹가或歌(If sing)하는 일이 생겨난다. 잠시 마음을 비우는 사이에 세상 온갖 유혹에 빠져드는 장면들이 벌어진다. 친구인가 싶었을 때는 북을 치고 함께 노래도 불렀으나, 알고 보니 그가 나를 해치려는 적이었을 때는 이미 늦어서 울고불고(sob and wail) 하여도 소용이 없었다. 공자도 이를 증명하듯 "북을 치기도 하다 그만 두었다는 것은 자리가 마땅치 못하여 어쩔 수 없는 상황이 연출된 것이다[象曰, 可鼓或罷, 位不當也]"라며 어리석은 중부의 3을 안타까움의 사례로 지적하였다.

그렇지만 여기 3에서는 주적主敵이 누구인지가 모호하다. 동파는 우선 그 적을 5라 지적한다. 상9는 3이 상대할 수 없는 자다. 3이 상9를 짝으로 여긴다면 반드시 5를 지나야 하는데, 그러면 5가 나를 강탈하려 할 것이므로 이유를 다음과 같이 들었다. "상9는 외곽을 굳건히 지키는 노련한 변방의 장수로서 나를 반길 수 없는 튼실한 중부 어른이다." 왕필은 적敵을 4로 지적한다. 3은 소음少陰[☱]이고 4는 장음長陰[☴]으로 서로 마주보는 적대의 관계에 놓인 자들이기 때문이라며 그 이유를 이렇게 밝혔다. "같은 음으로 동지적인 입장을 취하면 친구인가 싶으나, 5나 상이 나를 취하려 할 때는 서로 적으로 돌변한다. 자신의 힘을 헤아리지 않고 진퇴를 하니 그 고달픔을 또 알만하지 않겠는가."

왕필의 주를 취한 지욱의 해석을 보면 중정하지 못하고 부정음유한 자리에서 태兌의 주가 된 3이 상9에게 응하려 하나 그는 돌아보지도 않는다. 그때 "이웃한 4의 동지를 얻어 혹 웃기도 하고, 울기도 하는 일이 생겨나니 3이 무덕한 소치이

배양하소서. 아, 오늘날의 災變을 말로 다할 수 있겠습니까. 太陰이 낮에 빛나고 금성이 하늘에 나타나며 가축이 상도에 어긋나고 서리가 제 때가 아닌데 내렸으니, 전하께서 두려워하시고 조심하여야 할 일이 특히 한재에 관한 것만이 아니니, 오늘 비 온 것을 가지고 이젠 되었다고 여기지 마소서."

48 참고로 결혼을 앞둔 부모가 자식의 장래를 물어 2효였다면 아내가 될 사람도 훌륭하고 그 자식도 총명할 것이며 부귀영화를 누리며 잘 살 것이다.

다"라며 4를 적敵으로 지적했다. 그렇지만 3의 적은 사방에서 침범해 오고 있음을 직시해야 한다[或鼓·或罷·或泣·或歌]. 3은 부중하며 부정한 데다 음유하기까지 하다. 즉 나약하여 그만 적에게 속고 일방적으로 당하고 만다. 같이 동업을 하자는 사람이라면 친한 친구인가 싶었을 때는 북을 치고 함께 노래도 불렀으나, 알고 보니 그가 나를 해치려는 적이었을 때는 이미 늦어서 울고불고 하여도 소용이 없는 소동이 벌어지고 만다.[49/50]

> **六四 月幾望 馬匹亡 无咎**
> 육4는 달이 거의 보름에 가까울 즈음에, 말 한 마리가 사라졌으나, 허물이 없다.

보름에 가까운 열나흘 달이다[月幾望, The moon nearly at the full]. 14일의 달은 꽉 찬 보름달이 아니라 2% 부족한 손순遜順[☷]의 모델이다. 참고로 '월이망月已望'은 달이 다 찬 보름달이요, '월기망月旣望'은 이미 보름이 지난 16일의 달이다.

---

49 [說證] 大离의 병사들과 두 장수가 대진하고 있는데 兌의 金과 巽의 木이 상극으로 대립하니 중부는 적을 만나는 괘이다. 중부는 호괘가 頤卦가 되니 离의 가죽과 즐거움이 있고, 震의 울림 鼓가 있고, 또 艮의 멈춤이 있다. 눈물은 离의 눈에 소과의 눈물이 나는 것이다[頤卦 3효가 동하면 서합이 된다. 頤卦는 도전을 쓰니 서합이 도전되면 賁卦가 되어 눈물이 난다]. 正卦와 倒顚卦 사이에 상이 일정하지 않으니 或이라 미심쩍게 여겼다. 頤卦에서 震의 장수가 이미 죽었는데 賁卦에서 坎의 수레에 시체를 실으면서 장수의 죽음을 비밀로 적을 속이는 것이다. 고로 '或鼓或罷或泣或歌'는 장수의 죽음을 위장하는 것이다[姜維가 제갈공명의 죽음을 숨긴 것과 같다].

50 참고로 2010년 남아공 월드컵 전에서 우리나라가 아르헨티나를 이길 수 있느냐에 얻은 괘였다. 결과는 4대 1로 졌다. 강한 적을 맞이하여[得敵] 어쩌면 있는 힘을 다해보지만[或鼓] 죽기 아니면 까무러칠 일이 생길 것 같다. 결과는 이 일로 혹 예선탈락이라는 수모도 당할지 모를 만큼 점수를 주게 되어[或罷] 울고불고 할 일이 생긴다[或泣]. 그 어려운 가운데도 좋아서 '대한민국'이란 소리를 높여 노래 부를 일도 생겨날 것이다[或歌]. 아나나 다를까 이청룡 선수의 한 점 만회골이 터지자 반전의 기회를 잡은 우리나라는 선수와 국민이 온통 하나가 되어 환호를 지르기 시작했다. 그러나, 그것 또한 잠시 뿐, 연속 골을 허용한 우리 팀은 패색이 짙어지고 희망은 멀어져 갔다. 여기 중부괘는 순간에라도 정성을 늘어뜨리면 바로 마구니(귀신)가 붙어 오는 자리이다. 어쩌면 중부의 상이 입을 같이 맞대고 있는지라 어느 한 쪽이라도 방심하면 쉬 무너지고 마는 야릇한 괘이다. 우리선수는 1·2·3의 내괘요 아르헨티나 선수들은 4·5·6의 외괘이다. 게임의 승패를 물어 3효에 해당되었다면 우리 선수가 마음을 더 단단하게 모으지 못하고 방심하는 것도 있지만 워낙 실력 차이가 낫다. 3효의 점시는 잠시 방심하는 사이에 세상의 온갖 유혹에 빠져들어 가는 장면들이 연출된다. 소송에는 변호사도 믿지 말라는 자리다. 중부가 소축으로 가는 경우이다.

그러니 정위를 얻은 4가 임금의 최측근 자리에서 겸손의 미덕을 묵시하고 있다. 신하로 채울 수 있는 부귀는 열나흘의 달로 다 채우고 얻었으니, 더 이상 취하려고 하면 임금의 자리를 빼앗게 되고, 중부가 곧 호랑이의 꼬리를 밟다가 통째로 잡아먹히는 이괘履卦가 되고 만다. 그러니 충직한 신하라면 배필로 약속한 사람마저도 잊어야[馬匹亡] 허물이 없을 것이다[无咎]. 이 자리는 사리사욕을 부리면 한방에 날아가는 곳인데 하물며 겸손을 잊고 어떻게 그 자리를 지킬 수 있단 말인가. 정자도 "신하로서 임금을 대적하면 화와 어그러짐이 반드시 이를 것이므로 '거의 보름'으로 지극한 정성을 삼았다"고 이유를 내놓는다.[51]

'마필망馬匹亡'의 대상은 육3이다[초9라고도 봄]. 옛 친구나 친지처럼 사사로운 관계를 맺고 있던 자들을 멀리 하여야 허물이 없음을 밝힌다. 권력을 쥐고서 부정과 비리에 휩싸이면 아주 모양이 크게 망亡가지니 먼저 가까운 이들을 멀리[亡]해야 할 것이다.

공자가 "사사로이 가까운 자들을 멀리하라는 말은 동류들과 인연을 끊고 임금을 위하여 오로지 충성을 다하러 가라는 말[象曰, 馬匹亡, 絶類上也]"이라고 충고한다. 정성을 모아가는 중부의 시절에는 정리에 얽매이는 관계에 봉착하면 중부가 바로 무너지고 말 것이다.[52]

송광사에 주석하던 보조국사 지눌(1158∼1210)도 누나가 동생의 큰 벼슬을 빙

---

51 정이천, 『이천역전』: "달이 거의 보름이라면 지극히 왕성한 것이고, 보름이 지났다면 대적하게 되니, 신하로서 임금을 대적하면 화와 어그러짐이 반드시 이를 것이므로 '거의 보름'으로 지극한 정성을 삼았다."

52 金相岳 『山天易說』: "중부 때는 채움에 있지 않고 붕당을 이루지 않으니 허물이 없다[不處盈, 不爲黨, 无咎之道]. '달이 거의 보름에 이른 月幾望은 소축괘 上과 귀매괘 5에 있다. '말의 짝[馬匹]'은 3을 가리킨다. 수레를 맬 때 네 마리 말을 썼는데, 다 같은 색으로 갖출 수 없으면 가운데 두 마리[服馬]와 양 끝의 두 마리[驂馬]를 각기 같은 색으로 하고, 또 크고 작음을 서로 맞추었기 때문에 두 마리 말이 짝이 되니 3이 자신과 짝 됨을 알 수 있다. 4는 그 무리를 끊고 지위가 정당한 굳센 5를 따르기 때문에 짝을 없애도 허물이 없다. 坤卦에서 '암말의 정조[牝馬之情]'라고 한 것은 또 달의 차고 기움에서 상을 취한 것이기 때문에 '서남에서는 벗을 얻는다[西南得朋]' 한 것 역시 무리와 함께 가는 것이고, '동북에서는 벗을 잃는다[東北喪朋]'고 한 것은 바로 마침내 경사가 있는 것으로 음이 양을 따름이다. 중부괘는 태≡와 손≡이 서남으로 나누어져 있고, 3·4가 변하면 乾卦로 坤卦와 대응하기 때문에 달이 거의 보름이다. '서남에서 벗을 얻는 西南得朋'은 내가 나의 주군 5를 좇아갈 때는 왕년에 짝 3을 없애는 '말의 짝을 없앰[馬匹亡]'이 맞는 이치다. 朴齊家 역시 '말은 타는 것이고, 짝은 무리이고, 무리는 음의 류이다. 음 4의 무리는 당연히 음 3이므로, 미친 3을 짝할 수 없어 버리고 위로 가니 미덥다고 한 것이다[馬所乘者也, 匹, 類也. 類者, 陰也. 四之類當爲三, 三之狂不可匹也, 棄而上則孚矣]."

자하여 진주 땅에서 계주로 이권을 마음껏 누리고 있을 때, 그 누님을 점심에 초대해 놓고는 보조가 혼자 먼저 밥을 먹으며, 그녀가 들어오자마자 점심상을 물리쳐 버린다. 그때 누나가 "윗사람을 초대해 놓고 들어오자마자 어째서 밥상을 물리느냐?"고 따지듯 묻자, "누님, 이 밥이 누구의 밥인가요? 그리고 국사라는 벼슬이 누님의 벼슬은 아니지요? 그런데 어째서 누님이 이 국사를 팔고 다닌단 말입니까?"라며 창피를 주고 골탕을 먹인 일화도 절집 안에 회자되는 유명한 '월기망月旣望'과 '마필망馬匹亡'의 이야기다. 중부中孚가 이履로 간다.[53]

九五 有孚 攣如 无咎[54]
육5는 믿음으로 얽혀가야 허물이 없다.

유부有孚(Possess truth)는 믿음과 성실 그리고 정성이 있어야 중부가 된다는 강조사이다. 백성들을 향하여 늦추지 않는 진실한 군왕의 자세, 그 중부中孚야말로 천하의 민심이 흩어지지 않도록 얽어매어야[攣如, Link together] 허물없이 이루어지는 자리다[无咎, no blame]. 그 자세야말로 "임금의 자리에서 취하여야 할 마땅한 일임에 틀림없다[象曰, 有孚攣如, 位正當也]."

정자는 이러한 자세를 "인군人君의 도로써 천하를 감통感通하여 천심天心으로 단단히 얽어서 믿게 하는 일"이라 하였고, 지욱은 "원만圓滿 보리菩提가 무소득無所得에 귀의歸依함"이라 일렀다. 저 아랫자리에 있는 사람들이야 내면의 진실을 지키며 다른 사람들과 연계시키지 않아야 하지만, 임금은 자신의 진실한 덕을 천하의 만민들에게 베풀어 소통이 되고 교감이 되도록 해야만 허물이 없을

---

53 履卦는 夬卦에서 왔다. 夬卦일 때는 坎月의 위치에[外卦] 兌가 이지러진 상태여서 滿月이 아니었지만 거의 乾의 둥근달에 가까우므로 '月幾望'이다. 乾의 말이 쾌괘 아래에 있으니 나에게 말 한 마리가 있다. 그런데 履卦가 되면 나의 말 한 마리가 사라져 저 쪽에 있으니 '馬匹亡'이라 했다. 이것은 어떤 날인가? 만월에 가까운 보름일 때다. '月幾望'은 본래 가득 찬 것을 경계한다. 소축의 경우엔 월기망의 저녁에 군대를 출정하면 흉하며, 귀매에는 월기망에 누이를 시집보내도 좋다. 참고로 군계일학의 모습이니 처신도 깔끔하다. 사사로운 거래가 목줄을 조르지 않도록 하라. 장인 장모의 부탁이라도 듣지 말라. 떡줄 사람은 생각지도 않는데 김칫국부터 마시지 말라는 자리다. 송충이가 갈잎을 먹지 못하니 부당한 일은 행하지 말 것이다.

54 攣 걸릴 련(연).

것이다.

석지형石之珩 역시 비슷한 취지로 '경연經筵'에서 강한 내용을 『오위귀감五位龜鑑』에 실었다. "구5에서 '유부연려무구有孚攣如无咎'라고 하였는데, 저는 『주역』에서 '허물없는 무구'를 말한 경우에는 모두 처음에는 허물이 있으나 끝내 없다는 것으로 들었습니다. 임금은 천하에 혜택을 입히면서도 스스로 알지 못하고 [人君當使天下被其化而不自覺], 선과 하나가 되었으면서도 걸리어 드러남이 없어야 됩니다[同於善而无係著可]. 임금이 반드시 굳게 맺어 붙들어 당기듯 하면, 그제서야 믿음으로 사람들을 얻음에 처음에 허물이 없다 할 뿐이니, 크게 길하다고 말하기에는 부족합니다. 그렇게 하지 않는다면 어찌 천하 백성들의 마음을 돌리고[不然豈有億兆歸心], 크게 길함을 얻지 않을 수 있겠는지요[不得元吉者乎]?"

김상악金相岳은 『산천역설山天易說』에서 특별히 '잡아당기 듯하는 은혜'를 주문하고 있다. "구5는 양의 군셈으로 손≡과 태≡의 가운데와 호응함에 비록 바른 호응이 아닐지라도 가운데가 채워져 있어 서로 미덥다. 그런데 음이 아래로 가까이 하기에, 4는 공손하여 어기지 않고, 3은 기뻐하여 순종하기 때문에 믿음이 있는 것이 잡아당기는 상과 같다. 믿음으로 도를 이루어야 허물이 없는 까닭이다. '잡아당기듯이 하는 연여지의攣如之意'로 천하[구2]를 감동시키지 않고 어떻게 사람들의 마음을 얻을 수 있었겠는가[感孚天下而不以其心]? 굳게 맺어 나의 덕으로 은혜롭게 했기 때문에[固結惠我以德] 여섯 자리에서 유독 '유부'라고 하였다." 이는 중부中孚가 손損으로 간 경우다.[55]

上九 翰音 登于天 貞 凶[56]
상9는 닭이 하늘을 오르려고 소리를 낸다. 일을 맡아 바르게 하려 해도 흉할 것이다.

닭이 하늘로 오르려고[翰音登于天, Cockcrow penetrating to heaven] 분수에 넘치

---

55 [說證] 攣은 팔이 병들거나 부러져 굽는 것이다. 중부가 損卦가 되면 艮의 팔뚝이 兌로 毀折로 부러진다. 상괘의 한 팔이 부러졌지만 다른 한 팔은 아직 온전하니 그 팔에 의지하여 손의 구실을 한다. '有孚攣如'가 그것이다. 중부가 損卦가 되더라도 大离가 그대로니 유부가 있다.

56 翰 닭 한, 편지 한.

는 일을 해보지만 허사다[貞凶]. 닭이 어찌 나는 새가 될 수 있으랴. 공자도 효상에서 "닭이 하늘에 오르려고 소리를 내지만 그것이 어찌 오래 날 수 있겠느냐?[象曰, 翰音登于天, 何可長也]"며 더이상 하늘을 날 수 없는 닭을 걱정했다.

지욱은 과강過剛하고 부중부정不中不正한 상6이 제일 높은 자리에 앉아서 명예와 권위를 믿고 손순遜順과 중도中道를 잃고 있으니 '정흉貞凶'의 처지에 놓였다고 보았다.[57] 왕필도 안에서 충실을 잃고 밖으로 화려함을 보이려는 '한음등우천翰音登于天'을 이렇게 풀고 있다. "닭은 높이 나는 소리만 내었지 실은 날지를 못하는 짐승이다. 괘의 끝자리에서 중부가 끝이 나기에 그 믿음도 쇠해진다."

그런데 동파의 '한음翰音' 해석도 두텁다. "꿩과 닭은 날고 우는 자이다. 새들 가운데 날고 또 우는 자는 그 비상이 길지 못한데 꿩과 닭이 그 부류이다. 상9가 바깥 자리 위에서 머무니 중부의 도가 아니지만, 날아서 드러남을 구하려 하고 울어서 신뢰를 얻으려 한 자다. 구2는 그늘에 있지만 그 새끼가 화답하고, 상9는 날며 울지만 하늘에 오르려니 그 도가 상반된다."[58] 날기만 하려 하고 차근차근 학문을 쌓는 공부가 겸비되지 않으면 "정貞해도 흉凶하다"는 옵션이 무섭다.

다산은 『예기』로 '한음'을 비유하고 있다. "닭을 한음翰音이라는 것은 「곡례曲禮」의 글이다. 닭은 허벅지[巽, ☴로 다니며 높이 날지를 못하고 잠시 올랐다가는 반드시 떨어진다. 그러니 어찌 오래 가리오? 항룡亢龍이 오래 갈 수가 없음과 같다[盈不可久也]."

위에처럼 『예기』에는 닭을 '한음翰音'이라 하였고 「설괘전」에도 손풍巽風을 닭이라 했다[鷄曰翰音]. 닭은 높이 날 수 없는 짐승인지라 하늘로 오르려면 기력만 탕진한다. 이것은 안으로 마음을 모아야 할 중부의 시절에, 심보가 벌써 부정으로 가득하고, 이름 내기를 좋아하고, 높아지기를 좋아하니 유순과 중정을 도저히 알지를 못하는 불쌍한 자가 틀림없다.

'계피학발鷄皮鶴髮'처럼 아래로는 주름이 잡힌 닭발과 위로는 높은 학과 같은 벼슬로 치장한 봉황처럼 보여도 그는 보잘 것 없는 닭이다. 이는 노련한 경륜을 쌓은듯 보일지 모르나 소위 가성비(영양가)가 전혀 없는 '계륵鷄肋'에 불과하다.

---

57 지욱, 『주역선해』: "自信其好名好高情見, 而不知柔內得中之道者也."

58 소식, 『동파역전』: "翰音, 飛且鳴者也. 凡羽蟲之飛且鳴者, 其飛不長. 雉鷄之類是也."

자신의 꼴을 파악하지 못하고 자신이 쓴 벼슬보다 못한 감투에 침을 흘리며, 또 날카로운 '주둥아리[鷄口]'만 세우며 완장 찬 머슴과 다를 리 없다.[59]

보라, 저 벼슬이 떨어진 늙은 닭을! 아무리 홰[翮]를 차고 올라도 등천登天할 수가 없지 않은가. 경거망동한 닭은 하늘이 목을 비틀어 죽이고 말 것이다. 그러기에 중부에서 "한음翰音이 등우천登于天이니 정貞하여도 흉凶타" 한 것이다. 이것은 나이가 들고 초조하니 근본을 무시하고 빠른 성취를 얻고자 하는 자의 행동으로, 지붕 위를 나는 아주 보잘 것 없는 작은 재주를 갖고 세상을 얕잡아 보는 도적과 같은 모양새다.[60] 닭은 나는 재주가 있으니 들짐승은 아니지만 여유로운 비행을 하는 새는 더더욱 아니다. 상6은 중부를 지키는 것이 우선이지 남에게 자신을 알리고자 하는 행위는 중부의 도를 벗어난 자임에 틀림이 없다. 믿음을 지켜야 할 자리에서 변심하니 닭이 학의 흉내를 낸다.[61] 중부中孚가 절節로 간다.[62]

---

59 닭벼슬은 文이요, 며느리와 같은 발톱은 武이다. 분전감투하는 정신은 勇이요. 먹이를 보면 서로 불러 모아서 함께 먹는 것은 仁이요, 밤새워 날 밝음을 울어 알리는 것은 信이라는 '계오덕(鷄五德)'도 있다.

60 『논어』, '양화' : "仁을 좋아하면서 배우기를 좋아하지 않으면 그 폐단은 어리석고, 知를 좋아하되 배우기를 좋아하지 않으면 그 폐단은 허황하고, 信을 좋아하면서 배우기를 좋아하지 않으면 남을 해치게 된다. 直을 좋아하되 배우기를 좋아하지 않으면 그 폐단은 각박하고, 勇을 좋아하면서 배우기를 싫어하면 그 폐단은 난동이 되고, 强을 좋아하며 배우기를 싫어하면 그 폐단은 망발을 부리는 것이다."

61 金相岳, 『山天易說』 : "중부의 끝에 있고 손☴의 끝에 있으나, 양강 부정한 자리에 서 신의가 없다. 닭은 땅에서 달려가며 우는 것인데, 학의 소리가 하늘에 들리는 것을 본받으려고 하기 때문에 정해도 흉한 상이다."
徐有臣, 『易義擬言』 : "중부는 속이 미더운 곳인데 상9는 밖에 있다. 밖은 미더운 것이 아니어서 자랑하고 힘써 행하는 것이 헛된 소문과 실질이 없으니, 날아가는 소리가 하늘로 올라가는 것과 같다."

62 [說證] 중부는 대과의 착종이다. 대과 때는 巽의 닭이 아래에 있었는데 중부가 되면 위로 올라간다. '翰音'이 닭이니 '翰音登于天'이다. 震으로 우니 소리가 하늘까지 들리는 까닭이다. 离는 비천의 상이다. 중부가 절괘가 되면 손의 닭이 사라졌다. 그러니 坎의 貞이 흉한 것이다. 참고로 영광스러운 명예도 꼭짓점에 와 있다. 재물은 속전속결로 해치워라. 외방이 좋으니 오기를 부리지 말고 어른답게 화해하며 가라. 은퇴 후라면 방 한 칸, 차실 하나 딸린 정자가 좋다.

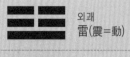

외괘
雷(震=動)

내괘
山(艮=止)

62. 뇌산소과雷山小過

Preponderance of the Small

갈등으로 등을 돌리고 곤란한 지경에 놓일 때가 소과다. 무리하게 문제를 처리하지 말고 소극적이라는 비난을 받아도 좋을 만큼 저자세로 임하면 오히려 좋다.

> 小過 亨 利貞 可小事 不可大事 飛鳥遺之音 不宜上 宜下 大吉
> 소과는 형통하니 바르게 하면 이롭다. 작은 일은 할 수 있으나 큰 일은 할 수 없다. 나는 새가 공중에서 소리를 남기니 위로 올라가는 것은 마땅하지 않고, 아래로 내려가는 것은 크게 길하다.

소과는 음[小]이 과한[過] 상이다. 그러니 작은 일은 가능하지만[可小事] 큰 일을 불가하다[不可大事]. 날아오르는 새가 소리를 남긴다[飛鳥遺之音, The flying bird brings the message]. 위로 오르는 것은 마땅하지 못하고[不宜上] 아래로 내려가야만 좋다[宜下大吉].[1]

소과의 시절에는 자잘한 일은 가능하나 일생을 거는 혼사라든가 목숨을 내놓아야 하는 혁명과 같은 크고 굵직한 대사는 어렵다. 이럴 때는 날아가는 새가 멋모르고 무조건 위를 향하여 오르는 일보다 아래로 한 칸 더 내려가 착실히 실력을 더 쌓음이 좋을 것이다. 공자는 이런 소과의 때를 당하면 "행과호공行過乎恭하고 상과호애喪過乎哀하고 용과호험用過乎儉함"을 최선의 방책으로 쓸 것을 주문하고 있다. 즉 시절이 수상할 때는 가능하면 고개를 많이 숙여야 좋고, 또 부모형제를 잃는 상喪을 당한다면 조금은 지나칠 정도로 슬퍼해야 좋고, 또 용

---

1 소과괘는 頤卦가 착종되었다. 頤卦는 大离로 飛鳥의 상이다. 소과괘는 또 중수감괘에서 왔다. 고로 소과의 2와 5의 柔가 중을 얻었기에 큰 일보다는 작은 일을 맡아 함이 옳다.

처용處가 생기더라도 생색내기를 삼가고 검약할 것을 당부한다.

지욱도 "공손으로 오만傲慢을 구출하고, 슬픔으로 무상無常을 구출하고, 검약으로 사치奢侈를 구출하여, 평상심平常心으로 돌아갈 것"을 설하고 있다.

석재碩齋도 유하혜柳下惠와 대련大連 소련小連과 안평중晏平仲의 예를 들며, 공恭·애哀·검儉을 이렇게 설명한다. "행동으로 공손함을 지나치게 함은 유하혜柳下惠가 이를 본받고, 상사喪事에 슬픔을 지나치게 함은 대련大連과 소련小連이 이를 본받고, 씀에 검소함을 지나치게 함은 안평중晏平仲이 이를 본받았다. 지나치거나 미치지 못함은 알맞지 않지만, 미치지 못하기보다는 차라리 지나치지 말아야 하니, 공손함은 오만보다 낫고, 슬퍼함은 형식적으로 잘 다스려짐보다 낫고, 검소함은 사치함보다 낫다."[2] 주지하듯 유하혜는 삼출三黜 인사였고,[3] 소련과 대련은 어버이가 돌아가신 뒤 3년 동안 슬픔에 젖어 있었던 사람이고,[4] 안영은 영상이 되어서도 식사 때 고기를 두 종류 올리지 않았고, 첩에게 비단옷을 입지 못하게 했던 사람이었다.[5]

성호星湖도 '과공過恭, 과애過哀, 과검過儉'을 설했다. "일은 중도를 얻음을 귀

---

2 尹行恁, 『薪湖隨筆 易』: "行過乎恭, 柳下惠以之, 喪過乎哀, 大小連以之, 用過乎儉, 晏平仲以之. 過不及不中也, 然而與其不及, 無寧過, 恭優於傲, 哀勝於易, 儉愈於奢."

3 『논어』, '微子' : "유하혜는 士師였는데 세 차례나 쫓겨났다. 사람들이 '다른 데로 가버릴 수 없던가요?' 해도, 유 왈, '곧은 도리로 남을 섬기자면 어디에 간들 세 차례는 쫓겨나지 않겠소? 정도를 굽혀서 남을 섬길진대 하필이면 부모의 나라를 떠나야 한단 말이오?' 하고 반문하였다." 『맹자』, '公孫丑' : "백이는 바른 임금이 아니면 섬기지 않았고, 악한 사람의 조정에 서거나 더불어 말하는 것을 마치 진흙구덩이에 앉아 있는 것처럼 여겼다. 유하혜는 악한 임금을 부끄러워하지 않았고, 벼슬길에 나아가서는 반드시 올바르게 일했다. 벼슬에서 쫓겨나도 원망하지 않았고, 곤궁해도 근심하지 않았다. 그러므로 유하혜는 '너는 너고 나는 나다. 네가 어찌 나를 더럽힐 수 있겠느냐?' 했다. 백이는 도량이 좁고 유하혜는 공손하지 못한 것이니, 모두 군자가 따를 바는 아니다."

4 『桓檀古記』, 「檀君世紀」, '少連大連' : "소련과 대련은 어버이가 돌아가신 뒤 지극히 애통함을 사흘 동안 게을리 하지 않았고, 석 달 동안 느슨하지 않았고, 한 해가 지났을 때까지 슬퍼하고 애통해 하였으며, 삼 년 동안 슬픔에 젖어 있었다. 이 어찌 천하의 큰 성인이라 하지 않을 것인가. 무릇 부모에게 효도함은 사람을 사랑하고 세상을 이익 되게 하는 근본이니 온 세상에 두루 알려 표준으로 삼게 되었다."

5 『管晏嬰列傳』: "제나라 靈公, 莊公, 景公을 섬겼고, 절약하고 검소한 생활이 몸에 밴 사람이다. 領相이 되어서도 식사 때 고기를 두 종류 올리지 않았고, 첩에게 비단옷을 입지 않게 했다. 조정에서 주군이 그를 칭찬하고 허용하면 말을 더욱 신중하게 했고 주군의 칭찬이나 허용이 없으면 그 행동을 더욱 신중하게 했다. 나라 정치가 도리가 있으면 그 명에 따랐지만 도리가 없으면 그 명령의 옳고 그름을 따졌다. 이로써 3대에 걸쳐 제후들 사이에 명성을 떨쳤다."

하게 여기기에, 지나치면 예가 아니다. 그러나 소과 때는 국가로 말하면 우레가 치고 어지러운 때이기에, 일상을 바꾸어 작게 지나치게 하여 보존되기를 도모해야 한다. 예를 들면 연燕나라 소왕昭王이 앞서서 빗자루로 길을 쓸면서 곽외郭隈를 맞이한 것은 공손함에서 작게 지나친 것이며, 송나라 자한子꾸이 수도의 문을 지키는 병사가 죽자 들어가 슬피 곡哭을 하였던 것은 슬퍼함에서 작게 지나친 것이며, 위나라 문공文公이 거친 베옷을 입고 거친 명주로 만든 모자를 쓴 것은 검소함에서 작게 지나친 일이다. 그렇게 하지 않으면 장차 넘치도록 공손하여 모욕을 받는 데에 이르고, 지나치게 손상을 입어 생명을 잃게 되며, 크게 검소하여 기롱을 받게 될 일이 있을 것이다. 그러니 성인이 어찌 이를 취하지 않겠는가?"[6]

곽외는 '선종외시先從隈始', '매사마골오백금買死馬骨五百金', 공자의 제자 자한子꾸은 '자한사보子꾸辭寶'의 주인공이다. 역시 공자의 제자 자하子夏를 왕사로 모신 위나라 문후文侯의 이야기 하나가 더 전한다. "어느 날 임금의 사냥을 담당하는 하급직 관리 우인虞人과 사냥을 가기로 약속한 날이 되자, 주연이 베풀어졌고 비까지 내렸다. 그런데도 문후는 밖으로 나갈 채비를 했다. 고관대작들이 만류하자, 문후가 이렇게 말했다. '아무리 대신들과 노는 것도 좋지만, 내 어찌 약속을 어기겠는가?' 그러고는 말단 관리를 찾아가서 '날이 궂어 사냥을 연기하는 게 어떻겠느냐'고 물었다. 이때부터 위나라는 강성해지기 시작했다. 채근담에서도 적었다. '한마디 말로써 천지의 화평을 깨고, 한 가지 일로 자손의 재앙을 빚을 수 있으니, 마땅히 조심하라[一言而傷天地之和, 一事而釀 子孫之禍, 最宜切戒].'"

사람의 잘잘못은 각각 그 짓는 바대로 행하니, 그 잘못을 보면 인한지 불인不仁한지를 알 수 있다. 차라리 인정이 소홀해 버릴 바엔 지나치게 함이 나을 수도 있다.[7] 그렇지만 소과는 지나침이 작으면, 지나치더라도 지나치지 않을 때이다.[8]

---

6 李漢, 『易經疾書』: "事貴得中, 過則非禮. 然山上有雷, 以國家言, 則震薄板蕩之時. 故變其常而小過以圖存也. … 不然將有足恭而致辱. 過毁而滅性, 太儉而貽譏者矣. 聖人奚取焉."

7 李炳憲 『易經今文考通論』: "孔子曰, 人之過也, 各於其黨, 觀過, 斯知仁矣, 當於人情之易忽者而寧過之."

8 宋時烈, 『易說』: "우레가 위에서 움직임은 우레가 장차 힘껏 치려는 것이고, 산이 아래에서 그침은 산의 지나침이 작은 것이다. '喪'과 '行'과 '用'을 말한 것은 모두 진☳의 움직임이 옮겨 변한다는 뜻이고, '공손'과 '슬픔'과 '검소'를 말한 것은 모두 간☶의 그침으로 분수를 지킨다는 뜻이니, 지나침이 작아서 지나치더라도 지나치지 않겠구나."

이진상은 『역학관규易學管窺』에서 이렇게 설증을 보이고 있다. "진☳에는 움직이는 상이 있고, 손☴에는 공손한 상이 있다. 호괘 대과괘에는 관곽棺槨이 되어 상喪의 상이 있고, 태☱는 입이 되어 슬프게 부르짖는 상이 있다. '씀[用]'은 진☳의 움직임에 속하고, '검소함'은 간☶의 그침에 속한다."

이어지는 공자의 단왈이다. "소과는 작은 일이 지나치지만 형통하다. 어째서일까? 지나쳐도 일의 줄기만 바로잡아갈 수 있다면 이롭기 때문이다. 이는 때에 맞춰 행하는 도를 지녔기 때문이다. 5가 강건의 지위를 잃고 유순으로 자리하기에, 큰 일보다는 작은 일에 길하다. 4의 강은 유순의 자리를 잃고 중심도 잡지 못하고 있으니 큰 일을 함에는 불가하다. 이것은 하늘로 날아오르려는 새의 상으로 볼 수 있다. 나는 새가 소리를 남기고 높이 올라감은 마땅하지 않고, 내려옴이 마땅하여 크게 길하다. 이런 상황에서 올라가려고 함은 대세를 거스르는 일이 되고, 내려옴이 순할 것이다[彖曰, 小過, 小者過而亨也, 過以利貞, 與時行也, 柔得中, 是以小事吉也, 剛失位而不中, 是以不可大事也, 有飛鳥之象焉, 有飛鳥遺之音, 不宜上宜下, 大吉, 上逆而下順也]."[9]

공자의 단왈은 소과의 시절에는 한 발짝 물러나 조용히 자신을 관조할 수 있어야 세상의 소리를 들을 수 있다는 것이다. 날아가는 새소리는 지난날에 잘못된 나의 허물을 들려주는 것으로 보았다. 소과의 상은 상하가 서로 뜻이 맞지 않아, 주의 주장이 다르고, 서로 등을 지고 만사가 어긋나며 곤란한 지경에 놓인다. 이때는 무리하게 문제를 처리하지 말고, 소극적이란 비난을 받을지라도, 넘치지 말고 모자란듯 저자세로 일에 임하면 좋다. 그러나 공손해야 할 곳은 더욱 공손하고, 슬퍼해야 할 곳은 더욱 슬퍼하고, 써야 할 곳이 있으면 더욱 절약하는 것이 소과의 처신법이다.

정자도 이런 행동에 표를 더한다. "일이 때로는 마땅히 지나치게 해야 함이 있다. 왜인가? 마땅함을 따라야 하기 때문이다. 그런데 어째서 너무 지나치게

---

9 [說證] '與時行'은 태☱의 가을, 감☵의 겨울을 가리키고, '得中'은 소과가 중수감에서 온 것을 밝히고 있다. 坎卦 때는 강이 중을 얻고 소과에서 유가 중을 얻었으니, '剛失位而不中'이라 하였다. '上逆而下順'은 진☳의 위 두 음이 양을 타고 있으니 역이고, 아래 간☶의 양은 두 음을 타고 있으니 순이다. 또한 감괘의 5가 4로 오니 逆이요, 2가 3으로 가니 順이다. 소과는 大坎, 감☵은 利貞이요, 多眚이다. 그리고 離卦는 飛鳥였지만 소과는 날아가는 새가 이미 떠나고, 진☳의 소리만 간☶에 남는다.

해야 할까? 공손함을 지나치게 하고, 슬픔을 지나치게 하며, 검소함을 지나치게 하듯이 하라 하니, 이 또한 너무 지나치게만 해도 안 될 것이다. 어쩌면 오히려 '작게 지나침[小過]'의 뜻이 맞다. 지나치게 해야 마땅하다면 나는 새가 소리를 남긴 것처럼 해야 할 것이다. 새가 날아감에 빨라 소리가 나면, 몸은 이미 지나가버리고 만다. 일을 마땅히 지나치게 하여야 하는 것도 이와 같다. 몸은 소리와 매우 멀리 떨어질 수 없고, 일은 그 항상됨을 멀리 지나쳐서는 안 되니, 오직 마땅함을 얻음에 달려 있을 뿐이다. '올라감은 마땅하지 않고 내려옴이 마땅하듯 한다[不宜上宜下]'는 것 또한, 새소리를 가지고 마땅히 순해야 하는 뜻을 취한 것이다. 지나치게 하는 도는 마땅히 나는 새가 소리를 남기듯 해야 한다. 소리는 거슬러 올라가면 어렵고, 순해서 내려오면 쉽다. 높고 큰 산 위에 우레가 있다면 이에 지나침이다. 지나치게 하는 도는 순하게 행하면 길하니, 고로 나는 새가 소리를 남김에 마땅히 순해야 할 것이다."[10]

소과에서 중요한 것은 마땅히 지나쳐야 할 때 지나치는 것이 소과의 중中이다. 새가 위로 솟구치면 날아오를 때는 소리를 내야 하지만, 아래로 내려올 때는 소리를 내지 않는다. 이것이 바로 소과 때 지녀야 하는 처신법이라는 것이다. 지나쳐야 마땅하다면[當過以過], 숙여야 할 때에는 더욱 숙이고, 애통해 할 때에는 더욱 애통해 하고, 아껴야 할 자리에는 구두쇠처럼 더 아끼는 것도 소과를 다스리는 처세라 했다. 소과의 전체를 보면, 초효부터 5까지는 위로 날아가는 새이고, 상효로부터 2까지는 아래로 날아가는 새이며, 3으로부터 5까지는 입을 위로 하는 것이며, 4로부터 2까지는 입을 거꾸로 하는 것이다. 올라감은 거스르고 내려옴은 순한 상이다. 한편, 신하는 순리를 따라 절세節稅하고자 하나, 임금은 천방지축天方地軸을 모르고 날뛰는 때가 소과이기도 하다. 중부中孚가 알을 품고 있는 새의 형상이라면 소과는 새가 나르는 비조지상飛鳥之象이다.[11] 소과小過는 음이 넘치고, 대과大過는 양이 넘친다. 음이 양보다 많으니 소인이 판을 치는 세상이다.

---

10 정이천, 『이천역전』: "事有時而當過, 所以從宜, 然豈可甚過也. … 在高則大, 山上有雷, 所以爲過也. 過之道, 順行則吉, 如飛鳥之遺音宜順也. 所以過者, 爲順乎宜也."

11 姜碩慶, 「易疑問答」: "중부괘는 가운데가 비고 바깥이 차 있어 새 알의 상이고, 소과괘는 가운데가 굳세고 바깥이 부드러워 나는 새의 상이니, 소과괘가 중부괘를 이은 까닭이다. 소과괘는 음이 양보다 지나치니, 이는 작은 것이 큰 것보다 지나침이 된다. 괘상은 자유롭게 나는 새이다."

마지막으로 소과에서 가의賈誼가 부른 '복조부鵩鳥賦'가 있다. 그 까닭을 들어 보자. "어느 날 올빼미가 내 집에 날아온 까닭이 괴이하여, 책을 펼쳐 점을 치며 조짐을 헤아리니, 들새가 실내에 날아든 것은 '주인이 떠날 징조'라 했다. 올빼미에게 물었다. '나는 어디로 가겠는가? 길하다면 내게 고하고, 흉하면 그 재앙이 무엇인고?' 올빼미는 탄식하고 머리를 든 채 날개를 펴덕이며, 입으로는 말 못하고 가슴으로 대답했다. '만물은 변화하여 진실로 휴식이 없다네. 감돌아 흘러 옮기며, 혹은 밀고 되돌면서, 형체와 기운이 구르며 이어져 자리를 바꾼다지. 아득하여 다함이 없으니 어찌 이루 다 말할 수 있으리요. 화는 복에 기대고 복에는 화가 숨어 있다는데[禍兮福所倚福兮禍所伏], 근심과 기쁨이 한 데 모이고 길함과 흉함은 한 지경이라지. 그러니 이제 머지 않아 당신은 날아가는 새의 소리를 들을 것이오.'"[12]

初六 飛鳥 以凶
초6은 새가 높이 날아오르려 하면 흉하다.

아래로 내려가든지 아니면 멈추고 있어야 할 초6이 중정을 취하지 못하고 힘

---

12 賈誼, '鵩鳥賦': "대저 禍福이 더불어 뒤엉킨 끈이 어찌 다르며, 운명을 설명할 수 없으니 누가 그 끝을 알겠는가? 물살이 격하면 말라버리고 화살이 격하면 멀어지나니, 만물은 밀고 당기며 뒤흔들려 서로 구르네. 하늘은 예측할 수 없고, 도는 미리 도모할 수 없네. 더디고 빠름은 천명이라, 어찌 그 때를 알리요. 또한 천지가 조화의 용광로라면 조물주는 대장장이네. 음양이 숯불이 되고 만물은 구리가 되어, 모이고 흩어져 사라지니 어찌 일정한 법칙이 있으랴. 천변만화하니 시작이나 끝이 있으리요, 홀연히 되어가는 인생 어찌 헤아리며, 변화해 딴 물건이 된다 한들 어찌 또 근심하리. 소인의 지혜는 이기적이라, 남은 천하고 자신만이 귀하다네. 달인은 크고 넓게 보아, 사물이 가당찮다고 차별하여 보지 않는도다. 탐욕한 자는 재물을 따라 죽고 열사는 명예를 위해 죽으며[貪夫徇財兮烈士徇名], 허풍쟁이는 권세 때문에 죽고 서민들은 그저 목숨을 탐할 뿐이네. 이익을 좇는 무리들은 동서로 허둥대나, 대인은 뜻을 굽히지 않으니 수없는 변화에도 한결같도다. 어리석은 선비는 세속에 매여 군색함이 좌수와 같아도, 지극한 사람은 사물에 얽매이지 않고 홀로 도와 더불어 함께하네. 대중들은 현혹되어 좋고 싫음을 마음에 쌓지만, 참사람은 편한 마음으로 도와 더불어 홀로 유유자적하네. 지혜를 풀어버리고 형체를 남긴 채 초연히 자신을 상실하며, 텅 비어 황막한 하늘을 도와 더불어 훨훨 나네. 흐름을 타면 나아가고, 구덩이를 만나면 멈추며, 몸을 운명에 맡길 뿐, 자기의 사사로움과 더불지 않는다네. 그 삶이란 떠돎과 같고 그 죽음이란 쉬는 것 같네. 조용하기가 깊은 못의 고요함 같고, 두둥실 떠내려감이 매이지 않은 배 같도다. 삶을 스스로 보물이라 여기지 않고 허공중에서 노니네. 유덕한 사람은 폐를 끼침이 없고 운명을 알면 근심하지 않는도다. 하찮은 잔일을 무엇하려 더 마음에 두리요"

있는 실력자 구4에게 편승하여 헛된 희망과 꿈을 꾸고 있다. 마땅히 하향[宜下]해야 대길인데도 위로 날려고만 하니 도리어 날개를 땅에 처박힐 판이다. 공자의 주석처럼, "날지 말아야 할 새가 날아 흉한 것은 어찌할 도리가 없다[象曰, 飛鳥以凶, 不可如何也]."

이럴 때는 지금 내가 어떤 상황에 처해 있는지를 잘 파악하여 자세를 안정시키고 목표를 수정해야 한다. 나의 호흡이 조금이라도 흐트러지거나 방향이 조금이라도 어긋나면 흉을 자초할 것은 불을 보듯 뻔하다. 지금은 위로 날아갈 때가 아니라[艮止, stop] 아래로 내려갈 때라는 것을 명심해야 하니, 소과小過가 뇌화풍雷火豊으로 가는 경우다.[13]

동파가 『춘추좌시전』에서 '이흉以凶'의 '이以'를 아래와 같이 인용하고 있다. "무릇 군대를 좌우할 수 있는 것은 '이以'다. '이以'는 나는 새를 보면 금방 알 수 있는데 날개를 좌측으로 틀면 좌로 날고, 우측으로 틀면 우로 난다. 마찬가지로 지금은 날개를 아래로 세웠는데 위로 날려고 하다니, 흉한 일이 아니겠는가."[14]/[15]

六二 過其祖 遇其妣 不及其君 遇其臣 无咎
육2는 조부에게 직접 말하지 않고 먼저 조모를 통하여 아쉬운 것을 말하는 방법을 취한다. 군주에게도 신분을 넘어선 알현보다는 먼저 밑에 있는 신하를 만나는, 겸손하고 낮은 자세로 가면 탈이 없다.

직장에서는 사장이 어려워서 부장을 만나고, 집안에서는 영감이 무서워서 그

---

13 飛鳥가 손☷의 그물에 리☲로 걸리는 상이니 흉하다.

14 소식, 『동파역전』 : "凡師能左右之曰以."

15 주희, 『주역본의』 : "郭璞『洞林』에서 인용해, 주자는 점사로 소과 초효를 얻으면 '메뚜기와 새떼들의 재앙을 당한다'고 보았다." 또 小過之豊[文→財, 辰→卯]은 실속 없는 자가 허공에서 노는 꼴이다. 건강 상태는 兌金宮 游魂 2월 괘라, 兌는 폐와 대장 맥이라 호흡에 곤란을 느낀다. 초효가 동하면 辰에서 卯로 가니 간과 위장도 나쁘다. 효사로는 '飛鳥以凶'이라 하였으니 당장은 심장이 나빠 걸음걸이도 문제를 낳고, 겉으로는 호흡 곤란을 느낀다. 결국은 머지않아 흉한 꼴을 볼 것이다. 쉽게 말해 제 정신이 아닌 游魂으로 넋 나간 사람처럼 살고 있다. 기운이 아래로 내려가기 때문에 넘어가기 일보 직전인데도 애써 허풍을 떨고 있다[소과→ 뇌화풍].
작금에는 병은 의사에게 묻는다.

할멈을 만나는 경우다. 유순하고 중정한 2일지라도 음유하고 부정한 정응 5를 만날 수 없는 처지에 놓였다. 그러니 불가피하게 4를 통하여 만나러 간다. 이는 할아버지를 피하여[過其祖] 할머니를 만나는[遇其妣] 형국이다.

지욱은 이를 "태공太公이 주紂임금을 피하여 문왕文王을 만나는 경우"라고 보기도 했다. 동파는 또 신하가 강한 세상으로 보고, 불행하게도 군왕을 직접 만나지 못하기에[不及其君] 신하를 먼저 만나는[遇其臣] 것은, 아직도 신하가 군왕에게 불충하지 않기 때문이라 하였다. 고로 지금은 군왕이 약한 까닭에 신하가 정치를 전담하고 있는 실정이다.[16] 왕필도 소과의 자세를 "지나치되[過] 함부로 범하지[僭濫] 않는 신하의 자리"라고 봤다. 고로 공자도 "임금을 직접 만나지 못하는 것은 그 신하를 가볍게 지나칠 수 없기 때문[象曰, 不及其君, 臣不可過也]"이라며 상황을 직지直指한다. 임금은 음유한 성격으로 부정한 자리에 있기에 나를 만날 필요를 느끼지 못하고 있으니 세상이 험악할 때는 조정에 나가지 않는 것도 소과의 중심을 지키는 방책이다. 지금은 소과가 항괘恒卦로 가는 경우다.[17/18]

九三 弗過防之 從或戕之 凶[19]
구3은 법도를 넘지 않도록 예로써 단속하지 아니하면 혹 누군가가 칠지도 모르니 흉하다. (악을 보고도 그냥 방심하고) 지나치고 방비하지 아니하면 (악이 나를) 따라와 해칠지도 모르니 흉하다.

중심이 없으면서 과강하기 때문에, 시절이 어떻게 돌아가는지를 모르고 오로지 상효를 좇아 날아오르려고만 하는 자다. 3의 시절은 위로 가야 할 때가 아니

---

16 소식, 『동파역전』 : "小過之世君弱而不能爲政."

17 恒괘의 건☰은 할아버지요, 항의 착종 익괘의 곤☷은 할머니요, 만남은 리☲에서다. 항에서 진☳의 신하가 건☰의 임금 위에 있다가, 익에서는 아래로 가니 임금에게 미치지 못하고, 곤의 신하가 됨이라, '遇其臣'이다. 또한 항괘는 泰卦에서 음이 1로 내려와 임금을 받드니 '无咎'가 되었다. 신하는 임금을 넘어설 수 없고, 조모는 조부를 능멸할 수 없다.

18 참고로 비서실을 통하여 가는 우회 방법을 택여야 효과가 있다. 또 임금이나 사장이 되는 것을 포기하라. 큰 것보다는 작은 것이 풍족할 때다. 중과부적衆寡不敵이다. 소과가항으로 가니 혹 취업 시험이라면 한 칸 낮추어라.

19 戕 죽일 장.

라 밑으로 내려가야 좋은 하하대길下下大吉의 시점이다. 게다가 강한 성질이 지나쳐서 자신을 제어하고 방어하려는 마음이 없으니 그것이 병폐다[弗過防之, No extremely careful]. 그러니 혹자가 쫓아와 나를 공격하고 린치를 가할지 모른다[從或戕之, Somebody may come up from behind and strike me]. 그러기에 "쫓아와 린치를 가하면 그 흉을 과연 어찌할꼬[象曰, 從或戕之, 凶如何也]?"라는 공자의 주석도 걱정이 적지 않다. 소과가 예괘豫卦로 가는 경우다.[20]

여기서 아산은 "강한 3이 초와 2의 지나침을 막아야 하는데도 아래에 있는 소인들의 침범을 지나칠 정도로 방심하였을 뿐만 아니라, 그들과 같이 어울리면 반드시 해를 입는다"고 경고하고 있다. 그런데 동파는 아래처럼 좀 이색적인 주장을 펼친다. 3을 따르는 신하는 초와 2이고, 4의 신하는 5와 6이다. 『춘추』에서는 신하가 자신의 군왕을 죽이는 것을 '시弒' 또는 '장戕'이라 하였다. '시弒'란 그 유래가 조금씩 쌓여 온 것이지만, '장戕'은 하루아침에 온 것이다. 지금 2가 유순중정한 신하로서 3을 지나치지도 않았는데, 가로막고 있기 때문에 때로는 따르는 자에게 죽임을 당하는 흉을 보는 바, 2가 지나치지 않았는데 3이 의심을 두었다는 혐의를 둔다. 그러니 때로는 군왕을 따르다가도 군왕을 죽이는 일이 벌어진다. '장戕'이라고 하는 것은 2가 본래 거역의 뜻이 없었고 허물은 3에게 있음을 밝히고 있다.

결론적으로 수세에 몰린 양들(3·4)이 자신을 방비하지 못한 탓에 중과부적으로 음들(1·2·5·6)에게 해를 입는 경우를 말하고 있다. 이것은 여자(소인)들이 득세하는 곳에서 남자(군자)들이 밀려나는 꼴과 같지 않은가. 그러니 여기서는 철저한 방비가 없으면 폭발하는 군중을 막을 계책이 없음을 경계하는 자리 같다. 그러기에 사냥을 나갈 때는 짐승의 공격을 받지 않도록 조심해야 한다. 짐승을 잡으려다 오히려 해를 입을 수 있기 때문이다. 비록 거처하는 자리는 바를지라도 많은 음들이 있는 속에서 유혹을 이겨내는 인선忍仙이 요구되고 있다. 위를 따라 높이 날아가다 복병이 나를 살해할까 봐 두렵다. 인욕선忍辱仙이 된다는 것은 군

---

20 [說證] 頤卦의 초와 상이 본시 大离로 제방이 되어 튼튼하게 방어하는 상이라 '弗過防之'였다. 소과가 되면 리☲의 제방은 무너지지만, 간☶의 강은 남아 있으나, 豫卦가 되면서 간☶이 사라지니 '從或戕之'라 한 것이다. '戕'은 죽인다는 뜻이고 '防'은 禮로써 방비한다는 의미이니, 개인이나 나라에 예가 없어짐을 걱정함이다.

자 중의 군자가 됨이다.[21]

> 九四 无咎 弗過 遇之 往 厲 必戒 勿用 永貞
>
> 구4는 허물이 없다. 지나치지 않아도 만남이 있다. 가면 근심이 있으니 반드시 경계하는 마음을 늦추지 말라. 지나치게 나서지 말고 오래도록 주위와 조화를 바르게 하라.

구4는 뇌동雷動의 주체로서 마음대로 일을 밀어부치는 강한 성격이라 소과의 시절에는 맞지 않는 위험한 인물이다[往厲, Going bring danger]. 그러니 과하게 행동하지 않아야 원하는 사람과 만남이 있을 것이다[弗過遇之]. 반드시 마음으로 '과하지 않아야 한다'는 경계가 필요하다[必戒]. 그러니 지나친 행동은 하지 말고 [勿用] 곧은 마음으로 오래 지속하여야[永貞, Constantly persevering] 허물이 없을 것이다[无咎]. 공자도 "지나치지 않아야만 만날 수 있다는 것은 자리가 마땅하지 않다는 뜻이요[象曰, 弗過遇之, 位不當也], 과하게 밀어부치고 가면 근심이 있을 것이니[往厲] 반드시 경계를 하라[必戒]는 것도, 끝내 그렇게 밀고 나가면 오래 가지 못하여 걱정을 사고도 남음이 있다[終不可長也]"고 본 것이 아닐까.[22] 4는 소과가 겸괘謙卦로 가는 경우다.[23]

아래 있는 구3은 강정剛正을 믿고서 스스로 허물이 없을 것이라고 행동하니 오히려 자신의 방비를 소홀히 하여 피해를 초래하였지만, 구4는 부정不正한 자리에서 과강하니 스스로 허물을 알고 경계를 늦추지 않았기에 그 허물을 면할

---

21 참고로 3은 불시의 강도를 주의하고, 발길을 조심하고, 항상 유비무환의 자세가 필요한 자리다. 북쪽으로 도적이 들어와도 방책이 없으니 여색을 삼가라. 필시 흉한 손님이다.

22 『周禮』, 「大祝」 : "順祝·年祝·吉祝·化祝·瑞祝·策祝 같은 六祝의 점사를 관장하는 데는 조상과 하늘과 땅의 귀신을 섬김으로써 福과 瑞를 희구하며 永貞을 구한다. 年祝은 나라가 오래 지속되도록 비는 것이고, 化祝은 백성을 교화시키는 일이 잘 되도록 비는 것이다."

23 [說證] 頤卦 때는 군자가 아래에 있고 소인이 위에 있어 '有咎'였는데, 소과가 되면 자리가 바뀌게 되니 '无咎'다. 頤卦일 때는 大离에서 만남을 통해 남국의 군주와 북국의 군주가 상견례가 이루어지니 '弗過遇之'가 되었다. 겸괘는 박괘에서 오기에 강이 홀로 높게 있어 '往厲'이고, 겸괘가 되면 안에서 간☶의 말을 지키니 '往必戒'라 하였다. 그리고 박괘에선 곤☷에서 노역을 하고 간☶에서 이루나 감☵이 없어 사업을 이루지는 못한다[主爻라 본상만 취하고 겸괘는 취하지 않음].

수 있었던 것이다. 구4와 초6은 응이라서 애써 나서지 않아도 만남이 있다. 대개의 사람들은 스스로 부족한 곳을 알아야 자신을 돌아본다.

"요순 임금이 오히려 자신을 부족하게 여겼고, 문왕이 도를 얻으려고 애를 썼지만 얻지를 못하였고, 공자도 오십에야 역易을 배우고 나니 겨우 큰 허물이 적어졌다고 고백했다. 거백옥蘧伯玉이 허물을 적게 하고자 하여도 그렇게 되지 않더라는 것들이 모두 같은 소리이다."[24][25]

六五 密雲不雨 自我西郊 公 弋取彼在穴
육5는 서쪽 하늘에 뭉게구름이 솟아오르고 있으나 아직 비가 되지 못하여 만물을 적셔줄 수 없다. 공후가 화살로 둥우리(굴) 속에 있는 새를 쏴 잡을 것이다.

임금으로서 강호에 숨어 있는 현인을 찾아내어 보필하게 하는 데 성심을 아끼지 않아야 한다. 5는 음유부정으로 정응도 없으니, 임금[紂]의 은혜가 아래의 유순중정한 현인[2, 太公]에게 미치지 못하고 있다[密雲不雨, Dense cloud, no rain]. 실세인 정승[4, 文王]으로 하여금 현인들을 모시려면, 저 굴 속의 새[2, 太公]를 놓치지 말아야 한다. 위로 더 날지를 말고[不宜上] 밑으로 내려가야 마땅하다[宜下]. 공자의 "구름만 빽빽하고 비가 내리지 않다는 것은, 구름이 너무 높기만 하기 때문[象曰, 密云不雨, 已上也]"이라는 주석을 봐도, 천지간에 음양의 화합이 어렵고 군왕과 신하 간의 소통이 어려운 것을 짐작할 수 있다.

여기서도 석지형이 임금에게 전하는 간곡한 읍소가 있다. "신이 삼가 살펴보았습니다. 소과괘 5는 괘가 두 획이 쌍을 이룬 감==이 되기 때문에, 구름과 비의 상을 취하였습니다. 감==은 또 활이 되고 구멍이 되기 때문에, 구멍에 있는 것을

---

24 『논어』, 「옹야편」 : "子貢曰 如有博施於民 而能濟衆 何如 可謂仁乎. 子曰 何事於仁 必也聖乎 堯舜 其猶病諸." / 「헌문편」 : "蘧伯玉使人於孔子. 孔子與之坐而問焉, 曰, '夫子何爲?' 對曰, '夫子欲寡其過而未能也.' 使者出. 子曰, '使乎! 使乎!'"

25 참고로 소과가 겸괘로 간다. 천벌은 면하지만 自作之孼은 피하지 못하니 두문불출 하라. 근본이 약하니 근신이 필요하다. 소과의 시절에 겸손의 도를 한 번만 더 새겨야 할 것이다. 90세 되는 날 아침에 알고 보면 89세 저녁까지 알았던 것은 다 허물이었다. '행과호공 하고, 상과호애 하며, 용과호검 하라.' 아니면 잘난 체 하다 반드시 해를 입는다.

쏘아 잡는 상을 취하였습니다. 호괘 태☲는 서쪽에 속하고, 5는 외괘에 있기 때문에 서쪽 들이 됩니다. 두 기가 똑같이 고르게 되어야 비를 만들 수 있는데, 이 괘는 음이 많고 양이 적기 때문에, 비가 내리지 않는 뜻이 있습니다. 괘의 가운데 두 효는 새의 몸을 상징하고, 위와 아래에 있는 네 음은 새의 날개를 상징하므로, 마땅히 날아가는 것을 주살로 쏘아서 잡는 상을 취해야 하는데도, '임금이 저 구멍에 있는 것을 쏘아 잡도다' 하였으니, 음이 비록 많더라도 훌륭하게 하는 일이 크게 있을 수 없음을 심하게 말한 것입니다. 엎드려 바라옵건대, 전하께서는 강건한 군자를 구하시어, 크게 훌륭한 일을 하고자 하는 뜻을 이루소서."[26]

수현壽峴의 읍소는 소인이 안팎으로 군자보다 많은 자리를 차지하고 있는 때라, 진정으로 나라 걱정하는 충신과 현인을 애써 찾아 등용하기를 빌고 있다. 지금은 간악한 소인이 위에서 군자를 억압하고 있다. 서교西郊와 서풍西風은 곧 이런 모양이라, 큰 일을 도모하지 못함을 뜻한다.[27] 그러기에 역사적으로 문왕이 당시에 성급하게 주紂를 쳤다면 파멸을 면하지 못했을 것이다. 역성혁명을 허락하지 않는 천명에 따라서, 문왕은 자제를 하고 추종세력을 보존하고 힘을 기른 후, 아들 무왕의 대에 이르러서 드디어 역성혁명을 성공하였던 것이다.

'밀운密雲'은 폭발 직전의 절제된 혁명적 민심을 상징하고, '우雨'는 거병을 상징한다. 그러기에 '밀운불우密雲不雨 자아서교自我西郊'는 비탄과 분노가 만연한 혁명적인 분위기 속에서도, 위험을 내다보고 지나친 자만과 무모한 행동을 억제하여, 파멸에 이르지 않음을 뜻하기도 한다.[28] 또 '공익취피재혈公弋取彼在穴'은 임금이 숨어 있는 현인을 찾아내는 데 성심을 아끼지 않아야 한다는 뜻이고, 또 주살弋은 끝에 줄을 매어서 쏘는 화살이니, 굴 속에 숨어 있는 은사隱士를 설득하여 끌어당기는 적극적인 노력을 표현한 말이다. 호병문,[29] 송시열의 설명이 이

---

26 石之珩, 『五位龜鑑』: "… 卦之中二爻象鳥身, 上下四陰象鳥翼, 則宜取弋飛之象, 而乃曰公弋取彼在穴, 甚言陰雖多, 不能大有所爲也. 伏願, 殿下求陽剛君子, 以成大有爲之志焉."

27 서쪽에서 바람이 불어와도 비가 오지 않아 하늘에 비는 소축과 같은 '密雲不雨'의 상이요, '已上'은 否卦의 3이 너무 높이 올라감이다.

28 Wilhelm, *I Ging*, 915쪽.

29 胡炳文,『備旨具解原本周易』: "坎의 활로 隼을 쏘고 雉를 쏜다. 그런데 小過 시는, 겨우 구멍 속에 있는 것을 잡는다 하니, 음이 작아서 크게 일을 벌이기에 적합하지 않다는 말을 강조한

해를 돕는다.[30] 소과괘가 함괘咸卦로 간다.[31]

> 上六 弗遇過之 飛鳥離之 凶 是謂災眚
> 상6은 만나지 못하고 지나친다. 새가 그물에 걸려 흉하다. 이를 천재와 인재가 겹치는 재앙이라 한다.

새가 날아가 버렸다는 것은 나의 행동이 사전에 너무 지나쳐서 발각되었다는 것이다. 오만과 불손으로 남을 대하니 어느 누가 나와 같이 자리를 하겠는가. 아무도 나를 만나주려고 하지 않을 것이다. '비조이지飛鳥離之'는 '나르다 그물에 걸렸다'는 해석도 가능하다. 걸주桀紂의 망국도 '불의상의하不宜上宜下'라는 정도를 잃은 소치라니, 어찌 하늘을 원망하겠는가. 본시 원망을 해야 할 하늘은 없다. 조금은 더 공손하게 행동해야 하고, 조금은 더 진정으로 슬퍼함이 커야 하고, 또 써야 할 자리가 있어도 조금은 더 검약했더라면, 어찌 이 지경에 도달했겠는가. 이런 처지에 놓이게 되면 소인배들은 꼭 있지도 않은 하늘을 원망한다.

여기서 왕필은 소인의 지나침이 너무 지나쳐서 극에 달했다고 보고, "무엇으로 만날 수 있으며, 무엇에 의탁하겠으며, 그리고 또 스스로 재앙을 불러들이니 무엇으로 변명할 수 있으리오!"[32]라며 세 번씩이나 탄식을 질러댄다. 지욱도 만사를 공손함으로 출발했더라면 어찌 이 지경에 당했을까 하고 탄식을 지른다.

것이다."

30 宋時烈, 『易說』: "이것은 소축괘 괘사密雲不雨, 自我西郊와 같다. 큰 감☵은 '구름'이 되고 '비'가 되며, 태☱는 '서쪽'이 되고, 진☳은 '들[郊]'이 된다. 육5는 임금의 자리에 있는데도, 은택이 아래로 미치지 않는다. 진☳은 제후국의 왕이 되기 때문에 公이라고 말하여도 통한다. '弋'이란 끈을 묶은 화살이다. 감☵은 활이 되고, 양은 화살이 되며, 손☴은 끈이 된다. 태☱가 '穴'이 되고, 소과괘에는 새의 상이 있다. 5는 태☱가 되기도 하니, 이는 구멍에 있는 것을 잡음이다."

31 [說證] 否卦로부터 온 함괘는 大坎으로 간☶의 산 위에 손☴의 구름이 있기는 하나 강이 조밀하여 正坎을 이루지 못하니 '密雲不雨'라 했다. 고로 否卦에서 곤☷의 소를 손☴으로 정갈히 다루어 건☰의 하늘에 제사를 올리는 상이 서방 태☱로부터 오니 '自我西郊'라 했고, 또 否卦에서 온 건☰의 임금이 함괘에서 감☵의 활로 화살과 활을 손☴으로 묶어 쏘니 주살이 되어 '公弋'이 되고, 또 소과의 나는 새가 함괘가 되어 간☶의 수컷과 태☱의 암컷이 감☵의 구멍에 함께 들어가니 공이 주살을 쏜 것이 되니 '公弋取彼在穴'이라 한 것이다.

32 왕필, 『주역주』: "小人之過, 遂至上極; 過而不知限, 至於亢也. 過至于亢, 將何所遇? 飛而不已, 將何所託? 災自己致, 復何言哉!"

"비록 아래 있는 3과 응을 하나, 음유로 뇌동의 극에 처하였다. 바야흐로 초6과 더불어 날개를 치며 날지만, 3을 만나지 못하고 무리를 지나치니, 홀로 하늘 위에 죽어서 날개가 떨어진 후에야 그치나니, 그 흉이 대개 하늘이 내친 재앙이 아니고 무엇이랴?"[33]

만나야 할 사람을 만나지 못하고[弗遇, No meeting], 지나치게 되고[過之, Passe by], 나는 새가 멀리 날아가 버렸으니[飛鳥離之, The flying bird leaves me], 흉凶할 수밖에 없다. 이는 천재와 인재가 겹치는 재앙이 분명하다[是謂災眚, This means bad luck and injury]. 공자도 또한 "만나지 않고 지나쳤다는 것은 너무 높이 올라간 것[象曰, 弗遇過之, 已亢也]" 즉, 오만불손으로 새겼으니, 소과가 여괘旅卦로 간 모양이다.[34] 동파도 역시 "만나지 않았는데도 지나간다는[弗遇過之] 것은, 군왕이 비록 그 악을 만나지는 않았지만, 신하인 자신들이 스스로 분수에 지나침"이라 하였다. 음이 지나치면 양은 대부분 죽고, 양이 지나치면 음은 대부분 죽는다는 의미가 심장하다.[35] 이 모두는 소과小過 시에 '의하대길宜下大吉'과 '행과호공行過乎恭'을 모르는 결과의 소치이다.

끝으로 윤희尹喜와 여곤呂坤의 '집에서 새는 바가지는 나가서도 샌다'는 소과의 교훈을 들어보자.

"작은 일을 가볍게 보지 말라. 작은 틈이 배를 가라앉힌다. 작은 물건을 우습게 보지 말라. 작은 벌레가 독을 품고 있다. 소인을 그저 보지 말라. 소인이 나라

---

33 지욱, 『주역선해』 : "不遇九三, 而竟過之, 一切飛鳥, 皆悉離之, 遺群獨上, 身死羽落, 已, 其凶也, 蓋天擊之, 故曰災眚."

34 [說證] 旅卦의 리☲는 만남, 소과로 엇갈리면 '弗遇過之'다. '飛鳥離之'로 나르다 걸리는 것은 여괘의 손☴에서다. 소과는 坎의 재앙이 있었는데, 旅卦에서 불의 재앙이 있으니 '災眚'이 된 것이다. 소과는 지나가는 '過'에 재앙이 있음이니, '飛鳥'도 지나가는 새다.

35 金相岳, 『山天易說』 : "상6은 음으로서 진☳의 맨 위에 있고, 소과의 끝에 있어 양을 만나지 못하고 도리어 양을 지나쳤다. 비록 구3의 호응이 있어 위에서 움직이지만, 아래로 내려오지 않기 때문에, 나는 새가 떠나가서 흉하다. 지나침이 높아 지극한 것은, 음의 복이 아니니 이는 재앙이다. 4에서 '지나치지 아니하여 만난다[弗過遇之]'한 것은, 5와 相比 관계에 있기 때문이며, 상에서 '만나지 못하여 지나친다[弗過遇之]'한 것은, 5에 의하여 막히기 때문이다. '災眚'은 復卦 상6, '迷復, 凶, 有災眚, 用行師, 終有大敗, 以其國君凶, 至于十年, 不克征'에서도 보인다. 음이 지나치면 양은 대부분 죽으니, 양이란 동물이기 때문에, '나는 새가 걸리는지라 흉하다[飛鳥離之凶].' 양이 지나치면 음은 대부분 죽으니, 음이란 식물이므로 大過卦에서 '나무를 없앤다[澤滅木]'고 한 까닭이다."

를 해친다. 작은 일을 두루 살핀 연후에야 능히 큰 일을 이룰 수 있다. 작은 물건을 충분히 쌓은 연후에야 능히 큰 물건을 만들 수 있다. 소인과 잘 지낸 연후에야 능히 대인과 맺어질 수 있다."[36]

"잎새 하나만 보아도 그 나무가 살았는지 죽었는지 알 수 있고, 얼굴 한번 보고도 그가 병들었는지 여부를 알 수 있으며, 말 한마디만 들어봐도 그가 알고 있는 게 옳은지 그른지를 알 수 있고, 한 가지 일만 보아도 그 사람의 마음이 바른지 그른지를 알 수 있다."[37]

---

36 尹喜, 『關尹子』, '樂章' : "勿輕小事, 小隙沈舟. 勿輕小物, 小蟲毒身. 勿輕小人, 小人賊國. 能周小事, 然後能成大事, 能積小物, 然後能成大物, 能善小人, 然後能契大人."

37 呂坤, 『呻吟語摘』 : "觀一葉而知樹之死生, 觀一面而知人之病否, 觀一言而知識之是非, 觀一事而知心之邪正."

외괘
水(坎=險)

내괘
火(离=文明)

63. 수화기제水火旣濟

After Completion

기제는 일이 이미 이루어지고 난 뒤라 정리정돈을 하고 마무리를 해야 할 시기이지, 새로운 일을 시작할 때가 아니다. 지금은 어떻게 하면 현 상태를 고수할까가 더욱 중요한 시점이다.

> **旣濟 亨 小利貞 初吉 終亂**
> 기제는 형통하고, 작은 일을 맡아 처리함에 이로울 것이다. 처음은 길하나 나중에는 혼란하게 될 것이다.

기제는 더 이상 어떻게 무엇을 할 필요가 없을 정도로 잘 이루어진 상태라, 더 욕심을 부려 일을 꾸미지 않아도 좋다. 지금 이 상태를 잘 유지해 나간다면 그나마 이익이라도 지켜나갈 수 있다.『주역』64괘 중 음양의 배필이 딱딱 들어맞게 정해진 유일한 괘가 기제로, 여섯 위位 모두가 부정 없이 자신의 자리를 바로 지키고 있다.[1] 기제旣濟(After completion)는 서로 떨어질 수도 없고[不相離], 서로 섞여서도 안 되는[不相雜], 물과 불로 서로의 이익을 위해, 절대 필요한 관계를 맺고 있다. 그렇지만 기제가 이미 완성되어 모든 일이 이루어진 상태라면, 머지않아 미제未濟가 찾아들 것도 알아야 한다.

기제와 미제에 대한 백운白雲의 설명은 이렇다. "기제괘와 미제괘는 끝과 처음의 의미를 담고 있다. 물과 불이 괘를 이룸에, 물과 불은 음양 변화하고, 체용體用이 번복해서, 만사만물의 이룸과 훼손, 시종이 되는 근본으로, 상하경 끝에 있으면서 선천과 후천의 마침이 된다. 상경은 감==과 리==가 나뉘어 있어, 체는

---

1 「雜卦傳」: "旣濟定也."
　程子,『伊川易傳』: "爲卦 水在火上 水火相交 則爲用矣 各當其用 故爲旣濟."

있으나 용은 없다. 이는 선천의 기가 변화하는 이치이기 때문이다. 하경의 기제 괘와 미제괘는 체용을 모두 갖추었으니, 후천의 형태를 이루는 도리이다. 기제 괘와 미제괘라는 말은 대부분 저것과 이것이 서로 짝하는 것에서 취하였다. 괘가 변함에는 저것과 이것의 상, 그 변화를 상징해서 서로 체용이 된 것이다. 기제 괘에서 효의 자리는 강의 자리에 있으면 힘을 다해 일을 하는 것이고, 부드러운 자리에서는 힘을 다하지 않고 일이 오기를 기다리고 있는 것이다."[2]

고사로 은나라를 중흥시킨 고종황제가 귀방의 오랑캐를 정벌한 뒤 조정에 들끓고 있는 소인배들을 청산하였는데, 이런 상황을 물이 스며들어 가라앉고 있는 배에 비유하여 은나라의 위험한 운명을 점친 것과 같다. 처음의 은나라는 국가 경영을 잘해 상당히 발전을 가져왔지만 주왕에 이르자 술독에 빠진 운으로 치달았으니 그것이 바로 초길종란初吉終亂이라 할 수 있다. 세상은 영원한 기제도 없고, 영원한 미제도 없다. 그저 끊임없는 변화의 연속일 뿐이다. 그러니 완성은 또 다른 붕괴의 시작이다. 세상만사가 성취와 성공이 이루어지는 순간, 그동안 겪어왔던 긴 고생과 출발할 때의 초심을 간직하기가 쉽지 않다.

여기 '제濟'는 서로 미치지 못하는 부분을 구원하고 도와주는 관계로 볼 수 있는데, 가뭄과 더위가 오래가면 물이 해소하고, 습하고 차가움이 오래 가면 불이 돕는 것과 같다.[3] 예로 "소금과 매실을 가지고 고기를 삶으면, 물과 불이 서로 미치지 못함을 더해주기도 하며, 그 지나침을 덜기도 한다. 어찌 물로만 요리가 되며, 불로만 요리가 되겠느냐?"[4]고 한다. 또한 '제濟'는 보탬의 뜻도 있다. 기제가 태괘泰卦로부터 왔으니 강剛이 나아가 곤坤을 도와 그 가난을 구원하니 이를 두고 '제濟'라 한 것이다. 또 '제濟'는 하천을 건너가는 뜻도 있다. 태괘에서 건의 사람이 곤의 육지에 이르니, 이를 일러 '기제旣濟'라 했다.[5]

---

2 沈大允, 『周易象義占法』: "二濟終始之義也. 水火合體以成卦, 水火之爲物, 陰陽變化, 而體用翻覆, 爲萬事萬物, 成毀終始之主, 故居上下經之末, 而爲先後天之終也. … 旣濟之爻位, 居剛用力以治事也, 居柔不用力以待事之來也."

3 丁若鏞, 『周易四箋』: "濟者 相涉也 又 救助其不及也 火性炎上 水性潤下 水在火上 勢必相涉 燥熱太甚 濕冷太過 水火相涉 理必救助其不及 此之爲旣濟也."

4 『春秋左氏傳』: 晏嬰之言, "水火鹽梅 以烹魚肉 濟其不及 以洩其過 若以水濟水 誰能食之 濟者 救也." 염매는 소금이 지나치면 너무 짠맛이 나고, 매실이 지나치면 너무 신맛이 나므로, 소금과 매실의 양을 적절히 조절하여 음식의 간을 맞추거나 알맞게 가감해야 한다는 말이다.

기제가 형통함은 태괘 때의 유가 아래로 내려가서 중정의 자리를 얻어 마침내 좋은 만남을 가지니 그 점이 형통한 것이다. 곤이 한 개의 감══을 얻어 바르고 건실하게 되니 작은 일을 맡아 처리함에 이롭다. 곤의 성질은 본래 작은 데 있으니 '소리정小利貞'이다.[6] 처음은 길하나 나중에 혼란함은 아래가 기뻐하고 위가 험난하고 혼란하기에 그렇다. 고로 기제 시는 '초길종란初吉終亂(The beginning good fortune, the end disorder)'이 찾아들 때이니 궁색해지지 않도록 사전에 미리 예방하는 자세가 필요하다.

> 象曰 旣濟亨 小者亨也 利貞 剛柔正而位當也 初吉 柔得中也 終止則亂 其道窮也
> 단왈, '기제형'은 작은 것이 형통한 것이요, '이정'은 강과 유가 정위에 있고, 그 지위가 합당함이다. '초길'은 2의 유가 중정을 얻음이요, '종지즉란'은 그 도가 마침내 궁색하게 됨을 말한 것이다.

괘사의 '형소亨小'는 '형통함이 작다[亨而小]'와 '작은 것이 형통하다[小者亨]'는 두 가지 의미를 겸한다. 형통한데 작으면 여전히 아직 형통하지 않으니, 끝에 쉽게 어지러워진다. 작은 것이 형통하면, 음의 부드러움이 점차 좋지 않은 데로 가니, 이것 또한 그 끝에 어지럽지 않을 수 없다. 그러니 경계한 의미가 깊지 않겠는가. 기제괘를 시작으로 보면, 타오는 불이 아래에 있고, 흘러내려가는 물이 위에 있어, 서로 음식을 끓이고 삶는 데 쓰임이 되니 처음에는 길하다. 이루어진 괘로 말하면, 물이 위에 있을 경우에는 날로 아래로 흘러내리고, 불이 아래에 있을 경우에는 날마다 위로 타올라, 공과 일이 어그러지고 잘못되니, 나중에 어지러워진다. 『서경』에서 "자그마한 행동이라도 신중히 하지 않으면 큰 덕에 끝내 누를 끼칠 것이다[不矜細行 終累大德]"라 하고, 『시경』에 "처음을 두지 않는 이는 없지만 끝맺음을 두는 이는 드물다"고 하였으니[靡不有初鮮克有終], 이것은 작은 것을 보고 큰 것을 잊어서는 안 되고, 처음을 믿어 끝을 소홀히 해서는 안 된다는 가르침이다.[7]

---

5 丁若鏞, 『周易四箋』: "濟者 益也 卦自泰來 剛往益坤 以助其貧 此之謂 濟也."

6 "遯 亨 小利貞. 小利貞 浸而長也."

태괘泰卦 때는 세 양陽이 나아갈지언정 앞에 막힘이 없어 멈춤이 없었지만, 기제괘가 되면 리☲로써 막히게 되니 '종지終止'라 하였다. 또 감☵의 험險이 앞에 있어 태泰의 진도震道가 막히니, '기도궁其道窮'이다. 감☵은 본래 소통과 유통의 뜻이지만, 여기서는 감☵의 험이 중첩되었기에 궁함이 있다. 성호星湖의 '기제미제론'은 중국에도 없는 이론인데, 그 논설이 매우 두터우므로 참고한다. "은하銀河는 수기를 상징하고, 황도黃道는 태양이 다니는 길이므로 화기를 상징한다고 보면, 천지에서 수화水火가 순환하며 운행하는 모습이 주역의 원리와 같다."[8]

象曰 水在火上 既濟 君子以 思患而豫防之
상왈, 물이 불 위에 앉아 타오르는 불길을 끄려고 하는 상이 기제다. 군자는 이를 본받아 환란이 올 것을 예상하여 미리 예방에 힘쓴다.

기제는 물과 불이란 극단적인 성격으로 만났지만 서로의 장단점을 알아가며 살아가는 부부와 같다. 처음에는 물을 데워 밥을 하듯 마냥 금슬이 좋기만 하나, 도가 지나치면 물이 불을 끄려 하고, 불이 물을 태워버리니 부부의 싸움이 날로 커져가는, '초길종란'의 시절을 맞게 되니 '사환이예방지思患而豫防之'의 지혜가 요구된다. 서로 다른 성질의 물과 불이 음식을 할 때는 서로 보완하는 면도 있

---

7 柳正源, 『易解參攷』: "… 此又其終之不能无亂也. 警戒之意深矣. … 書曰, 不矜細行, 終累大德. 詩曰, 靡不有初鮮克有終, 此不可見小而忘大, 恃初而怠終也."

8 李瀷, 『星湖全書』, '題星土坼開圖': "이 그림은 중국에 일찍이 없던 것일 뿐만 아니라, 중국 사람이 깨닫지 못했던 것이다. 乾坤을 부모로 삼고, 坎離를 匡郭으로 삼아 엉기어 교감하는 것은, 水火의 작용이 아닌 것이 없다. 水는 銀河에서 행하고, 火는 黃道에서 행하는데, 모두 고리처럼 순환하여, 물이 밖으로 가고 불이 안으로 오는 것이, 天腹 赤道와 서로 연결되어 있다. 황도가 40도 안에서 출입하는 것은 중국에서도 알고 있는 것이었지만, 은하가 곧 위로 북쪽 대류에 가깝고 아래로 남극에 가깝다는 것은 남쪽을 본 적이 없으므로 알지 못했던 것이 당연하다. 중국에서 보이는 은하는 머리가 북동쪽 艮方에 있고 꼬리는 남서쪽 坤方에 있는데, 夏至 즈음에 尾宿와 箕宿 사이에서 시작되어 적도의 북쪽으로 나오고 추분쯤 이르러 北極에 가까워지고 또 춘분 즈음에 적도의 남쪽으로 나오며, 또 동지 즈음에 이르러서 되돌아온다. 황도는 춘분 즈음에 적도의 북쪽으로 나와서, 하지 때에 북극 45도에 못 미쳤다가, 또 추분 즈음에 이르러 적도의 남쪽으로 나와서, 또 동지 즈음에 이르러 남극 45도에 미치지 못하였다가, 춘분에 이르러 되돌아온다. 하지 즈음엔 水氣가 위로 올라가고, 火氣가 내려오며, 동지 즈음에는 화기가 위로 올라가고, 수기가 내려오니, 바로 既濟卦와 未濟卦의 상이 된다."

고, 서로 해치고 없애려는 부정적인 측면도 공존하기에, 이런 모순 속에서 공동의 이익을 얻기 위한 노력이 절실히 필요할 때다. 만약 기제가 '초길종길'로 성공하려면, 있을 때 궁할 때를 잊지 아니하고, 내를 건너지 못하고 발을 동동 구르며 안타까워했던 어려운 미제未濟의 때를 잊지 말아야 할 것이다.[9]

물과 불이 서로 가까이하여 쓰임이 됨에 지나친 것을 절제하고 부족한 것을 보충하는 것이 기제이다. 물과 불에는 예기치 못한 우환이 생기기에, 반드시 생각하고 헤아려서 미리 방비하고, 이미 이룬 것으로 편안함을 삼지 말아야 할 것이다.[10] 기제가 미제를 예측하고 예방하고 준비하였다면, 난은 발생하지 않았을 것이고, 미제가 기제를 알았다면 미제는 존재하지조 않았을 것이다. 그러기에 "안락한 기제의 세상에서는 우환의 미제가 언제나 피어날 수 있다는 것을 알 수 있어야 한다."[11]

그러기에, 일의 초기에는 과감한 것을 삼가며, 감히 나아가지 말아야 하고, 이미 이룬 후에는 더욱 삼가 지키고, 감히 태만하지 않아야 한다. 또 초기에 조급하게 나아가면, 빨리 하고자 하는 것을 늦추지 못해 허물이 생기고, 이루어 느긋해지면 이미 다한 것이 반드시 변하여 쇠약해지니 어지럽게 될 것이다.[12] 이렇듯 기제에는 물이 넘쳐 흐르면 불이 꺼지고, 불이 타오르면 물이 마르니, 서로 사귀는 가운데 서로 해치는 기미가 숨어 있다. 감☵의 마음으로 우환이 되는 험險을 생각하고, 리☲는 가운데가 비어 있으므로 양의 견고함으로 위아래를 막는다. 예방하는 것은 리☲의 도이니, 예방하는 것으로 막을 수 있고, 생각하는 것으로 예방할 수 있으니, 이미 이룬 시점에는 우환이 있는 때가 아니지만, 우환의 근본이 되는 것은 이미 이루어진 뒤에 생겨나기 때문에 군자가 창[戈]으로 예방하는 것이 아니겠는가.[13]

---

9 왕필, 『주역주』: "存不忘亡 旣濟不忘未濟也."

10 徐有臣, 『易義擬言』: "水火相逮爲用, 制其過而輔其不及, 是爲旣濟也. 水火有不意之患, 故必思度而豫防之, 不以旣濟爲安也."

11 소식, 『동파역전』: "旣濟者 難平而安樂之世也 憂患 常生於此."

12 權近, 『周易淺見錄』: "在事之初, 當愼勇而不敢進, 在旣成之後, 尤當愼守而不敢怠弛. 方其初而躁進, 則欲速不遲, 而有悔咎矣. 及其成而縱弛, 則旣極必變而至衰亂矣."

13 宋時烈, 『易說』: "… 豫防者, 離之道也, 能防在乎豫, 能豫在乎思. 旣濟非有患之時, 然其爲患母, 生於旣濟之後, 故君子戈預防之."

고로 사물이 다하면 되돌아오고, 이치가 다하면 변하는 것이다. 이 때문에 아직 싹트지 않은 우환과 아직 생기지 않은 재난을 생각하여, 그렇게 되지 않았을 때를 살피고, 자라나려고 할 때에 막아, 어느 날 아침 약을 구할 수 없는 지경에 대비함과 같으니, 재난과 우환이 생기지 않아야 안정과 영화를 항상 보존할 수 있을 것이다.[14] 이를테면 화재를 염려하는 자가 반드시 물을 준비해서 대비하는 것과 같은 이치가 아니겠는가[如慮火患者必備水而待].[15]

또 기제는 내괘가 문명[☲]하기에 아내가 더 지혜롭고, 외괘는 부도덕하고 불성실하여 험한[☵] 지경에 빠진 남편 같기도 하다. 그래서 2의 아내가 지나친 행동으로 과감하게 자기주장을 하고, 남편은 도덕 불감증에 빠지게 할 우려가 없지 않다. 어느 때든 만사를 성취하였다고 방심할 때가 가장 위험한 시점임을 알아야 한다. 기제의 감☵은 도적이 되고 질병이 되고 우환이 되며, 또 리☲는 갑병甲兵이 되고 울이 되고 담이 되니 방한防閑이 된다. 고로 기제의 초기는 아직 감☵이 생기기 전이라, 환란을 생각하고 방지하라는 경계사가 있다.[16] 여기 '기제의 우환'을 보면 '역을 지은 자[作易者]'의 의도를 충분히 엿볼 수 있을 것 같다.[17]

初九 曳其輪 濡其尾 无咎[18]
초9는 수레를 끌며, (우마가 하천을 건너감에) 그 꼬리를 물에 적시나, 허물은 없을 것이다.

기제旣濟는 완성과 성공을 의미하는 것으로, 가만히 있어도 좋은 때인지라 수

---

14 柳正源, 『易解參攷』: "物極則反, 理極則變, 必然之理也. 人君於此思其未萌之患, 慮其末流之禍, 審之於未然, 遏之於將長, 无使一朝底於不可救藥之地, 則禍患不作, 而常保其安榮矣."

15 李止淵, 『周易箚疑』: "泰卦가 다하여 否卦가 되고, 旣濟卦가 다하여 未濟卦가 되니, 편안한데도 위태로움을 잊지 않고, 보존하는데도 망할 것을 잊지 않으니, 이를테면 화재를 대비하여 반드시 물을 준비하라."

16 정약용, 『주역사전』: "坎者, 憂患也. 离爲甲兵, 又爲垣墉, 离者, 防閑也, 坎之未形, 离已先成, 事患而豫防也, 离則虛心, 所以思也."

17 「繫辭傳」: "作易者 其有憂患乎." ; "其出入以度, 外內使知懼, 又明於憂患與故, 无有師保, 如臨父母, 旣有典常, 苟非其人, 道不虛行."

18 曳 끌 예. 濡 젖을 유.

레를 몰고 더 이상 밖으로 향할 필요가 없다. 수레는 재물과 명예를 탐하여 이를 실어 나르는 도구이기에, 욕심이 앞으로 더 나가지 못하도록 끌어당겨야 한다[曳其輪, Brake your wheels]. 그러나 초9는 아직 초길初吉의 때인지라 앞으로 나가다 꼬투리를 잡혀도[濡其尾] 크게 허물될 일이 없는[无咎] 자리이다. 그렇지만 더 이상 욕심은 금물이다. 고로 공자가 "더 이상 수레가 앞으로 나가지 못하도록 당겼다는 것은 이미 경계를 취했기에 마땅히 허물이 없다[象曰, 曳其輪, 義无咎也]"[19]고 받아들였다.

정자도 초9가 양陽의 불씨로, 4에 정응을 하고 염상炎上처럼 나가면, 곧 수레가 그칠 줄 모르고 전진만 일삼는 일이라, 그 허물이 짐작될 것이라 보았다. 주자 또한 기제의 초기에 삼가고 경계함이 이와 같으면 허물될 일이 전혀 없고, 지욱 또한 기제의 6효가 다 '사환이예방지思患而豫防之'를 지키고, 지금은 기제의 초기로 이미 안전지대로 건너왔거늘, 다시 수레를 당기고 꼬리를 적시더라도 마땅히 허물이 없을 것으로 보았다.

김상악은 좀 더 자세한 설명을 더한다. "기제 때에 강이 초효에 있고, 계승하고 호응하는 4와 사귐이 있어 앞으로 나아가야 하는데, 수레바퀴를 뒤로 끌며 꼬리를 적시는 것은 이루지 못한 것이 있어, 이처럼 경계하고 삼가기 때문에 허물이 없다. 그 이유는 비록 기제일지라도 감☵이 앞에 있기 때문이다. 감은 수레이고 끄는 것인데, 초효가 아래에 있기 때문에, 수레바퀴를 뒤로 끈다[曳其輪]고 했다. 『예기』에서 '수레바퀴가 구르듯 발꿈치를 이으면서 간다'는 것도 신중하다는 의미이다. 감坎은 물이고 또 여우인데, 초효가 뒤에 있기 때문에 '꼬리를 적신다[濡其尾]'고 하였다. 짐승들이 물을 건널 경우 모두 꼬리를 드는데, 여우는 끌면서 꼬리를 아래에 두기 때문에 꼬리를 적시게 되면 건너가지 않는다."

주석을 요약하면, 기제는 이미 건너서 적신 것이고, 미제는 막 건너면서 적신 것이기 때문에, 기제와 미제에서는 초효가 꼬리이고, 수레바퀴는 초효와 2효로 나뉘었다. 2는 수레바퀴를 뒤로 끄는 것이, 적신 꼬리 뒤에 있기 때문에 바름이 길하다. 초효는 기제괘가 변하여 건괘蹇卦가 된 경우인데, 건괘蹇卦 초6에서 '가

---

19 [說證] 旣濟가 蹇卦로 가는 경우다. 蹇卦는 소과에서 왔다. 감☵이 수레를 끌어당기니 '曳其輪'이다. 또 기제와 미제는 泰卦와 否卦로부터 왔기에, 소와 말이 하천을 건너다 '濡首' '濡尾'에 이른다. 易例의 방위로 본다면 震에서 시작하여 艮에서 끝나니, 震은 머리고 艮은 尾다.

면 어렵고 오면 명예롭다[往蹇來譽]'고 하였다.[20/21]

> 六二 婦喪其茀 勿逐 七日得[22]
> 육2는 부인이 그녀의 수레 가리개를 잃어버렸다. 쫓지 말라. 칠일이면 자연스럽게 찾아질 것이다.

기제의 시절 부인 2는 유순중정하고, 정응 5도 강건하고 중정하다. 그런데 부인의 수레 덮개가 부서진다는 것을 보면, 도가 '초길'을 지켜 나가지 못하리라는 예감을 준다. 그러기에 5의 남편이 부인 2를 내치는[殺牛] 것처럼 보이기도 한다. 이유인 즉, 2의 부인이 상하에 있는 3과 초9의 권모술수에 빠진[☵] 것처럼 보이기 때문이다. 고로 부인이 권위의 상징물인 그녀의 수레에 달린 가리개를 잃어버리고[婦喪其茀, The woman loses the curtain of her carriage], 수레를 타고 입궁하지 못하거나, 머리의 장식물[중전의 표지물 내지 첩지]을 얻지 못하여 난감한 상태에 놓임을 알 수 있다. 그렇다고 애써 권력투쟁에 휩쓸려 부화뇌동을 할 필요까지는 없다[勿逐]. 수레를 타고 급히 나가지 않아도, 때가 되면 자연스럽게 오해가 풀려 남편이 찾아올 것 같기 때문이다[七日得].

"기다리면 자연스럽게 칠 일 만에 찾아진다는 것은, 2가 '종난'을 당하고서야 '초길'을 지키려는 중정지도를 찾았기 때문이다[象曰, 七日得, 以中道也]." 그러기에 부인 2는 기제旣濟가 수천수水天需로 변하기에, 심장[☵]에 열을 올리며 쫓지 말고 기다려야 한다. 다시 말하면, 2가 중심 자리를 잃지 않고 쫓지 않아야 중도를 행하는 것이 된다[柔不失中 勿以震逐 以中道也]. 리☲는 감☵의 부인이다.

기제는 태괘泰卦로부터 오니, 태괘 곤의 수레에 있는 진☳의 죽竹이 수레를 가리는 차양遮陽이 된다. 위의 도적이 그 차양을 훔쳐감에 리☲의 부인 얼굴이 드러나니 가리개를 잃어버린 상과 같다.[23/24] 기제가 수괘需卦로 간 경우다.[25/26]

---

20 金相岳, 『山天易說』: "… 記云車輪曳踵, 亦愼重之意也. 坎爲水, 又爲狐, 而初居後, 故曰濡其尾. 凡獸之涉水者, 皆揭其尾, 而狐則拖而在下, 故需濡則不濟也. …"

21 참고로 마차를 타고 물을 건너려면 물살이 강하여 건너갈 수 없으니, 다리를 절뚝거리는 旣濟之蹇일 때는, 더 이상 전진과 확장이 필요 없고, 지금까지의 복을 지켜나감이 좋을 때다.

22 茀 수레 포장 불, 풀 우거질 불.

백운은 좀 더 자세하게 주석한다. "기제가 수괘로 변했으니 사람을 기다린다. 2는 일이 오는 것을 기다리지 않고, 5와 정응하지만 3에게 막혀, 부인이 가리개를 잃었다[婦喪其茀]고 하였다. '부인'은 2이고, '잃었다'는 3에게 막힌 것이다. 리☲가 부인이고, 태☱가 잃은 것이다. 감☵이 수레이고 덮은 것이며, 리☲가 눈이니, 수레에서 눈을 가리는 대상은 5이다. 지모가 있는 자가 사람들이 보지 않는 틈에 행하는 것은 부인의 수레가 눈을 가리고 가는 것과 같기 때문에, 가리개로 모사할 줄 아는 것을 비유하였다. 천하에 일이 있은 다음에, 신하가 임금에게 아뢰고는 그 지모를 행한다. 천하에 일이 없는데도 여전히 그 지모를 쓰는 것은, 일이 단지 어지러워지는 것을 좋아해 다시 혼란을 일으키는 경우이다. 2가 지모를 쓰지 않는 것으로 임금을 맞이하고, 엄숙히 공경하는 것으로 일이 오고, 임금이 묻기를 기다리다가 계책을 내놓기 때문에, 쫓아가지 않더라도 칠일 만에 얻으리라[勿逐七日得] 하였다. 태☱와 진☳이 '쫓아가지 않는다'는 것이고, 리☲는 '7일'이며, 태☱가 저녁이 되니 해를 경계하고, 간☶이 '얻다'는 상이다. '부인이 가리개를 잃었다[婦喪其茀]'는 것은, 지모를 사용하지 않고 임금을 맞이한다는 말이다. 높이 나는 새는 좋은 활을 극진하게 하고, 숨겨진 일은 이미 평안해진 것을 어렵게 하니, 임금이 지모를 아는 신하에게 주의할지라도 게으르게 되는 까닭이다. '쫓아가지 않더라도 칠 일 만에 얻으리라'는 것은, 어지럽게 다시 일을 만들지 않고, 묻기를 기다려 나아가는 것을 말한다."[27] 여하튼 기제괘는 불통하는 자리를 소통으로 구제하려는 데 뜻이 있다[旣濟卦 以濟不通也].

---

23 정약용, 『周易四箋』: "茀者車之後蔽也. 泰之時 坤輿之後 震竹爲蔽 其象 茀也. 移之旣濟則 盜竊其茀 离乃露面 [离婦無所蔽] 婦喪其茀也."

24 참고로 '불(茀)'은 '불(茀)'이라는 '수레의 가리개'다. 예로 『시경』과 『예기』에 보이는 점불(簟茀)·포불(蒲茀)·적불(翟茀) 등과 같다. 古本字: 子夏傳에는 髴(불), 구상본(荀爽本)에는 紱(불), 동우본(董遇本)에는 弗(불)이며, 우중상(虞仲翔)은 髴(불)로 보고 숱이 많고 검고 윤기 있는 머리털이라 하고, 王弼은 머리꾸미개 茀(불)로 보았다.

25 [說證] 기제는 泰卦로부터 행진해 왔기에 진☳이 '茀'이 되었고, '勿逐'은 리☲가 사라짐에 연유하고, '7日得'은 方位圖[艮→震→巽→离→坤→兌→乾→坎]에서 계산했다. 물건을 잃은 날은 坎日이었다.

26 덕이 부족하다. 부인의 욕심에 휩쓸려 사업(출마)을 했다가 큰 애를 먹은 예가 있다.

27 沈大允, 『周易象義占法』: "旣濟之需, 待人也. … 婦喪其茀, 言不用知謀以要君也. 高鳥盡良弓, 藏事難旣平, 人主之所以注意於知謀之臣, 亦怠矣. 勿逐七日得 言不爲紛更生事, 而待其有問乃進也."

九三　高宗　伐鬼方　三年克之　小人勿用
구3은 고종이 귀방(오랑캐)을 정벌하러 나섰다가 3년이나 걸려서 이겼다니, 소인
은 쓰지 말라.

기제의 빛(안정)이 바래지는 구3의 때에, 밖으로 외세의 침략이 잦고 안으로
는 소인이 들끓고 있으니, 바른 임금 같으면 소인을 등용하지 말고[小人勿用], 고
종처럼 오랑캐를 무찌를 수 있는 대인을 써야 옳을 것이다[高宗伐鬼方]. 오래 끌
전쟁이기에 고종과 같은 영웅이 아니면 정벌에 성공할 수 없다[三年克之]. 삼 년
이나 걸려서 이긴 전쟁이라면 분명히 피곤하고 고달픈 전쟁이 분명하다[象曰, 三
年克之, 憊也].

공자의 주석처럼 창업보다는 수성守成이 어려움을 증명하고 있다. 고종은 은
나라 제22대 왕 무정武丁(BC 1324~1266)으로 부왕 소을少乙에 의하여 임금이 되
었으며, 약해진 국력을 다시 일으킨 현군으로 전해지는 인물이다. 『한서』「서융
전」의 "은나라가 중도에 쇠하고 제후들이 다 배반하자, 고종 때에 와서 흉노 귀
방을 치니 삼 년 만에 비로소 이겼다. 그렇지만 국력의 낭비가 너무 심했다"[28]는
기록을 보더라도, 고종과 같은 기백과 지혜를 갖추지 못한 자라면 백성을 재앙
으로 몰고 가니, 과강하기만 하고 중심과 지혜가 모자라는 소인은 등용하지 말
아야 할 것이다.

백운의 『주역상의점법』에서는 기존 해석과 달리 주석이 다음과 같이 자세하
다. "기제괘가 준괘屯卦로 바뀌었으니, 괴로운 것으로 사람이 어려움을 당하는
상이다. 구3은 강양한 자리에서 힘으로 다스리려는 폐단이 있다. 3의 시절은 앞
에서 한 폐단이 거의 다했으니, 멀리 바깥에 급하고 절박한 일이 아닌 것에 힘

---

28 高宗은 武丁의 廟號다. 황제가 죽으면 일반적으로 2개의 정식 칭호를 가지는데 하나는 諡號이
고 하나는 廟號다. 시호는 황제가 죽은 후에 대신들이 황제의 생전 행적을 고려하여 제정한
일종의 칭호다. 소위 묘호는 봉건종법의 제사제도와 관련이 있는 칭호이다. 제왕이 죽으면 황족
중의 世系에 근거해 묘호를 붙였다. 이 방법은 殷代에서 비롯되었다. 예를 들면 은왕 태갑을
太宗, 태무를 中宗, 무정을 高宗으로 한 것이다. 한편 무정은 殷(하남 안양)으로 천도한 후 다방
면에서 큰 발전을 이룬다. 무정시대에 와서 대규모 전쟁을 통하여 안정을 도모하였다. 무정은
귀족의 통치를 공고히 하고 더 확장하기 위하여 끊임없이 대외에 용병하였다. 당시 下旨, 土方,
姜方, 鬼方 등의 부락이 있었는데 귀방에는 7차례나 원군을 보내었고 총병력은 2만 3,000명에
달하였다. 이 전쟁은 기원전 1293년 말까지 지속되었는데 승리로 끝났다고 한다.

을 쓰려 하는 데 있다. 군자는 멀리 염려하고 깊이 생각하여, 여전히 어려움을 당하듯이 괴로워하며 힘써 다스려, 앞에 오는 폐단을 제거하고, 뒤의 붕괴를 막아야 할 것이다. 천하가 평안해진 후에는, 제후가 무력을 떨쳐 천자를 호위하며, 멀리 복종하지 않는 오랑캐를 다스림에, 반드시 천자에게 명령을 받아 시행하기 때문에, 상6의 일이 곧 3에게 달린 일일 것이다. 3은 하괘의 주인으로, 리☲ 위에 있으니 불의 밝음이 위에 있는 것이고, 5는 임금으로 감☵의 가운데 있으니, 물의 밝음 가운데 있다. 그러므로 상하가 3의 일에 연계되어 응하니, 물과 불이 체용으로 변하는 묘를 상징하였다. 한편 구3은 상6에 호응하는데, 5가 막고 있으니, 천자가 3이 좋아하고 기뻐하는 일에 전적으로 따라주지 않는 것이다. 그렇지만 상6과 구5는 가까워서 믿는 친비한 사이기에 상효의 뜻이 바로 5의 뜻이 된다. 다른 괘에서도 3효가 상효와 호응하는 것은 모두 이와 같이 설명하기 때문에 상효를 천자의 일로 말하였다. 손☴은 높고, 건☰은 근본이니 고종高宗을 취했다. 3이 감☵의 두 음 속에 빠졌기 때문에, 소인을 쓰지 말라[小人勿用]고 하였다. 소인은 사사로운 욕심 때문에 거칠게 군대를 쓰고[小人私欲用兵於荒服], 사사로운 욕심 때문에 일을 만들어 분란을 일으키기에[私欲生事以紛更], '소인물용'이라 말한 것이다."

이 모두는 기제가 준괘로 가는 경우다.[29/30]

---

29 [說證] 屯卦는 臨·觀卦에서 왔다. 臨卦가 추이하여 屯卦가 되면, 강이 북쪽으로 정벌에 나서니, 伐鬼方이다. 坎의 죄악을 震으로 성토하는 것은 伐이다. 진☳은 大君, 고종이다. 간☶은 鬼方, 감☵은 죄악, 진☳은 성토[伐]다. 3년은 진☳→간☶→감☵의 기간이다. 간☶은 小人. 소인 艮을 坎의 죄를 물어 추방하니 小人勿用이라 했다. 艮으로 개국[坤爲國]하고, 艮으로 가문을 계승하니, 당연히 소인을 써서는 안 된다[師卦 開國承家 小人勿用]. 제후국을 정벌하여 승리하는 것과, 간신배를 살펴 축출하는 것은 그 의미가 동일하다. 臨卦에서는 대군이 남쪽에 있는데, 그 덕이 흰색[兌]을 숭상하니, 고종의 상이다. 觀卦에서는 大艮이 북쪽에 있어, 그 명칭이 鬼가 되니 鬼方[北狄]의 나라다.

30 참고로 현재의 사업이 성공하고 있는데도 새로운 사업을 벌인다면, 허망한 일만 생기고 근심만 더할 뿐이다. 전쟁에 나가 이기기는 하나, 그 폐해는 역시 만만하지 않다. 차라리 그런 전쟁은 시작하지 않음이 더 낫다.

> 六四 繻 有衣袽 終日戒[31]
> 구4는 물이 새는 것을 틀어막기 위하여 낡아서 해진 옷의 헝겊을 사용한다. 종일 토록 경계해야 할 것이다.

종일토록 경계를 늦추지 말아야 한다는 것은 4가 의심이 나는 자리라서 그렇다[象日, 終日戒, 有所疑也]. 여기서도 '수繻'를 '유濡'로 바꿔 '배가 물에 젖어드는 것'으로 본다. 다산은 '수繻'는 정성을 들여 핸드메이드 한 '맞춤 저고리'이고 '의여衣袽'는 '해진 저고리'로 봐야 옳다고 주장한다. "'잘 맞춘 고급 저고리가 낡고 해져서 헌 저고리'로 바뀌어가니[繻有衣袽, The finest clothes turn to rags], 어찌 험한 일이 생기지 않았겠느냐? 그러니 검소한 자세로 종일 경계하며 조심해야[終日戒, Be carful all day long] 할 것이 아닌가." 지금은 기제인데 4 안으로 물이 스며들어오니 경계를 늦출 수 없다. 이것 또한 여자의 저고리가 낡아가는 궁핍하고 어려운 상태가 옴을 직감한다. 또 기제는 리☲의 방어가 안에 있고, 감☵의 도적이 밖에 있으니, 4가 겁먹은 모습으로[四多懼][32] 도적을 막는 꼴이니, 본래 의심 많은 자리라서 그렇다[有所疑也]. 비록 고급스러운 옷이 거칠게 닳아서 헌 옷으로 될 만큼 험한 일을 당할지라도 실수하지 말고, 종일 집안일에 정성으로 공을 들여야 할 것이다. 기제가 혁괘革卦로 간 경우다.[33/34]

『한서漢書』에서는 '수繻'를 서로 맞춰보고 신표로 삼았던 '부절符節 비단'이라 하였으니, '꿰매어 합이 되는 옷'임을 자세히 알 수 있고, '여袽'는 해진 옷이다. 잘 맞추어진 옷은 평화를 얻은 기제既濟이고, 해진 옷이라면 사사로운 기운이 스며드는 미제未濟의 기운이다.[35]

---

31 繻 젖을 유, 고운 명주 수. 袽 해진 옷 녀(여).

32 『괘사전』: "二與四 同功而異位, 其善不同, 二多譽, 四多懼, 近也, 柔之爲道-不利遠者, 其要无咎, 其用柔中也, 三與五-同功而異位, 三多凶, 五多功, 貴賤之等也, 其柔危, 其剛勝耶."

33 정약용, 『주역사전』: "革卦가 大壯卦로 올 때, 건☰의 옷이 해어져 '袽'로 되니, 진☳의 천으로 틀어막으니, '繻有衣袽'가 된다[泰卦 속에 震이 있음]. 또 혁은 遯卦로부터 온다. 遯은 리☲의 마침 자리에, 간☶으로 終하니 '終日'이요 또 혁의 태☱로 경계하고 리☲로 방비하여, '終日戒'로 감☵의 도적을 막는데, 도적이 밖에 있으니, '有所疑'다."

34 참고로 불교의 '위파사나 수행법'이 어떤 것인지 물어 얻은 효이기도 하다. '終日戒'라 하였으니 판단은 독자에게 맡긴다.

35 김인환, 『주역』, 495쪽에서도 수(繻)를 저고리 유(襦)로 보고 짧은 저고리를 입은 검소하고 근면

이익도 『성호사설』에서 '여袽'를 잘 설명해준다.[36] 한편 지욱도 아름다운 명주는 '수繻', 닳아서 해진 걸레 같은 옷은 '여袽'라 했다. 그러면서 "'수繻'가 반드시 굴러가다보면 '여袽'가 되니, 가히 두려움의 경계가 없겠는가?" 한다. 또 "4는 3의 뒤에 있어 이명離明이라 하고, 달이 떠오르는 때이며, 3을 석양夕陽으로 봤으니, 4에서 어찌 종일 경계를 잊겠는가. 달리 보면 3의 불, 4의 물이 서로 이기려는 싸움이 심각하게 벌어지는 상태로도 보기에 사환이예방思患而豫防之을 염려해야 한다"고 하였다.[37]

백운은 기제괘가 혁괘로 바뀌었으니 옛것을 없애는 것이라 했다. "앞의 일에서 남은 폐단은 뒷일의 근본이니, 그 폐단을 없애버리는 것이 곧 그 붕괴를 막는 것이다. 4는 부드러운 자리에서 엄숙함과 공경함으로 일을 대한다. 건☰과 태☱에는 엄숙함과 공경함으로 간쟁하는 상이 있다. 4가 초효와 응하는데 3효가 막고 있으니, 아래로의 마음이 미덥지 않다. '수繻'는 변화를 막는 것이니, 틈을 따라 물이 새는 것을 막는다는 소리다. 옛날에 그것을 관문과 저자에 사용해서 변란을 막았으니, 선유들은 '옷과 헌 옷으로 배의 구멍을 막는다'고 하였다."[38]

그런데도 왕필은 '수繻'를 '유濡'로 써야 마땅하다 새기고, 동파, 정자, 주자까지도 모두 '수繻'를 '유濡'로 옮겨 "배[은나라]에 물[소인]이 스며드는 것을 헌 옷으로 틀어막으며[소인배 소탕] 종일토록 경계할 것"으로 해석하고 있음을 볼 수 있다.

『선조실록』에는 임진왜란 직후 올라온 명나라 오양새吳良璽의 계첩이 실려 있는데, 여기에 '의여衣袽'와 상두[桑土]'의 경계사가 보인다.[39] "저는 오래 전부터

한 여자의 모습이라 한다.

36 이익, 『성호사설』, '竹筎' : "『本草』에는 대나무 껍질을 竹筎라 하였다. 대껍질을 깎아 모아서 筎를 만든다. 여는 새는 배[舟] 틈 사이를 막는 데 썼다. 이는 '繻에 衣袽를 둔다[繻有衣袽]'와 같다. 衣자 옆에 如자를 붙이면 袽가 되고, 竹자 밑에 如자를 붙이면 筎자가 되는 것이다. 否·泰괘에 있는 茅茹란 茹자도 草자를 따라 茹자로 만들었고, 그 뜻도 역시 筎와 같으니, 즉 뚫린 배 틈을 막아서 물이 스며드는 화를 방비하는 것이다. 뱃사공들은 볏짚으로 새끼를 꼬아서 배 틈을 막는다. 그러나 새끼란 썩기가 쉬운 것이니, 竹筎로 막는 것만 못할 듯하다."

37 智旭, 『周易禪解』 : "美帛曰繻 弊如曰袽 繻必轉而爲袽可無戒乎."

38 沈大允, 『周易象義占法』 : "손☴은 비단, 간☶은 막음, 감☵과 리☲가 구멍. 4효 때는 천하가 태평하고, 일의 싹이 은미해서 변별할 수 없기 때문에 '終日戒'라고 하였다. 공경하고 두려워하며 살펴 그 미미한 때에 삼가고 방비한다."

귀방貴邦을 추앙해 왔습니다. 임금과 신하는 대대로 충의와 정절을 굳게 지키고 사민士民들은 절개와 의리를 숭상하니, 그 점을 저는 마음속으로 부러워하지 않은 적이 없었습니다. 이제 왜노倭奴들이 패하여 도망을 가니 국토가 완전히 회복되었습니다. 그리고 '의여衣袖의 경계와 상두桑土의 염려'도 신중하시길 바라겠습니다만, 병사를 조련하고 수비를 닦는 일을 더욱 서둘러 도모하십시오." 여기 나오는 '상두주무桑土綢繆'는 『시경』에 나오는 '유비무환'의 의미를 담았고,[40] 정조 때 이덕리는 유배지에서 『상두지桑土志』를 짓는다.[41]

九五 東鄰殺牛 不如西鄰之禴祭 實受其福[42]
구5는 동쪽의 이웃이 큰 소를 잡아 성대하게 제사지내는 것이, 오히려 서쪽 이웃이 간소하게 제사 지내며 알차게 복을 받는 것보다 실속이 못하다.

---

39 『조선왕조실록』 선조 32년(1599) 4월 27일 : "周公의 桑土詩와 旣濟는 '事患而豫防之'를 알려준다. 천하는 원래 아무 일이 없는데, 용렬한 사람이 어지럽게 한다고 하였다. 7척의 몸이 믿는 것은 臟腑와 氣血인데, 다행히 큰 병이 없다면 어찌 용렬한 의원이 어지럽도록 하겠는가. 부귀한 사람들은 평소에 잘 먹어서, 보통 때 병이 없는데도 인삼이나 녹용을 밥 먹듯 하다가, 늙지도 않았는데 골골거리는 자가 열에 여덟아홉이 되고, 심한 자는 까닭없이 갑자기 죽으면서, 끝내 그 원인이 약 때문이며, 수십년 전부터 그 해가 잠복해 있었던 것을 모르니, 어찌 애달프지 않겠는가. 養生을 잘하는 사람은 마음을 맑게 하는 것으로 근본을 삼고, 부득이하여 약을 먹을 경우에는 신중히 하여, 용렬한 의원이 끼어들지 못하게 한다. 마찬가지로 나라를 잘 다스리는 자는 백성을 쉬게 하는 데 힘쓰고, 부득이하여 사건이 있을 때에는 신중히 하여 소인이 끼어들지 못하게 한다."

40 '상두주무(桑土綢繆)'는 有備無患과 같은 고사성어. 土는 뿌리 '두'니, '상두(桑土)'는 뽕나무 뿌리다. 새는 장마가 오기 전에 미리 뽕나무 뿌리를 물어다가, 둥지의 새는 곳을 막는다. 현명한 새는 폭풍우 같은 재난을 미연에 방지하는 지혜를 지닌다. 주무(綢繆)는 칭칭 감는다는 뜻으로, 미리 빈틈없이 꼼꼼하게 준비함이다.

41 정조 때 이덕리(李德履, 1728~?)는 유배지에서 『桑土志』를 지었다. 『시경』 '빈풍 치효편'에 "하늘이 장맛비를 내리지 않았을 때, 저 뽕나무 뿌리를 가져다가, 출입구를 얽어두었더라면, 지금 너 같은 낮은 백성이 감히 나를 업신여겼겠는가"라 하였다. 뽕나무 뿌리는 습기를 막는 데 탁월한 효과가 있다. 이는 有備無患의 뜻으로 쓴다. 이덕리는 『상두지』에서 호남과 영남 지역에 자생하는 茶를, 국가에서 전매하여 중국 국경에 내다 팔아, 여기서 생기는 막대한 이익으로 국방시스템을 개선할 획기적이고도 구체적인 방안을 제안했다. 아무도 茶의 효용가치를 거들떠보지 않을 때였다. 밑천을 따로 들일 것도 없이, 노는 노동력을 이용해 엄청난 국부를 창출할 절호의 기회였다. 하지만 그의 제안은 누구에게도 주목을 받지 못하고 잊혔다. 다산이 『經世遺表』와 『大東水經』에서 한 차례씩, 艸衣가 『東茶頌』에서 그의 「東茶記」 한 구절을 인용했을 뿐이다.

먼저 석지형의 읍소를 들어보자. "신이 삼가 살펴보았습니다. 기제괘 5는 선천도先天圖에서 리☲의 위치가 동쪽이고, 감☵의 위치가 서쪽이기 때문에, 동쪽과 서쪽의 뜻을 취하였습니다. 또 동쪽은 양이고 서쪽은 음이니, 양은 5를 가리키고 음은 2를 가리킵니다. 5가 성대할지라도 기제가 이미 지나친 때에 있고, 2가 약할지라도 기제가 성대하려는 때에 있기 때문에, 여기의 소를 잡는 것은 약제사만 못합니다. 약제사는 여름 제사입니다. 리☲는 여름이기 때문에 약제사의 의미를 취하였습니다. 감☵의 몸체는 가운데가 차 있고, 리☲의 몸체는 가운데가 비어 있어, 성실하고 공경하는 상이 되기 때문에, 제사의 의미를 취하였습니다. 대체로 제사는 제물을 위주로 하니, 제물이 정성보다 지나치면 정성은 날로 쇠퇴하고, 정성과 공경을 위주로 하여 정성이 제물보다 지나치면 제물은 충분히 갖출 필요가 없습니다. 전하께서는 정성과 공경으로 제사에 마음을 쓰시어, 실제로 복을 받으시길 엎드려 바라옵니다."[43]

수현壽峴의 읍소는 기제가 이미 다하려 할 때이니, 제물보다는 정성을 많이 올리라는 소리다. 『예기·방기』에서도 공자가 기제의 5를 인용하고 있는 장면이 등장한다. "공경하면 제기를 쓴다. 그러기에 군자는 비박菲薄하다 하여도 예를 폐하지 않고, 풍성하게 차렸다 하여도 예를 무시하지 않는다. 『주역』에서 말하였다. '동쪽 이웃이 소를 잡는 것이, 서쪽 이웃이 약제를 지내고 진실로 그 복을 받는 것보다 못하다'."[44]

『시경』에서도 노래한다. "취하려면 술을 쓰고, 배부르려면 덕을 쓰고[飽以德醉以酒], 이미 술로 취하게 하고 이내 덕으로 배불린다[旣醉明證 旣飽以德]." 백성들이 제사에는 이利보다는 의義를 높였다는 소리다. 소와 말은 임금이 지내는 큰 제사에만 썼고, 돼지는 약제에만 쓰는 희생물이었다.

왕필도 어떤 제수로 올리는 제사보다 향기로운 덕이 이상적이라는 표현을 쓴다. "소는 성대한 제사를 지냄이요, 약禴은 간략한 제사다. 사람들이 이미 기제旣

---

42 禴 여름(봄) 제사 약.

43 石之珩,『五位龜鑑』: "… 大抵凡祭祀, 主於備物, 則物勝誠, 而誠日以衰, 主於誠敬, 則誠勝物, 而物不足備. 伏願殿下, 誠敬衈祀, 實受其福焉."

44 『禮記·坊記』: "군자가 차린 것이 없다고 하여 예를 폐하지 않으며, 풍성하게 차렸다고 하여 예를 무시하지 않으니, 그런 까닭에 군자는 진실로 예가 없으면 아무리 맛이 좋다고 하여도 먹지 말아야 하는 것이다. 易에 '동인살우, 불여서린지약제, 실수기복'이란 말이 그 소리다."

濟가 되었다면 이제는 무엇을 할 것인고? 그 힘써야할 바는 오직 제사뿐이리라. 그런데 제사의 성대함이 덕을 닦는 것보다 좋은 것이 없으므로, 하찮은 나물로도 귀신에게 바칠 수 있지만, 곡식의 향기보다는 밝은 덕이 더 향기로울 수 있다."[45]

장복추張福樞는 「경제사敬祭祀」에서 '수달水獺의 제사' 장면을 들려준다.[46]

한편 기제 시에 기세 좋은 5의 임금이, 덕이 사라지려는 지화명이地火明夷로 동하니, 화禍와 복福이 갈라지는 자리다. 고로 "동쪽 이웃이 소를 잡아 성대하게 제사지내는 것은[東鄰殺牛], 서쪽 이웃이 간소하게 제사[Small offering]를 지내고도 [西鄰之禴祭], 알차게 복을 받는 것보다 못하다[不如實受其福, No attain as much as real happiness]" 한 것이다. 그러기에 공자도 "동쪽 이웃이 소를 잡아서 [사치스럽고 방만하게 제수만 거창하게 올려서 겉으로 요란을 떠는] 올리는 성대한 제사는, 서쪽 이웃과 그 시절이 같지 않기 때문이요, 검소하고 경건하게 올려도, 백성을 대하는 향기로운 밝은 덕만 있다면, 알차게 복을 받는다는 것은 길운이 크게 찾아오기 때문[象日, 東鄰殺牛, 不如西鄰之時也, 實受其福, 吉大來也]"이라고 매듭을 지어준다.

제사 같이 정성을 드리는 일은 남의 눈을 의식하여 허세를 부릴 일이 아니다. 마찬가지로 가정 살림이나 나라 살림은 자식 키우듯 온 정성을 다해야 한다. 제사나 나라 일을 하는 사람들이 허장성세虛張聲勢로 표퓰리즘에 취해 거드름을 피우는 것은 당리당략과 사리사욕을 얻기 위한 취생몽사醉生夢死와 다르지 않을 것이다.[47] 특히 '취몽醉夢'의 노래는 다산,[48] 연암,[49] 정이천[50] 등이 불렀는데, 모두

---

45 王弼, 『周易注』: "旣濟之時 物皆濟矣 將何爲焉 其所務者 祭祀而已 祭祀之誠 莫盛修德故 沼沚之毛 蘋蘩之菜 可羞於鬼神 故黍稷非馨 明德惟馨."

46 張福樞, 『四未軒集』, '訓家九箴(敬祭祀)': "귀신이 흠향함은, 지극한 정성에서 흠향하네. 제수가 풍성하나 깨끗하지 않기보다는, 차라리 빈약하나 정결함이 낫네. 근심하고 두려워하며 제수를 마련하니, 영혼이 달갑게 여기지 않을까. 西鄰의 禴祭 2궤의 제향에, 또한 그 청결함에 복을 내리리. 정성이 없으면 만물이 없는데, 감히 신이 이르는 것을 구하리. 제사 당일에 정성과 사랑을 다하고, 며칠 전부터 목욕하고 재계하네. 남편과 아내의 일을 모두 준비하여, 예로 제수를 갖추어 올리네. 제수와 몸이 가지런히 되면, 이 밝게 흠향함이 있으리라. 조상신이 양양히 좌우에 있는 듯하니, 내가 조상과 한 기운으로 유통하네. 제사를 마치고 남은 회포로, 감격하고 사모함이 마음에 교대로 일어나네. 큰 복으로 내려주시니, 효손이 경사가 있네. 저 수달도 오히려 제사를 지내는데, 사람이면서 공경이 없으랴." 『예기』에 수달은 잡은 고기를 먹을 때, 먼저 좌우로 늘어놓고 제사를 지낸다고 한다.

47 丁若鏞, '醉夢齋記': "술에 취한 자를 취했다고 하면, 크게 원통해하며 자기는 취하지 않았다고

욕심이 과하면 독을 향으로 알고 먹는다는 경계사다.[51] 기제旣濟가 명이明夷로 간 경우다.[52]

上六 濡其首 厲
상6은 그 머리까지를 적시니 위태롭다.

"그 머리끝까지를 적실만큼 위태로움이니 어찌 오래 갈 수 있겠느냐?[象日, 濡其首厲, 何可久也]"고 공자가 반문하는 자리다. 이미 모든 것이 제자리로 잡힌 기제라고 하지만 어느 때 어느 시절을 막론하고 나라가 안정되면 지도자들이 흥청망청하는 경우가 없지 않다. 기제는 '초길종란初吉終亂'이라 하였는데, 5의

변명하지 않는 자가 없다. 위독한 사람은 병든 것을 스스로 알지 못하고, 병이 들었다고 스스로 말하는 사람은 병이 심한 게 아니다. 미친 사람은 미친 것을 알지 못하고, 미쳤다고 스스로 말하는 사람은 진짜 미친 자가 아니다. 간사·음탕·게으름에 빠진 사람은 그것이 나쁘다는 것을 알지 못하며, 그것이 나쁘다는 것을 말하는 사람은 그 잘못을 고칠 수 있는 사람이다."

48 鄭述, '醉生夢死嘆' : "신묘한 변화 잘 알아 참몸을 세워서, 바탕을 실천해야 생사가 편안하리. 어찌하여 제멋대로 구는 저 사람은, 취몽 중에 늙어가며 끝내 깨지 못하누나. 탐욕, 잔인, 거침, 오만으로 사단을 방해하고, 음식, 여색, 냄새, 맛 칠정에 빠져 사네. 양심이 일어나면 사심 이미 움직이고, 바른 마음 일어날 때 삿됨 먼저 생겨나네. 안타깝다, 열흘 추위 단 하루도 따뜻하지 않으니, 취중과 꿈속에서 언제나 흐리멍텅."

49 朴趾源, '喚醒堂記' : "세상 사람들이 무지몽매하여, 취생몽사하는 사이에 아무리 불러도 꿈에서 못 깨어나고, 아무리 흔들어도 취기를 벗어나지 못함을 슬피 여겨, '喚醒堂'이란 당호를 지어, 아침저녁으로 올려다보며 스스로를 깨쳤다."

50 程子, '醉生夢死' : "간사하고 허탄하고 요망하고 괴이한 주장이 앞다투어 일어나, 백성의 귀와 눈을 가려, 천하를 더럽고 탁한 데로 빠뜨린다. 비록 재주가 높고 지혜가 밝아도, 보고 들은 것에 얽매여 취해 살다가, 꿈속에서 죽으면서도, 스스로 깨닫지 못한다."

51 참고로 물고기는 향기 있는 먹이를 탐내면[魚貪香餌], 그물이나 낚시의 바늘에 죽게 되니[死於 網鉤], 욕심만 버리면 복을 받을 것이다.

52 [說證] 明夷는 小過에서 오고 臨에서 왔다. 진☳은 동쪽 이웃이요, 태☱는 서쪽 이웃이다. 또 큰 리☲의 화살로 小過에서 곤☷의 희생을 죽이니 소를 잡음이요, 큰 진☳의 나물을 불로 데워 禴祭를 올린다. 소과가 明夷가 되면, 동쪽 이웃에는 군주가 없어지고, 곤의 나라가 이에 황폐해 진다. 반면 서쪽 이웃에는 위로부터 내려오는 것이 있으니, 그것은 다름 아닌 리☲의 복이 크게 도래한 것이다. 따라서 동쪽 이웃에서 소를 잡아서 제사를 드린다고 하더라도, 서쪽 이웃에서 간소한 제사로 복을 받는 것보다 못하다. 나[西隣]는 리☲의 정성으로 제사를 드리는 데 반해 [明夷, ☲], 상대[東鄰]는 곤의 탐욕으로 제사를 드리니[明夷, ☲] 그 받는 복이 다르다. 동인은 폭군 주紂 임금이요, 서인은 주나라 문왕이다. 제사를 올리는 타이밍은 봄과 여름이다. 봄여름 에는 만물이 어리고 귀하기 때문에 약제를 지낸다.

임금이 4로부터 이미 위험이 스며들어 왔는데도 불구하고 경계하는 것을 게을리 하였고, 하늘과 백성에게 충실하여야 할 자세마저도 외면한 채 사치와 방종으로 주지육림酒池肉林에 떨어진 주紂의 말로를 빗댄 내용 같다. 마치 120일을 주야로 쉬지 않고 환락에 빠져서 '장야長夜의 음飮'으로 불리었던 전설처럼, 그 주왕紂王의 머리가 물에 빠져 흠뻑 적신 것과 같아[濡其首] 위태롭기 짝이 없는 모습이다[厲]. 그리고 여기 기제 종란終亂의 주인공을 주왕紂王으로 보면, 그가 마지막 죽음을 녹대에 들어가 스스로 불에 타 죽은 것과는 전혀 다른 장면이다. 그러기에 많은 해석들이 여우가 물에 빠져 머리를 적시는 것으로 혼선을 빚는다.

기제既濟가 끝나면 곧장 미제未濟로 가니 미제의 상효는 "성의를 다하여 술잔을 들고 모든 사람과 함께 큰 소원이 성취되기를 축복하는[有孚于飮酒, Drinking of wine in genuine confidence] 음주라면 탈이 없을 것이다[无咎]. 다만 마음의 끈이 느슨하여 환락에 빠져 머리를 적시면[濡其首] 진실을 잃는다[有孚失是, Lose truth]"고 했다. 그러기에 "꼭지가 돌도록 마시면 역시 절도를 알지 못한 소치다[飮酒濡首 亦不知節也]."

여기 유기수濡其首를 주紂가 술에 젖은 상황으로 그려보자. '머리가 물에 젖은 것'으로 본 사람들은 왕필, 정자, 동파, 다산 등이고, 서양의 역학자들과 주자는 '여우의 머리가 젖은 것'으로 본다. 어떤 이들은 '술에 젖은 머리'로 해석하고 있기도 하다. 『서경』「주고酒誥」에서 온몸이 흠뻑 술에 절어 있는 '감신酣身'이 바로 여기 '유기수濡其首'가 아닐까?[53]

기제의 끝은 단지 위태하여[厲] 근심스럽다 하였을 뿐 흉하여 죽는다는 소리까지는 없다. 그러므로 백성과 하늘에 제사를 지내는 마음을 잘 가져간다면 길하고, 잘못하면 주왕紂王처럼 험한 말로를 보게 될 것이다. 결국 길吉은 대자연의 흐름에 순응하고 믿음과 정성을 다하며, 상9처럼 기제를 잘 유지하여 나갈 수 있는 자가 얻는 자리다. 고로 군자는 태평할 때 위난을 잊지 말고[安而不忘危], 밥술이라도 먹을 때 패망을 잊지 말아야[存而不忘亡] 기제의 시절을 이어가는 '사환이예방지思患而豫防之'가 될 것이다. 성호와 우암은 "머리가 빠져 반드시 망한다는 것은 절제를 몰라 얻은 큰 과보"라 했다.[54/55]

---

53 『尙書·周書』,「주고酒誥」편 : "周公이 술이 빚어내는 재앙을 강력하게 경계하고 있다."

끝으로 "기제를 정리하면, 초9는 경거망동을 삼가고, 2는 천명을 믿고 기다리는 도를 지키고, 구3는 대인이 아니고 소인이면 이 어려운 시기를 지켜내기가 어렵고, 4는 내적인 우환을 경계하고, 구5는 정성이 지극해야 복을 받고, 상6은 극도의 자제력이 아니면 나라와 가정마저도 잃을 것이니 망진妄進을 경계할 따름이다."[56]

기제는 나 자신을 잘 지키고 보금자리를 잃지 않는다면, 사회[기업]와 나라도 잃지 않을 것임도 알아야 할 것이다. 기제가 동하면 풍화가인이다.[57] 믿음과 정성을 다하고, 위엄이 있는 가장이 된다면 끝내 홍복을 얻으니, 오로지 그것은 스스로 반신수덕하는 자세에 달렸을 뿐이다[上九, 有孚威如, 終吉. 象曰, 威如之吉, 反身之謂也].

"낮을 간 듯한 달이 구름에서 나오니, 약간 취했다고 어찌 머리를 적시리오."[58]

---

54 宋時烈, 『易說』: "상6의 '머리를 적시는 것[濡首]'과 초9의 '꼬리를 적시는[濡尾]'은 서로 짝이다. 처음에는 물이 얕아 꼬리를 적셨고, 끝에는 물이 깊어 머리를 적셨다. 대과괘 상6의 '過涉滅頂'과 같다. 사환을 예방하지 못한 과보이다."

55 李瀷, 『易經疾書』: "공자가 爻象을 지은 것은, 후대의 사람들이 이것을 근거로 經의 의미를 얻기를 원했기 때문이다. 그렇지 않다면 성인의 말을 하지 않은 편이 낫다. 짐승이 머리를 적시는 것을 가지고, 사람의 일에 대한 경계로 돌려, 절제를 모른다면 도리어 술에 빠지는 데로 건너가는 것처럼 흉할 것이다."

56 김진규, 『아산주역강의』, 464쪽 참조

57 [說證] 기제가 가인괘로 간다. 가인은 중부괘로부터 온다. 중부에 간☶의 꼬리와 진☳의 머리가, 본시 리☲의 불에 건조되어 있었는데, 가인괘가 되고 坎이 되면서, 갑자기 물이 넘쳐나 머리가 젖어 '濡其首'가 되었다. 중부괘 아래 兌는 본래 柔가 剛을 올라타고 있으니 위태로운 상황이 초래했다. 강을 올라탄 모양이 어찌 오래 갈 수 있겠는가? 坎의 물에 빠진 상황이 진실로 그러하다. 가인괘 또한 遯卦로부터 오니 역시 乾의 머리가 젖는다. 기제와 미제 두 개는 모두 震과 艮을 각각 首尾로 삼았다. 爻象은 반드시 本象에 의해 취해야 한다.

58 權好文, 『松巖集』, '月夜記事' : "밤기운이 강물처럼 맑아서, 술 난간에 주렴 반쯤 걷어 올리네. 비가 된 듯한 바람이 낙엽을 날리고, 낮을 간 듯한 달이 구름에서 나오네[雲破月磨鎌]. 약간 취했다고 어찌 머리를 적시리오[小醉寧濡首], 억지로 수염 떨치며 목청껏 노래하네."

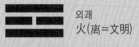

외괘
火(离=文明)

내괘
水(坎=險)

64. 화수미제火水未濟

Before Completion

미제 때는 서두르면 목적지 한 치 앞에서 꼬리를 내리는 수모를 당한다. 경륜 많은 노인처럼 물을 건너기 전에 얼음을 밟아 보도록 하라. 두려워하고 신중하지 못하면 실패하고 만다.

> **未濟 亨 小狐汔濟 濡其尾 无攸利**[1]
> 미제가 형통하다지만 작은 여우가 내를 거의 다 건너갈 즈음에 꼬리를 적신다면 이로울 바가 없다.

"물은 물대로, 불은 불대로"라는 말처럼 미제未濟는 그 마지막 순간까지도 물과 불이 각자도생各自圖生하는 바람에 결제決濟를 얻지 못하는 경우다. 기제既濟가 완성이라면 미제는 미완성이다.[2] 역易의 끝은 기제의 완성에서도 매듭을 짓지 않고 다시 변화를 거듭한다. 그러기에 완성과 행복도 변화하는 유전流轉 속의 하나일 뿐이다. 이런 변화 속에서도 곤란을 무릅쓰고 광명을 찾아감이 미제의 과제다.[3]

미제는 좌절도 있고 고통도 있지만 처리해야 할 일을 단숨에 처리하지 말고 인내를 가지고 차근차근 대처해 나가야 한다. 그래도 불행 중 다행인 것은 미제가 자신의 고유한 자리[正位]를 떠나 있지만, 필요한 사람과는 항시 상응하고 꼭 해결해야 할 일과 상통하고 있음이 특이하다. 또 미제는 대기만성형이라 할 수 있다. 그러니 서두르지 말고 꾸준히 노력하면 반드시 성공을 얻는다. 만약 미제에서 일을 서두르면 목적지 한 치 앞에서 꼬리를 내리는 수모를 당할지 모른다.

---

1 汔 거의 흘.
2 「序卦傳」 : "物不可窮也 故受之以未濟 終焉." / 「雜卦傳」 : "未濟 男之窮也."
3 김진규, 『아산주역강의』, 467쪽.

미제 시에는 오직 신중하고 또 신중해야 한다. 여우가 물을 건너도 만약 꼬리를 적셨다면 그 족적이 발각되어 성공할 수 없듯, 경륜 많은 늙은이가 얼어붙은 강을 건너기 전이라면 먼저 얼음을 밟아 보고 위험을 짐작할 수 있어야 할 것이다. 철없는 어린아이들이라면 신중하지 못한 까닭에 서두르며 씩씩하게 건너려다 종종 그 족적을 들키고 만다.[4]

미제는 또 물과 불이 친친하지를 못해 서로 신뢰하지 못하고 여섯 효 모두 부정한 입장을 취하고 있다. 이것 또한 기제既濟 때 만사를 만만하게 보며 전심전력을 기울이지 않은 모습이 인과응보로 나타난 현상이다.[5] 그런 고로 미제未濟 시엔 모름지기 노성老成하고 결단성이 있어야 하며 수미首尾가 일치되도록 해야 할 것이다.[6]

공자의 단왈을 보더라도, 미제未濟(Before completion) 시는 유순한 5가 중을 잡고 있어 시세에 순응을 하지만 강행을 삼가고 있기에 성공할 소지는 충분히 있음을 보여준다[未濟亨]. 그렇지만 마치 새끼 여우가 강을 건너려다[小狐汔濟] 인내가 부족하여 한 걸음을 남긴 순간 그만 꼬리를 적시고 만다면 만사가 끝날을 보장받지 못할 것이다[未出中也, 濡其尾, 无攸利, 不續終也].[7] 또 미제는 여섯 효 모두가 자기 자리를 벗어났지만 그래도 어떤 형태로든 전부가 소통하고 있기 때문에[雖不當位, 剛柔應也], 만난萬難과 신고辛苦를 겪으며 적과 동침을 할지라도 목적을 향해 난관을 해결할 수 있다. 이것이 바로 '흉중유길凶中有吉'로 대자연은 완전한 흉도 완전한 길도 없음을 반증하고 있다.[8]

한편 대상大象에서도 공자는 "불이 물 위에 앉아 자신의 자리를 얻지 못한

---

4 정이, 『이천역전』: "唯在愼處 狐能渡水 濡尾則不能濟 其老者多疑畏 履氷而聽 懼其陷也 小者則未能畏愼 故勇於濟."

5 주희, 『주역본의』: "未濟 事未成之時也 水火不交 不相爲用六爻皆失其位 汔幾也 幾濟而濡尾 猶未濟也."

6 지욱, 『주역선해』: "未濟而欲求濟 須老成 須決斷 須首尾一致."

7 '小狐汔濟'는 거의 도통하였지만 아직은 미제의 흔적을 보임을 말한다.

8 정약용, 『周易四箋』: "旣濟는 泰卦로부터 왔고, 未濟는 否卦로부터 왔기에, 坤의 백성이 거기에 빠져 백성들 가운데 물을 건너 혹시라도 앞으로 나간 자가 있다 하더라도[否卦 2가 5로 감], 离의 剛에 제방에 막혀 저쪽 편으로 도달하지 못하니 미제의 상이 된 까닭이다. 易의 원리는 '方以類取'코 '物以群分'하기에, 乾卦와 坤卦는 '類聚'의 극단적 예로 64괘 우두머리에 놓이고, 旣濟와 未濟는 '群分'의 극단적 예라 64괘 끝에 놓이게 된 것이다."

미제를 보고, 군자는 신중하게 사물을 구별하여서 적재적소에서 처신함을 유의하라[愼辨物居方]"고 당부한다. 이를 본 정자가 아래와 같이 '각각거방各各居方'으로 설명을 보태고 있다. "물과 불은 각자 제 갈 길로 가며 서로가 교신이 되지 않기에, 서로 믿고 건너 주려는 일에는 쓸 수가 없다[相濟不用]. 불이 물 위에 있으니, 군자가 거처하는 자리의 부당함을 살피고는, 신중하게 사물을 분별[辨物]하여 각각 그 거처를 알맞게[各各居方] 매기도록 해야 할 것이다."[9]

지욱의 설명 또한 일체 제물도 그렇지 않음이 없다고 한다. "불은 위로 타오르고[炎上] 물은 아래로 적셔가니[潤下], 물과 불이 언제 서로 만나 대사를 이루겠는가. 물이 불을 끄려[火滅] 하고, 불은 물을 태워 없애려[水渴] 하는데. 그런 수화水火를 보면 각기 사람을 양성養成하기도 하고 살해殺害하기도 하는 것 같다. 세상에는 일체 제물諸物이 그렇지 않음이 없으니 변물辨物로 거처함에 어찌 짐작斟酌이 없겠는가."[10] 고로 공자가 화재수상火在水上한 미제未濟의 시절에는 군자가[君子以] 먼저 '신변물愼辨物하고 거방居方'해야 함을 일렀다.

역易의 교훈이 타인과 동인同人할 때는 '유족類族 변물辨物하라' 하였고, 또 자신을 수양[養頤]할 때는 '신언어愼言語 절음식節飮食하라' 하였으며, 세상을 경륜[履歷]해 나갈 때는 '변상하辨上下 정민지定民志하라' 하였다. 나아가 지금처럼 세상 일이 완벽하지 못한 미제未濟 시에는 '신중하게 사물을 가려 자리잡도록[愼辨物居方, Be careful in the differentiation of things each, finds its place)' 하라니 반드시 숙지할 일이다.[11/12]

이자연의 「주역차의」에 실린 해설은 이렇다. "물이 위에 있으면 불이 있을

---

9 정이, 『이천역전』: "君子觀其處不當之象 以愼處事物 辨其所當 各居其方."

10 智旭, 『周易禪解』: "如水能制火 亦能滅火 火能濟水 亦能竭水 又水火 皆能養人 亦皆能殺人 以例 一切諸物 無不皆然 辨之可弗詳明 居之可不斟酌耶."

11 [說證] 미제가 否卦로부터 왔기에, 否卦 乾의 양 3개가 사물로 나누어지지 않고, 비어있는 坤 3개는 자리는 있되 매인 곳이 없다. 여기 否가 미제로 가면 乾이 離에 의해 절단되니 '辨物'이고, 坤이 변해 坎의 궁실이 되니 '居方'을 정한 것이 된다. 否의 호괘가 艮 止가 3번씩이나 있으니, 어찌 신중하지 않을 수 있겠는가?

12 정약용, 『주역사전』: "역의 원리는 단지 음양이 나누고 합쳐짐에 있을 뿐이다. 건·곤 괘는 그 취합의 극단적인 경우이고, 미제·기제는 그 분리의 극단적인 경우이다. 만물은 여러 무리로 나누어지니, 나누어지면 곧 구별이 있게 된다. 이처럼 辨物과 居方은 64괘가 나누어지고 합쳐지는 큰 원칙이다. 미제괘는 64괘의 마지막 괘니 군자의 도란 그 마침을 신중히 하는 것일 뿐이다. 그러므로 64괘 종결에 이르러 신중을 말한 것이다."

곳이 아니고, 불이 아래에 있으면 물이 있을 곳이 아니다. 1·3·5는 음이 있을 곳이 아니고, 2·4·6은 양이 있을 곳이 아니다. 사물[物]은 음양을 말하고, 자리[方]는 위아래를 말한다. 삼가함은 합당한 자리에 있지 않기 때문이다."

이를 박제가는 '물이군분物以群分'의 이치로 이렇게 설명한다. "불이 물 위에 있는 것이 제 자리가 아니라면, 물이 불 위에 있는 것도 제 자리가 아니다. 사물이 무리로 나누어지고, 종류대로 모일 수 있음은 아름답지 아니한가. 군자가 사물을 분별하여 제 자리에 있게 하는 것은 바로 사람의 본성을 극진하게 하고, 사물의 본성을 극진하게 하여 구제하려는 뜻일 게다."

불이 물 위에 있어 서로 쓰이지 않으니, 군자가 분별하여 머물 곳에 머물게 한다. 사물을 분별하는 것은 불이 빛나는 것과 같고, 제 자리에 있게 하는 것은 물이 모이는 것과 같다.[13]

이만부의 『역대상편람』에서도 이렇게 설한다. "기제에서 우환憂患을 생각하고, 미제에서 사물을 분별分別하니, 성인은 사물을 처리하는 데 어느 때고 소홀함이 없다. 그러므로 미제를 건너게 하려면, 일에 앞서 '신변물거방愼辨物居方의 증험을 알아야 할 것이다."

물과 불이 사귀지 않는 것이 미제이기 때문에, 군자는 적시는 것과 말리는 것의 같지 않은 상을 보고, 삼가 사물을 분별하여 무리를 분류하고, 각기 제 자리에 있는 상을 보고 제 자리에 있게 하여, 무리로 모아야 한다는 소리다.[14] '삼가 사물을 분별함[愼辨物]'은 리☲가 밝혀 사물을 분별하고, '제 자리에 있는[居方]' 것은 리☲ 남쪽이 앞에 있고, 감☵ 북쪽이 뒤에 있으니, 「계사전」에서 "방향은 류로 모아지고[方以類聚], 사물은 무리로써 나누어진다[物以群分]" 하였다.[15]

---

13 金箕澧, 「易要選義綱目」: "火居水上, 不相用, 君子當辨而止於止. 辨物如火照, 居方如水聚."

14 吳致箕, 「周易經傳增解」: "水火不交爲未濟, 故君子觀其潤燥不同之象, 以之慎辨物而群分, 觀其各有所居之象, 以之居其方而類聚也."

15 宋時烈, 『易說』: "愼辨物者, 離明之, 能辨于物也. 居方者, 離南在前, 坎北在後, 合居其方也, 方以類聚, 物以群分之意."

> 初六 濡其尾 吝
>
> 초6은 (앞을 내다보지 못하고 덤벙대며 강을 건너려다) 꼬리를 적시게 되니 나쁘다.

경륜 없는 부정한 어린 음이 험한 물[☵]에 빠져 있다. 구4의 부정한 음이 강의 탈을 쓰고 윗자리에서 어린 초효를 유혹하는지라 이를 믿고 따라가면 반드시 낭패를 본다. 이것은 마치 여리고 약한 새끼 여우가 세상이 험악하고 위험한 것을 모른 채 따라가다, 물을 건너는 도중에 그만 꼬리를 적시고[濡其尾, His tail gets in the water] 걱정[吝, Humiliating]을 만나는 꼴이다. "꼬리를 적시게 되어 나쁘다는 것은 역시 극단적인 상황이 전개됨을 몰랐던 탓이다[象曰, 濡其尾, 亦不知極也]."

이것은 미제未濟의 초기에 스스로 건너갈 만큼 공부가 여물지 않았는데도 불구하고 대천을 건너는 강행을 고수하다 부지不知의 극이 연출되고 만 까닭이다. 아래에 깊이 고인 물[☵]을 어린 초효가 어떻게 노숙한 어른처럼 무리 없이 건널 수 있었겠는가. 이는 미제가 규괘睽卦로 간 까닭이다.[16]

꼬리를 적셨다는 것은, 역시 깊은 물을 건너기가 불가능하여 중도에서 가던 길을 포기하고 꼬리를 내린 것이 아닐까. 물과 불이 하나는 올라가고 하나는 내려가는 것이 조심스럽게 사물을 분별하는 것이고, 이를테면 물과 불이 서로 쏘아 맞추지 않는 것이 조심스레 제 자리에 있게 하는 것과 같다. 기제괘와 미제괘는 상하가 서로 교역되었기 때문에, 미제괘의 2부터 5까지가 곧 기제괘가 된다. 그러므로 기제괘의 1·3, 미제괘의 2·4는 말이 같다. 미제괘 초효[濡其尾]와 2효[曳其輪]는 기제괘 초효 효사[曳其輪 濡其尾]를 나누어서 말했음을 알 수 있다.[17]

동파도 이를 초효가 극단을 모르고 움직이다 당한 것으로 지적하였으며, 지욱 역시 제세濟世할 능력 없는 초효의 만용蠻勇으로 단정하였다. 사마천 또한 여

---

16 [說證] 미제가 睽卦로 변한 경우로, 규괘는 中孚괘에서 왔다. 중부 리☲에서는 진☳의 머리와 간☶의 꼬리가 건조했는데, 규의 감☵을 건너니 '濡其尾'가 되었다. 또 규괘는 대장괘에서 왔기에 大兌☱의 음이 강을 타 위험이 뒤따르는데, 규가 되어서도 바뀌지 않으니 '亦不知克'이다.

17 李漢, 『易經疾書』: 효사의 "또한 알지 못함이 지극하다[亦不知極]"에서 '亦'이라는 말을 근거로 기제의 말을 따왔음도 알 수 있다. 기제 초9의 수레바퀴[輪]는 곧 2의 가리개를 잃은 수레바퀴[喪茀之輪]이니, 뒤로 끌듯이[曳其輪] 하는 것도 초효이다. 미제의 초효는 유약하기 때문에, 비록 뒤로 끌듯이 하면서 아래의 '또한'이라는 말을 하지 않을지라도, 끌듯이 하는 것은 뜻이 그 속에 있다. '지극함[極]'은 건너는 것[抍]으로 봐야 한다.

우가 물을 건너려다 꼬리를 적신 것은 처음에는 일이 쉬웠지만 마침내 일이 어려워졌음을 알리는 증거라고 보았다.[18]

九二 曳其輪 貞 吉
구2는 앞으로 나가는 수레바퀴를 잡고 끌어당긴다. (나아갈 수 없음을 알고 마차를 멈추게 하고 시종일관 자중하니) 바르고 길하다.

달리는 마차를 잡아서 멈추게 하는 '예기륜曳其輪'은 완급 조절을 모르고 무지막지하게 앞만 보고 달리는 왕초보에게 과속의 위험을 경계한다. 구2의 속성은 험한 가운데서 과강過剛하고 무식하기에, 윗사람을 깔보는[犯上] 것을 아주 쉽게 여기며 손순의 겸양이라고는 턱없이 부족한 사람이다. 그러기에 어려운 미제未濟 시에도 능히 공손할 줄 안다면 종길終吉이 보장될 것이다. 미제는 왕도王道를 펼치기가 어려운 때이다. 그러니 물이 불을 끄려고 역공하는 기세인지라, 임금과 나라를 지키려는 지혜를 발휘할 수 있는 신하의 도를 말하고 있으니 더욱 공손한 신도臣道가 요구되는 시점이다.

2가 과강하여도 넘치지만 아니하면 수레를 멈출 수 있고[曳其輪, Brake his wheels], 또 꼭 이렇게만 할 수 있다면 스스로 앞으로 나아가지 않고도 성공을 확신할 뿐 아니라[貞吉], 정중正中한 가운데서도 능히 정행正行을 할 수 있으니, 여기 미제에서도 중中과 정正은 둘이 아님을 보여준다.

이것은 중천건괘 「문언전」에서 익히 주지한 사실과 다르지 않다. "하고자 하는 말이 있으면 반드시 믿음이 가도록 해야 하고[庸言之信], 꼭 하고 싶은 행동이라도 조심스레 할 것이며[庸行之謹], 언행 또한 삿됨이 없어야 하고[閑邪存其誠], 나아가 보잘것없는 자신의 잘난 점을 갖고 절대로 남을 업신여기는 건방진 일은 하지 말아야 할 것이다[善世而不伐]. 세상이 나의 덕을 요구할 때에만 이를 펼쳐 나가야지[德博而化], 그렇지 않으면 절대로 자신을 드러내는 일은 없어야 할 것이다[樂則行之憂則違之]. 이것이 바로 정중한 가운데서 정행을 할 줄 아는 자의

---

18 사마천, 『사기』 참조

덕이 아니겠는가."

2의 웅, 5의 임금은 바른 지혜로[貞吉輝光] 미제를 건너갈 사람이다. 그러니
2 자신은 공손을 경계로 삼아 신하의 도리를 다해야 상하지도를 훌륭하게 수행
할 수 있다. 고로 공자는 "구2가 미제 시에도 바르고 길한 것은 그가 중심을 잃
지 않고 정도로만 나가기 때문[象曰, 九二貞吉, 中以行正也]"이라고 힘주어 찬사를
보낸다. 미제가 진괘晉卦로 간다.[19/20]

六三 未濟 征凶 利涉大川
육3은 미제의 시절이니 정벌에는 흉하지만, 큰 내는 건널 수 있어 이로울 것이다.

미제 시절에 정벌이 흉함은[征凶] 지금 처한 자리가 마땅치 않기 때문이다[位
不當也]. 그런데 여기서 공자가 '이섭대천利涉大川'에 관한 언급을 쏙 빠뜨렸으니
3에 관한 후학들의 해설이 분분해졌다. 곧 3이 부정하고 부중하며 음유하기까지
하니, 그것도 미제의 시기에 먼 타국을 정벌하려고 나설 수 있겠는가? 그런데도
주공이 '이섭대천利涉大川'이라 하고, 공자는 이 부분의 주석을 슬쩍 비켜가 버렸
으니, 천하의 주자도 "이섭대천利涉大川이 아니라 원본에서 불이섭대천不利涉大川
인데 '불不'이 빠진 잘못된 문장"이라고 주장하기에 이른다. 그렇지만 많은 역학

---

19 미제 호괘 감☵의 수레를 하괘 감☵이 끌어당기니 '曳其輪'이나, 내괘 감☵이 貞으로써 주간하니
'吉'하고 '中以行正'이 된다.

20 高島 嘉右衛門,『高島易斷』: 참고로 1875년 9월 문호 개방을 압박하는 일본 운양함을 향해 조선
이 포격을 가하자 일본 정부에서 군대를 파견하자는 의견이 일어났다. 그 때 육군대장이 찾아
와서 조선 파병 여부를 물었는데 미제 2효라, 수화가 교차하지 않아 중도에서 그치는 괘였다.
그러니 시기를 기다려 상효까지 가면 반드시 일이 이루어지므로 '未濟亨'이었다. 초6에서 '濡其
尾吝'이라면 짐승이 냇물을 건너려 그 도중에 꼬리를 적시는 꼴이고, '吝'이 이미 건넌 결과
다. 또 구2의 '曳其輪貞吉'은, 水가 火에 이기려는 기세이므로 그 강한 성질을 경계하고 완화시
킬 필요가 있다. 기제는 초효에 '車輪'이 있고 미제도 2효에 '車輪'이 있는데 여기서는 구2가
증기선을 이끌고 귀국하는 모양이라 금년은 조선이 무사할 것으로 보인다. 그러나 3효에 '未濟
征凶, 利涉大川'이라니 내년은 반드시 조선에 사건이 생겨난다. 육군은 이득이 없고[征凶] 해군
은 반드시 승리할 것이다[利涉大川]. 구4에는 '征吉悔亡, 震用伐鬼方, 三年有賞于大國'이라 하였
으니 1877년에는 완전히 조선이 평정될 것 같다. 또 2가 변하면 화지진이라, 晉은 나아가는 기
세가 왕성해 5에서 '失得, 勿恤, 往吉, 无不利'다. 상9의 '晉其角, 有用伐邑, 厲吉, 无咎'로 보면
조선 정벌에 성공이 예상된다. 高島 嘉右衛門은 일본 정재계에 많은 영향을 끼친 인물이다.

자들은 3이 '정흉征凶'이지만, 상9라는 응이 있기에 험한 속에서 벗어날 수가 있어 '섭천涉川'이 가능하다고 본다. 그런 까닭은 아직 뜻을 이룰 수 없는 미제의 시기인지라 맹진은 금물이지만, 만반의 준비를 하고 나가면 대천을 건넌다는 애매한 설득이 생겨난다.

동파 같은 이는, 육3이 비록 상9와 호응이 되어도 상9는 불을 활활 태워 위로 날아갈 자이지, 나를 도와 내를 건너가게 해줄 위인이 못 되기에 "미제는 건너지 못하는 것이 아니라, 기다려야 할 자이므로, 그 기다림으로 장차 대천에 써야 이롭다"며 '미시未時'가 도래할 때를 기다릴 것을 강력하게 권한다.

왕필 또한 3이 음약한 체질로 자리를 잃고 험한 곳에 빠져 스스로 건널 수 없는 자라 단정하고, 부정한 몸으로 스스로 나가면 목숨을 잃는 '정흉貞凶'까지는 좋았으나, 2를 타고 가야 '이섭대천利涉大川'이 가능하다니, 왕필의 설명은 앞뒤가 맞지 않는다.

다산은 3을 '미제가 화풍정火風鼎으로 간 괘'로 보고, '이섭대천利涉大川'을 다음과 같이 주석하며 질책하고 나선다. "불이 마침내 3을 나무[巽木]로 만들어 태우려 하니, 내가 장차 어찌 이길 수 있으랴. 그러니 미제 3에서는 정벌이 흉하다. 정흉征凶은 화수미제의 판단이요, '이섭대천利涉大川'은 화풍정의 판단이다. 고로 효사에서 특별히 '미제'라는 두 글자 괘명을 첨가하여 후자와 구별한 것이다[故, 爻辭特加未濟二字, 以別之也]. 명나라 계본季本(1485~1563)의 『역학사동易學四同』에는 '불不' 자를 더했으니 이는 변효를 모르고 도리어 성인의 경서를 의심한 것이다[利涉之上 奄增不字 此有不知爻變 而反疑聖經也]."[21]

한편 '이섭대천'은 음의 재주로는 가서 안 되나[征凶], 3의 때라면 건너는 것이 이로울 것으로 보기도 한다.[22] 그러기에 감☵이 손☴으로 변하는 화풍정괘의 상을 보고 '이섭대천'을 취한 것이 아닐까.[23]

---

21 정약용, 『周易四箋』: "화풍정이 뇌천대장에서 왔으니 큰 坎을 넘어 2·3·4효의 乾이 저 언덕에 올라 '利涉大川'이 되었다."

22 權近, 『周易淺見錄』: "'利涉大川'은 음의 재주로는 가서 안 되지만, 3의 때라면 건너는 것이 이롭다. '未濟征凶'은 자기 마음대로 하는 것이고, '이섭대천'은 윗사람을 따름이다."

23 沈大允, 『周易象義占法』: "미제괘가 鼎卦로 변했으니, 악을 선으로 변화시킨 것이다. 3의 때는 미제의 일이 어려우나 기제에 다가와 거의 바르게 되어, 수고로움이 편하게 되고 위태로움이 안전하게 되는 때이에, 여기에서만 '未濟'라고 하였다. 그러니 더욱 공경하고 삼가며 겸손하고

결론적으로 여기 3은 아직은 밝은 땅으로 나가지 못하고, 어두운 물 가운데 있는 미제의 시절이니, 다른 나라를 정벌하는 큰 일은 흉 하다[未濟征凶]. 그렇지만 국내의 어려운 정치적 문제를 푸는 일에는 이로울 것이다[利涉大川]. 또한 3은 미제의 선천을 마지막 가는 자리라, 타국을 정벌하러 가는 시점에 육지에서 싸우는 전쟁은 흉하지만, 강과 바다에서 싸우는 해전에는 유리할 것이다.[24]

九四 貞 吉 悔亡 震用伐鬼方 三年 有賞于大國
구4는 정도로 일을 맡아 처리하면 길하고 후회는 없으리라. 진이 오랑캐를 정벌 하니, 3년 후에는 대국으로부터 상을 받을 것이다.

먼저 동파의 해석이다. "4가 주군을 떨게 하는 위엄이 있으므로 귀방鬼方에 쓰지 않으면 그 뜻을 행할 곳이 없게 된다. 그렇지만 위엄을 가지고 주군을 위협으로 떨게 한다면 반드시 후회스러운 일이 생겨날 것이다. 주군에게는 곧고, 적에게는 위엄을 쓰니, 정길貞吉하고 회망悔亡한 것이다."

이제 4부터는 미제가 지나가고 기제로 들어가는 기반을 닦아야 할 투쟁의 시기이다. 그리고 미래를 향한 통치기반의 기초를 다질 절호의 찬스이기도 하다. 고사로 진震은 혁명을 일으킬 진동震動이 아니라, 주周나라 제후 고공단보古公亶父로부터 은나라 고종高宗을 도와 귀방鬼方을 정벌하라는 명을 받은 장수의 기상이다. '대국大國'은 은나라로 보기도 한다. 이 구4는 아직 주나라가 은나라를 받들던 고종 치하[주나라 고공단보]의 사건으로 기술하고 있다. 그래서 공자도 "일을 맡아 정도를 지켜 나간다면 길하고 후회 없다는 것은 뜻대로 행해지기 때문이다[象曰, 貞吉悔亡, 志行也]"라고 주석했다.

위암韋庵은 미제에서 특별히 '정길貞吉'을 세 번이나 취한 까닭을 이렇게 설명한다. "구4는 곧음과 후회의 교차에 해당하는데, 굳셈으로 부드러운 자리에 있기

순종함으로, 그것을 잡고 놓치지 않아 그 이룬 것을 보전해야 하고, 함부로 어떤 단서를 내놓아 이룬 공을 어지럽혀서는 안 되기 때문에, '征凶'이라고 하였다. '利涉大川'은 감☵이 손☴木으로 변하는 것에서 취하였다."

24 참고로 M&A 하는 큰일은 흉하지만, 기업의 내수를 늘리며 안정시키는 일에 신경을 쓰면 좋다. 지금은 힘들지만 다음 시기에는 반드시 성공한다.

때문에, 곧을 수 있으면 길하여 후회가 없다. 미제에서 세 번이나 '정길貞吉'로 경계를 다진다. 구2는 군셈이 가운데 있으면서 행하기 때문에 정길하고[中行貞吉], 구4는 알맞지 않을지라도 뜻이 행하여지기 때문에 정길하여 후회가 없고[貞吉悔亡], 육5는 부드러움이 가운데 있어 믿음이 있기 때문에 정길하여 후회가 없는 것이다[有孚貞吉]."[25]

한편 구4는 미제未濟가 막 선천을 지나 후천에 돌입한 시기로 봐야 하고, 이제 막 아래 미제의 험[☵]을 지나 위의 문명[☲]한 기제의 시절로 접어든 분기점이다. 이럴 때는 사물을 신중하게 판단하여 거처할 자리를 잘 정해야 함은 물론이다[慎辨物居方]. 지욱은 이 자리를 "과강過剛하지만 정도를 넘지 아니하니[不過] 해가 어느 곳을 막론하고 떠오르는 여일방승如日方升과 같다"는 정주程朱의 설을 취용하고 있다. "4는 덕을 갖추고 재능과 자리를 얻어 정길貞吉하고 회망悔亡하다. 군자의 대명大明을 용사用事함에 진동震動으로 귀방을 치니[伐鬼方] 삼년三年 만에 성공하여 대국大國으로부터 반드시 상을 받을 것이다. 미제의 시점에서 은거하면서부터 구하고자 했던 바를 이제야 얻는 시점이 도래한 것 같다."[26]

미제가 산수몽괘山水蒙卦로 갔다. 여기 공자가 진방[震方, 東夷國]을 찬양한 것을 보고 야산也山은 진단구변도震檀九變圖를 내놓았다.[27]

六五 貞 吉 无悔 君子之光 有孚 吉
육5는 바르게 하면 길하여 후회가 없다. 군자의 빛이 믿음이 있어 길하리라.

『주역』64괘 384위[효] 중 주공과 공자가 최고의 찬사를 보낸 '군자지광君子之

---

25 金相岳, 『山天易說』 : "미제괘 구4는 晉卦와 같은 리☲의 몸체가 보이니, '康侯用錫馬蕃庶' 하여 귀방을 정벌하였고, 또 師卦에서 감☵을 취해 군대를 보내 정벌하고, 기제와 미제에서는 离坎로 鬼方을 정벌하는 상을 취했다. 師卦의 '開國承家小人勿用', 미제괘의 '有賞于大國', 기제괘의 '小人勿用', 이 모두가 '貞吉'로만 얻을 수 있는 '伐鬼方有賞于大國'이다."

26 참고로 지금까지의 고생은 끝이 나고 이제 큰 상을 받을 일만 남았다. 3년의 각고 끝에 성공을 얻는 대목을 기억해 두자. 2010년 남아공 월드컵축구 16강전 상대 우루과이에게 이길 수 있을까를 예상하여 얻은 괘였다. 후반전 초반에 '震用伐鬼方' 할 것 같아, 이청용 선수가 만회골을 넣을 것으로 예견했는데 적중했다. 이청룡[震用]은 헤딩슛으로 동점골을 터뜨렸다.

27 김진규, 『아산주역강의』, 475쪽.

光’의 자리가 바로 여기다. 미제는 모두가 잘못된다 하지만, 4와 5는 성공과 완성으로 이끌어 가는 아름답기 그지없는 자리다. 4는 나라의 결정과 시운이 어려울 때인데도, 오히려 타국을 정벌하고 전쟁에 공을 세우며 큰 포상까지 받았고, 5는 만백성들이 우러러보고 신뢰를 아끼지 않는 왕도정치를 펼쳐가는 임금이 되었으니, 미제라고 다 미제는 아니다.[28] 해결하지 못해서 건너가지도 못하는 미제未濟도 있지만, 박수와 칭송을 받는 미제美濟도 있음을 보여주는 자리다. 또 5는 ‘도덕군자’란 최고의 성스러운 칭호까지 얻어 ‘군자지광君子之光’을 발하는 임금이 되어 천하를 밝혀나가기에 성군聖君의 빛이 찬란하다. 이것은 개인적으로는 5의 영광이기도 하지만 국가와 백성에게도 크나큰 홍복이 아닐 수 없다.

수현壽峴은 읍소로 왕도를 이렇게 알린다. “신이 삼가 살펴보았습니다. 미제괘 5는 중은 잡았지만 곧지 않은데도, 오히려 곧아서 길하다고 하였으니, 무엇 때문이겠습니까? 곧음은 반드시 알맞음이 아니지만, 알맞음은 곧지 않음이 없기 때문입니다. 리☲는 문채로 밝은 상이고, 또 상하로 굳센 보좌를 얻었기 때문에, 빛남이 성대해서 빛남이 있게 된 것이니, 『동파역전』에서 말한 ‘빛남이 형체의 표면으로 나왔는데, 노력으로 한 것이 아니다’라고 한 것이 여기에 해당합니다. 아! 빛남은 빛에서 나오고, 빛은 겸손에서 나온다 했습니다. 5는 미제에서 겸손의 주인이기 때문에, 빛남의 길함이 있고, 미제를 이룰 수 있으니, 겸손의 덕이 성대합니다. 전하께 엎드려 바라옵건대, 중도를 잡고 겸손을 지키며, 남의 빛을 받아들여 이 시대의 어려움을 구제하소서.”[29]

정자도 쌍수를 들고 5를 이렇게 칭송한다. “군주가 마음을 비우고[虛其心], 강한 신하[2·4·6]들의 보필을 받게 되니[陽爲之輔], 더욱 빛날 수밖에 없다[雖以柔居尊]. 나라를 다스림에도 부족함조차 없으며[至正至善 无不足], 또 정길貞吉까지 하

---

28 李玄錫,「易義窺斑」: “『역』의 괘사와 효사에서, 이처럼 아름다운 경우가 드문 것은, 밝은 임금이 어진 신하를 얻은 경사와 믿음이 빛남이 있기 때문이다. 『역』에서 임금의 도는, 乾卦에 ‘利見大人’에서 시작하여, 여기 군자의 빛남은 ‘有孚吉’에서 끝나니, 성인이 마음을 다한 것이, 임금과 신하의 만남에서 깊다고 할 수 있다. 현명한 임금의 도는 사람들에게 맡겨놓고, 오직 스스로 힘쓰지 않고 사람들을 쓰며, 자신을 공손히 하여 임금 자리에 앉아 있으면서, 아래로 성공을 따지는데도, 신하들이 훌륭하고 모든 일이 편안한 것일 뿐이다. 이것이 실로 천하에 임금 노릇 하는 중요한 도이다.”

29 石之珩,「五位龜鑑」: “… 噫, 暉生於光, 光生於謙.六五爲未濟之謙主, 故有光暉之吉, 而能濟其未濟, 謙之德其盛矣乎. 伏願殿下, 執中持謙, 受人之光, 而濟時之艱焉.”

여 어떤 탈도 없다[无悔]. 그러니 건너지 않고도 건너간다고 한 것이다[以此而濟无不濟也]. 고로 군자의 덕은 빛나고[君子德輝], 만백성들의 신망을 받아내니[有孚], 길하지 않을 수 있겠는가[盛功實稱]. 상길[上云吉]은 부드러움으로 만사를 바르게[柔而能貞] 함이요, 하길[下云吉]은 공덕을 백성들에게 돌림에 있노라[其功下民]."

왕필도 똑같은 찬사를 보낸다. "문文으로써 무武를 부리고, 유柔로써 강剛을 제어하니, 진실로 군자의 영광이다. 능력이 있는 이에게 일을 맡기어도 의심하지 않고, 온 힘을 다해 공을 이루니 유부有孚하여 길吉하지 않을 수 없다."[30]

여기 '군자지광君子之光(The light of the superior man)'은 은나라 주왕紂王의 폭정에도 문왕의 덕치가 빛남을 말하지만, 대체로 성훈聖焄, 후광後光, 오로라 등과 같이 군자의 기운이 태양과 같다는 의미이며 예수님의 후광, 부처님의 광배光背처럼, 곧 6차원의 철안哲眼과 신안神眼이 열리는 상태를 강렬하게 표현한 것[象曰, 君子之光, 其暉吉也]으로 봐야 한다. 또 '휘暉'의 광채가 군사 수천만 무리의 빛이라고 볼 때, '기휘其暉'를 가히 짐작하고도 남음이 있으니, 어찌 말과 글로 다 표현할 수 있으랴. 미제의 4·5는 역이 지향하는 내성외왕內聖外王을 알려주는 자리가 분명하다. 미제가 송괘訟卦로 간 경우다.[31/32] 여기 '군자지광'을 황현은 '장수長壽와 진선盡善'의 표상이라 하고,[33] 이정구는 '백세지광百世之光'의 사표師表라 하였다.[34/35]

---

30 왕필, 『주역주』, : "使武以文 御剛以柔 斯誠君子之光也 付物以能而不疑也 物則功竭力 斯克矣 故曰有孚吉也."

31 [說證] 訟卦는 屯卦에서 온다. '貞吉'은 감☵貞의 主幹이다. '悔亡'은 미제가 否卦에서 올 때 건☰을 상실했지만, 송괘가 되면서 다시 건☰이 돌아온 상이며, 리☲光이 바로 '君子之光'과 '其暉吉'이다. 또 송괘가 중부에서 왔기에 중부의 大리☲는 믿음을 주기에 '有孚'다.

32 참고로 상서로운 운수가 와서 가정과 나라에 복됨을 기뻐하니 귀한 벗과 어진 신하가 돕고 자손과 백성은 그 받는 은덕의 광채로 영광을 얻는다.

33 黃玹 『梅泉集』, '硯銘' : "바탕이 올곧으며 아름다운 게[貞固含章] 덕을 지닌 군자의 빛과 같으니[君子之光] 길이길이 장수하며 진선하리라[旣壽允臧]."

34 李廷龜, 『月沙集』, '백세지광[黃海道觀察使權德興神道碑銘] : "순수한 천품의 바탕 위에, 학문으로 덕성을 닦았나니, 날마다 면려하고 노력하여, 이에 세상의 사표가 되었고, 빛나는 명성은 높아졌으나, 번화한 것을 좋아하지 않았지. 介潔하면서도 남들과 화합하니, 그 성품은 옥같이 온화했어라. 한 마음 언제나 치우침 없어, 행동은 조용히 법도에 맞았어라. 깨끗하고 맑게 자신을 지켰으니, 묘당에 오를 자품이었건만, 재능을 다 펼쳐보지 못하였고, 넉넉한 학문을 남겨두었어라. 쌓인 餘慶 그 기반이 없어지지 않고 남을 터이니, 복록 면면히 이어져 창성하여, 백세토록 길이 광영이 있으리[百世之光]."

> 上九 有孚于飮酒 无咎 濡其首 有孚 失是
>
> 상9는 믿는 마음으로 술을 마시면 허물없지만, (소나 말이 물을 건넘에) 머리까지 적시면 믿음이 있어도 (지나친 믿음 때문에) 진실은 잃고 말 것이다.

성의를 다하여 술잔을 들고 모든 사람과 함께 큰 소원이 성취되기를 축복한다면[有孚于飮酒] 만사가 탈이 없다[无咎]. 다만 마음의 끈이 늘어져 환락에 빠져서 그 머리를 적신다면, 소와 말이 물을 건너다 머리를 적시게 될 것이니[濡其首], 진실한 믿음을 보일지라도[有孚] 오히려 지나친 믿음 때문에 과실을 잃을 것이다[失是]. 그러기에 꼭지가 돌도록 마시면 역시 절도를 알지 못한 소행이 된다[飮酒濡首 亦不知節也].

상9는 강강剛의 극極이요, 밝음의 극치[明極]이다. 그러니 마시기는 하되 취하지 말아야 한다. "미제가 극에 달하매 마땅히 낙천순명[樂天順命]할 따름이다. 비색이 종말을 고할 즈음에[否終有頃], 천명天命에 자락自樂함이 있을 뿐이니, 음주飮酒는 자락自樂의 도반道伴으로 여겨야지, 만일 그 도락道樂에서 넘쳐나면[過禮] 머리를 적시고[濡其首] 꼭지가 돌아버리는 어리석은 일이 일어난다. 사람이 환란患亂에 처해 마땅히 해야 할 일을 두고 돌아오지 않는다면[義不反] 어찌 천명에 안주安住하는 자라고 할 수 있겠는가." 이런 정자의 해설처럼, 주자 역시 "위엄과 지혜를 지니고 미제의 극에서 스스로를 키우고 천명을 기다리며 살아간다면[居易俟命] 허물이 없을 것"이라 한다. 만일 끝내 돌아오지 않고[終以不反] 잘난 체 하다 새끼 여우처럼 꼬리를 적시게 되면[濡其尾] 실의에 빠지고 말 것이 분명하다. 퇴계도 "술을 마심에 믿음의 끈을 놓아버리면, 바로 환락이 예를 넘어 머리를 적실 것이다"라는 경고를 잊지 않는다.

군자는 그나마 모두가 편안한 시기일 때 위험을 잊지 말아야 하고[安不忘危], 다소라도 먹고살만할 때에 그 멸망을 염려해야 하고[存不忘亡], 평화의 시절에는

---

35 李廷龜『申欽象村稿』, '백세지광[象村申欽先生神道碑銘]' : "하늘이 인재를 냄은 세상의 쓰임을 위함이나, 능력의 발휘 여부는 어떤 임금 만나느냐에 달려 있지. 시기해도 흠 못 잡았고, 맑고 높은 그 명망 한 시대의 모범이었지. 말 대신 행동으로 백관의 모범 되었었고, 관대함으로 정치의 근본을 삼아 백성들이 직접 혜택을 받았다오 밤낮으로 삼가 힘써 병든 몸 수레에 싣고 정사를 보았었지. 문정 시호 내렸으니 백세의 영광일세[百世之光]. 생은 유한하나[惟生有涯] 아름다운 명성 끝이 없어라[惟令聞無彊]."

더더욱 국란을 걱정해야 할 것이다[治不忘亂]. 고로 늘 진실로 태평복락泰平福樂을 누리려면 전전긍긍戰戰兢兢하는 마음을 잃지 말고, 술밥은 꼭지가 돌도록 마시지 않아야 오늘과 내일을 복락으로 유지해 나갈 수 있다.

다산은 술에 대한 걱정을 아래와 같이 한다. "사람이 절제할 수만 있다면 술에 빠지는 일이 결코 없을 것이며, 달리는 말을 멈출 수만 있다면 물에 빠지는 일도 결코 없을 것인데, 사람이 술에 탐닉하거나 말이 물에 빠지고 마는 것은 절제를 알지 못하기 때문에 생겨난 일이 분명하다. 『서경』「주고酒誥」에 '술을 엄격히 절제하라[剛制于酒]'고 하였는데 이처럼 절제함이 없다면 어찌 술과 물을 건널 수가 있겠는가?"[36]

고로 절節이란 사시四時와 같다. 초심자[初六]는 경륜이 없으니 의심을 갖는 것이 모자라서 극인 줄을 몰랐고, 상9는 자신의 믿음이 태과太過하기 때문에 브레이크를 제동하지 못하여 늙은이가 술에 찌든 모습이다. 그렇지만 극極을 알고 절節을 알면 미제未濟의 어려움 속에서도 건너가야 할 도를 아름답게 할 수 있다. 이미 그 기제旣濟 때부터 상응相應의 도를 지켜 나갔다면 미제未濟를 만나지 않고도 오래오래 장구보지長久保持할 수 있지 않았겠는가.[37]

고로 미결수未決修는 깊이 상기하여야 할 대목이다. 미제가 해괘解卦로 간 경우다.[38] 『주역』384효가 건괘乾卦 초9에서 시작하여 미제괘未濟卦 상9에서 끝났다. 여기서는 양이 음을 거느림을 알 수 있다. 즉, 성인이 양을 돕고 음을 누르는[扶陽抑陰] 의미이다.[39]

---

36 정약용, 『周易四箋』: "人而能節 必不沈湎于酒 馬而能止 必不墊溺于水 其湎其溺由不知節也 書曰 剛制于酒 今无剛制 其有濟乎." 『서경』「酒誥」편에 周公이 술 때문에 빚어지는 재앙을 강력하게 경계함을 두고 인용한 글이다.

37 지욱, 『주역선해』, 504쪽.

38 [說證] 해괘는 임괘에서 온다. 임괘 태☱의 입으로 감☵의 술을 리☲의 믿음으로 마시니 '有孚于飲酒'다. '濡其首'는 진☳의 4효가 물을 건널 때 적시는 현상이다[기제 때는 초9에 나옴]. 해괘에서는 두 번의 감☵을 건너며 머리를 적시니 '有孚失時'라 했다. 해괘는 小過에서 오며 간☶의 절제를 잃어버렸다.

39 康儼, 『周易』: "'역』의 끝 未濟괘가, 낳고 낳아도 다하지 못한 이치를 드러낼지라도, 다스림이 다하면 어지러움을 낳고, 어지러움이 다하면 다스림을 낳는데, 성인이 굳이 미제괘로 끝낸 것은 실로 천하에서 기제를 바란 것이 아닐까. 선대의 학자가, '기제괘는 꽃피는 시절에 술을 마셔 취한 것과 같다고 하였다. 또 '미제는 꽃이 아직 피지 않은 봄이고, 달이 아직 둥글지 않은 밤과 같다고 하였다. 이 두 가지 말로 완미해보면, 『역』이 미제에서 끝난 의미를 암암리에 알

사람이 술에 빠져 탐닉하는 것은 마치 말이 물에 빠지는 것과 같지 않을까?[40] 그런 고로 "공자가 효상에서 음주飮酒와 유수濡首를 언급한 것은 틀림없이 이런 이유 때문에 같이 거론한 것인데, 사실 음주飮酒와 유수濡首는 각각 별개의 상이다. 이후 시인들이 이를 오해하여 항상 술을 마시는 것을 유수濡首라 함은 이 구절을 오해한 것일 게다."[41]

술이란 하늘의 아름다운 봉록이며 백약의 으뜸이다. 제사를 받들거나 빈객을 대접함에 있어 이만한 것이 없다. 술로 신명과 통하고, 술로 온정을 내며, 노인을 봉양하기에도 좋고, 병을 조리하기에도 좋다. 이런 까닭으로 모든 좋은 모임

수 있다. 선대의 학자들은 일찍이, 공자가 時를 성대하게 한 것을 가지고, 「匪風」·「下泉」의 시로 「變風」의 끝을 이었으니, 어지러움이 다하면 다스림을 생각한다는 의미로 말한 것이다. 『역』이 미제에서 끝난 것도 이런 의미일 것이다. 384효가 乾卦 초9에서 시작하여, 미제괘 상9에서 끝났으니, 여기서 양이 음을 거느림을 알 수 있는데, 성인이 양을 돕고 음을 누르는 의미가 드러나는 것이다'

40 『세조실록』, '濡其首' : "好飮之癖이 있었던 세조가, 영의정 신숙주 및 우의정 구치관과 술자리를 가졌다. '오늘 두 분 정승들께 물어볼 말이 있는데, 잘 대답하면 좋고, 못 대답하면 벌주를 내리겠소' 했다. '신 정승!' 하니, 신숙주가 대답하자, '나는 新 정승을 불렀지 신숙주 대감을 부른 것이 아니오'라며 신숙주에게 벌주를 내렸고, '구 정승!' 하여 당연히 구치관이 대답하면, '나는 舊 정승을 불렀지 구치관 대감을 부른 게 아니오'라며 구치관에게 벌주를 매겼다. '신구정승' 부름에 답이 없자, '임금이 부르는데 신하가 대답을 않다니, 불경하다! 둘 다 벌주를 마셔라!' 했다. 또한 정인지는 여러 차례 만취하여, 세조에게 '너'라고 불렀다가 파직당하는 등의 곤욕을 치르기도 했고, 성균관 대사성 徐岡은 세조와 불교를 놓고 논쟁을 벌이면서 벌주를 연거푸 받아 마시고 만취해 불경스러운 말을 했다가 결국 사형을 당하였다. 세조 12년에는 공신 楊汀이 술김에 退位를 건의했다가 참형을 당해야 했다. 사실 세조에게 술자리는 단순한 遊興이 아니라 통치행위였다. 그는 밤낮을 가리지 않고 술자리를 열었다. 그러나 세조 8년 12월 술자리에서, '내가 술을 마시고자 하면, 너와 여러 장상들하고만 마셨다. 결코 궁첩들과 마시지 않은 것은 네가 본 바이다' 하였다. 분명 한 시대의 영웅이었지만 好色은 아니었다. 실제로 세조는 정희왕후 윤씨 외에, 근빈 박씨라는 딱 한 명의 후궁만 두었다. 세조가 좌의정 신숙주가 야인을 정벌하러 갈 때 나눈 일화도 있다. 그를 편전으로 불러 담장 아래 심어놓은 넝쿨 박을 가리키며, '저 박이 열매를 맺을 수 있겠는가?'라고 물었다. 신숙주는 '무성하게 자라지도 않았고, 계절도 늦었으니, 신의 생각으로는 열매를 맺지 못할 듯합니다'라 말했다. 그러나 이후에 박이 하나 열리자, 세조는 그것을 쪼개어 술잔을 만든 다음, 술잔 속에 다음 시를 직접 적어 건넸다. '경은 비록 내 말을 듣고 웃었으나[卿雖笑我] 내 박은 이미 자랐다오[我瓢旣成]. 저 박을 쪼개어 술잔을 만든 뜻은[剖以爲盃] 지극한 나의 정을 보이려 함이오[以示至情].' 세조는 도공에게 박의 형태를 본떠 술잔을 만들게 하고, 시를 써넣어 주었다. 다시 그 모양을 본떠 술잔을 만들어, 내전의 잔치에 사용한 방식은 후대의 왕들에게 하나의 전범이 되었다. 선조가 독서당에 水精杯를 하사하고, 정조가 태학(성균관)에 銀杯를 하사한 것은 그 두드러진 예이다."

41 정약용, 『주역사전』 : "人之沈湎于酒 如馬之墊溺于水 故孔子之傳 飮酒 濡首 必以并擧 其實 各爲一象也 後來 詩家 每以飮酒 爲濡首 誤矣."

을 술이 아니면 행하지 못하니, 술로 행할 때는 반드시 예가 있어야 한다. 한 술의 밥과 한 잔의 술을 절제하지 못하고, 또 한 생각을 쉬지 못하여 자기 꾀에 빠지는 어리석은 일이 없도록 해야 할 것이다.[42]

　마조馬祖의 스승 회양懷讓 선사가 소를 후려쳐대는 소리가 들린다. "소를 수레에 채웠는데도, 수레가 가지 않는다면, 너는 수레를 칠 것이냐 아니면 소를 칠 것이냐?"[43]

42　權好文, 『松巖集』, '酒禮跋' : "사람에게 있어서 막중한 것은 음식이고, 예에 있어서 막대한 것은 尊卑이다. 음식을 먹을 때 만약 존비의 서열이 없다면, 사람이 모인 자리에 질서가 문란하고 배불리 먹는 것만을 중시하게 된다. 때문에 옛 성인들이 예절을 설정하여 사람들을 가르친 것이다. … 古禮에 집착하면 너무 간략하고, 풍속을 따르자면 너무 번잡하여, 지금의 풍속과 고례를 參酌하여 그 절충점을 찾아 취하여 절목으로 삼아 그 쓰임에 맞추었을 뿐이다."

43　『碧巖錄』 : "譬牛駕車, 車若不行, 打車卽時, 打牛卽時."

■ 에필로그

1.

다산 정약용은 공자가 『주역』을 엮은 이래로 이를 가장 깊이 연구한 사람으로 봐도 좋다. 어려서부터 부친의 주역 공부하는 모습을 옆에서 지켜보았고, 규장각에 들어간 후에는 정조로부터 직접 주역을 배울 기회도 만났다. 하지만 아쉽게도 부친 상을 당하여 정조로부터 주역 강의를 들을 수 있는 기회를 놓쳤고, 이후 마땅한 스승 이나 참고서를 찾지 못하여 지지부진하다가, 훗날 강진으로 유배를 가게 되면서 다시 주역과 본격적으로 만나게 되었다.

유배지 강진 땅에서 평생의 사업으로 세운 예학禮學을 정리하다, 『주역』을 모르면 예禮를 풀 수 없다는 결론에 이르게 되었고, 1804년부터 1808년까지 5년 동안을 오로지 『주역』 공부에만 매달렸다. 그리고 마침내 역학사상 획기적인 의의를 지닌 『주역사전』을 완성해 내고 만다. 당시의 이런 사정을 절친 윤외심에게 보낸 편지에서 다산은 이렇게 적었다.

"자네가 알다시피 내가 『주역』 연구에 전념한 것은 계해년 봄 이후였다네. 너무나 깊이 여기에 몰두한 나머지 눈으로 보는 것, 손으로 잡는 것, 입으로 읊조리는 것, 마음으로 생각하는 것, 붓으로 기록하는 것으로부터, 밥 먹고, 변소 가고, 손가락 놀리고, 배 문지르는 것에 이르기까지, 어느 것 하나 『주역』 아닌 것이 없었다네."

복숭아뼈가 세 번씩이나 문드러지는 과골삼천顆骨三穿 끝에 나온 저서가 바로 『주역사전』이었음을 알 수 있다. 그렇게 죽기 살기로 탈고한 저서에 대한 자부심이 두 아들에게 보낸 편지에도 은근히 비친다.

"이번에 탈고한 『주역사전』이야말로 하늘이 도와서 낸 문자이지, 결코 사람의 힘으로 통할 바가 아니었다. 더구나 인간의 얄팍한 지혜나 생각으로는 도저히 이를 바가 아니었다. 비록 엄청난 정성으로 얻은 저서지만, 만약 시절이 수상하여 아는 사람은 적고 비난하는 사람이 많아, 천명이 허락하지 않는다면 불에 태워버려도 좋다. 그러나 이 책이 어려워 이해하기 힘들지만, 만약 알아주는 사람이 천 년에 한 사람이라도 나오면, 그는 나의 자손이나 벗으로 여겨 후한 대접으로 맞이할 것을 잊지 말라."

2.

한편, 『주역』이 탄생하게 된 이유와 목적에 대해서는 일찍이 공자가 이런 말을 남겼다.

"성인이 역易을 창제한 까닭은 세상 근심걱정 때문이었다. 만백성이 근심걱정이 없고 길흉을 다 알 수 있었다면 성인이 왜 역易을 지으려고 했겠는가. 무릇 역易이란 과거를 밝혀내고, 미래를 살피고, 또 은미하게 숨은 신비로움을 드러내고, 어두운 곳을 활짝 열어젖혀 유비무환有備無患하고 피흉취길避凶取吉하여 만사를 성공시키기 위함이다. 역易을 통해 사물의 기미를 알 수 있다면, 어느 누구든 성공하지 않겠는가? 기미란 사물의 움직임에 나타나는 작은 징조이니, 거기에는 이미 길흉의 단서가 나타나 있다. 그런 까닭에 군자는 기미를 보고는 그때를 절대 놓치지 않는다. 이렇듯 군자는 작은 기미를 알 수 있기 때문에, 태산처럼 크게 나타나는 현상도 알고[知微知彰], 또 물과 바람 같은 부드러움을 알기에 창칼 같은 강단도 안다[知柔知剛]. 고로 기미를 아는 군자만이 만인의 숭앙을 받게 되는 것이다[萬夫之望]."

3.

『주역』은 장삼이사를 위한 단순한 점 책은 아니지만, 세상의 원리와 사물의 이치에 근거를 두어 인생사에 필요한 모든 질문에 답을 주는 책이기도 하다. 이에 본 『생생주역』에서는 다른 주석서와 달리 의리와 상수뿐 아니라 유불선을 넘어 통변通變에 도움을 주려고 나름 애를 썼다. 특히 조선의 쟁쟁한 대유大儒들의 도움을 얻기 위해 저자는 그들 옆에 앉아 먹도 갈고, 도포자락도 붙잡으며 매달리기도 했다. 오래 전부터 『주역』에 관심을 기울여온 출판사 이른아침의 김환기 사장, 교정을 도와준 유마와 미륜 선생의 노고에 다시 한번 감사를 전한다.

생생주역 下經

초판 1쇄 인쇄 2020년 4월 20일
초판 1쇄 발행 2020년 4월 28일

지 은 이   장영동

펴 낸 이   김환기
펴 낸 곳   도서출판 이른아침
주   소   경기 고양시 일산동구 일산로 142 유니테크빌벤처타운 263-5호
전   화   031-908-7995
팩   스   070-4758-0887
등   록   2003년 9월 30일 제 313-2003-00324호
이 메 일   booksorie@naver.com

ISBN 978-89-6745-098-4   03150
      978-89-6745-096-0   (세트)